TABLE

ALPHABÉTIQUE ET ANALYTIQUE

DES

CIRCULAIRES

ET

INSTRUCTIONS GÉNÉRALES

DE L'ADMINISTRATION DE L'ENREGISTREMENT ET DES DOMAINES,
ET DE LA COMPTABILITÉ GÉNÉRALE DES FINANCES,

Jusqu'au 1er Septembre 1835;

PAR

MM. P. BAUDOUIN et T. VUARNIER,

VÉRIFICATEUR ET PREMIER COMMIS DES DOMAINES
AU DÉPARTEMENT DE L'AISNE.

PRIX : 6 FRANCS, *franc de port, au chef-lieu de chaque département*, et 7 FRANCS *par la poste*.

PREMIÈRE PARTIE.

PERCEPTION.

SE TROUVE

A LAON, chez M. **VUARNIER**, premier commis de la direction des domaines,

Et dans tous les chefs-lieux des départemens, chez M. le premier commis de la direction de l'enregistrement et des domaines.

1835.

TABLE

ALPHABÉTIQUE ET ANALYTIQUE

DES

CIRCULAIRES

ET INSTRUCTIONS GÉNÉRALES

DE

L'ADMINISTRATION DE L'ENREGISTREMENT ET DES DOMAINES,
ET DE LA COMPTABILITÉ GÉNÉRALE DES FINANCES,

LAON. — TYPOGRAPHIE DE VARLET-BERLEUX ET F. BOUQUET.

TABLE
ALPHABÉTIQUE ET ANALYTIQUE
DES
CIRCULAIRES
ET
INSTRUCTIONS GÉNÉRALES
DE L'ADMINISTRATION DE L'ENREGISTREMENT ET DES DOMAINES, ET DE LA COMPTABILITÉ GÉNÉRALE DES FINANCES,

Jusqu'au 1er Septembre 1835;

PAR

MM. P. BAUDOUIN et T. VUARNIER,

VÉRIFICATEUR ET PREMIER COMMIS DES DOMAINES

AU DÉPARTEMENT DE L'AISNE.

PRIX : 6 FRANCS, *franc de port, au chef-lieu de chaque département,* *et* **7 FRANCS** *par la poste.*

SE TROUVE

A LAON, chez M. **VUARNIER**, premier commis de la direction des domaines.

Et dans tous les chefs-lieux des départemens, chez M. le premier commis de la direction de l'enregistrement et des domaines.

1835.

INTRODUCTION.

Au milieu de la foule des décisions diverses qui sont entassées, quelquefois sans choix, dans un grand nombre d'ouvrages sur l'enregistrement, le domaniste haletant sous le poids des volumes, déplore la science qui le poursuit de toutes parts et sous tous les formats. Il demande avec instance un guide dans ce labyrinthe inextricable, où beaucoup de bons esprits désespérant trouver une issue, préfèrent suivre les conseils d'une judicieuse expérience.

Loin de nous la prétention de critiquer ceux qui cherchent à jeter quelque jour dans le brouillard qui nous enveloppe ; nous apprécions, au contraire, les immenses services que rendent plusieurs auteurs dont les lumières honorent l'administration ; nous constatons seulement un fait.

Mais s'il arrive quelquefois que le jugement et les connaissances acquises sont les meilleurs guides, il ne faut pas se dissimuler qu'ils offrent des dangers à l'employé le plus instruit, et peuvent souvent égarer celui qui n'a pas encore acquis l'expérience nécessaire. Il faut donc que ces employés se rattachent à un centre qui puisse éclairer et soutenir leur marche.

Nous n'avons pas la présomption d'offrir à nos collègues ce guide sûr et facile qui les conduira droit au port ; mais l'ouvrage que nous publions pourra leur servir de boussole ; car il renferme toutes les règles que l'administration impose à ses préposés, et quel guide peut mieux garantir la régularité de leurs opérations et leur propre sécurité.

Rigoureusement, tout employé ne doit obéissance qu'aux ordres officiels de l'administration, et nul ne doit les ignorer ; mais, nous le demandons, est-il possible à l'intelligence la mieux organisée de conserver la substance de plus de quarante volumes d'instructions ; aussi, il faut le dire, ces instructions sont généralement peu connues, et l'employé le plus expérimenté est exposé souvent à s'écarter des règles tracées par l'administration, faute de savoir même que cette règle existe.

D'autres fois encore, sa mémoire lui rappelle confusément la solution de la difficulté qu'il rencontre ; mais il perd un temps considérable, ou se consume en vains efforts pour la trouver.

On éprouvait donc depuis long-temps la nécessité d'un résumé précis qui vînt débrouiller le chaos de plus de 4000 circulaires et instructions. Pénétrés de cette nécessité, comme tous nos camarades, nous avons courageusement entrepris cet immense et fastidieux travail, et les *premiers* nous n'avons pas reculé devant la tâche que nous nous étions imposée.

En offrant cet ouvrage à nos collègues, nous croyons que plus d'une fois ils auront occasion de nous en savoir gré, surtout, si comme nous osons l'espérer, le plan que nous avons adopté, obtient leur assentiment.

Frappés de la division bien tranchée qui sépare les attributions de l'administration, et par conséquent la matière de ses instructions, nous avons pensé que ce serait simplifier beaucoup les recherches, d'adopter cette division dans notre ouvrage : Perception, Manutention.

Bien qu'inséparables, ces deux divisions forment chacune une table distincte dont la première partie comprend toutes les dispositions relatives à la *perception des droits et amendes d'enregistrement, de greffes, d'hypothèques et de timbre ;* et la seconde partie présente l'analyse de toutes celles qui s'appliquent à la *manutention* proprement dite, à la comptabilité, aux amendes de condamnation, frais de justice, domaines, et autres parties qui ne rentrent pas dans la première catégorie ; les amendes de contravention aux lois sur le notariat, et les ventes publiques de meubles exigeant généralement une condamnation, nous avons dû les classer dans cette seconde partie.

Prenant pour point de départ les lois de l'an VI et de l'an VII, que l'on peut considérer comme organiques, nous avons jugé superflu de rapporter toutes les circulaires antérieures qui traitent de la perception des droits ; mais nous avons indiqué succinctement le sujet de toutes celles qui ont paru depuis l'origine, lorsqu'elles concernent des objets de manutention.

On remarquera sans doute le soin avec lequel nous avons étendu notre analyse des lois, de manière à présenter sous chaque mot, un tarif complet, raisonné et en quelque sorte historique de tous les droits. Cette analyse, dont à la rigueur nous aurions pu nous dispenser, en indiquant seulement que telle instruction a pour objet telle loi, prouvera que nous n'avons pas reculé devant le travail, pour donner à notre table le degré d'utilité dont elle est susceptible.

On comprendra que si nous avons pu, en ce qui concerne la perception, donner l'analyse succincte, mais complette des instructions, il a été impossible d'atteindre toujours ce résultat pour la manutention ; toutefois nous y avons suppléé en développant tout ce qui offrait une utilité réelle.

Nous ferons remarquer l'addition dans la seconde partie d'un tableau complet des états ou écritures périodiques à fournir par les employés de tous grades, et le cadre synoptique qui rappelle en un seul mot de *mnémonique* toutes les opérations prescrites par l'instruction 1351. Ce cadre sera surtout d'une grande utilité pour MM. les employés supérieurs.

Pour l'intelligence de l'ouvrage et la facilité des recherches, nous croyons devoir entrer dans quelques détails tant sur le plan que nous avons suivi, que sur la partie matérielle de l'exécution :

Chaque disposition, non seulement des circulaires et instructions, mais encore des lois contenues dans ces instructions, est analysée sous le mot auquel elle s'applique le plus rationnellement ; mais comme la même disposition se présente souvent sous plusieurs aspects, des renvois nombreux facilitent la recherche.

L'ordre dictionnairique rigoureux a été suivi pour le classement des *titres* ou premiers mots formant chacun un *article* (1) ; mais, en outre, nous avons cru devoir adopter un second et quelquefois même un troisième ordre alphabétique dans le même *article*. Le changement de caractères indique ces divers ordres : c'est ainsi qu'au mot **MUTATIONS** *secrètes d'immeubles*. — **Présomption** *légale*. — *Aveu judiciaire* (page 108, 1re partie), on trouve ce qui est relatif aux preuves légales des mutations résultant d'un aveu judiciaire, etc.

(1) Nous avons entendu par *article* la réunion de tous les numéros classés sous le même mot du premier ordre, et par *numéro* chaque alinéa particulier portant un numéro distinct.

Nous avons dû préférer ces subdivisions à l'ordre chronologique, parce que la date est précisément ce qui fait l'objet de la recherche; mais cet ordre chronologique a été scrupuleusement observé pour les *numéros* classés sous le même *titre ou ordre alphabétique*, sauf les dispositions législatives qui sont généralement rapportées au commencement de l'*article* dans la table de la perception, afin de présenter au premier aspect l'ensemble de la législation.

Chaque article présente une série particulière de numéros.

Les renvois indiqués dans le contexte d'un *numéro* s'appliquent spécialement à ce *numéro;* ceux au contraire qui sont inscrits séparément et précédés d'un trait — se rapportent à l'*article* entier. Ces derniers renvois se trouvent classés, autant qu'il a été possible, dans l'ordre alphabétique des mots formant le *second titre;* à défaut, ils se trouvent reportés à la fin de l'*article.*

Au surplus, quelques momens d'usage en apprendront plus que nous ne pourrions le faire dans les bornes restreintes de cette introduction.

Les dispositions MODIFIÉES ou ABROGÉES sont exactement annotées de ces mots, avec renvoi au numéro qui a introduit le changement; on devra donc y faire attention pour ne pas s'exposer à appliquer des prescriptions qui ne subsisteraient plus. Un astérisque (*) indique les dispositions entièrement *sans objet.*

La représentation fréquente de certaines indications nous a déterminés à employer des abréviations dont on trouvera l'explication à la suite de cette introduction.

L'utilité de notre table exigeant surtout qu'elle soit tenue au courant, on aurait pu désirer que chaque mot fût suivi d'un espace *en blanc* destiné à annoter les instructions nouvelles; mais, outre la difficulté de conserver des *blancs* à cause du second ordre, ce qui eut exigé un espace après chaque *numéro*, nous avons pensé que cet usage, en nuisant à l'effet du coup-d'œil, n'atteignait jamais que très-imparfaitement le but proposé, puisque les blancs sont toujours insuffisans ou mal distribués. Le seul moyen qui, selon nous, peut remplir l'intention des personnes qui désirent entretenir la table au courant, est de la faire relier avec feuillets blancs intercalaires, ce qui permettra de l'annoter des instructions nouvelles.

Nous avons donné la préférence au format grand in-8°, comme plus portatif et plus commode, en apportant d'ailleurs de grands soins à la partie typographique. Enfin chaque partie présente une pagination différente, de sorte qu'on pourra les réunir ou les diviser à volonté.

Tels sont les renseignemens préliminaires que nous avons cru devoir donner sur le plan et l'exécution de notre ouvrage. Nous l'espérons, nos collègues apprécieront nos efforts; fiers d'obtenir leurs suffrages, nous nous estimerons heureux si nous sommes parvenus à leur épargner quelques travaux.

EXPLICATION DES ABRÉVIATIONS.

Arr. gouv. — Arrêté du gouvernement.
Art. — Article.
Av. cons. d'état. — Avis du conseil d'état.
Cass. — Arrêt de la cour de cassation.
Cent. — Centimes.
Circ. — Circulaire.
Circ. compt. gén. — Circulaire de la comptabilité générale des finances.
C. C. — Code civil.
C. Com. — Code de commerce.
C. For. — Code forestier.
C. Proc. — Code de procédure civile.
Cour de. — Arrêt de la cour de.
Déc. f. — Décision du ministre des finances.
Déc. j. — Décision du ministre de la justice.
Délib. — Délibération du conseil d'administration.
Fr. — Francs.
Idem. — Même décision.
I. G. — Instruction générale du.
Inf. — Infrà, ci-dessous.
Loi enreg. — Loi du 22 frimaire an VII.
Loi timb. — Loi du 13 brumaire an VII.
Loi 1816. — Loi du 28 avril 1816.
Loi 1824. — Loi du 16 juin 1824.
Ord. roy. — Ordonnance royale.
P. °/o. — Pour cent.
Sol. — Solution de l'administration.
Suiv. — Suivant.
Sup. — Suprà, ci-dessus.
Trib. de — Jugement du tribunal de.
V. — Voyez.
— Précédant un article, équivaut à la répétition du mot.
* — Disposition sans objet.

Janv. — Janvier.
Fév. — Février.
Juill. — Juillet.
Sept. — Septembre.
Oct. — Octobre.
Nov. — Novembre.
Déc. — Décembre.

Vend. — Vendémiaire.
Brum. — Brumaire.
Frim. — Frimaire.
Niv. — Nivôse.
Vent. — Ventôse.
Pluv. — Pluviôse.
Germ. — Germinal.
Flor. — Floréal.
Prair. — Prairial.
Mess. — Messidor.
Therm. — Thermidor.
Fruct. — Fructidor.
Compl. — Jour complémentaire.

TABLE
ALPHABÉTIQUE ET ANALYTIQUE
DES
CIRCULAIRES
ET INSTRUCTIONS GÉNÉRALES
DE M. LE CONSEILLER-D'ÉTAT,

DIRECTEUR GÉNÉRAL DE L'ENREGISTREMENT ET DES DOMAINES,

Jusqu'au 1er Septembre 1835.

PREMIÈRE PARTIE.

PERCEPTION
Des Droits et Amendes d'Enregistrement, de Greffes, d'Hypothèques et de Timbre.

A

ABANDONS *de biens*. — *V.* Cessions de droits successifs; Émigrés, n° 1; Remplois.

ABANDONNEMENS *de biens*, soit volontaires, soit forcés, pour être vendus en direction. — 5 *fr. fixe.* (*Loi enreg. art.* 68, § 4, *n°* 1.) Circ. n° 1450.

2. — **Dépots** *de titres*. — Les titres déposés au greffe par le débiteur qui fait à ses créanciers l'abandon de tous ses biens, ne sont pas soumis à l'enregistrement préalable, sauf à constater les contraventions au timbre et à l'enregistrement que ces titres présenteraient. (*Déc. f.* 7 *juin* 1808.) I. G. 29 juin 1808, § 18, n° 386.

3. — Idem. (*Déc. f.* 13 *juin* 1809.) I. G. 4 juill. 1809, § 71, n° 436.

ABANDONNEMENS *pour fait d'assurance maritime, ou grosse aventure.* — 50 *cent. p.* °/₀ sur la valeur des objets abandonnés, et *moitié en temps de guerre.* (*Loi enreg. art.* 69, § 2, *n°* 1.) Modifié. n° 2, inf. Circ. n° 1450.

2. — Ce droit est porté à 1 *fr. p.* °/₀ *en temps de paix*, et 50 *cent. p.* °/₀ *en temps de guerre.* (*Loi* 1816, *art.* 51, *n°* 1.) I. G. 29 avril 1816, n° 714.

3. — Le droit est dû sur la valeur des objets assurés, mais il n'est exigible que sur l'acte d'acceptation ou le jugement qui valide l'abandonnement. (*Déc. f.* 4 *janv.* 1819.) Modifié. n° 4 inf. I. G., 27 janv. 1819, n° 876.

4. — Le droit n'est exigible que sur la valeur des objets abandonnés. (*Déc. f.* 29 *déc.* 1832.) I. G. 23 mars 1833, § 1, n° 1422.

ABATTAGES *de Bois*. — *V*. Déclarations, n° 9; Procès-verbaux, n°s 4 et suiv.

ABDICATIONS. — *V*. Renonciations.

ABONNEMENS. — *V*. Marchés.

ABSENCES. — **Exigibilité** *des droits*. — Les droits sont exigibles à partir de l'envoi en *possession* provisoire, ou de la prise de possession par partage ou tout autre acte d'héritier, sauf restitution si l'absent reparaît. (*Déc. f.* 17 *flor. an X et* 24 *fruct. an XII.*) I. G. 3 fruct. an XIII, § 72, n° 290.

2. — Les droits de mutation sont exigibles dans les six mois de l'envoi en possession provisoire de la succession; sauf, en cas de retour de l'absent, à restituer les droits perçus, sous la déduction de celui qui sera dû pour la jouissance des héritiers. (*Loi* 1816, *art.* 40.) I. G. 29 avril 1816, n° 714.

3. — **Inscription** *au rôle*. — **Prescription**. — L'inscription des héritiers au rôle suffit pour autoriser la demande des droits; on ne peut opposer la prescription quinquennale, si le décès n'a pas été constaté d'une manière authentique. (*Cass.* 8 *mai* 1826.) I. G. 30 sept. 1826, § 13, n° 1200.

4. — Les droits de succession d'un absent sont exigibles dans les *cinq ans* de la date de l'acte ou du partage qui constate la prise de possession des héritiers, et la prescription de *deux ans* ne peut être opposée. (*Cass.* 12 *mai* 1834.) . . . . I. G. 7 nov. 1834 § 4, n° 1467.

5. — **Prise** *de possession*. — **Délai**. — La prise de possession des biens d'un absent, *légalement constatée*, suffit, sans envoi en possession, pour faire courir les délais pour le paiement des droits de mutation. (*Déc. f.* 12 *janv. et* 7 *juin* 1808.). . . . . I. G. 29 juin 1808, § 32, n° 386.

6. — La prise de possession par les héritiers collatéraux des père et mère d'un absent, des biens échus à celui-ci, emporte acte d'hérédité, et rend exigibles les droits de mutation par décès. (*Cass.* 30 *juin* 1825.). . . . . I. G. 31 mars 1826, § 8, n° 1187.

7. — La prise de possession, *à l'exclusion d'un absent*, ne donne pas toujours une action pour le paiement des droits, si rien ne prouve qu'il ait survécu à l'auteur de la succession à laquelle il est appelé. (*Cass.* 17 *fév.* 1829.). . . . . I. G. 26 sept. 1829, § 5, n° 1293.

— *V*. Actes de notoriété, n° 3; Actes judiciaires, n° 22; Délais, n° 1; Héritiers (actes d'), n° 1; Ordonnances, n° 1.

ABSTENTIONS. — *V*. Renonciations.

ACCEPTATIONS *d'Abandonnement*. — *V*. Abandonnemens maritimes, n° 3.

ACCEPTATIONS *de Donations entre-vifs*. — *V*. Donations entre-vifs, n° 12.

ACCEPTATIONS *de Lettres de change*. — *V*. Amendes de timbre, n° 10; Lettres de change, n° 1.

ACCEPTATIONS *de Majorats*. — *V*. Majorats, n° 13.

ACCEPTATIONS *d'Offres* — *V*. Offres.

ACCEPTATIONS *de Remplois*. — *V*. Remplois.

ACCEPTATIONS *de Successions, Legs ou Communautés*. — Lorsqu'elles sont pures et simples, 1 *fr. fixe par chaque acceptant et pour chaque succession*. (*Loi enreg. art.* 68, § 1, *n°* 2.) *V*. Actes judiciaires, n° 5. Circ. n° 1450.

2. — **Bénéfice** *d'inventaire*. — 3 *fr. fixe* comme actes faits au greffe. (*Déc. f.* 13 *juin* 1823.) *V*. Rédaction, n°s 3 et 4. I. G. 15 juill. 1823, § 1, n° 1086.

ACCEPTATIONS *de Transports ou Délégations de Créances à termes*. — 1 *fr. fixe*, si le droit a été acquitté pour le transport ou la délégation. (*Loi enreg. art.* 68, § 1, *n°* 3.) *V*. Délégations, n°s 2, 3, 4, 5 et 7. Circ. n° 1450.

ACCEPTILLATIONS. — La remise, modération ou réduction volontaire d'une dette, opère le droit de libération. (*Sol.* 3 *juin* 1828.) I. G. 26 sept. 1828, § 1, n° 1256.

ACCESSOIRES. — *V.* Charges; Décime; Ventes.

ACCROISSEMENS. — *V.* Successions, n°s 96, 110 et suiv.

ACHALANDAGES. — *V.* Cessions d'offices.

ACQUIESCEMENS *purs et simples*, quand ils ne sont pas faits en justice. — 1 *fr. fixe.* (*Loi enreg. art.* 68, § 1, *n°* 4.) Modifié. n° 2 inf. Circ. n° 1450.

2. — 2 *fr. fixe.* (*Loi* 1816, *art.* 43, *n°* 1.) I. G. 29 avril 1816, n° 714.

ACQUISITIONS, *Donations ou Legs en faveur des établissemens publics.* — Les donations entre-vifs et testamentaires en faveur des hospices ou des pauvres, doivent 1 *fr. fixe.* (*Arr. gouv.* 15 *brum. an XII, art.* 1.) Abrogé. n° 16, inf. . . . . I. G. 25 frim. an XII, n° 185.

2. — Donations en faveur des hospices, etc. — 1 *fr. fixe.* (*Loi* 7 *pluv. an XII.*) Abrogé. n° 16 inf. I. G. 12 vent. an XII, n° 209.

3. — Les donations en faveur des fabriques et séminaires sont passibles des droits ordinaires. (*Déc. f.* 3 *flor. an XIII.*) I. G. 3 fruct. an XIII, § 28, n° 290.

4. — Les cessions de biens faites aux hospices à charge de nourrir et entretenir les cédans, sont passibles des droits proportionnels. (*Déc. f.* 11 *août* 1807.). . . . . . I. G. 22 fév. 1808, § 15, n° 366.

5. — Les donations ou legs en faveur des congrégations hospitalières, ne sont passibles que du droit *fixe d'un franc.* (*Décret* 18 *fév.* 1809, *art.* 11.) Abrogé. n° 16 inf. . . . . I. G. 5 juin 1809, § 4, n° 432.

6. — Les dons et legs au profit des fabriques ne sont passibles que du droit *fixe d'un franc.* (*Décret* 30 *déc.* 1809, *art.* 81.) Abrogé. n° 16 inf. . . . . I. G 19 janv. 1811, n° 504.

7. — Les acquisitions faites par les communes, arrondissemens et départemens, sont passibles des droits ordinaires. (*Av. cons. d'État,* 12 *fév.* 1811.) *V.* Actes administratifs, n°s 4 et 5. I. G. 10 avril 1811, n° 512.

8. — Toutes les acquisitions faites par les départemens, arrondissemens ou communes, sont passibles du droit proportionnel. (*Déc. f.* 5 *mai* 1820.) Modifié. n° 19 inf. I. G. 31 mai 1820, n° 933.

9. — Toutes les acquisitions faites par les communes, de biens productifs ou non, et celles faites dans un intérêt d'utilité publique ou autre, sont passibles des droits ordinaires. (*Déc. f.* 28 *mai* 1821.) Modifié. n 19 inf. I. G. 14 juin 1821, § 1, n° 983.

10. — Les acquisitions, donations ou legs en faveur des départemens, arrondissemens, communes, hospices, séminaires, fabriques, congrégations religieuses, consistoires et généralement tous les établissemens publics légalement autorisés, d'immeubles ayant une destination d'utilité publique, et ne devant pas produire de revenus, ne sont passibles que du droit *fixe de* 10 *fr., ou de* 1 *fr.*, s'il s'agit d'une valeur de 500 fr. et au-dessous, pour tous droits d'enregistrement. (*Loi* 1824, *art.* 7.) Abrogé. n° 16 inf. I. G. 23 juin 1824, § 7, n° 1136.

11. — La donation à un séminaire, d'immeubles *productifs*, est passible du droit additionnel de transcription. (*Déc. f.* 26 *août* 1824.) I. G. 18 déc. 1824, § 4, n° 1150.

12. — C'est l'acquisition seule, faite par des communes ou autres établissemens publics, d'immeubles *non productifs*, qui n'est passible que du droit fixe, la quittance par acte postérieur, l'obligation ou toute autre convention, restent sujettes au droit proportionnel. (*Déc. f.* 28 *déc.* 1824.) Modifié. n° 16 inf. . . . . I. G. 23 mars 1825, § 9, n° 1156.

13. — Le droit proportionnel n'est dû que pour les biens *productifs.* (*Déc. f.* 21 *janv.* 1826.) Abrogé. n° 16 inf. I. G. 16 juin 1826, § 1, n° 1189.

14. ACQUISITIONS *par les Établissemens publics.* — Les états des propriétaires dépossédés pour cause d'utilité communale peuvent être émargés par les conservateurs de la situation hypothécaire de chacun d'eux. (*Déc. f.* 30 *mars* 1826.) . . . . I. G. 16 juin 1826, § 12, n° 1189.

15. — Les acquisitions de biens *productifs* par une congrégation religieuse, sont passibles du droit proportionnel; mais seulement du droit fixe, outre le droit de transcription, si elles sont faites par une congrégation hospitalière. (*Déc. f.* 31 *mai* 1826.) Modifié. n° 16 inf. I. G. 30 sept. 1826, § 1, n° 1200.

16. — Les acquisitions, donations et legs au profit des départemens, arrondissemens, communes, hospices, séminaires, fabriques, congrégations, consistoires et autres établissemens publics, sont soumis aux droits proportionnels ordinaires d'enregistrement et de transcription. (*Loi* 18 *avril* 1831, *art.* 17.) Les droits sont exigibles quelle que soit la date des actes et mutations. (*Sol.*) Modifié. n°s 17 et 19 inf. I. G. 27 avril 1831, n° 1362.

17. — Cette dernière disposition est modifiée en ce qui concerne les successions ouvertes antérieurement à la loi du 18 avril 1831. (*Cass.* 4 *fév.* 1834.) . . . . I. G. 11 avril 1834, n° 1454.

— *V.* Desséchemens; Échanges, n°s 13 et 14; Fabriques; Mutations; Transcriptions, n°s 7 et 8.

18. — Caisses *d'épargnes.* — Les dons et legs faits aux caisses d'épargnes sont assujettis aux droits ordinaires. (*Loi* 5 *juin* 1835, *art.* 10.) I. G. 11 août 1835, n° 1492.

19. — Expropriations *pour cause d'utilité publique.* — Tous les actes relatifs aux expropriations suivies *en exécution de la loi du* 7 *juillet* 1833, au profit des communes et départemens, dans un intérêt purement *communal* ou *départemental*, doivent être visés pour timbre et enregistrés *gratis.* (*Loi* 7 *juill.* 1833, *art.* 58 et 63.) . . . I. G. 28 janv. 1834, n° 1448.

20. — Les actes d'acquisitions par les communes pour travaux d'*utilité publique*, et relatant la loi spéciale ou l'ordonnance qui aura autorisé ces travaux et la poursuite en *expropriation*, doivent être admis au visa pour timbre et à l'enregistrement *gratis*, même lorsque la cession a été consentie *amiablement.* (*Déc. f.* 21 *mai* 1835.). . . . . I. G. 15 juin 1835, n° 1485.

— *V.* Actes administratifs, n°s 4 et 5.

21. — Routes *départementales.* — Les acquisitions de terrains pour les routes départementales doivent être rédigées sur papier timbré et enregistrées *gratis*, dans les vingt jours. (*Déc. f.* 7 *janv. et* 21 *mai* 1828.) Modifié. n° 22 inf. . . . . I. G. 26 juin 1828, § 1, n° 1249.

22. — Cette décision est modifiée en ce qui concerne le timbre, les actes de l'espèce devant être visés pour timbre *gratis.* (*Déc. f.* 10 *mars* 1829.). . . . . I. G. 29 déc. 1829, § 16, n° 1303.

23. — Maintien provisoire des règles tracées par les instructions générales n° 1249, § 1, et 1303, § 16. (*Déc. f.* 6 août 1834.) I. G. 16 août 1834, n° 1460.

ACQUISITIONS *par l'état.* — Les acquisitions faites par l'état, les échanges et les partages entre lui et des particuliers et tous actes y relatifs doivent être enregistrés *gratis.* (*Loi enreg., art.* 70, § 2, *n°* 1.) Circ. n° 1450.

2. — Concessionnaires *de l'état.* — Les acquisitions de terrains pour l'établissement d'un chemin de fer, concédé *à perpétuité* par l'état, et les actes de procédure relatifs aux expropriations poursuivies par les concessionnaires sont passibles des droits ordinaires; la formalité est donnée *gratis* si la concession est *temporaire.* (*Déc. f.* 31 *août* 1829.) Modifié. n° 4 inf. I. G. 29 déc. 1829, § 1, n° 1303.

3. — Idem. (*Cass.* 18 *janv.* 1831.) Modifié. n° 4, inf. . . . . I. G. 25 juin 1831, § 1, n° 1370.

4. — Le visa pour timbre et l'enregistrement doivent avoir lieu *gratis*, lorsque l'ex-

propriation est poursuivie en exécution de la loi du 7 juillet 1833. (*Loi 7 juill. 1833, art.* 58 *et* 63.) I. G. 28 janv. 1834, n° 1448.

5. **ACQUISITIONS** *par l'État.* — **Domaine** *extraordinaire.* — Les acquisitions du domaine extraordinaire ne sont passibles que du droit *fixe de* 3 *fr.* pour l'enregistrement, et de pareil droit pour la transcription. (*Décret* 28 *mars* 1812, *art.* 1.) . . . . I. G. 21 mai 1812, n° 580.

6. — **Expropriations** *pour cause d'utilité publique.* — Lorsque l'état reste adjudicataire des biens expropriés à sa requête, l'acte qui constate la mutation doit être enregistré *gratis*, et toutes les formalités qui en sont la suite doivent être données de même. (*Déc. f. et j.* 15 *et* 23 *brum. an XII.*) I. G. 21 pluviôse an XII, n° 202.

7. — Les plans, procès-verbaux, certificats, significations, contrats, quittances et autres actes relatifs aux expropriations pour cause d'utilité publique, *en exécution de la loi du* 7 *juill.* 1833, doivent être visés pour timbre et enregistrés *gratis*; cette exemption s'étend même aux *concessionnaires* subrogés aux droits de l'état, et aux expropriations au profit d'une *commune* dans un intérêt purement *communal.* (*Loi* 7 *juill.* 1833, *art.* 58 *et* 63.) I. G. 28 janv. 1834, n° 1448.

8. — **Génie** *militaire.* — Les acquisitions faites par le domaine militaire doivent être enregistrées *gratis* (*Ord. roy.* 1 *août* 1821, *art.* 64.) I. G. 3 oct. 1821, n° 998.

9. — **Liste** *civile.* — Les acquisitions ou échanges faits par l'empereur doivent être enregistrés *gratis*. (*Déc. f.*) *V.* Echanges, n° 10. I. G. 22 fév. 1808, § 1, n° 366.

— *V.* Actes administratifs, n°s 4 et 5; Aliénations, n° 4; Echanges, n°s 10, 11 et 12; Transcriptions, n° 9.

ACQUISITIONS *par les émigrés.* — *V.* Emigrés.

ACQUITS. — *V.* Quittances.

ACQUITS *à caution.* — **Timbre.** — **Douanes.** — Les acquits à caution délivrés par l'administration des douanes sont soumis au timbre. (*Déc. f.*) *V.* n°s 2 et 3 inf. . . . Circ. 28 vent. an VII, n° 1519.

2. — Les acquits à caution pour la circulation des grains sont *exempts* de timbre. (*Arr. gouv.* 30 *frim. an XII.*) I. G. 19 niv. an XII, n° 193.

3. — Les acquits à caution pour la circulation des gros et petits bestiaux en-deça de la ligne des douanes sont dispensés du timbre. (*Ord. roy.* 28 *juill.* 1822, *art.* 7, *et déc. f.* 18 *juin* 1828.). I. G. 22 juill. 1828, § 2, n° 1250.

— *V.* Actes de poursuites dans l'intérêt de l'état, n°s 9 et 10; Congés; Passavans; Passe-debouts.

ACQUITS *de mandats* sur le trésor, des lettres de change, billets à ordre et autres effets négociables, *exempts* de l'enregistrement. (*Loi enreg. art.* 70, § 3, *n°* 15.) . . . . Circ. n° 1450.

— *V.* Comptabilité communale et des établissemens publics; Comptabilité publique; Mandats; Quittances.

ACTES ADMINISTRATIFS. — Les actes concernant l'administration temporelle et extérieure des établissemens publics, doivent être sur papier timbré et enregistrés. Les registres sont sujets au timbre. Les actes constatant la comparution des parties pour rédiger des conventions, doivent être soumis à l'enregistrement dans les *vingt jours.* (*Décret* 4 *mess. an XIII, art.* 3 *et* 4.) I. G. 13 vend. an XIV, n° 293.

2. — Les projets d'actes et ceux d'ordre intérieur ne sont pas soumis au timbre; mais les actes qui peuvent faire titre, ceux relatifs à des conventions avec des particuliers, les expéditions qui leur sont délivrées, et enfin les actes dont on veut faire usage, doivent être timbrés et enregistrés préalablement. Le timbre et l'enregistrement préalables ne sont pas nécessaires pour l'approbation des actes. (*Déc. f.* 17 *oct.* 1809, *art.* 7, 8, 9, 11, 12 et 13.) I. G. 23 nov. 1809, n° 454.

3. — Les actes administratifs et des établissemens publics, assujettis au timbre et

à l'enregistrement dans les *vingt jours*, sont ceux qui portent transmission de propriété, d'usufruit et de jouissance, les adjudications ou marchés de toute nature, et les cautionnemens relatifs à ces actes. Si les droits n'ont pas été déposés par les parties, les secrétaires remettent un extrait pour en poursuivre le paiement. Tous autres actes sont *exempts* du timbre, excepté les expéditions délivrées aux parties. (*Loi* 15 *mai* 1818, *art.* 78, 79 et 80.) I. G. 18 mai 1818, § 7, n° 834.

— *V.* Actes à la suite, nos 3; Aliénations, nos 1 et suiv.; Baux a ferme, nos 18 et suiv.

4. ACTES ADMINISTRATIFS. — **Arrêtés** *d'alignement.* Les arrêtés d'alignement ne sont sujets au timbre et à l'enregistrement qu'autant que les *limites seraient changées.* — S'il y a cession au *propriétaire*, l'acte est passible du droit de 2 *fr. ou de* 5 *fr.* 50 *c. p.* °/o, selon qu'il s'agit d'un terrain appartenant à l'état ou à une commune. — Lorsque, au contraire, il y a cession *par le propriétaire*, l'enregistrement doit avoir lieu *gratis*, si la cession est faite à l'état, ou à une commune *pour cause d'utilité publique*, et moyennant le droit de 5 *fr.* 50 *c. p.* °/o, si le terrain doit produire un revenu à la commune. (*Déc. f.* 5 *sept.* 1818.) I. G. 29 oct. 1818, n° 860.

5. — Confirmation des règles ci-dessus. (*Déc. f.* 12 *août* 1828.) Modifié. *V.* Acquisitions par les établissemens publics, n° 19. Acquisitions par l'état, n° 7. . . . . I. G. 2 sept. 1828, n° 1254.

6. — **Brevets** *d'invention.* — Les procès-verbaux de dépôt aux secrétariats des préfectures de demandes de brevets d'invention ou autres, doivent être rédigés sur un registre timbré, et sont sujets au droit *fixe de* 2 *fr.* (*Déc. f.* 4 *oct.* 1816.). . . . . . I. G. 13 fév. 1817, n° 765.

— *V.* Bureaux, nos 1 et 2; Comptabilité communale, n° 11; Collèges, n° 16 inf.

7. — **Conscription.** — Les arrêtés qui autorisent la restitution des biens vendus pour cause de conscription, ou du prix de ces ventes sont *exempts* d'enregistrement. (*Déc. f.*) I. G. 1 fév. 1816, n° 705.

8. — **Délai.** — Le délai pour l'enregistrement des actes soumis à l'approbation des préfets ou des ministres, ne court que du jour du retour de l'acte (*Déc. f.* 27 *frim. an XIII.*) I. G. 3 fruct. an XIII, § 5, n° 290.

— *V.* Déclarations, n° 5; Délais, n° 1.

9. — **Délibérations.** — Les délibérations qui augmentent le traitement des curés et desservans sont soumises à l'enregistrement et au droit de 50 *c. p.* °/o. (*Déc.* 26 *germ. an XIII.*) *V.* n° 10 inf. I. G. 3 fruct. an XIII, § 22, n° 290.

10. — Ces délibérations ne sont soumises à l'enregistrement que lorsqu'on veut en faire un usage public. (*Déc. f.* 17 *oct.* 1809.). I. G. 23 nov. 1809, § 21, n° 454.

11. — **Domaines** *engagés.* — Les arrêtés qui déclarent les engagistes propriétaires incommutables par suite du versement du quart, sont passibles du droit de 2 p. °/o sur la somme payée. (*Sol.* 19 *vend. an VIII.*) *V.* n° 12 inf. Circ. n° 1672.

12. — L'arrêté qui déclare l'engagiste propriétaire incommutable n'est passible que du droit *fixe d'un franc*, au moyen de la perception du droit de 2 *p.* °/o à faire sur la quittance de paiement du quart. *V.* Quittances, n° 6. . . . . I. G. 3 fruct. an XIII, § 62, n° 290.

13. — **Droits** *d'usage.* — Les arrêtés qui maintiennent des droits d'usage ou autres dans les forêts, sont soumis au timbre et au droit *fixe d'un franc* pour l'enregistrement (*Déc. f.* 28 *juillet* 1807) I. G. 13 août 1807, n° 336.

14. — **Emigrés.** — Les arrêtés des préfets pour réintégrer les émigrés dans les biens non vendus sont sujets au timbre; mais ils doivent être enregistrés *gratis.* (*Déc. f.* 10 *sept.* 1816.) *V.* Emigrés. I. G. 13 fév. 1817, n° 765.

15. — **Grande voirie.** — Les arrêtés en matière de grande voirie sont *exempts* du timbre et de l'enregistrement; les expéditions demandées par les parties sont seules soumises au timbre. (*Déc. f.* 4 *fév.* 1825.) *V.* Procès-verbaux de délits, n° 25 . . . . . I. G. 29 juin 1825, § 2, n° 1166.

16. ACTES ADMINISTRATIFS. — Lycées. — Les registres des lycées sont *exempts* du timbre, mais les actes d'administration extérieure y sont assujettis; quant aux actes du contentieux, ils ne sont passibles que des droits fixés pour le contentieux des domaines; ces droits doivent être perçus *au comptant*. (*Déc. f.* 2 *fév.* 1813.) . . . . . I. G. 13 fév. 1813, n° 621.

17 — Mainlevées. — Les arrêtés des préfets portant autorisation de radier des inscriptions sont soumis au timbre et à l'enregistrement dans les *vingt jours*, et les expéditions doivent être délivrées sur moyen papier. Si les inscriptions avaient été *mal à propos* requises au profit de l'état, ces arrêtés doivent être visés pour timbre et enregistrés *gratis*. (*Déc. f.* 11 *vend. an XII.*) Modifié. n°s 18 et 19 inf. . . . . . . I. G. 3 brum. an XII, n° 176.

18. — Les arrêtés des préfets et des conseils de préfecture portant autorisation de radier des inscriptions, ne sont soumis au timbre et à l'enregistrement, qu'autant qu'ils doivent servir eux-mêmes de mainlevée, sans qu'il soit besoin d'un acte ultérieur. (*Déc. f.* 18 *mai* 1813.) I. G. 30 mai 1813, n° 638.

19. — Les arrêtés portant consentement à la radiation d'une inscription sont *exempts* d'enregistrement. (*Déc. f.* 29 *nov.* 1827.). I. G. 22 mars 1828, § 1, n° 1236.

— *V.* Nominations de gardes, n°s 1 et 2; Prescriptions, n°s 2 et 3; Prestations de serment.

20. — Rachat *de rentes*. — Les arrêtés des préfets portant autorisation de recevoir des remboursemens de rentes dues aux établissemens publics, sont *exempts* du timbre et de l'enregistrement. (*Déc. f.* 9 *juin et* 2 *sept.* 1812.) I. G. 24 oct. 1812, n° 605.

21. — Registres. — On doit tenir aux préfectures et sous-préfectures un registre timbré pour tous les actes concernant des intérêts privés qui sont sujets à l'enregistrement; et un autre sur papier *non timbré*, pour les actes d'ordre intérieur *exempts* d'enregistrement. (*Déc. f.* 7 *fév* 1817.) I. G. 13 fév. 1817, n° 765.

22. — Les actes peuvent *indifféremment* être rédigés sur des registres ou sur des feuilles détachées. (*Déc. f.* 9 *mai* 1817.) *V.* n° 1. sup. I. G. 31 mai 1817, n° 779.

23. — Remplacemens *militaires*. — Les actes de remplacement passés devant les sous-préfets sont *exempts* du timbre et de l'enregistrement comme enrôlemens, à moins qu'ils ne contiennent les conditions pécuniaires du remplacement; dans ce cas, ils doivent 1 *p.* °/₀. (*Déc. f.*. 24 *pluv. an XII.*) I. G. 5 vent. an XII, n° 207.

24. — Les traités de remplacement passés devant les préfets et sous-préfets sont *exempts* du timbre et de l'enregistrement, à moins qu'ils ne contiennent des stipulations donnant lieu au droit proportionnel. (*Déc. f.* 3 *flor. an XIII.*) . . . . I. G. 3 fruct. an XIII, § 74, n° 290.

— Roulage. — *V.* Procès-verbaux de délits, n° 21.

25. — Significations *par les secrétaires*. — Les significations faites par les secrétaires des mairies doivent être rédigées sur papier timbré et enregistrées dans les *quatre jours*, comme les actes d'huissiers (*Déc. f.* 11 *therm. an XIII.*) . . . . I. G. 3 fruct. an XIII, § 68, n° 290.

— *V.* Ventes de mobilier de l'état.

26. — Timbre. — Sont sujets au timbre de dimension les actes des autorités constituées administratives, qui sont assujettis à l'enregistrement ou qui se délivrent aux particuliers, ainsi que les expéditions ou extraits de ces actes (*art.* 12 *n°* 1), à peine de 100 *fr. d'amende* (*art.* 26, *n°* 5). Les actes d'ordre et d'administration publique en sont *exempts*. (*Art.* 16, *n°* 1, *loi timb.*) Modifié. n° 27 inf. . . . . . Circ. n° 1419.

27. — L'amende est réduite à 20 *fr.* (*Loi* 1824, *art.* 10.). . . . . I. G. 23 juin 1824, § 10, n° 1136.

28. — Il n'y a que les actes d'administration générale qui sont *exempts* du timbre, ceux qui concernent les affaires particulières des administrations départementales et

communales et des établissemens publics, sont assujettis au timbre, à l'exception des actes de police intérieure et des *projets* soumis à l'approbation des autorités supérieures. On ne peut mettre deux actes à la suite l'un de l'autre. (*Déc. f.* 17 *oct.* 1809.) I. G. 23 nov. 1809, § 1, 6, 7 et 10, n° 454.

— *V.* n°s 1 et suiv., 13 et suiv., jusqu'au n° 25 sup.

29. ACTES ADMINISTRATIFS. — **Timbre.** — **Expéditions.** — Les expéditions doivent être délivrées sur papier timbré de la débite ordinaire. (*Déc. f.* 28 *fruct. an IX et* 8 *pluv. an X.*) I. G. 27 fruct. an X, § 1, n° 72.

30. — Les expéditions des arrêtés des conseils de préfecture et des préfets, applicables à des intérêts privés, ou destinées à être notifiées, sont assujetties au timbre. (*Déc. f.* 5 *déc.* 1824.) I G. 23 mars 1825, § 11, n° 1156.

ACTES *à la suite l'un de l'autre.* — **Timbre.** — On ne peut faire ni rédiger deux actes à la suite l'un de l'autre, sauf les quittances, obligations, ratifications, inventaires, appositions et levées de scellés, les actes qui ne peuvent être consommés dans un jour ou une vacation, et les significations des huissiers qui peuvent être écrites à la suite des pièces signifiées, le tout à peine de 30 *francs d'amende* pour les particuliers, et de 100 *francs* pour les officiers publics. (*Loi timb., art* 23 *et* 26, *n*os 3 *et* 5.) Modifié. n° 2 inf. Circ. n° 1419.

2. — Ces amendes sont réduites à 20 *fr. et* 5 *fr. fixe.* (*Loi* 1824, *art.* 10) *V.* Quittances, n° 24. I. G. 23 juin 1824, § 10, n° 1136.

3. — **Actes administratifs.** — Les arrêtés des administrations peuvent être expédiés à la suite des pétitions rédigées sur *moyen* papier; mais les minutes des actes sujets à l'enregistrement ne peuvent être rédigées à la suite. (*Déc.* 12 *therm. an VII.*) *V.* Actes administratifs, n° 28 Circ. n° 1705.)

— *V.* Actes de poursuites dans l'intérêt de l'État, n° 7.

4. — **Actes** *judiciaires.* — Les jugemens préparatoires et définitifs des juges de paix, rendus dans la même affaire, peuvent être écrits à la suite les uns des autres, tant en minute qu'en expédition. (*Déc.* 18 *germinal an IX.*) . . . . Circ. 29 fructidor an IX, n° 2042.

5. — **Adjudications.** — On ne peut sans contravention rédiger à la suite de l'acte de dépôt du cahier des charges ou du procès-verbal d'arpentage, l'adjudication préparatoire ou définitive. (*Cass.* 24 *mars* 1829.) I. G. 28 juin 1829, § 13. n° 1282.

6. — Idem. (*Trib. de Château-Thierry,* 19 *août* 1833.) . . . . I. G. 30 déc. 1833, § 13, n° 1446.

7. — **Annexes.** — On peut expédier à la suite d'un acte les procurations ou autres actes annexés. (*Déc. f.* 11 *octobre* 1808.) I. G. 27 oct. 1808, n° 403.

— *V.* Billets simples, n° 6.

8. — **Changement** *de timbre.* — Les actes susceptibles d'être rédigés à la suite d'un autre, peuvent l'être malgré le changement du timbre. (*Déc. f.* 4 *brum. an XI.*) . . . I. G. 22 prair. an XI, n° 137.

9. — **Décharges.** — Les décharges de prix de vente de meubles peuvent être rédigées à la suite des procès-verbaux de vente. (*Av. cons. d'état,* 7 *oct.* 1809). . . . . . I. G. 4 janv. 1810, n° 460.

10. — Les décharges peuvent être rédigées à la suite des dépôts de sommes ou de pièces. (*Déc. f.* 23 *fév.* 1826.) *V.* Décharges, n° 6. I. G. 16 juin 1826, § 8, n° 1189.

— **États** *d'inscriptions.* — *V.* Acquisitions par les établissemens, n° 14.

11. — **Extraits** *de jugemens de condamnation.* — Les greffiers ne peuvent délivrer aux percepteurs un état des jugemens portant condamnation au profit des communes pour remplacer les extraits qui doivent être rédigés séparément. (*Déc.* 1er *mars* 1808.) I. G. 29 juin 1808, §, 22, n° 386.

12. — **Ordonnances.** — Les ordonnances sur requête peuvent être écrites à la suite des requêtes, et celles qui interviennent sur l'opposition aux qualités peuvent être mises sur la même feuille que les qualités (*Déc. f. et j.* 21 *mai* 1811.) I. G. 23 juill. 1811, n° 533.

13. **ACTES** *à la suite l'un de l'autre.* — **Prestations** *de serment.* — Le procès-verbal de prestation de serment ne peut être écrit à la suite de la commission ; mais la simple mention de cette prestation de serment peut être faite sur la commission. (*Déc. f.* 21 *mai* 1811.) I. G. 24 juillet 1811, n° 534.

14. — **Quittances.** — Les quittances de traitement des employés des mairies et des octrois peuvent être données sur un état collectif d'émargement soumis au timbre. (*Déc. f.* 6 *sept. et* 31 *déc.* 1827.) Modifié. n° 15 inf. I. G. 22 janv. 1828, § 2, n° 1231.

15. — Les quittances de traitemens des employés d'une commune ne peuvent sans contravention être mises à la suite les unes des autres. (*Sol.* 18 *fév.* 1831.) . . . . . I. G. 25 juin 1831, § 9, n° 1370.
— *V.* Comptabilité *communale*, n° 1 ; Comptabilité *publique*, n°s 3 *et* 4 ; Quittances, n°s 24 et 27.

16. — **Registres** *de l'état civil.* — Les actes de notoriété, requête et homologation ayant pour objet de suppléer aux registres de l'état civil, peuvent être écrits à la suite les uns des autres. (*Déc.* 27 *août* 1824.) I. G. 18 déc. 1824, § 12, n° 1150.

17. — **Révocations.** — Les révocations de testamens ou de procurations peuvent être écrites à la suite des actes révoqués. (*Décret* 15 *juin* 1812.) I. G. 23 juill. et 1812, n° 591.

18. — **Scellés.** — L'ordonnance du juge, le procès-verbal d'apposition et celui de levée des scellés peuvent être écrits à la suite les uns des autres sur la même feuille. (*Déc. f.* 20 *avril* 1813.) I. G. 28 avril 1813, n° 634.

ACTES *antérieurs à l'établissement de l'enregistrement.* — *Exempts* de l'enregistrement. (*Loi enreg., art.* 70, § 3, *n°* 16.) Circ. n° 1450.

2. — On peut faire usage ou délivrer copie des actes et jugemens antérieurs au contrôle sans les soumettre à l'enregistrement. (*Déc.* 4 *sept.* 1824.) . . . . I. G. 18 déc. 1824, § 1, n° 1150.
— *V.* Actes *des notaires, n°* 1 ; Mutations, n°s 2, 3 et 4.

ACTES *à plusieurs dates.* — *V.* Délais, n° 2.

ACTES *civils.* — Ils doivent être enregistrés sur les minutes, brevets ou originaux. (*Loi enreg. art.* 7.) *V.* Paiement *des droits.* Circ. n° 1450.

ACTES *concernant des biens à l'étranger.* — *V.* Actes *passés à l'étranger.*

ACTES *contenant plusieurs dispositions.* — *V.* Dispositions *indépendantes.*

ACTES *d'administration publique.* — Ils sont *exempts* de l'enregistrement. (*Loi enreg., art.* 70, § 3, *n°* 2) Circ. n° 1450.

2. — Ces actes sont *exempts* du timbre. (*Loi timb., art* 16.) Circ. n° 1419.

ACTES *d'adoptions.* — *V.* Adoptions.

ACTES *de complément,* ou qui ne contiennent que l'exécution et la consommation d'actes antérieurs enregistrés, 1 *fr. fixe.* (*Loi enreg., art.* 68, § 1, *n°* 6.) Circ. n° 1450.

ACTES *d'héritiers.* — *V.* Absences, n°s 1 et suiv. ; Héritiers (*Actes d'*).

ACTES *de l'état civil,* sont *exempts* de l'enregistrement. (*Loi enreg., art.* 70, § 3, *n°* 8.) Circ. n° 1450.

2. — **Expéditions** des ordonnances et procès-verbaux contenant indication du jour ou prorogation de délai pour la tenue des assemblées préliminaires au mariage ou à divorce, 2 *fr. fixe.* (*Loi enreg., art.* 68, § 2, *n°* 8.) Circ. n° 1450.

3. — **Procès-verbaux** relatifs aux assemblées préliminaires au mariage ou au divorce, 2 *fr. fixe.* (*Sol.* 27 *brum. an* 8.) Circ. n° 1692.

4. — **Publications** de promesses de mariage sont *exemptes* de l'enregistrement. (*Sol.* 27 *brumaire an* 8.) Circ. n° 1693.

5. **ACTES** *de l'État civil.* — RECTIFICATIONS. — Les actes et jugemens ayant pour objet la rectification des actes de l'état civil concernant des indigens, doivent être enregistrés *gratis*. (*Déc. f. et j.*) I. G. 6 brum. an XI, n° 90.

6. — Les actes de procédure et les jugemens à la requête du *ministère public*, ayant pour objet de suppléer aux actes de l'état civil des *indigens* ou de remplacer les registres, doivent être visés pour timbre et enregistrés *gratis*. (*Loi* 25 *mars* 1817, *art.* 75.) I. G. 27 mars 1817, § 2, n° 768.

7. — L'indigence des parties doit être constatée par un certificat ou par le jugement, pour accorder le *visa* pour timbre et l'enregistrement *gratis* aux actes ayant pour objet la rectification des actes de l'état civil. (*Déc. f.*) I. G. 19 avril 1821 § 2, n° 978.

— *V.* ACTES *à la suite*, *n°* 16; CERTIFICATS, n°s 2, 13 et 14.

8. — **TIMBRE.** — EXPÉDITIONS. — Les extraits doivent être délivrés sur moyen papier. . . . Circ. n° 1496.

9. — Les extraits délivrés aux indigens sont sujettits au timbre. (*Déc. f.* 2 *germ. an VII.*) Circ. n° 1566.

10. — Les expéditions des actes de l'état civil délivrées au trésorier d'une fabrique sont assujetties au timbre (*Cass.* 6 *nov.* 1832.) I. G. 23 mars 1833, § 18, n° 1422.

11. — MILITAIRES. — Les extraits des actes de l'état civil produits par les veuves ou enfans de militaires pour obtenir ou toucher des pensions, sont *exempts* du timbre. (*Déc. f.* 15 *janv.* 1823.) *V.* SERVICE *militaire*, n°s 3 et 4. I. G. 4 mars 1823, n° 1073.

12. — PROMESSES *de mariage.* — Les affiches portant publication sont soumises au timbre. (*Déc. f.* 13 *fruct. an X.*) I. G. 27 fruct. an X, § 11, n° 72.

13. — Les certificats de publication de promesses de mariage peuvent être rédigés sur petit papier, à moins qu'ils ne renferment la copie littérale de l'acte de publication. (*Déc. f.* 27 *oct.* 1807.) *V.* PUBLICATIONS *de promesses*. I. G. 2 avril 1808, § 2, n° 371.

14. — REGISTRES. — Les registres contenant les publications des actes d'adoption, de mariage et de divorce doivent être tenus en papier timbré. (*Déc. f.* 20 *niv. an IX.*) . . . Circ. 9 germ. an IX, n° 1983.

15. — REGISTRES *adirés.* — Les greffiers peuvent faire sur papier *non timbré*, les copies destinées à remplacer les registres de l'état civil perdus par force majeure. (*Déc. f.* 14 *avril* 1817.) *V.* CERTIFICATS, n°s 13 et 14. I. G. 24 avril 1817, § 1, n° 774.

16. — TABLE *décennale.* — Cette table doit être sur papier de la dimension du registre des actes de l'état civil. (*Déc. f.* 15 *mars* 1808.) I. G. 17 mai 1808, § 2, n° 377.

ACTES *d'émancipation.* — *V.* ÉMANCIPATIONS.

ACTES *de notoriété.* — 1 *fr. fixe.* (*Loi enreg., art.* 68, § 1, *n°* 5.) Modifié. n° 2 inf. . . . Circ. n° 1450.

2. — 2 *fr. fixe.* (*Loi* 1816, *art.* 43, *n°* 2.) I. G. 29 avril 1816, n° 714.

3. — MILITAIRES *absens.* — Les actes de notoriété et les procès-verbaux des juges de paix constatant les causes de la disparition des militaires, ou l'indigence de leurs veuves et orphelins, à l'effet d'obtenir une pension, sont *exempts* du timbre et de l'enregistrement. (*Déc. f.* 26 *janv.* 1824.) I. G. 6 mars 1824, n° 1124.

ACTES *de poursuites dans l'intérêt de l'état.* — Les exploits, commandemens et autres actes ayant pour objet le recouvrement des contributions publiques ou d'autres sommes dues à l'état, doivent être enregistrés *gratis*, lorsqu'il s'agira de cotes, droits ou créances au-dessous de 25 fr. (*Art.* 70, § 2.) Pour les cotes au-dessus de 25 fr., 1 *fr. fixe.* (*Art.* 68, § 1, *n°* 30. *Loi enreg.*) Modifié. n° 5, inf. Circ. n° 1450.

2. — Idem. (*Loi* 1816, *art.* 43, *n°* 13.) Modifié. n° 5, inf. I. G. 29 avril 1816, n° 714.

3. — Idem. (*Av. cons. d'état, et déc. f.*, 24 *nov.* 1821.) Modifié. n° 5, inf. . . . . . . I. G. 13 déc. 1821, § 1, n. 1012.

4. **ACTES** *de poursuites dans l'intérêt de l'État.* — Ils doivent être enregistrés *gratis* lorsque les *cotes entières* n'excèdent pas 25 fr. (*Déc.* 5 *germ. an XIII.*) Modifié. n° 5 inf. I. G. 3 fruct. an XIII, § 8, n° 290.

5. — Les actes de poursuites et autres, ayant pour objet le recouvrement des sommes dues à l'état, contributions publiques, locales et mois de nourrice, doivent être enregistrés *gratis*, lorsqu'il s'agira de cotes ou créances de 100 fr. et au-dessous. (*Loi* 1824, *art.* 6.) I. G. 23 juin 1824, § 6, n° 1136.

6. — On ne doit pas réclamer les droits en débet des actes antérieurs à la loi du 16 juin 1824 qui peuvent être enregistrés *gratis* depuis la promulgation de cette loi. (*Sol.* 1er *sept.* 1824.) *V.* Actes *judiciaires en matière de contributions*. . . . . I. G. 18 déc. 1824, § 6, n° 1150.

7. — Amendes *forestières*. — Les extraits de jugemens de condamnation peuvent être délivrés sur papier *non timbré*; mais les actes de poursuites à la requête de l'administration forestière ne peuvent être admis au visa pour timbre et à l'enregistrement *en débet*; les droits doivent être payés *comptant*. Abrogé, n° 15 inf. . . . . I. G. 24 déc. 1811, n° 557.

— *V.* Conscription.

8. — Contributions *directes*. — Les commandemens collectifs en matière de contributions directes peuvent être écrits sur la même feuille, et ne sont passibles d'un droit d'enregistrement, qu'autant que l'une des cotes s'élèverait au-dessus de 100 fr. (*Déc. f.* 15 *oct.* 1829.) *V.* nos 12 et 13 inf. I. G. 29 déc. 1829, § 6, n° 1303.

9. — Contributions *indirectes*. — Les actes faits et délivrés *directement* par les préposés des droits réunis aux redevables, sont dispensés du timbre autre que celui spécialement consacré à cette administration par la loi du 24 avril 1806 et le décret impérial du 31 août suivant. Les actes qui restent assujettis au timbre ordinaire sont les contraintes, procès-verbaux et leurs significations, les transactions et obligations. (*Déc. f.* 5 *mai* 1807.) I. G. 16 mai 1807, n° 327.

10. — Les droits des actes, procès-verbaux et jugemens relatifs à l'administration des contributions indirectes doivent être payés *comptant*. (*Ord. roy.* 22 *mai* 1816, *art.* 4.) I. G. 3 juin 1816, n° 726.

11. — Enregistrement *et domaines*. — Les actes de poursuites concernant l'administration doivent être enregistrés en *débet*. (*Déc. f.*) I. G. 15 niv. an XI, n° 115.

— Expropriations *pour cause d'utilité publique*. — *V.* Acquisitions *par les établissemens publics*, *nos* 19 *et* 20. — Acquisitions *par l'état*, *nos* 2 *et suiv.*

— *V.* Garantie (*droits de*); Garde *nationale*, *n°* 1, 2 *et* 3.

12. — Paiement *immédiat*. — Les actes de poursuites pour le recouvrement des *contributions directes* sont *exempts* de l'enregistrement, lorsque les contribuables se libèrent dans les *quatre jours*. (*Déc. f.* 27 *mars* 1822.) *V.* n° 13 inf. . . . . I. G. 17 avril 1822, n° 1033.

13. — Lorsque les contribuables se libèrent intégralement dans les *quatre jours*, les actes de poursuites au lieu d'être *exempts* de la formalité doivent être enregistrés *gratis*, même pour les cotes au-dessus de 100 fr.; mais la libération entière doit être certifiée sur l'acte par le percepteur. (*Déc. f.* 26 *déc.* 1834.) *V.* Comtabilité *publique*, *n°* 7. I. G. 19 janv. 1835, n° 1475.

14. — **TIMBRE.** — Les actes de poursuites doivent être rédigés sur papier de débite. . . . Circ. 5 vend. an XI.

15. — Délits *forestiers*. — Les significations de jugemens *par défaut* faites par les agens forestiers peuvent être écrites sur papier visé pour timbre en *débet*; mais les actes de poursuites pour le recouvrement à la diligence des Receveurs des domaines doivent être sur papier timbré. (*Déc. f.* 4 *oct.* 1828.) *V.* n° 7 sup. et Exploits, n° 7. . . . I. G. 17 janv. 1829, § 7, n° 1265.

ACTES *de poursuites dans l'intérêt des Établissemens publics.* — Les Procès-verbaux des gardes forestiers des communes et hospices doivent être visés pour timbre et enregistrés en *débet*, ainsi que les actes et jugemens qui interviennent sur ces procès-verbaux. I. G. 28 prair. an X, n° 58.

2. — Les actes de procédure dans l'intérêt des communes doivent être visés pour timbre et enregistrés en *débet*. (*Délib.* 7 *therm. an XI.*) I. G. 6 fruct. an XI, n° 155.

3. — Les actes de poursuites dans l'intérêt des hospices sont soumis au timbre et à l'enregistrement *au comptant*. (*Av. Cons. d'Etat*, 5 *niv. an XII.*) . . . . I. G. 9 pluv. an XII, n° 201.

4. — Les actes de poursuites ayant pour objet le recouvrement des restitutions et dommages au profit des communes et des établissemens publics pour délits dans leurs bois, doivent être enregistrés *gratis* si les sommes réunies n'excèdent pas 100 fr., ou au droit *fixe de* 1 *fr.* si elles sont supérieures. (*Déc. f.* 7 *mars* 1828.). . . . . . . I. G. 17 janv. 1829, § 4, n° 1265.

ACTES *de poursuites en matière criminelle ou de police.* — Les actes de police générale et de vindicte publique, ceux des commissaires du gouvernement et les copies des pièces de procédure criminelle qui doivent être délivrées sans frais, sont *exempts* du timbre. (*Loi timb., art.* 16, *n°* 1.) Circ. n° 1419.

2. — Les actes, procès-verbaux et jugemens en matière criminelle ou de police sont tarifés à 1 *fr. fixe.* (*Loi enreg., art.* 68, § 2, *n°* 48.) Les actes de l'espèce à la requête du ministère public pour faits de *police ordinaire*, émanés des juges de paix, procureurs du roi, commissaires de police, gardes établis par l'autorité, et les jugemens qui interviennent sur ces actes, doivent être enregistrés en *débet*, sauf recouvrement des droits sur les condamnés. (*Art.* 70, § 1.) Les actes et procès-verbaux, autres que ceux des gendarmes et huissiers, et les jugemens concernant la *police générale* ou la *vindicte publique* sont *exempts* de l'enregistrement. (*Art.* 70, § 3, *n°* 9.) Ceux des huissiers et gendarmes doivent être enregistrés *gratis*. (*Loi enreg., art.* 70, § 2, *n°* 3.) Circ. n° 1450.

3. — Les actes et jugemens en matière *criminelle* restent *exempts* d'enregistrement ou doivent être enregistrés *gratis*; en matière *correctionnelle* ou de *police*, l'enregistrement et le visa pour timbre sont donnés en *débet*. (*Ord. roy.* 22 *mai* 1816). . . . . I. G. 3 juin 1816, n° 726.

4. — Confirmation de ces règles en ce qui concerne l'enregistrement et le timbre en *débet* des actes concernant la *police ordinaire* et la répression des délits et contraventions aux réglemens généraux de police et d'impositions, lorsqu'il n'y a pas de partie civile en cause. (*Loi* 25 *mars* 1817, art. 74.) I. G. 27 mars 1817, § 1, n° 768.

5. — Les actes de poursuites à la requête des commissaires du gouvernement, en matière civile ou criminelle, doivent être visés pour timbre et enregistrés en *débet*. (*Déc. f.*, 5 *fruct. an XI.*) I. G. 22 vend. an XII, n° 169.

6. — Les actes des huissiers et gendarmes en matière criminelle et de police doivent être enregistrés *gratis*. (*Déc. f.*, 20 *frim. an XIII.*). . . . . I. G. 3 fruct. an XIII, § 7, n° 290.

7. — Les registres des tribunaux de police correctionnelle ou de simple police ne sont pas sujets au timbre, les procès-verbaux et les expéditions de jugemens sont passibles, en *débet*, des droits de timbre et d'enregistrement. (*Déc. f.*) . . . . I. G. 19 nov. 1812, n° 613.

8. — Les procès-verbaux, actes et jugemens en matière de *crimes et délits*, lorsqu'il n'y a pas de parties civiles, sont affranchis du timbre et de l'enregistrement; mais les actes et jugemens en matière correctionnelle ou de simple police, les procès-verbaux de contraventions aux réglemens de police et d'impositions, ceux des gardes ruraux et forestiers; enfin, les notifications des huissiers et gendarmes doivent être timbrés et enregistrés en *débet*. (*Déc. f. et j.*, 24 *sept.* 1823.) . . . . I. G. 12 nov. 1823, n° 1102.

9. **ACTES** *de poursuites en matière criminelle et de police.* — Les actes et procès-verbaux qui ont pour objet la répression simultanée d'un *délit* et d'une *contravention* sont *exempts* du timbre et de l'enregistrement. (*Déc. f.*, 13 *fév.* 1829.) . . . . I. G. 24 mars 1829, nº 1271.

ACTES *de prêts sur dépôts.* — *V.* Prêts *sur dépôts.*

ACTES *de produit aux greffes.* — Les actes de l'espèce ne donnent pas lieu au droit d'enregistrement; la signification qui en est faite entre avoués est passible du droit ordinaire, et la mention sur le registre des productions remises n'est sujette à aucun droit. (*Déc. f.* 13 *juin* 1809.) I. G. 4 juill. 1809, § 13 et 59, nº 436.

2. — *Aux ordres.* — 1 *fr. fixe.* On ne peut les relater dans le procès-verbal du juge commissaire avant l'enregistrement. (*Déc. j. et f.* 21 *janv. et* 2 *fév.* 1813.) *V.* Actes *judiciaires, nº* 46; Ordres, nºˢ 2 et 3. I. G. 11 fév. 1813, nº 620.

ACTES *de recours.* — *V.* Exploits, nº 4; Pourvois.

ACTES *des avoués.* — Timbre. — Les actes des avoués et leurs copies sont assujettis au timbre de dimension (*Loi timb., art.* 12, *nº* 1) à peine de 100 *f. d'amende.* (*Art.* 26 *nº* 5.) Modifié. nº 2 inf. Circ. nº 1419.

2. — L'amende est réduite à 20 *fr.* (*Loi* 1824, *art.* 10.) I. G. 23 juin 1824, § 10, nº 1136.

— *V.* Appels, nº 6.

ACTES *des bureaux de paix.* — *V.* Actes *passés en conséquence*, *nº* 18; Bureaux *de paix;* Conciliations.

ACTES *des établissemens publics.* — *V.* Actes *administratifs.*

ACTES *des gendarmes.* — *V.* Actes *de poursuites en matière criminelle et de police*, nº 6.

ACTES *des greffes.* — *V.* Actes *judiciaires;* Dépôts *aux greffes;* Paiement *des droits;* Rédaction.

ACTES *des huissiers.* — Les actes des huissiers et les copies sont assujettis au timbre de dimension (*Loi timb., art.* 12, *nº* 1) à peine de 100 *fr. d'amende.* (*Art.* 26, *nº* 5.) Modifié. nº 2 inf. Circ. nº 1419.

2. — L'amende est réduite à 20 *fr.* (*Loi* 1824, *art.* 10.). I. G. 23 juin 1824, § 10, nº 1136.

— *V.* Actes *de poursuites en matière criminelle et de police*, nº 6; Bureaux, nº 1; Exploits; Paiement *des droits.*

ACTES *des notaires.* — Les droits des actes notariés non contrôlés ni enregistrés doivent être liquidés d'après le tarif existant, les doubles droits et amendes sont remis pour toutes les contraventions antérieures à la loi du 19 décembre 1790; sous l'empire de cette loi la peine est celle du double droit; en cas de décès du notaire contrevenant, on ne peut exiger de ses héritiers que le droit simple; si le notaire est insolvable, les parties peuvent être poursuivies en paiement des droits simples, à moins qu'elles ne justifient d'une expédition en forme. (*Déc. f.* 1ᵉʳ *sept.* 1807.). . . . . I. G. 17 sept. 1807, nº 340.

— *V.* Actes *civils;* Bureaux, nº 1 et suiv; Délais; Paiement *des droits;* Prescriptions, nº 4.

2. — Timbre. — Ils sont assujettis au timbre de dimension, ainsi que les expéditions (*Loi timb., art.* 12, *nº* 1), à peine de 100 *fr. d'amende.* (*Art.* 26, *nº* 5.) Modifié. nº 3 inf. Circ. nº 1419.

3. — L'amende est réduite à 20 *fr.* (*Loi* 1824, *art.* 10.) I. G. 23 juin 1824, § 10, nº 1136.

ACTES *de société.* — *V.* Sociétés.

ACTES *des porteurs de contraintes.* — *V.* Porteurs *de contraintes.*

ACTES *des prudhommes.* — *V.* Prudhommes.

ACTES *de tutelle.* — *V.* Tutelles.

ACTES *de tutelle officieuse.* — *V.* Tutelles *officieuses.*

ACTES *de voyage.* — *V.* Actes judiciaires ; Rédaction, nos 5 et 6.

ACTES *du gouvernement.* — *Exempts* de l'enregistrement. (*Loi enreg., art.* 70, § 3, *n*° 1.) Circ. n° 1450.

2. — Timbre. — Ces actes sont *exempts* du timbre. (*Loi timb., art.* 16, *n*° 1.). . . . . Circ. n° 1419.

ACTES *en brevet.* — Ils peuvent être mis indifféremment sur papier de toute dimension. (*Déc. f.* 12 *vent. an VII.*) *V.* Rédaction, nos 7 et 8. Circ. n° 1566.

ACTES *extrajudiciaires.* — Ils doivent être enregistrés sur les minutes, brevets ou originaux (*Loi enreg., art.* 7.) *V.* Actes *de poursuites dans l'intérêt de l'état et des établissemens publics;* Copies *signifiées ;* Exploits. Circ. n° 1450.

ACTES *imparfaits.* — L'acte resté imparfait est passible du droit *fixe d'un franc*, à moins qu'il ne soit sujet au droit proportionnel pour quelques dispositions subsistantes, on ne peut d'ailleurs en faire aucun usage avant l'enregistrement. (*Déc. f.* 13 *juin* 1809.) *V.* Mutations *secrètes*, *n*° 20. I. G. 4 juill. 1809, § 62, n° 436.

ACTES *innommés.* — Tous actes civils, judiciaires ou extrajudiciaires non tarifés, 1 *fr. fixe.* (*Loi enreg., art.* 68, § 1, *n*° 51.) Circ. n° 1450.

ACTES *judiciaires.* — **1er DEGRÉ.** — Justices *de paix.* — Les actes et jugemens *préparatoires* des juges de paix et les jugemens *définitifs* donnant lieu à un droit proportionnel inférieur à un franc, 1 *fr. fixe.* (*Loi enreg., art.* 68, § 1, *n*° 46.) . . . Circ. n° 1450.

2. — Les jugemens *définitifs* portant renvoi ou décharge, débouté d'opposition, validité de congé, expulsion, condamnation à réparation d'injures, et généralement tous ceux qui, contenant des dispositions définitives, ne donnent pas lieu au droit proportionnel, 2 *fr. fixe.* (*Loi enreg., art.* 68, § 2, *n*° 5.) Circ. n° 1450.

3. — Jugemens *excédant la compétence.* — Ces jugemens, lorsqu'ils ne donnent pas lieu à un droit proportionnel supérieur, doivent 3 *fr. fixe.* (*Loi* 1816, *art.* 44, *n*° 9.) . . I. G. 29 avril 1816, n° 714.

— *V.* nos 42, 43, 44 et 55 inf.

4. — **2e DEGRÉ.** — Tribunaux *de 1re instance, de commerce ou d'arbitrage.* — Les jugemens *préparatoires*, ordonnances et tous autres actes passés aux greffes de ces tribunaux, 2 *fr. fixe.* (*Loi enreg., art.* 68, § 2, *n*° 6 *et* 7.) Modifié. n° 5 inf. . . . . Circ. n° 1450.

5. — 3 *fr. fixe.* (*Loi* 1816, *art.* 44, *n*° 10.) I. G. 29 avril 1816, n° 714.

6. — Les jugemens *définitifs* qui ne donnent pas lieu à un droit proportionnel supérieur, 3 *fr. fixe.* (*Loi enreg., art.* 68, § 3, *n*° 7.) Modifié. n° 7 inf. Circ. n° 1450.

7. — 5 *fr. fixe.* (*Loi* 1816, *art.* 45, *n*° 5.) I. G. 29 avril 1816, n° 714.
— *V.* Adoptions, n° 2.

8. — Appels *des jugemens de justices de paix.* — Les jugemens prononçant sur l'appel des juges de paix, 5 *fr fixe.* (*Loi* 1816, *art* 45, *n*° 5.) I. G. 29 avril 1816, n° 714.

9. — Divorces. — Les actes et jugemens interlocutoires ou préparatoires des divorces, 5 *fr. fixe.* (*Loi* 1816, *art.* 45, *n*° 8.) *V.* Divorces, n° 2. I. G. 29 av. 1816, n° 714.

10. — Interdictions. — Les jugemens portant interdiction, 15 *fr. fixe.* (*Loi enreg., art.* 68, § 6, *n*° 2.) Circ. n° 1450.

11 — Jugemens *hors compétence.* — Les jugemens rendus sur consentement volontaire au-delà des limites de la compétence, 10 *fr. fixe*, s'ils ne donnent pas ouverture à un droit proportionnel plus élevé. (*Loi* 1816, *art.* 46, *n*° 1.) . . . . I. G. 29 avril 1816, n 714.

12. — Séparations *de biens.* — Les jugemens portant séparation de biens qui ne donnent pas lieu au droit proportionnel, 15 *fr. fixe.* (*Loi enreg., art.* 68, § 6, *n*° 2.) *V.* n° 59 inf. Circ. n° 1450.

13. ACTES *judiciaires.* — **3e DEGRÉ.** — COURS *royales.* — Les arrêts interlocutoires et *préparatoires* qui ne donnent pas lieu à un droit proportionnel supérieur, les ordonnances et tous autres actes passés aux greffes de ces cours, 5 *fr. fixe* (*art.* 45, *no* 6). Les arrêts *définitifs*, 10 *fr. fixe*, ou le droit proportionnel s'il est supérieur. (*Loi* 1816, *art.* 46, *no* 2.) I. G. 29 avril 1816, no 714.

— *V.* ADOPTIONS, no 2.

14. — INTERDICTIONS. — Les arrêts prononçant interdiction, 25 *fr. fixe.* (*Loi* 1816, *art.* 47, *no* 2.) I. G. 29 avril 1816, no 714.

15. — SÉPARATIONS. — Les arrêts prononçant une séparation de corps, 25 *fr. fixe.* (*Loi* 1816, *art.* 47, *no* 2.) *V.* no 59 inf. I. G. 29 avril 1816, no 714.

16. — **4e DEGRÉ.** — COUR *de cassation et conseils du roi.* — Arrêts de cette cour, 25 *fr. fixe.* (*Loi enreg. art.* 68, § 7.) Modifié no 17 inf. Circ. no 1450.

17. — Arrêts préparatoires, 10 *fr. fixe* (*art.* 46, no 3); arrêts définitifs, 25 *fr. fixe.* (*Loi* 1816, *art.* 47, *no* 3.) I. G. 29 avril 1816, no 714.

18. — Les actes judiciaires doivent être enregistrés, tantôt sur les minutes, tantôt sur les expéditions (*art.* 7). Pour les derniers, les droits fixes ou proportionnels sont perçus sur la première expédition, et les expéditions subséquentes ne sont assujetties qu'au droit fixe. (*Art.* 8, *Loi enreg.*) Modifié. no 21 inf. Circ. no 1450.

19. — Le jugement assujetti à l'enregistrement sur la minute par l'une de ses dispositions, donne lieu à la perception sur toutes. Modifié. no 20 inf. . . . . I. G. 14 niv. an X, no 34.

20* — Lorsqu'un jugement contient plusieurs dispositions dont les unes le rendent sujet à l'enregistrement sur la minute, et les autres seulement sur l'expédition, on ne doit exiger les droits que pour les premières, sauf la perception à faire sur l'expédition. (*Av. Cons d'État* 8 *juill.* 1809.) *V.* no 21 inf. I. G. 30 sept. 1809, no 452.

21. — Les actes judiciaires doivent tous, et sans exception, être enregistrés sur les minutes. (*Loi* 1816, *art.* 38.) I. G. 29 avril 1816, no 714.

— *V.* ACTES *de poursuites dans l'intérêt de l'état et des établissemens;* ACTES *judiciaires en matière criminelle et de police;* ACTES *judiciaires en matière de contributions;* BUREAUX, no 1; GREFFES (*droits de*); MISE *au rôle.*

22. — ABSENCE. — L'ordonnance par laquelle le président commet un juge rapporteur sur une requête en déclaration d'absence, n'est pas sujette à l'enregistrement; mais le jugement doit être enregistré dans les *vingt jours.* (*Déc. f.* 13 *juin* 1809.) . . . I. G. 4 juill. 1809, § 65, no 436.

— *V.* ACTES *à la suite*, nos 4 et 12; ACTES *de poursuites en matière criminelle et de police;* ACTES *passés en conséquence*, no 17; ADOPTIONS.

— ADJUDICATIONS *en justice.* — *V.* VENTES D'IMMEUBLES.

23. — ANTÉRIEURS *à la loi de* 1816. — Les actes judiciaires d'une date antérieure à la loi de 1816, peuvent être enregistrés sur les expéditions seulement, conformément à la loi du 22 frim. an VII. (*Déc. f.* 6 *déc.* 1816.). . . . . I. G. 23 déc. 1816, § 1, no 758.

24. — APPEL. — Un jugement doit, nonobstant appel, être enregistré dans le délai, aux droits dont il est passible, même de vente, etc. (*Cass.* 21 *nov.* 1827.) *V.* nos 8, 13 et 17 sup. I. G. 22 mars 1828, § 4, no 1236.

25. — ARRÊTÉ *de compte.* — Le droit de quittance n'est pas dû sur les sommes allouées en dépense sans énonciation de quittances enregistrées. (*Cass.* 8 *mai* 1826.) . . . I. G. 30 sept. 1826, § 10, no 1200.

26. — Le jugement qui prépare un compte à rendre et indique les sommes à porter en recette ou en dépense, n'opère pas le droit proportionnel. (*Cass.* 27 *juin* 1826.) . . . I. G. 30 sept. 1826, § 11, no 1200.

27. ACTES *judiciaires*. — Biens *à l'Étranger*. — Les jugemens rendus en France sur des actes passés à l'étranger pour des biens ou créances hors du territoire, sont soumis aux droits ordinaires. (*Déc. f.* 13 *juin* 1809.) *V.* Actes *passés à l'étranger*. . . . . I. G. 4 juillet 1809, § 43, n° 436.

— *V.* Bureaux *de paix*; Conciliations.

28. — Condamnations, Collocations et Liquidations. — Les *jugemens* portant condamnation, collocation ou liquidation de sommes et valeurs. 50 *cent. p.* °/₀. Le droit n'est dû que sur le supplément lorsqu'il a déjà été perçu sur un premier jugement. (*Loi enreg., art.* 69, § 2, *n°* 9.) *V.* n°s 30, 34, 38, 48 et 59 inf. . . . . Circ. n° 1450.

29. — Les jugemens portant condamnation de dépens au profit des avoués contre leurs cliens ne sont sujets à l'enregistrement sur la minute que lorsque l'action est prescrite. Modifié. n° 21 sup. I. G. 3 fruct. an XIII, § 33, n° 290.

30. — Consentement. — Le jugement qui donne acte, sans condamnation, du consentement de payer une somme liquide due par acte enregistré, ne donne pas lieu au droit proportionnel. (*Cass.* 24 *nov.* 1829.) *V.* n° 59 inf. . . . . I. G. 27 mars 1830, § 7, n° 1307.

31. — Conventions *verbales*. — Le droit de titre est exigible sur les jugemens qui constatent l'existence de conventions verbales. *V.* n°s 47, 60 et suiv. inf. . . . . . . I. G. 7 flor. an XI, n° 132.

— *V.* Délais n° 1; Dispositions *indépendantes*, *n°s* 5, 6 *et* 7; Divorces. *V.* n° 1 et suiv., et n° 9 sup.; Dommages *intérêts*.

— Droits *de titres*. — *V.* n° 31 sup., 60 et suiv. inf.

32. — Délibérés. Les jugemens rendus à l'audience qui ordonnent un délibéré ne sont pas soumis à l'enregistrement sur la minute. (*Déc. f.* 13 *juin* 1809.) Modifié. n° 21. sup. I. G. 4 juillet 1809, § 12, n° 436.

— Émigrés, *V.* n° 38 inf.; Enquêtes; Expéditions (*droits d'*).

33. — Faillites. — Le jugement qui substitue un juge commissaire à celui nommé d'abord, est *exempt* d'enregistrement. (*Sol.* 12 mai 1824.). . . . . I. G. 8 sept. 1824, § 7, n° 1146.

34. — Le jugement qui déclare un associé commanditaire et fixe sa commandite n'opère pas le droit proportionnel de liquidation ou de condamnation. (*Cass.* 20 *juin* 1826.) I. G. 30 sept. 1826, § 8, n° 1200.

35. — Le rapport du juge commissaire en exécution de l'art. 458 C. Com. est *exempt* du timbre et de l'enregistrement; il n'est pas nécessaire de dresser acte du dépôt au greffe. (*Déc. f.* 10 *mai* 1832.) I. G. 30 sept. 1832, § 7, n° 1410.

36. — L'inventaire des meubles d'un failli, fait par les syndics et revêtu de la signature du juge de paix est comme acte judiciaire soumis à l'enregistrement dans les 20 jours, et les droits peuvent être poursuivis contre les syndics; mais *sans double droit* pour le retard. (*Cass.* 20 *août* 1834.) I. G. 31 déc. 1834, § 2, n° 1473.

--- Faillites; Garde *nationale*, n° 1 et suiv.

37. — Homologations *de délibérations*. — Les jugemens portant homologation de délibérations des chambres de discipline des huissiers sont sujets au droit *fixe de* 5 *fr.*, et l'expédition est passible des droits de greffe. (*Déc. f.* 3 *janv.* 1823.) . . . . . I. G. 8 fév. 1823, § 2, n° 1068.

38. — Indemnité *d'Émigré*. — Le jugement qui fixe la part afférente à un héritier dans une indemnité d'émigré doit 50 cent. p. °/₀ comme contenant liquidation. (*Sol.* 6 *mai* 1831.) I. G. 20 sept. 1831, § 4, n° 1381.

39. — Indigens. — Les actes de procédure concernant les indigens sont assujettis aux droits ordinaires. (*Déc. f.* 18 *août* 1829.) I. G. 29 déc. 1829, § 2, n° 1303.

40. — Interrogatoires. — Les ordonnances rendues pour parvenir aux interroga-

toires sur faits et articles sont soumises à l'enregistrement et doivent l'être avant la signification. (*Déc. f.* 13 *juin* 1809.) I. G. 4 juillet 1809, § 29, n° 436.

41. ACTES *judiciaires*. — JUGEMENS *par défaut*. — Les jugemens par défaut auxquels les parties ont formé opposition doivent être enregistrés. Si la signification est faite par acte d'avoué à avoué, elle n'est passible que du droit fixé pour les significations de cette nature. (*Déc. j.* 17 *vend. an XIII.*) I. G. 3 fruct. an XIII, § 67, n° 290.

— JUGEMENS *infirmés*. — *V.* RESTITUTIONS, n° 8 et suiv.

42. — JUSTICES *de Paix*. — Les actes passés aux greffes des justices de paix en vertu de commissions des tribunaux de première instance sont *exempts* des droits de greffe. (*Déc. f.* 21 *mars* 1809.) I. G. 28 avril 1809, § 5, n° 429.

43. — COMMISSIONS. — Les commissions données aux huissiers par les juges de paix pour citer devant eux, ne sont passibles d'aucun droit. (*Déc. f.* 13 *juin* 1809.) . . . I. G. 4 juillet 1809, § 1, n° 436.

44. — JUGEMENS *hors compétence*. — Les jugemens rendus au-delà des limites de la compétence des juges de paix, sur la réquisition des parties, ne sont passibles que des droits fixés pour les jugemens des juges de paix. (*Déc. f.* 13 *juin* 1809.) Abrogé. n° 3, sup. I. G. 4 juillet 1809, § 3, n° 436.

— LIQUIDATIONS. — *V.* n°s 28, 30, 34 sup. 48 et 59 inf.

45. — MINIMUM. — Le droit *fixe de* 1 *fr. ou* 3 *fr.* est le *minimum* des droits à percevoir sur les jugemens qui donnent lieu à un droit proportionnel inférieur. (*Déc. f.* 24 *mai* 1808.) *V.* n° 57 inf. I. G. 29 juin 1808, § 1, n° 386.

— MORTS *violentes*. — PROCÈS-VERBAUX *de délits*, n° 19.

— *V.* NOMINATIONS *d'experts*; ORDONNANCES.

— OPPOSITIONS. — *V.* n° 41 sup.

46. — ORDRES. — Le jugement qui ordonne l'admission d'un créancier dans un ordre à ouvrir, est passible du droit *fixe* seulement. (*Sol.* 13 *fév.* 1829.) . . . . I. G. 28 juin 1829, § 2, n° 1282.

— PAIEMENT. — *V.* PAIEMENT *des droits*.

47. — PENSIONS *alimentaires*. — Les jugemens qui accordent des secours aux ascendans ou époux divorcés ne sont passibles que du droit de condamnation, sans droit de titre. (*Déc. f.* 14 *juin* 1808.) I. G. 28 juillet 1808, § 7, n° 390.

48. — PRISES *maritimes*. — Les jugemens portant liquidation définitive de prises maritimes ne sont soumis au droit de 50 *cent. p.* % qu'autant que ce droit n'aurait pas été perçu sur une liquidation partielle. (*Cass.* 1er *juin* 1813 *et déc. f.*) . . . . I. G. 18 sept. 1813, n° 650.

49. — RADIATIONS *de causes*. — Le jugement ordonnant la radiation d'une cause n'est sujet à l'enregistrement qu'autant qu'il prononce la restriction que la cause ne pourra être replacée au rôle sans la représentation d'une expédition à la charge de l'avoué. (*Déc. f.* 30 *avril* 1823.) I. G. 7 mai 1823, n° 1080.

50. — RÉCEPTIONS *de cautions*. — Les jugemens qui ordonnent de fournir caution ne doivent être enregistrés que sur l'expédition; l'acte de dépôt au greffe des titres constatant la solvabilité de la caution doit l'être sur la minute. (*Déc. f.* 13 *juin* 1809.) Modifié. *V.* n° 21 sup. I. G. 4 juillet 1809, § 40, n° 436.

— *V.* RÉCUSATIONS *de juges*; RÉDACTION *(droits de)*.

51. — RÉDACTION *des jugemens*. — Les jugemens doivent être rédigés sur la feuille d'audience avec les détails suffisans pour la perception. (*Déc. j.* 26 *sept.* 1808.) . . . I. G. 10 nov. 1808, § 7, n° 405.

52. — REMISES *de causes*. — Les jugemens de remise de cause ne sont pas sujets à l'enregistrement toutes les fois que la remise est le fait du juge. (*Déc. f.* 15 *octobre* 1816.) I. G. 23 déc. 1816, § 3, n° 758.

53. ACTES *judiciaires.* — **Remises** *de causes.* — Confirmation de ces principes; les jugemens qui ordonnent des productions de preuves ou de pièces, ou une instruction écrite doivent être enregistrés ; ceux au contraire qui n'ont pour objet qu'un simple délibéré en sont *exempts;* ces règles s'appliquent aux jugemens en matière commerciale. (*Déc. f.* 28 *nov.* 1821.) I. G. 13 déc. 1821, § 2, n° 1012.

54. — On doit appliquer l'*exemption* de l'enregistrement aux jugemens de remises de cause, même lorsqu'elles sont requises par les parties. (*Déc. f.* 27 *fév.* 1822.) . . . . . I. G. 16 mars 1822, n° 1026.

55. — *Justices de paix.* — Les jugemens de justice de paix portant remise pure et simple, sont, comme les jugemens civils de l'espèce, *exempts* d'enregistrement. (*Déc. f.* 26 *janv.* 1826.) I. G. 16 juin 1826, § 3, n° 1189.

56. — **Renvoi** *à un autre tribunal pour cause de parenté.* — L'acte qui le propose doit être enregistré dans les *vingt jours.* (*Déc. f.* 13 *juin* 1809.). . . . . I. G. 4 juillet 1809, § 31, n° 436.

— *V.* Résiliemens; Résolutions *de contrats.*

57. — **Ressort** *des tribunaux.* — Le *minimum* du droit fixe à percevoir pour les jugemens en *dernier ressort* reste fixé à 3 *fr.* lorsqu'ils ne donnent pas lieu au droit proportionnel. (*Déc. f.* 4 *oct.* 1816.) I. G. 23 déc. 1816, § 4, n° 758.

58. — La qualification en *premier* ou en *dernier ressort* exprimée dans un jugement doit servir de base à la perception du droit *fixe de* 3 *ou de* 5 *fr.;* à défaut de qualification expresse, la définition légale doit être prise pour base. (*Sol.* 25 *janv.* 1831.) . . . I. G. 25 juin 1831, § 5, n° 1370.

— *V.* Restitutions; Saisies-arrêts; Saisies-exécutions; Scellés; Sentences *arbitrales;* Servitudes *militaires.*

59. — **Séparations** *de biens.* — Le jugement de séparation qui condamne le mari à restituer la dot de sa femme et à l'indemniser des obligations contractées par elle, opère le droit de 50 *c. p.* °/° sur le montant, lors même que les sommes résulteraient du contrat de mariage ou d'actes enregistrés. (*Cass.* 2 *mars* 1835.) *V.* n°s 12 et 15 sup. I. G. 31 juillet 1835, § 4, n° 1490.

60. — **Titres** (*droits des*). — La condamnation qui ne résulte pas d'un *titre enregistré*, donne lieu à la perception du droit dû pour la convention, outre le droit du jugement. (*Loi enreg., art.* 69, § 2, n° 9.) *V.* n° 47 sup. Circ. 1450.

61. — Le droit est dû à raison de la convention non enregistrée, outre celui fixé pour le jugement. (*Déc. f.* 29 *vent. an XII.*) Circ. 8 germ. an XII.

62. — Les jugemens portant liquidation de sommes sans titres enregistrés, sont passibles du droit de titre, outre celui du jugement. (*Déc. f.* 21 *mars* 1809.). . . . . . I. G. 28 avril 1809, § 3, n° 429.

63. — Le *double droit* exigible sur un jugement enregistré après le délai ne s'étend pas aux droits de titres. (*Av. cons. d'état,* 8 *juillet* 1809.) . . . . I. G. 30 septembre 1809, n° 452.

64. — Le droit de titre n'est pas dû sur un jugement correctionnel ou criminel qui prononce l'annulation d'un titre énoncé. (*Sol.* 26 *avril* 1826.). . . . . I. G. 30 sept. 1826, § 7, n° 1200.

65. — Le droit de titre n'est pas exigible sur le jugement qui condamne un mandataire à payer des sommes touchées en vertu d'un mandat enregistré. (*Cass.* 22 *nov.* 1832.) I. G. 23 mars 1833, § 6, n° 1422.

66. — **Titres** *produits en cours d'instance.* — Le jugement énonçant la production de titres que la demande extra-judiciaire n'aurait pas indiqués ou qui auraient été déclarés faits *verbalement*, est passible du *droit simple* et du *double droit* sur le titre produit au cours d'instance. (*Loi* 1816, *art.* 57.) I. G. 29 avril 1816, n° 714.

67. ACTES *judiciaires*. — TITRES *produits en cours d'instance*. — Le titre produit dans le cours d'une instance est passible du *double droit*. (*Sol.* 3 *nov.* 1826.) . . . . I. G. 20 mars 1827, § 8, n° 1205.

68. — Mais non après une simple citation en conciliation. (*Cass.* 25 *janv.* 1827.) . . . I. G. 30 juin 1827, § 5, n° 1210.

69. — Les actes sujets à l'enregistrement avant qu'il en soit fait usage en justice peuvent être produits au cours d'instance par *le défendeur*, sans donner lieu au *double droit*. (*Cass.* 9 *fév.* 1832.) I. G. 29 juin 1832, § 1, n° 1401.

70. — La production d'une lettre missive et de la réponse qui forment traité entre les parties, ne donne pas lieu à la perception du *double droit*, et ces lettres ne sont passibles que du droit *fixe*; le droit de titre n'est exigible que sur la condamnation. (*Cass.* 26 *août* 1834.) I. G. 31 déc. 1834, § 3, n° 1473.

71. — TRIBUNAUX *étrangers*. — Les actes faits à la requête du *ministère public* pour l'exécution de commissions rogatoires émanées des tribunaux étrangers ne sont pas soumis au timbre, et doivent être enregistrés *gratis*. Les arrêts et jugemens de ces tribunaux dont l'exécution est poursuivie *sur des biens situés en France*, *à la requête des parties*, sont passibles des mêmes droits que s'ils avaient été rendus par des tribunaux français. (*Déc. f.* 27 *mars* 1829.) I. G. 17 avril 1829, n° 1274.

— *V.* TUTELLES; TUTELLES *officieuses*.

72. — ACTES *judiciaires*. — TIMBRE. — Sont sujets au timbre de dimension les actes et jugemens des divers tribunaux et des juges; les actes du greffe et leurs copies ou expéditions (*art.* 12, *n°* 1) à peine de 100 *fr. d'amende*. (*Art.* 26, *n°* 5, *Loi timb.*) Modifié. n° 73 inf. Circ. n° 1419.

73. — L'amende est réduite à 20 *fr.* (*Loi* 1824, *art.* 10.) . . . . I. G. 23 juin 1824, § 10, n° 1136.

ACTES *judiciaires en matière criminelle et de police*. — Les actes et jugemens concernant la police générale et la vindicte publique sont *exempts* du timbre. (*Loi timb.*, *art.* 16, *n°* 1.) Circ. n° 1419.

2. — Les actes et jugemens de la police ordinaire et des tribunaux de police correctionnelle, 1 *fr. fixe*. (*Loi enreg.*, *art.* 68, § 1, *n°* 48). La formalité doit être donnée *en débet*, sauf recouvrement sur les parties (*art.* 70, § 1, *n°* 5). Les actes et jugemens concernant la police générale et de sûreté, et la vindicte publique, sont *exempts* de l'enregistrement. (*Même loi*, *art.* 70, § 3, *n°* 9.) Circ. n° 1450.

3. — La loi du 18 germ. an VII n'a pas dérogé aux lois qui *exemptent* du timbre et de l'enregistrement, les actes et jugemens en matière criminelle. (*Déc. f.* 5 *avril* 1808.) I. G. 29 juin 1808, § 3, n° 386.

4. — *L'exemption* de la formalité du timbre et de l'enregistrement ne s'applique qu'aux actes et jugemens relatifs à la *police générale* ou à la *vindicte publique* (*Déc. j.*). . . . . I. G. 30 sept. 1808, § 2, n° 400.

5. — Idem. Tous autres actes et jugemens en matière criminelle, correctionnelle et de police doivent être enregistrés dans les *vingt jours* et visés pour timbre en *débet*, sauf recouvrement contre les condamnés. (*Ord. roy.* 22 *mai* 1816, *art.* 1 *et* 5.). . . . . I. G. 3 juin 1816, n° 726.

6. — Idem. (*Loi* 25 *mars* 1817, *art.* 74.) I. G. 27 mars 1817, n° 768.

7. — Les jugemens en matière de police doivent être écrits sur papier visé pour timbre *en débet*. (*Déc. f.* 15 *sept.* 1820.) I. G. 28 sept. 1820, § 2, n° 953.

8. — AMENDES *de police*. — La condamnation à une amende de police n'opère pas le droit proportionnel. (*Déc. f.* 2 *juin* 1828.) *V.* ACTES *judiciaires en matière de contributions*, *n°s* 3 *et* 4. I. G. 26 sept. 1828, § 7, n° 1256.

— *V.* ACTES *de poursuites dans l'intérêt de l'État*; APPELS, n° 3; FEUILLES *d'audience*, *n°* 1.

ACTES *judiciaires en matière de Contributions.* — Les jugemens rendus en matière de contributions publiques ou locales, quelque soit le montant des condamnations et l'autorité, 1 *fr. fixe.* (*Loi enreg., art.* 68, § 1, *n°* 49.) — La formalité doit être donnée *en débet*, sauf recouvrement contre les condamnés. (*Même loi, art.* 70, § 1.) Modifié. n° 4 inf. Circ. n° 1450.

2. — Idem, pour le timbre et l'enregistrement; mais l'administration des contributions indirectes doit payer les droits *au comptant*, pour les affaires poursuivies à sa requête. (*Ord. roy.* 22 *mai* 1816, *art.* 4 *et* 5.) I. G. 3 juin 1816, n° 726.

3. — Idem. (*Loi* 25 *mars* 1817, *art.* 74.) I. G. 27 mars 1817, n° 768.

4. — Les jugemens ayant pour objet des sommes dues à l'état sont passibles *en débet* des droits fixes et proportionnels établis pour les jugemens entre particuliers. (*Loi* 1816, *art.* 39.) *V.* Actes *judiciaires*, *n°s* 1 *et suiv. et n°* 28. I. G. 29 avril 1816, n° 714.

5. — Douanes. — Les jugemens en matière de douanes portant condamnation à une amende et confiscation de marchandises, doivent être enregistrés *en débet*, au droit de 50 *c. p.* °/₀ sur le montant de l'amende et des confiscations. — Il serait dû 2 *fr. p.* °/₀ sur ces dernières, si elles étaient formellement stipulées à titre de *dommages-intérêts.* (*Déc. f.* 1er *juill. et* 17 *sept.* 1816 *et* 13 *janv.* 1817.) Abrogé. n° 6 inf. . . . . I. G. 20 fév. 1817, n° 766.

6. — Il n'est dû que le droit fixe sur les condamnations en matière de douanes. (*Déc. f.* 24 *juin* 1830.) *V.* Actes *judiciaires en matière criminelle et de police*, *n°* 8. . . . . I. G. 27 sept. 1830, § 9, n° 1336.

— *V.* Actes *de poursuites dans l'intérêt de l'état.*

ACTES *nuls et refaits.* — *V.* Actes *refaits.*

ACTES *passés à l'étranger et dans les colonies, ou concernant des biens à l'étranger.* — Les actes passés soit en France, soit même à l'étranger, portant mutation de biens à l'étranger, sont soumis aux droits ordinaires, lorsqu'ils sont présentés à l'enregistrement en France. (*Déc. f.* 22 *vent. an XII.*) Modifié. n° 9 inf. I. G. 3 germ. an XII, n° 216.

2. — Les actes passés à l'étranger ou dans les colonies, portant transmission de biens hors du territoire français sont soumis au droit *fixe.* (*Av. cons. d'état* 6 *vend. an XIV.*) *V.* n° 9 inf. Circ. 4 niv. an XIV.

3. — Les actes concernant des biens à l'étranger ou dans les colonies, ne sont sujets qu'au droit *fixe d'un franc*, même quand ils sont passés en France. (*Déc.* 4 *fév.* 1806.) Modifié. n° 9 inf. Circ. 11 mars 1806.

4. — Les actes authentiques concernant des biens à l'étranger, ne sont passibles que du droit *fixe*, même lorsqu'ils sont passés en France, et qu'il s'agit de propriétés mobilières. (*Av. cons. d'état,* 15 *nov.* 1806.) *V.* n° 9 inf. Circ. 28 janv. 1807.

5. — Les actes passés en Hollande et les lettres de change et autres billets venant de ce pays, doivent être timbrés et enregistrés *en France*, avant d'en faire usage. (*Déc. f.* 8 *déc.* 1810.) I. G. 26 déc 1810, n° 502.

6. — Les actes passés ou concernant des biens à l'étranger, sont passibles des mêmes droits que les actes relatifs à des biens situés en France. (*Loi* 1816, *art.* 58.) Modifié. n° 9 inf. I. G. 29 avril 1816, n° 714.

7. — Les actes passés *en France* pour des biens situés en pays étranger ou dans les colonies, sont passibles des droits ordinaires. (*Av. cons. d'état*, 21 *août* 1818.) Modifié. n°s 8 et 9 inf. I. G. 28 oct. 1818, n° 859.

8. — Cette décision est *abrogée* et les actes de l'espèce ne sont passibles que du droit *fixe d'un franc.* (*Cass.* 20 *déc* 1820 *et Déc. f.* 28 *mars* 1821.) Modifié. n° 9 inf. . . . . I. G. 19 avril 1821, § 1, n° 978.

9. — Les actes translatifs de biens immeubles situés à l'étranger ou dans les colonies où l'enregistrement n'est pas établi, ne sont passibles que du droit *fixe de* 10 *fr.*, ou

du droit *proportionnel s'il était inférieur*. (*Loi* 1824, *art.* 4.). . . . . I. G. 23 juin 1824, § 4, n° 1136.

10. ACTES *passés à l'étranger et dans les Colonies, ou concernant des biens à l'étranger*. — Les actes portant transmission de biens meubles à l'étranger, sont soumis aux mêmes droits que pour les meubles situés en France; la loi de 1824 n'autorisant la perception du droit fixe que pour les immeubles. (*Déc. f.* 29 *oct.* 1824.) Abrogé. n° 11 inf. I. G. 23 mars 1825, § 2, n° 1156.

11. — La cession faite par acte passé en France d'une rente due à l'étranger, n'opère que le droit fixe, de même que toutes transmissions de propriétés mobilières à l'étranger. (*Cass.* 21 *avril* 1828.) I. G. 26 sept. 1828, § 3, n° 1256.

12. — L'acte passé avant l'introduction des lois sur l'enregistrement dans un pays réuni à la France est sujet aux droits ordinaires, lorsqu'il est présenté à la formalité. (*Cass.* 26 *mai* 1830.) I. G. 27 sept. 1830, §. 1, n° 1336.

13. — Ils doivent être enregistrés sur une traduction authentique sur laquelle on inscrit la relation avec mention correspondante sur l'acte original. Les effets de commerce peuvent être visés pour timbre d'après une déclaration des valeurs faite par les parties elles-mêmes. (*Déc. f.* 7 *mars* 1833.) I. G. 30 juin 1833, § 1, n° 1425.

— *V.* Actes *judiciaires*, n°s 27, 71; Actes *passés en conséquence*, n°s 5, 6, 7, 8 *et* 29; Amendes *de timbre*; Colonies, *et* Colons *de St.-Domingue;* Délais, n° 1; Lettres *de change*, *n°* 6; Successions, n°s 126 et 127.

ACTES *passés en conséquence d'un autre acte*. — ENREGISTREMENT. — Les notaires, greffiers, huissiers et secrétaires, ne peuvent faire aucun acte en conséquence d'un autre acte public, avant que celui-ci ait été préalablement enregistré, excepté les protêts, à peine de 50 *fr. d'amende*. (*Art* 23 *et* 41.) Modifié. n°s 2, 3 et 4 inf. Même défense d'agir en conséquence d'un acte sous seing-privé ou passé en pays étranger, ou de le recevoir en dépôt avant qu'il ait été enregistré, à peine de 50 *fr. d'amende*, outre la responsabililé des droits. (*Art.* 23 *et* 42.) Modifié. n° 2 et 4 inf. Cette défense s'applique aux juges et autorités à peine de la responsabilité des droits. (*Loi enreg. art.* 47.) Circ. n° 1450.

2. — L'amende est réduite à 10 *fr.* (*Loi* 1824, *art.* 10.) . . . . I. G. 23 juin 1824, § 10, n° 1136.

3. — Le même officier public peut énoncer un de ses actes dans un autre sans que le premier ait été préalablement enregistré, en mentionnant qu'ils seront enregistrés simultanément et en les présentant ensemble à la formalité. (*Loi* 1816, *art.* 56.) . . . . . I. G. 29 avril 1816, n° 714.

4. — Les notaires peuvent faire des actes en vertu et par suite d'actes sous seing-privé non enregistrés, et les énoncer dans leurs actes; mais à la condition que ces actes sous seing-privé seront annexés et soumis en même temps à la formalité, et que les notaires seront responsables des droits. (*Loi* 1824, *art.* 13.) . . . . I. G. 23 juin 1824, § 11, n° 1136.

— *V.* Abandonnemens *de biens*, *n^os^* 2 *et* 3; Actes *antérieurs à l'établissement de l'enregistrement*, *n°* 2; Actes *de produit aux ordres;* Actes *imparfaits;* Actes *judiciaires*, n° 40; Amendes *d'enregistrement*.

5. — Actes *passés à l'étranger ou dans les colonies*. — On ne peut relater dans un acte authentique *en France* un acte passé à l'étranger sans le faire enregistrer préalablement, même lorsque ce dernier acte a été passé en forme authentique et qu'il a pour objet des biens à l'étranger. (*Déc. f.* 22 *vent. an XII.*) *V.* n° 8 inf. . . . . . . I. G. 3 germ. an XII, n° 216.

6. — Les actes *authentiques* passés dans les colonies où l'enregistrement n'est pas établi, ne peuvent être produits en justice *en France*, s'ils n'ont été préalablement revêtus de la formalité. (*Déc. f.* 11 *flor. an XII.*) *V.* n° 8 inf. . . . . Circ. 30 flor. an XII.

7. **ACTES** *passés en conséquence d'un autre acte.* — **Actes** *passés dans les colonies.* — Il ne peut être fait usage *en France* des actes passés dans les colonies s'ils n'ont été préalablement enregistrés. Il y a exception pour les actes *authentiques* passés dans les colonies où l'enregistrement est établi, lorsqu'ils ne contiennent pas transmission de biens immeubles situés en France. (*Déc. f.* 23 *prair. an XII.*) *V.* n° 8 inf. . . . . . I. G. 30 mess. an XII, n° 240.

8. — On ne peut faire usage en justice, ou mentionner dans un acte public les actes passés à l'étranger ou dans les colonies, s'ils n'ont préalablement acquitté les mêmes droits que les actes souscrits en France et concernant des biens à l'intérieur. (*Loi* 1816, *art.* 58.) Modifié. n° 4 sup., et actes passés à l'étranger, n° 9 . . . . I. G. 29 avril 1816, n° 714.

9. — **Affirmation** *de compte.* — Le compte doit être enregistré avant qu'il ne soit affirmé en justice. (*Déc. f.* 13 *juin* 1809.) I. G. 4 juillet 1809, § 41, n° 436.

10. — **Arrestation** *de débiteur.* — L'ordonnance du juge de paix pour l'arrestation d'un débiteur peut être présentée à l'enregistrement en même temps que le procès-verbal d'arrestation, et l'ordonnance sur référé en même temps que l'acte d'emprisonnement. (*Déc. f.* 2 *et* 23 *oct.* 1810.) I. G. 9 nov. 1810, n° 497.

— *V.* **Billets** *à ordre*, *n°* 2; **Cahier** *des charges*, *n°s* 1 *et* 2.

11. — **Certificat** *d'imprimeur.* — On ne peut sans contravention énoncer dans un procès-verbal d'adjudication un certificat d'imprimeur non enregistré. (*Cass.* 26 *janv.* 1831.) *V.* **Certificat**, n° 8. I. G. 25 juin 1831, § 2, n° 1370.

12. — **Citations.** — Dans les cas urgens, les juges peuvent prononcer sur une citation avant son enregistrement. (*Déc. f.* 13 *juin* 1809.). . . . . I. G. 4 juillet 1809, § 2, n° 436.

13. — **Compromis.** — La déclaration des parties pour proroger la compétence du juge peut être présentée à l'enregistrement avec le jugement. (*Déc. f.* 13 *juin* 1809.) . . . I. G. 4 juillet 1809, § 3, n° 436.

14. — **Conseil** *d'état.* — Les actes produits devant le conseil d'état n'ont pas besoin d'être enregistrés préalablement, si, d'ailleurs, ils ne sont pas soumis à cette formalité dans un délai déterminé. (*Décret* 22 *juillet* 1806.). . . . . I. G 22 fév. 1808, § 3, n° 366.

— *V.* **Déclarations** *de command*, *n°* 3.

15. — **Établissemens** *publics.* — Les communes et établissemens publics ne peuvent faire aucun usage public d'un acte non timbré ni enregistré. (*Décret* 17 *juill.* 1808.) . . . I. G. 30 août 1808, n° 395.

— *V.* **Expéditions**, n°s 1 et 3; **Extraits**, n° 2.

16. — **Inventaires.** — On peut relater dans un inventaire des actes sous seing-privé sans les faire enregistrer préalablement. (*Délib. du Directoire exécutif*, 22 *vent. an VII.*) *V.* n°s 25 et 26 inf. Circ. n° 1554.

17.* — **Jugemens** *préparatoires.* — Les jugemens définitifs peuvent être enregistrés avant les jugemens préparatoires, si ces derniers ne sont soumis à l'enregistrement que sur les expéditions. (*Déc. f.* 13 *juin* 1809.) I. G. 4 juillet 1809, § 5, n° 436.

— *V.* **Lettres** *de change*, *n°* 2.

18. — **Procès-verbal** *de conciliation.* — On ne peut rappeler dans un procès-verbal de conciliation des actes non enregistrés. (*Déc. f.* 1 *therm. an X.*) . . . . I. G. 3 fruct. an XIII, § 2, n° 290.

— *V.* **Procès-verbaux** *de délit*, *n°s* 5 *et* 6; **Procurations**, n°s 3 et 11.

19. — **Protêts.** — Un billet simple, écrit sur papier au timbre proportionnel peut n'être présenté à l'enregistrement qu'avec le protêt. (*Déc. f.* 31 *août* 1813.) *V.* **Billets** *à ordre*, *n°* 2; **Lettres** *de change*, *n°* 2. I. G. 13 sept. 1813, n° 648.

20. **ACTES** *passés en conséquence d'un autre acte.* — RAPPORTS *d'experts.* — Les juges peuvent prononcer sur un rapport d'experts avant qu'il ait été enregistré; mais il doit l'être en même temps que le jugement. (*Déc. f.* 13 *juin* 1809.) . . . . I. G. 4 juillet 1809, § 7 et 37, n° 436.

— *V.* RELATIONS *d'enregistrement*, n° 3.

21. — SCELLÉS. — L'ordonnance et le procès-verbal d'apposition de scellés peuvent être présentés simultanément à la formalité; mais le procès-verbal de levée des scellés ne peut être rédigé avant l'enregistrement de l'apposition. (*Déc. f.* 20 *avril* 1813.) . . . I. G. 28 avril 1813, n° 634.

— *V.* SENTENCES *arbitrales*, *n°s* 1 *et* 2.

22. — TESTAMENS. — L'acte de dépôt d'un testament ne peut être rédigé avant que le testament n'ait été enregistré, à moins que le dépôt n'ait été fait en vertu d'ordonnance du juge. (*Déc. f.* 29 *sept.* 1807.) I. G. 24 nov. 1807, n° 359.

23. — On peut relater dans un testament passé devant notaire des actes non enregistrés. (*Déc. f.* 14 *juin* 1808.) I. G. 28 juillet 1808, § 16, n° 390.

24. — On peut dresser acte de la publication en faisant mention qu'il sera enregistré en même temps. (*Déc. f.* 26 *janv.* 1824.) I. G. 19 mai 1824, § 11, n° 1132.

25. — TUTELLES. — On peut sans contravention mentionner dans un inventaire un acte de nomination de subrogé tuteur. (*Cass.* 3 *janv.* 1827.) . . . . I. G. 30 juin 1827, § 4, n° 1210.

26. — VENTES *de meubles.* — La vente publique des meubles compris dans un inventaire non enregistré donne lieu à l'amende, même lorsqu'il n'est pas mentionné. (*Déc. f.* 16 *juin* 1829.) I. G. 26 sept. 1829, § 1, n° 1293.

— *V.* VÉRIFICATIONS *d'écritures.*

27. — VÉRIFICATION *de titres.* — Un juge peut procéder à la vérification des titres de créances sur un failli et recevoir l'affirmation, sans que ces titres aient été préalablement enregistrés. (*Déc. f.* 28 *juin* 1808.) I. G. 28 juillet 1808, § 17, n° 390.

28. — **TIMBRE.** — Il est fait défense aux notaires, huissiers, greffiers, arbitres et experts, d'agir; aux juges et aux administrations publiques, de prononcer, sur un acte, registre ou effet de commerce non écrit sur papier timbré du timbre prescrit, ou non visé pour timbre (*art.* 24), à peine de 100 francs d'amende. (*Loi timb.*, *art.* 26, *n°* 5.) Modifié. n° 30 inf. Circ. n° 1419.

29. — ACTES *passés à l'étranger.* — Ils doivent être soumis au timbre avant d'en faire usage en France (*art.* 13 *et* 15), à peine de 100 *fr. d'amende.* (*Loi timb.*, *art.* 24.) Modifié. n° 30 inf. Circ. n° 1419.

30. — Les amendes sont réduites à 20 *fr.* (*Loi* 1824, *art.* 10.) . . . . I. G. 23 juin 1824, § 10, n° 1136.

31. — ACTES SOUS SEING-PRIVÉ. — Les notaires peuvent annexer à leurs actes des actes sous seing-privé non timbrés ni visés pour timbre préalablement, mais ils sont responsables des droits et amendes, comme pour l'enregistrement. (*Sol.* 8 *janv.* 1825.) Modifié. n° 35 inf. I. G. 29 juin 1825, § 15, n° 1166.

— *V.* EXTRAITS, n°s 4 et 7.

32. — JUGEMENS. — Les écritures privées qui auraient été faites sur papier non timbré, sans contravention aux lois du timbre, quoique non comprises nommément dans les exceptions, ne peuvent être produites en justice, sans avoir été préalablement soumises au timbre *extraordinaire* ou au *visa pour timbre*, à peine de 30 *fr. d'amende*, outre le droit de timbre. (*Loi timb.*, *art.* 30.) Modifié. n° 33 inf. . . . . . Circ. n° 1419.

33. — L'amende est réduite à 5 *fr.* (*Loi* 1824, *art.* 10.). . . . . I. G. 23 juin 1824, § 10, n° 1136.

34. — LIVRES *de commerce.* — Aucun livre assujetti au timbre ne peut être produit

en justice, déposé au greffe ou énoncé dans un acte, s'il n'a été soumis à cette formalité; tout concordat doit énoncer si les livres du failli sont timbrés, et ne peut recevoir d'exécution avant le paiement des amendes. (*Loi* 1816, *art.* 74.) *V.* Livres *de commerce*, *n°* 3. I. G. 29 avril 1816, § 9, n° 715.

35. **ACTES** *passés en conséquence d'un autre acte.* — **TIMBRE.** — Protêts. — Les notaires ne peuvent, de même que les huissiers, protester un effet de commerce, sans qu'il ait été *préalablement* soumis au timbre, à peine de 20 *fr. d'amende.* (*Loi* 24 *mai* 1834, *art.* 23.) *V.* Effets *de commerce*, *n°* 1 *et suiv.* I. G. 2 juin 1834, n° 1457.

ACTES *passés en double minute.* — Paiement *des droits.* — Les actes passés en double minute doivent être enregistrés au bureau de la résidence de chacun des notaires, mais les droits sont acquittés par le plus ancien, ou par celui qui réside au lieu où l'acte a été passé. (*Déc. f.* 16 *août* 1808.) I. G. 30 sept. 1808, § 1, n° 400.

2. — Les stipulations contraires aux règles établies pour l'enregistrement des actes en double minute dans un bureau plutôt que dans un autre, doivent être suivies. (*Déc. f.* 12 *déc.* 1832.) I. G. 23 mars 1833, § 11, n° 1422.

ACTES *produits en cours d'instance.* — *V.* Actes *judiciaires*, *n°s* 66 *et suiv.*; Actes *passés en conséquence*, *n°s* 1, 28, 32 *et* 33; Amendes *d'enregistrement*, *n°* 14.

ACTES *refaits* pour cause de nullité ou autre motif, sans modification à l'objet ou à la valeur des premières conventions, 1 *fr. fixe.* (*Loi enreg.*, *art.* 68, § 1, *n°* 7.) Modifié. n° 2 inf. Circ. n° 1450.

2. — 2 *fr fixe.* (*Loi* 1816, *art.* 43, n° 3.) I. G. 29 avril 1816, n° 714.

ACTES *respectueux.* — *V.* Actes *innommés.*

ACTES SOUS SEING-PRIVÉ. — Actes *antérieurs à la loi de l'enregistrement.* — Les actes de l'espèce portant mutation d'immeubles sont assujettis aux droits et peines suivant les lois en vigueur lors de la formalité. (*Déc. f.* 6 *et* 8 *juill.* 1808.) Modifié. *V.* Mutations, n°s 1, 2 et 3. I. G. 22 fév. 1808, § 2, n° 366.

— *V.* Actes *civils*; Actes *passés en conséquence d'un autre*; Délais, n° 1.

2. — **Dépots.** — Les actes sous seing-privé trouvés dans les études de notaires ne doivent être enregistrés que sur la poursuite à faire contre les parties; le notaire n'étant pas responsable des droits ni dans l'obligation de dresser acte de dépôt, *si l'acte n'était pas au nombre des minutes.* (*Sol* 28 *déc.* 1828.) . . . . I. G. 26 juin 1828, § 2, n° 1249.

3. — **Double** *Droit.* — Le double droit est exigible même des *héritiers*, lorsque les actes n'ont pas été enregistrés dans le délai. (*Av. cons. d'état*, 3 *fév.* 1810.) . . . . I. G. 14 mars 1810, n° 470.

— *V.* Paiement *des droits*; Prescriptions, n°s 5 et 6; Transcriptions, n° 10.

4. — **Timbre.** — Les actes sous seing-privé sont sujets au timbre de dimension (*art.* 12, *n°* 1), à peine de 30 *fr. d'amende.* (*Art.* 26, *n°* 3, *Loi timb.*) Modifié. n° 5 inf. . . . Circ. n° 1419.

5. — L'amende est réduite à 5 *fr.* (*Loi* 1824, *art.* 10.) . . . . I. G. 23 juin 1824, § 10, n° 1136.

— *V.* Actes *passés en conséquence*, *n°* 31, 32 *et* 33.

ACTIONS. — Les cessions d'actions mobilières, 50 *cent. p.* °/₀ (*Loi enreg.*, *art.* 69, § 2, *n°* 6.) *V.* n° 3 inf. Circ. n° 1450.

2. — Les cessions donnent lieu au droit de 50 *cent. p.* °/₀, si les actions sont mobilières, et au droit de 4 *fr. p.* °/₀, si les actions confèrent un droit de *propriété* immobilière. (*Sol.* 3 *brum. an VIII.*) Modifié. n° 4 inf. Circ. n° 1678.

3. — 50 *cent. p.* °/₀ lorsqu'elles ne donnent aucune propriété dans l'entreprise; mais il est dû 2 *fr. p.* °/₀ sur la cession d'un intérêt dans une entreprise. (*Déc. f.* 17 *flor. an XIII.*) I. G. 3. fruct. an XIII, § 15, n° 290.

4. **ACTIONS.** — Les cessions d'actions sont passibles du droit de 2 *fr. p.* °/°, quand il dépend des immeubles de la société de commerce ou autre; mais le droit de 1 *fr.* 50 *cent. p.* °/₀ doit être perçu à la transcription. (*Cass.* 7 *et* 14 *avril* 1824.) . . . . . I. G. 8 sept. 1824, § 2, n° 1146.

5. — Idem. (*Sol.* 4 *oct.* 1826.) *V.* Successions, n° 119 . . . . I. G. 20 mars 1827, § 2, n° 1205.

6. — Banque *de France.* — Les cessions d'actions immobilisées sont passibles du droit de 5 *fr.* 50 *cent. p.* °/₀. (*Trib. de la Seine*, 19 *déc.* 1832.) . . . . I. G. 23 mars 1833, § 2, n° 1422.

7. — Idem. (*Cass.* 22 *mai* 1833.) *V.* Successions, n°ˢ 11 et 12. . . . . I. G. 30 sept. 1833, § 2, n° 1437.

8. — Caisse-*Lafarge.* — Les cessions et mutations d'actions de la caisse d'épargnes ou de *Lafarge* sont *exemptes* d'enregistrement. (*Déc. f.* 18 *pluv. an X.*). . . . . . . I. G. 16 oct. 1812, n° 604.

9. — Timbre. — Armemens *en course.* — Les actions de l'espèce ne sont pas soumises au timbre proportionnel. (*Déc. f.* 7 *therm. an XI.*) Circ. 10 therm. an XI.

ADHÉSIONS — *V.* Acquiescemens.

ADJUDICATIONS. — *V.* Actes *à la suite*; Actes *passés en conséquence*, *n°* 11; Ventes.

ADJUDICATIONS *à la folle enchère.* — *V.* Ventes *d'immeubles*, *n°ˢ* 20, 21, 22, 56 *et* 57.

ADJUDICATIONS *au rabais.* — *V.* Marchés.

ADJUDICATIONS *de coupes de bois.* — *V.* Procès-verbaux, n° 4 et suiv.; Ventes *de meubles*, *n°* 8 *et suiv.*

ADJUDICATIONS *en justice.* — *V.* Rédaction, n° 9 et suiv.; Ventes.

ADJUDICATIONS *par renvoi de justice.* — Délai. — Les adjudications de l'espèce faites devant notaires doivent être enregistrées dans les délais fixés pour les actes notariés. (*Déc. f.* 2 *juin* 1807.) *V.* Actes *à la suite.* I. G. 22 fév. 1808, § 11, n° 366.

ADMINISTRATIONS. — *V.* Contributions *directes*; Contributions *indirectes*; Douanes; Enregistrement *et domaines.*

ADMINISTRATIONS *et fonctionnaires supprimés.* — Les dispositions de la loi du 22 frim. an VII s'appliquent aux autorités ou fonctionnaires qui les remplacent. (*Loi* 27 *vent. an IX, art* 6.) Circ. n° 1992.

ADOPTIONS. — 1 *fr. fixe.* (*Loi enreg. art.* 68, § 1. *n°* 9.) Circ. n° 1450.

2. — Les jugemens de première instance admettant une adoption, 50 *fr. fixe.* (*Loi* 1816. *art.* 48, *n°* 2.) Les arrêts de cour royale qui la confirment, 100 *fr. fixe.* (*Même loi, art.* 49, *n°* 1.) *V.* Successions, n° 13. I. G. 29 avril 1816, n° 714.

ADRESSES. — *V.* Avis *imprimés.*

AFFECTATIONS *hypothécaires.* — Billets. — L'affectation hypothécaire en garantie de sommes dues par billets à ordre ou lettres de change, opère le droit de 1 p. °/₀. (*Déc. f.* 8 *vent. an XII.*) I. G. 17 vent. an XII, n° 211.

2. — Idem. Le droit est dû en outre sur les billets. (*Cass.* 17 *prair. an XII.*) . . . . . I. G. 3 fruct. an XIII, § 11, n° 290.

3. — L'affectation hypothécaire en garantie de billets à ordre change la nature de la dette et opère le droit *d'un p.* °/₀ comme obligation nouvelle. (*Cass.* 20 *août* 1834.) . . . I. G. 31 déc. 1834, § 5, n° 1473.

4. — Cautionnement. — Celle consentie en garantie d'une dette antérieure, opère 50 *cent. p.* °/₀. (*Sol.* 16 *juillet* 1833.) I. G. 30 sept. 1833, § 3, n° 1437.

— *V.* Actes *innommés*; Crédits; Mutations *secrètes*, *n°* 9; Obligations, n°ˢ 2, 3, et 4; Prêts *sur dépôts.*

AFFICHES. — **TIMBRE.** — Les affiches imprimées, autres que celles émanées de l'autorité publique, sont assujetties au timbre de 5 *cent.* par feuille de 25 décimètres carrés, et de 3 *cent.* pour la demi feuille. Outre 1 *cent.* par chaque 5 décimètres carrés d'excédant, à peine de 100 fr. d'amende. (*Loi* 9 *vend. an VI, art.* 56, 57, 58 *et* 60.) Modifié. n° 2 inf. Circ. n° 1105.

2. — Le droit est porté à 10 *cent.* pour la feuille, et 5 *cent.* pour la demi feuille, *sans décime* en sus. L'amende est élevée à 500 fr. contre l'imprimeur, et à 100 fr. pour les auteurs, afficheurs et distributeurs. (*Loi* 1816, *art.* 65, 67, 68 *et* 69.) Modifié. n° 3 inf. I. G. 29 avril 1816, § 3 et 5; n° 715.

3. — Les amendes sont réduites à 50 *fr.* et à 20 *fr.* (*Loi* 1824, *art.* 10.) . . . . I. G. 23 juin 1824, § 10, n° 1136.

4. — Les droits de timbre sont de 5 *cent.* pour les affiches de 12 décimètres et demi carrés et au-dessous, et de 10 *cent.* pour la dimension supérieure. (*Déc. f.* 12 *juillet* 1833.) *V.* Avis *imprimés.* I. G. 30 déc. 1833, § 12, n° 1446.

5. — Affiches. *à la brosse.* — Les affiches imprimées *à la brosse* sont assujetties au timbre. (*Déc. f.* 13 *juillet* 1831.) I. G. 20 juillet 1831, n° 1374.

6. — Affiches *judiciaires.* — Les affiches pour parvenir aux expropriations forcées sont sujettes au timbre de dimension. (*Déc. f.* 18 *vend. an IX.*) *V.* n° 7 inf. . . . . . Circ. n° 1908.

7. — Ces affiches peuvent être admises au timbre extraordinaire. (*Déc. f.* 5 *pluv. an XI.*) *V.* Saisies *immobilières*, n° 6. I. G. 22 prair. an XI, n° 137.

8. — **Communes.** — Les affiches dans l'intérêt des communes sont assujetties au timbre. (*Déc. f.* 24 *nov.* 1826.) I. G. 20 mars 1827, § 15, n° 1205.

9. — **Couleur** *blanche.* — Les affiches sujettes au timbre ne peuvent être imprimées sur papier *blanc.* (*Loi* 1816, *art.* 65.) *V.* n° 10 inf. . . . . I. G. 29 avril 1816, § 3, n° 715.

10. — L'amende pour contravention à cette règle est fixée à 100 *fr.* contre l'imprimeur. (*Loi* 25 *mars* 1817, *art.* 77.) Modifié. n° 12 inf. . . . . I. G. 27 mars 1817, § 4, n° 768.

11. — Cette disposition est maintenue. (*Loi* 15 *mai* 1818, *art.* 76.) . . . . I. G. 18 mai 1818, § 5, n° 834.

12. — L'amende est réduite à 20 *fr.* (*Loi* 1824, *art.* 10.) . . . . I. G. 23 juin 1824, § 10 n° 1136.

13. — **Domaines** *nationaux.* — Les affiches pour locations et adjudications de domaines sont *exemptes* de timbre. (*Déc. f.*) Circ. n° 1133.

14. — **Douanes.** — Celles pour la vente des objets saisis ne sont pas soumises au timbre. Circ. n° 1161.

15. — **Hospices.** — Les affiches pour les hopitaux et maisons de charité sont assujetties au timbre. (*Déc. f.* 28 *vend. an IX.*) I. G. 15 mai 1807, § 1; nomb. 5, n° 326.

16. — **Légion** *d'honneur.* — Les affiches pour les locations de biens de la légion-d'honneur sont soumises au timbre. (*Déc. f.* 24 *vend. an XIII.*) . . . . I. G. 15 mai 1807, § 1, nomb. 1, n° 326.

17. — **Lithographie.** — Les affiches lithographiées sont sujetes au timbre. (*Déc. f.* 20 *fév.* 1818.) I. G. 7 mars 1818, n° 827.

18. — **Manuscrites** sont *exemptes* de timbre. (*Déc. f.* 7 *brum. an VI.*) Circ. n° 1124.

19. — **Papiers.** — Le papier pour affiches, avis et annonces doit être fourni par la régie. (*Loi* 1816, *art.* 65.) Abrogé. n° 20 inf. I. G. 29 avril 1816, n° 715.

20. AFFICHES. — TIMBRE. — Papiers. — Le papier est fourni par les particuliers qui doivent le soumettre au timbre avant l'impression, à peine de 100 *fr. d'amende* contre les particuliers, et de 500 *fr.* contre l'imprimeur. (*Loi* 15 *mai* 1818, *art.* 76.) Modifié. n° 21 inf. I. G. 18 mai 1818, § 5, n° 834.

21. — Les amendes sont réduites à 20 *fr. et à* 50 *fr.* (*Loi* 1824, *art.* 10.) *V.* n°s 9 et suiv. sup. I. G. 23 juin 1824, § 10, n° 1136.

22. — **Postes.** — Les affiches relatives à l'administration des postes sont *exemptes* de timbre. (*Déc. f.* 27 *brum. an VI.*) Circ. n° 1164.

— **Promesses** *de mariage.* — *V.* Actes *de l'état civil*, *n°* 12.

AFFICHEURS *et distributeurs* de journaux, affiches ou papiers musique en contravention aux lois sur le timbre, sont solidaires pour le paiement de l'amende. (*Loi* 9 *vend. an VI, art.* 61.) Circ. n° 1105.

2. — Idem; en outre l'amende entraîne contrainte par corps et les peines prononcées par l'art. 474 du code pénal. (*Loi* 1816, *art.* 69.) I. G. 29 avril 1816, § 5, n° 715.

AFFIRMATIONS *de comptes.* — *V.* Actes *passés en conséquence*, *n°* 9.

AFFIRMATIONS *de créances après faillite.* — Chaque déclaration est passible du droit *fixe de* 2 *fr.*, sans que l'on puisse exiger l'enregistrement préalable des titres. Modifié n° 2 inf. I. G. 21 fruct. an XI, n° 158.

2. — Le droit est porté à 3 *fr.* par chaque déclaration. (*Loi* 1816, *art.* 44, *n°* 10.) Modifié. n° 4 inf. I. G. 29 avril 1816, n° 714.

3. — Il n'est dû qu'un seul droit pour la vérification des créances; mais on doit percevoir un droit particulier pour chacune des créances affirmées. (*Déc. f.* 22 *juin* 1825.) Modifié. n° 4 inf. I. G. 30 sept. 1825, § 12, n° 1173.

4. — Il n'est dû qu'un seul droit *fixe de* 3 *fr.* sur les procès-verbaux d'affirmations de créances après faillite, quelque soit le nombre des déclarations affirmatives. (*Loi* 24 *mai* 1834, *art.* 13.) I. G. 17 nov. 1834, § 1, n° 1471.

— *V.* Actes *judiciaires*; Actes *passés en conséquence*, *n°* 27; Faillites; Rédaction, n° 18 et suiv.

AFFIRMATIONS *de procès-verbaux* des employés ou gardes salariés par l'état, *exemptes* de l'enregistrement. (*Loi enreg.*, *art.* 70, § 3, *n°* 12.) Circ. n° 1450.

2. — Idem. (*Déc. f.* 9 *mai* 1809.) I. G. 5 juin 1809, n° 432.

AFFIRMATIONS *de voyage.* — Il est dû un droit particulier par chaque affirmant. (*Déc. f.* 18 *niv. an VIII.*) Circ. n° 1771.

— *V.* Actes *judiciaires*; Rédaction, n° 5.

AFFRÉTEMENS. — *V.* Chartes-parties.

AGENS *de change.* — *V.* Ordonnances *de nomination.*

AJOURNEMENS. — *V.* Actes *judiciaires*; Exploits.

ALÉATOIRE. — *V.* Pactes *aléatoires.*

ALIÉNATIONS *de domaines nationaux.* — Les ventes de biens de l'état sont passibles du droit de 2 *p.* °/°. (*Loi* 26 *vend. an VII.*) Circ. n° 1417 bis.

2. — Idem. (*Loi* 15 *flor. an X, art.* 6.) *V.* n° 7 inf. I. G. 6 mess. an 6, n° 61.

— *V.* Cautionnemens, n°s 2 et 3; Halles.

3.* — **Reventes.** — Les reventes de domaines nationaux faites dans les cinq ans de la vente primitive aux municipalités, sont passibles du droit fixe de 15 *sous.* (*Déc.* 18 *brum. an XI.*) I. G. 3 fruct. an XIII, § 64, n° 290.

4. — **Sénatoreries.** — Les ventes des biens du sénat ne sont passibles que du droit de 2 *p.* °/°; mais les acquisitions et les échanges faits par le sénat doivent être enregistrés *gratis*, ainsi que les actes y relatifs. (*Déc. f.* 28 *mars* 1806.) Circ. 1 av. 1806.

5. **ALIÉNATIONS** *de biens de l'état.* — SUBROGATIONS. — Les arrêtés des préfets qui subrogent les co-acquéreurs aux droits de ceux qui sont en retard de payer, sont passibles du droit de 2 *fr. p.* °/₀ dans les *vingt jours.* (*Déc. f.* 2 *juill.* 1811.) . . . . . . I. G. 19 juill. 1811, n° 532.

6. — TIMBRE. — Les procès-verbaux de vente sont, ainsi que leurs expéditions, soumis au timbre. (*Arrêté gouv.*, 23 *flor. an XI.*) I. G. 22 prair. an XI, n° 137.

7. — Les procès-verbaux d'adjudication des bois de l'état et les expéditions à délivrer aux adjudicataires et au directeur des domaines, sont assujettis au timbre; le droit d'enregistrement est toujours de 2 *fr. p.* °/₀, et les procès-verbaux d'estimation doivent être visés pour timbre et enregistrés *gratis.* (*Déc. f.* 27 *mars* 1831, *art.*, 5, 8 *et* 12.) I. G. 25 avril 1831, n° 1361.

8. — Les procès-verbaux d'adjudication des bois de l'état, ainsi que les expéditions destinées au directeur des domaines et à l'adjudicataire, doivent être admis au visa pour timbre *en débet.* (*Déc. f.* 3 *août* 1831.) I. G. 23 août 1831, § 1, n° 1379.

9. — Même décision pour les procès-verbaux d'adjudication et les expéditions concernant les autres aliénations de biens de l'état et des communes, ou des ventes de coupes de bois. (*Déc. f.* 28 *janv.* 1832.) I. G. 29 juin 1832, § 10, n° 1401.
— *V.* CAHIER *des charges;* DÉCOMPTES; PROCÈS-VERBAUX, n° 15.

ALIGNEMENS (*arrêtés d'.*) — *V.* ACTES *administratifs*, *n*ᵒˢ 4 *et* 5.

ALIMENS — *V.* CONSTITUTIONS *de pensions alimentaires.*

ALTÉRATIONS *du timbre.* — *V.* EMPREINTES.

AMBASSADEURS. — *V.* SUCCESSIONS, nᵒˢ 54 et 55.

AMENDES *de condamnation.* — *V.* ACTES *judiciaires en matière criminelle et de police*, *n°* 8; ACTES *judiciaires en matière de contributions*, *n*ᵒˢ 4, 5 *et* 6.

AMENDES *de contravention.* — *V.* AMENDES *d'enregistrement;* AMENDES *de timbre;* RESTITUTIONS, n° 20, et 2ᵉ partie, V° CONTRAVENTIONS.

AMENDES *d'enregistrement.* — **QUOTITÉS.** — Les contraventions concernant la perception des droits d'enregistrement, sont punies des peines ci-après, savoir :

1. — ACTES *non enregistrés dans les délais.*

—— Administratifs, *double droit.* (*Loi enreg. art.* 36.) Circ. n° 1450.

—— Extrajudiciaires, 25 *fr.*, *ou le double droit proportionnel au minimum de* 50 *fr.* (*Loi enreg.*, *art.* 34.) Modifié. nᵒˢ 15, 16 et 17 inf. Circ. n° 1450.

—— Judiciaires, *double droit.* (*Loi enreg.*, *art.* 35.) Circ. n° 1450.

—— Notariés, 50 *fr.*, *ou le double droit supérieur.* (*Loi enreg.*, *art.* 33.) Modifié. nᵒˢ 15, 16 et 17 inf. Circ. n° 1450.

—— Ordonnances de nomination des officiers publics, *double droit.* (*Loi* 21 *avril* 1832, *art.* 34.) I. G. 30 avril 1832, § 4, n° 1399.

—— Significations d'avoués à avoués, 5 *fr.* (*Loi* 27 *vent. an IX*, *art.* 15.) Circ. n° 1992.

—— Sous seing-privé portant transmission de propriété, d'usufruit ou de jouissance d'immeubles, baux, engagemens, *double droit.* (*Loi enreg.*, *art.* 38.) Circ. n° 1450.

—— Testamens, *double droit.* (*Loi enreg.*, *art.* 38.) Circ. n° 1450.

2. — ACTES *passés en conséquence* d'un acte public non enregistré, 50 *fr.* (*Loi enreg.*, *art.* 41.) Modifié. n° 15 inf. Circ. n° 1450.

3. —— D'un acte sous seing-privé non enregistré, 50 *fr.* (*Loi enreg.*, *art.* 42.) Modifié. n° 15 inf. Circ. n° 1450.

4. — CONTRE-LETTRES portant augmentation de prix, *triple droit.* (*Loi enreg. art.* 40.) . . . Circ. n° 1450.

5. — DÉPOTS sans acte, 50 *fr.* (*Loi enreg.*, *art.* 43.) Modifié. n° 15 inf. Circ. n° 1450.

6. **AMENDES** *d'enregistrement.* — Dissimulations de prix, *double droit.* (*Loi* 27 *vent. an IX, art.* 5.) Circ. n° 1992.

7. — Insuffisances d'évaluations, *double droit.* (*Loi enreg., art.* 39.) Circ. n° 1450.

8. — Mutations verbales non déclarées dans les délais, *double droit.* (*Loi* 27 *vent. an IX, art.* 4.) Circ. n° 1992.

9. — Omissions dans les déclarations de successions, *double droit.* (*Loi enreg., art.* 39.) . . . Circ. n° 1450.

10. — Relations non détaillées, 10 *fr.* (*Loi enreg., art.* 57.) Modifié. n° 15 inf. . . . Circ. n° 1450.

11. —— Non mentionnées, 10 *fr.* (*Loi enreg., art.* 44.) Modifié. n° 15 inf. . . . . . Circ. n° 1450.

12. — Remise d'extraits d'actes et jugemens à enregistrer, 10 *fr. par décade.* (*Loi enreg. art.* 37.) Modifié. n° 15 inf. Circ. n° 1450.

13. — Successions non déclarées dans les délais. — *Demi droit en sus.* (*Loi enreg., art.* 39.) Circ. n° 1450.

14. — Titres produits en cours d'instance. — *Double droit.* (*Loi* 1816, *art.* 57.) . . . I. G. 29 avril 1816, n° 714.

15. — **RÉDUCTION.** — Toutes les amendes fixes désignées ci-dessus sont réduites, savoir : celles de 50 *fr., à* 10 *fr.;* et celles *au-dessous de* 50 *fr., à* 5 *fr.* (*Loi* 1824, *art.* 10.) *V.* n° 16 et 17 inf. I. G. 23 juin 1824, § 10, n° 1136.

16. — L'amende pour retard de l'enregistrement d'un acte est réduite à 10 *fr. fixe* ou le *double droit* proportionnel s'il est supérieur. (*Déc. f.* 9 *juin* 1825.). . . . . . . I. G. 30 sept. 1825, § 1, n° 1173.

17. — Idem. (*Déc. f.* 28 *janv.* 1828.) I. G. 26 juin 1828, § 3, n° 1249.

— *V.* Paiement *des droits;* Prescriptions, n°s 7 et suiv.; Restitutions, n° 20.

AMENDES *de timbre.* — Les amendes concernant la perception des droits de timbre sont punies des peines ci-après, savoir :

1. — Actes *à la suite d'un autre.* — Minutes ou expéditions. (*Loi timb. art.* 23.) 100 *fr.* pour les officiers et fonctionnaires publics (*art.* 26, *n°* 5), et 30 *fr.* pour les particuliers (*art.* 26, *n°* 3.) Modifié. n° 27 inf. Circ. n° 1419.

2. — Passés en conséquence d'un acte non timbré (*Loi timb., art.* 24), 100 *fr.* pour les fonctionnaires. (*Art.* 26, *n°* 5.) Modifié. n° 27 inf. Circ. n° 1419.

3. — Rédigés sur papier non timbré, 100 *fr.* pour les fonctionnaires (*Loi timb., art.* 26, n° 5); et 30 *fr.* pour les particuliers (*art.* 26, *n°* 3.) Modifié. n° 27 inf. Circ. n° 1419.

4. — Rédigés sur papier non timbré, produits en justice, 30 *fr.* (*Loi timb., art.* 30.) Modifié. n° 27 inf. Circ. n° 1419.

5. — Rédigés sur papier timbré ayant déjà servi (*Loi timb., art.* 22); 100 *fr.* pour les fonctionnaires (*art.* 26, *n°* 6.) Modifié. n° 27 inf. Circ. n° 1419.

6. — Rédigés sur papier timbré hors d'usage (*Loi timb., art.* 35); 100 *fr.* pour les fonctionnaires (*art.* 26, *n°* 5), et 30 *fr.* pour les particuliers (*art.* 26, *n°* 3); Modifié. n° 27 inf. Circ. n° 1419.

7. — Rédigés sur papier timbré non débité par l'administration (*Loi timb., art.* 17); 100 *fr.* pour les fonctionnaires (*art.* 26, *n°* 5.) Modifié, n° 27 inf. Circ. n° 1419.

8. — Affiches imprimées sur papier blanc, 100 *fr.* (*Loi* 25 *mars* 1817, *art.* 77.) Modifié. n° 27 inf. I. G. 27 mars 1817, n° 768.

9. —— Sur papier non timbré (*art* 56); 100 *fr.* contre l'imprimeur. (*Loi* 9 *vend. an VI, art.* 60.) Modifié. n° 10 et 27 inf. Circ. n° 1105.

10. —— L'amende est portée à 500 *fr.* contre l'imprimeur, et à 100 *fr.* contre ceux

qui ont fait distribuer ou afficher. (*Loi* 1816, *art.* 69). Modifié. n° 27 inf. . . . . . . I. G. 29 avril 1816, n° 715.

11. — **AMENDES** *de timbre.* — **Application** du timbre après l'impression des affiches, avis et journaux ; 50 *f.* contre les préposés. (*Arr. gouv.* 3 *brum. an VI.*) Modifié. n° 27 inf. Circ. n° 1124.

12. — **Avis** et **Annonces**, chartes parties, connaissemens, lettres de voiture et polices d'assurances non timbrés. (*Loi* 6 *prair. an VII, art.* 1 *et* 5); amende progressive de 25, 50 *et* 100 *fr.* (*Art.* 4.) Modifié. n° 12 et 27 inf. . Circ. n° 1580.

13. — L'amende est portée à 500 *fr.* contre l'imprimeur, et à 100 *fr.* contre ceux qui ont fait distribuer les avis et annonces. (*Loi* 1816, *art.* 69.) Modifié. n° 27 inf. . . . . I. G. 29 avril 1816, n° 715.

14. — **Billets** et **Effets.** — Les billets et effets *négociables* ou de commerce sur papier non timbré ou non frappé du timbre proportionnel prescrit, écrits sur un timbre ayant déjà servi, ou à la suite d'un autre. *Amende du vingtième, au minimum de* 30 *fr.* (*Loi timb, art.* 26, *n°* 6.) Modifié. n°s 16, 17 et 27 inf. . . . . . Circ. n° 1419.

15. — Les billets, mandats et obligations *non négociables* en contravention aux dispositions qui précèdent, sont soumises à la *même peine.* (*Loi* 6 *prair. an VII, art.* 6.) Modifié. n°s 16, 17 et 27 inf. Circ. n° 1580.

16. — L'amende proportionnelle pour les effets de commerce et billets sujets au timbre en raison des sommes, n'est exigible que sur l'excédant de la somme qui pouvait être portée sans contravention sur le timbre employé. (*Loi* 1824, *art.* 12.) . . . . . . I. G. 23 juin 1824, § 12, n° 1136.

17. — L'amende encourue par le souscripteur est portée à 6 *fr. p.* °/°, sans qu'elle puisse être au-dessous de 5 *fr.*; une pareille amende est due en outre par le premier endosseur, accepteur ou cessionnaire. Pour les effets venant de l'étranger, l'accepteur et le premier endosseur résidant en France, sont tenus chacun d'une amende de 6 *fr. p.* °/°. Les contrevenans sont solidaires. (*Loi* 24 *mai* 1834, *art.* 19, 20 *et* 21.) I. G. 14 nov. 1834, n° 1469.

18. — **Copies** *signifiées* par les huissiers contenant un nombre excessif de lignes ou d'une écriture illisible, 25 *fr.* (*Décret* 29 *août* 1813, *art.* 1.) Modifié. n° 27 inf. . . . I. G. 17 mars 1814, n° 659.

19. — **Débite** clandestine de papiers timbrés; 100 *fr. et* 300 *fr.* en cas de récidive. (*Loi timb. art.* 27.) Modifié. n° 27 inf. Circ. n° 1419.

20. — **Empreintes** de timbre altérées (*Loi timb. Art.* 21); 15 *fr.* contre les particuliers (*art.* 26, *n°* 1), et 25 *fr.* pour les fonctionnaires (*art.* 26, *n°* 2.) Modifié. n° 27 inf. . . . Circ. n° 1419.

21. — **Enregistrement** d'actes non timbrés (*Loi timb. Art.* 25) 50 *fr.* contre les préposés. (*Art.* 26, *n°* 4.) Modifié. n° 27 inf. Circ. n° 1419.

22. — **Expéditions** contenant excès de lignes d'écriture (*art.* 20); 25 *fr.* (*art.* 26, *n°* 3.) Modifié. n° 27 inf. Circ. n° 1419.

23. — Sur papier timbré d'une dimension inférieure à celui de *moyen papier* (*Loi timb. Art.* 19); 50 *fr.* (*art.* 26, *n°* 4.) Modifié. n° 27 inf. Circ. n° 1419.

24. — **Journaux** imprimés sur papier non timbré (*art.* 56), 100 *fr. d'amende* contre l'imprimeur. (*Loi* 9 *vend. an VI, art.* 60.) Modifié. n° 27 inf. Circ. n° 1105.

25. — L'amende pour les supplémens non timbrés est fixée à 25 *fr.*, et progressivement à 50 *fr. et* 100 *fr.* (*Loi* 6 *prair. an VII, art.* 4.) Modifié. n° 27. Circ. n° 1580.

26. — **Livres** *de commerce* non timbrés, 500 *fr.* (*Loi* 1816, *art.* 72.) Modifié. n° 27 inf. I. G. 29 avril 1816, n° 715.

27. — **Modération.** — Toutes les amendes fixes désignées ci-dessus sont réduites, savoir : celles de 500 *fr.* à 50 *fr.*; celles de 100 *fr.* à 20 *fr.*; celles de 50 *fr.* à 10 *fr.*, et celles de 30 *fr. et au-dessous à* 5 *fr.* (*Loi* 1824, *art.* 10 *et* 12.) *V.* AMNISTIES ; CONTRAVENTIONS. I. G. 23 juin 1824, § 10 et 12, n 1136.

28. AMENDES *de timbre.* — PAIEMENT. — L'énonciation dans un procès-verbal d'apposition ou de levée de scellés et dans un inventaire ou tout autre acte authentique, de livres de commerce et billets non timbrés, ne suffit pas pour justifier la demande des droits. (*Cass.* 26 *fév.* 1835.) I. G. 31 juillet 1835, § 14, n° 1490.

29. — Sont déclarés solidaires pour le paiement des amendes tous les signataires des actes synallagmatiques; les prêteurs et emprunteurs; les créanciers et débiteurs; les officiers publics qui ont énoncé des livres de commerce non timbrés; les héritiers en sont tenus et le trésor a privilége. (*Loi* 1816, *art.* 75 *et* 76.) *V.* n° 17 sup. et AUTEURS; IMPRIMEURS, n°s 1 et 2. I. G. 29 avril 1816, § 10, n° 715.

30. — POURSUITES. — QUITTANCES. — Le recouvrement de l'amende de timbre d'une quittance doit être poursuivi contre le débiteur libéré. (*Déc. f. et j.* 7 *et* 24 *sept.* 1808.) I. G. 27 oct. 1808, n° 403.

— *V.* PAIEMENT *des droits;* PRESCRIPTIONS, n° 7 et suiv. et 32; SUSCRIPTIONS *de testamens*, *n°* 2.

AMENDES *forestières.* — *V.* ACTES *de poursuites dans l'intérêt de l'état.*

AMEUBLISSEMENS. — 1° L'ameublissement n'opère aucun droit sur le contrat de mariage; 2° ni sur le retour à l'époux qui a consenti l'ameublissement; 3° si c'est lui qui meurt, on doit déclarer la totalité; 4° si, au contraire, c'est l'autre époux qui est décédé on ne doit déclarer que l'indemnité mobilière; 5° si l'immeuble ameubli passe en totalité ou en partie à l'époux qui n'a pas fait l'ameublissement, les droits doivent être payés selon la nature de la mutation; 6° ces règles sont applicables aux sociétés. (*Déc. f.* 3 *oct.* 1828.) *V.* SUCCESSIONS, n°s 14 et 15 . . . . I. G. 24 mars 1829, § 3, n° 1272.

AMNISTIES. — Remise des peines encourues pour les contraventions commises avant la loi du 19 déc. 1790, et ordre de suivre le recouvrement de toutes celles qui ont pour objet des contraventions postérieures à cette loi. (*Déc. f.* 1er *sept.* 1807.) . . . I. G. 17 sept. 1807, § 2, n° 340.

2. — Remise des droits en sus et amendes, à la charge de payer le *droit simple* avant le 1er avril 1815. (*Ord. roy.* 18 *nov.* 1814.) I. G. 23 nov. 1814, n° 664.

3. — Prorogation du délai jusqu'au 31 déc. 1815. (*Ord. roy.* 8 *nov.* 1815.) . . . . I. G. 17 nov. 1815. n° 700.

4. — La remise est applicable aux débiteurs qui ont acquitté le *droit simple* avant la publication de l'ordonnance du 8 nov. 1815. (*Déc. f.* 12 *déc* 1815.) . . . . Circ. 26 déc. 1815.

5. — Remise des *doubles droits* sur les actes administratifs ou des établissemens publics antérieurs à la loi du 15 mai 1818, assujettis à l'enregistrement. (*Loi* 15 *mai* 1818, *art.* 81.) I. G. 18 mai 1818, § 7, n° 834.

6. — Remise des *doubles droits*, amendes d'enregistrement et de timbre, encourues avant la publication de la loi de 1824, à la condition du paiement des *droits simples* dans les *six mois.* (*Loi* 1824, *art.* 16.) I. G. 23 juin 1824, § 16, n° 1136.

7. — Remise des amendes relatives au timbre des journaux. (*Ord. roy.* 26 *août* 1830, *art.* 1.) I. G. 1er sept. 1830, n° 1329.

8. — Remise de toutes les amendes de timbre perçues sur des effets de commerce depuis le 26 *juillet* 1830 *jusqu'au* 15 *août suivant.* (*Déc. f.* 2 *oct.* 1830.) . . . . . . I. G. 12 oct. 1830, n° 1337.

9. — Remise de tous les droits *en sus* et amendes pour contraventions au timbre et à l'enregistrement; à la charge d'acquitter les *droits simples* dans les *trois mois.* (*Ord.*

roy. 8 *nov.* 1830, *art.* 5.) I. G. 19 nov. 1830, n° 1340.
— *V.* Invasion; Remises *de droits et amendes.*

AMORTISSEMENS. — *V.* Rachats *de rentes.*

ANNEXES. — *V.* Actes *passés en conséquence*; Dépôts.

ANNONCES. — *V.* Avis *imprimés.*

ANNULATIONS. — *V.* Résolutions; Restitutions; Ventes *d'immeubles, n°* 7.

ANTICHRÈSES *ou engagemens d'immeubles.* — 2 *fr. p.* % sur les sommes pour lesquelles ils sont faits. (*Art.* 69, § 5, *n°* 5.) La jouissance à titre d'engagement sera suffisamment établie pour la demande des droits, par les actes qui la feront connaître, ou par des paiemens de contributions imposées aux détenteurs temporaires. (*Art.* 13, *Loi enreg.*) Circ. n° 1450.
— *V.* Ventes *d'immeubles, n* 8.

APPELS. (*Déclarations et significations d'*) — Les déclarations d'appel des jugemens des justices de paix, 5 *fr. fixe* (*Art.* 68, § 4, n° 3.) Des jugemens des tribunaux de première instance, de commerce ou d'arbitrage, 10 *fr. fixe.* (*Loi enreg. art.* 68, § 5.) *V.* n° 3 inf. Circ. n° 1450.

2. — Le droit est dû par chaque demandeur ou défendeur non co-intéressé. (*Loi* 27 *vent. an IX, art.* 13.) Circ. n° 1992.

3. — L'appel d'un jugement de police, 1 *fr. fixe.* Il est dû un droit de 1 *fr.* 5 *fr.*, *ou* 10 *fr.*, selon l'espèce, par chaque appelant ou intimé, et la signification n'opère un droit particulier pour l'exploit, que si la déclaration d'appel a été faite séparément. (*Sol.* 9 *frim. an VIII.*) *V.* n° 4 inf. Circ. n° 1704.

4. — En matière correctionnelle, 1 *fr. fixe*; si l'appelant est emprisonné, l'acte doit être enregistré et visé pour timbre en *débet.* (*Loi* 25 *mars* 1817, *art.* 74.) . . . . I. G. 27 mars 1817, n° 768.

5. — Avis *de parens.* — L'appel des jugemens rendus sur délibérations de conseils de famille est passible du droit *fixe de* 10 *fr.* (*Déc. f.* 13 *juin* 1809.) . . . . I. G. 4 juillet 1809, § 70, n° 436.

6. — Incident. — L'appel incident par acte d'avoué à avoué opère le droit *fixe de* 10 *fr.* (*Sol.* 29 *janv.* 1828.) I. G. 26 juin 1828, § 4, n° 1249.

7. — Jugemens *interlocutoires.* — Les déclarations et significations d'appel des jugemens des juges de paix sont passibles du droit *fixe de* 5 *fr.*, lors même qu'il s'agit d'un jugement interlocutoire. (*Déc. f.* 13 *juin* 1809.) . . . . I. G. 4 juillet 1809, § 6, n° 436.
— *V.* Actes *judiciaires, n°* 8, 24; Mises *au rôle, n°* 6; Prescriptions, n° 26.

APPORTS. — *V.* Contrats *de mariage.*

APPOSITIONS *d'affiches.* — *V.* Saisies *immobilières, n°* 6.

APPOSITIONS *de scellés.* — *V.* Scellés.

APPRENTISSAGE. — *V.* Brevets *d'apprentissage.*

ARBITRAGES. — *V.* Sentences *arbitrales*; Actes *judiciaires.*

ARBRES *de bordure.* — *V.* Successions, n° 16.

ARMEMENS *maritimes.* — *V.* Actions, n° 9; Cautionnemens, n° 4; Marine, Rôles.

ARPENTAGES. — *V.* Procès-verbaux.

ARRÊTÉS *de comptes.* — *V.* Actes *judiciaires; n°* 25; Comptes.

ARRÊTÉS *des préfets.* — *V.* Actes *administratifs.*

ARRONDISSEMENS. — *V.* Acquisitions *par les établissemens publics.*

ASPIRANS *au surnumérariat.* — *V.* Pétitions, n° 9.

ASSEMBLÉES *de famille*. — *V*. Avis *de parens*.

ASSIGNATIONS. — *V*. Exploits.

ASSOCIÉS. — *V*. Sociétés; Successions, n°s 20 et suiv., 115 et suiv.

ASSURANCES. — Les actes et contrats d'assurances, 50 *cent. p.* °/$_0$ sur la prime, ou *moitié* en temps de guerre. (*Loi enreg., art.* 69, § 2, *n°* 2.) Modifié. n° 2, inf. . . . Circ. n° 1450.

2. — Ce droit est porté à 1 *fr. p.* °/$_0$ et *moitié* en temps de guerre. (*Loi* 1816, *art.* 51, *n°* 2.) I. G. 29 avril 1816, n° 714.

3. — Incendie. — Les contrats d'assurance contre l'incendie, la grêle ou autres accidents, sont passibles du droit *d'un fr. p.* °/$_0$ *sur le montant des primes.* (*Déc. f.* 9 *mai* 1821.) I. G. 14 juin 1821, § 2, n° 983.

— *V*. Assurances *maritimes*; Polices *d'assurances*.

ASSURANCES *maritimes*. — 1 *fr. fixe*; mais le droit proportionnel de 1 fr. p. °/$_0$, ou *moitié* en temps de guerre, sera perçu seulement lorsqu'il en sera fait usage en justice. (*Loi* 1824, *art.* 5.) I. G. 23 juin 1824, § 5, n° 1136.

— *V*. Abandonnemens *pour fait d'assurance*.

ATELIERS (*Police des*). — Les décisions rendues par les préfets et les commissaires généraux de police, ou par les maires, en vertu de la loi du 22 germinal an XI, sont soumises au timbre et à l'enregistrement. (*Déc. f.* 24 *vend. et* 14 *niv. an XIII.*) . . . . I. G. 20 pluv. an XIII, n° 271.

ATERMOIEMENS *entre débiteurs et créanciers*. — 50 *cent. p.* °/$_0$ sur la somme que le débiteur s'oblige de payer. (*Loi enreg., art.* 69, § 2, *n°* 4.) Circ. n° 1450.

2. — Il n'est pas nécessaire que les créanciers aient accompli toutes les formalités prescrites par le Code de commerce, pour ne percevoir que 50 *cent. p.* °/$_0$ sur une transaction devant notaire, par laquelle ils réduisent leurs créances à 25 *p.* °/$_0$. (*Sol.* 5 *juin* 1824.) I. G. 8 sept. 1824, § 1, n° 1146.

3. — Le droit de 50 *cent. p.* °/$_0$ est dû sur l'acte qui établit la situation d'un failli décédé, et remet le fils en possession de la succession en lui adjoignant deux commissaires. (*Cass.* 18 *janv.* 1830.) I. G. 8 juin 1830, § 1, n° 1320.

— *V*. Concordats; Faillites.

ATTESTATIONS *pures et simples*. — 1 *fr. fixe*. (*Loi enreg., art* 68, § 1, *n°* 10.) . . . Circ. n° 1450.

AUBERGISTES. — *V*. Livres *de commerce*, *n°* 4.

AUDIENCES. — *V*. Feuilles *d'audience*.

AUTEURS. — Solidarité. — Les auteurs sont solidaires pour le paiement des amendes de contravention aux lois sur le timbre des journaux, affiches et papiers musique (*Loi* 9 *vend. an VI*, *art.* 61.) Circ. n° 1165.

AUTORISATIONS *pures et simples*. — 1 *fr. fixe*. (*Loi enreg., art.* 68, § 1, *n°* 12.) Modifié. n° 2 inf. Circ. n° 1450.

2. — 2 *fr. fixe*. (*Loi* 1816, *art.* 43, *n°* 5.) I. G. 29 avril 1816, n° 714.

3. — L'autorisation donnée au futur dans un contrat de mariage, d'aliéner les immeubles dotaux n'est pas sujette à un droit particulier. (*Sol.* 17 *nov.* 1826.) . . . . . . I. G. 20 mars 1827, § 4, n° 1205.

— *V*. Ordonnances, n° 1; Procurations, n°s 3 et suiv.; Saisies-arrêts, n° 2; Ventes *de marchandises*, *n°* 3.

AUTORITÉS *administratives*. — *V*. Actes *administratifs*; Actes *du gouvernement*.

AVALS *de lettres de change*. — L'aval mis sur la lettre de change est *exempt* d'enregistrement; mais s'il est souscrit par acte séparé, il est passible du droit de cautionnement. (*Déc. f.* 7 *août* 1810.) *V*. Lettres *de change*. I. G. 11 sept. 1810, n° 488.

AVANCEMENT *d'hoirie*. — *V*. Cessions *de droits successifs*, *n°*. 3; Donations *entre-vifs*; Partages, n° 4; Successions, n° 17.

AVANTAGES *entre époux.* — *V.* Donations *éventuelles*; Successions, n° 18 et suiv.

AVARIES. — *V.* Procès-verbaux, n° 16; Ventes *de marchandises*, n°s 8, 9 *et* 10.

AVENIRS. — *V.* Significations *d'avoués à avoués*.

AVERTISSEMENS *officieux.* — Les avertissemens officieux donnés par les juges de paix sont *exempts* de timbre. (*Déc. f.* 16 *oct.* 1827.) I. G. 22 mars 1828, § 9, n° 1236.

AVEUX *judiciaires.* — *V.* Mutations *secrètes*, n°s 10 *et* 11.

AVIS. — *V.* Consultations.

AVIS *de parens.* — 1 *fr. fixe.* (*Loi enreg., art.* 68, § 1, *n°* 11.) Modifié. n° 2, inf. . . . Circ. n° 1450.

2. — 2 *fr. fixe.* (*Loi* 1816, *art.* 43, n° 4.) I. G. 29 avril 1816, n° 714.

3. — Dépenses *des mineurs.* — Les délibérations des conseils de famille qui fixent la somme annuelle des dépenses des mineurs, ne sont pas sujettes au droit proportionnel. (*Délib.* 22 *brum. an XIII.*) I. G. 3 fruct. an XIII, § 23, n° 290.

4. — Engagemens *volontaires.* — Les délibérations autorisant un engagement volontaire et leurs expéditions, doivent être visées pour timbre et enregistrées *gratis*. (*Déc. f.* 9 *nov.* 1832.) *V.* Service *militaire.* I. G. 23 mars 1833, § 3, n° 1422.

5. — Honoraires. — La fixation d'une somme pour les honoraires du tuteur n'opère pas le droit *d'un fr. p.* °/₀. (*Cass.* 3 *janv.* 1827.) I. G. 30 juin 1827, § 3, n° 12[illegible].

6. — Obligations. — La délibération du conseil de famille qui autorise le tuteur à conserver une somme déterminée appartenant au mineur, à la charge d'en payer l'intérêt, est passible du droit *d'un fr. p.* °/₀. (*Déc. f.* 20 *juin* 1809.). . . . . I. G. 31 août 1809, n° 449.

7. — Pluralité *des droits.* — Les avis de parens contenant plusieurs dispositions ne donnent pas lieu à la pluralité des droits; seulement les dispositions indépendantes, telles que la prestation de serment d'un expert, opèrent un droit particulier. (*Sol.* 29 *janv.* 1825.) I. G. 29 juin 1825, § 4, n° 1166.

— *V.* Appels, n° 5; Ordonnances, n° 2; Tutelles.

AVIS *et annonces imprimés.* — Timbre. — Les avis imprimés, quelqu'en soit l'objet, qui se crient et distribuent dans les rues ou lieux publics, ou que l'on fait circuler de toute autre manière, sont assujettis au droit de timbre de *cinq centimes* pour la feuille de 30 décimètres carrés, ou *trois centimes* la demi-feuille; et de *huit centimes* pour la feuille, ou *quatre centimes* pour la demi-feuille excédant cette dimension, à peine d'une amende progressive de 25, 50 *et* 100 *fr.*, outre la restitution des droits. (*Loi* 6 *prair. an VII, art.* 1, 2 *et* 4.) Modifié. n° 2 inf. Circ. n° 1580.

2. — Le droit est porté à *dix centimes* la feuille; *cinq centimes* la demi-feuille; *deux centimes* 1/2 le quart de feuille; et *un centime* pour le demi-quart de feuille, cartes, et autres de plus petite dimension, *sans décime en sus*; l'amende est élevée à 500 *fr.* contre l'imprimeur, et à 100 *fr.* pour les contrevenans. (*Loi* 1816, *art.* 66, 67, 68 *et* 69.) Modifié. n° 3 inf. I. G. 29 avril 1816, § 4 et 5, n° 715.

3. — Les amendes sont réduites à 50 *fr.* et 20 *fr.* (*Loi* 1824, *art.* 10.) . . . . I. G. 23 juin 1824, § 10, n° 1136.

4. — Adresses — Les adresses ou indications de changement de domicile ne sont pas assujetties au timbre. (*Loi* 6 *prair. an VII, art.* 1.) Circ. n° 1580.

5. — Billets *de faire part.* — Les billets de faire part de naissances, mariages ou décès sont *exempts* du timbre. (*Déc. f.* 19 *juin* 1822.) . . . . I. G. 17 août 1832, § 1, n° 1051.

6. — Cabinet *de lecture.* — Les avis et annonces relatifs à l'établissement d'un cabinet de lecture, de commission pour les abonnemens aux journaux, ou pour les reliures de livres, sont sujets au timbre. (*Cass.* 7 *fév.* 1832.) *V.* Catalogues. . . . . . I. G. 29 juin 1832, § 8, n° 1401.

7. **AVIS** *et annonces imprimés.* — Cours *de marchandises.* — Les bulletins du cours des changes et du prix des marchandises, sont *exempts* du timbre. (*Déc. f.* 23 *sept.* 1806.) I. G 15 mai 1807, § 2, nomb. 2, n° 326.

8. — Lithographie. — Les avis et annonces lithographiés sont sujets au timbre. (*Déc. f.* 20 *fév.* 1818. I. G. 7 mars 1818, n° 827.

9. — Les avis et annonces lithographiés sont sujets au timbre à peine de 20 *fr. d'amende.* (*Trib de Coulommiers,* 4 *août* 1829.) I. G. 29 déc. 1829, § 17, n° 1303.

10. — Ordonnances *de police.* — Les ordonnances de police qui se crient et distribuent dans Paris sont *exemptes* de timbre. (*Déc. f.* 10 *fév.* 1807.). . . . . I. G. 15 mai 1807, § 2, n° 326.

— *V.* Catalogues; Journaux, n°s 13, 14 et 15; Prospectus.

AVOCATS. — *V.* Consultations; Ordonnances *de nomination*; Significations *d'avoués à avoués.*

AVOUÉS. — *V.* Actes *des avoués*; Chambres *de discipline*; Ordonnances *de nomination*; Registres, n°s 3 et 4; Significations *d'avoués à avoués.*

B

BACS. — *V.* Baux *à ferme,* n°s 4, 5 *et* 6.

BAILLEURS *de fonds.* --- *V.* Consentemens, n° 3; Déclarations *des titulaires de cautionnemens.*

BANCS *des Églises.* --- *V.* Baux *à ferme,* n° 26.

BANQUE *de France.* --- *V.* Actions.

BARRIÈRES. --- *V.* Baux *à ferme,* n°s 7, 8, 9 *et* 10.

BATEAUX. --- *V.* Baux *à ferme,* n°s 4, 5 *et* 6; Ventes *de navires,* n°s 6 *et* 7.

BAUX *à Cheptel.* --- 25 *cent. p.* °/₀ sur le prix, ou à défaut, sur l'évaluation du bétail. (*Loi enreg., art.* 69, § 1, *n°* 2.) Modifié. n° 2 inf. Circ. n° 1450.

2. --- Le droit est réduit à 20 *cent. p.* °/₀. (*Loi* 1824, *art.* 1.) . . . . I. G. 23 juin 1824, § 1, n° 1136.

BAUX *à domaine congéable.* --- Les actes de l'espèce opèrent le droit de vente sur le prix et le capital de la rente convenancière. (*Cass.* 13 *nov.* 1826.) . . . . I. G. 20 mars 1827, § 3, n° 1205.

--- *V.* Cessions *de baux à domaine congéable*; Cessions *de droits convenanciers*; Domaines *congéables.*

BAUX *à ferme ou à loyer,* sous baux, subrogations, cessions et rétrocessions de baux. 1 *fr. p.* °/₀ sur le prix cumulé des deux premières années et 25 *cent.* pour les autres. (*Loi enreg., art.* 69, § 3, *n°* 2.) Modifié. n° 2 inf. Circ. n° 1450.

2. --- Le droit est réduit à 75 *cent. p.* °/₀ sur les deux premières années et à 20 *cent.* sur les autres. (*Loi* 27 *vent. an IX, art.* 8.) Modifié. n° 3 inf. Circ. n° 1992.

3. --- Le droit est reduit à 20 *cent. p.* °/₀ sur le prix cumulé de toutes les années réunies. (*Loi* 1824, *art.* 1.) *V.* Mercuriales, n°s 1 et suiv. . . . . I. G. 23 juin 1824, § 1, n° 1136.

4. --- Bacs *et passages.* --- Les baux de la perception de ces droits ne sont passibles que du droit fixe de 1 *fr.* (*Déc. f.* 3 *mess. an X.*) Modifié. n°s 5 et 6 inf. . . . . Circ. 30 therm. an X.

5. --- Les baux de bacs et passages des rivières faits par l'administration des contributions indirectes, et les cautionnemens y relatifs, sont passibles des droits ordinaires. (*Déc. f.* 19 *janv.* 1808.) I. G. 29 juin 1808, § 5, n° 386.

6. ----- Même décision. I. G. 10 nov. 1808, § 2, n° 405.

7. **BAUX** *à ferme ou à loyer.* — BARRIÈRES. — Les adjudications des barrières pour la taxe de l'entretien des routes sont passibles des droits ordinaires. (*Déc. f.* 16 *prair. an VII.*) Modifié. n° 9 inf. Circ. n° 1595.

8. — Si l'état s'oblige à payer une somme outre le produit de la barrière, il est dû 50 *cent. p.* °/₀ sur ce marché, indépendamment du droit de bail sur le produit. (*Déc. f.* 28 *therm. an VII.*) Modifié. *V.* MARCHÉS, n° 3. Circ. n° 1700.

9. — Ces baux sont assujettis à l'enregistrement dans les vingt jours de leur date au droit *fixe de* 1 *fr.* (*Loi* 7 *germ. an VIII, art.* 5.) Circ. n° 1815.

10. — Les expéditions de ces baux doivent être écrites sur papier timbré. (*Déc. f.* 28 *brum. an X.*) I. G. 6 frim. an X, n° 17.

11. — BESTIAUX. — Le bail qui comprend des immeubles et des bestiaux affectés à leur exploitation, opère le droit de bail d'immeubles sur la totalité du prix convenu. (*Sol.*) I. G. 3 fruct. an XIII, § 26, n° 290.

12. — CASERNEMENT *de la gendarmerie.* — Les baux et autres actes ayant pour objet le casernement de la gendarmerie sont soumis au timbre et à l'enregistrement aux droits ordinaires. (*Déc. f.*) Circ. 9 sept. 1807.

13. — Les baux de l'espèce antérieurs au 1er vend. an XIV, seront enregistrés *gratis.* (*Déc. f.* 18 *oct.* 1808.) I. G. 10 nov. 1808, § 1er, n° 405.

14. — Le délai de *vingt jours* pour l'enregistrement des baux passés devant les préfets pour le casernement de la gendarmerie, ne court que du jour du retour des actes, après la *dernière* approbation des ministres de la guerre et de l'intérieur. (*Déc. f.* 7 *avril* 1818.) I. G. 6 mai 1818, § 1er, n° 832.

15. — CHASSE. — Les baux de la chasse sont passibles des droits ordinaires; passés devant les maires dans la forme d'une *adjudication publique*, ils doivent être enregistrés dans les vingt jours, autrement ils ne sont sujets à cette formalité que dans les trois mois. (*Déc. f.* 4 *fév.* 1806 *et* 17 *oct.* 1809.) I. G. 23 nov. 1809, n° 454.

— COUPES *de bois.* — *V.* VENTES *de meubles*, *nos* 8 *et suiv.*

— DÉLAIS. — *V.* n° 14 sup., 18, 19 et 22 inf., et DÉLAIS, n° 5.

16. — DURÉE. — On doit considérer comme baux de neuf ans ceux faits pour trois, six ou neuf ans. (*Loi enreg., art.* 69, § 3, *n°* 2.) Circ. n° 1450.

17. — EMPHITÉOSES. — Les baux emphitéotiques sont assimilés pour la perception des droits aux baux ordinaires d'une durée limitée. (*Sol.* 16 *mess. an VII.*) *V.* TRANSCRIPTIONS, nos 11 et 12. Circ. n° 1609.

18. — ÉTABLISSEMENS *publics;* DÉLAI. — Les baux des hospices et établissemens d'instruction publique, passés devant notaires, ne sont assujettis à l'enregistrement que dans les *quinze jours* de l'approbation du préfet. (*Décret* 12 *août* 1807.). . . . . . I. G. 29 juin 1808, § 6, n° 386.

19. — Le délai de quinze jours accordé pour l'enregistrement des baux des hospices et autres établissemens publics, ne court que du jour du retour des actes à la mairie après l'approbation du préfet. (*Déc. f.*) I. G. 7 fév. 1812, n° 561.

20. — ÉTAT. — Les baux de biens de l'état sont assujettis aux droits ordinaires. (*Loi enreg.. art.* 69, § 3, *n°* 2.) Circ. n° 1450.

21. — Les baux au profit de l'état doivent être enregistrés *gratis.* (*Déc. f.* 24 *juin* 1814, 5 *déc.* 1821 *et* 13 *août* 1829.) I. G. 30 juin 1833, § 3, n° 1425.

22. — LÉGION *d'honneur.* — DÉLAI. — Le délai pour l'enregistrement ne court que du jour de la notification qui en est faite aux directeurs par le grand-chancelier. (*Déc.* 14 *janvier* 1806.) Circ. 12 mars 1806.

23. — LOCATIONS *verbales.* — On doit poursuivre le recouvrement des droits, d'après les preuves résultant de l'art. 13 de la loi du 22 frim. an VII. (*Sol.* 3 *vend. an VIII.*) Abrogé. *V.* n° 24 inf. Circ. n° 1663.

24. BAUX *à ferme ou à loyer.* — **Locations** *verbales.* — On ne peut poursuivre le paiement des droits des locations verbales, et la preuve de la jouissance à titre de ferme ne peut suffire que lorsque le bail est *écrit.* (*Cass. et déc. f.* 5 *nov.* 1811.) . . . . I. G. 25 nov. 1811, n° 550.

25. — **Minimum.** — **Lots.** — Le minimum de 25 *cent.* pour un bail par lots ne peut être perçu que sur l'ensemble de l'acte. (*Sol.* 5 *oct.* 1825) . . . . I. G. 31 mars 1826, § 3, n° 1187.

26. — **Places** *dans les églises.* — Les baux de l'espèce sont sujets aux droits ordinaires et doivent être enregistrés dans les vingt jours ou dans les trois mois, selon qu'il s'agit d'une adjudication publique ou d'un acte sous seing-privé. (*Déc. f.* 4 *fév.* 1806 *et* 17 *oct.* 1809. I. G. 23 nov. 1809, n° 454.

— **Pêche.** — *V.* Pêche, n° 1.

27. — **Preuve.** — La jouissance à titre de ferme ou d'engagement d'immeuble est suffisamment établie pour la demande des droits des baux non enregistrés par les actes qui la feront connaître, ou le paiement des contributions. (*Loi enreg., art.* 13.) *V.* n° 23 et 24 sup. Circ. n° 1450.

— *V.* Rédaction, n° 15.

— **Résiliemens.** — *V.* Résiliemens *de baux*, *n°s* 1 *et* 2.

28. — **Société.** — Le droit est exigible sur la totalité du prix d'un bail fait par un des associés à une société de commerce préexistante. Il en serait autrement si ce bail était fait par l'acte de société lui-même. (*Sol.* 13 *nov.* 1824.) I. G. 23 mars 1825, § 1, n° 1156.

29. — Idem. (*Cass.* 3 *janv.* 1827.) I. G. 30 juin 1827, § 1, n° 1210.

30. — Idem. (*Sol.* 7 *mai* 1830.) I. G. 27 sept. 1830, § 3, n° 1336.

31. — **Tourbières.** — Le bail d'une tourbière est passible des droits ordinaires lorsque l'acte réunit les caractères du bail. (*Sol.* 11 *fév.* 1834.) *V.* Ventes *d'immeubles*, *n°s* 58 *et* 59. I. G. 19 juill. 1834, § 2, n° 1458.

BAUX *à nourriture de personnes.* — 50 *centimes p.* °/₀ sur le prix cumulé des années, et 25 *centimes* s'il s'agit de mineurs. (*Loi enreg., art.* 69, § 2, *n°* 5.) Modifié. n° 2 inf. . . . Circ. n° 1450.

2. — Réduits au droit uniforme de 20 *centimes p.* °/₀. (*Loi* 1824, *art.* 1.) . . . . . . I. G. 23 juin 1824, § 1, n° 1136.

— *V.* Tutelles *officieuses*, *n°* 3.

BAUX *à portions de fruits.* — *V.* Successions, n° 28.

BAUX *à rentes perpétuelles d'immeubles.* — 4 *fr. p.* °/₀ sur le capital formé de vingt fois la rente. (*Loi enreg., art.* 69, § 7, *n°* 2.) Modifié. n° 2 inf. Circ. n° 1450.

2. — Le droit est porté à 5 *fr.* 50 *cent. p.* °/₀, y compris le droit de transcription. (*Loi* 1816, *art.* 52 *et* 54.) I. G. 29 avril 1816, n° 714.

BAUX *à vie d'immeubles*, 4 *fr. p.* °/₀ sur un capital formé de dix fois la redevance. (*Loi enreg., art.* 69, § 7, n° 2.) Circ. n° 1450.

2. — **Rétrocession.** — La rétrocession d'un bail à vie opère le droit de 5 *fr.* 50 *c. p.* °/₀. (*Cass.* 18 *janv.* 1825.) I. G. 30 sept. 1825, § 3, n° 1173.

Nota. D'après la jurisprudence il ne serait dû que 4 p. °/₀. *V. Circ. Compt. gén. des finances du* 17 *déc.* 1832, *n°* 28.

BAUX *courans.* — *V.* Donations *entre vifs*, *n°* 1; Successions, n°s 1, 29 et 30.

BAUX *d'industrie.* — *V.* Baux *à ferme*, *n°* 1 *et suiv.*

BAUX *de pâturage et nourriture d'animaux.* — 25 *cent. p.* °/₀ sur le prix cumulé des deux premières années et le *demi droit* sur les années suivantes. (*Loi enreg., art.* 69, § 1, *n°* 1.) Modifié. n° 2 inf. Circ. n° 1450.

2. — Réduits à 20 *cent. p.* °/₀. (*Loi* 1824, *art.* 1.) I. G. 23 juin 1824, § 1, n° 1136.

3. **BAUX** *de pâturage et nourriture d'animaux*. — Le droit à raison de 25 *cent. p.* °/₀ pour les deux premières années et moitié pour les autres, n'est applicable qu'aux baux par lesquels un fermier s'oblige de fournir le pâturage à des animaux qui lui sont confiés, et non aux baux de terres destinées au pâturage des animaux. (*Déc. f.* 7 *juin* 1808.) Modifié. nº 2 sup. I. G. 29 juin 1808, § 7, nº 386.

BAUX *dont la durée est illimitée*. — IMMEUBLES. — 4 *fr. p.* °/₀ sur un capital formé de vingt fois la redevance. (*Loi enreg., art.* 69, § 7, *nº* 2.) Modifié. nº 2 inf. . . . . . Circ. nº 1450.

2. — Le droit est porté à 5 *fr.* 50 *c. p.* °/₀, y compris le droit de transcription. (*Loi* 1816, *art.* 52 *et* 54.) I. G. 29 avril 1816, nº 714.

3. — MEUBLES. — 2 *fr. p.* °/₀ sur un capital formé de vingt fois la redevance. (*Loi enreg., art.* 68, § 5, *nº* 2.) Circ. nº 1450.

BAUX *emphytéotiques*. — *V.* BAUX *à ferme*, *nº* 16; TRANSCRIPTIONS, nºˢ 11 et 12.

BAUX *héréditaires*. — Les biens donnés à titre de bail héréditaire sont censés appartenir au preneur et le droit ordinaire de vente est exigible sur les cessions. (*Cass.* 28 *janv.* 1833.) I. G. 30 juin 1833, § 8, nº 1425.

— *V.* SUCCESSIONS, nº 31.

BIBLIOGRAPHIE. — *V.* LIBRAIRIE.

BIENS. — VENTILATION. — L'acte translatif de propriété ou d'usufruit qui comprend des meubles et immeubles, donne ouverture, sur la totalité du prix, au droit fixé pour les immeubles; à moins qu'il ne soit stipulé un prix distinct pour les meubles, et qu'ils ne soient désignés et estimés article par article dans le contrat. (*Loi enreg., art.* 9.) *V.* VENTES *d'immeubles*, *nºˢ* 36, 60 *et suiv.* Circ. nº 1450.

BIENS *communaux*. — *V.* DÉCLARATIONS, nºˢ 4 et 5, PARTAGES, nº 5; VENTES *d'immeubles*, *nº* 9.

BILANS. — 1 *fr. fixe*. (*Loi enreg., art.* 68, § 1, *nº* 13.) Circ. nº 1450.

BILLETS *adirés*. — *V.* BILLETS *à ordre*, *nº* 3.

BILLETS *à ordre*. — 50 *cent. p.* °/₀. (*Loi enreg., art.* 69, § 2, *nº* 6.) Circ. nº 1450.

2. — ASSIGNATION. — Les billets à ordre dont le paiement se poursuit par assignation sans protêt, doivent être enregistrés préalablement. (*Déc. f.*) . . . . I. G. 12 nov. 1811, § 1, nº 548.

3 — BILLETS *adirés*. — Le droit proportionnel est dû sur la sommation de payer le montant d'un billet prétendu adiré, mais les droits et amendes de timbre ne sont pas exigibles. (*Déc. f.*) *V.* EXPLOITS, nº 3. I. G. 12 nov. 1811, § 2, nº 548.

4. — NOTAIRE. — DÉLAI. — Les billets à ordre devant notaires doivent, sous peine d'amende, être enregistrés dans les dix ou quinze jours de leur date. (*Cass.* 10 *fév.* 1834.) I. G. 19 juill. 1834, § 3, nº 1458.

5. — Idem. (*Cass.* 28 *janv.* 1835.) I. G. 31 juill. 1835, nº 1490.

— *V.* AFFECTATIONS *hypothécaires*, nº 3; OBLIGATIONS, nºˢ 2, 3 et 4; QUITTANCES, nº 17; VENTES *d'immeubles*, *nº* 10.

— TIMBRE. — *V.* AMENDES *de timbre*; BILLETS *simples*, nº 3 *et suiv.*; EFFETS *de commerce*, *nºˢ* 2, 3, 4 *et* 5.

BILLETS *au porteur*. — Ne sont passibles que du droit de 50 *cent. p.* °/₀. (*Déc. f.* 10 *mai* 1808.) I. G. 29 juin 1808, § 8, nº 386.

2. — TIMBRE. — Les effets au-dessous de 10 fr. doivent être rédigés sur papier au timbre proportionnel. (*Déc. f.* 15 *prair. an VII.*) Circ. nº 1705.

3. — Les billets au porteur *de* 25 *fr. et au-dessous*, sont soumis au timbre *proportionnel*. (*Déc f.* 18 *therm. an IX.*) Circ. 29 fruct. an IX, nº 2042.

— *V.* EFFETS *de commerce*, nº 2 *et suiv.*

BILLETS *d'étapes*, de subsistance et de logement. — *V.* Service *militaire.*

BILLETS *de faire part.* — *V.* Avis *imprimés*, n° 5.

BILLETS *simples.* — 1 *fr. p.* °/ₒ. (*Loi enreg., art.* 69, § 3, *n°* 3.) Circ. n° 1450. — *V.* Affectations *hypothécaires*, *n°* 8; Obligations, n°ˢ 2 et 3; Ventes *d'immeubles*, *n°* 10.

2. — Endossemens. — Les endossemens ou transports de billets qui ne sont pas stipulés *à ordre* sont passibles du droit de 1 *fr. p.* °/ₒ (*Déc. f.* 31 *août* 1813.). . . . . . . I. G. 13 sept. 1813, n° 648.

3. — TIMBRE. — Les billets simples sont assujettis au timbre proportionnel à peine de l'amende du *vingtième* dont le *minimum* est fixé à 30 *fr.* (*Loi* 6 *prair. an VII*, *art.* 6.) Modifié. n° 4 inf. Circ. n° 1580.

4. — Le *minimum* de l'amende est réduit à 5 *fr.* (*Loi* 1824, *art.* 12.) Modifié. n° 5 inf. I. G. 23 juin 1824, § 12, n° 1136.

5. — Au lieu du *vingtième*, l'amende est portée à 6 *fr. p.* °/ₒ contre le souscripteur, et autant contre le cessionnaire. (*Loi* 24 *mai* 1834, *art.* 19.). . . . . I. G. 14 nov. 1834, n° 1469. — *V.* Effets *de commerce*, *n°* 2 *et suiv.*

6. — Endossemens *ou transports.* — On peut rédiger à la suite d'un billet soumis au timbre proportionnel, l'endossement ou le transport de ce billet. (*Déc. f.* 31 *août* 1813.) *V.* Amendes *de timbre*, *n°ˢ* 11 *et suiv.* I. G. 13 sept. 1813, n° 648.

BOIS. — Baux *de coupes.* — *V.* Ventes *de meubles*, *n°ˢ* 8 *et suiv.*

BOIS. — Évaluation. — L'évaluation du revenu des bois doit être faite d'après le prix des coupes annuelles. (*Sol.* 31 *juillet* 1827.) I. G. 15 déc. 1827, § 2, n° 1229.

BOIS. — Sol *et superficie.* — *V.* Ventes *d'immeubles*, *n°ˢ* 11 *et suiv.*

BOIS *de l'état ou des établissemens publics.* — *V.* Aliénations; Délimitations; Procès-verbaux, n° 4 et suiv., 19 et 20.

BONS *de fournitures militaires.* — Timbre. — Les bons de fournitures militaires sont soumis au timbre; mais ceux qui ont pour objet le paiement des *réquisitions* en chevaux, grains et autres denrées, en sont *exempts.* (*Déc. f.* 19 *prair. an IX.*) . . . . Circ. 29 fruct. an IX., n° 2042.

BORDEREAUX *de collocation.* — *V.* Ordres, n° 2; Rédaction, n°ˢ 37 et 38.

BORNAGES. — *V.* Procès-verbaux.

BOURSES *communes.* — La perception des sommes destinées aux bourses communes est interdite aux Receveurs. (*Déc. j. et f.* 8 *et* 18 *juillet* 1823.) . . . . I. G. 26 juillet 1823, n° 1087.

BREVETS. — *V.* Actes *en brevet.*

BREVETS *d'apprentissage.* — 1 *fr. fixe* s'ils ne contiennent ni obligation ni quittance (*Loi enreg., art.* 68, § 1, *n°* 14); 50 *cent. p.* °/ₒ, s'ils contiennent stipulations de sommes payées ou non. (*Art.* 69, § 2, *n°* 7.) Circ. n° 1450.

BREVETS *d'invention.* — Le procès-verbal constatant le dépôt des pièces relatives aux brevets d'invention est *exempt* du timbre et de l'enregistrement; l'expédition seule est assujettie au timbre. (*Déc.* 20 *oct.* 1828.) I. G. 24 mars 1829, § 11, n° 1272. — *V.* Actes *administratifs*, *n°* 6; Ventes *de meubles*, *n°* 3.

BREVETS *de pensions.* — *V.* Certificats, n° 7.

BULLETINS *administratifs.* — Timbre. — Les bulletins ou journaux *officiels* publiés dans quelques localités sont soumis au timbre. (*Déc. f.* 8 *brum. an X.*) Abrogé. n° 2 inf. I. G. 27 fruc. an X, § 2, n° 72.

2. — Les bulletins administratifs destinés aux fonctionnaires publics sont *exempts* du timbre. (*Déc. f.* 23 *août* 1808.) I. G. 27 oct. 1808, n° 403.

BULLETINS *de dépôt.* — Les reconnaissances de dépôts de pièces soumises aux formalités hypothécaires doivent être délivrées sur papier timbré. (*Déc. f.* 17 *et* 28 *vent. an XIII.*) I. G. 11 sept. 1806, § 10, n° 316.

2. — On peut délivrer un seul bulletin pour le dépôt de plusieurs pièces par un seul déposant. (*Déc. f.* 22 *nov.* 1808.) I. G. 6 juin 1809, n° 433.

BUREAUX. — Les actes doivent être enregistrés savoir : ceux des notaires aux bureaux dans l'arrondissement desquels ils résident ; ceux des huissiers et autres rédacteurs de procès-verbaux et exploits, au bureau de leur résidence ou du lieu où ils auront été faits ; ceux des greffiers et secrétaires au bureau de leur résidence ; les actes sous seing-privé, dans tous les bureaux indifféremment (*art.* 26). Les successions au bureau de la situation des biens pour les immeubles et les meubles ayant une assiette déterminée, et au bureau du domicile du décédé pour les rentes, capitaux et autres biens meubles sans assiette déterminée. (*Art.* 27, *loi enreg.*) *V.* n°s 4, 5, 7, 8, 9 et 10 inf. Circ. n° 1450.

2. — Actes *administratifs.* — Les actes administratifs doivent être enregistrés aux bureaux de la résidence du fonctionnaire devant lequel ils sont passés. (*Déc. f.* 15 *déc.* 1807.) I. G. 22 fév. 1808, § 5, n° 366.

— *V.* Actes *passés en double minute.*

3. — Effets *négociables.* — Les billets à ordre, lettres de change et autres effets négociables peuvent être enregistrés au bureau où les protêts sont présentés à la formalité. (*Sol.*) I. G. 2 sept. 1816, n° 739.

— *V.* Garde *nationale*, *n°* 2.

4. — Inventaires. — Les inventaires dressés par les notaires de cour royale peuvent être enregistrés dans les bureaux des lieux où ils ont été faits, excepté la dernière vacation. (*Déc. f.* 12 *therm. an XII.*) I. G. 3 fruct. an XIII, § 32, n° 290.

5. — Notaire *substitué.* — Décharges. — Les actes reçus par un notaire substituant un de ses confrères doivent être enregistrés au bureau du domicile du *notaire suppléé*. La décharge donnée à un notaire à la suite d'un acte par lui reçu, doit être enregistrée au bureau de l'arrondissement du notaire qui a reçu cette décharge. (*Déc. f. et j.*) I. G. 11 nov. 1819, n° 909.

6. — Ordonnances *de nomination.* — Les ordonnances de nomination des officiers ministériels doivent être enregistrées au bureau du chef-lieu judiciaire. (*Loi* 21 *avril* 1832, *art.* 34.) I. G. 30 avril 1832, § 4, n° 1399.

7. — Procès-verbaux *des gardes champêtres.* — Ils peuvent être admis à l'enregistrement au bureau le plus voisin. (*Déc. f.* 27 *août* 1823.) . . . . I. G. 6 sept. 1823, n° 1090.

8. —— *Gendarmes.* — Les procès-verbaux des gendarmes peuvent être enregistrés au bureau le plus voisin. (*Dec. f.* 2 *avril* 1830.) I. G. 28 avril 1830, n° 1313.

9. —— *Poids et mesures.* — Les procès-verbaux des vérificateurs des poids et mesures peuvent être enregistrés au bureau le plus voisin. (*Déc. f.* 20 *août* 1833. *V.* Procès-verbaux *de délits*, *n°* 15. I. G. 31 août 1833, n° 1434.

— Successions. — *V.* n° 1 sup. et Successions, n° 1.

10. — Ventes *de meubles.* — Les procès-verbaux de ventes publiques de meubles doivent être enregistrés au bureau dans l'arrondissement duquel les ventes ont eu lieu. (*Loi* 22 *pluv. an VII, art.* 6.) *V.* Ventes *de meubles*, *n°* 2. Circ. n° 1498.

BUREAUX *de bienfaisance.* — *V.* Acquisitions *par les établissemens publics* ; Comptabilité *communale* ; Hospices ; Ventes *d'immeubles*, *n°* 31.

BUREAUX *de paix. (Actes des)* — Ne donnant pas lieu à un droit proportionnel supérieur, 1 *fr. fixe.* (*Loi enreg., art.* 68, § 1, *n°* 47.) *V.* Conciliations. Circ. n° 1450.

2. — Mentions *de non comparution.* — Les mentions de non comparution sont *exemptes* de l'enregistrement. (*Déc. f.* 7 *juin* 1808.) I. G. 28 juill. 1808, § 9, n° 390.

C

CABINETS *de lecture.* — *V.* Avis *imprimés*, n° 6.

CADASTRE. — **Timbre.** — **Extraits** *de plans ou matrices.* — Les extraits délivrés aux propriétaires sont *exempts* du timbre. (*Déc. f.* 14 *nov.* 1821.) *V.* Matrices *de rôles.* I. G. 24 nov. 1821, n° 1006.

2. — **Réclamations.** — Les réclamations contre le classement parcellaire du cadastre ne sont pas assujetties au timbre. (*Déc. f.* 31 *mai* 1808.) *V.* Pétitions, n° 3 et suiv. I. G. 7 juill. 1808, n° 387.

CAHIERS *de charges.* — **Dépots** — Les cahiers de charges rédigés par les avoués doivent être enregistrés avant le dépôt au greffe et sont passibles d'un droit particulier. (*Déc. f.* 16 *août* 1808.) I. G. 30 sept. 1808, § 4, n° 400.

2. — Idem. (*Déc. f.* 16 *août* 1808.) I. G. 4 juill. 1809, § 74, n° 436.

— *V.* Actes *administratifs*, n° 28; Actes *à la suite*, n°s 5 *et* 6.

3. — **Marine.** — Les cahiers de charges des adjudications pour le service de la marine peuvent être admis au visa pour timbre. (*Déc. f.* 19 *août* 1817.) . . . . I. G. 29 août 1817, n° 798.

4. — **Ventes** *de biens de l'Etat.* — Les cahiers de charges pour l'aliénation des bois de l'état sont *exempts* du timbre et de l'enregistrement sur la minute; mais les expéditions délivrées à l'adjudicataire et au directeur des domaines sont soumises au timbre. (*Déc. f.* 30 *sept.* 1831.) *V.* n° 6 inf. I. G. 27 déc. 1831, § 10, n° 1388.

5. — Même décision pour les cahiers de charges des autres adjudications de biens de l'état et des communes; ou ventes de coupes de bois. (*Déc. f.* 28 *janv.* 1432.) . . . . . . I. G. 29 juin 1832, § 10, n° 1401.

6. — L'expédition du cahier de charges des ventes de coupes de bois destinée au directeur des domaines est *exempte* de timbre; mais celle qui est remise au receveur général doit être timbrée. (*Sol.*) I. G. 29 août 1835, n° 1496.

CAISSES *d'épargnes.* — *V.* Acquisitions *par les établissemens publics*, n° 18; Livrets, n° 1; Procurations, n° 5; Registres, n° 5.

CAISSE *des dépôts et consignations.* — *V.* Consignations.

CAISSE *Lafarge.* — *V.* Actions, n° 8; Certificats *de vie*, n° 2.

CANAUX. — *V.* Registres, n°s 20 et 21.

CAPITAUX. — **Evaluation.** — Elle sera faite 1° à raison de *dix fois* les rentes et pensions viagères, ou le revenu des biens affermés pour la durée de la vie, et transmis en usufruit; 2° à raison de 20 *fois* les rentes perpétuelles ou le revenu des biens transmis en pleine propriété. (*Loi enreg., art.* 14, *n°* 9, *et art.* 15, *n°* 2, 3, 4 *et* 7.) Circ. n° 1450.

CARENCE. — *V.* Exploits; Procès-verbaux, n° 3.

CARGAISONS *naufragées.* — *V.* Inventaires, n° 2.

CARRIERES. — *V.* Ventes *de meubles*, *n°* 4.

CARTES. — *V.* Avis *imprimés.*

CARTES *de sûreté.* — **Timbre.** — Comme actes de la police générale, les cartes de sûreté ne sont pas soumises au timbre. (*Sol.* 9 *vent. an VII.*) Circ. n° 1566.

CARTOUCHES. — *V.* Service *militaire.*

CASERNEMENT *de la gendarmerie.* — *V.* Baux *à ferme*, n°s 12, 13 et 14.

CASSATION. — *V.* Pourvois.

CATALOGUES. — *V.* Prospectus ; Ventes *de marchandises*, n° 3.

CAUTIONNEMENS. — Les cautionnemens de sommes et objets mobiliers et les garanties mobilières, 50 *cent. p.* °/₀, sans que ce droit puisse excéder celui qui est dû en outre pour la disposition principale. (*Loi enreg., art.* 69, § 2, *n°* 8.). . . . . . . Circ. n° 1450.

— *V.* Affectations *hypothécaires*, *n°* 4.

2. — Aliénations *de biens de l'État.* — Les cautionnemens pour sûreté du prix de ventes de domaines nationaux sont passibles des droits ordinaires. . . . . I. G. 3 fruct. an XIII, § 13, n° 290.

3. — Les cautionnemens fournis par les adjudicataires de bois de l'état sont passibles d'un droit particulier de 50 *cent. p.* °/₀. (*Sol.*) I. G. 3 août 1818, § 3, n° 850.

4. — Armemens *en course.* — Les actes de cautionnemens fournis par les armateurs de bâtimens armés en course ne sont passibles que du droit de 1 *fr. fixe.* . . . . . . I. G. 28 vend. an XII, n° 172.

— Baux. — *V.* Cautionnemens *des baux* inf.

5. — Command. — Les cautionnemens contenus dans les déclarations de command sont passibles d'un droit particulier. (*Déc. f.* 28 *juin* 1808.) . . . . I. G. 28 juill. 1808, § 4, n° 390.

— Comptables. — *V.* Cautionnemens *des comptables* inf. ; Concordats, n° 2.

6. — Contributions *indirectes.* — Les cautionnemens contenus dans les procès-verbaux de saisies sont passibles du droit *fixe d'un fr.* (*Déc. f.* 25 *nov.* 1806.). . . . . I. G. 8 janv. 1807, n° 323.

7. — Etablissemens *publics.* — Les cautionnemens des marchés pour le compte des départemens jouissent de la réduction du droit à 1 *fr. fixe*, accordée par la loi du 15 mai 1818 pour les cautionnemens de marchés dont le prix est payé par le trésor. (*Déc. f.* 22 *juin* 1818.) Abrogé. n° 9 inf. I. G. 30 juin 1818, n° 844.

8. — Le cautionnement pour sûreté du prix d'une acquisition faite par un établissement public est passible du droit proportionnel. (*Déc. f.* 16 *déc.* 1826.). . . . . . . I. G. 20 mars 1827, § 1, n° 1205.

9. — Il en est de même pour sûreté d'un marché. (*Déc. f.* 28 *mars* 1827.) *V.* n°s 13 et suiv. inf. I. G. 30 juin 1827, § 2, n° 1210.

10. — Eventualité. — Le cautionnement, même éventuel, est sujet au droit proportionnel (*sol.* 26 *fév.* 1828). Le droit ne peut excéder celui de la disposition principale, et quelque soit le nombre des cautions, il n'y a pas lieu de percevoir plusieurs droits. (*Sol.* 25 *mars* 1828.) I. G. 26 juin 1828, § 6, n° 1249.

11. — Journaux *politiques.* — Les actes de cautionnement des journaux politiques ne sont pas sujets à l'enregistrement ; si cette formalité était requise, il ne serait dû que 1 *fr. fixe.* (*Av. com. fin. et déc. f.* 31 *oct.* 1820.) I. G. 23 sept. 1828, n° 1255.

12. — Lettres *de change.* — Le cautionnement avec hypothèque souscrit par l'un des endosseurs pour garantie d'une lettre de change, n'est passible que du droit de 50 *cent. p.* °/₀. (*Trib. de Limoges*, 13 *mars* 1826.) I. G. 23 déc. 1826, § 1, n° 1204.

13. — Marchés *pour le compte de l'État.* — Les cautionnemens relatifs aux marchés pour le service de la guerre sont passibles du droit ordinaire de 50 *cent. p.* °/₀, malgré que le droit *fixe de* 1 *fr.* soit seul exigible sur les marchés. (*Arrêté gouv.* 6 *fruct. an XI.*) Modifié. n° 18 inf. I. G. 21 fruct. an XI, n° 160.

14. — Même décision pour les cautionnemens des marchés relatifs au service de la marine ou de l'intérieur. (*Arrêté gouv.* 15 *brum. an XII.*) Abrogé. n°s 15 et 18 inf. . . . I. G. 25 frim. an XII, n° 186.

15. — Les cautionnemens des marchés pour le service des ponts et chaussées, de la navigation et des ports, 1 *fr. fixe.* (*Décret* 25 *germ. an XIII.*) . . . . I. G. 16 prair. an XIII, n° 286.

16. **CAUTIONNEMENS.** — MARCHÉS *pour le compte de l'état.* — Les cautionnemens relatifs aux marchés pour le service de la guerre ne sont passibles que du droit *fixe de* 1 *fr.* (*Déc. f.* 21 *frim. an XIV.*) I. G. 29 juin 1808, § 9, n° 386.

17. — La Loi de 1816 n'a pas modifié le tarif des droits dus pour les cautionnemens de marchés concernant les ponts et chaussées, la marine et la guerre, ces cautionnemens restent assujettis au droit *fixe d'un franc.* (*Déc. f.* 10 *juin* 1817.). . . . . . . I. G. 30 juin 1817, n° 787.

18. — Les cautionnemens des marchés pour le compte de l'état ne sont passibles que du droit *fixe d'un franc.* (*Loi* 15 *mai* 1818, *art.* 73, *n°* 2.) . . . . I. G. 18 mai 1818, § 2, n° 834.

— *V.* OBLIGATIONS *solidaires, n*^{os} 19 *et* 20; RÉDACTION, n°s 22 et 23.

19. — REMPLACEMENT. — Le cautionnement en remplacement d'un premier est passible d'un nouveau droit. (*Déc. f.* 3 *mess. an X.*) I. G. 3 fruct. an XIII, § 12, n° 290.

20. — SURENCHÈRE. — Pour un cautionnement judiciaire en matière de surenchère, le droit proportionnel est dû sur la *totalité du prix.* (*Cass.* 29 *déc.* 1825, *arrêt d'admission.*) Abrogé. n° 21 inf. I. G. 30 sept. 1826, § 2, n° 1200.

21. — Le droit n'est dû que sur le montant de la surenchère. (*Déc. f.* 4 *juin* 1828.) . . . I. G. 26 sept. 1828, § 2, n° 1256.

CAUTIONNEMENS *des baux à ferme ou à loyer.* — Ils sont passibles de la moitié du droit perçu sur le bail. (*Loi* 27 *vent. an IX, art.* 9.) *V.* n° 2 inf. Circ. n° 1992.

2. — Le droit de bail est réduit à 20 *cent. p.* °/₀, et celui de cautionnement à 10 *cent. p.* °/₀ sur le prix cumulé de toutes les années. (*Loi* 1824, *art.* 1.) . . . . . . I. G. 23 juin 1824, § 1, n° 1136.

— *V.* BAUX *à ferme, n*^{os} 1 *et suiv.*; PÊCHE, n° 1.

CAUTIONNEMENS *des comptables.* — 25 *cent. p.* °/₀. (*Loi enreg., art.* 69, § 2, *n°* 8.) Abrogé, n° 2 inf. Circ. n° 1450.

2. — *Exempts* d'enregistrement. (*Loi* 18 *therm. an VII.*) Circ. n° 1639.

3. — CONSERVATEURS *des hypothèques.* — L'acte de cautionnement en immeubles, 1 *fr. fixe.* (*Loi* 21 *vent. an VII, art.* 5.) Circ. n° 1539.

— *V.* CONSENTEMENS, n° 3; DÉCLARATIONS *des titulaires en faveur de leurs bailleurs de fonds.*

4. — RECEVEURS *des hospices.* — Les cautionnemens en immeubles fournis par les Receveurs des hospices opèrent 50 *cent. p.* °/₀. (*Déc. f.* 2 *mars* 1833.) . . . . I. G. 30 juin 1833, § 3, n° 1425.

5. — Ceux fournis en rentes sur l'état sont passibles du même droit. (*Déc. f.* 30 *janv.* 1834.) I. G. 19 juillet 1834, § 4, n° 1458.

6. — RECEVEURS *municipaux.* — Les cautionnemens fournis par les Receveurs municipaux opèrent 50 *cent. p.* °/₀. (*Délib.* 2 *frim. an XIII.*) . . . . I. G. 3 fruct. an XIII, § 14, n° 290.

7. — Les actes de cautionnement *en immeubles* fournis par les Receveurs municipaux sont *exempts* d'enregistrement; mais s'ils sont passés devant notaire, il est dû 1 *fr. fixe* comme salaire de la formalité (*Déc. f.* 22 *août* 1812 *et* 19 *janv.* 1813. . . . . . . I. G. 5 fév. 1813, n° 618.

— *V.* CERTIFICATS, n°s 8 et 10; OBLIGATIONS, n° 5; RÉDACTION, n°s 22 et 23.

CAUTIONNEMENS *des officiers ministériels.* — *V.* ORDONNANCES *de nomination.*

CAUTIONNEMENS *des personnes à représenter en justice.* — 1 *fr. fixe.* (*Loi enreg., art.* 68, § 1, *n°* 15.) Modifié. n° 2 inf. Circ. n° 1450.

2. — Ce droit est porté à 50 *cent. p.* °/₀. (*Loi* 1816, *art.* 50.) . . . . I. G. 29 avril 1816, n° 714.

CÉDULES *des juges de paix.* — Sont *exemptes* de l'enregistrement. (*Loi enreg.*, *art.* 70, § 3, *n°* 10.) Circ. n° 1450.

2. — Les cédules *exemptes* de l'enregistrement sont les cédules pour appeler *en conciliation;* celles tendant à *citer en justice* y sont assujetties, au droit *fixe de* 1 *fr.* (*Déc. f.* 22 *germ. an VII.*) Abrogé. n° 3 inf. Circ. n° 1555.

3. — Elles sont toutes *exemptes* de l'enregistrement. (*Loi* 18 *therm. an VII.*) . . . . . Circ. n° 1639.

CENTIMES *additionnels.* — *V.* Charges.

CERTIFICATS *purs et simples.* — 1 *fr. fixe.* (*Loi enreg., art.* 68, § 1, *n°* 17.) . . . . Circ. n° 1450.

2. — Actes *de l'état civil.* — Les certificats délivrés par les greffiers pour constater l'absence des actes ou registres de l'état civil ne sont pas sujets à l'enregistrement, mais doivent être timbrés. (*Déc. f.* 25 *juin* 1823.) *V.* n°s 13 et 14 inf. . . . . I. G. 15 juillet 1823, § 2, n° 1086.

3. — Cautionnemens. — Les certificats de non opposition, 1 *fr. fixe;* délivrés au au greffe ils ne sont pas sujets au droit de rédaction. (*Déc f.* 21 *oct.* 1806.) Abrogé pour la dernière partie. *V.* Rédaction, n° 36. Circ. 11 déc. 1806.

— *V.* Certificats *de cautions;* Certificats *de non opposition.*

4. — Communications *aux greffes.* — Les certificats des greffiers constatant que les avoués n'ont pas réintégré les pièces prises en communication sont soumis à l'enregistrement dans les *vingt jours.* (*Déc. f.* 13 *juin* 1809.) . . . . I. G. 4 juillet 1809, § 15, n° 436.

— Coupes *de bois.* — *V.* Procès-verbaux, n° 8.

5. — Exécution *des jugemens.* — Le certificat délivré par l'avoué pour faire exécuter un jugement ne doit être enregistré que lorsque l'on veut en faire usage; mais celui qui est délivré par le greffier est soumis à cette formalité dans les *vingt jours.* (*Déc. f.* 13 *juin* 1809.) I. G. 4 juillet 1809, § 44, n° 436.

6. — Folle-enchère. — Le certificat du greffier constatant qu'un adjudicataire n'a pas exécuté les conditions qui lui étaient imposées est soumis à l'enregistrement. (*Déc. f.* 13 *juin* 1809.) I. G. 4 juillet 1809, § 55, n° 436.

— Gens *de guerre.* — *V.* Service *militaire.*

— Hypothèques. — *V.* États *d'inscriptions.*

7. — Inscriptions *de pensions.* — Les certificats d'inscription sur le livre des pensions de l'état sont *exempts* du timbre et de l'enregistrement. (*Déc. f.* 15 *janv.* 1823.) I. G. 4 mars 1823, n° 1073.

8. — Insertion *de saisies.* — Le certificat ou la feuille signés par l'imprimeur constatant l'insertion de l'extrait de la saisie doivent être enregistrés. (*Déc. f.* 13 *juin* 1809.) *V.* Actes *passés en conséquence*, n° 11; Saisies *immobilières*, n° 2. . . . . . I. G. 4 juillet 1809, § 51, n° 436.

9. — Jugemens *par défaut.* — Les certificats des greffiers constatant que les jugemens par défaut n'ont pas été suivis d'opposition sont soumis à l'enregistrement. (*Déc. f.* 13 *juin* 1809.) I. G. 4 juillet 1809, § 17, n° 436.

10. — Propriété *des cautionnemens.* — 1 *fr. fixe.* (*Décret* 18 *sept.* 1806.) *V.* n° 11 inf. Circ. 11 déc. 1806.

11. — *Dette publique.* — Les certificats de propriété délivrés pour obtenir le remboursement des cautionnemens, pour faire opérer le transfert de créances inscrites au grand livre, ou toucher des valeurs de l'arriéré sont passibles du droit *fixe d'un franc.* (*Déc. f.* 27 *août* 1823.) I. G. 17 sept. 1823, § 1, n° 1094.

12. — *Militaires.* — Les certificats de propriété délivrés par les notaires ou juges de paix aux veuves ou enfans de militaires pensionnés, sont soumis au *timbre*, mais non à l'enregistrement. (*Déc. f.* 15 *janv.* 1823.) I. G. 4 mars 1823, n° 1073.

— *V.* Prudhommes, n° 2; Saisies *arrêts*, n° 2.

13. CERTIFICATS *purs et simples.* — **TIMBRE.** — ACTES *de l'état civil.* — Les certificats de mariage délivrés par les officiers de l'état civil sont assujettis au timbre de 25 *cent.* (*Décret* 9 *déc.* 1810, *art.* 1.) I. G. 24 déc. 1810, n° 501.

14. — Les certificats de dépôt au greffe des registres de l'état civil sont *exempts* de timbre. (*Déc. f.* 28 *juin* 1822.) I. G. 17 août 1822, § 2, n° 1051.

— *V.* ACTES *de l'état civil*, *n°* 13.

15. — AGENS *forestiers.* — Les certificats de services des agens forestiers pour toucher leurs traitemens sont *exempts* de timbre. (*Déc. f.* 18 *therm. an IX.*) . . . . Circ. 7 fruct. an IX, n° 2033.

16. — BOIS *de marine.* — Les certificats de visite délivrés par les agens forestiers de marine doivent être sur papier timbré. (*Déc. f.* 1er *mars* 1808.) . . . . I. G. 17 mai 1808, § 3, n° 377.

17. — CAPACITÉ. — Les certificats d'aptitude des élèves sont *exempts* de timbre; mais les expéditions y sont assujetties. (*Déc. f.* 26 *août* 1820.) . . . . I. G. 28 sept. 1820, § 1, n° 953.

18. — Les certificats de capacité délivrés aux élèves des écoles sont *exempts* de timbre. (*Déc. f.* 10 *juin* 1828.) I. G. 26 sept. 1828, § 10, n° 1256.

19. — CIRCULATION *des grains.* — Les certificats délivrés pour transporter des grains à la frontière sont assujettis au timbre. (*Déc. f.* 18 *niv. an X.*) Abrogé. n° 20 inf. I. G. 27 fruct. an 10, § 5, n° 72.

20. — Les certificats des maires pour la circulation des grains sont *exempts* de timbre. (*Arr. gouv.* 30 *frim. an XII.*) I. G. 19 niv. an XII, n° 193.

21. — INDIGENCE. — Ils sont *exempts* de timbre. (*Loi timb.*, *art.* 16, *n°* 1.) . . . . . Circ. n° 1419.

22. — ORIGINE *de marchandises.* — Les certificats d'origine des marchandises sont *exempts* du timbre. (*Déc. f.* 17 *juillet* 1822.) I. G. 17 août 1822, § 3, n° 1051.

23. — TRAITEMENT *des pensionnaires.* — La déclaration faite par les héritiers devant un notaire certificateur portant que le pensionnaire ne jouissait d'aucun traitement n'est pas sujette au timbre. (*Déc. f.* 15 *janvier* 1823.) I. G. 4 mars 1823, n° 1073.

CERTIFICATS *de cautions.* — 1 *fr. fixe.* (*Loi enreg.*, *art.* 68, § 1, *n°* 16.) Mod. n° 2 inf. Circ. n° 1450.

2. — 2 *fr. fixe.* (*Loi* 1816, *art.* 43, *n°* 6.) I. G. 29 avril 1816, n° 714.

CERTIFICATS *de propriété.* — *V.* CERTIFICATS, n°s 10, 11 et 12.

CERTIFICATS *de non opposition.* — Ceux délivrés par les fonctionnaires sont sujets au timbre. *V.* CERTIFICATS, n°s 3 et 9. I. G. 12 sept. 1807, n° 339.

CERTIFICATS *de résidence.* — 1 *fr. fixe.* (*Loi enreg.*, *art.* 68, § 1, *n°* 17.) . . . . . Circ. n° 1450.

CERTIFICATS *de vie.* — 1 *fr. fixe* par chaque individu. (*Loi enreg.*, *art.* 68, § 1, *n°* 17.) Circ. n° 1450.

2. — CAISSE *Lafarge.* — Les certificats de vie des actionnaires de la caisse d'épargnes ou de *Lafarge* doivent être sur papier *timbré*, mais sont *exempts* d'enregistrement. (*Déc. f.* 6 *oct.* 1812.) I. G. 16 oct. 1812, n° 604.

3. — ENFANS *trouvés.* — Les certificats de vie des enfans trouvés pour le paiement des sommes dues à leurs nourrices sont *exempts* de timbre. (*Déc. f.* 26 *janv.* 1832.) . . . I. G. 29 juin 1832, § 9, n° 1401.

4. — DOTATIONS. — Les certificats de vie des personnes qui possédaient des dotations perdues, pour toucher les pensions qui leur ont été accordées en indemnité, sont assujettis au timbre. (*Déc. f.* 18 *mars* 1825.) Abrogé. n° 5 inf. . . . . I. G. 29 juin 1825, § 14, n° 1166.

5. **CERTIFICATS** *de vie.* — **Légion**-*d'honneur.* — Les certificats de vie des légionnaires sont *exempts* de timbre, ainsi que ceux des donataires dépossédés. (*Déc. f.* 28 *fév.* 1826.) I. G. 16 juin 1826, § 9, n° 1189.

6. — **Militaires.** — Les certificats de vie des militaires pensionnés par l'état pour soldes de retraites, sont *exempts* de timbre. (*Ord. roy.* 20 *juin* 1817.). . . . . I. G. 4 juill. 1817, n° 787.

7. — L'exemption ne s'étend pas aux certificats délivrés aux militaires pour toucher des *rentes* sur l'état. (*Déc. f.* 23 *mai* 1821.) I. G. 2 juin 1821, n° 981.

8. — Cette exemption est applicable aux veuves des militaires, pensionnées pour le même objet. (*Déc. f.* 17 *juill.* 1822.) I. G. 17 août 1822, § 4, n° 1051.

9. — Ainsi qu'aux veuves de marins au service de l'état. (*Déc. f.* 28 *août* 1822.). . . . . I. G. 4 sept. 1822, n° 1054.

10. — **Pensions** *civiles et rentes.* — Les certificats de vie ou de résidence des pensionnaires ou rentiers doivent être délivrés sur *moyen papier.* Abrogé. n°s 13 et 14 inf. Circ. n° 1496.

11. — Les certificats de vie délivrés pour toucher ces rentes ou pensions sont *exempts* de l'enregistrement, mais soumis au timbre. (*Loi* 22 *flor. an VII, art.* 10.). . . . . Circ. n° 1604.

12. — Ces certificats peuvent être rédigés sur des formules timbrées à l'extraordinaire. (*Déc. f.* 24 *mars* 1807.) Circ. 9 avril 1807.

13. — Ils peuvent être rédigés sur *petit papier*, et sont *exempts* d'enregistrement. (*Décret* 21 *août* 1806.) I G. 16 oct. 1812, n° 604.

14. — Les certificats de vie des rentiers ou autres pensionnaires peuvent être délivrés sur papier de 35 cent. (*Loi* 1816, *art.* 63.) I. G. 29 avril 1816, § 1, n° 715.

15. — Les certificats de vie des pensionnaires sur les fonds de retenue sont assujettis au timbre, sauf pour les préposés du service actif des douanes dont l'existence est constatée par les maires ou agens supérieurs. (*Déc. f.* 19 *juin et* 14 *août* 1822.) *V.* n° 16 inf. I. G. 17 août 1822, § 5, n° 1051.

16. — Les certificats de vie des employés des douanes ou des poudres et salpêtres, des veuves et des orphelins de ces préposés, pour toucher des pensions de retraite, sont *exempts* du timbre. (*Déc. f.* 27 *janv. et* 20 *mars* 1827.) . . . . I. G. 20 avril 1827, n° 1206.

17. — Les certificats de vie délivrés aux pensionnaires sur fonds de retenue, *dont l'indigence est constatée*, sont *exempts* du timbre. (*Déc. f.* 31 *déc.* 1827.). . . . . I. G. 22 janv. 1828, § 3, n° 1231.

18. — **Pensions** *de la liste civile.* — Les certificats de vie des pensionnaires de la liste civile, délivrés par les notaires certificateurs sont *exempts* de l'enregistrement. (*Déc. f.* 17 *fév.* 1817.) I. G. 29 mars 1817, n° 769.

19. — **Registre.** — Le registre tenu par les notaires pour la délivrance des certificats de vie est *exempt* de timbre. (*Déc. f.* 7 *fév.* 1807.) Circ. 10 fév. 1807.

20. — **Tontine.** — *Exempts* de timbre pour tous les actionnaires des tontines légalement autorisés dont les fonds sont convertis en rentes sur l'état. (*Déc. f.* 8 *fév.* 1822.) I. G. 20 fév. 1822, n° 1021.

CESSIONS. — La cession d'un secret pharmaceutique dont le prix est payable en douze annuités, opère 1 *fr. p.* °/₀. (*Sol.* 28 *août* 1829.). . . . . I. G. 29 déc. 1829, § 5, n° 1303.

— *V.* Mutations; Mutations *secrètes et* Ventes.

CESSIONS *d'actions.* — *V.* Actions.

CESSIONS *de baux.* — *V.* Baux.

CESSIONS *de baux à domaine congéable*. — Cet acte opère le droit de vente sur le prix et le capital de la rente convenancière; mais le droit de 2 *fr. p.* °/₀ n'est pas exigible sur ce même capital, à défaut d'énonciation du titre constitutif de la rente. (*Cass.* 13 *nov.* 1826.) I. G. 20 mars 1827, § 3, n° 1205.
— *V.* BAUX *à domaine congéable et* DOMAINES *congéables*.

CESSIONS *de biens*. — *V.* ABANDONNEMENS.

CESSIONS *de créances à terme*. — 1 *fr. p.* °/₀ sur le montant des créances cédées. (*Loi enreg., art.* 69, § 3, n° 3.) Circ. n° 1450.

2. — ADJUDICATION *publique*. — Celles faites en justice ou devant un notaire commis ne sont passibles du droit que sur le *prix exprimé*. (*Cass.* 1ᵉʳ *avril* 1816, *et sol.* 8 *déc.* 1829.) I. G. 27 mars 1830, § 1, n° 1307.

3. — ÉTAT. — Les cessions de créances au profit de l'état doivent être enregistrées *gratis*. (*Déc. f.* 17 *mai* 1808.) I. G. 28 juillet 1808, § 3, n° 390.

4. — RÉTROCESSIONS. — La renonciation au transport accepté d'une indemnité due par une compagnie d'assurances est passible du droit de 1 *fr. p.* °/₀. (*Sol.* 28 *avril* 1829.) *V.* RÉTROCESSIONS, n° 1. I. G. 26 sept. 1829, § 10, n° 1293.
— *V.* COLONS *de Saint-Domingue*, n°s 3 *et* 4; CRÉDITS; OBLIGATIONS, n° 2; QUITTANCES, n°s 20 et 21; SOULTES *de partage*.

CESSIONS *de droits convenanciers*. — Le droit de vente est exigible sur le prix de la cession de droits convenanciers; et en cas d'insuffisance, l'expertise doit être basée non sur le revenu déduction faite de la rente convenancière, mais sur la valeur vénale des droits convenanciers. (*Cass.* 7 *mars* 1808; 18 *avril* 1816 *et* 28 *mars* 1831.) *V.* DOMAINES *congéables*. I. G. 25 juin 1831, § 4, n° 1370.

CESSIONS *de droits successifs*. — Les droits perçus ne sont pas restituables par le motif que l'acquéreur n'aurait eu que des créances dans un partage postérieur. On doit exiger dans l'acte la déclaration des dettes. (*Cass.* 6 *juillet* 1825.) . . . . I. G. 30 déc. 1825, § 2, n° 1180.

2. — DÉLIVRANCES *d'immeubles*. — La délivrance d'un immeuble par un frère 1° pour l'acquit d'une constitution dotale, est un lotissement ou une cession de droits successifs, selon que la constitution a été sérieuse ou non; 2° pour remplir de tous droits successifs, libres de dettes, est passible du droit *fixe de* 5 *fr.* comme lotissement et du droit de soulte sur les dettes. (*Sol.*) . . . . I. G. 9 juin 1827, § 2, nomb. 3, § 3, nomb. 3, n° 1209.

3. — DOT. — La cession de droits successifs à un cohéritier, moyennant une somme déterminée en sus des constitutions dotales qui lui ont été faites, est passible du droit sur le prix seulement; 2° s'il n'est pas justifié de constitution dotale enregistrée, le droit est exigible sur le tout; 3° si la dot a été constituée par le cessionnaire ou la somme payée à tout autre titre qu'à titre de donation entre vifs, il faut rechercher si l'avantage avait le caractère *d'avancement d'hoirie*, et dans le cas contraire, percevoir le droit de cession sur le tout. (*Sol.*) . . . . I. G. 9 juin 1827, § 1, nomb. 2, 3, 4 et 5, n° 1209.

4. — DOT *par un frère*. — La constitution dotale par un frère pour remplir le donataire de ses droits successifs constitue une cession par ce dernier. (*Cass.* 7 *nov.* 1820.) I. G. 9 juin 1827, § 2, nomb. 1, n° 1209.

5. — La constitution de dot par une mère pour remplir sa fille de ses droits dans la succession paternelle, avec paiement par le frère aîné, opère le droit de cession. (*Cass.* 4 *déc.* 1827.) I. G. 22 mars 1828, § 6, n° 1236.

6. — RÉGIME *dotal*. — La cession des droits successifs paternels et maternels, avec ventillation du prix applicable à la succession maternelle qui se compose seulement de la dot, opère un droit distinct comme cession mobilière pour la succession maternelle. (*Sol.*) I. G. 9 juin 1827, § 1, nomb. 6, n° 1209.
— *V.* LICITATIONS, n° 4; RENONCIATIONS, n°s 3, 4, et 5; TRAITÉS *entre cohéritiers*; TRANSACTIONS, n°s 4 et 5.

CESSIONS *d'exploitations de mines et carrières.* — *V.* Mines.

CESSIONS *de jouissance d'immeubles.* — *V.* Constitutions *de pensions alimentaires, n° 4.*

CESSIONS *de marchés.* — *V.* Marchés, nos 6, 15 et 16.

CESSIONS *d'offices et achalandages.* — La cession d'une étude d'avoué n'est passible que du droit de 1 *fr. p.* °/o. (*Déc. f.* 31 *mai* 1808.) Modifié. n° 2 inf. . . . . . . I. G. 29 juin 1808, § 10, n° 386.

2. — Les cessions d'offices de notaires, avoués ou autres, et de pratiques ou achalandages de marchands, etc., sont passibles du droit de 2 *fr. p.* °/o. (*Avis cons. d'état, et déc. f.* 24 *juin* 1831.) *V.* Ordonnances *de nominations.* . . . . I. G. 20 sept. 1831, § 1, n° 1381.

CESSIONS *de priorité d'hypothèque.* — 1 *fr. fixe*, sauf à percevoir ultérieurement le droit de cession de créance, si le cédant n'est pas colloqué tandis que le cessionnaire serait payé. (*Déc. f.* 7 *juin* 1808.) I. G. 29 juin 1808, § 11, n° 386.

CESSIONS *de rentes*, transports ou délégations, 1 *fr. p.* °/o sur le capital constitué. (*Loi enreg., art.* 69, § 5, *n°* 2.) Circ. n° 1450.

— *V.* Actes *concernant des biens à l'étranger*, *n°* 11.

2. — Adjudication *publique.* — Celle faite en justice ou devant un notaire commis n'est passible du droit que sur le prix exprimé. *Cass.* 1er *avril* 1816, *et sol.* 8 *déc.* 1829.) I. G. 27 mars 1830, § 1, n° 1307.

3. — Rentes *nationales.* — Les cessions de rentes appartenant à l'état sont soumises au droit ordinaire de 2 *fr. p.* °/o. (*Déc. f.* 1er *prair. an VIII.*) Circ. n° 1849.

4. — Les cessions de rentes transférées par l'état sont passibles du droit sur le capital formé de vingt fois la rente si le prix est inférieur. (*Déc. f.* 4 *compl. an X.*) . . . . I. G. 3 fruct. an XIII, § 65, n° 290.

— Rentes *sur l'état.* — *V.* Dette *publique.*

5. — Transcription. — Les cessions de rentes créées avant la loi du 11 brum. an VII sont passibles du droit de transcription, outre celui de 2 *fr. p.* °/o. (*Cass.* 30 *aout* 1807 *et déc. f.* 14 *avril* 1818.) *V.* n° 8 inf. I. G. 6 mai 1818, § 3, n° 832.

6. Les cessions de rentes créées avant la loi du 11 brum. an VII, étant susceptibles de transcription, opèrent le droit de 3 *fr.* 50 *cent. p.* °/o, y compris le droit additionnel de 1 *fr.* 50 *cent p.* °/o. (*Cass.* 12 *mai* 1824.) *V.* nos 7 et 8 inf. . . . . I. G. 8 sept. 1824, § 3, n° 1146.

7. — Même décision. — Le droit de 1 *p.* °/o est exigible en outre sur le montant des arrérages cédés. (*Cass.* 4 *mars* 1828.) I. G. 26 juin 1828, § 7, n° 1249.

8. — Le droit de transcription n'est pas exigible si l'on justifie qu'une cession antérieure a été transcrite et qu'il n'est survenu depuis aucune inscription. (*Sol.* 5 *aout* 1828.) I. G. 31 déc. 1828, § 1, n° 1263.

CESSIONS *d'usufruit.* — *V.* Réunions *d'usufruit.*

CHAISES *des églises.* — *V.* Baux *à ferme*, *n°* 26.

CHAMBRES *de discipline.* — Huissiers. — Les actes des chambres de discipline des huissiers ayant pour objet l'ordre intérieur sont *exempts* du timbre et de l'enregistrement; mais les certificats délivrés aux candidats, les arrêtés pour obtenir des secours sur la bourse commune et leur homologation, sont passibles du droit *fixe*. (*Décret* 14 *juin* 1813, *art.* 89.) I. G. 17 mars 1814, n° 659.

2. — Les minutes des délibérations pour secours et dépenses sont *exemptes* du timbre; mais les expéditions y sont soumises. (*Déc. f.* 3 *janv.* 1822.) . . . . I. G. 8 fév. 1823, § 2, n° 1068.

— *V.* Actes *judiciaires*, *n°* 37.

3. CHAMBRES *de discipline.* — HUISSIERS. — Le registre du trésorier doit être tenu sur papier timbré. (*Déc. f.* 25 *juin* 1823.) I. G. 8 oct. 1823, § 2, n° 1099.

4. — NOTAIRES *et avoués.* — Les registres des délibérations et actes d'ordre intérieur sont *exempts* de timbre; mais les registres de recette du trésorier et les actes relatifs à d'autres conventions y sont soumis, ainsi que les expéditions délivrées dans des intérêts privés. Les actes qui intéressent des particuliers doivent être enregistrés dans les *vingt jours.* (*Déc. f. et j.*) *V.* n° 9 inf. I. G 3 nov. 1812, n° 608.

5. — Les actes de dépôt aux chambres des notaires et avoués des extraits de contrats de mariage entre commerçans et des séparations de biens sont soumis au timbre et à l'enregistrement dans les vingt jours au droit *fixe d'un fr.* (*Déc. j.* 5 *mai* 1813.) Abrogé. n° 7 inf. I. G. 21 mai 1813, n° 637.

6. — On doit dresser acte du dépôt aux chambres de notaires ou d'avoués des extraits de contrats de mariage ou jugemens, ou faire enregistrer les récépissés au droit *fixe de* 2 *fr.* Ces récépissés peuvent être écrits sur petit papier. (*Cass.* 16 *fév.* 1824.) . . . I. G. 19 mai 1824, § 3 et 15, n° 1132.

7. — Les extraits des demandes et jugemens sont sujets au timbre de 35 *cent.* ou de 70 *cent.*, et soumis à l'enregistrement au droit *fixe d'un fr.* avant leur dépôt. La remise aux chambres des notaires et avoués est suffisamment constatée par un certificat du secrétaire passible du droit fixe *d'un franc;* le dépôt au greffe n'a pas besoin d'être constaté par un acte; mais la publication doit l'être par un procès-verbal en forme, passible du droit de 3 *fr.* outre le droit de rédaction. (*Déc. f.* 19 *oct.* 1828.) I. G. 18 déc. 1828, n° 1261.

8. — Les extraits de demandes ou jugemens de séparation ou d'interdiction, peuvent être écrits sur timbre de 35 *centimes* et doivent être enregistrés chacun au droit *fixe d'un franc.* Ceux des extraits de contrats de mariage des commerçans doivent, comme expédition, être rédigés sur moyen papier, et sont *exempts* d'enregistrement. (*Déc. f.* 12 *juin et sol.* 18 *août* 1828.) I. G. 26 sept. 1829, § 2, n° 1293.

9. — Le registre d'inscription des actes sujets à l'enregistrement et ceux de recette et dépense du trésorier doivent être timbrés. Tous autres registres, même ceux de dépôt des extraits de contrats de mariages de commerçans, etc., sont *exempts* de timbre et d'enregistrement. Les extraits, expéditions ou certificats délivrés à des tiers sont seuls passibles du timbre et les certificats de l'enregistrement. (*Déc. f.* 28 *sept.* 1829.) I. G. 29 déc 1829, § 11, n° 1303.

10. — Idem. (*Déc. f.* 27 *déc.* 1830.) I. G. 18 mars 1831, § 8, n° 1354.
— *V.* DÉPÔTS; SOCIÉTÉS, n° 3.

CHAMBRES *législatives.* — *V.* ACTES *du gouvernement;* ÉLECTIONS; PÉTITIONS.

CHANGEMENS *de domicile.* — *V.* AVIS *imprimés*, *n°* 4; DÉCLARATIONS, n°s 6, 7 et 8.

CHANGEMENS *de timbre.* — *V.* TIMBRE, n°s 11 et 12.

CHARGES. — *V.* SUCCESSIONS, n° 1; VENTES *d'immeubles*, *n°* 13 et suiv.; VENTES *de meubles*, *n°s* 5 et 6.

CHARGEMENS *par mer.* — *V.* CONNAISSEMENS.

CHARTES-*parties.* — TIMBRE. — Ces actes doivent être rédigés sur papier timbré à 1 *fr.*, à peine d'une amende progressive de 25, 50 et 100 fr. (*Loi* 6 *prair. an VII, art* 4 *et* 5.) Modifié. n°s 3 et 4 inf. Circ. n° 1580.

2. — Idem. I. G. 15 mai 1807, n° 326.

3. — Elles peuvent être rédigées sur papier timbré de toute dimension. (*Décret* 3 *janv.* 1809.) I. G. 6 mars 1809, § 2, n° 419.

4. — Les amendes sont réduites à 5, 10 et 20 fr. (*Loi* 1824, *art.* 10.). . . . . I. G. 23 juin 1824, § 10, n° 1136.

CHASSE. — *V.* BAUX *à ferme*, *n°* 15.

COLLATIONS d'actes ou pièces ou extraits collationnés, 1 *fr. fixe.* (*Loi enreg., art.* 68, § 1, *n°* 18.) Circ. n° 1450.

2. — Actes *retenus.* — Les collations d'actes retenus par les receveurs de l'enregistrement pour la poursuite des droits doivent être faites en présence de la partie, ou elle dûment appelée, pour être réputées collations *en forme.* (*Cass.* 13 *août* 1833.) . . . I. G. 30 déc, 1833, § 2, n° 1446.

COLLOCATIONS. — Les jugemens portant collocation de sommes sont passibles du droit de 50 *cent. p.* °/₀. (*Loi enreg., art.* 69, § 2, *n°* 9.) *V.* Actes *judiciaires, n°* 28; Ordres; Rédaction, n°s 37 et 38. Circ. n° 1450.

2. — A l'amiable. — 50 *cent. p.* °/₀ comme celles qui sont faites en justice. (*Déc. f.* 13 juin 1809.) Abrogé. n° 4 inf. I. G. 4 juill. 1808, § 57, n° 436.

3. — Les collocations passées devant notaires sont sujettes au droit de 50 *cent. p.* °/₀. *Déc. f.* 30 *sept.* 1825.) Abrogé. n° 4 inf. I. G. 30 déc. 1825, § 3, n° 1180.

4. — Les actes de l'espèce ne sont passibles que du droit *fixe d'un franc*, à moins que des sommes ne soient payées aux créanciers. (*Cass.* 17 *mars* 1830.) . . . . I. G. 8 juin 1830, § 2, n° 1320.

COLONIES. — Les actes concernant des biens meubles ou immeubles à St.-Domingue ne sont passibles que du droit fixe *d'un franc.* (*Déc. f.* 22 *déc.* 1825.). . . . . I G. 31 mars 1826, § 2, n° 1187.

— *V.* Actes *passés à l'étranger;* Lettres *de change.*

COLONS *de Saint-Domingue.* — Créances. — Les titres de créances contre des colons de Saint-Domingue doivent être admis à l'enregistrement *en debet*, à charge de payer les droits dans les trois ans qui suivront la paix maritime. (*Av. cons. d'état,* 11 *juin* 1811.) Circ. 7 août 1811.

2. — Indemnité. — L'indemnité accordée aux héritiers des colons de St.-Domingue ne donne lieu à aucun droit de succession, et tous les actes, titres et expéditions relatifs à la liquidation de cette indemnité sont dispensés du timbre et de l'enregistrement. (*Loi* 30 *avril* 1826, *art.* 10.) I. G. 26 juin 1826, n° 1190.

3. — Les cessions d'indemnité de l'espèce sont passibles du droit proportionnel, et celles de biens meubles ou immeubles situés dans l'île de Saint-Domingue opèrent les droits fixes pour les actes de l'espèce concernant des biens à l'étranger. (*Av. com. fin.* 26 *fév. et Déc. f.* 17 *avril* 1828.) *V.* Pétitions, n° 3. I. G 10 mai 1828, n° 1242.

4. — Confirmation de ces principes. (*Ord. roy.* 23 *déc.* 1832.). . . . . I. G. 1er fév. 1833, n° 1418.

5. — Procurations. — Les procurations données par les anciens colons pour suivre une demande en indemnité sont *exemptes* du timbre et de l'enregistrement. (*Déc. f.* 11 *janv.* 1827.) I. G. 30 juin 1827, § 7, n° 1210.

COMMANDS. — *V.* Déclarations *de command.*

COMMANDEMENS. — *V.* Actes *de poursuites dans l'intérêt de l'état*, n° 8; Exploits.

COMMERÇANS. — *V.* Chambres *de discipline;* Dépôts *aux greffes*, n° 1; Livres *de commerce.*

COMMISSAIRES *priseurs.* — *V.* Actes *des huissiers;* Délais; Ordonnances *de nomination;* Ventes *de meubles.*

COMMISSIONS *des fonctionnaires publics.* — **Timbre.** — Elles sont soumises au timbre suivant leur dimension. Circ. 3 vent. an VII, n° 1500.

2. — Idem. (*Déc.* 22 *brum. an VII.*) Circ. n° 1566.

3. — Les commissions des préposés des forêts sont sujettes au timbre; elles peuvent être timbrées à l'extraordinaire. (*Déc. f.* 18 *therm. an IX.*) . . . . Circ. 7 fruct. an IX, n° 2033.

4. — Les commissions des employés des contributions directes et indirectes sont assujetties au timbre, et il ne peut être écrit aucun acte à la suite. (*Déc. f.* 12 *therm. an XII.*) I. G. 23 therm. an XII, n° 248.

— *V.* Actes *à la suite*, n° 13.

5. — Les commissions des employés de l'enregistrement et des domaines doivent être timbrées avant leur délivrance, celles des employés subalternes de l'administration des contributions indirectes, débitans, etc., peuvent être admises au *visa* pour timbre. (*Déc. f.* 30 *juin* 1827.) I. G. 28 juillet 1827; n° 1214.

6. — Les commissions des divers employés des administrations doivent être timbrées à l'extraordinaire ou visées pour timbre avant leur délivrance. (*Déc. f.* 17 *fév.* 1831.) I. G. 27 mai 1831, n° 1367.

7. — Gardes *champêtres.* — Les commissions des gardes champêtres sont assujetties au timbre. (*Déc. f.* 20 *juin* 1828.) I. G. 26 sept. 1828, § 11, n° 1256.

8. — Elles peuvent être timbrées à l'extraordinaire ou visées pour timbre. (*Déc. f.* 17 *nov.* 1831.) I. G. 31 mars 1832, § 4, n° 1398.

COMMISSIONS *des tribunaux.* — *V.* Actes *judiciaires*, n°s 42, *et* 43.

COMMISSIONS *rogatoires.* — *V.* Actes *judiciaires*, n° 71.

COMMUNAUTÉS. — *V.* Contrats *de mariages;* Successions.

COMMUNES. — *V.* Acquisitions *par les établissemens publics;* Actes *de poursuites dans l'intérêt des établissemens publics;* Comptabilité *communale;* Établissemens *publics;* Marchés.

COMMUNICATIONS. — Les récépissés des pièces communiquées entre avoués ne sont pas soumis à l'enregistrement; mais si la communication a lieu par dépôt au greffe, l'acte de dépôt doit être enregistré dans les vingt jours. (*Déc. f.* 13 *juin* 1809.) I. G. 4 juillet 1809, § 18, n° 436.

2. — On peut exiger la représentation du titre en vertu duquel un huissier, sans suivre la forme ordinaire du protêt, forme une demande avec assignation au tribunal, en indiquant que le titre a été mis sous les yeux du débiteur. (*Cass.* 18 *janv.* 1825.) I. G. 29 juin 1825, § 13, n° 1166.

— *V.* Certificats, n° 4; Décharges, n° 3; Récépissés *de pièces*, n° 3.

COMPARUTIONS. — *V.* Bureaux *de paix;* Conciliations.

COMPENSATIONS. — *V.* Quittances; Saisies-*arrêts*, n° 2.

COMPROMIS *ou nominations d'arbitres.* — Lorsqu'ils ne donnent pas lieu au droit proportionnel, 1 *fr. fixe.* (*Loi enreg., art.* 68, § 1, n° 19.) Modifié. n° 2 inf. . . . . Circ. n° 1450.

2. — 3 *fr. fixe.* (*Loi* 1816, *art.* 44, *n°* 2.) I. G. 29 avril 1816, n° 714.

3. — La déclaration des parties pour proroger la compétence du juge est un compromis passible du droit fixe, outre celui du jugement, soit qu'elle ait été placée en

tête ou faite par acte séparé. (*Déc. f.* 13 *juin* 1809.) V. n° 4 inf. . . . . I. G. 4 juillet 1809, § 3, n° 436.

4. **COMPROMIS** *ou nominations d'arbitres.* — Le compromis *par acte distinct* d'un jugement rendu au-delà des limites de la compétence du juge de paix, est passible d'un droit particulier. (*Déc. f.*) I. G. 19 mai 1824, § 4, n° 1132. — V. ACTES *passés en conséquence*, n° 13.

COMPTABILITÉ *communale ou des établissemens publics.* — TIMBRE. — Les mandats des maires et autres chefs d'établissemens publics ne sont soumis au timbre qu'autant que la quittance des parties prenantes, assujettie elle-même à cette formalité, serait mise à la suite. (*Déc. f.* 17 *oct.* 1809.) . . . . I. G. 23 nov. 1809, § 2 et 3, n° 454.

2. — Le double des comptes destiné au comptable est seul assujetti au timbre. (*Déc. f.* 17 *oct.* 1809.) I. G. 23 nov. 1809, § 5, n° 454.

3. — Le registre, journal général et livre de caisse qui sert de base à la comptabilité des Receveurs communaux, est seul assujetti au timbre. Les registres auxiliaires en sont *exempts*; mais le compte qui sert de décharge doit être timbré. (*Déc. f.* 19 *mai* 1812.) I. G. 26 mai 1812, n° 582.

4. — Le registre des recettes des Receveurs municipaux est sujet au timbre pour toutes les feuilles destinées à inscrire les recettes communales, mais non pour celles qui servent aux récapitulations. (*Déc. f.* 21 *mai* 1819.) I. G. 10 juill. 1819, n° 895.

5. — Admission au timbre sans amende jusqu'au 1er janvier 1820. (*Déc. f.* 22 *oct.* 1819.) I. G. 4 nov. 1819, n° 908.

6. — Sont sujets au timbre le journal général et livre de caisse pour les communes dont le revenu s'élève à plus de 10,000 fr. et le livre des comptes de recettes et dépenses pour les autres. (*Déc. f.*) I. G. 10 janv. 1820, n° 918.

7. — Il est accordé jusqu'au 1er avril 1822 pour faire viser pour timbre sans amende, les pièces de la comptabilité communale sujettes au timbre. (*Déc. f.* 26 *sept.* 1821.) I. G. 25 oct. 1821, n° 1003.

8. — On ne réclamera pas les droits de timbre des actes antérieurs au 1er janvier 1818. (*Déc. f.* 30 *nov.* 1821.) I. G. 24 déc. 1821, n° 1014.

9. — Les pièces justificatives de la comptabilité communale sont assujetties au timbre; mais il n'y a pas lieu de s'occuper des pièces antérieures au 1er janvier 1822. (*Déc. f.* 1er *mai* 1822.) I. G. 11 mai 1822, n° 1041.

10. Les pièces de comptabilité des hospices doivent être timbrées sans qu'il y ait lieu de s'occuper de celles produites *antérieurement au* 1er *janv.* 1822. (*Déc. f.* 17 *juillet* 1822.) I. G. 17 août 1822, § 7, n° 1051.

11. — L'arrêté rendu sur un compte communal est *exempt* du timbre, mais l'expédition doit être délivrée sur papier timbré. (*Déc. f.* 12 *sept.* 1823.) . . . . I. G. 8 oct. 1823, § 1, n° 1099.

12. — Sont assujetties au timbre 1° lorsqu'elles excèdent 10 fr. les quittances pour frais de bureau et loyers de mairie, loyers ou indemnités aux curés et secours aux fabriques; 2° lorsque le traitement annuel excède 300 fr., les quittances de remises des Receveurs municipaux, de traitement des officiers de santé, crieurs, messagers et commissionnaires. Enfin, sont *exemptes* de timbre les quittances d'abonnemens pour l'entretien de la maison commune, celles de sommes allouées pour les ateliers de charité, lorsqu'il n'y a pas d'entrepreneur, et les secours aux bureaux de bienfaisance. (*Déc. f.* 31 *mars* 1824.) I. G. 19 mai 1824, § 16, n° 1132.

13. — Les expéditions des arrêtés des conseils de préfecture portant réglement de la comptabilité des Receveurs communaux destinées à être notifiées administrativement aux comptables sont *exemptes* du timbre; mais lorsqu'elles concernent des intérêts privés, elles doivent être timbrées. (*Déc. f. oct.* 1824.) . . . . I. G. 23 mars 1825, n° 11, n° 1156.

14. COMPTABILITÉ *communale ou des établissemens publics.* — Même décision pour les arrêts de la cour des comptes sur la gestion des Receveurs communaux. (*Déc. f.* 17 *juin* 1826.) I. G. 30 sept. 1826, § 22, nº 1200.

15. — Les comptes des Receveurs municipaux peuvent être *visés* pour timbre; mais les marchés, mémoires et mandats quittancés doivent être *timbrés*. (*Déc. f.* 25 *janv.* *et* 14 *août* 1825.) I. G. 30 déc. 1825, § 9, nº 1180.

16. — La feuille de tête des comptes des Receveurs municipaux est dispensée du timbre. (*Déc. f.* 30 *août* 1826.) I. G. 23 déc. 1826, § 10, nº 1204.

17. — Les actes des fabriques sujets à l'enregistrement, les marchés, comptes des trésoriers et quittances au-dessus de 10 fr. produites à l'appui sont soumis au timbre. (*Déc. f.* 12 *mars* 1827.) I. G. 30 juin 1827, § 14, nº 1210.

18. — Les comptes des trésoriers des fabriques et les quittances à l'appui doivent être timbrés; mais on ne recherchera pas les contraventions antérieures à l'année 1827. (*Déc. f.* 19 *nov.* 1827.) *V.* Fabriques. I. G. 22 janv. 1828, § 1, nº 1231.

19. — Le double destiné au comptable, des comptes des Receveurs des hospices et des établissemens de bienfaisance, est assujetti au timbre; mais non l'expédition de l'arrêté du conseil de préfecture qui les approuve; à moins qu'elles ne soient demandées par les comptables eux-mêmes. (*Déc. f.* 16 *nov.* 1827.) . . . . I. G. 22 mars 1828, § 10, nº 1236.

20. — Les expéditions et les mémoires fournis dans l'intérêt des communes sont assujettis au timbre. (*Déc. f.* 10 *déc.* 1827.) I. G. 22 mars 1828, § 11, nº 1236.

21. — Les quittances de sommes payées aux hospices par les communes sont passibles du timbre. (*Déc. f.* 17 *août* 1827.) I. G. 22 mars 1828, § 12, nº 1236.

22. — Les quittances à souche des Receveurs des communes et des établissemens publics sont *exemptes* de timbre; mais si elles excèdent 10 fr., il doit en outre être délivré quittance sur papier timbré. (*Déc. f.* 7 *nov.* 1821.) . . . . I. G. 31 déc. 1828, § 7, nº 1263.

23. — La délivrance de la quittance *timbrée* n'est obligatoire que lorsque les parties la demandent. (*Déc. f.* 4 *déc.* 1829.) Modifié. nº 24 inf. . . . . I. G. 29 déc. 1829, § 21, nº 1303.

24. — Outre la quittance à souche ordinaire, les Receveurs ne pourront délivrer de reçu au-dessus de 10 fr. que sur une quittance détachée d'un registre timbré; si la partie refusait de payer le prix du timbre, il ne pourra lui être délivré aucune espèce de reçu. Ces registres à souche seront admis au timbre à l'extraordinaire. (*Déc. f.* 15 *sept.* 1831.) I. G. 27 déc. 1831, § 11, nº 1388.

25. — Les quittances délivrées par les Receveurs des communes aux Receveurs de l'enregistrement, du produit des amendes attribuées, ne sont pas soumises au timbre. (*Déc. f.* 23 *sept.* 1829.) I. G. 27 mars 1830, § 15, nº 1307.

26. — Les quittances de centimes additionnels, attributions sur les amendes et patentes, rentes ou intérêts dus par l'état, fonds de charité et prestations pour les réparations des chemins communaux sont *exemptes* du timbre; mais celles qui sont relatives aux frais des coupes affouagères et taxes de pâturage y sont soumises. (*Déc. f.* 30 *déc.* 1831.) I. G. 20 janv. 1832, nº 1391.

27. — Les formules imprimées pour mandats de la comptabilité des communes pourront être admises au timbre à l'extraordinaire ou au *visa* pour timbre avant le paiement. Il ne sera dû que 35 centimes, quelle que soit la dimension du papier. (*Déc. f.* 4 *oct.* 1831.) I. G. 31 mars 1832, § 5, nº 1398.

28. — On peut se dispenser de produire à l'appui des mandats au-dessous de 10 fr., les mémoires timbrés. (*Déc. f.* 20 *déc.* 1834.) Les quittances données par les instituteurs primaires aux Receveurs municipaux pour les rétributions mensuelles des élèves, sont soumises au timbre si le traitement augmenté de ces rétributions, excède 300 fr. (*Déc. f.* 27 *sept.* 1834.) Les quittances pour retenue du *vingtième* pour fonds de retraite des instituteurs sont *exemptes* du timbre. (*Déc. f.* 20 *déc.* 1834.) I. G. 21 avril 1835, § 17, n° 1481.

29. COMPTABILITÉ *communale ou des établissemens publics.* — **Garde** *nationale.* — Les pièces justificatives des dépenses de la garde nationale et de la garde municipale sont *exemptes* de timbre. (*Déc. f.* 14 *sept.* 1832.) I. G. 23 mars 1833, § 16, n° 1422.

— *V.* Octrois *municipaux*, *n°* 1 *et suiv.* Quittances, n° 24 et suiv.

COMPTABILITÉ *publique.* — Les comptes de recettes et dépenses sont *exempts* de l'enregistrement. (*Loi enreg.*, *art.* 70, § 3, *n°* 7.) Circ. n° 1450.

2. — **Timbre.** — Les mémoires et factures de fournitures pour le ministère de la guerre sont sujets au timbre de dimension; mais s'ils sont acquittés, le nouvel acquit apposé sur le mandat en est exempt. (*Déc. f.* 21 *mars* 1828.) *V.* n°s 4 et 5 inf. . . . . I. G 14 avril 1828, § 1, n° 1239.

3. — Les formules imprimées pour le service de l'administration des douanes peuvent être timbrées à l'extraordinaire, comme celles de l'administration des contributions indirectes, à laquelle cette faculté a été accordée par décisions des 8 fév. 1814 et 19 fév. 1822. Les huissiers peuvent sans contravention signer les significations placées à la suite de ces formules. (*Déc. f.* 18 *janv.* 1828.) *V.* n°s 6 et 7 inf. . . . . I. G. 26 juin 1828, § 11, n° 1249.

4. — Sont *exemptes* du timbre les pièces et quittances justificatives du paiement des soldes des troupes, traitemens, frais et indemnités et salaires des employés et ouvriers, dotations des invalides, allocations des établissemens militaires, frais de toute espèce relatifs au recrutement, secours ou indemnités gratuites, et enfin les pièces de dépense de toute nature qui n'excèdent pas 10 *fr.*

Pour les dépenses par économie : le bordereau est *exempt* de timbre; mais les mémoires ou factures des livraisons faites aux comptables, et les quittances de ces fournitures, ainsi que celles des achats journaliers du comptable sont assujetties au timbre.

Sont également soumis au timbre les mémoires, factures, quittances et autres pièces émanées des fournisseurs, entrepreneurs, pour achats de denrées et de matières, fournitures diverses, et autres dépenses concernant l'administration centrale, les subsistances militaires et le chauffage, l'habillement, campement et harnachement, les hôpitaux, le casernement, le recrutement, la justice militaire, les remontes, le service de marche et transports, l'artillerie et le génie militaire, lorsque ces dépenses ne sont pas comprises dans les exceptions qui précédent.

Le droit n'est dû que pour les mémoires, factures et autres pièces en tenant lieu; pour les quittances données au pied des mandats au-dessus de 10 fr., il n'est dû que 35 *centimes*, quelle que soit la dimension du papier, et la quittance à la suite du mémoire timbré dispense le mandat de la formalité du timbre. (*Circ. du ministre de la guerre du* 21 *fev.* 1829.) I. G. 10 avril 1829, n° 1273.

5. — Les formules imprimées seront admises au timbre à l'extraordinaire et au visa pour timbre. Les mandats ne sont assujettis qu'au timbre de 35 cent., quelle que soit la dimension du papier; mais si le mémoire timbré revêtu de l'acquit y est joint, le nouvel acquit apposé sur le mandat est *exempt* de timbre. (*Déc. f.* 16 *juill.* 1829.) *V.* n° 2 sup. I. G. 30 juill. 1829, n° 1286.

6. — Toutes les formules imprimées pour mémoires, factures et autres pièces de dépense des divers ministères, peuvent être admises au timbre à l'extraordinaire ou au visa pour timbre, avant d'en faire usage. (*Déc. f.* 7 *janv.* 1830.). . . . . . . I. G. 27 mars 1830, § 14, n° 1307.

7. — Cette disposition est étendue aux formules imprimées destinées aux actes de poursuites ayant pour objet le recouvrement des contributions directes. (*Déc. f.* 28 *janv.* 1830.) I. G. 8 juin 1830, § 11, n° 1320.

8. — **Forêts.** — Sont assujettis au timbre les mémoires, factures et pièces justificatives des dépenses concernant le service forestier pour frais d'impression, fournitures d'instrumens, plantations, semis, frais de justice, frais d'adjudication et de criées, et pour fournitures diverses à l'école forestière. — Les formules imprimées peuvent être admises au timbre extraordinaire et au visa, avant d'en faire usage; les quittances au-dessus de 10 fr. doivent être timbrées ou visées avant le paiement, et le droit de timbre est toujours de 35 centimes, quelle que soit la dimension des mandats au bas desquels elles se trouvent. — La quittance à la suite d'un mémoire timbré dispense de cette formalité le nouvel acquit apposé sur le mandat.

Sont *exemptes* de timbre les pièces relatives au paiement des traitemens, gratifications, salaires, indemnités, secours, frais de route et de tournées aux agens, gardes et ouvriers, frais de justice urgens, réparations des chemins vicinaux, et frais d'arpentage et autres relatifs aux coupes de bois, enfin les quittances qui n'excèdent pas 10 fr., les copies pour l'ordre de la comptabilité, les certificats relatifs aux travaux, les expéditions d'actes destinés à une administration publique, les mémoires de l'imprimerie royale et les quittances pour remboursement de moins de mesure. *V.* n° 9 inf. Circ. compt. gén. 18 juill. 1833, n° 31.

9. COMPTABILITÉ *publique.* — **Forêts.** — Les mémoires au-dessous de 10 fr., de frais de justice en matière forestière, sont *exempts* de timbre. (*Déc. f.* 7 *mars* 1834.) Circ. compt. gén. 3 déc. 1834, n° 36.

10. — **Intérieur.** — Nomenclature des pièces dispensées du timbre ou sujettes à cette formalité. (*Déc. f. et intérieur* 10 *sept.* 1830.) *V.* Mandats; Quittances, n°s 9, 24 et suiv. I. G. 20 janv. 1832, n° 1391.

— *V.* Cautionnemens *des comptables;* Comptables *publics;* Inscriptions, n° 3 et suiv.

COMPTES — Arrêtés de comptes, 1 *fr. p.* °/o. (*Loi enreg., art.* 69, § 3, *n°* 3.). . . . . Circ. n° 1450.

2. — Les arrêtés de comptes sont passibles du droit de quittances sur la totalité des sommes dont le comptable est déchargé, lorsque la dépense n'est pas justifiée par des actes enregistrés. Il est dû un fr. p. °/o sur le reliquat non soldé et le droit fixe de décharge si le compte est balancé par des dépenses résultant de titres enregistrés. (*Déc. f.* 26 *mess. an VII.*) Circ. 11 niv. an IX, n° 1954.

3. — **Héritiers.** — Le droit d'obligation est dû sur le reliquat dû par des héritiers qui déclarent ne pas prendre encore qualité. (*Cass.* 13 *avril* 1830.). . . . . I. G. 27 sept. 1830, § 2, n° 1336.

4 — **Mandataires.** — Le compte rendu par un mandataire n'est passible que du droit de décharge sur le reliquat soldé, à moins que ce mandataire ne soit devenu personnellement débiteur et non dépositaire. (*Sol.* 19 *janv.* 1830.). . . . . I. G. 8 juin 1830, § 3, n° 1320.

5. — **Quittances.** — Les quittances de fournisseurs, ouvriers, maîtres de pension et autres de même nature, produites comme *pièces justificatives* d'un compte judiciaire ou à l'amiable, sont *dispensées* de l'enregistrement. (*Déc. f. et j.* 22 *sept.* 1807.) *V.* n° 6. inf. I. G. 4 oct. 1807, n° 346.

6. — Le droit de libération est dû sur toutes les quittances employées en dépense, sauf celles des fournisseurs, ouvriers, maîtres de pension et autres. (*Déc. f.* 13 *juin* 1809.) Abrogé. *V.* Comptes *de tutelle, n°* 3. I. G. 4 juill. 1809, § 42, n° 436.

— *V.* Actes *judiciaires, n^os^* 25 *et* 26; Quittances, n° 2.

7. — **Titres** *enregistrés.* — Les actes portant arrêté de compte, ou liquidation de reprises à exercer, sont passibles du droit d'obligation, même lorsque les créances résulteraient de titres enregistrés. (*Déc. f.* 8 *déc.* 1807.) I. G. 22 fév. 1808, § 4, n° 366.

— *V.* Actes *passés en conséquence, n°* 9; Comptabilité *communale ou des établissemens publics;* Comptabilité *publique.*

8. — **Timbre.** — Sont sujets au timbre de dimension les doubles des comptes de recette ou gestion particulière (*art.* 12, *n°* 1), à peine de 30 *fr. d'amende* (*art* 26, *n°* 3). Les doubles, autres que celui du comptable, et les comptes rendus par des comptables publics sont *exempts* du timbre. (*Art.* 16, *n°* 1, *Loi timb.*) Modifié. n° 9 inf. Circ. n° 1419.

9. COMPTES. — Timbre. — L'amende est réduite à 5 *fr.* (*Loi* 1824, *art.* 10.) . . . I. G. 23 juin 1824, § 10, n° 1136.

10. — Un arrêté de compte portant obligation du reliquat n'est pas assujetti au timbre proportionnel. (*Déc. f.*) I. G. 2 avril 1808, § 1, n° 371.

COMPTES *de tutelle.* — Il est dû 1 *fr. p.* °/₀ sur le reliquat reconnu par un simple projet de compte de tutelle. (*Déc. f.* 26 *nov.* 1823.) Abrogé. n° 2 inf. . . . . I. G. 19 mai 1824, § 2, n° 1132.

2. — Le projet opère le droit *fixe*; l'arrêté est passible du droit d'obligation sur le reliquat ou l'avance non payés immédiatement; s'il y a paiement, le droit *fixe de* 2 *fr.*, comme décharge, est seul exigible. (*Déc. f.* 10 *déc.* 1827.) . . . . I. G. 22 mars 1828, § 2, n° 1236.

3. — Le droit de quittance n'est pas exigible sur les sommes portées en recette comme touchées de divers débiteurs. (*Cass.* 11 *fév.* 1828.) I. G. 26 juin 1828, § 8, n° 1249.

4. — Les sommes allouées en dépense sans énonciation de quittances enregistrées ne donnent pas lieu à la perception du droit de 50 *cent. p.* °/₀. (*Sol.* 10 *nov.* 1829.) . . . I. G. 27 mars 1830, § 3, n° 1307.

CONCESSIONS. — *V.* Aliénations.

CONCESSIONS *pour sépultures.* — *V.* Ventes *d'immeubles*, *n°* 54.

CONCESSIONNAIRES *de l'état.* — *V.* Acquisitions *par l'état*, *n°* 2; Mines; Registres, n° 21.

CONCIERGERIES. — *V.* Registres, n°s 22 et 23.

CONCILIATIONS. *(Procès-verbaux de)* — Les procès-verbaux de conciliation ou de non conciliation devant les bureaux de paix lorsqu'ils ne sont pas sujets à un droit proportionnel supérieur, 1 *fr. fixe.* (*Loi enreg.*, *art.* 68, § 1, *n°* 47. (Circ. n° 1450.

2. — Les procès-verbaux de cette nature sont, comme actes judiciaires, sujets à l'enregistrement dans les *vingt jours.* La mention de non comparution sur le registre du greffe, n'opère aucun droit. (*Déc. f.* 13 *juin* 1809.) . . . . I. G. 4 juillet 1809, § 9 et 10, n° 436.

3. — Les procès-verbaux de conciliation ou de non conciliation qui ne contiennent aucune disposition passible du droit proportionnel, n'opèrent que le droit *fixe de* 1 *fr.* (*Déc. f.* 16 *sept.* 1823.) I. G. 10 nov. 1823, § 2, n° 1104.

— *V.* Actes *passés en conséquence*, *n°* 18; Prudhommes, n° 2.

CONCLUSIONS. — Timbre. — Les feuilles contenant les conclusions des parties présentées à l'audience sont soumises au timbre. (*Déc. j.* 26 *brum. an X.*) . . . . . . I. G. 27 fruct. an X, § 4, n° 72.

2. — Copies. — Les copies des conclusions remises à l'audience par les avoués au greffier sont *exemptes* de timbre. (*Déc. f.* 30 *nov.* 1830.) . . . . I. G. 18 mars 1831, § 11, n° 1354.

CONCORDATS. — Il est dû 50 *cent. p.* °/₀ sur l'acte passé entre les créanciers d'une succession et l'héritier que l'on rétablit dans la gestion des affaires pour liquider de concert avec deux commissaires. (*Sol.* 13 *août* 1825.) I. G. 30 déc. 1825, § 1, n° 1180.

2. — Cautionnement. — Le concordat avec cautionnement par un tiers donne ouverture au droit de 50 *cent. p.* °/₀, sur cette disposition indépendante. (*Cass.* 29 *mai* 1833.) I. G. 30 sept. 1833, § 4, n° 1437.

3. — Faillites. — Les concordats ou atermoiemens consentis conformément aux articles 519 et suivans du C. Com., 3 *fr. fixe*, quelle que soit la somme que le *failli* s'oblige de payer. (*Loi* 24 *mai* 1834, *art.* 14.) I. G. 17 nov. 1834, § 1, n° 1471.

— *V.* Actes *passés en conséquence*, *n°* 34; Atermoiemens; Faillites, n° 1.

CONDAMNATIONS. — Les jugemens portant condamnation de sommes ou valeurs. 50 *cent. p.* °/₀. Le droit n'est dû que sur le supplément lorsqu'il a déjà été perçu sur un premier jugement. (*Loi enreg., art.* 69, § 2, *n°* 9.) Circ. n° 1450.

— *V.* Actes *judiciaires, n°s* 28 *et suiv.*; Actes *judiciaires en matière criminelle et de police, n°* 8; Actes *judiciaires en matière de contributions, n°s* 1, 2 *et* 3; Extraits, n° 1 et suiv.

CONDAMNÉS *révolutionnaires.* — *V.* Emigrés; Successions, n°s 46 et 85.

CONGÉS. — *V.* Acquits *à caution*; Passavans; Présentations; Service *militaire.*

CONGÉMENS. — *V.* Baux *à domaine congéable*; Domaines *congéables.*

CONGRÉGATIONS *hospitalières ou religieuses.* — *V.* Acquisitions *par les établissemens publics.*

CONNAISSEMENS *ou reconnaissances de chargemens par mer*; 1 *fr. fixe par chaque destinataire.* (*Loi enreg., art.* 68, § 1, *n°* 20.) Modifié. n° 2 inf. Circ. n° 1450.

2. — 3 *fr. fixe.* (*Loi* 1816, *art.* 44, *n°* 6.) I. G. 29 avril 1816, n° 714.

3. — Timbre. — Ils doivent être rédigés sur papier timbré à 1 *fr.* à peine d'une amende progressive de 25, 50 et 100 fr. (*Loi* 6 *prair. an VII, art.* 4 *et* 5.) Modifié. n°s 4 et 6 inf. Circ. n° 1580.

4. — Idem. I. G. 15 mai 1807, n° 326.

5. — Ils peuvent être rédigés sur papier timbré de toute dimension. (*Décret* 3 *janv.* 1809.) I. G. 6 mars 1809, § 2, n° 419.

6. — Les amendes sont réduites à 5, 10 et 20 fr. (*Loi* 1824, *art.* 10.) . . . . I. G. 23 juin 1824, § 10, n° 1136.

CONSCRIPTION. — Actes *de poursuites.* — Les actes de poursuites relatifs au recouvrement des amendes de conscription peuvent être visés pour timbre et enregistrés en *débet*. Les inscriptions doivent aussi être formalisées en *débet.* (*Déc. f.* 17 *mai* 1808.) Circ. 5 juillet 1808.

— *V.* Actes *administratifs, n°* 7; Service *militaire.*

CONSEILS *de discipline.* — *V.* Garde *nationale.*

CONSEILS *d'état.* — *V.* Actes *judiciaires*; Actes *passés en conséquence, n°* 14; Exploits, n° 4; Pourvois.

CONSEILS *des prudhommes.* — *V.* Prudhommes.

CONSENTEMENS *purs et simples.* — 1 *fr. fixe.* (*Loi enreg., art.* 68, § 1, n° 21.) Modifié. n° 2 inf. Circ. n° 1450.

2. — 2 *fr. fixe.* (*Loi* 1816, *art.* 43, *n°* 7.) I. G. 29 avril 1816, n° 714.

3. — Le consentement du bailleur des fonds affectés au cautionnement d'un comptable pour que ce cautionnement serve à la garantie de toutes les fonctions auxquelles il pourrait être appelé, est passible du droit *fixe de* 2 *fr.* (*Ord. roy.* 25 *sept.* 1816, *art.* 3. I. G. 8 août 1835, n° 1491.

— *V.* Délégations *de contributions*; Mainlevées.

CONSIGNATIONS. — Récépissés. — Les reconnaissances de dépôts ou consignations sont passibles du droit *fixe de* 1 *fr.* (*Loi* 28 *niv. an XIII, art.* 3.) . . . . . . I. G. 22 pluv. an XIII, n° 272.

— *V.* Rédaction, n° 24.

CONSISTOIRES. — *V.* Acquisitions *par les établissemens publics.*

CONSTITUTIONS *d'avoués.* — *V.* Désaveux; Exploits, n° 5; Significations *d'avoué à avoué, n°* 4.

CONSTITUTIONS *de dots.* — *V.* Donations *par contrat de mariage*; Cessions *de droits successifs.*

CONSTITUTIONS *de majorats.* — *V.* Majorats.

CONSTITUTIONS *de pensions alimentaires.* — Les constitutions de pensions alimentaires à des ascendans ne sont passibles que du droit de 25 *cent. p.* °/₀ sur le capital au denier 10 de la pension, ou du droit *fixe d'un fr.*, si la quotité de la pension n'est pas déterminée. (*Déc. f.* 12 *sept.* 1809.) Modifié. n° 2 inf. I. G. 18 sept. 1809, n° 450.

2. — Le droit est réduit à 20 *cent. p.* °/₀. (*Loi* 1824, *art.* 1.). . . . . I. G. 23 juin 1824, § 1, n° 1136.

3. — Alliés. — Celle faite par un enfant du premier lit au profit de la seconde femme de son père est passible du droit ordinaire de *donation.* (*Sol.* 16 *août* 1833.) . . . I. G. 30 déc. 1833, § 9, n° 1446.

4. — Usufruit. — La cession faite à des ascendans, de la jouissance d'un immeuble pour tenir lieu d'une pension alimentaire, n'est passible que du droit fixé pour les constitutions de l'espèce. (*Déc. f.* 26 *oct.* 1823.) I. G. 19 mai 1824, § 10, n° 1132.

— *V.* Actes *judiciaires*, *n°* 47; Tutelles *officieuses*, *n°* 3.

CONSTITUTIONS *de rentes* perpétuelles ou viagères et de pensions, à titre onéreux, 2 *fr. p.*°/₀ sur le capital constitué ou aliéné. (*Loi enreg.*, *art.* 69, § 5, *n°* 2.). . . . . Circ. n° 1450.

2. — Donation. — La constitution d'une rente viagère dont le prix est fourni par *un tiers, donateur*, opère, outre le droit de 2 *fr. p.* °/₀, celui résultant de la donation. (*Sol.* 23 *août* 1833.) I. G. 30 déc. 1833, § 3, n° 1446.

3. — Rentes *sur l'état.* — Une constitution de rente en paiement du transfert d'une rente sur l'état opère le droit de 2 *fr. p.* °/₀, et les droits ne sont pas restituables par le motif que la convention serait restée sans effet. (*Déc. f.* 14 *sept.* 1825.) . . . . . I. G. 30 déc. 1825, § 4, n° 1180.

— *V.* Transferts *de rentes sur l'état*, *n°s* 1 *et* 2.

CONSTRUCTIONS — *V.* Indemnités.

CONSULTATIONS *d'avocat.* — Timbre. — Les consultations et mémoires signés des hommes de lois et défenseurs officieux sont assujettis au timbre de dimension (*Loi timb.*, *art.* 12, *n°* 1), à peine *de* 100 *fr. d'amende.* (*Art.* 26, *n°* 5.) Modifié. n° 2 inf. . . . Circ. n° 1419.

2. — L'amende est réduite à 20 *fr.* (*Loi* 1824, *art.* 10.). . . . . I. G. 23 juin 1824, § 10, n° 1136.

3. — Les consultations des avocats sont soumises au timbre. (*Déc. j. et f.* 28 *janv. et* 14 *fév.* 1809.) I. G. 24 fév. 1809, n° 417.

4. — Il y a exception pour les consultations ou mémoires *non signés*, ou qui ne feraient que rappeler la signature des avocats et jurisconsultes. (*Déc. f.* 13 *juin* 1809.) I. G. 21 juin 1809, n° 435.

5. — Les consultations d'avocat sont assujetties au timbre. (*Cass.* 23 *nov.* 1824.). . . . . I. G. 23 mars 1825, § 12, n° 1156.

6. — Idem; même lorsqu'elles sont gratuites, et ne sont pas produites devant les tribunaux. (*Déc. f.* 17 *août* 1827.) I. G. 29 déc. 1829, § 19, n° 1303.

— *V.* Mémoires.

CONTESTATIONS. — *V.* Paiement *des droits*, *n°* 1.

CONTRAINTES. — *V.* Actes *de poursuites dans l'intérêt de l'état;* Exploits.

CONTRAINTES *par corps.* — *V.* Actes *passés en conséquence*, *n°* 10; Imprimeurs, *n°* 2.

CONTRATS *d'assurances* — *V.* Assurances, Polices *d'assurances.*

CONTRATS *de mariage.* — 3 *fr. fixe.* (*Loi enreg.*, *art.* 68, § 3, *n°* 1.) Modifié. n° 2 inf. Circ. n° 1450.

2. **CONTRATS** *de mariage.* — 5 *fr. fixe.* (*Loi* 1816, *art.* 45, *n°* 2.) . . . .
I. G. 29 avril 1816, n° 714.

— *V.* Autorisations, n° 3; Ameublissemens; Chambres *de discipline*; Commerçans; Dépôts *aux greffes*, *n°* 1.

3. — **COMMUNAUTÉ.** — La stipulation de communauté entre les époux ne donne lieu à aucun droit particulier. I. G. 3 fruct. an XIII, § 16, n° 290.

4. — **Donations.** — Les donations faites par contrats de mariage *passés après la célébration* ne jouissent pas de la réduction au demi-droit. (*Sol.* 2 *niv. an VIII.*) . . . Circ. n° 1721.

— *V.* Donations *entre vifs par contrat de mariage.*

5. — **Part** *inégale.* — La convention contenue dans un contrat de mariage portant que la totalité, ou une part inégale de la communauté, appartiendra au survivant, ne donne pas lieu au droit fixe ni au droit proportionnel à l'évènement. (*Cass.* 6 *mars* 1822 *et Déc. f.* 9 *mai* 1823.) I. G. 8 janv. 1824, § 1, n° 1113.

6. — **Préciput.** — Le préciput, la reprise des apports ou la stipulation d'un partage inégal de la communauté ne donnent lieu à aucun droit particulier, si ce n'est lorsque le préciput est accordé, même en renonçant à la communauté. (*Déc. f.* 6 *mai* 1828.) . . . I. G. 26 sept. 1828, § 4, n° 1256.

7. — Lorsqu'au lieu d'un partage inégal, on stipule une *donation* de biens de communauté, le droit fixe sur cette donation éventuelle et le droit proportionnel à l'évènement sont exigibles. (*Déc. f.* 13 *déc.* 1828.) I. G. 24 mars 1829, § 4, n° 1272.

8. — **Régime** *dotal.* — Le droit de vente n'est pas exigible sur la dot mobilière de la future dont la propriété est attribuée au mari par l'art. 1551 du code civil. (*Déc. j. et f.* 12 *et* 22 *mai* 1810.) I. G. 11 juill. 1810, § 1, n° 481.

— *V.* Restitutions, n°s 4 et 21; Successions, n°s 14, 15, 18 et suiv.

CONTRAVENTIONS. — *V.* Amendes; Procès-verbaux *de délits et contraventions.*

CONTRAVENTIONS *aux lois sur le timbre.* — Les préposés sont autorisés à retenir les pièces en contravention, à moins que les amendes ne soient acquittées sur-le-champ, outre le droit de timbre, ou que les contrevenans ne consentent à signer les procès-verbaux. (*Loi timb.*, *art.* 31.) *V.* Paiement *des droits.* Circ. n° 1419.

CONTRE-LETTRES, *ou augmentation de prix.* Toute contre-lettre sous seing-privé ayant pour objet une augmentation de prix stipulé dans un contrat est déclarée nulle; lorsque l'existence en est constatée, il y a lieu d'exiger, à titre d'amende le *triple droit* sur les sommes ainsi stipulées. (*Loi enreg.*, *art.* 40.) *V.* Amendes *d'enregistrement.* Circ. n° 1450.

CONTRIBUTIONS *publiques.* — **Lois.** — Loi 24 avril 1806 qui proroge la perception des impôts indirects pour 1806 et 1807. Circ. 19 juin 1806.

— 15 sept. 1807, pour 1808. Circ. 5 oct 1807.
— 25 nov. 1808, pour 1809. Circ. 17 déc. 1808.
— 8 fév. 1810, pour 1810. Circ. 8 fév. 1810.
— 20 avril 1810, pour 1811. Circ. 22 mai 1810.
— 15 juillet 1811, pour 1812. Circ. 11 sept. 1811.
— 21 déc. 1814, pour 1815. I. G. 4 janv. 1815, n° 667.
— 23 déc. 1815, pour 1816. I. G. 2 janv. 1816, n° 703.
— 20 déc. 1816, provisoire pour 1817. I. G. 30 déc. 1816, n° 760.
— 25 mars 1817, pour 1817. I. G. 27 mars 1817, n° 768.
— 27 déc. 1817, provisoire pour 1818. I. G. 30 déc. 1817, n° 816.
— 15 mai 1818, pour 1818. I. G. 18 mai 1818, n° 834.
— 31 déc. 1818, provisoire pour 1819. I. G. 2 janv. 1819, n° 873.
— 17 juillet 1819, pour 1819. I. G. 4 août 1819, n° 899.
— 29 déc. 1819, provisoire pour 1820. I. G. 3 janv. 1820, n° 916.

CONTRIBUTIONS *publiques*. — **Lois.** — Loi 23 juillet 1820, qui proroge la perception des impôts indirects pour 1820. I. G. 26 juill. 1820, n° 944.
— 13 janvier 1821, provisoire, pour 1821. I. G. 22 janv. 1821, n° 968.
— 31 juillet 1821, pour 1821. I. G. 4 août 1821, n° 990.
— 29 déc. 1821, provisoire, pour 1822. I. G. 5 janv. 1822, n° 1015.
— 1er avril 1822, provisoire, pour 1822. I. G. 2 avril 1822, n° 1032.
— 1er mai 1822, pour 1822 et 3 mois de 1823. I. G. 8 mai 1822, n° 1039.
— 17 août 1822, pour 1823. I. G. 24 août 1823, n° 1052.
— 13 juin 1825, pour 1826. I. G. 9 juillet 1825, n° 1167.
— 2 août 1829, pour 1830. I. G. 4 sept. 1829, n° 12 88
— 12 déc. 1830, pour quatre mois de 1831. I. G. 21 déc. 1830, n° 1344.
— 16 oct. 1831, pour huit mois de 1831, et Loi du 16 déc. 1831, pour trois mois de 1832. I. G. 24 déc. 1831, n° 1386.
— 21 avril 1832, pour 1832. I. G. 30 avril 1832, n° 1399.
— 15 déc. 1832 et 24 avril 1833, pour 1833, et Loi du 28 juin 1833, pour 1834. . . . I. G. 10 août 1833, n° 1431.
— 24 mai 1834, pour 1835. I. G. 2 juin 1834, n° 1457.
— Idem. I. G. 14 nov. 1834, n° 1469.
— Idem. I. G. 17 nov. 1834, n° 1471.

2. — **Timbre.** — Les rôles et quittances de contributions particulières pour l'entretien des digues et autres travaux sont *exempts* de timbre. (*Déc. f.* 7 *juin* 1808.) . . . . I. G. 7 juillet 1808, n° 387.
— *V.* Actes *de poursuites dans l'intérêt de l'état;* Actes *judiciaires en matière de contributions;* Procès-verbaux *de délits*, n°s 4, 5, 6 *et* 7; Quittances, n° 3; Rôles.

CONTRIBUTIONS *directes*. — *V.* Actes *de poursuites dans l'intérêt de l'état.*

CONTRIBUTIONS *indirectes*. — *V.* Actes *de poursuites dans l'intérêt de l'état;* Obligations, n°s 6 et 26; Procès-verbaux *de délits*, n°s 4 *et suiv.*

CONTROLE. — *V.* Actes *antérieurs à l'établissement de l'enregistrement.*

CONTUMAX. — *V.* Absences.

CONVENANT. — *V.* Baux *à domaine congéable;* Cessions *de droits convenanciers;* Domaines *congéables.*

CONVENTIONS *verbales*. — *V.* Actes *judiciaires*, n°s 31, 60 *et suiv.;* Baux *à ferme*, n°s 23 *et* 24; Mutations *secrètes.*

CONVERSIONS. — *V.* Obligations, n° 21; Successions, n° 123.

COPIES. — *V.* Conclusions, n° 2; Expéditions; Exploits.

COPIES *collationnées*. — *V.* Collations; Expéditions; Extraits; Traductions.

COPIES *de lettres*. — *V.* Livres *de Commerce*, *n°* 5.

COPIES *signifiées*. — **Timbre.** — Les copies signifiées doivent être entières et rédigées sur papier timbré. I. G. 1er sept. 1808, n° 397.

2. — Les copies signifiées par les huissiers ne peuvent contenir plus de *trente-cinq lignes* par page de *petit papier; quarante lignes* pour le *moyen papier*, et *cinquante lignes* pour celui de dimension supérieure, à peine de l'amende de 25 fr. édictée par l'art. 26 de la loi du timbre. (*Décret* 29 *août* 1813, *art.* 1.) Modifié. n° 3 inf. . . . . I. G. 17 mars 1814, n° 659.

3. — L'amende est réduite à 5 fr. (*Loi* 1824, *art.* 10.) I. G. 23 juin 1824, § 10, n° 1136.

4. — Le nombre de lignes dans les copies de pièces signifiées par les huissiers doit être compté avec compensation d'une feuille à l'autre. (*Déc. f. et j.* 14 *nov.* 1834.) . . . I. G. 21 avril 1835, § 15, n° 1481.

5. — Les copies d'exploits ne doivent contenir que *trente-cinq* lignes par page, et l'amende de contravention à cette disposition ne se prescrit que par *trente ans*, ou

deux ans après que le fait a pu être constaté. (*Cass.* 11 *nov.* 1834.) . . . . I. G. 21 avril 1835, § 14, nº 1481.

COTES *et paraphes.* — **Livres** *de commerce.* — Le procès-verbal de cote et paraphe des livres de commerce est soumis à l'enregistrement au droit *fixe de* 1 *franc.* (*Loi* 1816, *art.* 73.) I. G. 29 avril 1816, § 9, nº 715.

2. — **Registres.** — Les procès-verbaux de cote et paraphe des registres de l'état civil et de ceux des formalités hypothécaires sont *exempts* de l'enregistrement. (*Déc. f.* 16 *déc.* 1816.) I. G. 23 déc. 1816, § 6, nº 758.

COUPES *de bois.* — *V.* Procès-verbaux, nº 4 et suiv.; Traites, nºs 1 et 2; Ventes *de meubles*, nº 8 *et suiv.*

COURONNE. — *V.* Acquisitions *par l'état*, nº 9; Échanges, nº 10.

COURTIERS *de commerce.* — *V.* Ordonnances *de nomination*; Ventes *de marchandises.*

COUTUMES *de Bordeaux et de Normandie.* — *V.* Successions, nº 32 et suiv.

CRÉDITS. — L'ouverture d'un crédit avec affectation hypothécaire et transport *conditionnel*, de créance en garantie, n'est passible que du droit *fixe.* (*Cass.* 9 *mai* 1832.) I. G. 30 sept. 1832, § 10, nº 1410.

CURATELLES. — *V.* Émancipations, nº 2; Tutelles; Nominations *de tuteurs et curateurs.*

CURATEURS. — *V.* Émancipations, nº 2; Successions, nº 121; Tuteurs.

CURÉS *et desservans.* — *V.* Actes *administratifs*, nºs 9 et 10.

D

DATIONS *en paiement.* — *V.* Partages, nº 7.

DÉBET. — *V.* Actes *de poursuites*; Actes *judiciaires.*

DÉBITANS *de tabacs.* — *V.* Livrets.

DÉBITEURS *des droits.* — *V.* Paiement *des droits.*

DÉCADI. — *V.* Jours *fériés.*

DÉCHARGES *pures et simples.* — 1 *fr. fixe.* (*Loi enreg., art.* 68, § 1, *n*ºs 22 *et* 27.) Modifié. nº 2 inf. Circ. nº 1450.

2. — 2 *fr. fixe.* (*Loi* 1816, *art.* 43, *n*º 8.) I. G. 29 avril 1816, nº 714. — *V.* Comptes, nº 1 et suiv.; Comptes *de tutelles*, *n*º 2.

3. — **Communications** *aux greffes.* — Les mentions signées par les avoués constatant le retrait des pièces déposées aux greffes ne sont pas soumises à l'enregistrement. (*Déc. f.* 13 *juin* 1809.) *V.* Rédaction, nºs 24 et 39. . . . . I. G. 4 juillet 1809, § 16, nº 436.

4. — **Exécuteur** *testamentaire.* — La décharge donnée à un exécuteur testamentaire n'est passible que du droit fixe. (*Cass.* 30 *août* 1826.) . . . . I. G. 23 déc. 1826, § 2, nº 1204.

— **Meubles.** — *V.* Quittances, nº 18.

5. — **Pièces** *de conviction.* — Les décharges de pièces de conviction en matière criminelle ne sont sujettes au timbre et à l'enregistrement que lorsqu'il y a eu partie civile. (*Déc. f.* 11 *août* 1820.) I. G. 25 sept. 1820, nº 952.

6. — **Ventes** *de meubles.* — Les décharges du prix peuvent être rédigées à la suite des procès-verbaux de vente, elles doivent être dans la forme authentique et enregistrées, au droit *fixe*, dans les délais fixés pour les actes de l'officier public qui les reçoit. (*Av. cons. d'état*, 7 *oct.* 1809.) I. G. 4 janvier 1810, nº 460.

7. **DÉCHARGES** *pures et simples* — VENTES *de meubles*. — La découverte parmi des minutes, d'un acte sous seing-privé, portant décharge du prix d'une vente publique de meubles, autorise la poursuite de l'amende pour contravention au timbre. (*Arrêt d'admission*, 5 *mars* 1829.) I. G. 26 sept. 1829, § 14, n° 1293.
— *V.* RÉDACTION, n° 25; VÉRIFICATIONS *d'écritures*.

DÉCHARGES *d'impositions*. — *V.* DÉGRÈVEMENS *de contributions*.

DÉCIME *pour franc*. — Contribution établie à titre de subvention de guerre sur les droits d'enregistrement, de timbre, de greffes et d'hypothèques, doit être perçue en même temps que le principal. (*Loi* 6 *prair. an VII*, *art.* 1 *et* 2.) *V.* LOIS. Modifié. n° 3 inf. Circ. n° 1574.

2. — Le décime doit être exigé sur toutes les perceptions postérieures à la loi, quelle que soit la date des actes ou mutations. (*Déc. f.* 20 *fruct. an X.*) . . . . I. G. 1er brum. an XI, n° 87.

3. — TIMBRE. — La subvention du décime est supprimée pour le timbre de dimension ou proportionnel; des affiches, avis et annonces. Elle est maintenue pour le timbre des papiers-musique; des journaux, des prospectus et catalogues, des livres de commerce et pour les amendes de timbre. (*Loi* 1816, *art.* 67 *et* 77.) . . . . I. G. 29 avril 1816, § 11, n° 715.

DÉCLARATIONS *pures et simples en matière civile*, 1 *fr. fixe*. (*Loi enreg.*, *art.* 68, § 1, *n°* 23.) Modifié. n° 2 inf. Circ. n° 1450.

2. — 2 *fr. fixe*. (*Loi* 1816, *art.* 43, *n°* 9.) I. G. 29 avril 1816, n° 714.

3. — ADMISSIONS *aux Lycées*. — Les déclarations pour l'admission aux Lycées de l'un des fils d'une famille qui compte sept enfans sont sujettes au timbre, et au droit *fixe de* 1 *fr.* pour l'enregistrement. (*Déc. f.* 5 *mai* 1807.) Modifié. n° 2 sup. . . . . . I. G. 16 mai 1807, n° 328.

— AFFIRMATIVES. — *V.* AFFIRMATIONS *de créances*; SAISIES *arrêts*, *n°* 1 *et suiv.*

4. — BIENS *communaux*. — Les déclarations faites par les détenteurs en vertu de la loi du 9 vent. an XII, sont assujetties au timbre et au droit *fixe de* 1 *fr.* pour l'enregistrement. (*Déc. f.* 5 *mai* 1807.) Modifié. n° 2 sup. I. G. 16 mai 1807, n° 328.

5. — Les déclarations des détenteurs de biens communaux usurpés faites devant les maires, sont *exemptes* de l'enregistrement, mais les soumissions sous seing-privé et les rapports d'experts relatifs à ces usurpations sont assujettis à l'enregistrement. (*Déc. f.* 25 *juillet* 1823.) I. G. 17 sept. 1823, § 2, n° 1094.

— DETTES. — *V.* OBLIGATIONS.

6. — DOMICILE. — Les déclarations d'établissement ou de changement de domicile ne sont pas sujettes à l'enregistrement, mais elles doivent être rédigées sur papier timbré. (*Déc. f.* 5 *mai* 1812.) *V.* n° 7 inf. I. G. 19 mai 1812, n° 579.

7. — ÉLECTIONS. — Les déclarations de domicile faites aux secrétariats des préfectures sont *exemptes* du timbre et de l'enregistrement, ainsi que tous les actes relatifs aux élections. (*Ord. roy.* 7 *mai* 1817.) *V.* n° 8 inf. I. G. 31 mai 1817, n° 779.

8. — Les déclarations de domicile faites aux greffes des justices de paix par les électeurs des conseils de département et d'arrondissement, sont assujetties au timbre et à l'enregistrement. (*Déc. f.* 14 *oct.* 1833.) I. G. 2 avril 1834, § 1, n° 1451.

— PROPRIÉTÉ *des marchandises*. — *V.* VENTES *de marchandises*.
— SURENCHÈRES. — *V.* SURENCHÈRES.

9. — TIMBRE. — ABATTAGE *de bois*. — Les déclarations d'abattage ou de défrichemens de bois sont *exemptes* du timbre. (*Déc. f.* 10 *juillet* 1829.) . . . . I. G. 30 oct. 1829, § 2, n° 1294.

DÉCLARATIONS *affirmatives*. — *V.* AFFIRMATIONS *de créances*.

DÉCLARATIONS *d'appels*. — *V.* APPELS.

DÉCLARATIONS *de command* par acte public. — Lorsque la réserve a été faite dans la vente et que la déclaration est notifiée ou enregistrée dans les 24 heures, 1 *fr. fixe.* (*Loi enreg.*, *art.* 68, § 1, *n°* 24.) A défaut de réserve ou de notification dans les 24 heures, 2 *p.* °/₀ ou 4 *p.* °/₀, selon qu'il s'agit d'une vente de meubles ou d'immeubles. (*Art.* 69, § 5, *n°* 4, *et* § 7, *n°* 3.) Modifié, n° 2 inf. Circ. n° 1450.

2. — Le droit fixe est porté à 3 *fr.* (*Loi* 1816, *art.* 44, *n°* 3), et le droit proportionnel à 5 *fr.* 50 *cent.* pour les ventes d'immeubles. (*Art.* 52 *et* 54.) . . . . I. G. 29 avril 1816, § 5 et 7, n° 714.

3. — Elle peut être faite avant l'enregistrement de la vente ; mais celle-ci doit être présentée en même temps à la formalité. (*Déc. f.* 6 *oct.* 1807.) I. G. 27 oct. 1807, n° 357.

4. — Actes sous seing-privé. — Les déclarations de command faites par actes sous seing-privé ne jouissent pas de la faveur du droit fixe, qui n'est applicable qu'aux déclarations faites *par actes publics.* (*Déc. f.* 15 *mars* 1808.). . . . . I. G. 29 juin 1808, § 13, n° 386.

5. — Adjudications *en justice.* — La faculté est de droit et n'a pas besoin d'être réservée dans les ventes par expropriation ; l'adjudicataire n'est pas responsable des droits, si le command déclaré est insolvable. (*Déc. f.* 18 *pluv. an X et* 12 *therm. an XII.*) I. G. 3 fruct. an XIII, § 17, n° 290.

6. — Le délai accordé aux avoués pour déclarer command étant de trois jours, le même délai existe pour l'enregistrement ou la notification. (*Déc. f.* 22 *sept.* 1807.) Modifié pour le délai de l'enreg., n° 9 inf. I. G. 27 oct. 1807, n° 357.

7. — Les déclarations faites par les avoués, doivent *nécessairement* être *notifiées* ou *enregistrées* dans les *trois jours.* (*Déc. j. et f.* 31 *déc.* 1808 *et* 10 *janv.* 1809.) Abrogé n° 9 inf. I. G. 28 avril 1809, § 2, n° 429.

8. — La déclaration de command faite par l'avoué en vertu de l'art. 709 du C. de P. C., n'est passible que du droit fixe, si elle est soumise à l'enregistrement ou notifiée dans les trois jours. (*Déc. f.* 13 *juin* 1809.) *V.* n° 9 inf. et Ventes *d'immeubles*, *n°* 6. I. G. 4 juill. 1809, § 53, n° 436.

9. — Les déclarations d'adjudicataires faites par les avoués ne doivent pas être notifiées ou enregistrées dans les trois jours, pour ne donner lieu qu'au droit fixe, et l'adjudicataire déclaré peut élire un command, si la faculté a été réservée, sans que cette déclaration soit assujettie au droit proportionnel. (*Cass.* 3 *sept.* 1810, 9 *et* 24 *avril* 1811, *et Déc. f.* 20 *août* 1811.) I. G. 27 août 1811, n° 539.

10. — La déclaration de command faite par l'adjudicataire déclaré par l'avoué est passible du droit proportionnel, si la réserve n'a pas été faite dans l'adjudication, mais seulement dans l'acceptation de la déclaration de l'avoué. (*Déc. f.* 29 *juin* 1813.) I. G. 16 juil. 1813, n° 644.

11. — Adjudications *par renvoi de justice.* — Le délai de trois jours accordé aux avoués pour déclarer l'adjudicataire sur vente judiciaire, ne s'étend pas aux adjudications passées devant notaires, même par suite de renvoi des tribunaux. (*Déc. f.* 5 *avril* 1808.) Abrogé. n° 12 inf. I. G. 29 juin 1808, § 17, n° 386.

12. — La déclaration peut être faite dans les trois jours par un avoué adjudicataire devant un notaire *commis judiciairement,* et enregistrée au droit fixe sans notification. (*Cass.* 26 *fév.* 1827.) I. G. 30 juin 1827, § 11, n° 1210.

— *V.* Cautionnemens, n° 5.

13. — Coupes *de bois de l'état.* — Les déclarations devant être faites *séance tenante* dans le procès-verbal d'adjudication, n'opèrent aucun droit particulier, et n'ont pas besoin d'être notifiées. (*Déc. f.* 21 *mai* 1828.) I. G. 24 juill. 1828, § 1, n° 1251.

14. — Délai. — La déclaration de command doit être notifiée ou enregistrée *dans les* 24 *heures* de la date de la vente, sous peine du droit proportionnel (*Cass.* 30 *nov.* 1826.) *V.* n°s 9, 12 sup., et n°s 15, 16 et 18 inf. I. G. 7 sept. 1826, § 1, n° 1219.

15. DÉCLARATIONS *de command.* — **Délai.** — Même décision que la précédente. (*Sol.* 14 *juin* 1833.). I. G. 30 sept. 1833, § 6, n° 1437.

16. — La présentation à l'enregistrement *dans les* 24 *heures* ne suffit pas, si le bureau était fermé. (*Déc. f.* 15 *janv.* 1834.) I. G. 19 juill. 1834, § 5, n° 1458.

17. — **Domaines** *de l'état.* — Pour les ventes de biens de l'état, la déclaration doit être enregistrée ou notifiée *dans les trois jours*, autrement elle serait passible du droit de 4 *p.* °/₀ comme revente ordinaire, et non du droit de 2 *p.* °/₀. (*Déc. f.* 5 *janv. et* 26 *avril* 1808.) I. G. 29 juin 1808, § 16, n° 386.

18. — Dans les ventes de bois de l'état, la déclaration de command n'est passible que du droit *fixe de* 3 *fr.*, si la faculté a été réservée dans l'acte et si elle a été faite et notifiée *dans les trois jours.* (*Déc. f.* 27 *mars* 1831, *art.* 12.). . . . . I. G. 25 avril 1831, n° 1361.

19. — **Double** *command.* — Une nouvelle déclaration par le premier command, quoique faite dans le délai, est passible du droit de vente. (*Déc. f.* 28 *juin* 1808.) . . . I. G. 28 juill. 1808, § 4, n° 390.

20 — **Meubles** *ou créances.* — La faculté de déclarer command dans le délai légal s'étend aux cessions de meubles et créances comme aux actes translatifs de propriétés immobilières, et le droit *fixe* est seul exigible, si d'ailleurs la déclaration de command réunit les conditions voulues. (*Déc. f. et j.*) I. G. 5 juin 1809, § 2, n° 432.

21. — **Novation.** — La déclaration de command doit être pure et simple et sans novation des conventions stipulées dans l'acte de vente, autrement elle donnerait lieu au droit proportionnel. (*Déc. f.* 15 *mars* 1808.) I. G. 29 juin 1808, § 14, n° 386.

22. — La déclaration de command qui change les dispositions de l'acquisition est sujette au droit proportionnel. (*Déc.* 30 *mai* 1826.) I. G. 30 sept. 1826, § 3, n° 1200.

— *V.* Quittances, n° 4; Transcriptions, n° 13; Ventes *d'immeubles*, n°ˢ 1 *et* 2.

DÉCLARATIONS *de grossesses.* — Elles sont *exemptes* de l'enregistrement sur la minute, l'expédition délivrée y est seule assujettie. (*Déc. f.* 28 *juin* 1808.) . . . . . I. G. 28 juill. 1808, § 5, n° 390.

DÉCLARATIONS *de perte d'inscription.* — *V.* Dette *publique*, n° 4.

DÉCLARATIONS *de remplois.* — *V.* Remplois.

DÉCLARATIONS *de successions.* — *V.* Successions.

DÉCLARATIONS *des titulaires de cautionnemens.* — Les déclarations des titulaires de cautionnemens en faveur de leurs bailleurs de fonds, ne sont passibles que du droit *fixe de* 1 *fr.* (*Décret* 22 *déc.* 1812.) I. G. 24 déc. 1813, n° 657.

2. — Les déclarations des titulaires de cautionnemens en faveur de leurs bailleurs de fonds sont passibles du droit de 1 *p.* °/₀, si elles ne résultent pas d'une obligation antérieure enregistrée. (*Déc. f.* 2 *sept.* 1816.) Abrogé. n°ˢ 3 et 4 inf. . . . . I. G. 18 sept. 1816, n° 743.

3. — Le droit fixe d'un fr. est seul exigible lors même qu'il ne serait pas justifié d'une obligation antérieure. (*Cass.* 4 *déc* 1821 *et Déc. f.* 23 *mars* 1822.) . . . . I. G. 30 mars 1822, n° 1030.

4. — La déclaration du titulaire d'un cautionnement fourni pour sûreté d'une entreprise avec le gouvernement, en faveur de son bailleur de fonds, n'est passible que du droit *fixe d'un fr. Cass.* 27 *mai* 1829.) I. G. 26 sept. 1829, § 3, n° 1293.

— *V.* Consentemens, n° 3.

DÉCOMPTES *d'acquéreurs de domaines.* — Les décomptes délivrés aux acquéreurs de domaines de l'état sont soumis au timbre. (*Déc. f.* 23 *juin* 1807.) . . . . I. G. 14 juillet 1807, n° 332.

DÉCORATIONS *des théâtres.* — *V.* Ventes *de meubles*, n° 26.

DÉLAIS. — Le jour de l'acte ou du décès n'est pas compté dans le délai accordé pour l'enregistrement des actes et mutations; et s'il expire un dimanche, il est remis au l'endemain. (*Loi enreg., art.* 25.) En cas d'absence, séquestre ou décès d'un militaire en activité de service, le délai ne court que de la prise de possession. (*Art.* 24.) Les délais accordés sont fixés ainsi qu'il suit :

1. — Actes *administratifs*. — *Vingt jours* (*Loi enreg. art.* 20), à peine du *double droit*. (*Art.* 36.) *V.* Actes *administratifs*, n° 8. Circ. n° 1450.

—— *A plusieurs dates*. *V.* n° 2 inf.

—— *Extrajudiciaires ou procès-verbaux*.— *Quatre jours*. (*Loi enreg., art.* 20), à peine de la nullité des actes, et en outre de 25 *fr. d'amende* pour les actes sujets au droit fixe, et du *double droit*, au *minimum de* 50 *fr.* pour les actes soumis au droit proportionnel. (*Art.* 34.) Modifié. n°s 3 et 4 inf. *V.* Procès-verbaux *de délits*, *n°s 4, 7, 8 et 9*. Circ. n° 1450.

—— *Judiciaires*. — *Vingt jours*. (*Loi enreg., art.* 20), à peine du *double droit*. (*Art.* 35.) Circ. n° 1450.

—— *Notariés*. — *Dix jours* pour les notaires qui résident dans la commune où le bureau est établi, et *quinze jours* pour les autres. (*Loi enreg., art.* 20), à peine de 50 *fr. d'amende* ou du *double droit* s'il est supérieur à l'amende fixe. (*Art.* 33.) Modifié. n°s 3, 4 inf., et Protêts. *V.* aussi n°s 2 et 7 inf. Circ. n° 1450.

—— *Passés à l'étranger*. — *V.* n° 5 inf.

2. — Actes *portant plusieurs dates*. — Le délai court de la date des premières signatures. (*Déc. j. et f.* 27 *avril et* 9 *mai* 1809.) I. G. 5 juin 1809, § 3, n° 432.

3. — Amendes. — Les amendes fixes désignées ci-dessus sont réduites, savoir : celles de 50 *fr.* à 10 *fr.* et celles au-dessous de 50 *fr.* à 5 *fr.* (*Loi* 1824, *art.* 10.) . . . . . I. G. 23 juin 1824, § 10, n° 1136.

4. — Le *minimum* du double droit pour retard d'enregistrement est réduit dans la même proportion. (*Déc. f.* 9 *juin* 1825.) I. G. 30 sept. 1825, § 1, n° 1173.

5. — Baux et Mutations *par actes sous seing-privé ou passés à l'étranger, de biens immeubles situés en France*. — *Trois mois* pour les actes passés en France; *six mois* pour ceux faits en Europe; *un an* en Amérique; et *deux ans* en Asie ou en Afrique (*Loi enreg., art.* 22), à peine du *double droit* (*Art.* 38.) Circ. n° 1450.

6. — Mutations *par décès*. — *Six mois* lorsque le décès ou la prise de possession ont eu lieu en France; *huit mois* si le décès est arrivé en Europe; *un an* si c'est en Amérique; et *deux ans* en Asie ou en Afrique. En cas d'absence séquestre ou décès d'un militaire en activité de service, le délai ne court que de la prise de possession (*Loi enreg., art.* 24), à peine du *demi droit en sus*. (*Art.* 39.) *V.* Absences; Successions, n°s 1 et 37. Circ. n° 1450.

7. — Testamens. — *Trois mois* à partir du décès (*Loi enreg., art.* 21), à peine du *double droit* (*Art.* 38.) *V.* Suscriptions *de testamens*. Circ. n° 1450.

— *V.* Absences; Adjudications *par renvoi de justice*; Amendes *d'enregistrement*; Baux *à ferme*, *n°s* 9, 14, 15, 18, 19 *et* 22; Billets *à ordre*, *n°* 4 *et* 5; Communications, n° 1; Conciliations, n° 2; Déclarations *de command*, *n°s* 1 *et suiv.*; Donations *éventuelles*, *n°* 3; Enquêtes, n° 4; Expertises; Inventaires, n°s 3 et 6 ; Lettres *de change*, n°s 9 et 10; Prestations *de serment*, n°s 27, 34 *et* 35 ; Procès-verbaux, n° 9; Procès-verbaux *de délits* ; Protêts ; Prudhommes, n° 2; Restitutions, n°s 17 et suiv. ; Ventes *de marchandises*, n° 1.

DÉLAISSEMENS. — *V.* Abandonnemens.

DÉLÉGATIONS *de contributions.* — La délégation des contributions pour rendre électeur, n'est qu'un acte innommé passible du droit *fixe de* 1 *fr.* (*Sol.* 10 *juillet* 1824.) I. G. 18 déc. 1824, § 3, n° 1150.

DÉLÉGATIONS *de créances à termes ou de prix.* — Les délégations de créances à termes, 1 *fr. p.* °/₀ sur le montant des créances déléguées. Les délégations de prix dans un contrat pour acquitter des créances envers des tiers, *sans énonciation de titres enregistrés.* 1 *fr. p.* °/₀. (*Loi enreg., art.* 69, § 3, *n°* 3.) Circ. n° 1450.

2. — La délégation d'une créance opère 1 *fr. p.* °/₀ comme transport ; mais celle du prix d'une vente, *sans acceptation du créancier*, n'est passible de ce droit que dans le cas où le titre de la créance n'a pas été enregistré. L'acceptation ultérieure du créancier rend le droit exigible. Modifié. n° 7 inf. I. G. 3 fruct. an XIII, § 21, n° 290.

3. — La délégation, même lorsqu'elle n'est pas acceptée, est passible du droit de 1 *fr. p.* °/₀ dans tout autre acte qu'une vente et pour le prix de cette vente. (*Cass.* 11 *nov.* 1822; 31 *déc.* 1823, *et sol.*) *V.* n° 7 inf. I. G. 19 mai 1824, § 5, n° 1132.

4. — L'acceptation d'une délégation, postérieure à la vente, opère le droit de 1 *fr. p.* °/₀, soit qu'elle ait lieu *formellement*, soit *implicitement* par une quittance, une mainlevée, etc. (*Sol.* 22 *mai* 1824.) Abrogé. n° 7 inf. . . . . I. G. 8 sept. 1824, § 6, n° 1146.

5. — Les délégations *acceptées*, même dans une vente, sont passibles du droit de 1 *fr. p.* °/₀. Il en est de même des délégations *non acceptées* en paiement de sommes dues sans indication de titre enregistré. (*Sol.* 6 *et* 9 *oct.* 1824.) Modifié. n° 7 inf. . . . I. G. 23 mars 1825, § 3, n° 1156.

6. — La délégation éventuelle ou facultative n'est passible d'aucun droit particulier lorsqu'il est perçu sur la disposition principale. (*Sol.* 18 *oct.* 1826.) . . . . I. G. 20 mars 1827, § 5, n° 1205.

7. — La délégation de prix, *même acceptée par le créancier*, stipulée dans une vente ou une donation à titre onéreux, n'opère le droit proportionnel qu'autant qu'il ne serait pas justifié d'un titre enregistré. L'acceptation du délégataire, dans l'acte ou postérieurement, est passible du droit *fixe de* 1 *franc*; et s'il touche du droit de quittance, la délégation *hors du contrat* est sujette au droit de 1 *fr. p.* °/₀. (*Cass.* 5 *sept.* 1827; 2 *avril et* 21 *juillet* 1828; *et Sol.* 28 *nov.* 1828.) Modifié. n° 8 inf. I. G. 6 mars 1829, n° 1270.

8. — La charge imposée aux donataires dans un acte de démission de payer des dettes déclarées sans titres, n'opère aucun droit particulier. (*Cass.* 21 *juin* 1832.) . . . I. G. 30 sept. 1832, § 5, n° 1410.

9. — La délégation du prix d'une vente, *postérieure au contrat*, est passible du droit de 1 *fr. p.* °/₀. (*Cass.* 26 *mai* 1834.) I. G. 7 nov. 1834, § 1, n° 1467.

DÉLIBÉRATIONS. — *V.* Actes *administratifs*, n°s 9 *et* 10 ; Avis *de parens* ; Chambres *de discipline* ; Nominations *de gardes*, *n°* 1.

DÉLIBÉRÉS. — *V.* Actes *judiciaires*, *n°s* 32 *et* 35.

DÉLIMITATIONS *des bois.* — Significations. — Les significations aux propriétaires riverains, de l'arrêté du préfet qui ordonne la délimitation des bois des communes et des établissemens publics, doivent être admises au *visa* pour timbre et à l'enregistrement en *débet.* (*Déc. f.* 7 *nov.* 1828.) I. G. 17 janv. 1829, § 1, n° 1265.

2. — Cette décision est applicable également aux bois de l'état. (*Déc. f.* 18 *mai* 1829.) I. G. 30 oct. 1829, § 5, n° 1294.

— *V.* Exploits, n° 6.

DÉLITS. — *V.* Procès-verbaux *de délits*.

DÉLIVRANCES *de coupes*. — *V.* Procès-verbaux, nos 9 et 10.

DÉLIVRANCES *de legs pures et simples*. — 1 *fr. fixe*. (*Loi enreg., art.* 68, § 1, *n°* 25.) Circ. n° 1450.

2. — Sommes. — La délivrance du legs d'une somme d'argent n'opère que le droit *fixe de* 1 *fr.* (*Cass.* 7 *août* 1826.) *V.* Quittances, n° 12. . . . . I. G. 23 déc. 1826, § 3, n° 1204.

DÉLIVRANCES *d'immeubles*. — *V.* Cessions *de droits successifs*, *n°* 2.

DEMI-DROIT *en sus*. — *V.* Successions, n° 37, 75, 76, 121 et 122.

DÉMISSIONS *de biens*. — *V.* Abandonnemens; Donations *entre vifs contenant partage*.

DENRÉES. — *V.* Mercuriales.

DÉPARTEMENS. — *V.* Acquisitions *par les établissemens publics*; Établissemens *publics*; Marchés.

DÉPENS. — *V.* Exécutoires *de dépens*.

DÉPOSITIONS *de témoins*. — *V.* Enquêtes.

DÉPOTS *d'actes et pièces chez les officiers publics*. — 1 *fr. fixe*. (*Loi enreg., art.* 68, § 1, *n°* 26.) Modifié. n° 2 inf. Circ. n° 1450.

2. — 2 *fr. fixe*. (*Loi* 1816, *art.* 43, *n°* 10.) I. G. 29 avril 1816, n° 714.

3. — Les notaires et greffiers ne peuvent recevoir aucun acte en dépôt, sans dresser acte du dépôt, à peine de 50 *d'amende*, excepté les testamens déposés chez les notaires par les testateurs. (*Loi enreg., art.* 43.) Circ. n° 1450.

4. — L'amende est réduite à 10 fr. (*Loi* 1824, *art.* 10.) I. G. 23 juin 1824, § 10, n° 1136.

— *V.* Actes *administratifs*, *nos* 5 *et* 6; Actes *passés en conséquence*, *n°* 22; Actes *sous seing-privé*, *n°* 2; Amendes *d'enregistrement*; Brevets *d'invention*; Mutations *secrètes*, *n°* 3; Prudhommes, n° 2.

DÉPOTS *aux chambres de discipline*. — *V.* Chambres *de discipline*.

DÉPOTS *aux greffes*. — Extraits *de contrats de mariage entre commerçans et des séparations de biens*. — 2 *fr. fixe* outre le droit de rédaction. (*Déc. j.* 5 *mai* 1813.) Modifié. *V.* Actes *judiciaires*, *nos* 5 *et* 13. I. G. 21 mai 1813, n° 637.

— *V.* Cahiers *de charges*, *n°* 1; Communications, n° 1.

— Faillites. — *V.* Actes *judiciaires*, *n°* 35; Abandonnemens *de biens*, *nos* 2 *et* 3.

2. — Marques. — Le dépôt de l'empreinte servant à la marque des bestiaux des usagers est soumis au timbre et au droit fixe d'enregistrement de 3 *fr.* outre le droit de rédaction. (*Déc. f.* 15 *juillet* 1828.) I. G. 28 juillet 1828, § 4, n° 1251.

3. — Marteaux *des forestiers*. — L'acte constatant le dépôt au greffe de l'empreinte des marteaux des agens forestiers est *exempt* du timbre et de l'enregistrement. (*Sol.* 8 *juin* 1830.) I. G. 27 sept. 1830, § 4, n° 1336.

4. — Notaires, Médecins, etc. — Les actes de dépôt au greffe des pièces de réception des notaires et de leur prestation de serment, ou du diplôme des médecins, chirurgiens, etc., sont sujets au timbre, à l'enregistrement et aux droits de greffes. (*Déc. f.* 14 *pluv. an XII.*) *V.* Diplômes. I. G. 28 pluv. an XII, n° 204.

— *V.* Ordres.

5. — Partages. — Il doit être dressé acte du dépôt au greffe du procès-verbal rédigé par un notaire commis, sur les difficultés que présente un partage. (*Déc. f.* 13 *juin* 1809.) I. G. 4 juillet 1809, § 75, n° 436.

6. — Purge *des hypothèques*. — Les dépôts de contrats pour purger les hypothèques doivent être constatés par un acte passible du droit *fixe de* 2 *fr.* outre les droits de

greffe. La décharge n'est point sujette aux droits de rédaction. (*Déc. f. et j.* 24 *vend.*, 12 *et* 14 *niv. an XIII.*) Modifié. *V.* Actes *judiciaires*, *n°s* 5 *et* 13, *et* Rédaction, n° 25. I. G. 6 pluv. an XIII, n° 266.

7. **DÉPOTS** *aux greffes.* — Purge *des hypothèques.* — L'extrait du contrat déposé peut être délivré sur petit papier. Circ. 26 pluv. an XIII.

8. — Rapports *d'experts.* — On doit dresser acte du dépôt au greffe des rapports d'experts, et cet acte est sujet à l'enregistrement. (*Déc. f.* 13 *juin* 1809.) . . . . . . I. G. 4 juillet 1809, § 28 et 38, n° 436.

— *V.* Récépissés *de pièces*, *n°* 3; Actes *judiciaires (Réception de cautions) n°* 50; Rédaction, n°s 25 et suiv., et n° 40.

9. — Registre. — Les actes de dépôts aux greffes doivent être rédigés sur un registre tenu en papier timbré. (*Décret* 12 *juillet* 1808, *art.* 2.) I. G. 3 sept. 1808, n° 398.

10. — Registres *de l'état civil.* — Les actes constatant le dépôt aux greffes des registres de l'état civil ne sont passibles d'aucun droit. (*Déc. f.* 24 *sept.* 1808.) *V.* Certificats, n° 14. I. G. 10 nov. 1808, § 5, n° 405.

11. — Répertoires. — Les actes de dépôt au greffe du double des répertoires des notaires sont passibles des droits de greffe; mais il n'est dû aucun droit d'enregistrement. (*Déc. j. et f.* 24 *et* 30 *juin* 1812.) I. G. 14 juillet 1812, n° 590.

— *V.* Saisies-*arrêts*, *n°* 2; Saisies *immobilières*, *n°s* 1 *et* 2; Sentences *arbitrales*, *n°s* 1 *et* 2.

12. — Signatures *des notaires.* — L'acte de dépôt au greffe des signatures et paraphes des notaires est soumis au timbre, à l'enregistrement et aux droits de greffe; mais il n'est dû qu'un seul droit quelque soit le nombre des signatures déposées. (*Déc. f.* 11 *therm. an XII, et* 3 *vend. an XIII.*) Modifié. n° 13 inf. . . . . I. G. 3 fruct. an 13, § 24, n° 290.

13. — Les actes constatant le dépôt au greffe de la signature des notaires doivent être rédigés *séparément* pour chacun, et ne sont passibles que des droits de greffe sans droit d'enregistrement; l'acte de dépôt à la mairie est *exempt* de timbre. (*Déc. f.* 17 *oct.* 1821.) I. G. 24 nov. 1821, n° 1008.

— *V.* Sociétés, n° 3; Ventes *de marchandises*, *n°* 3; Vérifications *d'écritures*; Visites *de navires.*

DÉPOTS *de contrats de mariage et autres.* — *V.* Chambres *de discipline*; Dépôts *aux greffes*, *n°* 1.

DÉPOTS *de marchandises.* — *V.* Prêts *sur dépôt.*

DÉPOTS *de sommes chez les officiers publics.* — Lorsqu'ils n'opèrent pas la libération des déposans, 1 *fr. fixe.* (*Loi enreg.*, *art* 68, § 1, *n°* 27.) Modifié. n° 2 inf. . . . Circ. n° 1450.

2. — 2 *fr. fixe.* (*Loi* 1816, *art.* 43, *n°* 11.) I. G. 29 avril 1816, n° 714.

3. —— *Chez les particuliers.* — 1 *fr. p.* °/ₒ. (*Loi enreg.*, *art.* 69, § 3, n° 3.) . . . . . Circ. n° 1450.

4. — Timbre. — Les reconnaissances de dépôts de sommes chez les particuliers sont passibles du timbre proportionnel (*Av. cons. d'état*, 29 *mars* 1808.) . . . . . I. G. 17 mai 1808, § 1, n° 377.

DÉPOTS *et consignations.* — *V.* Consignations.

DÉSAVEUX. — Cet acte est sujet à l'enregistrement, mais la constitution d'avoué qu'il doit contenir n'est passible d'aucun droit particulier. (*Déc. f.* 13 *juin* 1809.) *V.* Exploits. I. G. 4 juillet 1809, § 30, n° 436.

DÉSISTEMENS *purs et simples.* — 1 *fr. fixe.* (*Loi enreg.*, *art.* 68, § 1, *n°* 28.) Modifié. n° 2 inf. Circ. n° 1450.

2. — 2 *fr. fixe.* (*Loi* 1816, *art.* 43, *n°* 12.) I. G. 29 avril 1816, n° 714.

DESSÉCHEMENS *des marais.* — Actes *divers.* — Les procès-verbaux, rôles de recouvremens et autres actes relatifs aux desséchemens, sont soumis au timbre; le droit de transcription des actes translatifs de propriété est réduit à 1 *fr. fixe.* Les formalités doivent être données en *débet*, si les travaux sont exécutés par le gouvernement. (*Déc. f.* 19 *déc.* 1809.) I. G. 12 fév. 1810, n° 464.

— *V.* Acquisitions *par les établissemens, n°s* 19 *et* 20; Exploits, n° 8; Expropriations *pour cause d'utilité publique;* Mutations, n° 4.

DESTRUCTIONS *de marchandises avariées.* — *V.* Procès-verbaux, n° 16.

DETTES. — *V.* Cessions *de droits successifs, n°* 1; Successions, n° 1.

DETTE PUBLIQUE. — Les inscriptions sur le grand livre de la dette publique, et les effets publics sont exempts de timbre. (*Loi timb. art.* 16, *n°* 1.) Circ. n° 1419.

2. — Les inscriptions sur le grand livre, leurs transferts et mutations, les quittances d'intérêts, et tous les effets de la dette publique sont *exempts* de l'enregistrement. (*Loi enreg., art.* 70, § 3, *n°* 3.) Circ. n° 1450.

3. — Actes *et cessions y relatifs.* — L'exemption des droits de timbre et d'enregistrement est applicable aux cessions de créances sur l'état; mais si elles sont postérieures à la loi du 11 février 1791, elles sont soumises au timbre. (*Déc. f.* 27 *vend. et* 9 *frim. an XI.*) I. G. 3 fruct. an XIII, § 6, n° 290.

— *V.* Certificats, n° 11; Donations *entre vifs, n°s* 28 *et* 29.

4. — Déclarations *de perte.* — Les déclarations des rentiers de l'état tendant à l'obtention d'un nouvel extrait d'inscription, sont passibles du droit *fixe d'un fr.* (*Décret* 3 *mess. an XII.*) I. G. 24 mess. an XII, n° 237.

5. — Liquidation. — Les actes sous seing-privé pour parvenir à la liquidation de la dette publique sont soumis au timbre et à l'enregistrement. (*Déc. f.* 26 *vend. an VIII.*) Abrogé. n° 6 inf. Circ. n° 1682.

6. — Ces actes sont *exempts* du timbre et de l'enregistrement, ainsi que les actes d'administration y relatifs. (*Loi* 26 *frim. an VIII, art.* 1 *et* 2.) Circ. n° 1735.

7. — Idem. (*Même loi.*) I. G. 13 fév. 1817, n° 765.

— *V.* Quittances, n°s 5 et 19; Rentes *sur l'état*; Successions, n° 97 et suiv.

DEVIS *d'ouvrages*, sans obligation ni quittance, 1 *fr. fixe.* (*Loi enreg., art.* 68, § 1, *n°* 29.) Circ. n° 1450.

2. — Les devis de travaux des ponts et chaussées sont *exempts* du timbre et de l'enregistrement lorsqu'ils sont rédigés par les ingénieurs; mais les expéditions délivrées aux entrepreneurs sont soumises au timbre. (*Déc. f.* 3 *mess. an X.*) . . . . I. G. 3 fruct. an XIII, § 25, n° 290.

3. — Les devis de travaux pour le compte des communes, des établissemens publics ou des départemens sont assujettis au timbre. (*Déc. f.* 10 *déc.* 1825.). . . . . I. G. 31 mars 1826, § 15, n° 1187.

— *V.* Actes *administratifs, n°s* 2 *et* 3.

DIMANCHES. — *V.* Jours *fériés.*

DIMENSIONS *des papiers timbrés.* — Tableau qui fixe leurs dimensions métriques. (*Loi timb. art.* 3.) Circ. n° 1419.

— *V.* Affiches; Avis *imprimés*; Journaux; Timbre, n° 1 et suiv.

DIPLOMES *de médecins.* — *V.* Dépôts *aux greffes, n°* 4.

DIPLOMES *de sage-femmes.* — Dépots. — L'acte constatant leur enregistrement au greffe est passible des droits d'enregistrement et de greffe, mais il n'est pas nécessaire d'en délivrer expédition. — La présentation du diplôme au secrétariat de la sous-préfecture ne donne lieu à aucune perception. (*Déc. f.* 17 *déc.* 1811). . . . . . I. G. 26 déc. 1811, n° 558.

DIRECTIONS *de créanciers* — *V.* Unions.

DISPENSES. — *V.* Lettres-*patentes.*

DISPOSITIONS *éventuelles.* — *V.* Donations *éventuelles.*

DISPOSITIONS *indépendantes.* — Il est dû un droit particulier pour chaque disposition indépendante, ou ne dérivant pas les unes des autres. (*Loi enreg., art.* 11.) . . . Circ. n° 1450.

2. — Appels. — L'acte d'appel constatant en même temps le dépôt des pièces au greffe, n'est passible que du droit fixé pour la première disposition dont le dépôt n'est qu'une conséquence forcée. (*Déc. f.* 13 *juin* 1809.) . . . . I. G. 4 juill. 1809, § 33, n° 436.

— *V.* Autorisations, n° 3; Avis *de parens*, *n°* 7; Cautionnemens, n°s 5 et 6; Concordats, n° 2; Désaveux.

3. — Donations contenant partage ou licitation. — Le partage ou la licitation sont des dispositions indépendantes passibles d'un droit particulier, excepté lorsque le partage est fait par le donateur lui-même. (*Déc. f.* 14 *frim. an XII.*) Modifié. *V.* Donations *entre vifs, contenant partage, n°* 16. I. G. 3 fruct. an XIII, § 30, n° 290.

4. — Double *droit.* — La perception ne peut être syncopée; mais le double droit n'est exigible que sur les dispositions assujetties à l'enregistrement dans un délai déterminé. (*Délib.* 26 *niv. an XII et* 15 *brum. an XIII.*) . . . . I. G. 3 fruct. an XIII, § 1, n° 290.

— *V.* Emancipations, n° 2; Enquêtes, n° 3; Expéditions *(droits d')*, n° 8.

5. — Expertises. — La nomination des experts par les parties, dans le jugement qui ordonne l'expertise est passible d'un droit particulier; mais la désignation du juge commissaire chargé de recevoir leur serment, et l'indication dans le procès-verbal de réception du jour où l'opération doit avoir lieu, ainsi que le rapport des experts s'il est fait à l'audience même, n'opèrent aucun droit particulier. (*Déc. f.* 13 *juin* 1809.) I. G. 4 juill. 1809, § 24, 25, 27 et 37, n° 436.

— *V.* Exploits, n°s 3, 5, 15 et 16.

6. — Jugemens. — Les dispositions d'un jugement qui déclare la compétence du tribunal et statue au fond, sont connexes et ne donnent pas ouverture à deux droits.

Il en est de même des dispositions d'un arrêt qui infirme un jugement, et statue au fond. (*Déc. f.* 13 *juin* 1809.) I. G. 4 juill. 1809, § 36 et 39, n° 436.

— *V.* Mainlevées, n° 2; Nominations *d'experts, n°* 3; Obligations, n°s 10 et suiv., 23 et 24; Ordonnances, n°s 4 et 5; Partages, n° 3; Procès-verbaux, n° 23; Procès-verbaux *de délit, n°* 5; Procurations, n°s 3 et 4; Quittances, n°s 4, 14 et suiv.; Retraits *de réméré, n°* 4; Saisies-arrêts, n° 2; Scellés, n° 3; Significations *d'avoués, n°* 4.

7. — Ventes *de biens de mineurs.* — Le jugement qui homologue un avis de parens portant autorisation d'aliéner des biens de mineurs, et nomme les experts et le notaire commis n'est passible que d'un seul droit. (*Déc. f.* 13 *juin* 1809.) . . . . I. G. 4 juill. 1809, § 73, n° 436.

— *V.* Vérifications *d'écritures.*

DISSIMULATIONS *de prix.* — *V.* Amendes *d'enregistrement, n°* 6; Expertises.

DISSOLUTIONS *de sociétés.* — *V.* Sociétés.

DISTRIBUTIONS. — *V.* Collocations; Ordres.

DIVORCES *(Actes de).* — 15 *fr. fixe.* (*Loi enreg., art.* 68, § 6, *n°* 1.) Modifié, n° 2 inf. Circ. n° 1450.

2. — Les actes et jugemens préparatoires des divorces, 5 *fr. fixe.* (*Loi* 1816, *art.* 45, *n°* 8.)

Les jugemens de première instance prononçant un divorce, 50 *fr. fixe* (*même loi, art.* 48, *n°* 2). Les arrêts de cour royale qui le confirment, ou à défaut d'appel, l'acte de l'état civil, 100 *fr. fixe.* (*Même loi, art.* 49, *n°* 2.) *V.* Actes *judiciaires, n°* 9. I. G. 29 avril 1816, n° 714.

3. **DIVORCES** *(Actes de)*. — Actes *antérieurs à la loi de* 1816. — Ces actes et jugemens sont assujettis aux droits fixés par cette loi; mais les actes de divorce *sans l'intervention de l'autorité judiciaire, antérieurs à la loi de* 1816, restent soumis au droit *fixe de* 15 *fr.* (*Déc. f.* 11 *sept.* 1816.) I. G. 23 déc. 1816, § 2, n° 758.

4. — Les actes de divorces antérieurs à la loi du 28 avril 1816 ne sont passibles que des droits établis par la loi du 22 frim. an VII, ainsi que leurs expéditions. (*Déc. f.* 21 *juill.* 1829.) I. G. 29 déc. 1829, § 3, n° 1303.

— *V.* Ordonnances, n° 5; Rédaction, n° 40; Séparations; Successions, n° 40.

DOMAINES *congéables*. — Congément *exercé par le propriétaire*. — Transcription. — La quittance du prix ou la cession des droits convenanciers n'est passible que du droit de 4 *p.* °/₀, sans addition du droit de transcription. (*Cass.* 11 *nov.* 1833 *et* 5 *mai* 1834.) *V.* Baux *à domaine congéable.* I. G. 7 nov. 1834, § 2, n° 1467.

DOMAINES *de la couronne*. — *V.* Acquisitions *par l'état*, *n°*. 9; Echanges, n°. 10.

DOMAINES *de l'état*. — *V.* Acquisitions *par l'état*; Aliénations; Echanges, n°s 11 et 12; Marchés, n° 9.

DOMAINES *engagés*. — *V.* Actes *administratifs*, *n°s* 11 *et* 12; Quittances, n° 6.

DOMAINE *extraordinaire*. — *V.* Acquisitions *par l'état*, *n°* 5.

DOMICILE. — *V.* Déclarations, n°s 6, 7 et 8.

DOMMAGES-INTÉRÊTS prononcés en matière criminelle, correctionnelle ou de police, 2 *fr. p.* °/₀. (*Loi enreg.*, *art.* 69, § 5, *n°* 8.) Circ. n° 1450.

2. — En matière *civile*, ils ne sont assujettis qu'au droit de 50 *c. p.* °/₀. (*Sol.* 5 *pluviôse an VIII.*) Modifié. n° 3 inf. Circ. n° 1749.

3. — Le droit est porté à 2 *fr. p.* °/₀ en matière civile, comme en matière criminelle. (*Loi* 27 *vent. an IX*, *art.* 11.) Circ. n° 1992.

— *V.* Actes *judiciaires en matière de contributions*, *n°* 6.

DONS *manuels*. — *V.* Donations *entre vifs*, *n°s* 20 *et* 21.

DONATIONS *entre vifs*. — Les droits sont perçus sur un capital formé de *vingt fois* le revenu des biens ou le prix des baux courans, sans distraction des charges, pour les biens transmis en *propriété*, et de *dix fois* seulement pour l'usufruit. (*Loi enreg.*, *art.* 15, *n°s* 7 *et* 8.) Circ. n° 1450.

2. — Les droits sont fixés, savoir :

1° Ligne *directe*. — Meubles, 1 *fr.* 25 *cent. p.* °/₀ (*Loi enreg.* *art.* 69, § 4, *n°* 1.) — Immeubles, 2 *fr.* 50 *cent. p.* °/₀. (*Art.* 69, § 6, *n°* 2.) Modifié. n° 3 inf. . . . . . Circ. n° 1450.

3. — Pour les immeubles, le droit est porté à 4 *fr. p.* °/₀, y compris le droit de transcription. (*Loi* 1816, *art.* 53 *et* 54.) I. G. 29 avril 1816, n° 714.

4. — 2° Entre-*époux*. — Meubles, 2 *fr.* 50 *cent. p.* °/₀. (*Loi enreg. art.* 69, § 6, *n°* 3.) — Immeubles, 5 *fr. p.* °/₀. (*Art.* 69, § 8, *n°* 1.) Modifié. n° 5 inf. . . . . . Circ. n° 1450.

5. — Les droits sont réduits. Meubles, 1 *fr.* 50 *cent. p.* °/₀. — Immeubles, 4 *fr.* 50 *cent. p.* °/₀, y compris le droit de transcription. (*Loi* 1816, *art.* 53 *et* 54.) *V.* n° 24 inf. I. G. 29 avril 1816, n° 714.

6. — 3° Ligne *collatérale*. — Meubles, 2 *fr.* 50 *cent. p.* °/₀. (*Loi enreg.*, *art.* 69, § 6, *n°* 1.) — Immeubles, 5 *fr. p.* °/₀. (*Art.* 69, § 8, *n°* 1.) Modifié. n° 7 inf. . . . . . Circ. n° 1450.

7. — Pour les immeubles le droit est porté à 6 *fr.* 50 *cent. p.* °/₀, y compris le droit de transcription. (*Loi* 1816, *art.* 53 *et* 54.) Modifié. n° 8 inf. . . . . I. G. 29 avril 1816, n° 714.

8. **DONATIONS** *entre vifs.* — 3° **Ligne** *collatérale.* — Les droits sont élevés dans les proportions suivantes, entre :

Frères, oncles et neveux, meubles,	3 *fr. p.* °/₀;	immeubles,	6 *fr.* 50 *cent. p.* °/₀;	
Grands-oncles et cousins germains	—	4 *fr p.* °/₀	—	7 *fr.* » *p.* °/₀.
Parens au-delà du 4ᵉ jusqu'au 12ᵉ degré . .	—	5 *fr. p.* °/₀	—	8 *fr.* » *p.* °/₀.

(*Loi* 21 *avril* 1832, *art.* 33.) *V.* Mutations, n° 3. I. G. 30 avril 1832, § 3, n° 1399.

9. — 4° **Entre** *non parens.* — Meubles, 2 *fr.* 50 *cent. p.* °/₀. (*Loi enreg., art.* 69, § 6, *n°* 1.) — Immeubles, 5 *fr. p.* °/₀. (*Art.* 69, § 8, *n°* 1) Modifié. n° 10 inf. Circ. n° 1450.

10. — Les droits sont portés, meubles 3 *fr.* 50 *cent p.* °/₀. — Immeubles, 8 *fr.* 50 *cent. p.* °/₀, y compris le droit de transcription. (*Loi* 1816, *art.* 53 *et* 54.) Modifié n° 11 inf. I. G. 29 avril 1816, n° 714.

11. — Les droits sont élevés, meubles, 6 *fr. p.* °/₀. — Immeubles, 9 *fr. p.* °/₀. (*Loi* 21 *avril* 1832, *art.* 33.) *V.* Mutations, n° 3. I. G. 30 avril 1832, § 3, n° 1399.

12. — **Acceptation.** — Les donations non acceptées, opèrent 1 *fr. fixe*; mais le droit proportionnel est dû sur l'acceptation. (*Délib.* 8 *therm. an XII.*) . . . . I. G. 3 fruct. an XIII, § 29, n° 290.

13. — **Alternatives.** — Les donations de sommes payables en argent, créances, meubles ou immeubles *au choix du donateur*, ne sont passibles que du droit fixé pour les créances, sauf à exiger sur l'acte qui réalise la donation le droit de quittance si le donateur se libère en deniers, le droit de vente mobilière s'il cède des meubles, ou celui de vente immobilière si ce sont des immeubles. (*Déc. f.* 11 *oct.* 1808.) Modifié. n° 14 inf. I. G. 10 nov. 1808, § 6, n° 405.

14. — Les donations de sommes stipulées payables, soit en argent, soit en immeubles, sont passibles des droits fixés pour les donations *mobilières*, et il n'est dû sur l'acte par lequel des immeubles sont délivrés au donateur que le droit de donation *immobilière*, en imputant le premier droit perçu. Si la donation a été faite par contrat de mariage, le second acte doit jouir de la modération à *moitié* du droit. (*Déc. f.* 3 *fév.* 1817.) *V.* n° 15 inf. I. G. 20 fév. 1817, n° 766.

15. — La donation alternative d'un immeuble ou d'une somme à prendre sur le prix de son aliénation est passible du droit fixé pour les immeubles, même lorsque le donateur se réserve l'usufruit ou une somme déterminée; le legs de cette somme *à un tiers* donne lieu au droit de succession sans déduction. (*Cass.* 17 *août* 1831.) *V.* Donations *entre vifs par contrat de mariage*, n° 13; Successions, n° 41 et suiv. . . . I. G. 27 déc. 1831, § 2, n° 1388.

16. — **Biens** *présens et à venir.* — Les donations de l'espèce, lorsqu'il est stipulé que le donataire entrera de suite en jouissance, sont passibles du droit proportionnel; mais s'il n'y a pas transmission *actuelle* de propriété ou de jouissance, le droit *fixe* est seul exigible, sauf la perception du droit proportionnel à l'événement. *Déc. j et f.* 28 *juill. et* 8 *août* 1809.) I G. 17 janv. 1810, n° 463.

17. — Elles n'opèrent que le droit *fixe*, à moins que le donataire n'entre de suite en jouissance. (*Cass.* 1ᵉʳ *déc.* 1829.) I. G. 27 mars 1830, § 4, n° 1307.

18. — La faculté de disposer de la *nu-propriété* des biens présens, accordée au donataire, ne suffit même pas pour autoriser la perception du droit proportionnel, lorsqu'il n'y a pas cession de *jouissance;* mais l'administration refuse d'appliquer cette jurisprudence. (*Cass.* 15 *fév.* 1830.) I. G. 8 juin 1830, § 4, n° 1320.

19. — La donation faite cumulativement de biens présens et à venir avec faculté de disposer d'une partie, opère le droit proportionnel sur cette partie. (*Cass.* 20 *mars* 1833.) I. G. 30 juin 1833, § 5, n° 1425.

— **Charges.** — *V.* Donations *entre vifs par contrat de mariage*, nᵒˢ 11 *et* 12.

— *V.* Constitutions *de pensions alimentaires*, nᵒˢ 3 *et* 4; Constitutions *de rentes*, n° 2; Dispositions *indépendantes*, n° 3.

20. **DONATIONS** *entre vifs.* — **DON** *manuel.* — Le don manuel reconnu par un acte postérieur, donne lieu à la perception du droit au taux fixé pour cet acte. (*Sol.* 30 *oct. et* 8 *déc.* 1829.) *V.* n° 21 inf. I. G. 27 mars 1830, § 5, n° 1307.

21. — Il n'est dû que le droit fixe de 2 fr. pour la déclaration, si elle n'est pas faite *en présence du donateur.* (*Sol.* 19 *août* 1831.) I. G. 27 sept. 1831, § 3, n° 1388.

22. — **DONATION** *à une succession.* — La donation par un père à la succession de sa fille, dans la personne de son gendre et de ses petits enfans, est passible des droits comme si elle était faite *directement* au gendre et aux enfans. (*Cass.* 22 *déc.* 1829.) . . . I. G. 27 mars 1830, § 6, n° 1307.

23. — **DOT** *antérieure.* — La donation d'un immeuble avec stipulation que le donataire confondra dans cet avantage une dot précédemment constituée en argent, est passible du droit ordinaire sans imputation. (*Cass.* 2 *avril* 1828.). . . . . I. G. 24 mars 1829, § 7, n° 1272.

— *V.* DONATIONS ENTRE VIFS *contenant partage; en faveur des établissemens publics; par contrat de mariage;* DONATIONS *éventuelles.*

24. — **ENTRE** *époux.* — Les donations entre époux pendant le mariage sont toujours révocables; par suite, elles ne sont passibles que du droit fixe, et du droit proportionnel à l'événement. *V.* n°s 4 et 5 sup. et DONATIONS *éventuelles, n°* 3. . . . . I. G. 3 fruct. an XIII, § 27, n° 290.

— *V.* ETATS *de dettes;* ETATS *estimatifs;* INSINUATION; MAJORATS, n° 4.

25. — **NUE-PROPRIÉTÉ** *et usufruit.* — La donation par le même acte de l'usufruit et de la nue-propriété à des personnes différentes, ne donne pas lieu au droit de transcription sur la donation de l'usufruit. (*Sol.* 28 *oct.* 1825.) I. G. 31 mars 1826, § 5, n° 1187.

26. — **RENONCIATION** *à partage.* — La donation ou dot consentie par le survivant des père et mère, avec imputation des droits du donataire dans la succession de l'époux prédécédé, *et renonciation à demander compte ou partage,* constitue une cession de droits successifs, passible des droits fixés, si la cession résulte *explicitement* des termes de l'acte.

Dans le cas où le donataire ne renonce pas à demander compte et partage, le droit de donation mobilière n'est exigible qu'autant qu'il ne serait pas justifié que les droits *mobiliers* du donataire s'élèvent au moins à la somme donnée. (*Sol.* 5 *fév.* 1830.) *V.* n° 27 inf. I. G. 12 sept. 1830, n° 1333.

27. — La donation d'une somme à valoir sur une succession ouverte, avec renonciation à demander compte et partage, et consentement à ce que le donateur reste en possession, n'emporte pas toujours cession des droits successifs. Les tribunaux doivent apprécier le fait. (*Cass.* 9 *mai* 1831.) *V.* DONATIONS *entre vifs par contrat de mariage, n°s* 14 *et* 15. I. G. 20 sept. 1831, § 2, n° 1381.

— **RENONCIATION** *partielle.* — *V.* RENONCIATIONS, n°s 3, 4 et 5; TRANSACTIONS, n°s 4 et 5.

28. — **RENTES** *sur l'état.* — La donation d'une somme payable en une rente sur l'état qui n'est pas en la possession du donateur, opère le droit proportionnel. (*Sol.* 24 *oct.* 1828.) I. G. 24 mars 1829, § 6, n° 1272.

29. — Idem. (*Cass.* 14 *juill.* 1830.) I. G. 24 déc. 1830, § 2, n° 1347.

30 — **RÉSERVES.** — La donation d'usufruit ou de rente viagère par des réserves faites au profit d'un tiers, dans un contrat de vente, est passible du droit proportionnel. (*Sol.* 13 *juin* 1828.) I. G. 26 sept. 1828, § 6, n° 1256.

31. — **SOMMES** *payables au décès.* — Les donations entre vifs de sommes payables au décès du donateur, par contrat de mariage ou autrement, sont passibles du droit proportionnel, s'il y a *dessaisissement actuel.* (*Cass.* 8 *juill.* 1822, *et av. Cons. d'état* 5 *fév.* 1824.) I. G. 19 mai 1824, § 6, nomb. 1, n° 1132.

32. — Idem. (*Cass.* 15 *mars* 1825.) I. G. 29 juin 1825, § 6, n° 1166.

33. **DONATIONS** *entre vifs.* — SOMMES *payables au décès.* — Même décision que la précédente. (*Sol.* 22 *mars* 1826.) I. G. 16 juin 1826, § 2, n° 1189.

34. — Idem. (*Cass.* 3 *déc.* 1828.) I. G. 24 mars 1829, § 5, n° 1272.

— Idem. (*Cass.* 8 *déc.* 1831.) I. G. 31 mars 1832, § 2, n° 1398.

35. — Si les sommes données produisent *intérêts*, le droit proportionnel est exigible sur le capital au denier 10 des intérêts, outre le droit fixe pour la donation éventuelle, et le droit proportionnel à l'événement sur la somme. (*Sol.*) *V.* n° 36 inf. . . . . . . I. G. 19 mai 1824, § 6, nomb. 3, n° 1132.

36. — Le droit est exigible, même lorsqu'il n'est pas stipulé d'intérêts. (*Cass.* 17 *avril* 1826.) I. G. 30 sept. 1826, § 5, n° 1200.

— *V.* DONATIONS *éventuelles*, *n°* 5; SUCCESSIONS, n° 41 et suiv.

37. — SUBSTITUTIONS. — Les donataires ou légataires grevés de substitution, étant pleinement propriétaires des objets substitués, l'abandon de l'usufruit des biens, qu'ils feraient aux appelés équivaut à l'abandon de la pleine propriété, attendu que ceux-ci ne sont pas considérés comme nu-propriétaires. (*Sol.* 28 *oct.* 1834.). . . . . I. G. 21 avril 1835, § 3, n° 1481.

— *V.* TRANSCRIPTIONS, n°s 1, 2 et 14.

DONATIONS *entre vifs contenant partage par des ascendans.* — Les actes portant cession de biens par des ascendans en faveur de leurs enfans, sont assujettis aux droits ordinaires de donation entre vifs, sur la valeur des biens. (*Déc. f.* 8 *mai* 1810.) Abrogé. n° 4 inf. I. G. 2 juin 1810, n° 476.

2. — Meubles, 1 *fr.* 25 *c. p.* °/₀. — Immeubles, 2 *fr.* 50 *c. p.* °/₀. (*Loi* 27 *vent. an IX*, *art.* 10.) Modifié. n°s 3 et 4 inf. Circ. n° 1992.

3. — Le droit pour les immeubles est porté à 4 *fr. p.* °/₀, y compris le droit de transcription. (*Loi* 1816, *art.* 53 *et* 54.) Modifié. n° 4 inf. I. G. 29 av. 1816, n° 714.

4. — Le droit pour les donations entre vifs en ligne directe *portant partage*, conformément aux art. 1075 et 1076 C. C. est réduit à 25 *cent. p.* °/₀ sur les meubles, et 1 *f. p.* °/₀ sur les immeubles; le droit de transcription ne sera perçu que lors de cette formalité. (*Loi* 1824, *art.* 3.) I. G. 23 juin 1824, § 3, n° 1136.

5. — ACTES SOUS SEING-PRIVÉ *ou par convention verbale.* — La démission verbale ou par acte sous seing-privé est passible du droit ordinaire de 4 *fr. p.* °/₀. (*Déc. f.* 7 *nov.* 1825.) I. G. 31 mars 1826, § 9, n° 1187.

6. — Idem. (*Cass.* 22 *mai* 1833.) I. G. 30 sept. 1833, § 12, n° 1437.

7. — ATTRIBUTION *de quotité.* — La donation qui attribue une *quotité* à chacun des donataires, mais *sans partage*, opère 4 *fr. p.* °/₀. (*Sol.* 12 *oct.* 1825.) Abrogé. n°s 9 et 10 inf. I. G. 31 mars 1826, § 4, n° 1187.

8. — Idem. (*Déc. f.* 30 *avril* 1830.) I. G. 27 sept. 1830, § 5, n° 1326

9. — Le droit est dû à raison de 1 *fr. p.* °/₀ seulement, sur la donation qui ne contient que la détermination de la quotité attribuée à chacun des donataires. (*Cass.* 14 *fév.* 1832.) I. G. 29 juin 1832, § 3, n° 1401.

10. — Idem. (*Cass.* 26 *mars* 1833.) I. G. 30 juin 1833, § 6, n° 1425.

— *V.* DÉLÉGATIONS, n° 8; DISPOSITIONS *indépendantes*, *n°* 3.

11. — DESCENDANS. — La donation contenant partage en faveur des enfans et *petits-enfans dont les auteurs immédiats sont encore vivans*, doit jouir de la réduction des droits à 1 *fr. p.* °/₀, même pour les biens donnés aux petits enfans. (*Cass.* 30 *déc.* 1834.) I. G. 21 avril 1835, § 2, n° 1481.

12. — ENFANT *unique.* — On doit percevoir 4 *fr. p.* °/₀ quand la donation est faite à un enfant unique, ou lorsque, faite à plusieurs, elle ne contient pas partage des biens. (*Sol.* 22 *sept.* 1824.) *V.* n°s 9 et 10 sup. I. G. 18 déc. 1824, § 5, n° 1150.

— *V.* ETATS *de dettes*; ETATS *estimatifs.*

13. DONATIONS *entre vifs contenant partage par des ascendans.* — INDIVISION. — La donation d'un sixième à partager à l'encontre des autres enfans du donateur est sujette au droit ordinaire de 4 *fr. p.* °/ₒ. (*Cass.* 23 *janv.* 1828.) *V.* n° 14 inf. . . . . I. G. 26 juin 1828, § 10, n° 1249.

14. — Il n'est dû que 1 *fr. p.* °/ₒ sur la donation de biens indivis, portant qu'ils seront partagés également entre tous les donataires. (*Cass.* 29 *mars* 1831.) Mais l'administration refuse d'admettre cette jurisprudence. *V.* nᵒˢ 9 et 10 sup. . . . . . . I. G. 25 juin 1831, § 3, n° 1370.

15. — LICITATIONS. — La donation de biens licités entre les donataires est passible du droit de 4 *fr.* p. °/ₒ. (*Sol.* 5 *avril et* 13 *oct.* 1826.) Abrogé. nᵒˢ 16 et 18 inf. . . . I. G. 20 mars 1827, § 6, n° 1205.

16. — Il n'est dû que 1 *fr. p.* °/ₒ, si les biens sont licités ou partagés, même par portions inégales entre les donataires, avec paiement de soultes. (*Sol.* 30 *avril* 1830.) *V.* n° 18 inf. I. G. 27 sept. 1830, § 5, n° 1336.

17. — PARTAGE *par l'ascendant.* — Il est dû 1 *fr. p.* °/ₒ, lors même que le partage ne serait pas fait par le donateur lui-même, et que la donation ne comprendrait pas la totalité de ses biens. (*Déc. f.* 14 *sept.* 1829.) *V.* DISPOSITIONS *indépendantes*, *n°* 3. I. G. 29 déc. 1829, § 7, n° 1303.

18. — SOULTES. — La réduction à 1 *fr p.* °/ₒ est applicable au cas où la donation est faite à un ou plusieurs des enfans, à la charge de rendre des sommes aux autres. (*Cass.* 1ᵉʳ *déc.* 1830.) *V.* nᵒˢ 14 et 15 sup. I. G. 18 mars 1831, § 2, n° 1354.

19. — TRANSCRIPTION. — Les démissions de biens par des ascendans en faveur de leurs enfans sont passibles du droit de transcription. (*Déc. f.* 10 *avril* 1818.) Modifié. n° 4 sup. I. G. 6 mai 1818, § 2, n° 832.

DONATIONS *entre vifs en faveur des établissemens publics.* — *V.* ACQUISITIONS *par les établissemens publics.*

DONATIONS *entre vifs par contrat de mariage.* — Les droits sont fixés :

— 1° LIGNE *directe.* — Meubles, 62 *cent. et demi p.* °/ₒ. (*Loi enreg.*, *art.* 69, § 4, *n°* 1.) Immeubles, 1 *fr.* 25 *cent. p.* °/ₒ. (*Art.* 69, § 6, *n°* 2.) Modifié. n° 2 inf. . . . Circ. n° 1450.

2. — Pour les immeubles, le droit est porté à 2 *fr.* 75 *cent. p.* °/ₒ, y compris le droit de transcription. (*Loi* 1816, *art.* 53 *et* 54.) I. G. 29 avril 1816, n° 714.

3. — 2° ENTRE *époux.* — Meubles, 1 *fr.* 25 *cent. p.* °/ₒ. (*Loi enreg.*, *art.* 69, § 6, *n°* 1.) — Immeubles, 2 *fr.* 50 *cent. p.* °/ₒ. (*Art.* 69, § 8, *n°* 1.) Modifié. n° 4 inf. . . . Circ. n° 1450.

4. — Les droits sont fixés : Meubles, 75 *cent. p.* °/ₒ. — Immeubles, 3 *fr. p.* °/ₒ, y compris le droit de transcription. (*Loi* 1816, *art.* 53 *et* 54.) . . . . I. G. 29 avril 1816, n° 714.

5. — 3° LIGNE *collatérale.* — Meubles, 1 *fr.* 25 *cent. p.* °/ₒ. (*Loi enreg.*, *art.* 69, § 6, *n°* 1.) — Immeubles, 2 *fr.* 50 *cent. p.* °/ₒ. (*Art.* 69, § 8, *n°* 1.) Modifié. n° 6 inf. Circ. n° 1450.

6. — Pour les immeubles, le droit est porté à 4 *fr. p.* °/ₒ, y compris le droit de transcription. (*Loi* 1816, *art.* 53 *et* 54.) Modifié. n° 7 inf. I. G. 29 avril 1816, n° 714.

7. — Les droits sont élevés dans les proportions suivantes, entre :

Frères, oncles et neveux,	Meubles, 2 *fr.* » *c. p.* °/ₒ;	Immeubles, 4 *fr.* 50 *c. p.* °/ₒ.
Grands-oncles et cousins germains. . .	— 2 *fr.* 50 *c. p.* °/ₒ	— 5 *fr.* » *c. p.* °/ₒ.
Parens au-delà du 4ᵉ jusqu'au 12ᵉ degré.	— 3 *fr.* » *c. p.* °/ₒ	— 5 *fr.* 50 *c. p.* °/ₒ.

(*Loi* 21 *avril* 1832, *art.* 33.) I. G. 30 avril 1832, § 3, n° 1399.

8. — 4° ENTRE *non parens.* — Meubles, 1 *fr.* 25 *cent. p.* °/ₒ. (*Loi enreg.*, *art.* 69,

§ 6, n° 1.) — Immeubles, 2 *fr.* 50 *cent. p.* °/₀. (*Art.* 69, § 8, *n°* 1.) Modifié. n° 9 inf. Circ. n° 1450.

9. **DONATIONS** *entre vifs par contrat de mariage.* — Entre non parens. — Les droits sont portés : Meubles, 1 *fr.* 75 *cent. p.* °/₀. — Immeubles, 5 *fr. p.* °/₀, y compris le droit de transcription. (*Loi* 1816, *art.* 53 *et* 54.) Modifié n° 10 inf. . . . . I. G. 29 avril 1816, n° 714.

10. — Les droits sont élevés : Meubles, 4 *fr. p.* °/₀. — Immeubles, 6 *fr. p.* °/₀. (*Loi* 21 *avril* 1832, *art.* 33.) I. G. 30 avril 1832, § 3, n° 1399.

— *V.* Cessions *de droits successifs, n°* 2 *et suiv.*; Contrats *de mariage, n°* 4.

11. — Charges. — La donation d'un immeuble à la charge d'acquitter le prix dû à un tiers, est passible du droit fixé pour les donations par contrat de mariage. (*Déc. f.* 29 *avril* 1806.) I. G. 22 fév. 1808, § 8, n° 366.

12. — Les dots consenties à *titre onéreux* ne sont passibles que des droits ordinaires; mais, si au lieu d'une donation les parties stipulaient une *vente*, le droit d'enregistrement serait dû au taux fixé pour cette dernière convention. (*Déc. j. et f.*) . . . . . . I. G. 6 juin 1811, n° 527.

13. — Donation *alternative.* — La constitution dotale d'une somme ou d'un immeuble n'opère que le droit fixé pour les meubles, et la délivrance de l'immeuble celui de dot immobilière, en imputant le premier droit perçu. (*Sol.* 9 *avril* 1825.) *V.* Donations *entre vifs, n°s* 13, 14 *et* 15. I. G. 30 juin 1825, § 3, n° 1173.

— *V.* États *de dettes;* États *estimatifs.*

14. — Renonciation *à partage.* — Le droit fixe de donation éventuelle est dû sur la constitution de dot imputable *en entier* sur la succession du prémourant avec renonciation à demander compte, et le droit proportionnel est dû à l'événement sur l'avantage recueilli par le survivant, à moins qu'il ne frappe des biens de communauté. (*Déc. f.*) *V.* Donations *éventuelles, n°* 4. I. G. 11 juillet 1810, § 2, n° 481.

15. — La constitution de dot avec renonciation à demander compte et partage, à peine de rapporter la dot, n'opère que le droit de constitution dotale. (*Cass.* 20 *mai* 1828.) *V.* Donations *entre vifs, n°s* 26 *et suiv.* I. G. 26 sept. 1828, § 5, n° 1256.

16. — Solennités *publiques.* — Les dots constituées par les communes à l'occasion de la fête du souverain sont passibles des droits ordinaires, même lorsque la constitution dotale n'a été stipulée que dans l'acte de célébration du mariage. (*Déc. f.* 9 *fév.* 1808.) Abrogé. n° 18 inf. I. G. 29 juin 1808, § 12, n° 386.

17. — Les constitutions dotales faites par les communes ou autres établissemens, à l'occasion de solennités publiques, doivent être constatées par actes devant notaire, et sont soumises au droit proportionnel. (*Déc. f.* 17 *oct.* 1809.) Abrogé. n° 18 inf. . . . I. G. 23 nov. 1809, § 20, n° 454.

18. — Les dots constituées à l'occasion des anniversaires publics ne sont passibles que du droit *fixe de* 1 *fr.* (*Décret* 20 *juin* 1810.) I. G. 9 juillet 1810, n° 480.

19. — Les droits perçus depuis plus de deux ans ne peuvent être restitués. (*Déc. f.*) . . . Circ. 1er oct. 1810.

DONATIONS *éventuelles.* — 3 *fr. fixe.* (*Loi enreg., art.* 68, § 3, *n°* 5.) Modifié. n° 2 inf. Circ. n° 1450.

2. — 5 *fr. fixe.* (*Loi* 1816, *art.* 45, *n°* 4.) I. G. 29 avril 1816, n° 714.

— *V.* Contrats *de mariage, n°s* 5, 6 *et* 7.

3. — Délai. — Les donations éventuelles *entre époux*, doivent être enregistrées dans les délais ordinaires. (*Sol.*) I. G. 5 juin 1829, § 3, n° 132.

— *V.* Donations *entre vifs, n°s* 16 *et suiv.*, 24, 31 *et suiv.*; Donations *entre vifs par contrat de mariage, n°* 14.

4. **DONATIONS** *éventuelles.* — IMPUTATIONS *de dots.* — La dot imputable sur la succession du premier mourant des donateurs ne constitue pas une disposition éventuelle entre ceux-ci. (*Déc. f.* 16 *juillet* 1823.) I. G. 8 janvier 1824, § 2, n° 1113.

— *V.* INSTITUTIONS *contractuelles;* RESTITUTIONS, n°s 4 et 22; REVERSIONS.

5. — SOMMES *à prendre sur la succession.* — La donation *à cause de mort* de sommes à prendre sur la succession du donateur, opère le droit fixe et le droit proportionnel à l'événement. (*Déc. f.*) *V.* DONATIONS *entre vifs*, *n°* 31 *et suiv.* . . . . I. G. 19 mai 1824, § 6, nomb. 2, n° 1132.

— *V.* SUCCESSIONS, n° 19 et suiv., 44; TRANSCRIPTIONS, n° 14.

DOTS. — *V.* DONATIONS *entre vifs par contrat de mariage;* DONATIONS *éventuelles*, *n°* 4; RÉGIME *dotal;* RELIGIEUSES.

DOTATIONS. — *V.* INSCRIPTIONS, n° 8; SUCCESSIONS, n° 45; TRANSCRIPTIONS, n° 15.

DOUAIRES. — CONTRATS *de mariage.*

DOUANES. — TIMBRE. — Les registres et expéditions de l'administration des douanes sont assujettis au timbre. (*Déc. f.* 8 *germ. an X.*) I. G. 27 fruct. an X, § 7, n° 72.

— *V.* ACQUITS *à caution, n°* 1 *et suiv.;* ACTES *judiciaires en matière de contributions, n°s* 5 *et* 6; INVENTAIRES, n°s 5; PASSAVANS, n° 1, 2 et 3; PROCÈS-VERBAUX *de délits, n°* 8; TRANSACTIONS, n° 6.

DOUBLES-DROITS. — *V.* ACTES *judiciaires, n°s* 63, 66 *et suiv.;* ACTES *sous seing-privé, n°s* 1 *et* 3; AMENDES *d'enregistrement;* AMNISTIES; DÉLAIS; DISPOSITIONS *indépendantes, n°* 4; DROITS *en sus;* EXPERTISES, n° 3; MUTATIONS *secrètes, n°s* 1 *et* 2; ORDONNANCES *de nomination;* QUITTANCES, n° 6; SUCCESSIONS, n°s 36, 58, 59, 60, 71, 121 et 122; VENTES *d'immeubles, n°* 19.

DOUBLES-LIBÉRATIONS. — *V.* QUITTANCES, n°s 7 et 8.

DOUBLES-MINUTES. — *V.* ACTES *passés en double minute.*

DROITS *convenanciers.* — *V.* CESSIONS *de droits convenanciers;* DOMAINES *congéables.*

DROITS *d'enregistrement.* — *V.* ENREGISTREMENT; FRACTIONS; LOIS; MINIMUM; PAIEMENT *des droits;* RESTITUTIONS.

DROITS *de greffes.* — *V.* GREFFES (*Droits de*).

DROITS *d'hypothèques.* — *V.* HYPOTHÈQUES (*Droits de*).

DROITS *de retour.* — *V.* RETOUR.

DROITS *de titres.* — *V.* ACTES *judiciaires, n°s* 31, 60 *et suiv.*

DROITS *de transcription.* — *V.* TRANSCRIPTIONS (*Droits de*).

DROITS *d'usage dans les forêts.* — *V.* ACTES *administratifs, n°* 13; PROCÈS-VERBAUX, n°s 6, 11, 14 et 19.

DROITS *en sus d'enregistrement.* — Ils doivent être perçus au moment de la formalité. (*Sol.*) *V.* DEMI-DROIT *en sus;* DOUBLES *droits.* I. G. 10 mai 1834, n° 1423.

DROITS *successifs.* — *V.* CESSIONS *de droits successifs.*

E

ÉCHANGES *d'immeubles.* — 2 *fr. p.* % sur le capital formé de 20 fois le revenu de la moindre part, et le droit de vente sur le retour ou la plus value. (*Loi enreg.*, *art.* 69, § 5, *n°* 3.) Modifié. n°s 2 et 3 inf. Circ. n° 1450.

2. — Le droit d'échange est porté à 3 *fr.* 50 *c. p.* % y compris le droit de transcription. (*Loi* 1816, *art.* 54.) Modifié n° 3 inf. I. G. 29 avril 1816, n° 714.

3. **ÉCHANGES** *d'immeubles*. — Le droit est réduit à 2 *fr*. 50 *c. p.* °/₀ y compris le droit de transcription. (*Loi* 1824, *art*. 2.) I. G. 23 juin 1824, § 2, n° 1136.

4. — CONTIGUÏTÉ. — Les échanges d'immeubles ruraux *contigus* ne sont passibles que du droit *fixe de* 1 *fr*. pour tout droit d'enregistrement et de transcription. (*Loi* 1824, *art*. 2.) Abrogé n° 9 inf. I. G. 23 juin 1824, § 2, n° 1136.

5.* — L'échange contenant en même temps des biens contigus et d'autres qui ne le sont pas, est sujet au droit fixe pour les premiers, et au droit proportionnel pour les autres. (*Sol*. 20 *oct*. 1824.) I. G. 23 mars 1825, § 4, n° 1156.

6. — *Fraude*. — Les questions de fraude doivent être décidées *en fait* par les tribunaux civils, et la cour de cassation n'est pas appelée à revoir ces décisions. (*Cass*. 18 *déc*. 1828.) I. G. 24 mars 1829, § 8, n° 1272.

7.* — *Maisons*. — La modération ne s'applique qu'aux biens ruraux ou de culture, et non aux maisons situées dans les villages. (*Déc. f.* 17 *août* 1826.). . . . . I. G. 23 déc. 1826, § 4, n° 1204.

8.* — *Minimum*. — Lorsque le droit proportionnel est inférieur au droit fixe, on doit percevoir le moindre. (*Déc. f.* 6 *déc*. 1826.) I. G. 20 mars 1827, § 7, n° 1205.

9. — La réduction accordée par la loi de 1824 aux échanges de biens ruraux *contigus* est abrogée, et ces actes sont passibles du droit proportionnel ordinaire. (*Loi* 24 *mai* 1834, *art*. 16.) I. G. 17 nov. 1834, § 2, n° 1471.

10. — DOMAINE *de la couronne*. — Les échanges avec le domaine de la couronne doivent être enregistrés *gratis*, et la transcription ne donne lieu qu'aux salaires. (*Décret* 11 *juill*. 1812, *art*. 7.) *V*. ACQUISITIONS *par l'état*, n° 9. I. G. 7 sept. 1812, n° 598.

11. — DOMAINE *de l'état*. — Les échanges entre des particuliers et le domaine de l'état doivent être enregistrés *gratis*; la soulte payée à l'état donne lieu au droit de 2 *fr. p.* °/₀. (*Ord. roy*. 12 *déc*. 1827, *art*. 8.) I. G. 6 fév. 1828, n° 1233.

12. — *Légion-d'honneur*. — Les échanges de biens affectés à la légion-d'honneur doivent être enregistrés *gratis*. (*Déc. f.*) Circ. 11 sept. 1807.

— *Entre l'état et les particuliers*. — *V*. ACQUISITIONS *par l'état*.

13. — ETABLISSEMENS *publics*. — L'échange entre un établissement public et un particulier, est passible du droit proportionnel sur la moindre part, et du droit de soulte, si elle est payée par le particulier, ou par l'établissement devant jouir d'un revenu; à défaut, la soulte n'opérerait que le droit *fixe* (*Sol*. 5 *janv*. 1825.) Modifié. n° 14 inf. I. G. 29 juin 1825, § 1, n° 1166.

14. — La soulte est dans tous les cas passible du droit proportionnel. (*Loi* 18 *avril* 1831 *art*. 17.) *V*. ACQUISITIONS *par les établissemens*. I. G. 27 avril 1831, n° 1362.

— LÉGION-*d'honneur*. — *V*. n° 12 sup.

15. — PLUS-VALUE. — CHARGES. — On ne peut présumer l'existence d'une soulte parce que l'un des immeubles est grévé d'une rente, si, d'ailleurs, il est déclaré que le revenu des deux biens est le même. (*Sol*. 12 *oct*. 1827.) Modifié. n° 16 inf. . . . . . I. G. 22 mars 1828, § 3, n° 1236.

16. — La charge imposée à l'un des échangistes d'acquitter une dette grévant l'immeuble qui lui est cédé, constitue une mieux-value passible du droit, nonobstant l'égalité dans l'évaluation des biens. (*Cass*. 28 *avril* 1830.). . . . . I. G. 27 sept. 1830, § 6, n° 1336.

— *V*. PARTAGES, n°s 5 et 6; RÉSOLUTIONS, n° 3; SOULTES *d'échanges*.

17. — TRANSCRIPTION. — Le droit d'enregistrement doit être perçu sur une seule des parts; mais le droit de transcription est exigible sur chacune. Le droit fixe est dû lors de la transcription aux hypothèques. (*Déc. f.* 25 *sept*. 1816.) Modifié n° 18 inf. I. G. 23 déc. 1816, § 7, n° 758.

18. — Le droit additionnel de transcription n'est exigible que *sur l'une des parts*

seulement, et la transcription aux hypothèques n'opère que le droit *fixe d'un franc par chaque échangiste*. (*Déc. f.* 1er *juin* 1821.) I. G. 14 juin 1821, § 3, n° 983.

ÉCHOUEMENS. — *V.* Procès-verbaux, nos 21 *et* 22.

ÉCRITS *périodiques.* — *V.* Journaux.

ÉCROU. — *V.* Registres, nos 22 et 23.

EFFETS *de commerce.* — 50 *cent. p.* °/₀. (*Loi enreg., art.* 69, § 2, *n°* 6.) . . . . Circ. n° 1450.

2. — Timbre. — Ils sont assujettis aux droits de timbre proportionnel (*Loi timb. art.* 14.), à peine de l'amende du *vingtième*, laquelle ne pourra être moindre de 30 *fr.* (*art.* 26, *n°* 6). Les effets doivent être représentés avec les protêts soumis à l'enregistrement (*art.* 25), à peine de 50 *fr. d'amende* contre les receveurs qui n'exigeraient pas cette justification. (*Art.* 26, *n°* 4.) Modifié. nos 4 et 5 inf. Circ. n° 1419.

3. — Le papier de dimension ne peut servir à leur rédaction, sous peine d'amende. Modifié. n° 4 inf. Circ. n° 1517.

4. — Les effets, billets et obligations écrits sur papier de dimension ne sont assujettis à l'amende que sur la somme excédant celle qui pouvait être stipulée sans contravention, sur un coupon de timbre proportionnel du même prix. — Le *minimum* de l'amende proportionnelle, fixé à 30 *fr.* est réduit à 5 *fr.* (*Loi* 1824, *art.* 12.) L'amende contre les receveurs pour non représentation du billet est modérée à 10 *fr.* (*Art.* 10.) Modifié. n° 5 inf. I. G. 23 juin 1824, § 12, n° 1136.

5. — L'amende du vingtième est portée à 6 p. °/₀ de la somme exprimée. — Pareille amende est due en outre par le premier endosseur, cessionnaire ou accepteur. (*Loi 24 mai* 1834, *art.* 19.) Pour les effets venant de l'étranger, les deux amendes seront supportées par l'accepteur et le premier endosseur. (*Art* 20.) Aucune des amendes ci-dessus ne pourra être au-dessous de 5 fr. Les contrevenans sont solidaires sauf leur recours. (*Art.* 21.) I. G. 14 nov. 1834, n° 1469.

— *V.* Actes *passés à l'étranger*, *n°* 13; Amendes *de timbre;* Billets *à ordre;* Billets *simples;* Bureaux, n° 3; Endossemens; Lettres *de change;* Obligations.

EFFETS *de la dette publique.* — *V.* Dette *publique.*

EFFET *rétroactif.* — *V.* Lois (*exécution des*).

ÉLECTIONS. — Listes *électorales.* — Les actes judiciaires relatifs à la rectification des listes éléctorales doivent être enregistrés *gratis.* (*Loi 2 juill.* 1828, *art.* 18.). . . . . . Circ. 8 juin 1830.

— *V.* Déclarations, nos 7 et 8; Délégations *de contributions;* Pétitions, n° 3.

ÉMANCIPATIONS (*Actes d'*). — 5 *fr. fixe* par chaque émancipé. (*Loi enreg., art.* 68, § 4, *n°* 2.) Circ. n° 1450.

2. — Curateur. — La nomination d'un curateur *aux causes* dans l'acte d'émancipation, ne donne ouverture à aucun droit particulier; mais celle d'un curateur *spécial* donne lieu au droit *fixe de 2 fr.* comme disposition indépendante. (*Déc. f.* 20 *juin* 1809.) I. G. 31 août 1809, n° 449.

ÉMARGEMENS. — *V.* Comptabilité *communale;* Comptabilité *publique;* Quittances.

ÉMIGRÉS. — Abandons *de biens aux femmes.* — Ces actes sont passibles des droits de 2 ou de 4 *fr. p.* °/₀ s'il s'agit de propres ou de biens dépendant d'une communauté à laquelle la femme aurait renoncé; si au contraire la femme n'a pas renoncé, l'enregistrement a lieu *gratis.* (*Déc. f.* 14 *frim. an XII.*) Circ. 21 pluv. an XII.

2. — Liquidation *d'indemnité.* — Les actes sous seing-privé tendant uniquement à la liquidation de l'indemnité accordée par la loi du 27 avril 1825, sont *exempts* du timbre et de l'enregistrement, ainsi que les actes des administrations relatifs au même objet. (*Ord. roy.* 1er *mai* 1825, *art.* 61.) I. G. 4 mai 1825, n° 1161.

3. * **ÉMIGRÉS.** — RÉTROCESSIONS. — Pendant cinq ans les actes translatifs de propriété des biens confisqués sur les émigrés, les déportés et les condamnés révolutionnairement, et qui seraient passés entre le propriétaire actuel et l'ancien propriétaire ou ses héritiers, ne sont passibles que du droit *fixe de* 3 *fr.* (*Loi* 27 *avril* 1825, *art.* 20.) I. G. 4 mai 1825, n° 1161.

4. * — L'exemption du droit proportionnel pendant cinq ans, accordée par la loi du 27 avril 1825 aux rétrocessions en faveur des émigrés, s'applique au droit de transcription. (*Déc. f.* 23 *août* 1825.) I. G. 30 déc. 1825, § 11, n° 1180.

5. — TITRES *de créances.* — Les titres de créances sur les émigrés sont passibles des droits ordinaires. (*Déc. f.* 27 *oct.* 1825.) I. G. 31 mars 1826, § 12, n° 1187.

— *V.* ACTES *administratifs, n°* 14; ACTES *judiciaires, n°* 38; PÉTITIONS, n° 3; SUCCESSIONS, n°s 46, 47 et 48.

EMPHITÉOSES. — *V.* BAUX *à ferme, n°* 17.

EMPREINTES *du timbre.* — Elles seront appliquées *en noir* ou frappées *à sec.* (*Loi timb., art.* 4.) L'empreinte ne doit pas être couverte d'écriture ni altérée (*Art* 21), à peine de 15 *fr. d'amende* pour les particuliers, et de 25 *fr.* pour les officiers et fonctionnaires publics. (*Art.* 26, *n°* 1 *et* 2.) Modifié. n° 2 inf. Circ. n° 1419.

2. — Les amendes sont réduites à 5 *fr.* (*Loi* 1824, *art.* 10.) . . . . I. G. 23 juin 1834, § 10, n° 1136.

ENCHÈRES *par acte séparé.* — 1 *fr. fixe.* (*Loi enreg., art.* 68, § 1, *n°* 43). . . . . Circ. n° 1450.

ENDOSSEMENS de mandats sur le trésor, de lettres de change, billets à ordre ou autres effets négociables, sont *exempts* de l'enregistrement. (*Loi enreg., art.* 70, § 3, *n°s* 4 *et* 15.) Circ. n° 1450.

2. — Le premier endossement d'un mandat, billet ou autre effet négociable souscrit sur papier non timbré, est puni d'une amende de 6 *p.* °/o, au *minimum de* 5 *fr.*, outre celle due pour l'effet en contravention. (*Loi* 24 *mai* 1834, *art.* 19, 20 *et* 21.) . . . . I. G. 14 nov. 1834, n° 1469.

— *V.* BILLETS *à ordre;* BILLETS *simples, n°* 2 *et* 6; LETTRES *de change;* MANDATS.

ENFANS *trouvés.* — *V.* CERTIFICATS *de vie, n°* 3; QUITTANCES, n°s 29 et 30.

ENGAGEMENS *d'immeubles.* — *V.* ANTICHRÈSES; DOMAINES *engagés.*

ENGAGEMENS *volontaires.* — *V.* AVIS *de parens, n°* 4; MARINE; SERVICE *militaire.*

ENQUÊTES. — Outre le droit ordinaire de rédaction, il est dû 50 *centimes* par chaque déposition. (*Loi* 21 *vent. an VII, art.* 5.) *V.* ACTES *judiciaires.* Circ. n° 1527.

2. — Idem. (*Décret* 12 *juillet* 1808, *art.* 1.) I. G. 3 sept. 1808, n° 398.

3. — Il est dû un droit particulier sur l'enquête constatée par un procès-verbal séparé, mais non lorsqu'elle est contenue dans le jugement même des causes non sujettes à l'appel. (*Déc. f.* 13 *juin* 1809.) I. G. 4 juillet 1809, § 7 et 34, n° 436.

4. — Le procès-verbal n'opère qu'un seul droit d'enregistrement et de greffe sur toutes les vacations, et le délai ne court que de la clôture définitive. (*Déc. f.* 22 *juillet* 1825.) I. G. 30 déc. 1825, § 7, n° 1180.

— *V.* RÉDACTION, n°s 29 et 30.

ENREGISTREMENT. — Les droits d'enregistrement sont fixes ou proportionnels. (*Loi enreg., art.* 2.) Le droit *fixe* s'applique aux actes civils, judiciaires ou extrajudiciaires qui ne contiennent ni obligation, ni libération, condamnation, collocation ou liquidation de sommes et valeurs, ni transmission de propriété, d'usufruit ou de jouissance de biens meubles ou immeubles. (*Art.* 3.) Le droit proportionnel, au contraire, est établi pour les obligations, libérations, condamnations, collocations ou liquidations et pour toute transmission de propriété, d'usufruit ou de jouissance de biens meubles et immeubles, soit entre vifs soit par décès. Il est assis sur les valeurs. (*Art. 4, Loi enreg.*) Circ. n° 1450.

— *V.* Bureaux; Fractions; Lois; Minimum.

ENREGISTREMENT *et domaines.* — *V.* Actes *de poursuites dans l'intérêt de l'état.*

ENROLEMENS. — *V.* Service *militaire.*

ENVELOPPES *de testamens.* — *V.* Suscriptions *de testamens.*

ENVOIS *d'argent par la poste.* — *V.* Reconnaissances *d'envois.*

ENVOIS *en possession.* — *V.* Absences; Actes *judiciaires.*

ÉPAVES. — *V.* Messageries, n° 3.

ÉQUIPAGES. — *V.* Marine.

ESTIMATIONS. — *V.* Évaluations.

ÉTABLISSEMENS *publics.* — *V.* Acquisitions *par les établissemens;* Actes *administratifs;* Actes *de poursuites dans l'intérêt des établissemens;* Arrondissemens; Chambres *de discipline;* Communes; Comptabilité *communale;* Départemens; Échanges, n°s 13 et 14; Fabriques; Inscriptions, n° 10, 11 et 12; Marchés; Registres.

ÉTABLISSEMENT *de gardien.* — *V.* Exploits, n°s 15 et 16; Saisies-exécution; Scellés.

ÉTABLISSEMENT *de servitudes.* — *V.* Servitudes.

ÉTAPES. — *V.* Service *militaire.*

ÉTAT *ou gouvernement.* — *V.* Acquisitions *par l'état;* Aliénations; Inscriptions, n°s 13; Marchés.

ÉTAT *civil.* — *V.* Actes *de l'état civil.*

ÉTATS *de dettes* annexés aux donations, 1 *fr. fixe*, l'indication des créanciers ne pouvant être considérée comme une reconnaissance de dettes. (*Déc. f.* 7 *juin* 1808.) . . . I. G. 29 juin 1808, § 19, n° 386.

ÉTATS *d'inscriptions.* — Les états et certificats délivrés par les conservateurs des hypothèques sont soumis au timbre, mais *exempts* d'enregistrement. (*Déc. f.* 21 *mars* 1809.) I. G. 6 juin 1809, § 5, n° 433.

— *V.* Acquisitions *par les établissemens publics, n°* 14; Majorats, n° 6.

ÉTATS *estimatifs d'objets mobiliers.* — Les états de l'espèce joints aux donations sont assujettis au droit *fixe de* 1 *fr.* (*Déc. f.*) I. G. 19 oct. 1807, n° 351.

— *V.* Saisies *arrêts, n°s* 1 *et* 2.

ÉTRANGERS. — *V.* Actes *judiciaires, n°s* 27 *et* 71; Actes *passés ou concernant des biens à l'étranger;* Prescriptions, n° 29; Successions, n°s 51 et suiv., 126 et 127.

ÉTUDES. — *V.* Cessions *d'offices;* Ordonnances *de nomination.*

ÉVALUATIONS. — *V.* Bois; Capitaux; Donations *entre vifs, n°* 1; Échanges, n° 1; Mercuriales, n° 1 et suiv.; Successions, n° 1; Valeurs.

EXCLUSIONS *de tribunaux.* — *V.* Rédaction, n° 31.

EXÉCUTEURS *testamentaires.* — *V.* Paiement *des droits.*

EXÉCUTION *des Lois.* — *V.* Lois.

EXÉCUTOIRES *de dépens.* — 1 *fr. fixe* lorsque le droit proportionnel de 50 *cent. p.* °/₀ n'est pas supérieur. (*Déc. j. et f.* 16 *et* 28 *fév.* 1809.) . . . . I. G. 28 avril 1809, § 4, n° 429.

2. — Ceux délivrés aux experts pour leurs vacations sont passibles des mêmes droits. (*Déc. f.* 13 *juin* 1809.) *V.* Vérifications *d'écritures.* I. G. 4 juill. 1809, § 20, n° 436.

EXÉCUTOIRES *de frais de justice criminelle.* — Timbre. — Les exécutoires au-dessous de 10 fr. sont *exempts* de timbre. (*Déc. j. et f.*) I. G. 2 avril 1808, § 3, n° 371.

EXOINES. — Sont *exempts* de l'enregistrement (*Déc.* 7 *niv. an VIII.*) . . . . . Circ. n° 1740.

EXPÉDITIONS. — Les extraits, copies ou expéditions des actes soumis à la formalité sur les minutes sont *exempts* de l'enregistrement, sauf pour certains actes judiciaires. (*Loi enreg. art.* 8.) Les notaires, greffiers, huissiers et secrétaires, ne peuvent délivrer en brevet, copie ou expédition aucun acte soumis à l'enregistrement avant qu'il ait été enregistré, sous peine de 50 *fr. d'amende.* Sont exceptés les exploits et autres actes de cette nature qui se signifient à partie ou par affiches et les effets négociables protestés. (*Loi enreg., art.* 41.) Modifié. n° 2 inf. Circ. n° 1450.

2. — L'amende est réduite à 10 *fr.* (*Loi* 1824, *art.* 10.) . . . . I. G. 23 juin 1824, § 10, n° 1136.

— *V.* Expéditions *(droits d')*; Ordonnances *de nomination d'officiers publics.*

3. — **Procès-verbaux** *de partage.* — On ne peut délivrer extrait des procès-verbaux de partage sur délégation de justice avant qu'ils aient été soumis à l'enregistrement. (*Déc. f.* 13 *juin* 1809.) I. G. 4 juillet 1809, § 76, n° 436.

4. — **TIMBRE.** — Le papier employé pour les expéditions ne doit pas être d'un format inférieur au *moyen papier* (*Loi timb., art.* 19), à peine de 50 *fr. d'amende.* (*Art.* 26, *n°* 4.) Modifié. n° 6 inf. Circ. n° 1419.

5. — Idem. (*Loi* 1816, *art.* 63.) Modifié. n° 6 inf. . . . . I. G. 29 avril 1816, § 1, n° 715.

6. — L'amende est réduite à 10 *fr.* (*Loi* 1824, *art.* 10) . . . . I. G. 23 juin 1824, § 10, n° 1136.

7. — **Actes** *administratifs.* — Les expéditions des actes administratifs qui intéressent des particuliers doivent être délivrées sur papier timbré. (*Déc. f.* 12 *fév.* 1823.) . . . I. G. 26 fév. 1823, n° 1072.

— *V.* Actes *administratifs, n°s* 29 *et* 30; Actes *de l'état civil, n°* 8 *et suiv.*; Actes *judiciaires, n°* 18 *et suiv.*; Chambres *de discipline*; Comptabilité *communale ou des établissemens publics, n°s* 13, 14, 19 *et* 20; Devis, n° 2; Douanes; Expéditions *(droits d')*; Extraits, n° 1 et suiv.; Greffes *(droits de)*, n°s 1 et 2; Ventes *de mobilier national, n°* 12.

8. — **Nombre** *de lignes.* — Les expéditions ne doivent pas contenir plus de 25 lignes par page de *moyen papier*; 30 lignes par page de *grand papier*, et 35 lignes par page de *grand registre* (*Loi timb., art.* 20), à peine de 25 *fr. d'amende.* (*Art.* 26, *n°* 2.) Modifié. n° 9 inf. Circ. n° 1419.

9. — L'amende est réduite à 5 *fr.* (*Loi* 1824, *art.* 10.) . . . . I. G. 23 juin 1824, § 10, n° 1136.

10. — Les expéditions des jugemens ou actes de greffes ne doivent contenir que vingt lignes de 8 à 10 syllabes par page. (*Loi* 21 *vent. an VII, art.* 6.) *V.* n°s 11, 12 et 13 inf. Circ. n° 1537.

11. — Les expéditions des actes qui contiennent des énonciations en *chiffres* peuvent être faites de la même manière sans égard au nombre de syllabes, pourvu que le nombre de lignes n'excède pas celui fixé; mais les droits de greffe doivent se percevoir d'après le nombre de rôles de 160 à 200 syllabes. (*Déc. f.*) . . . . I. G. 20 juillet 1820, n° 942.

12. — Les expéditions délivrées par les greffiers *en matière criminelle* peuvent contenir 28 lignes de 14 à 16 syllabes à la page. (*Déc. j. et f.* 19 *juillet* 1822.) . . . . I. G. 17 août 1822, § 6, n° 1051.

13. — Les expéditions des actes de greffe doivent contenir au plus 20 lignes de 8 à 10 syllabes. (*Déc. f.* 19 *juin* 1826.) *V.* n° 10 sup. I. G. 30 sept. 1826, § 24, n° 1200.

EXPÉDITIONS *(droits d').* — Ils sont fixés ainsi :

1° Cours *royales*.	Arrêts définitifs.	2 *fr. par rôle.*	(*Loi* 21 *vent. an VII.*, *art.* 7.)
	— Préparatoires et actes de greffe	1 *fr. par rôle.*	(— — *art.* 9.)
2° Tribunaux *civils ou d'arbitrage.*	Jugemens définitifs	1 *fr.* 25 *c. par rôle.*	(— — *art.* 8.)
	— Préparatoires et actes de greffe	1 *fr. par rôle.*	(— — *art.* 9.)
3° — *de commerce*	Tous actes et jugemens		

Le tout sous la déduction de la remise de 30 *cent. par rôle* allouée aux greffiers, ou de celle de 20 *cent.* seulement, pour les expéditions délivrées dans l'intérêt de l'état. (*Même Loi.* 19 *et* 20.) Circ. n° 1537.

2. — Idem. (*Décret* 12 *juillet* 1808, *art.* 5.) I. G. 3 sept. 1808, n° 398.

— *V.* Expéditions, n° 11; Greffes *(droits de)*, *n°* 2.

3. — Bordereaux *de collocation.* — Il n'est dû qu'*un fr* par rôle sur les expéditions des bordereaux de collocation et sur celles de l'ordonnance de mainlevée des inscriptions non colloquées. (*Déc. f.* 15 *oct.* 1823.) I. G. 29 nov. 1823, § 2, n° 1106.

4. — Fraction *de rôle.* — Le droit d'expédition doit être perçu sur chaque fraction de rôle comme s'il était entier. (*Déc. f.*) I. G. 3 sept. 1808, n° 398.

— *V.* Actes *judiciaires (Homologation)*, n° 37.

5. — Ordonnances. — Les ordonnances sur requête n'ont pas besoin d'être expédiées; celles rendues sur référés sont sujettes au droit d'*un franc* par rôle d'expédition. (*Déc. j. et f.* 12 *juin* 1810.) I. G. 12 juillet 1810, n° 482.

6. — L'expédition d'une ordonnance sur référé, exécutée sur la minute d'après l'autorisation du juge, ne doit être délivrée qu'autant que les parties la requièrent et ce n'est que dans ce cas seulement que le droit d'expédition est exigible. (*Déc. f.* 14 *août* 1824.) I. G. 18 déc. 1824, § 13, n° 1150.

7. — Présentations, *défauts et congés.* — Ces expéditions sont passibles des droits de greffe. (*Déc. f.* 7 *frim. et* 14 *pluv. an XII.*) I. G. 27 pluv. an XII, n° 203.

8. * — Seconde *expédition.* — Il n'est dû qu'*un franc fixe* sur une seconde expédition, lors même qu'elle contiendrait plusieurs dispositions. (*Déc. f.*) . . . . I. G. 12 nov. 1811, § 5, n° 548.

9. — Sentences *arbitrales.* — Les expéditions des sentences arbitrales que les greffiers peuvent seuls délivrer sont assujetties aux droits ordinaires. (*Déc. j.* 30 *germ. an XI.*) I. G. 5 mess. an XI, n° 141.

EXPERTS. — *V.* Avis *de parens.*, *n°* 7 ; Nominations *d'experts*, *n°s* 1 *et* 2.

EXPERTISES. — Lorsque le prix ou l'évaluation des biens transmis paraît inférieur à la valeur, la régie peut en requérir l'expertise devant le tribunal de la situation, dans l'année pour les mutations à titre onéreux, et dans les deux ans pour les autres. S'il y a plus-value, la partie devra payer le supplément de droits et les frais de l'expertise; mais pour les ventes, ces frais tomberont à la charge de l'administration lorsque l'estimation n'excédera pas d'un huitième le prix exprimé. (*Loi enreg.*, *art.* 17, 18, 19 *et* 61.) Modifié. n° 3 inf. Circ. n° 1450.

2. — L'expertise ne peut être requise que par l'administration et jamais par les parties. (*Cass.* 1er *avril* 1829.) I. G. 26 sept. 1829, § 4, n° 1293.

3. — Double *droit.* — Le double droit est dû sur le supplément d'évaluation dans tous les cas où les frais tombent à la charge du redevable. (*Loi* 27 *vent. an IX*, *art.* 5.) *V.* n° 1 sup. Circ. n° 1992.

4. — Rescision. — Le supplément de droits est exigible nonobstant la rescision du contrat entre les parties pendant la procédure en expertise. (*Cass.* 18 *fév.* 1829.) . . . . I. G. 28 juin 1829, § 11, n° 1282.

5. **EXPERTISES.** — **Solidarité.** — Il y a solidarité entre les co-acquéreurs pour raison des droits résultant d'une insuffisance. (*Arrêt d'admission* 25 *juin* 1828.). . . . I. G. 28 juin 1829, § 10, n° 1282.

6. — **Successions.** — Le délai pour provoquer l'expertise des biens transmis par décès est de *deux ans*, et la représentation d'une quittance de loyer ne peut remplacer un bail courant, ni servir par conséquent de base exclusive pour l'évaluation. (*Cass.* 12 *fév.* 1835.) . I. G. 31 juillet 1835, § 2, n° 1490.
— *V.* Successions, n°s 28, 30, 36, 58, 59 et 60; Transcriptions, n° 23.

7. — **Ventes** *à rente viagère.* — L'administration peut demander l'expertise des biens vendus à *rente viagère*, sans expression de capital, lorsque le capital au denier dix ne représente pas la valeur vénale. (*Déc. f.* 7 *juin* 1808.) *V.* Ventes *d'immeubles*, *n°* 49. I. G. 29 juin 1808, § 21, n° 386.

8. — **Ventes** *successives.* — Une seule expertise peut constater l'insuffisance du prix de plusieurs ventes successives; celle qui aurait été faite entre les parties ne suffit pas pour suivre le paiement des droits. (*Cass.* 5 *avril* 1831) . . . . I. G. 20 sept. 1831, § 12, n° 1381.
— *V.* Procès-verbaux, n° 17 et suiv.; Ventes *d'immeubles*, *n°s* 14 *et* 44.

EXPLOITS *et autres actes du ministère des huissiers.* — 1 *fr. fixe* par chaque demandeur ou défendeur, *excepté* les co-propriétaires et co-héritiers, les parens réunis, les co-intéressés, les créanciers et débiteurs associés ou solidaires, les experts, les séquestres et les témoins qui ne seront comptés que pour une seule personne, lorsque leurs qualités seront exprimées. (*Loi enreg.*, *art.* 68, § 1, *n°* 30.) Modifié. n° 2 inf. Circ. n° 1450.

2. — Les exploits relatifs aux procédures devant les tribunaux ci-après, sont tarifés, savoir :

1° **Prudhommes.** — 50 *centimes fixe.* (*Loi* 1816, *art.* 41, *n°* 2.)

2° **Justices** *de paix.* — 1 *fr. fixe.* (*Loi* 1816, *art.* 43, *n°* 13.)

3° **Tribunaux** *de première instance.* — 2 *fr. fixe.* (*Loi* 1816, *art.* 43, n° 13.)

4° **Cours** *royales.* — 3 *fr. fixe.* (*Loi* 1816, *art.* 44, *n°* 7.)

5° **Cour** *de cassation et conseils du roi.* — 5 *fr. fixe.* (*Loi* 1816. *art.* 45, n° 1.)

Tous autres exploits et actes des huissiers qui ne donnent pas lieu au droit proportionnel, excepté les déclarations d'appel et pourvois en cassation, les significations d'avoués à avoués, et les exploits relatifs au recouvrement des contributions ou en matière criminelle et de police, sont assujettis au droit *fixe de* 2 *fr.* (*Loi* 1816, *art.* 43, *n°* 13.) I. G. 29 avril 1816, n° 714.
— *V.* Appels; Actes *de poursuites dans l'intérêt de l'état*; Actes *de poursuites en matière criminelle et de police*; Pourvois; Significations *d'avoués à avoués.*

3. — **Billet** *adiré.* — On doit percevoir le droit du titre sur la citation qui énonce un billet prétendu adiré. (*Cass.* 23 *nov.* 1825.) I. G. 31 mars 1826, § 1, n° 1187.
— *V.* Communications, n° 2.

4. — **Conseil** *d'état.* — Les actes de recours au conseil d'état et ceux des huissiers relatifs aux procédures devant le conseil d'état ne sont passibles que du droit *fixe d'un franc*, sans pluralité. (*Déc. f.* 30 *juin* 1807.) Modifié. *V.* n° 2 sup. et Pourvois, n°s 3, 4 et 5. I. G. 22 fév. 1808, § 3, n° 366.

5. — **Constitution** *d'avoué.* — **Défenseur.** — La constitution d'avoué dans un exploit d'assignation ne donne pas lieu à un droit particulier; mais le droit de pouvoir est exigible sur la désignation d'un défenseur officieux dans une citation à la justice de paix. (*Déc. f.* 28 *therm. an IX.*) Circ. 16 vend. an X, n° 2050.
— *V.* Copies *signifiées*, *n°* 1 *et suiv.*

6. **EXPLOITS** *et autres actes du ministère des huissiers.* — Délimitations *des forêts.* — L'exploit portant signification des arrêtés des préfets en matière de délimitations des bois est sujet à la pluralité des droits selon le nombre des propriétaires auxquels la signification est faite. (*Déc. f. 7 août* 1834.) I. G. 31 déc. 1834, § 1, n° 1473.

7. — Délits *forestiers.* — La signification d'un jugement par défaut portant condamnation pour délit forestier doit être enregistrée *en débet*, au droit *fixe d'un franc.* (*Sol.* 13 *mars* 1832.) I. G. 29 juin 1832, § 6, n° 1401.

8. — Desséchemens. — Les exploits relatifs au recouvrement des rôles dressés pour les travaux de curage et d'entretien des canaux de desséchement, doivent être enregistrés *gratis* pour les cotes de 100 fr. et au-dessous. (*Sol.* 18 *déc.* 1824.) *V.* Desséchemens. I. G. 23 mars 1825, § 5, n° 1156.

— *V.* Garde *nationale*, *n°* 1 *et suiv.*

9. — Offres *réelles.* — L'exploit portant offres réelles n'est passible du droit fixe qu'autant que l'offre elle-même ou l'acceptation ne donneraient pas lieu au droit proportionnel. (*Sol.* 28 *juin* 1833.) I. G. 30 sept. 1833, § 7, n° 1437.

10. — Pluralité *des droits.* — Il est dû autant de droits fixes qu'il y a de demandeurs ou de défendeurs *non co-intéressés*, et relativement au nombre des parties contre lesquelles chacun poursuit ou défend. (*Déc. j. et f.* 31 *juill. et* 16 *août* 1808) I. G. 30 sept. 1808, § 5, n° 400.

11. — On doit multiplier le nombre des demandeurs par celui des défendeurs *non co-intéressés*, et percevoir un nombre de droits fixes égal au produit. (*Sol.* 10 *sept.* 1830.) I. G. 24 déc. 1830, § 3, n° 1347.

12. — Idem. (*Trib. d'Ambert*, 14 *juin* 1831.) I. G. 20 sept. 1831, § 3, n° 1381.

13. — Un exploit à la requête de plusieurs créanciers *unis*, ne donne pas lieu à la pluralité des droits, quoique ces créanciers soient porteurs de titres différens. (*Cass.* 2 *juin* 1832.) I. G. 30 sept. 1832, § 6, n° 1410.

14. — La signification à la requête de plusieurs acquéreurs distincts, associés pour l'accomplissement des formalités de purge légale, opère autant de droits qu'il y a d'acquéreurs; mais le procureur du roi et la femme du vendeur ne doivent être considérés que comme un seul défendeur. — L'acte par lequel les acquéreurs se sont réunis et ont chargé l'un d'eux d'agir au nom de tous n'est point un acte de société, mais un mandat collectif passible du droit *fixe de* 2 *fr.*, par chaque acquéreur distinct. (*Sol.* 7 *nov.* 1834.) I. G. 21 avril 1835, § 4, n° 1481.

— *V.* Récusations *de juges*; Saisies-arrêts.

15. — Saisies-Exécution — L'établissement d'un gardien donne lieu à un droit particulier. (*Déc. f.* 2 *fruct. an VII.*) Circ. n° 1655.

16. — La remise au gardien de la copie du procès-verbal de saisie-exécution opère un droit particulier. (*Déc. f.* 31 *mai* 1830.) I. G. 27 sept. 1830, § 7, n° 1336.

— *V.* Saisies-exécution; Saisies *immobilières*; Servitudes *militaires*; Significations *d'avoués à avoués*; Visa.

EXPLOITS *en matière criminelle ou de police.* — *V.* Actes *de poursuites en matière criminelle ou de police.*

EXPLOITS *en matière de contributions.* — *V.* Actes *de poursuites dans l'intérêt de l'état*; Comptabilité *publique*, *n°* 3.

EXPLOITATIONS *des mines, carrières et tourbières.* — *V.* Mines; Ventes *d'immeubles*, *nos* 58 *et* 59; Ventes *de meubles*, *n°* 4.

EXPROPRIATIONS. — *V.* Saisies *immobilières.*

EXPROPRIATIONS *pour cause d'utilité publique.* — *V.* Acquisitions *par les établissemens publics*, *nos* 9, 10, 14, 19 *et suiv*; Acquisitions *par l'état*, *nos* 1, 2, 3, 4, 6 *et* 7; Actes *administratifs*, *nos* 4 *et* 5.

EXTRAITS. — Jugemens *de condamnation.* — Les extraits de jugemens de condamnation remis aux receveurs de l'enregistrement pour le recouvrement des condamnations doivent être visés pour timbre et enregistrés *en débet*, et les droits recouvrés en même temps que le principal. (*Sol.*) Abrogé. n° 2 inf. I. G. 27 prair. an XII, n° 229.

2. — Ces extraits sont *exempts* du timbre et de l'enregistrement. (*Déc. f.* 14 *brum. an XIV.*) Circ. 24 brum. an XIV.

3. — Idem. I. G. 8 mars 1806, n° 301.

4. — Les extraits d'actes ou de jugemens formant titre au trésor pour la demande des droits et amendes doivent être timbrés et enregistrés avant de prendre inscription. (*Déc. f.* 22 *avril* 1806.) I. G. 11 sept. 1806, § 2, n° 316.

5. — Les extraits de jugemens remis aux communes ou établissemens publics, parties civiles, doivent être timbrés et rédigés séparément. (*Déc. f.* 1er *mars* 1808.) . . . . . I. G. 29 juin 1808, § 22, n° 386.

6. — Idem. (*Déc. f.* 13 *janv. et* 21 *août* 1826.) I. G. 23 déc. 1826, § 11, n° 1204.

7. — Les extraits de jugemens délivrés pour le recouvrement des condamnations en matière forestière sont *exempts* du timbre; mais les extraits des jugemens par défaut et contradictoires qu'il serait nécessaire de faire signifier, doivent être préalablement visés pour timbre *en débet.* (*Déc. f.* 4 *oct.* 1828.) I. G. 17 janv. 1829, § 7, n° 1265.

8. — Ceux délivrés aux agens qui ont constaté des délits de chasse ou de port d'armes pour obtenir le paiement de leurs gratifications, sont *exempts* du timbre. (*Déc. f.* 9 *juill.* 1829.) I. G. 1er août 1829, n° 1287.

— *V.* Actes *de poursuites dans l'intérêt de l'état*, *n°* 7.

9. — Séparations — Les extraits de la demande délivrés par un avoué sont *exempts* d'enregistrement s'ils ne sont que l'extrait de l'exploit d'assignation. (*Cass.* 5 *déc.* 1832.) I. G. 23 mars 1833, § 4, n° 1422.

— *V.* Chambres *de discipline*; Sociétés, n° 3.

10. — **TIMBRE.** — Les extraits de même que les expéditions doivent être rédigés sur *moyen papier.* (*Déc. f.* 12 *vent. an VII.*) Circ. n° 1566.

11. — Idem. (*Sol.* 1er *compl. an VIII.*) Circ. n° 1887.

— *V.* n° 1 et suiv. sup. Actes *de l'état civil*, *n°* 8 *et suiv.*; Chambres *de discipline*; Expéditions; Journaux, nos 13, 14 et 15; Matrices *de rôles.*

12. — Registres. — Les extraits, copies ou expéditions des livres ou registres assujettis au timbre doivent être rédigés sur papier timbré (*Loi timb.*, *art.* 12, *n°* 2), sous peine de 30 *fr. d'amende* contre les particuliers, et de 100 *fr.* contre les officiers publics. (*Art.* 26, *nos* 3 *et* 5.) Modifié. n° 13 inf. Circ. n° 1419.

13. — Les amendes sont réduites à 5 *fr.* et à 20 *fr.* (*Loi* 1824, *art.* 10.). . . . . . . I. G. 23 juin 1824, § 10, n° 1136.

14. — Les extraits des registres de l'enregistrement peuvent être délivrés sur papier de toute dimension. — Abrogé par une délib. du 29 sept. 1829. Circ. n° 1769.

EXTRAITS *collationnés.* — *V.* Collations.

EXTRAITS *de contrats de mariage et autres.* — *V.* Chambres *de discipline*; Dépôts *aux greffes*, *n°* 1; Extraits, n° 9; Sociétés, n° 3.

EXTRAITS *du Moniteur et des journaux.* — *V.* Journaux, n° 13.

F

FABRIQUES. — Les registres des fabriques sont *exempts* du timbre, et les donations ou legs en leur faveur ne sont passibles que du droit fixe de 1 *fr.* (*Décret* 30 *déc.* 1809, *art.* 81.) *V.* Registres, n° 9. Abrogé. *V.* Acquisitions *par les établissemens publics*, *n°* 16, et Modifié. n° 3 inf. I. G. 19 janv. 1811, n° 504.

2. **FABRIQUES.** — Les actes des fabriques relatifs à des conventions avec des tiers sont soumis au timbre et à l'enregistrement. (*Loi* 15 *mai* 1818, *art.* 78.) *V.* Actes *administratifs.* I. G. 18 mai 1818, § 7, n° 834.

3. — Idem. Par suite les registres destinés à ces actes sont assujettis au timbre. (*Déc. f.* 12 *mars* 1827.) I. G. 30 juin 1827, § 14, n° 1210.

— *V.* Actes *de poursuites dans l'intérêt des établissemens publics*; Comptabilité *communale, n*os 17 *et* 18; Inscriptions, n° 11 et 12; Ventes *d'immeubles, n°* 31.

FACTURES. — **Timbre.** — Une facture acceptée peut être écrite sur papier timbré de dimension. (*Déc f.* 4 *avril* 1831.) I. G. 20 sept. 1831, § 9, n° 1381.

— *V.* Avis *imprimés*; Comptabilité *communale*; Comptabilité *publique.*

FAILLITES (*Actes en matière de*). — Les droits de ces actes sont réduits, savoir :

1° **Affirmations** *de créances*, quel que soit le nombre, 3 *fr. fixe.* (*Loi* 24 *mai* 1834, *art.* 13.)

2° **Atermoiemens** et **Concordats**, en exécution des art. 519 et suivans du C. Com., quelle que soit la somme que le failli s'oblige de payer, 3 *fr. fixe.* (*Art.* 14.)

3° **Inventaires** *après faillite*, 2 *fr. fixe*, sans égard au nombre de vacations. (*Art.* 11.)

4° **Quittances** *de répartitions* d'après l'art. 561 C. Com., quel que soit le nombre d'émargemens, 2 *fr. fixe.* (*Art.* 15.)

5° **Scellés.** — Les procès-verbaux d'apposition, reconnaissance ou levée, quel que soit le nombre des vacations, 2 *fr. fixe.* (*Art.* 11.)

6° **Ventes** *de meubles ou marchandises*, conformément à l'art. 492 C. Com. — 50 *cent. p.* °/o. (*Art.* 12, *Loi* 24 *mai* 1834.) I. G. 17 nov. 1834, § 1, n° 1471.

— *V.* Actes *judiciaires, n°* 33 *et suiv.*; Affirmations *de créances, n°* 1 *et suiv.*, Atermoiemens; Concordats; Inscriptions, n° 14; Inventaires, n° 4; Paiement *des droits, n°* 16; Quittances, n° 10; Rédaction, n° 21; Scellés, n° 2; Ventes *de marchandises, n°* 11.

FAUSSES *évaluations.* — *V.* Insuffisances *d'évaluations.*

FAUX. — *V.* Inscriptions *de faux.*

FERMAGES. — *V.* Baux *à ferme*; Mercuriales; Successions.

FÊTES. — *V.* Jours *fériés.*

FEUILLES *d'audiences.* — Les feuilles d'audiences doivent être tenues sur papier timbré. (*Déc. j. et f.* 9 *et* 22 *mars* 1808.) I. G. 6 avril 1808, § 2, n° 373.

2. —— Idem. (*Déc. j.* 20 *juillet* 1808.) I. G. 1er sept. 1808, n° 397.

3. — **Jugemens** *de police.* — Les greffiers peuvent tenir deux feuilles d'audience, l'une en papier timbré pour les affaires civiles, l'autre en papier visé pour timbre pour les jugemens à la requête du ministère public. (*Ord. roy.* 22 *mai* 1816.). . . . . I. G. 3 juin 1816, n° 726.

4. — Idem. (*Déc. f* 15 *sept.* 1820.) I. G. 28 sept. 1820, n° 953.

5. — La tenue séparée d'une feuille d'audience en matière correctionnelle ou de police, n'est pas obligatoire. (*Déc. f.* 3 *janv. et* 19 *fév.* 1823.) I. G. 5 mars 1823, n° 1074.

FEUILLES *de route.* — *V.* Messageries, nos 1 et 2; Service *militaire, n°* 1 *et suiv.*

FEUILLES *périodiques.* — *V.* Journaux; Musique.

FILATURES. — *V.* Ventes *d'immeubles, n*os 60 *et suiv.*

FILIGRANE. — Les papiers timbrés porteront un filigrane particulier. (*Loi timb.*, *art.* 3.) *V.* Timbre. Circ. n° 1419.

FOLLE-ENCHÈRE. — *V.* Certificats, n° 6; Rédaction, nos 12, 13 et 14; Successions, n° 56; Ventes *d'immeubles, n*os 20, 21 *et* 22.

FONDS *de commerce.* — *V.* Cessions *d'offices et achalandages.*

FORÊTS. — *V.* Bois; Procès-verbaux; Procès-verbaux *de délits*, *n°* 9 *et suiv.*

FORTIFICATIONS. — *V.* Acquisitions *par l'état*, *n°* 8; Servitudes *militaires.*

FRACTIONS. — Les droits doivent être liquidés sans fraction de centime; en cas de fraction, le centime doit être perçu en entier. (*Loi enreg., art* 5.) Circ. n° 1450.

2. — La perception du droit proportionnel suit les sommes et valeurs de 20 en 20 francs sans fraction. (*Loi* 27 *vent. an IX, art.* 2.) Circ. n° 1992.

3. — Cette règle est applicable aux droits d'inscription. (*Loi* 1816, *art.* 60.) *V.* Inscriptions. I. G. 29 avril 1816, n° 714.

— *V.* Minimum.

FRACTIONS *de rôles.* — *V.* Expéditions *(Droits d')*, *n°* 4.

FRAIS *de justice.* — *V.* Exécutoires *de dépens.*

G

GAGES. — *V.* Nantissemens.

GAINS *de survie.* — *V.* Contrats *de mariage*; Donations *éventuelles*; Successions, n°s 18 et suiv.

GARANTIE (*droits de*) — Les actes de poursuites concernant les droits de garantie doivent être visés pour timbre et enregistrés *en debet*; les dépôts aux greffes d'objets saisis, de plaques ou poinçons, empreintes, etc., ne sont passibles d'aucun droit. (*Déc. f.*) I. G. 2 mai 1811, n° 516.

GARANTIES *mobilières.* — 50 *cent. p.* °/o. (*Loi enreg., art.* 69, § 2, *n°* 8.). . . . . . Circ. n° 1450

— *V.* Affectations *hypothécaires*, *n°* 1 *et suiv.*; Cautionnemens; Nantissemens; Obligations, n°s 19 et 20; Ventes *d'immeubles*, *n[os]* 23, 24 *et* 25.

GARDES. — *V.* Nominations *de gardes*, *n[os]* 1 *et* 2.

GARDE MUNICIPALE. — *V.* Comptabilité *communale*, *n°* 29.

GARDE NATIONALE. — Conseils *de discipline.* — Les actes de poursuites devant les conseils de discipline de la garde nationale, les jugemens, recours et arrêts sont *dispensés* du timbre et doivent être enregistrés *gratis.* (*Loi* 22 *mars* 1831, *art.* 121.) I. G. 16 avril 1831, n° 1357.

2. — Les actes de poursuites et les jugemens des conseils de discipline peuvent être admis à l'enregistrement *gratis* dans tous les bureaux du voisinage. (*Déc. f.* 14 *nov.* 1832.) I. G. 23 mars 1833, § 5, n° 1422.

3. — L'exemption du timbre et de l'enregistrement des actes de poursuites devant les conseils de discipline s'applique aux actes *en défense*, faits à la requête des gardes nationaux. (*Déc. f.* 5 *janv.* 1832.) I. G. 11 déc. 1833, § 1, n° 1442.

4. — **Dépenses.** — Même exemption pour les pièces justificatives des dépenses de la garde nationale. (*Déc. f.* 14 *sept.* 1832.) I. G. 23 mars 1833, § 16, n° 1422.

— *V.* Traités *de remplacement*, *n°* 2.

GARDES-VENTES. — *V.* Registres, n° 13.

GARDIENS. — *V.* Exploits, n°s 15 et 16; Saisies-exécution; Scellés, n° 4.

GAZETTES. — *V.* Journaux.

GENDARMES (*Actes des*). — *V.* Actes *de poursuites en matière criminelle et de police*; Procès-verbaux *de délits*, n° 17.

GENDAMERIE. — *V.* Baux *à ferme*, n°s 12, 13 et 14.

GÉNIE *militaire.* — *V.* Acquisitions *par l'état*, *n°* 8; Servitudes *militaires.*

GENS *de guerre*. — *V.* Comptabilité *publique* ; Garde *nationale* ; Marine ; Quittances, n° 24 ; Passeports, n° 4 ; Service *militaire*.

GRANDE-VOIRIE. — *V.* Actes *administratifs*, n° 15 ; Procès-verbaux, nos 24 et 25.

GREFFES (*Actes des*). — *V.* Actes *judiciaires*.

GREFFES (*Droits de*). — Ils sont de trois sortes, savoir :

1° Ceux de **Mise au role** ; 2° de **Rédaction** et **Transcription** ; 3° les droits d'**Expédition.** (*Loi* 21 *vent. an VII, art.* 2.) *V.* Mise au rôle ; Rédaction et Expéditions (*droits de*). Circ. n° 1537.

— *V.* Actes *judiciaires*, n° 42 ; Dépôts *aux greffes*.

2. — **Expéditions.** — Les greffiers ne peuvent délivrer aucune expédition que les droits n'aient été acquittés, sous peine de restitution du droit et de 100 *fr. d'amende*. (*Loi* 21 *vent. an VII, art.* 11.) Circ. n° 1537.

— *V.* Lettres-*patentes*, n° 3 ; Lois ; Majorats, nos 3, 10, 11, 12, 14, 15 et 17 ; Ordres, n° 3 ; Prescriptions, n° 13.

3. — **Procédures** *d'offices*. — Les droits de greffe doivent être liquidés *en debet* sur les actes de procédures suivies d'office en matière civile, et recouvrés ultérieurement sur les parties. (*Déc. f.* 26 *oct.* 1825.) I. G. 31 mars 1826, § 17, n° 1187.

4. — **Remise** *des greffiers*. — La remise des greffiers fixée à *trente centimes* par rôle d'expédition, et à *un décime par franc* sur le produit des droits de mise au rôle et de rédaction, est comprise dans les droits de greffe ci-dessus fixés, et doit être perçue en même temps par les receveurs qui la comptent aux greffiers à la fin de chaque mois. (*Loi* 21 *vent. an VII, art.* 19 *et* 21.) Modifié, nos 5 et 6 inf. . . . . . Circ. n° 1537.

5. — A compter du 1er janvier 1820, cesse la recette de la portion attribuée aux greffiers pour leur remise, cette portion est perçue directement par les greffiers. (*Ord. roy.* 8 *déc.* 1819, *art.* 1.) I. G. 18 déc. 1819, n° 912.

6. — Les receveurs ne perçoivent plus que la portion attribuée au trésor ; la remise du greffier est touchée par lui *directement* ; mais les relations d'enregistrement doivent indiquer le montant de cette remise. (*Loi* 23 *juill.* 1820, *art.* 2.) . . . . I. G. 26 juill. 1820, n° 944.

7. — **Timbre.** — **Registres.** — Les greffiers tiendront, sur papier timbré, un registre coté et paraphé par le président pour inscrire jour par jour les actes sujets aux droits de greffe, les expéditions délivrées, le nombre de rôles et les noms des parties. Ils doivent communiquer ce registre à toute réquisition des préposés. (*Loi* 21 *vent. an VII, art.* 13.) Modifié. n° 9 inf. Circ. n° 1537.

8. — Idem. (*Sol.* 14 *prair. an VII.*) Modifié. n° 9 inf. Circ. n° 1577.

9. — Ce registre est *exempt* du timbre. (*Déc. f.* 6 *brum. an VIII.*) Circ. n° 1695.

10. — Idem. I. G. 3 sept. 1808, n° 398.

GREFFIERS. — *V.* Actes *judiciaires* ; Greffes (*droits de*) ; Ordonnances *de nomination* ; Paiement *des droits* ; Registres, n° 14 et suiv.

GROSSES — *V.* Expéditions.

GROSSE-AVENTURE. — *V.* Abandonnemens *pour fait d'assurance maritime* ; Obligations *à la grosse aventure*

GROSSESSES. — *V.* Déclarations *de grossesses*.

GUERRE. — *V.* Comptabilité *publique* ; Marchés ; Service *militaire*.

H

HALLES. — Les procès-verbaux d'expertise et les actes portant abandon aux communes des halles appartenant à l'état, sont soumis au timbre et à l'enregistrement. Les derniers sont passibles du droit de 2 *fr. p.* °/₀. I. G. 25 juin 1806, n° 308.

HÉRITIERS. — *V.* Mutations *secrètes, n°* 6; Paiement *des droits;* Successions.

HÉRITIERS *(Actes d').* — Les actes d'héritiers doivent porter évidemment ce caractère pour emporter prise de possession; les héritiers étant solidaires, on doit poursuivre de préférence les plus solvables, ceux majeurs ou maîtres de leurs droits. (*Cass.* 6 *mai* 1824.) I. G. 8 sept. 1824, § 9, n° 1146.

— *V.* Absences, n° 3 et suiv.

2. — *Bénéficiaires.* — Renonciation. — L'héritier qui a accepté sous bénéfice d'inventaire ne peut plus renoncer à la succession. (*Cass.* 1er *fév.* 1830.) . . . . . . I. G. 8 juin 1830, § 5, n° 1320.

3. — Idem. (*Cass.* 24 *avril* 1833.) I. G. 30 sept. 1833, § 9, n° 1437.

— *V.* Licitations, n°s 7 et 8; Mutations *secrètes, n°* 18; Restitutions, n° 5; Successions, n°s 73 et 94; Ventes *d'immeubles, n°s* 26, 27 *et* 28.

HOMOLOGATIONS. — *V.* Actes *judiciaires, n°* 37; Ordonnances, n° 2.

HOSPICES. — *V.* Acquisitions *par les établissemens publics;* Actes *administratifs;* Comptabilité *communale et des établissemens;* Établissemens *publics;* Registres; Ventes *d'immeubles, n°* 29 *et suiv.*

HUISSIERS. — *V.* Actes *des huissiers;* Chambres *de discipline;* Exploits; Ordonnances *de nomination;* Paiement *des droits.*

HYPOTHÈQUES. — *V.* Bulletins *de dépôt;* États *d'inscriptions.*

HYPOTHÈQUES *(Droits d').* — Ils sont de deux sortes : les droits d'**Inscription** et les droits de **Transcription**. *V.* Inscriptions et Transcriptions. (*Loi* 21 *vent. an VII, art.* 19.) Circ. n° 1539.

— *V.* Lois; Prescriptions, n°s 14 et 15; Registres, n°s 17, 18 et 19; Restitutions, n° 19.

I

ILES. — *V.* Colons *de Saint-Domingue;* Colonies.

IMMEUBLES *par destination.* — *V.* Ventes *d'immeubles, n°* 60 *et suiv.*

IMPOSITIONS. — *V.* Contributions.

IMPRIMERIE. — *V.* Imprimeurs; Procès-verbaux *de délits, n°* 18.

IMPRIMEURS de journaux, affiches et papiers-musique, en contravention aux lois sur le timbre, sont solidaires pour le paiement de l'amende. (*Loi* 9 *vend. an VI, art.* 61.) Circ. n° 1105.

2. — Idem. L'amende emporte contrainte par corps. (*Loi* 1816, *art.* 69.) . . . . . . I. G. 29 avril 1816, § 5, n° 715.

3. — Les livres, registres, déclarations et récépissés prescrits par le décret du 5 fév. 1810 relatif à l'imprimerie, sont soumis au timbre. (*Déc. f.* 25 *juin* 1811.) Modifié. n° 4 inf. I. G. 25 juillet 1811, n° 535.

4. — Modifié en ce qui concerne les déclarations et les récépissés qui sont *exempts* du timbre. (*Déc. f.* 7 *janv.* 1812.) I. G. 14 janv. 1812, n° 1, n° 559.

INDEMNITÉS *mobilières*. — 50 *cent. p.* °/₀. (*Loi enreg., art.* 69, § 2, *n°* 8.) . . . . . . Circ. n° 1450.

2. — Constructions. — Le paiement d'une indemnité pour constructions par le propriétaire à son locataire, n'est passible que du droit de quittance. (*Sol.* 23 *nov.* 1830.) I. G. 18 mars 1831, § 3, n° 1354.

3. — Inexécution *des conventions*. — Il n'est pas dû un droit particulier sur les indemnités stipulées dans les baux ou autres contrats, dans le cas d'inexécution des conventions, à moins que cette indemnité ne soit stipulée par un tiers ou dans un acte séparé de la convention principale. (*Déc. f.*) I. G. 12 nov. 1811, § 6, n° 548.

4. — Le droit n'est pas dû sur une indemnité stipulée en cas d'éviction dans une vente par un père au nom de ses enfans mineurs. (*Cass.* 18 *avril* 1831.) . . . . . . I. G. 20 sept. 1831, § 8, n° 1381.

— *V.* Colons *de Saint-Domingue*; Émigrés.

INDICATIONS *de paiement*. — *V.* Délégations.

INDIGENS. — *V.* Actes *de l'état civil, n°s* 5, 6, 7 *et* 9; Actes *judiciaires, n°* 39; Lettres-*patentes*, *n°* 2; Passeports, n°s 6 et 7.

INDIGNITÉ. — *V.* Successions, n° 38.

INDIVISION. — *V.* Donations *entre vifs contenant partage, n°s* 7 *et suiv.*, 13 *et* 14; Licitations, n° 12 et suiv.; Partages; Ventes *d'immeubles, n°* 32 *et suiv.*

INSCRIPTIONS *au rôle*. — *V.* Absences, n° 3; Mutations *secrètes, n°* 8 *et suiv.*

INSCRIPTIONS *de faux*. — Les déclarations en inscription de faux et les procès-verbaux d'apport et d'état des pièces arguées de faux, sont sujets à l'enregistrement dans les vingt jours. (*Déc. f.* 13 *juin* 1809.) *V.* Actes *judiciaires*. . . . . I. G. 4 juillet 1809, § 21 et 22, n° 436.

INSCRIPTIONS *de pensions*. — *V.* Certificats, n° 7.

INSCRIPTIONS *de rentes sur l'état*. — *V.* Dette *publique*.

INSCRIPTIONS *(droits d')*. — 1 *fr. p.* 2,000 du capital de chaque créance antérieure à la loi du 11 brum. an VII, et 1 *fr. p.* 1,000 pour les créances postérieures, quel que soit d'ailleurs le nombre des créanciers et des débiteurs. (*Loi* 21 *vent. an VII, art.* 20 *et* 21.) Modifié. n° 2 inf. Circ. n° 1539.

2. — Le droit d'inscription est fixé à 1 *fr. p.* 1,000 sans distinction des créances antérieures ou postérieures à la loi du 11 brum. an VII, et la perception suit les sommes de 20 en 20 francs sans fraction. (*Loi* 1816, *art.* 60.) I. G. 29 avril 1816, n° 714.

3. — Comptables *publics*. — Le droit d'inscription devient exigible si le droit éventuel du trésor se convertit en créance réelle. *V.* n°s 5 et 6 inf. . . . . I. G. 17 juin 1808, n° 383.

4. — Les droits d'une inscription au profit du trésor, doivent être recouvrés sur l'agent responsable de la gestion du comptable et qui profite de la subrogation. (*Déc. f.* 19 *fév.* 1827.) I. G. 30 juin 1827, § 15, n° 1210.

5. — Créances *éventuelles*. — Le droit proportionnel n'est exigible que lorsque l'action éventuelle se convertit en créance réelle, et l'on ne peut requérir l'enregistrement d'aucun acte y relatif, que ce droit n'ait été payé. (*Loi* 6 *mess. an VII, art.* 1, 2 *et* 3.) *V.* n° 3 sup. Circ. n° 1676.

6. — Créance *indéterminée*. — Le droit est exigible en vertu des actes qui en font connaître l'importance. (*Sol.* 31 *mars* 1826.) *V.* n° 3 sup. . . . . I. G. 16 juin 1826, § 11, n° 1189.

7. — D'office. — Les inscriptions d'office ne donnent pas lieu au droit proportionnel. (*Déc. f.* 6 *fruct. an VII.*) *V.* n° 22 inf. Circ. n° 1653.

8. — Dotations. — Les inscriptions prises pour sûreté de rentes et redevances affectées à des dotations, ne sont soumises à aucun droit. Il n'est dû que le salaire et

le remboursement des droits de timbre. (*Décret 22 déc. 1812, art. 11.*) . . . .
. . . I. G. 25 fév. 1813, § 2, nº 625.

9. **INSCRIPTIONS** (*droits d'*). — **Double** *formalité*. — S'il y a lieu à inscription d'une même créance dans plusieurs bureaux, le droit sera acquitté en totalité dans le premier bureau. (*Loi 21 vent. an VII, art. 22.*) Circ. nº 1539.

10. — **Établissemens** *publics*. — Les droits seront perçus en *débet*, sauf recouvrement sur les parties. (*Loi 21 vent. an VII, art. 23.*) *V.* nº 12 inf. Circ. nº 1539.

11. — Cette faveur n'est pas accordée aux fabriques (*Déc. f. 25 niv. an XIII.*) Abrogé. nº 12 inf. I. G. 30 pluv. an XIII, nº 274.

12. — La formalité ne peut être donnée en *débet* que pour les hypothèques *légales*, et les fabriques jouissent du même privilège. (*Déc. f. 3 flor. et 4 therm. an XIII.*)
. . . I. G. 11 sept. 1806, § 1, nº 316.

13. — **État**. — Les inscriptions prises dans l'intérêt de l'état doivent être formalisées en *débet*. (*Loi 21 vent. an VII, art. 23.*) *V.* nº 16 inf. Circ. nº 1539.

14. — **Faillites**. — Les droits des inscriptions prises dans l'intérêt d'un failli doivent être payés comptant; mais pour les inscriptions prises par les syndics, contre le failli, au profit de la masse des créanciers, le droit n'est exigible que sur celles qui résultent du jugement d'homologation. (*Déc. j. et f. 26 sept. et 11 oct. 1808.*)
. . . I. G. 6 déc. 1808, nº 409.

15. — **Intérêts**. — Le droit est dû sur le capital, les intérêts échus et les frais faits; mais non sur les intérêts à échoir et les frais à faire. (*Déc. f. 10 sept. 1823.*) . .
. . . I. G. 8 sept. 1824, § 14, nº 1146.

16. — **Italie**. — Les inscriptions au profit de l'état doivent être formalisées en *débet* en Italie comme en France, soit qu'elles grèvent des Italiens ou des Français. (*Décret 18 août 1811, art. 1.*) *V.* nº 13 sup. Circ. 6 sept. 1811.

17. — **Partages**. — L'inscription prise par un co-partageant sur le lot d'un autre, en garantie des dettes communes mises à la charge de ce dernier, ne donne pas lieu au droit proportionnel. (*Cass. 23 août 1830.*) I. G. 24 déc. 1830, § 14, nº 1347.

18. — **Renouvellement**. — Les renouvellemens sont passibles d'un nouveau droit. (*Déc. f. 29 juillet 1806.*) I. G. 11 sept. 1806, § 5, nº 316.

19. — Si la créance est antérieure à la loi du 11 brum. an VII, le droit n'est exigible qu'à raison de 1 *fr. p.* 2,000. (*Déc. j. et f. 31 mars et 11 avril 1809.*) Abrogé. nº 2 sup. I. G. 6 juin 1809, § 1, nº 433.

20. — **Rentes**. — Le droit doit être perçu sur le capital énoncé et pour lequel l'inscription est requise et non sur le capital de dix ou vingt fois la rente. (*Sol. 27 juillet 1824.*) I. G. 18 déc. 1824, § 14, nº 1150.

21. — Le capital de la rente doit être indiqué dans le bordereau, et à défaut, évalué par le requérant sur la demande du conservateur. (*Sol. 11 juin 1833.*) . . .
. . . I. G. 30 sept. 1833, § 16, nº 1437.

22. — **Ventes**. — L'inscription prise par le vendeur pour sûreté du prix est passible du droit proportionnel; mais celle qui est requise par l'acquéreur en garantie d'éviction, n'est passible du droit que lors de la réalisation de la créance. (*Déc. f. 31 juillet 1810.*) *V.* nº 7 sup. I. G. 13 août 1810, nº 487.

INSINUATION *des donations entre vifs*. — Cette formalité doit être donnée dans les bureaux d'enregistrement, sous les peines portées par les lois subsistantes (*Loi enreg., art. 72.*) Abrogé. nº 2 inf. Circ. nº 1450.

2. — Cette formalité est abrogée par le code civil. (*Loi 13 flor. an XI.*) . . . .
. . . I. G. 26 niv. an XII, nº 196.

INSTITUTIONS *contractuelles d'héritiers*. — 3 *fr. fixe*, comme donations éventuelles, sauf le droit proportionnel à l'évènement. (*Cass. 19 pluv. an XI.*) Modifié. nº 2 inf.
. . . I. G. 3 fruct. an XIII, § 35, nº 290.

2. **INSTITUTIONS** *contractuelles d'héritiers.* — Le droit est porté à 5 *fr. fixe.* (*Loi* 1816, *art.* 45, *n°* 4.) *V.* Donations *éventuelles.* I. G. 29 avril 1816, n° 714.

INSUFFISANCES *de prix ou d'évaluations.* — *V.* Amendes *d'enregistrement, n°s* 4, 6 et 7; Expertises, n° 1 et suiv.; Prescriptions, n° 1; Successions, n°s 58, 59 et 60.

INTERDICTIONS. — *V.* Actes *judiciaires, n°s* 10 *et* 14.

INTÉRÊTS. — *V.* Inscriptions, n° 15; Ventes *d'immeubles, n°* 15.

INTÉRIEUR (*Ministère de l'*). — *V.* Comptabilité *publique*; Marchés.

INTERROGATOIRES. — *V.* Actes *judiciaires*; Rédaction, n°s 32 et 33.

INTERRUPTION *de la prescription.* — *V.* Prescriptions, *n°s* 16, 17 et 18; Restitutions, n°s 23 et 24.

INTERRUPTION *de poursuites.* — *V.* Prescriptions, n° 1.

INVASIONS. — Actes *passés pendant l'occupation de la France.* — Le délai pour l'enregistrement des actes passés pendant l'occupation étrangère, ne court que du jour où les bureaux ont été rouverts au public; pour les mutations, testamens et successions, le délai ordinaire est prolongé d'un mois à partir de la même époque. (*Déc. f.*) Circ. 10 mai 1814.

2. — Les actes peuvent être visés pour timbre sans amende, pendant un mois, à compter du jour où les bureaux ont été rouverts. (*Déc. f.*) Circ. 28 mai 1814.

INVENTAIRES de meubles, titres et papiers. — 2 *fr. fixe par vacation.* (*Loi enreg., art.* 68, § 2, *n°* 1.) *V.* n°s 4, 5 et 8 inf. Circ. n° 1450.

— *V.* Actes *passés en conséquence, n°s* 16, 25 *et* 26; Bureaux, n° 4.

2. — Cargaisons *naufragées.* — Les inventaires de cargaisons naufragées et leurs récolemens, faits par les commissaires de marine, sont soumis au timbre et à l'enregistrement. (*Déc. f.* 28 *juin* 1808.) I. G. 28 juill. 1808, § 6, n° 390.

3. — Délais. — Chaque vacation doit être enregistrée dans les délais fixés, à partir de sa date. (*Sol.* 14 *niv. an VIII.*) *V.* n° 6 inf. Circ. n° 1737.

4. — Faillites. — Les inventaires dressés après faillites, 2 *fr. fixe, quel que soit le nombre de vacations.* (*Loi* 24 *mai* 1834, *art.* 11.) *V.* Faillites. . . . . I. G. 17 nov. 1834, § 1, n° 1471.

— *V.* Actes *judiciaires, n°* 36; Mutations *secrètes, n°* 20; Obligations, n° 10.

5. — Tissus. — Les inventaires de tissus français prescrits par l'art. 41 de la loi du 21 avril 1818, sur les douanes, doivent être enregistrés *gratis* dans les quinze jours de leur date. (*Loi* 21 *avril* 1818, *art.* 41.) I. G. 27 avril 1818, n° 830.

6. — Vacations. — 2 *fr. fixe* par vacation dont la durée ne peut excéder *quatre heures*; le délai court de la date de chaque vacation. (*Décret* 10 *brum. et Déc. f.* 19 *frim. an XIV.*) I. G. 30 frim. an XIV, n° 296.

7. — Le droit fixe est dû par chaque vacation de *trois heures.* (*Déc. f.* 25 *oct.* 1808.) *V.* n° 8 inf. I. G. 30 nov. 1808, § 2, n° 406.

8. — Les vacations doivent être comptées par trois heures, à moins que les notaires n'aient exprimé l'intention de les porter à quatre heures. Le calcul doit se faire par jour. (*Sol.* 25 *mai* 1830.) I. G. 27 sept. 1830, § 8, n° 1336.

INVESTITURES (*Droit d'*). — *V.* Ordonnances *de nomination.*

J

JOURS *fériés.* — Si le dernier jour du délai se trouve être un *décadi* ou un jour férié, les formalités peuvent être données le lendemain. (*Loi enreg., art.* 25.) Circ. n° 1450.

2. — Le dimanche est substitué au *décadi*, si les délais expirent ce jour-là. (*Déc. f.* 10 *mess. an X.*) I. G. 3 fruct. an XIII, § 19, n° 290.

3. **JOURS** *fériés* — Les fêtes conservées sont, outre les dimanches, Pâques, Ascension, Pentecôte, Assomption, Toussaint et Noël. (*Lettre j.* 29 *juill.* 1808.) . . . . I. G. 6 juin 1809, § 7, n° 433.

4. — Le premier janvier est un jour férié relativement aux formalités du timbre, de l'enregistrement et des hypothèques. (*Av. cons. d'état* 13 *mars* 1810.) . . . . I. G. 10 déc. 1810, n° 499.

5. — La formalité de l'enregistrement ne doit pas être donnée les dimanches et jours fériés reconnus. (*Déc. f.* 1er *juill.* 1816.) I. G. 12 juill. 1816, n° 730.

— *V.* Délais, n° 1; Ventes *d'immeubles*, n° 6.

JOURNAUX *et feuilles périodiques* autres que les ouvrages périodiques relatifs aux sciences et aux arts ne paraissant qu'une fois par mois, et contenant au moins deux feuilles d'impression, sont assujettis au timbre de *cinq cent.* par feuille de 25 décimètres carrés, et de *trois cent.* pour la demi-feuille, plus *un cent.* par chaque cinq décimètres carrés d'excédant, à peine de 100 fr. d'amende. (*Loi* 9 *vend. an VI, art.* 56, 57, 58 *et* 60, *et Loi* 13 *vend. an VI.*) Modifié. n°s 2, 3 et 4 inf. . . . . Circ. n° 1105, et I. G. 15 mai 1807, n° 326.

2. — L'exception pour les feuilles non périodiques et les ouvrages relatifs aux sciences et aux arts, est abrogée. (*Loi* 1816, *art.* 70.) Modifié. n° 3 et 4 inf. . . . . . . I. G. 29 avril 1816, § 6, n° 715.

3. — Les ouvrages périodiques relatifs aux sciences et aux arts, ne paraissant qu'une fois par mois au plus, et contenant au moins deux feuilles d'impression, sont *exempts* du timbre. (*Loi* 25 *mars* 1817, *art.* 76.) *V.* n° 5 inf. I. G. 27 mars 1817, § 3 n° 768.

4. — Le droit est réduit à *trois cent.* pour une superficie de 15 décimètres carrés et au-dessous, outre *un cent.* en sus par chaque cinq décimètres carrés complets d'excédant, sans fraction, et à *six cent.* pour trente décimètres carrés et au-dessus. — Les feuilles de supplément sont *exemptes* du timbre, si le journal a au moins, ainsi que le supplément, trente décimètres carrés. (*Loi* 14 *déc.* 1830, *art.* 2.) . . . . . . I. G. 17 déc. 1830, n° 1343.

5. — Les journaux et écrits périodiques sont assujettis au timbre à moins qu'ils ne soient exclusivement consacrés aux sciences et aux arts, et ne contiennent au moins deux feuilles d'impression. (*Cass.* 14 *juill.* 1829.) I. G 29 déc. 1829, § 20, n° 1303.

— *V.* Bulletins *administratifs*; Cautionnemens, n° 11.

6. — Droit *spécial.* — Les journaux politiques sont assujettis à un *supplément* de droit de timbre de *un cent. par feuille.* (*Ord. roy.* 1er *avril* 1816.) Modifié. n° 7 inf. et abrogé n° 4 sup. I. G. 18 juill. 1816, n° 731.

7. — Le droit spécial supplémentaire est porté à *un cent. et demi* par feuille pour les journaux imprimés à Paris, et à un *demi cent.* pour ceux qui s'impriment dans les départemens. (*Loi* 15 *mai* 1818, *art.* 89.) Abrogé. n° 4 sup. . . . . I. G. 18 mai 1818, § 9, n° 834.

8. — Idem. (*Loi* 17 *juill.* 1819, *art.* 2.) I. G. 4 août 1819, n° 899.

9. — Idem. (*Loi* 23 *juill.* 1820, *art.* 5.) I. G. 26 juill. 1820, n° 944.

10. — Idem. (*Loi* 31 *juill.* 1821, *art.* 6.) Abrogé. n° 4 sup. . . . . I. G. 4 août 1821, n° 990.

11. — Étrangers. — Les journaux étrangers doivent être timbrés avant d'être distribués en France. (*Déc. f.* 22 *frim. an VI.*) Circ. n° 1163.

Nota. Abrogé par déc. fin. 23 sept. 1828.

12. — Excédant. — Le supplément de *un cent.* exigible par chaque excédant de 5 *décimètres carrés* en sus de la dimension de 25 décimètres fixée pour la feuille entière, doit être perçu lors même que l'excédant ne serait pas entier. (*Déc. f.* 18 *déc.* 1815.) Abrogé. n° 4 sup. I. G. 25 mai 1816, n° 722.

13. JOURNAUX. — Extraits. — Les extraits du moniteur qui se crient et se distribuent dans les rues sont *exempts* du timbre. (*Déc. f.*) Modifié. n° 14 inf. . . . . I. G. 15 mai 1807, § 2, nomb. 2, n° 326.

14. — Les extraits de journaux qui se publient ou se crient dans les rues sont sujets au timbre comme avis imprimés. (*Déc. f.* 30 *sept.* 1831.) . . . . I. G. 27 déc. 1831, § 9, n° 1388.

15. — Idem. (*Cass.* 22 *déc.* 1834.) I. G. 21 avril 1835, § 16, n° 1481.

16. — Supplémens. — Ils paient le droit de timbre comme les journaux eux-mêmes. (*Loi* 6 *prair. an VII*, *art.* 3.) Modifié. n° 4 sup. Circ. n° 1580.

— *V.* Imprimeurs; Prospectus, n° 8.

JUGES *commissaires.* — *V.* Actes *judiciaires*, *n°s* 33 *et* 35.

JUGEMENS. — *V.* Actes *judiciaires*; Collocations; Condamnations; Liquidations; Restitutions, n° 8 et suiv.

JUGEMENS *de condamnation ou de police.* — *V.* Actes *judiciaires en matière criminelle et de police*; Extraits, n° 1 et suiv.; Feuilles *d'audience*, *n°* 1.

JURY. — *V.* Élections; Pétitions, n° 3.

JUSTICES *de paix* (*Actes des*). — *V.* Actes *judiciaires*.

L

LÉGALISATIONS *de signatures d'officiers publics.* — Elles sont *exemptes* d'enregistrement. (*Loi enreg.*, *art.* 70, § 3, *n°* 11.) Circ. n° 1450.

LÉGATAIRES. — *V.* Paiement *des droits*; Successions.

LÉGION-*d'honneur*. — *V.* Baux *à ferme*, *n°* 22; Échanges, n° 12.

LÉGITIMES (*Quittances de*). — Elles ne peuvent être considérées comme opérant cession et ne donnent lieu qu'au droit de quittance. (*Sol.* 12 *frim. an VIII.*) *V.* Successions. Circ. n° 1709.

LEGS. — *V.* Délivrances *de legs*; Successions, n° 61 et suiv.

LEGS *en faveur des établissemens publics.* — *V.* Acquisitions *par les établissemens.*

LÉSIONS. — *V.* Résolutions *de contrats*, *n°s* 3, 9 *et suiv.*

LETTRES *de change.* — Les lettres de change ainsi que les acquits, acceptations ou endossemens sont *exempts* de l'enregistrement. (*Loi enreg.*, *art.* 70, § 3, *n°* 15.) Abrogé. n° 2 inf. Circ. n° 1450.

2. — Les lettres de change sont soumises à l'enregistrement au droit de 25 *cent. p.* °/₀, et peuvent n'être présentées qu'avec l'assignation ou avant la demande en remboursement. (*Loi* 1816, *art.* 50.) I. G. 29 avril 1816, n° 714.

3. — Caractères *distinctifs.* — Un effet est réputé lettre de change 1° s'il est tiré de place en place, lors même que l'accepteur a changé le lieu du paiement; 2° s'il est à l'ordre du tireur lui-même pourvu qu'il y ait endossement au profit d'un tiers, et que le protêt n'ait pas lieu à la requête du tireur. (*Déc. j. et f.* 31 *oct. et* 15 *nov.* 1808.) I. G. 8 déc. 1808, § 1, n° 410.

4. — Une lettre de change à l'ordre du tireur et non endossée, est passible du droit de 50 *cent. p.* °/₀, comme simple effet négociable. (*Sol.* 20 *janv.* 1829.) . . . . . . I. G. 28 juin 1829, § 3, n° 1282.

5. — Elle doit nécessairement être payable dans un lieu différent de celui d'où elle a été tirée, autrement elle perdrait le caractère de lettre de change. (*Sol.* 27 *avril* 1832.) I. G. 30 sept. 1832, § 8, n° 1410.

6. LETTRES *de change.* — **Etranger.** — Les lettres de change venant des colonies ou de l'étranger sont *exemptes* de l'enregistrement. (*Loi enreg., art.* 70, § 3, n° 15.) Abrogé. n° 2 sup. *V.* Actes *passés à l'etranger, n*os 5, 11 *et* 13. Circ. n° 1450.

7. — **Notaires.** — Les lettres de change passées devant notaires doivent être soumises à l'enregistrement et sont passibles du droit *fixe d'un franc*, comme salaire de la formalité; ces actes perdraient le caractère de lettres de change s'ils contenaient affectation hypothécaire. (*Déc. f.* 22 *nov.* 1808.) Modifié. n° 2 sup. et 8 inf. . . . . I. G. 8 déc. 1808, § 2, n° 410.

8. — Les lettres de change passées devant notaires doivent être enregistrées au droit de 25 *cent. p.* °/o, dans les délais fixés pour les actes notariés. (*Déc. f.* 19 *mars* 1819.) I. G. 19 avril 1819, n° 883.

9. — Idem. (*Cass.* 10 *fév.* 1834.) I. G. 19 juill. 1834, § 3, n° 1458.

10. — Idem. (*Cass.* 28 *janv.* 1835.) I. G. 31 juill. 1835, § 5, n° 1490.

11. — Les seconde, troisième ou quatrième lettres de change sont *exemptes* de timbre si la première, écrite sur papier timbré, est représentée. (*Loi* 1er *mai* 1822, *art.* 6.) . . . I. G. 8 mai 1822, n° 1039.

— *V.* Affectations *hypothécaires, n*os 1 et 2; Avals; Cautionnemens, n° 12; Effets *de commerce, n°* 1 *et suiv.*; Mandats, n° 5; Obligations, nos 2, 3 et 4.

LETTRES *de voiture* — 1 *fr. fixe par chaque destinataire.* (*Loi enreg., art.* 68, § 1, *n°* 20.) Circ. n° 1450.

2. — **Timbre.** — Elles sont soumises au timbre de 1 fr., à peine d'une amende progressive de 25, 50 et 100 fr. (*Loi* 6 *prair. an VII, art.* 4 *et* 5.) Modifié. nos 4 et 5 inf. Circ. n° 1580.

3. — Les *duplicata* sont également soumis au timbre. (*Délib.* 5 *flor. an VIII.*) . . . . I. G. 15 mai 1807, § 3, nomb. 1, n° 326.

4. — Les amendes sont réduites à 5, 10 et 20 fr. (*Loi* 1824, *art.* 10.) . . . . I. G. 23 juin 1824, § 10, n° 1136.

5. — Les lettres de voiture peuvent être rédigées sur du papier timbré de toute dimension, et les propriétaires qui font conduire leurs récoltes n'ont pas besoin d'en délivrer à leurs propres voituriers, domestiques ou fermiers. (*Décret* 3 *janv.* 1809.) . . . I. G. 6 mars 1809, § 2, n° 419.

6. — Elles sont sujettes au timbre d'après leur dimension. (*Sol.*) . . . . I. G. 22 juill. 1828, § 1, n° 1250.

7. — Celles pour transport d'effets militaires expédiés par des entrepreneurs, sont soumises au timbre; mais il y a *exemption* lorsqu'elles sont délivrées pour le compte direct du gouvernement. (*Déc. f.* 18 *fruct. an VIII.*) Circ. 29 fruct. an IX, n° 2042.

LETTRES-MISSIVES qui ne donnent pas lieu au droit proportionnel. — 1 *fr. fixe.* (*Loi enreg., art.* 68, § 1, *n°* 31.) Modifié. n° 2 inf. Circ. n° 1450.

2. — 2 *fr. fixe.* (*Loi* 1816, *art.* 43, *n°* 14.) I. G. 29 avril 1816, n° 714.
— *V.* Actes *judiciaires, n°* 70.

LETTRES-PATENTES. — Les lettres-patentes qui confèrent ou confirment des titres honorifiques, des droits de naturalisation, ou accordent des dispenses d'âge ou de parenté, sont passibles d'un droit d'enregistrement de 20 *fr p.* °/o du montant des droits de sceau. (*Loi* 1816, *art.* 55.) I. G. 29 avril 1816, n° 714.

2. — Celles portant dispense d'âge pour mariage, délivrées à des indigens doivent être enregistrées *gratis.* (*Loi* 15 *mai* 1818, *art.* 77.) I. G. 18 mai 1818, § 6, n° 834.

3. — Le registre tenu au greffe pour la transcription des lettres-patentes portant dispense d'âge ou de parenté pour mariage, doit être sur papier timbré, ainsi que l'expédition de la transcription qui est assujettie aussi au droit de greffe de 1 *fr. par rôle.* La requête du procureur du roi et l'ordonnance du président qui prescrit cette transcription, peuvent être admises au visa pour timbre et à l'enregistrement au droit *fixe de 3 fr.*, *en débet*, sauf recouvrement sur les parties. (*Déc. f.* 25 *mars* 1829.) . . . . I. G. 28 juin 1829, § 4, n° 1282.

— *V.* Majorats, n°s 2, 9, 10 et 11.

LEVÉES *de scellés*. *V.* Scellés.

LEVÉES *de contributions directes*. — Les adjudications de ce genre, 50 *cent. p.* °/₀ sur la remise du percepteur. (*Loi enreg.*, *art.* 69, § 2, *n°* 3.) Circ. n° 1450.

LIBÉRATIONS. — *V.* Quittances.

LIBRAIRIE. — Timbre. — La table de la bibliographie de l'empire publiée par le directeur général de la librairie, est *exempte* du timbre. (*Déc. f.* 2 *mars* 1813.). . . . . I. G. 15 mars 1813, n° 629.

— *V.* Procès-verbaux *de délits*, *n°* 18; Prospectus.

LICENCES. — *V.* Livrets; Pêche, n° 1.

LICITATIONS. — Le droit exigible sur le prix des parts acquises est fixé, savoir : Meubles, 2 *fr. p.* °/₀ (*Loi enreg.*, *art.* 69, § 5, *n°* 6); Immeubles, 4 *fr. p.* °/₀. (*Même art.*, § 7, *n°* 4.) Circ. n° 1450.

2. — Cessionnaire *de l'héritier*. — La vente par licitation au profit du cessionnaire d'un héritier étant susceptible d'être transcrite, opère 5 *fr.* 50 *c. p.* °/₀. (*Arrêt d'admission* 30 *mai* 1826.) Modifié. n° 3 inf. I. G. 20 mars 1827, § 9, n° 1205.

3. — Il n'est dû que 4 *fr. p.* °/₀ si l'indivision cesse entièrement. (*Trib. de la Seine*, 14 *mars* 1827.) I. G. 22 mars 1828, § 5, n° 1236.

4. — Cessions *de droits successifs*. — Les cessions de droits successifs à un co-héritier opèrent le droit de 4 *fr. p.* °/₀ avant le partage, et celui de 5 *fr.* 50 *c.*, si le partage a eu lieu antérieurement. (*Cass.* 27 *juill.* 1819.) I. G. 9 juin 1827, § 1, n° 1, n° 1209.

5 — Co-propriétaires. — Il n'est dû que 4 *fr. p.* °/₀ sur les licitations entre co-propriétaires ayant titre commun. (*Cass.* 14 *juill. et* 10 *août* 1824.) *V.* n° 6 inf. . . . . . I. G. 18 déc. 1824, § 8, n° 1150.

6. — Il n'est dû également que 4 *fr. p.* °/₀ lorsque les co-licitans sont propriétaires à différens titres, *si l'indivision cesse entièrement*. (*Cass.* 22 *fév. et* 6 *nov.* 1827.). . . . . I. G. 22 mars 1828, § 5, n° 1236.

7. — Héritiers *bénéficiaires*. — Le droit proportionnel de 1 fr. 50 cent. p. °/₀ est exigible sur la transcription d'une adjudication au profit de l'héritier bénéficiaire. (*Cass.* 12 *nov.* 1823.) I. G. 16 fév. 1824, n° 1121.

8. — Le droit de transcription est exigible, lors de l'enregistrement, sur les ventes au profit d'un héritier bénéficiaire. I. G. 23 déc. 1826, § 12, n° 1204.

9. — Idem. (*Cass.* 26 *déc.* 1831.) I. G. 31 mars 1832, § 1, n° 1398.

10 — On doit percevoir 5 *fr.* 50 *c. p.* °/₀ sur le prix des parts acquises par l'héritier bénéficiaire, plus le droit de transcription sur le prix représentatif de sa part dans l'immeuble. (*Déc. f.* 30 *sept.* 1833.) *V.* n° 23 inf. I. G. 30 déc. 1833, § 1, n° 1446.

11. — Idem. (*Cass.* 15 *janv.* 1834.) I. G. 19 juill. 1834, § 1, n° 1458.

12. Indivision *subsistante*. — Pour que la vente par licitation ne donne lieu qu'au droit de 4 *fr. p.* °/₀, il faut que *l'indivision cesse entièrement* entre tous les co-propriétaires ou co-héritiers. (*Cass.* 16 *janv.* 1827.) I. G. 15 déc. 1827, § 12, n° 1229.

13. — Idem (*Cass.* 22 *fév. et* 6 *nov.* 1827.) I. G. 22 mars 1828, § 5, n° 1236.

14. — Idem. (*Cass.* 24 *août* 1829.) I. G. 29 déc. 1829, § 12, n° 1303.

15. — Idem. (*Cass.* 6 *août* 1829.) I. G. 27 mars 1830, § 2, n° 1307.

16. — Idem. (*Cass.* 27 *déc.* 1830.) I. G. 18 mars 1831, § 10, n° 1354.

17. — Idem (*Cass.* 31 *janv.* 1832.) I. G. 29 juin 1832, § 7, n° 1401.

18. — Idem. (*Cass.* 6 *nov.* 1832.) I. G. 23 mars 1833, § 12, n° 1422.

19. LICITATIONS. — INDIVISION *subsistante.* — La vente d'un tiers aux propriétaires indivis des deux autres tiers ne faisantpas cesser entièrement l'indivision, est passible du droit de 5 *fr.* 50 *c. p.* °/₀. (*Cass.* 16 *mai* 1832.) . . . . I. G. 30 sept. 1832, § 11, n° 1410.

— MACHINE *à vapeur* — *V.* VENTES *d'immeubles*, n° 64.

20. — PARTS *acquises.* — Le droit n'est dû que sur la part acquise par l'héritier, en prenant pour base la valeur de son émolument dans la *totalité* de la succession. (*Sol.* 14 *avril* 1824.) *V.* n° 21 inf. I. G. 8 sept. 1824, § 8, n° 1146.

21. — On doit déduire la part de l'acquéreur dans le prix de tous les biens licités par le même acte. (*Sol.* 26 *fév.* 1833.) I. G. 30 juin 1833, § 7, n° 1425.

— *V.* RÉDACTION, n°ˢ 13 et 14; RESTITUTIONS, n°ˢ 13, 14, 25 et 26.

22. — TRANSCRIPTION. — Les licitations ne sont pas soumises au droit additionnel de *un et demi p.* °/₀, qui ne doit être perçu qu'à la transcription, si elle est requise. (*Cass.* 27 *juill.* 1819.) *V.* n° 23 inf. I. G. 27 oct. 1819, n° 903.

23. — Il n'est dû que le droit de 4 *fr. p.* °/₀, si l'indivision cesse entièrement; mais le droit de 1 *fr.* 50 *c. p.* °/₀ serait exigible lors de la transcription, si elle était requise; ce droit frappe le prix *intégral de l'adjudication.* (*Déc. f.* 30 *sept.* 1833.) *V.* n° 3 et suiv. sup. I. G. 30 déc. 1833, § 1, n° 1446.

— *V.* TRANSCRIPTIONS, n°ˢ 2, 3, 5 et 6; VENTES *d'immeubles.*

LIQUIDATIONS. — *V.* ACTES *judiciaires*, n° 28; DETTE *publique;* OBLIGATIONS, n° 11 et suiv.; PARTAGES.

LIQUIDATIONS *de reprises.* — *V.* COMPTES, n° 7; OBLIGATIONS, n° 11; PARTAGES.

LIQUIDATIONS *des droits.* — *V.* VALEURS.

LISTE *civile.* — *V.* ACQUISITIONS *par l'état*, n° 9.

LISTES *électorales et du jury.* — *V.* ÉLECTIONS; PÉTITIONS, n° 3.

LITHOGRAPHIES. — *V.* AFFICHES, n° 17; AVIS et ANNONCES, n°ˢ 8 et 9.

LIVRES *de caisse.* — *V.* COMPTABILITÉ *communale.*

LIVRES *de commerce.* — TIMBRE. — Les livres de commerce qui doivent être paraphés sont assujettis à un timbre spécial sur *chaque feuillet*, dont le prix est fixé à 20 *cent.* pour le papier moyen ou d'une dimension inférieure; 30 *cent.* pour le grand papier; et 50 *cent.* pour les dimensions supérieures, à peine de 500 *fr. d'amende.* (*Loi* 1816, *art.* 72.) Modifié. n° 2 inf. I. G. 29 avril 1816, § 9, n° 715.

2. — Le droit de timbre est fixé à *cinq cent.* par feuillet de moyen papier ou d'un format inférieur, et à 10 *cent.* pour toutes les dimensions supérieures (*Loi* 1824, *art.* 9). L'amende est réduite à 50 *fr.* (*Art.* 10.) I. G. 23 juin 1824, § 9 et 10, n° 1136.

3. — AMENDES. — Les tribunaux ne peuvent homologuer un concordat avant le paiement des droits et amendes de timbre dus pour les livres du failli. (*Déc. j. et f.* 18 *oct.* 1819.) I. G. 20 déc. 1819, n° 913.

— *V.* ACTES *passés en conséquence*, n° 34; AMENDES *de timbre*, n° 26.

4. — AUBERGISTES *et autres.* — Les livres que doivent tenir, d'après les réglemens de police, les aubergistes, imprimeurs, entrepreneurs de messageries et de roulage, horlogers, armuriers, débitans de poudre et droguistes, ne sont soumis qu'aux droits de timbre fixés pour les livres de commerce. (*Déc. j. et f.*). . . . . I. G. 24 avril 1817, § 2, n° 774.

5. — COPIE *de lettres.* — Le livre des copies de lettres est *exempt* de timbre. (*Déc. f.* 30 *nov.* 1819.) I. G. 20 déc. 1819, n° 913.

— *V.* COTES et PARAPHES, n° 1; PAIEMENT *des droits*, n°ˢ 14, 15 *et* 16; REGISTRES, n° 21.

LIVRES *des acquits.* — *V.* PRUDHOMMES, n° 2.

LIVRETS. — Caisses *d'épargnes.* — Les livrets et registres à l'usage des caisses d'épargnes sont *exempts* de timbre. (*Loi* 5 *juin* 1835, *art.* 9.) I. G. 11 août 1835, n° 1492.

2. — Débitans. — Les licences ou livrets remis aux débitans de tabacs sont soumis au timbre. (*Déc. f.* 26 *germ. an VII.*) I. G. 8 vent. an XIII, n° 275.

LOCATIONS *verbales.* — *V.* Baux *à ferme*, n° 23 *et* 24 ; Restitutions, n° 15.

LOIS. — Loi 9 vend. an VI (30 *sept.* 1797), sur le timbre des affiches, journaux, papiers-musique et pétitions. Circ. n° 1105.

2. — Loi 2 flor. an VI (21 *avril* 1798), explicative de la précédente. Circ. n° 1290.

3. — Loi 13 brum. an VII (3 *nov.* 1798), portant établissement des droits de timbre. . . . Circ. n° 1419.

4. — Loi 22 frim. an VII (12 *déc.* 1798), sur l'enregistrement. Circ. n° 1450.

5. — Loi 22 pluv. an VII (10 *fév.* 1799), sur les ventes publiques de meubles. . . . . . Circ. n° 1498.

6. — Loi 21 vent. an VII (11 *mars* 1799), portant établissement des droits de greffe. . . . Circ. n° 1537.

7. — Loi 21 vent. an VII (11 *mars* 1799), qui règle la perception des droits d'hypothèques. Circ. n° 1539.

8. — Loi 6 prair. an VII (25 *mai* 1799), qui ordonne la perception du décime par franc. Circ. n° 1574.

9. — Loi 6 prair. an VII (25 *mai* 1799), sur le timbre des avis imprimés, lettres de voitures et billets non négociables. Circ. n° 1580.

10. — Loi 22 prair. an VII (10 *juin* 1799), sur les droits de greffe. Circ. n° 1611.

11. — Loi 27 vent. an IX (18 *mars* 1801), sur l'enregistrement. Circ. n° 1992.

12. — Décret 12 juill. 1808, sur les droits de greffe. I. G. 3 sept. 1808, n° 398.

13. — Loi 28 avril 1816, sur les droits d'enregistrement et d'hypothèques. . . . . . I. G. 29 avril 1816, n° 714.

14. — Même loi, sur les droits de timbre. I. G. 29 avril 1816, n° 715.

15. — Ordonnance royale 22 mai 1816, sur l'enregistrement et le timbre des actes de poursuites en matière criminelle et de police. I. G. 3 juin 1816, n° 726.

16. — Loi 25 mars 1817, sur l'enregistrement et le timbre. I. G. 27 mars 1817, n° 768.

17. — Loi 21 avril 1818, sur l'enregistrement des actes concernant les douanes . . . . . I. G. 27 avril 1818, n° 830.

18. — Loi 15 mai 1818, sur l'enregistrement et le timbre. I. G. 18 mai 1818, n° 834.

19. — Loi 23 juill. 1820, sur la recette de la remise des greffiers. . . . . I. G. 26 juill. 1820, n° 944.

20. — Loi 1er mai 1822, sur le timbre des lettres de change. . . . . I. G. 8 mai 1822, n° 1039.

21. — Loi 16 juin 1824, sur l'enregistrement et le timbre. I. G. 23 juin 1824, n° 1136.

22. — Loi 27 avril 1825, sur l'enregistrement des rétrocessions aux émigrés. . . . . . I. G. 4 mai 1825, n° 1161.

23. — Loi 30 avril 1826, sur l'enregistrement et le timbre des actes concernant l'indemnité accordée aux colons de Saint-Domingue. I. G. 26 juin 1826, n° 1190.

24. — Loi 2 juill. 1828, sur l'enregistrement des actes concernant les élections. . . . . Circ. 8 juin 1830.

25. — Loi 8 sept. 1830, sur l'enregistrement des prêts sur dépôt. . . . . I. G. 10 sept. 1830, n° 1332.

26. — Loi 14 déc. 1830, sur le timbre des journaux. I. G. 17 déc. 1830, n° 1343.

27. **LOIS**. — Loi 22 mars 1831, sur l'enregistrement et le timbre des actes concernant la garde nationale. I. G. 16 avril 1831, n° 1357.

28. — Loi 18 avril 1831, sur l'enregistrement des mutations en faveur des établissemens publics. I. G. 27 avril 1831, n° 1362.

29. — Loi 21 avril 1832, sur le timbre et l'enregistrement. I. G. 30 avr. 1832, n° 1399.

30. — Loi 7 juill. 1833, sur le timbre et l'enregistrement des actes relatifs aux expropriations pour cause d'utilité publique. I. G. 28 janv. 1834, n° 1448.

31. — Loi 24 mai 1834, sur le timbre proportionnel et les amendes y relatives. . . . . I. G. 14 nov. 1834, n° 1469.

32. — Même loi, sur l'enregistrement des actes en matière de faillite et des échanges. . . . I. G. 17 nov. 1834, n° 1471.

33. — Loi 5 juin 1835, sur le timbre des registres et livrets des caisses d'épargnes. . . . I. G. 11 août 1835, n° 1492.

— Contributions. — *V.* Contributions.

34. — Exécution. — La loi du 22 frim. an VII sur l'enregistrement abroge toutes les lois précédentes sur la matière, mais l'ancienne législation est cependant applicable aux actes et mutations antérieurs. (*Loi enreg.*, *art.* 73.) Modifié. n° 34 inf. . . . . Circ. n° 1450.

35. — Les droits doivent être liquidés et perçus d'après la loi du 22 frim. an VII, quelle que soit la date ou l'époque des actes et mutations. (*Loi* 27 *vent. an IX*, *art.* 1.) Circ. n° 1992.

36. — Les décrets sont obligatoires du jour de leur insertion au bulletin. . . . . . . Circ. 10 vend. an XIV.

37. — Les modérations ou réductions de droits et amendes accordées par la loi du 16 juin 1824, sont applicables aux perceptions à faire et aux amendes encourues avant sa publication. (*Loi* 1824, *art.* 15.) I. G. 23 juin 1824, § 15, n° 1136.

— *V.* Mutations, n°s 1, 2 et 3.

LOTISSEMENS. — *V.* Cessions *de droits successifs*, *n°* 2 *et suiv.*; Partages.

LOUAGES. — *V.* Baux *à ferme*; Baux *d'industrie*.

LYCÉES. — *V.* Actes *administratifs*, n° 16; Déclarations, n° 3.

M

MACHINES. — *V.* Ventes *de meubles*, *n°* 26.

MACHINES *à vapeur*. — *V.* Rédaction, n° 17; Ventes *d'immeubles*, *n°* 64.

MAINLEVÉES. — 2 *fr. fixe*; comme consentemens. (*Déc. f.* 17 *août* 1816.). . . . . . . I. G. 23 déc. 1816, § 8, 758.

— *V.* Actes *administratifs*, *n°* 17, 18 *et* 19.

2. — Quittances. — La mainlevée contenue dans la quittance n'est pas sujette à un droit particulier, lors même que le droit de quittance serait inférieur. (*Déc. f.* 28 *juin* 1808.) *V.* Quittances, n° 13. I. G. 28 juill. 1808, § 8, n° 390.

MAITRES *de poste*. — *V.* Quittances, n° 32.

MAJORATS. — Acquisitions *et échanges*. — Les acquisitions et échanges d'immeubles en remplacement de biens affectés à un majorat, sont passibles des droits ordinaires d'enregistrement et de transcription. (*Décret* 24 *juin* 1808, *art.* 5.). . . . . . I. G. 12 janv. 1809, § 6, n° 413.

2. **MAJORATS.** — ALIÉNATIONS. — Défense d'enregistrer les aliénations ou affectations d'hypothèque. (*Décret* 1er *mars* 1808, *art.* 43.) I. G. 12 janv. 1809, § 5, n° 413.

3. — Les lettres-patentes portant autorisation d'aliéner, sont soumises aux droits de greffe fixés pour les lettres-patentes portant institution de majorats. (*Décrets* 1er *mars* 1808, *art.* 63, *et* 24 *juin* 1808, *art.* 2.) *V.* n° 9 et suiv. inf. . . . . I. G. 12 janv. 1809, § 6 et 12, n° 413.

4. — DONATIONS. — La donation des biens qui composent un majorat est passible du droit ordinaire sur le capital au denier dix, mais sans droit de transcription. (*Déc. f.* 10 *juill.* 1827) I. G. 15 déc. 1827, § 1, n° 1229.

5. — ÉTAT *des biens.* — L'acte indicatif des biens proposés pour former un majorat doit être sur papier timbré et enregistré au droit *fixe de* 1 *fr.* La transcription ne donnera lieu qu'au salaire. (*Décret* 24 *juin* 1808, *art.* 1.). . . . . I. G. 12 janv. 1809, § 2, n° 413.

6. — ÉTATS *d'inscriptions.* — Les états requis par les parties doivent être délivrés sur papier timbré; mais les états ou certificats adressés à *M. le procureur-général des sceaux,* après la quinzaine de transcription, doivent être visés pour timbre *gratis.* (*Décret* 1er *mars* 1808, *art.* 13.) I. G. 12 janv. 1809, § 2, n° 413.

7. — FEMME *mariée.* — L'acte de constitution d'un majorat par une femme en faveur de son mari et de leurs descendans communs, n'est passible que du droit *fixe de* 1 *fr.* (*Déc. f.* 14 *déc.* 1813.) I. G. 20 déc. 1813, n° 656.

8. — INSTRUCTION *des demandes.* — Les avocats aux conseils d'état chargés de former les demandes, doivent être munis d'un pouvoir spécial, soumis à l'enregistrement, les requêtes doivent être sur papier timbré; mais les pièces produites à l'appui ne sont pas susceptibles d'enregistrement, lorsque, par leur nature, elles n'y sont pas soumises dans un délai déterminé. (*Décret* 24 *juin* 1808, *art.* 3, *et Av. cons. d'état* 13 *sept.* 1808.) I. G. 12 janv. 1809, § 9, n° 413.

9. — LETTRES-PATENTES — Les ampliations de lettres-patentes portant institution de majorats, ne sont pas soumises au timbre ni à l'enregistrement. (*Décret* 24 *juin* 1808, *art.* 2.) I. G. 12 janv. 1809, § 2, n° 413.

10. — *Droits de greffe.* — L'enregistrement des lettres-patentes aux greffes des cours d'appel, est passible du droit de greffe de 72 *fr.*, pour les majorats-duchés; 48 *fr.* pour les majorats-comtés; et 24 *fr.* pour les majorats-baronies. Un tiers de ce droit est alloué comme remise au greffier. Pour l'enregistrement aux greffes des tribunaux de première instance, le droit est réduit à *moitié;* le tout indépendamment du décime (*Décret* 24 *juin* 1808, *art.* 2, *et Av. cons. d'état* 13 *sept.* 1808). Pour le titre de chevalier, les lettres-patentes ne doivent pas être enregistrées aux greffes. (*Déc. f.* 27 *mai* 1808.) *V.* nos 11, 12 et 14 inf. I. G. 12 janv. 1809, § 2, 10 et 13, n° 413.

11. — Les droits se perçoivent sur la minute de l'arrêt ou du jugement qui ordonne l'enregistrement, et cette perception ne s'étendra qu'aux *deux tiers* revenant au trésor. (*Décret* 2 *fév.* 1809, *art.* 1.) I. G. 12 avril 1809, n° 427.

12. — Pour les majorats-marquisats, le droit est fixé à 48 *fr.*, et à 24 *fr.* pour les majorats-vicomtés, y compris la remise du tiers au greffier. Aux greffes des tribunaux de première instance, ces droits sont réduits à *moitié*, et la transcription au bureau des hypothèques donnera lieu également à cette dernière perception, sous la déduction du tiers alloué comme salaire du conservateur. (*Ord. roy.* 7 *oct.* 1818, *art.* 1.) I. G. 9 nov. 1818, n° 863.

— *V.* LETTRES-PATENTES, n° 1.

13. — PROCÈS-VERBAL *d'acceptation.* — Le procès-verbal d'acceptation des conditions imposées doit être rédigé sur papier timbré et soumis à l'enregistrement au droit *fixe de* 1 *fr.* (*Décret* 24 *juin* 1808, *art.* 4.) I. G. 12 janv. 1809, § 4, n° 413.

14. — PROPRE *mouvement.* — L'acte de constitution ou le procès-verbal de désignation des biens composant un majorat de propre mouvement, doit être sur papier

timbré ; mais il est *exempt* d'enregistrement. Les lettres-patentes enregistrées au greffe ne sont passibles que des droits ordinaires de greffe créés par la loi du 21 vent. an VII. (*Décret* 24 *juin* 1808, *art.* 3.) *V.* n° 15 inf. I. G. 12 janv. 1809, § 3, n° 413.

15. MAJORATS. — **Propre** *mouvement.* — L'enregistrement au greffe n'est passible d'aucun droit de greffe. (*Décret* 2 *fév.* 1809, *art.* 1.) I. G. 12 avril 1809, n° 427.

16. — **Rejet** *de demande.* — La réquisition du procureur général du conseil du sceau, de radier l'acte indicatif des biens proposés pour un majorat doit être visée pour timbre et enregistrée en *débet*, au droit *fixe d'un fr.* (*Décret* 1er *mars* 1808, *art.* 15.) I. G. 12 janv. 1809, § 2, n° 413.

17. — **Remplois.** — Les lettres-patentes autorisant l'acquisition d'immeubles réels pour remploi de biens aliénés, sont soumises aux droits de greffe fixés pour les lettres-patentes portant institution de majorats. (*Décrets* 1er *mars* 1808, *art.* 71, *et* 24 *juin* 1808, *art.* 2.) *V.* n° 9 et suiv. sup. I. G. 12 janv. 1809, § 7 et 12, n° 413.

18. — **Rentes** *immobilisées.* — Les mutations sont passibles des droits ordinaires fixés pour les transmissions d'immeubles affectés à des majorats. (*Décret* 21 *déc.* 1808.) I. G. 18 mars 1809, n° 423.

— *V.* Successions, n° 69.

MANDATS. — *V.* Procurations.

MANDATS *de paiement.* — **Timbre.** — Les ordonnances de paiement, les rescriptions et mandats sur les caisses publiques, leurs endossemens et acquits, sont *exempts* de l'enregistrement. (*Loi enreg.*, *art.* 70, § 3, *n°* 4.) Circ. n° 1450.

2. — Les mandats qui n'ont pas pour objet les émolumens d'employés salariés par l'état, sont soumis au timbre. (*Déc. f.*) Circ. du 9 frim. an VIII, n° 1705.

3. — Les mandats des dépenses liquidées par les préfets sont soumis au timbre, sauf ceux qui ont pour objet les traitemens des employés de l'état. (*Déc. f.* 13 *fruct. an X.*) I. G. 27 fruct. an X, § 3, n° 72.

4. — Les traites ou mandats tirés par les receveurs généraux sur d'autres caisses publiques, au profit des particuliers, sont soumis au timbre proportionnel. (*Déc. f.* 15 *flor. an XI.*) I. G. 22 prair. an XI, n° 137.

5. — Les mandats des receveurs généraux sur le trésor doivent être admis au *visa* pour timbre. (*Déc. f.* 22 *fév.* 1820.) n° 923.

— *V.* Comptabilité *communale*; Lettres *de change*; Messageries, n° 2; Reconnaissances *d'envois par la poste.*

MANUFACTURES. *V.* Ventes *d'immeubles*, *n°* 60 *et suiv.*

MARAIS — *V.* Desséchemens.

MARCHANDISES *avariées.* — Procès-verbaux, n° 16; Ventes *de marchandises.*

MARCHÉS *entre particuliers.* — 1 *fr. p.* °/₀ sur le prix. (*Loi enreg., art.* 69, § 3, *n°* 1.) *V.* Traités *de remplacement*, *n°* 2. Circ. n° 1450.

MARCHÉS *pour le compte de l'état ou des établissemens publics.* — 50 *cent. p.* °/₀ sur le prix. (*Loi enreg., art.* 69, § 2, *n°* 3.) Modifié. n° 3 inf. Circ. n° 1450.

2. — Ce droit est porté à 1 *fr. p.* °/₀. (*Loi* 1816, *art.* 51, *n°* 3.) Modifié. n°s 2 et 3 inf. I. G. 29 avril 1816, n° 714.

3. — Le droit est réduit à 1 *fr. fixe* pour les marchés dont le prix est payable par le trésor; ceux des établissemens publics restent tarifés à 1 *fr. p.* °/₀. (*Loi* 15 *mai* 1818, *art.* 73.) *V.* n°s 4, 5 et 7 inf. I. G. 18 mai 1818, § 2, n° 834.

4. — Les marchés pour le compte du trésor, tarifés à 1 *fr. fixe* par la loi du 15 mai 1818, restent sujets au droit de 1 *fr. p.* °/₀, s'ils sont passés sous l'empire de la loi de 1816. (*Cass.* 21 *mars* 1825.) I. G. 29 juin 1825, § 3, n° 1166.

5. — Idem. (*Cass.* 4 *avril* 1827.) I. G. 7 sept. 1827, § 2, n° 1219.

— *V.* Actes *administratifs*, n°s 1, 2 *et* 3; Cautionnemens, n°s 7, 8, 9, 13 et suiv.

6. **MARCHÉS** *pour le compte de l'état et des établissemens publics.* — CESSIONS. — Les cessions de marchés faits avec le gouvernement, sont passibles du droit de 1 *fr. p.* °/₀. (*Déc. f.* 13 *janv.* 1826.) *V.* nᵒˢ 15 et 16 inf. I. G. 21 déc. 1832, § 1, nᵒ 1414.

7. — COMMUNES. — Les marchés de travaux entre une commune et un particulier sont assujettis à l'enregistrement dans les vingt jours. (*Cass.* 12 *mai* 1830.) . . . . . I. G. 27 sept. 1830, § 10, nᵒ 1336.

8. — DÉPARTEMENS. — Les marchés pour le compte des départemens dont le prix est payable sur les centimes additionnels, jouissent de la réduction du droit à 1 *fr. fixe*, accordée par la loi du 15 mai 1818. (*Déc. f.* 22 *juin* 1818.) . . . . I. G. 30 juin 1818, nᵒ 844.

9. — DOMAINES *de l'état.* — Les adjudications de réparations sont passibles du droit de 50 *cent. p.* °/₀ outre celui fixé pour les cautionnemens s'il en existe. (*Décret* 5 *sept.* 1806, § 5.) Abrogé. nᵒ 3 sup. I. G. 6 nov. 1806, nᵒ 320.

10. — MINISTÈRES. — Les marchés de fournitures pour le service de la guerre et de la marine sont sujets au timbre et à l'enregistrement. (*Déc. f.* 18 *germ. an X.*) . . . I. G. 27 fruct. an X, § 9, nᵒ 72.

11. — Les adjudications et marchés pour le service de la guerre ne sont passibles que du droit *fixe de* 1 *fr.* (*Arrêté gouv.* 6 *fruct. an XI.*) I. G. 21 fruct. an XI, nᵒ 160.

12. — Les adjudications et marchés pour le service de la marine ou de l'intérieur, à raison de travaux publics dont le prix est à la charge du trésor, 1 *fr. fixe.* (*Arrêté gouv.* 15 *brum. an XII.*) *V.* CAHIERS *de charges*, *nᵒ* 3. I. G. 25 frim. an XII, nᵒ 186.

13. — Ordre de s'abstenir de toute demande de droits proportionnels pour les marchés enregistrés sous l'empire de la loi de 1816, les droits ayant été payés à Paris pour le ministère de la guerre. (*Déc. j.* 7 *mai* 1819.) I. G. 28 mai 1819, nᵒ 890.

14. — PONTS-ET-CHAUSSÉES. — 1 *fr. fixe.* (*Loi* 7 *germ. an VIII, art.* 5.) . . . . . . Circ. nᵒ 1815.

15. — *Cessions.* — Les cessions de marchés pour le service des ponts-et-chaussées, sont assujetties au droit proportionnel. (*Déc. f.* 21 *déc.* 1807.) *V.* nᵒˢ 6 sup. et 16 inf. I. G. 22 février 1808, § 7, nᵒ 366.

16. — Les cessions de l'espèce opèrent 1 *fr. p.* °/₀. (*Déc. f.* 16 *avril* 1832.) *V.* nᵒ 6 et 15 sup. I. G. 30 sept. 1832, § 2, nᵒ 1410.

17. — PRISONS. — Les adjudications de fournitures aux maisons de détention sont passibles des droits ordinaires ainsi que les cautionnemens fournis par les adjudicataires. (*Déc. f.* 5 *therm. an XII.*) I. G. 3 fruct. an XIII, § 10, nᵒ 290.

18. — PRIX *indéterminé.* — Lorsque les valeurs sont indéterminées on ne doit percevoir que le droit fixe, sauf l'exigibilité ultérieure du droit proportionnel. (*Déc. f.* 6 *déc.* 1816.) I. G. 23 déc. 1816, § 9, nᵒ 758.

19. — Le droit proportionnel qui n'a pu être exigé lors de l'enregistrement à cause de l'incertitude des valeurs, doit être perçu sur chaque ordonnance de paiement. (*Déc. f.* 10 *juin* 1817.) I. G. 30 juin 1817, nᵒ 786.

20. — Les sommes restant dues sont exigibles, malgré la disposition de la loi du 15 mai 1818 qui réduit à 1 *fr. fixe* le droit dû sur ces marchés. (*Av. cons. d'état,* 14 *nov.* 1818.) *V.* nᵒ 13 sup. I. G. 28 déc. 1818, nᵒ 872.

21. — TIMBRE. — SERVICE *militaire.* — Les adjudications ou marchés pour le service militaire peuvent être timbrés ou visés pour timbre après leur approbation par le ministère. (*Déc. f.* 30 *sept.* 1830.) I. G. 24 déc. 1830, § 10, nᵒ 1347.

— *V.* ACTES *administratifs*, COMPTABILITÉ *communale et des établissemens ;* COMPTABILITÉ *publique ;* DEVIS.

MARIAGES. — *V.* ACTES *de l'état civil;* AMEUBLISSEMENS; CONTRATS *de mariage*; DONATIONS *entre vifs par contrat de mariage*; DONATIONS *éventuelles.*

MARINE *et armemens.* — Les rôles d'équipages et les engagemens des matelots sont *exempts* de l'enregistrement. (*Loi enreg., art.* 70, § 3, *n°* 13.) Circ. n° 1450.

2. — Les rôles d'équipages sont soumis au timbre; mais les *duplicata* à remettre au ministère de la marine en sont *exempts*. (*Déc. f.* 2 *therm. an VII.*) Circ. n° 1629.

3. — Les expéditions des rôles à l'armement et au désarmement des bâtimens de commerce sont soumises au timbre et ne peuvent être admises au *visa*. (*Déc. f.* 29 *fruct. an VII.*) Circ. n° 1705.

— *V.* Cahiers *de charges, n°* 3; Marchés, n°s 10 et 12; Procès-verbaux, n° 12, 21, 22 et 23; Quittances, n° 31; Rapports *de capitaines de navires;* Service *militaire;* Ventes *de navires;* Visites *de navires.*

MARQUES. — *V.* Dépôts *aux greffes, n°s* 2 *et* 3; Prudhommes, n° 2.

MATELOTS. — *V.* Marine; Quittances, n° 31.

MATRICES *de rôles.* — **Timbre.** — **Extraits.** — Les extraits des matrices de rôles délivrés aux particuliers sont *exempts* du timbre. (*Déc. f.* 18 *germ. an XI.*) *V.* Cadastre, n° 1. I. G. 22 prair. an XI, n° 137.

— *V.* Rôles *de contributions.*

MÉDECINS. — *V.* Dépôts *aux greffes, n°* 4.

MÉMOIRES. — **Timbre.** — Les mémoires *imprimés* distribués par les avoués dans les causes judiciaires peuvent être timbrés à l'extraordinaire. (*Déc. f.* 5 *pluv. an XI.*) I. G. 22 prair. an XI, n° 137.

— *V.* Consultations; Pétitions, n° 3.

MÉMOIRES *de fournitures.* — *V.* Comptabilité *communale et des établissemens publics;* Comptabilité *publique.*

MENTIONS *d'enregistrement.* — *V.* Relations.

MENTIONS *de non-comparution.* — *V.* Conciliations, n° 2.

MERCURIALES. — Les stipulations en nature seront évaluées d'après les dernières mercuriales du canton à la date de l'acte, à l'appui duquel il sera rapporté un extrait certifié des mercuriales. (*Loi enreg., art.* 14, *n°* 9, *et art.* 15, *n°s* 1 *et* 2.) Modifié. n° 2 inf. Circ. n° 1450.

2. — L'évaluation des stipulations en nature sera faite d'après les mercuriales communes des trois dernières années. (*Déc. f.* 10 *mess. an X. et* 3 *vend. an XIII.*) Modifié. n° 3 inf. I. G. 3 fruct. an XIII, § 31, n° 290.

3. — Décret qui consacre les règles tracées par ces décisions. *V.* n° 2 ci-dessus. (*Décret* 26 *avril* 1808.) I. G. 29 juin 1808, § 20, n° 386.

4. — Les mercuriales pour l'évaluation des stipulations en nature seront formées d'après l'année commune des quatorze dernières années, déduction faite des deux plus fortes et des deux plus faibles. (*Loi* 15 *mai* 1818, *art.* 75.) . . . . I. G. 18 mai 1818, § 4, n° 834.

— *V.* Baux *à ferme;* Donations *entre vifs;* Échanges; Successions, n°s 1 et 28.

MESSAGERIES. — **Timbre.** — Les registres des messageries, les feuilles de route indicatives des voyageurs et les quittances au-dessus de 10 *fr.* doivent être sur papier timbré. (*Sol.*) Modifié. n° 2 inf. Circ. 2 prair. an VII, n° 1566.

2. — Les registres de recette et dépense, ceux d'enregistrement, les mandats et les quittances au-dessus de 10 francs, sont assujettis au timbre; mais les feuilles de route remises aux conducteurs en sont *exemptes*. (*Déc. f.* 7 *niv. an VIII.*) . . . . . . Circ. n° 1738.

3. — Les reconnaissances délivrées par les préposés des domaines pour la remise des objets non réclamés, sont *exemptes* du timbre. (*Décret* 13 *août* 1810.) . . . . I. G. 29 sept. 1810, n° 493.

MÉTIERS. — *V.* Ventes *d'immeubles*, n° 63.

MEUBLES. — *V.* Biens; Ventes *d'immeubles*, n° 60 *et suiv.*; Ventes *de meubles*.

MIEUX-VALUE. — *V.* Soultes *d'échanges*.

MILITAIRES. — *V.* Service *militaire*.

MINES. — Traités *pour l'exploitation.* — Le traité pour l'exploitation d'une mine entre le concessionnaire et le propriétaire du sol, moyennant une redevance proportionnelle, n'est passible que du droit *fixe*. (*Cass.* 8 *nov.* 1827). L'administration refuse d'adopter cette jurisprudence, sauf la perception du droit *fixe* seulement, si l'ordonnance de concession n'existe pas encore. *V.* n° 2 inf. . . . . I. G. 22 mars 1828, § 7, n° 1236.

2. — Le traité portant stipulation de prix ou de redevance entre le concessionnaire d'une mine et le propriétaire du sol, n'est passible que du droit *fixe de* 1 *fr.* (*Cass.* 26 *mai* 1834.) I. G. 7 nov. 1834, § 8, n° 1467.

— *V.* Ventes *d'immeubles*, n° 38, 58 *et* 59.

MINIMUM. — Le minimum des droits proportionnels à percevoir est de 25 *cent.* lorsque les actes ou mutations ne produisent pas 25 *cent.* de droits. (*Loi* 27 *vent. an IX*, *art*, 3.) Circ. n° 1992.

— *V.* Actes *judiciaires*, n° 45 *et* 57; Amendes; Baux *à ferme*, n° 25; Délais, n° 4, Fractions; Offres *réelles*; Rédaction, n° 35; Timbre, n° 9 et 10; Transactions, n° 3.

MINISTÈRES. — *V.* Comptabilité *publique*; Marchés, n° 10 et suiv.

MINISTÈRE *public.* — *V.* Actes *de poursuites en matière criminelle et de police*, Actes *judiciaires en matière criminelle et de police*.

MINUTES. — *V.* Actes *passés en double minute*.

MISES-AU-ROLE. — Le droit de mise au rôle est fixé, savoir :

1° Cours *royales*. — 5 *fr. fixe*.

2° Tribunaux *civils*. — 3 *fr. fixe* pour les causes de première instance ou sur l'appel des juges de paix, et 1 *fr.* 50 *cent.* pour les causes sommaires et provisoires.

3° Tribunaux *de commerce*. — 1 *fr.* 50 *cent. fixe*. — *V.* n° 5 inf.

Le tout sous la déduction d'*un dixième* alloué aux greffiers. (*Loi* 21 *vent. an VII*, *art.* 3 *et* 19.) *V.* n° 11 inf. Circ. n° 1537.

2. — Idem. (*Décret* 12 *juillet* 1808, *art.* 5.) I. G. 3 sept. 1808, n° 398.

3. — La mise au rôle n'est pas supprimée par le code de procédure. (*Déc. j. et f.* 30 *juin et* 14 *juillet* 1807.) I. G. 1er août 1807, n° 335.

4. — Le droit de 1 *fr.* 50 *cent.* est dû pour toutes les causes dont l'objet *n'excède pas mille fr.* qu'il y ait titre ou non; celui de 3 *fr.* n'est exigible pour les causes *au-dessus de mille fr.* que lorsqu'il *n'existe pas de titre* ou qu'il est contesté. (*Déc. j. et f.* 6 *et* 16 *fév.* 1813.) I. G. 1er mars 1813, n° 626.

5. — Affaires *commerciales* — Dans les lieux où, à défaut d'un tribunal de commerce spécial, les tribunaux civils jugent les affaires commerciales, le droit de mise au rôle pour les causes de l'espèce, doit être celui fixé pour les tribunaux de commerce. (*Sol.* 14 *prairial an VII.*) Circ. n° 1577.

6. — Appels *des juges de paix*. — Ces causes sont soumises au droit de 3 *fr.* et non au droit fixé pour les causes sommaires. (*Déc. j. et f.* 30 *juin et* 14 *juillet* 1807.) . . . I. G. 1er août 1807, n° 335.

7. — Défaut. — Les instances qui se jugent par défaut sont passibles du droit de mise au rôle. (*Déc. f.*) *V.* n° 10 inf. I. G. 24 fév. 1808, n° 368.

8. — Jugemens *sur requête*. — Les affaires de l'espèce n'étant pas susceptibles

d'être mises au rôle, le droit n'est pas exigible. (*Sol.* 14 *prairial an VII.*) . . . . Circ. n° 1577.

9. **MISES-AU-ROLE.** — Nouveaux *tribunaux.* — Les droits de mise au rôle ne peuvent être exigés une seconde fois pour les causes reportées aux rôles des nouveaux tribunaux. (*Déc. f.* 28 *vend. an VIII.*) Circ. 9 frim. an IX, n° 1936.

10. — Opposition. — L'instance sur opposition à un jugement par défaut n'est pas passible d'un nouveau droit. *V.* n° 7 sup. I. G. 3 sept. 1808, n° 398.

11. — Perception. — Le droit de mise au rôle est perçu par le greffier qui en compte le premier de chaque mois sous la déduction de sa remise fixée au dixième. (*Loi* 21 *vent. an VII, art.* 4 et 19.) *V.* n° 1 sup. Circ. n° 1537.

12. — Ordre de faire payer les droits de mise au rôle de toutes les causes antérieures sur lesquelles le jugement définitif ne serait pas rendu. (*Déc. f.* 22 *sept.* 1807.) . . . . . . I. G. 6 oct. 1807, n° 347.

13. — Radiation *des causes.* — Le droit ne peut être exigé qu'une fois, en cas de radiation la cause sera replacé *gratuitement* à la fin du rôle. (*Loi* 21 *vent. an VII, art.* 3.) Circ. n° 1537.

14. — Référés. — Les causes portées en référé sont passibles du droit. (*Déc. f.* 2 *fruct. an VII.*) Abrogé. n° 15 et 16 inf. Circ. n° 1725.

15. — Les référés sont *exempts* de la formalité de mise au rôle (*Déc. j. et f.*) . . . . . . I. G. 1er août 1807, n° 335.

16. — Idem. (*Déc.* 12 *juillet* 1808, *art.* 5.) I. G. 3 sept. 1808, n° 398.

MISES *en société.* — *V.* Sociétés, nos 4 et suiv.

MOBILIER *de l'état.* — *V.* Ventes *de mobilier de l'état.*

MODÉRATIONS. — *V.* Acceptillations; Amnisties; Remises *de droits et amendes.*

MOIS *de nourrices.* — *V.* Actes *de poursuites dans l'intérêt de l'état,* n° 5; Quittances, nos 29 et 30.

MORTS *violentes.* — *V.* Procès-verbaux *de délits*, n° 19.

MOULINS *à vent.* — *V.* Ventes *d'immeubles*, n° 67.

MUSIQUE. — Timbre. — Les papiers-musique gravés sont assujettis au timbre de *cinq cent.* par feuille de 25 décimètres carrés, et de *trois cent.* pour la demi-feuille, à peine de 100 *fr. d'amende.* (*Loi* 9 *vend. an VI, art.* 56, 57, 58 *et* 60.) Modifié. n° 2 inf. Circ. n° 1105.

2. — L'amende est réduite à 20 *fr.* (*Loi* 1824, *art.* 10.) . . . . I. G. 23 juin 1824, § 10, n° 1136.

3. — Le droit de timbre est applicable aux feuilles *périodiques* de musique, quelle que soit leur étendue, et à toute œuvre *non périodique* de musique qui n'excède pas deux feuilles d'impression. (*Loi* 2 *flor. an VI, art.* 1.) Modifié. n° 4 inf. . . . . . . Circ. n° 1290.

4. — Le droit est aussi applicable aux feuilles *non périodiques* qui paraissent par numéros. (*Loi* 1816, *art.* 70.) I. G. 29 avril 1816, § 6, n° 715.

5. — Les droits de timbre perçus sur la musique gravée en France qui est exportée à l'étranger, doivent être restitués. (*Décret* 30 *therm. an XII.*) *V.* n° 8 inf. . . . . . . I. G. 15 mai 1807, § 4, nomb 1, n° 326.

6. — Toute œuvre *non périodique* de musique qui ne contiendra pas *plus de deux feuilles entières* de papier *de* 25 *décimètres carrés, au moins,* doit être gravée ou imprimée sur papier timbré. (*Déc. f.* 7 *avril* 1812.) I. G. 18 avril 1812, n° 572.

7. — Il est dû *un cent.* en sus du droit de timbre, pour chaque excédant de dimension, lors même que l'excédant ne serait pas de 25 décimètres carrés. (*Déc. f.* 18 *déc.* 1815.) I. G. 25 mai 1816, n° 722.

8. **MUSIQUE.** — Étranger. — Les papiers-musique étrangers qui circulent en France sont sujets au timbre. (*Déc. f.* 22 *frim. an VI.*) Circ. n° 1163.

MUTATIONS. — Le droit proportionnel est dû sur toute transmission de propriété, d'usufruit ou de jouissance de biens meubles et immeubles, au taux fixé selon la nature de la convention. (*Loi enreg., art.* 4.) *V.* Antichrèses; Baux; Cessions; Donations; Échanges; Licitations; Mutations *secrètes;* Successions, Ventes; etc. . . . Circ. n° 1450.

— *V.* Actes *passés à l'étranger;* Actes *sous seing-privé;* Amendes *d'enregistrement*, n°s 1, 8 *et* 13.

2. — Antérieures *à la loi de* 1816. — Elles ne sont assujetties qu'aux droits fixés par les lois précédentes; mais les *actes antérieurs* sont passibles des droits fixés par la dernière loi. (*Loi* 1816, *art.* 59.) *V.* n° 3 inf. I. G. 29 avril 1816, n° 714.

3. — Les mutations d'immeubles antérieures à la loi de 1816 ne sont pas sujettes aux droits qu'elle établit. (*Cass. et Déc. f.* 30 *mai* 1818.) I. G. 30 juin 1818, n° 845.

4. — Antérieures *à la loi de* 1832. — Les mutations antérieures à la loi du 21 avril 1832, qui a élevé les droits des mutations par décès et des donations, ne sont passibles que des droits fixés précédemment. (*Loi* 21 *avril* 1832, *art.* 33.) *V.* Acquisitions *par les établissemens,* n° 17. I. G. 30 avril 1832, § 3, n° 1399.

— *V.* Délais, n° 8; Dette *publique,* n° 3; Sociétés, n° 5 et suiv.

5. — Travaux *publics.* — Desséchemens. — Les cessions de propriétés faites aux entrepreneurs de desséchemens et autres travaux d'utilité publique, en paiement de l'indemnité due par le propriétaire pour la plus-value de sa propriété, ne sont passibles que du droit *fixe d'un franc.* (*Loi* 16 *sept.* 1807, *art.* 21, 30 *et* 31.). . . . . . . I. G. 29 juin 1808, § 23, n° 386.

MUTATIONS *par décès.* — *V.* Successions.

MUTATIONS *secrètes d'immeubles.* — Les mutations verbales ou sans acte sont assujetties à l'enregistrement dans les délais et sous les peines ordinaires, de même que si elles résultaient de conventions écrites. A défaut d'actes il y sera suppléé par une déclaration des parties. (*Loi* 27 *vent. an IX, art.* 4.) *V.* Mutations, n° 1. . . . . . Circ. n° 1992.

2 — Acte *notarié.* — *Double droit.* — L'acte notarié qui constate une mutation secrète n'est pas passible du double droit, mais autorise la poursuite de ce double droit contre les parties directement. (*Sol.* 11 *fév.* 1834.) I G. 19 juill. 1834, § 7, n° 1458.

— *V.* Actes *judiciaires;* Amendes *d'enregistrement,* n°s 1 *et* 8; Délais.

3 — Découvertes. — *Moyen licite.* — La découverte parmi les minutes d'un notaire, d'un acte sous seing-privé portant transmission, est un moyen licite qui autorise contre le notaire la demande des droits, doubles droits, et de l'amende encourue pour défaut d'acte de dépôt. (*Cass.* 11 *mai* 1825.) I. G. 30 sept. 1825, § 9, n° 1173.

4. — Démission. — Le partage anticipé fait par un père à ses enfans par acte sous seing-privé, ou résultant du changement opéré sur les rôles est passible du droit ordinaire de 4 fr. p. °/₀. (*Déc. f.* 7 *nov.* 1825.) I. G. 31 mars 1826, § 9, n° 1187.

5. — Idem. (*Cass.* 22 *mai* 1833.) I. G. 30 sept. 1833, § 12, n° 1437.

6. — Héritiers. — Les droits de mutation sont exigibles des héritiers de l'acquéreur, soit que cette mutation résulte d'une vente sous seing-privé, ou d'une convention verbale. (*Sol.* 10 *juill.* 1824.) I. G. 18 déc. 1824, § 9, n° 1150.

7. — Partage. — On ne peut pas se soustraire au paiement des droits, sous le prétexte que la mutation de parts indivises s'est opérée à titre de partage. (*Cass.* 6 *mars* 1834.) I. G. 19 juill. 1834, § 8, n° 1458.

— *V.* Prescriptions, n° 19 et suiv.

8. — Présomption *légale.* — La mutation d'un immeuble en propriété ou usufruit

sera suffisamment établie pour la demande des droits par l'inscription au rôle et les paiemens des contributions, par des baux ou tous autres actes constatant la propriété ou l'usufruit du nouveau possesseur. (*Loi enreg., art.* 12.) Circ. n° 1450.

9. MUTATIONS *secrètes d'immeubles.* — **Présomption** *légale.* — *Affectation hypothécaire.* — L'hypothèque donnée sur un immeuble ne prouve pas toujours la mutation. (*Cass.* 21 *août* 1827.) I. G. 15 déc. 1827, § 5, n° 1229.

10. — *Aveu judiciaire.* — La mutation est suffisamment prouvée pour la demande des droits par la déclaration judiciaire de l'acquéreur, sans que l'on puisse opposer la nullité de l'acte. (*Cass.* 5 *août* 1828.) I. G. 31 déc. 1828, § 2, n° 1263.

11. — La reconnaissance signée par l'acquéreur dans un acte extrajudiciaire, de l'existence d'une vente faite à son profit, autorise la demande des droits. (*Cass.* 9 *juill.* 1834.) I. G. 31 déc. 1834, § 4, n° 1473.

12. — *Bail postérieur.* — Un bail sous seing-privé postérieur, ne détruit pas la présomption légale de la mutation. (*Cass.* 17 *août* 1824.) . . . . I. G. 18 déc. 1824, § 10, n° 1140.

13. — *Déclaration non signée.* — On ne peut opposer le défaut de signature de la déclaration de mutation, par le nouvel inscrit. (*Cass.* 11 *mai* 1825.). . . . . I. G. 30 sept. 1825, § 8, n° 1173.

14. — *Erreur.* — L'erreur prétendue de la mutation ne détruit pas la présomption légale. (*Cass.* 31 *mai* 1826.) I. G. 30 sept. 1826, § 16, n° 1200.

15. — L'inscription au rôle et les paiemens suffisent sans que l'on puisse opposer l'erreur ou l'irrégularité de cette inscription, ni la prescription de deux ou de cinq ans. (*Cass.* 20 *juill.* 1829.) *V.* n° 18 inf., et Prescriptions, n°s 19 et suiv. . . . . . I. G. 29 déc. 1829, § 10, n° 1303.

— La présomption légale est détruite par la preuve que le nouvel inscrit a été induit en erreur par sa feuille d'impositions. (*Cass.* 26 *juill.* 1830.). . . . . I. G. 24 déc. 1830, § 6, n° 1347.

16. — *Fermier.* — On peut poursuivre le paiement des droits contre le nouvel inscrit dont le fermier a payé l'impôt en son acquit. (*Cass.* 6 *nov.* 1832.). . . . . I. G. 23 mars 1833, § 10, n° 1422.

17. — La qualité de fermier par bail antérieur ou la vente consentie postérieurement ne sont pas des preuves contraires. (*Cass.* 26 *nov.* 1833.) I. G. 2 avril 1834, § 6, n° 1451.

18. — *Héritier bénéficiaire.* — La qualité d'héritier bénéficiaire du vendeur, le défaut de concours des parties à la mutation opérée, et le paiement des impôts comme prétendu mandataire ou cessionnaire de l'héritier, ne détruisent pas la preuve légale. (*Cass.* 5 *janv.* 1825.) I. G. 29 juin 1825, § 10, n° 1166.

19. — *Héritier présomptif.* — La qualité d'héritier présomptif de l'acquéreur et l'état de démence du vendeur, ne détruisent pas la preuve légale. La seule prescription admise est celle de trente ans (*Cass.* 5 *janv.* 1825). Un certificat constatant l'erreur du changement n'empêche pas l'exigibilité des droits. (*Cass.* 30 *mars* 1824.) *V.* n° 14 sup. I. G. 30 déc. 1825, § 6, n° 1180.

20. — *Inventaire.* — La mutation énoncée dans un inventaire en l'absence du vendeur, n'est pas suffisamment prouvée, lorsque cette mention fait connaître que la vente était imparfaite. (*Cass.* 15 *déc.* 1832.) I. G. 23 mars 1833, § 9, n° 1422.

21. — *Legs postérieur.* — La preuve légale d'une mutation n'est pas détruite par un testament authentique postérieur, portant legs du bien au nouvel inscrit. (*Cass.* 14 et 22 *janv.* 1824.) I. G. 19 mai 1824, § 9, n° 1132.

— *Prescription.* *V.* n°s 14 et 18 sup., et Prescriptions, n°s 19 et suiv.

22. — *Réclamation.* — Une prétendue réclamation de l'imposé ne peut être opposée valablement. (*Cass.* 6 *fév.* 1826.) I. G. 16 juin 1826, § 7, n° 1189.

N

NANTISSEMENS. — Le nantissement pour sûreté d'une obligation n'opère pas le droit de garantie mobilière mais seulement le droit *fixe de* 1 *fr.* (*Déc. f.* 25 *juillet* 1827.) *V.* Prêts *sur dépôts.* I. G. 15 déc. 1827, § 6, n° 1229.

NATURALISATIONS. — *V.* Lettres *patentes.*

NAUFRAGES. — *V.* Inventaires, n° 2; Procès-verbaux, n°s 21 et 22; Rapports *des capitaines de navires;* Ventes *de marchandises, n°s* 8, 9 *et* 10; Ventes *de navires, n°* 5.

NAVIGATION *(droits de).* — *V.* Registres, n°s 20 et 21.

NAVIRES. — *V.* Rapports *des capitaines de navires;* Ventes *de navires,* Visites *de navires.*

NOBLESSE. — *V.* Lettres *patentes.*

NOMINATIONS *d'arbitres.* — *V.* Compromis.

NOMINATIONS *d'avoués ou défenseurs.* — *V.* Désaveux; Exploits, n° 5; Significations *d'avoué à avoué, n°* 4.

NOMINATIONS *de commissaires.* — *V.* Actes *judiciaires;* Dispositions *indépendantes, n°s* 5 *et* 7; Nominations *d'experts, n°* 3.

NOMINATIONS *de curateurs.* — *V.* Émancipations; Nominations *de tuteurs;* Tutelles.

NOMINATIONS *d'experts.* — 1 *fr. fixe.* (*Loi enreg., art.* 68, § 1, *n°* 32.) Modifié. n° 2 inf. Circ. n° 1450.

2. — Hors jugement, 2 *fr, fixe.* (*Loi* 1816, *art.* 43, *n°* 15.) I. G. 29 avril 1816, n° 714.

3. — Jugemens. — La nomination par les parties dans le jugement qui ordonne l'expertise, est passible d'un droit particulier; mais la désignation du juge commis pour recevoir le serment des experts, n'en opère aucun. La déclaration au greffe constatant la nomination est soumise à l'enregistrement, ainsi que le jugement de nomination des experts par le tribunal. (*Déc. f.* 13 *juin* 1809.) . . . . I. G. 4 juillet 1809, § 24, 25, 26, et 37, n° 436.

— *V.* Actes *judiciaires;* Avis *de parens, n°* 7; Compromis.

NOMINATIONS *de gardes.* — Les délibérations des conseils municipaux portant nominations de gardes champêtres sont *exemptes* d'enregistrement. (*Sol.* 11 *frim. an VIII.*) Circ. n° 1707.

2. — La nomination d'un garde particulier est passible du droit *fixe de* 2 *fr.* comme mandat, et opère autant de droits qu'il y a de propriétaires non co-intéressés. L'arrêté de l'autorité qui agrée cette nomination est *exempt* du timbre et de l'enregistrement; la prestation de serment doit 3 *fr. fixe.* (*Déc. f.* 2 *sept.* 1830.) . . . . I. G. 24 déc. 1830, § 7, n° 1347.

NOMINATIONS *de gardiens.* — *V.* Exploits, n°s 15 et 16; Saisies *exécution;* Scellés, n° 4.

NOMINATIONS *d'officiers publics.* — *V.* Ordonnances *de nomination.*

NOMINATIONS *de tuteurs et curateurs.* — 2 *fr. fixe.* (*Loi enreg., art.* 68, § 2, *n°* 4.) Circ. n° 1450.

— *V.* Avis *de parens;* Émancipations, n° 2; Tutelles; Tutelles *officieuses.*

NON-CONCILIATIONS. — *V.* Bureaux *de paix;* Conciliations.

NON-OPPOSITIONS. — *V.* Certificats, n°s 3 et 9, et Certificats *de non-opposition.*

NOTAIRES. — *V.* Actes *des notaires*; Actes *passés en double minute*; Actes *sous seing-privé*, *n°* 2; Amendes; Dépôts *aux greffes*, *n°s* 4, 11, 12 *et* 13; Ordonnances *de nomination*; Paiement *des droits*; Récépissés *de pièces*, *n°* 4.

NOTIFICATIONS. — *V.* Appels; Exploits; Pourvois.

NOTORIÉTÉS. — *V.* Actes *de notoriété*.

NOURRICES. — *V.* Actes *de poursuites dans l'intérêt de l'état*, *n°* 5; Quittances, n°s 29 et 30.

NOUVEAUX *timbres*. — *V.* Timbre, n°s 11 et 12.

NOVATIONS. — *V.* Affectations *hypothécaires*, *n°s* 1, 2 *et* 3; Obligations, n°s 2, 3, 4 et 21.

NUE-PROPRIÉTÉ. — *V.* Partages, n° 8 et 9; Réunions; Ventes *d'immeubles*, *n°* 39, 40, 41, 50, 51 et 52.

NULLITÉS *radicales*. — *V.* Résolutions *de contrats*.

O

OBLIGATIONS. — Les obligations de sommes, 1 *fr. p.* °/₀. *Loi enreg., art.* 69, § 3, n° 3.) Circ. n° 1450.

— *V.* Affectations *hypothécaires*, *n°s* 1, 2 *et* 3; Avis *de parens*, *n°s* 5 *et* 6.

2. — Billets. — Les reconnaissances avec affectation hypothécaire et les cessions de billets à ordre ou lettres de change autrement que par voie d'endossement sont passibles du droit de 1 *fr. p.* °/₀, outre le droit déjà perçu sur les billets. (*Déc. f.* 7 *flor. an X, et* 8 *vent. an XII.*) I. G. 17 vent. an XII, n° 211.

3. — La reconnaissance pardevant notaire de billets à ordre ou de lettres de change, avec affectation hypothécaire en garantie, opère 1 *fr. p.* °/₀ sans imputation du droit perçu sur les billets. (*Cass.* 5 *août* 1833.) I. G. 30 déc. 1833, § 8, n° 1446.

4. — La reconnaissance d'un billet à ordre avec affectation hypothécaire est passible du droit de 1 *fr. p.* °/₀, indépendamment de celui qui a été perçu sur le billet. (*Cass.* 30 *mars* 1835.) I. G. 31 juillet 1835, § 8, n° 1490.

— *V.* Billets *à ordre*; Billets *simples*; Crédits; Comptes, n° 1 et suiv.; Comptes *de tutelles*, *n°* 2.

5. — Cautionnemens. — Les obligations souscrites en paiement de cautionnemens en numéraire doivent être sur papier au timbre proportionnel et sont soumises à l'enregistrement en même temps que le protêt. (*Déc. f.* 6 *sept.* 1816.) . . . . I. G. 18 sept. 1816, n° 743.

6. * — Contributions *indirectes*. — Les obligations des directeurs des droits réunis à l'ordre des receveurs généraux sont *exemptes* d'enregistrement, mais non les protêts faute de paiement. (*Déc. f.* 4 *therm. an XIII.*) . . . . I. G. 3 fruct. an XIII, § 41, n° 290.

7. — Domaines *de l'état*. — Les obligations des acquéreurs de domaines, 1 *fr. fixe*. (*Déc. f.* 12 *prair. an VIII.*) *V.* n°s 28, 29 et 30 inf. Circ. n° 1832.

— Établissemens *publics*. — *V.* Acquisitions *par les établissemens publics*, *n°* 12.

8. — Fournitures. — Les obligations causées pour fournitures de comestibles et autres objets mobiliers, sont passibles du droit de 2 *fr. p.* °/₀, comme opérant vente de meubles. (*Déc. f.* 6 *sept.* 1816.) I. G. 20 fév. 1817, n° 766.

9. — Intérêts *réunis au principal*. — Pacte *aléatoire*. — L'obligation de 1,000 fr. dont les intérêts sont d'avance fixés à 500 fr. remboursables avec le capital à une époque déterminée, n'est passible que du droit de 1 *fr. p.* °/₀ sur 1,000 fr. (*Sol* 31 *juillet* 1824.) *V.* n° 21 inf. I. G. 18 déc. 1824, § 11, n° 1150.

10. OBLIGATIONS. — INVENTAIRES. — Les déclarations de dettes contenues dans les inventaires ne sont passibles d'aucun droit. (*Déc. f.* 30 *flor. an XI.*) . . . . I. G. 3 fruct. an XIII, § 18, n° 290.

11. — LIQUIDATION. — La mention dans une liquidation de reprises des sommes dues à des tiers par billets non enregistrés, n'est passible d'aucun droit particulier. (*Cass.* 6 *janv.* 1829.) I. G. 28 juin 1829, § 8, n° 1282.

— *V.* NANTISSEMENS; OFFRES *réelles.*

12. — PARTAGE. — Les déclarations de dettes dans les partages sont sujettes au droit de 1 *fr. p.* °/₀. (*Déc. f.*) Abrogé. n° 13 inf. I. G. 12 nov. 1811, § 4, n° 548.

13. — La mention dans un partage, de sommes dues à des tiers, même au notaire rédacteur, n'est passible d'aucun droit. (*Cass.* 16 *mars* 1825, *et* 7 *nov.* 1826.) . . . . I. G. 20 mars 1827, § 10, n° 1205.

14. — Idem. (*Cass.* 25 *avril* 1827.) I. G. 7 sept. 1827, § 4, n° 1219.

15. — Idem; même lorsque le tiers débiteur intervient dans le partage, mais seulement en qualité d'ami ou de conseil. (*Sol.* 24 *mai* 1831.) . . . . I. G. 20 sept. 1831, § 7, n° 1381.

— *V.* PRÊTS *sur dépôts.*

16. — PRIX. — Dans le cas de transmission de biens, l'obligation donnée par le même acte pour tout ou partie du prix, entre les contractans, n'est pas sujette à un droit particulier. (*Loi enreg., art.* 9.) Circ. n° 1450.

17. — RECEVEURS *généraux.* — Les obligations des receveurs généraux des finances sont *exemptes* d'enregistrement; mais les protêts y sont assujettis. (*Délib.* 25 *prair. an XIII.*) I. G. 3 fruct. an XIII, § 40, n° 290.

18. — RECONNAISSANCES *par le mari.* — La reconnaissance par le mari de sommes provenant des biens paraphernaux de la femme est passible du droit de 1 *fr. p.* °/₀. (*Sol.* 12 *mai* 1829.) I. G. 26 sept. 1829, § 7, n° 1293.

— *V.* RETRAITS *de réméré, n°* 4.

19. — SOLIDARITÉ. — L'obligation avec garantie solidaire contractée par plusieurs individus ou par le mari et la femme pour les affaires de l'un d'eux ou celles de la communauté, est passible, outre le droit d'obligation, de celui de 50 *cent. p.* °/₀ pour la garantie. (*Déc. f.* 26 *oct.* 1831.) Modifié. n° 20 inf. . . . . I. G. 13 déc. 1831, § 2, n° 1384.

20. — La décision qui précède est rapportée en ce qui concerne la solidarité entre mari et femme. (*Déc. f.* 14 *juillet* 1832.) I. G. 17 juillet 1832, n° 1403.

21. — SOUMISSION *de rachat de rentes.* — La soumission de rachat d'une rente n'est passible que du droit *fixe de* 1 *franc*, si le débiteur est contraint au remboursement, plus du droit proportionnel sur le montant des arrérages reconnus. (*Av. cons. d'état et Déc. f.* 3 *fév.* 1822.) Si l'obligation est spontanée de la part du débiteur, l'acte opère novation et se trouve passible du droit de 1 *fr. p.* °/₀. (*Av. cons. d'état et déc. f.* 29 *sept.* 1821.) *V.* RACHATS *de rentes, n*°ˢ 1 *et* 2. I. G. 20 mars 1822, n° 1027.

22. — SUBROGATION. — L'obligation par un tiers d'acquitter le montant d'une dette hypothécaire, avec stipulation qu'il sera subrogé dans tous les droits du créancier, opère le droit de 1 *fr. p.* °/₀. (*Cass.* 2 *mars* 1835.) . . . . I. G. 31 juillet 1835, § 9, n° 1490.

23. — TESTAMENS. — L'obligation ou la reconnaissance dans un testament donne lieu à un droit particulier. (*Délib.* 2 *frim. an XIII.*) . . . . I. G. 3 fruct. an XIII, § 1, n° 290.

24. — La reconnaissance contenue dans un testament d'une somme due par le testateur, est passible du droit de 1 *fr. p.* °/₀. (*Sol.* 17 *mars* 1829.) . . . . I. G. 28 juin 1829, § 7, n° 1282.

— *V.* TRAITES *des adjudicataires de coupes de bois*; TRANSFERTS *de rentes sur l'état.*

25. OBLIGATIONS. — TIMBRE. — Les obligations non négociables sont soumises au droit de timbre proportionnel comme les billets à ordre. (*Loi 6 prairial an VII, art.* 6.) Circ. n° 1580.

— *V.* Amendes *de timbre*, n° 15 *et suiv.*; Effets *de commerce*, n° 14 *et suiv.*

26. * — Contributions *indirectes*. — Les obligations souscrites par les directeurs des contributions indirectes et les receveurs généraux des finances sont *exemptes* de timbre. Circ. n° 1819.

27. — Les obligations des brasseurs et des fabricans de tabacs sont soumises au timbre proportionnel. (*Déc. f.* 25 *niv. an XIII.*) I. G. 8 vent. an XIII, n° 275.

28. — Domaines. — Les obligations des acquéreurs de domaines ne sont pas soumises au timbre proportionnel. Abrogé. n° 30 inf. Circ. n° 1729.

29. — Ventes *de bois de l'état*. — Les obligations souscrites par les acquéreurs de bois de la caisse d'amortissement sont *exemptes* de timbre. Modifié. n° 30 inf. . . . . . I. G. 3 août 1818, § 4, n° 850.

30. — Les obligations souscrites par les acquéreurs de bois de l'état, en paiement du prix de l'adjudication, doivent être sur papier au timbre proportionnel. (*Déc. f.* 20 *mars* 1831, *cahier des charges*, *art.* 15.) I. G. 25 avril 1831, n° 1361.

OBLIGATIONS *à la grosse aventure*, ou pour retour de voyage. — 50 *cent. p.* °/ₒ. (*Loi enreg.*, *art.* 69, § 2, *n°* 10.) Circ. n° 1450.

2. — Le droit de 50 *c. p.* °/ₒ doit être perçu sur le capital prêté, et non sur le montant du profit maritime ajouté à ce capital. (*Sol.* 1er *déc.* 1824.) . . . . I. G. 23 mars 1825, § 8, n° 1156.

— *V.* Abandonnemens *pour fait d'assurances maritimes*.

OCTROIS *municipaux*. — Timbre. — Les registres de recette et les quittances au-dessus de 10 fr., sont soumis au timbre. (*Déc. f.* 22 *vend. et* 7 *frim. an VIII.* Abrogé. n° 6 inf. Circ. n° 1705.

2. — Idem. (*Déc. f.* 28 *germ. an IX.*) Circ. 1er prair. an IX, n° 2006.

3. — Idem. (*Déc. f.* 8 *therm. an IX.*) Circ. 29 fruct. an IX, n° 2042.

4. — Idem. (*Déc. f.* 18 *pluv. an X.*) I. G. 23 vent. an X, n° 46.

5. — Idem. (*Déc. f.* 4 *brum. an XI.*) Abrogé. n° 6 inf. I. G. 15 brum. an XI, n° 96.

6. — Les registres de recette des octrois et les quittances délivrées, ne sont plus assujettis qu'au timbre des droits réunis (*Décret* 8 *fév.* 1812, *art.* 17, *et Déc. f.* 25 *août* 1812.) I. G. 5 sept. 1812, n° 597.

— *V.* Passe-debouts; Procès-verbaux *de délits*, *n°* 20.

ŒUVRES *de musique*. — *V.* Musique.

OFFICES — *V.* Cessions *d'offices*; Ordonnances *de nomination*.

OFFRES *réelles*. — Les offres réelles qui sont passibles du droit proportionnel d'obligation ou de quittance ne donnent pas ouverture au droit *fixe* pour l'exploit. (*Sol.* 28 *juin* 1833.) I. G. 30 sept. 1833, § 7, n° 1437.

OMISSIONS *dans les déclarations de successions*. — *V.* Amendes *d'enregistrement*, n° 9; Prescriptions, n° 1; Successions, n°s 59 et 71.

OPPOSITIONS. — *V.* Actes *judiciaires*; Certificats, n°s 3 et 9; Mise *au rôle*, *n°* 10; Ordonnances, n° 3; Rédaction, n° 36; Saisies-arrêts.

OPTIONS *de tribunaux*. — *V.* Actes *judiciaires*; Rédaction, n° 31.

ORDONNANCES. — Autorisation *des femmes mariées*. — Celle par laquelle le juge permet à la femme mariée de poursuivre ses droits contre son mari, est sujette à l'enregistrement; mais celle qui, en cas d'absence du mari, nomme un juge rapporteur et prescrit la communication au ministère public, en est *exempte*. (*Déc. f.* 13 *juin* 1809.) I. G. 4 juill. 1809, § 66, n° 436.

2. **ORDONNANCES.** — Homologation *d'avis de parens.* — L'ordonnance sur requête tendante à l'homologation d'un avis de parens n'est pas soumise à l'enregistrement ; le jugement seul y est astreint. (*Déc. f.* 13 *juin* 1809.) . . . . I. G. 4 juill. 1809, § 69, n° 436.

3. — Opposition *aux qualités.* — Les ordonnances de l'espèce ne sont soumises à aucun droit d'enregistrement. (*Déc. f.* 15 *nov.* 1816.). . . . . I. G. 23 déc. 1816, § 5, n° 758.

4. — Pluralité. — La pluralité des droits n'est pas exigible en raison du nombre des personnes intéressées ; mais à raison de chaque disposition indépendante contenue dans l'ordonnance. (*Sol.* 16 *déc.* 1825.) I. G. 31 mars 1826, § 10, n° 1187.

5. — Séparations — L'ordonnance qui autorise la demande en séparation de corps ou de biens ou en divorce, doit être enregistrée dans *les vingt jours* ; mais les diverses dispositions contenues dans une ordonnance n'opèrent qu'un seul droit. (*Déc. f.* 13 *juin* 1809.) Modifié. n° 4 sup. I. G. 4 juill. 1809, § 67 et 68, n° 436.
— *V.* Actes *judiciaires* ; Mise *au rôle*, n°s 8, 14, 15 *et* 16 ; Ordres, n° 1 ; Saisies-arrêts, n° 2 ; Ventes *de marchandises*, *n°* 3.

ORDONNANCES *de décharge d'impositions.* — *Exemptes* de l'enregistrement. (*Loi enreg.*, *art.* 70, § 3, *n°* 6.) *V.* Pétitions, n° 4 et suiv. ; Contributions. . . . . Circ. n° 1450.

ORDONNANCES *de nomination.* — Les ordonnances portant nomination des avocats à la cour de cassation, notaires, avoués, greffiers, huissiers, agens de change, courtiers et commissaires priseurs sont assujetties à un droit d'enregistrement de 10 *fr. p.* °/₀, outre le décime, sur le montant du cautionnement attaché à l'emploi ; elles devront être enregistrées sur la première expédition *dans le mois* de la délivrance, à peine du *double droit.* (*Loi* 21 *avril* 1832, *art.* 34.) *V.* Amendes *d'enregistrement*, *n°* 1 ; Bureaux, n° 6. I. G. 30 avril 1832, § 4, n° 1399.

2. — Changemens — Le droit de 10 *f. p.* °/₀ est dû sur la totalité du nouveau cautionnement, pour l'ordonnance de nomination d'un officier ministériel qui exerçait déjà dans une autre résidence. (*Sol.* 5 *mars* 1833.) I. G. 30 juin 1833, § 9, n° 1425.

3. — Si l'ordonnance ne porte pas *nomination*, mais simple autorisation de changer de résidence, le droit de 10 *fr. p.* °/₀ n'est pas exigible. (*Sol.* 28 *janv.* 1834.). . . . . . I. G. 19 juill. 1834, § 9, n° 1458.

4. — Timbre. — Ces ordonnances sont assujetties au timbre sur l'expédition délivrée aux parties. (*Loi* 21 *avril* 1382, *art.* 34.) I. G. 30 avril 1832, § 4, n° 1399.

ORDONNANCES *de paiement.* — *V.* Mandats.

ORDONNANCES *de police.* — *V.* Avis *imprimés*, *n°* 10.

ORDRES. — Le réquisitoire et la désignation du juge commis par le président, ne sont pas sujets à l'enregistrement. (*Déc. f.* 13 *juin* 1809.). . . . . I. G. 4 juill. 1809, § 48 et 58, n° 436.

2. — Le procès-verbal d'ordre est passible du droit de 50 *c. p.* °/₀ ; mais il n'est sujet à l'enregistrement qu'avant la délivrance des bordereaux, et ceux-ci en sont *exempts.* (*Déc. f.* 13 *juin* 1809.) I. G. 4 juill. 1809, § 60 et 61, n° 436.

3. — Le procès-verbal du juge commissaire faisant mention des productions de titres, n'est passible que d'un seul droit *fixe de* 2 *fr.* ; mais le droit de greffe de 1 *fr.* 50 *c.* est dû *par chaque production.* Il n'est pas nécessaire de dresser acte du dépôt. (*Déc. j. et f.* 21 *janv. et* 2 *fév.* 1813.) I. G. 11 fév. 1813, n° 620.
— *V.* Actes *de produit*, *n°* 2 ; Actes *judiciaires*, *n°* 46 ; Collocations ; Expéditions *(droits d')*, n° 3.

ORDRES *à l'amiable.* — *V.* Collocations, n°s 2, 3 et 4.

OUVERTURES *de testamens.* — *V.* Actes *judiciaires.*

OUVRAGES *périodiques.* — *V.* Journaux ; Musique.

P

PACTES *aléatoires.* — *V.* Donations *éventuelles*; Obligations, n° 9.

PAIEMENT *des droits et amendes.* — Les droits doivent être acquittés avant l'enregistrement, et l'on ne peut en atténuer ou différer le paiement sous quelque prétexte que ce soit. (*Loi enreg., art.* 28.) Ils doivent être payés par les notaires et huissiers pour les actes de leur ministère; par les greffiers ou secrétaires d'administration pour tous les actes (autres que les jugemens rendus à l'audience et les adjudications publiques); par les parties, pour les actes sous seing-privé, et par les héritiers donataires ou légataires, les tuteurs ou exécuteurs testamentaires pour les testamens. (*Art.* 29.) Les droits sont supportés par les débiteurs, nouveaux possesseurs ou autres parties qui profitent des actes (*Art.* 31.) Les droits de succession sont payés par les héritiers donataires ou légataires, les co-héritiers sont solidaires, et l'état aura action sur les revenus des biens à déclarer en quelques mains qu'ils se trouvent. (*Art.* 32.) Pour les jugemens rendus à l'audience et les adjudications publiques, le recouvrement des droits non consignés aux greffiers ou secrétaires sera poursuivi contre les parties sur un extrait qui doit être remis au receveur dans les dix jours qui suivront l'expiration du délai, à peine de *dix francs* d'amende pour chaque *décade* de retard, outre la responsabilité des droits. (*Loi enreg., art.* 37.) Modifié. *V.* n° 2 inf. Circ. n° 1450.

2. — L'amende progressive est réduite à une seule amende de 5 *fr.*, quelle que soit la durée du retard. (*Loi* 1824, *art.* 10.) I. G. 23 juin 1824, § 10, n° 1136.

3. — Les droits peuvent être exigés du demandeur, même lorsque le jugement rendu *par défaut* a été annulé. (*Déc. f.* 13 *frim. an XIII.*) . . . . I. G. 3 fruct. an XIII, § 4, n° 290.

4. — En cas de décès du notaire contrevenant, les amendes et peines encourues par lui ne sont pas exigibles des héritiers, à moins qu'elles n'aient été prononcées par jugement avant son décès. (*Déc f.* 1er *sept.* 1807.) I. G. 17 sept. 1807, § 4, n° 340.

5. — Le recouvrement des droits d'un acte notarié non enregistré peut être poursuivi contre les parties en cas d'insolvabilité du notaire, à moins qu'elles ne justifient d'une expédition en forme avec fausse mention d'enregistrement. (*Déc. f.* 1er *sept.* 1807.) I. G. 17 sept. 1807, § 5, n° 340.

6. — En cas d'insolvabilité des notaires, on ne peut *qu'inviter* les parties à acquitter les droits, sauf le cas où il serait *prouvé* qu'elles ne les ont pas payés. (*Déc. f.*) . . . . . Circ. 19 mars 1808.

7. — Les droits d'un jugement même contradictoire peuvent être poursuivis contre le demandeur qui en profite. (*Trib. de la Seine,* 30 *août* 1806.) *V.* n° 10 inf. . . . . . I. G. 29 juin 1808, § 2, n° 386.

8. — Les supplémens de droits doivent être recouvrés *sur les parties.* (*Déc. f.* 7 *juin* 1808.) I. G. 29 juin 1808, § 28, n° 386.

9. — Malgré l'assujettissement à l'enregistrement sur les minutes de tous les actes judiciaires, les greffiers conservent toujours pour les jugemens rendus à l'audience la faculté de remettre un extrait pour suivre le recouvrement des droits sur les parties. (*Loi* 1816, *art.* 38.) I. G. 29 avril 1816, n° 714.

10. — Les droits des jugemens doivent être payés par celle des parties qui en profite pour tout ou partie. (*Cass.* 23 *fév.* 1824.) *V.* n° 7 sup. I. G. 19 mai 1824, § 7, n° 1132.

11. — L'état à privilége sur le cautionnement d'un notaire pour raison des droits des actes qu'il n'a pas soumis à l'enregistrement. (*Cass.* 25 *juillet* 1827.) . . . . . . I. G. 15 déc. 1827, § 8, n° 1229.

12. — Les amendes d'enregistrement doivent être perçues au moment où la formalité est donnée aux actes en contravention. (*Sol.*). I. G. 10 mai 1833, n° 1428.

13. PAIEMENT *des droits et amendes.* — La perception à faire sur une adjudication au profit de plusieurs acquéreurs *conjointement* est indivisible, et le paiement des droits peut être poursuivi contre chacun d'eux indifféremment. (*Cass.* 19 *nov.* 1834.) I. G. 21 avril 1835, § 1, n° 1481.

— *V.* Actes *administratifs*, *n°* 3; Actes *judiciaires*; Actes *passés en double minute*, *n°s* 1 *et* 2; Actes *sous seing-privé*, *n°* 3; Amendes *d'enregistrement*; Fractions; Greffes *(droits de)*; Minimum; Mises *au rôle*, *n°s* 11 *et* 12; Mutations *secrètes*, *n°s* 2, 3 *et* 6; Ordonnances *de nomination*; Successions, n°s 70, 72 et suiv.

14. — Timbre. — Sont solidaires pour le paiement des droits et amendes tous les signataires des actes synallagmatiques, les prêteurs et emprunteurs, les créanciers et les débiteurs, les officiers publics qui auraient énoncé des livres non timbrés; les héritiers en sont tenus, et le trésor a privilége. (*Loi* 1816, *art.* 75.) . . . . I. G. 29 avril 1816, § 10, n° 715.

15. — Idem. (*Loi* 24 *mai* 1834, *art.* 21.) I. G. 14 nov. 1834, n° 1469.

16. — Les droits et amendes dus pour les livres et titres des faillis donnent à l'administration le privilége des contributions directes, et les syndics sont responsables jusqu'à leur dessaisissement régulier. (*Sol.* 4 *mai* 1827.) . . . . I. G. 7 sept. 1827, § 6, n° 1219.

— *V.* Afficheurs; Amendes *de timbre*; Auteurs; Imprimeurs, n°s 1 et 2.

PAPIERS-MUSIQUE. — *V.* Musique.

PAPIERS-NOUVELLES. — *V.* Journaux.

PAPIERS-TIMBRÉS. — *V.* Timbre.

PARAPHES. — *V.* Cotes *et paraphes*; Dépôts *aux greffes*, *n°s* 12 *et* 13.

PARCHEMINS. — *V.* Timbre, n° 13.

PARTAGES de biens meubles et immeubles dont le titre est justifié, 3 *fr. fixe.* (*Loi enreg.*, *art.* 68, § 3, *n°* 2.) Modifié. n° 2 inf. Circ. n° 1450.

2. — 5 *fr. fixe.* (*Loi* 1816, *art.* 45, *n°* 3.) I. G. 29 avril 1816, n° 714.

3. — Acquisition *commune.* — La division instantanée des biens acquis en commun ne donne pas lieu au droit fixe de partage; mais s'il y a stipulation de soultes payées par quelques-uns des co-partageans aux autres, le droit proportionnel est exigible ainsi que le droit *fixe de* 5 *fr.* (*Sol.* 28 *sept.* 1827.) I. G. 15 déc. 1827, § 7, n° 1229.

4. — Avancement *d'hoirie.* — Le partage dans lequel un héritier impute sur sa part héréditaire, une somme reçue de son co-héritier par acte enregistré opère le droit de soulte. (*Sol.*) I. G. 9 juin 1827, § 2, n° 4, n° 1209.

5. — Biens *communaux.* — Les partages de biens communaux à charge d'une redevance pour les dépenses ne doivent que le droit fixe, s'il y a égalité dans la distribution et si quelques-uns des co-partageans ne sont pas subrogés aux droits des autres. (*Déc. f.*) I. G. 29 juin 1808, § 24, n° 386.

— Communauté. — *V.* Contrats *de mariage*, *n°* 5 *et suiv.*

6. — Communes. — Territoire. — Le partage fait entre tous les propriétaires d'une commune des terres formant le territoire, et dont ils font une masse pour la diviser entr'eux par lots dont la quantité et la valeur n'excède pas leurs droits, n'est passible que du droit *fixe.* (*Déc. f.* 7 *avril* 1826.) I. G. 30 sept. 1826, § 6, n° 1200.

7. — Dation *en paiement.* — La dation en paiement à un héritier en même temps créancier, opère le droit de vente, cession, etc., sur les portions excédant sa quote-part dans la dette. (*Sol.* 1er *juin* 1825.) I. G. 30 sept. 1825, § 10, n° 1173.

— *V.* Dispositions *indépendantes*, *n°* 3; Inscriptions, n° 16; Licitations; Mutations *secrètes*, *n°* 7.

— Entre *l'état et les particuliers.* — *V.* Acquisitions *par l'état*, *n°* 1.

8. **PARTAGES** *de biens meubles et immeubles.* — NUE-PROPRIÉTÉ. — USUFRUIT. — Les partages qui attribuent à l'un la nue-propriété et à l'autre l'usufruit des biens indivis, sans soultes, ne sont passibles que du droit *fixe.* (*Déc. f.* 24 *fév.* 1817.) I. G. 28 avril 1817, n° 775.

9. — L'acte qui attribue l'usufruit au survivant, et aux enfans la nue-propriété des biens de communauté, n'est sujet qu'au droit fixe si c'est le premier acte qui ait fait cesser l'indivision. (*Cass.* 16 *juin* 1824.) I. G. 8 sept. 1824, § 11, n° 1146.

— *V.* OBLIGATIONS, n° 11 et suiv.; QUITTANCES, n° 14; RÉDACTION, n°s 11 et 15; RESTITUTIONS, n°s 13 et 14; SOCIÉTÉS, n° 5 et suiv.; SOULTES *de partage.*

PARTAGES *anticipés.* — *V.* DONATIONS *entre vifs contenant partage.*

PASSAGES. — *V.* BAUX *à ferme, n°s 4, 5 et 6.*

PASSAVANS. — TIMBRE. — DOUANES. — Les passavans délivrés par l'administration des douanes sont assujettis au timbre. (*Déc. f.*) Modifié. n° 3 inf. Circ. n° 1519.

2. — Idem. (*Déc. f.* 18 *germ. an IX.*) Modifié. n° 3 inf. Circ. n° 2042.

3. — Les passavans délivrés par l'administration des douanes, pour la circulation des denrées et marchandises dans les deux myriamètres des frontières, sont *exempts* de timbre. (*Arr. gouv.* 30 *frim. an XII.*) I. G. 19 niv. an XII, n° 193.

— *V.* ACQUITS *à caution, n°* 1 *et suiv.*

PASSE-DEBOUTS. — TIMBRE. — Les passe-debouts délivrés aux octrois sont *exempts* de timbre. (*Déc. f.*) I. G. 2 avril 1808, § 4, n° 371.

PASSEPORTS. — *Exempts* de l'enregistrement. (*Loi enreg., art.* 70 § 3, *n°* 14.) . . . Circ. n° 1450.

2. — TIMBRE. — Les passeports doivent être délivrés sur *moyen papier.* Abrogé. n° 5 inf. Circ. n° 1496.

3. — Idem. (*Déc. f.* 16 *mess. an VII.*) Abrogé. n° 5 inf. Circ. n° 1705.

4. — Les passeports des gens de guerre sont *exempts* de timbre, mais cette exemption ne s'applique pas aux agens directs, fournisseurs et autres préposés de la partie administrative des armées. (*Déc. f.* 1er *compl. an VIII.*) Circ. 29 fruct. an IX, n° 2042.

5. — Le prix est fixé à 2 *fr.* pour les passeports à *l'intérieur*, et à 10 *fr.* pour les passeports à *l'étranger.* (*Décret* 11 *juill.* 1810, *art.* 9.) I. G. 7 nov. 1810, n° 496.

6. — INDIGENS. — Ils doivent être délivrés *gratis* aux personnes dont l'indigence est constatée. (*Av. cons. d'état* 22 *déc.* 1811.) I. G. 4 avril 1812, n° 570.

7. — Cette mesure est également applicable aux passeports *à l'étranger.* (*Déc. f.* 2 *mai* 1812.) I. G. 25 mai 1812, n° 581.

PATENTES. — TIMBRE. — Les patentes doivent être délivrées sur *moyen papier.* (*Déc. f.* 16 *frim. an VII.*) *V.* QUITTANCES, n° 33. Circ. n° 1460.

PATENTES *de santé.* — TIMBRE. — Les patentes de santé sont *exemptes* de timbre. (*Déc. f.* 29 *mai* 1826.) I. G. 30 sept. 1826, § 23, n° 1200.

PATURAGES. — *V.* ACTES *administratifs, n°* 13; BAUX *de pâturages.*

PAYS *étrangers.* — *V.* ACTES *passés à l'étranger.*

PAYS *réunis à la France.* — *V.* ACTES *passés à l'étranger.*

PÉAGES *(Droits de).* — *V.* REGISTRES, n°s 20 et 21.

PÊCHE. — *Adjudications et licences.* — Les procès-verbaux d'adjudication et les licences de pêche sont soumis au timbre; les expéditions doivent être délivrées sur *moyen papier*; ces actes et les cautionnemens y relatifs sont passibles des droits fixés pour les baux. *V.* BAUX *à ferme n°* 3, et CAUTIONNEMENS *des baux, n°* 2. . . . . . . I. G. 16 therm. an XII, n° 246.

— *V.* PROCÈS-VERBAUX *de délits, n°* 16.

2. **PÊCHE.** — Les pièces à produire à l'appui des demandes de primes, accordées pour la pêche de la morue doivent être soumises au timbre extraordinaire. (*Ord. roy.* 21 *oct.* 1818, *art.* 8.) I. G. 16 nov. 1818, n° 866.

PENSIONS. — *V.* Certificats *de vie*; Constitutions *de rentes*; Quittances, n° 34.

PENSIONS *alimentaires.* — *V.* Constitutions *de pensions.*

PENSIONS *militaires.* — *V.* Actes *de l'état civil, n°* 11; Certificats *de vie.*

PERCEPTIONS. — Solutions. — La solution des difficultés qui peuvent s'élever relativement à la perception des droits d'enregistrement, avant l'introduction des instances, appartient à la régie. (*Loi enreg., art.* 63.) Circ. n° 1450.

2. — Idem. (*Déc. f.* 11 *janv.* 1822.) I. G. 30 janv. 1822, n° 1018.
— *V.* Contributions; Lois; Paiement *des droits.*

PÉREMPTIONS *d'instance.* — *V.* Prescriptions, n° 1.

PERMIS *d'exploiter.* — *V.* Procès-verbaux, n°s 8, 11 et 15.

PERMIS *de port d'armes de chasse.* — Le prix est fixé à 30 *fr.* (*Décret* 11 *juill.* 1810, *art.* 13.) Modifié. n° 2 inf. I. G. 7 nov. 1810, n° 496.

2. — Le droit est réduit à 15 *fr.* (*Loi* 1816, *art.* 77.) I. G. 29 avril 1816, § 12, n° 715.

3. — Ordres *français.* — Les permis doivent être délivrés *gratis* aux membres de la légion-d'honneur, à charge du paiement du droit de timbre fixé à 1 *fr.* (*Décret* 22 *mars* 1811.) Abrogé. n° 6 inf. I. G. 9 avril 1811, n° 511.

4. — Cette faveur est étendue aux membres de l'ordre de la réunion. (*Décret* 12 *mars* 1813.) Abrogé. n° 6 inf. I. G. 29 mars 1813, n° 631.

5. — Même réduction pour les membres de l'ordre royal de Saint-Louis. (*Ord. roy.* 9 *sept.* 1814.) Abrogé. n° 6 inf. I. G. 27 nov. 1815, n° 701.

6. — La réduction à *un franc* pour les personnes décorées des ordres français, est *abrogée.* (*Ord. roy.* 17 *juill.* 1816, *art.* [illegible]) I. G. 24 juill. 1816, n° 732.
— *V.* Restitutions, n° 16.

PÉTITIONS. — Timbre. — Toutes les pétitions présentées aux autorités et autres sont assujetties au timbre. (*Loi timb., art.* 12, *n°* 1.) Les pétitions présentées aux corps législatifs, celles pour demandes de congés, passeports, etc., sont *exemptes* du timbre. (*Art.* 16, *n°* 1.) Circ. n° 1419.

2. — Elles doivent nécessairement être sur papier timbré. (*Arr. gouv.* 15 *fruct. an VIII et décret* 24 *janv.* 1812.) I. G. 6 mars 1812, n° 565.

3. — Toutes les pétitions sont soumises au timbre sous peine de l'amende, même celles qui ont pour objet des demandes en restitution reconnues fondées, et le prix du timbre n'est pas restituable. Sont *exemptes* du timbre les pétitions adressées aux chambres, celles qui ont pour objet des demandes de congés, secours, certificats de résidence des réfugiés, rectifications du cadastre pour le classement parcellaire, les mémoires des chambres de commerce, les pétitions relatives à l'indemnité accordée aux émigrés, aux colons de Saint-Domingue, et celles relatives aux listes électorales et du jury. (*Sol.*) *V.* n° 8 inf. I. G. 24 sept. 1829, n° 1291.

4. — Contributions. — Les pétitions en dégrèvement de contributions sont soumises au timbre. (*Déc. f.* 16 *brum. an VII.*) *V.* n° 7 inf. Circ. n° 1566.

5. — Les pétitions en dégrèvement doivent être rédigées sur papier timbré, et les expéditions seules des ordonnances délivrées aux parties y sont soumises. (*Déc. f.* 8 *therm. an IX.*) *V.* n° 7 inf. Circ. 29 fruct. an IX, n° 2042.

6. — Idem. (*Déc. f.* 6 *déc.* 1816.) I. G. 13 février 1817, n° 765.

7. — Les réclamations en décharge ou réduction des contributions personnelle et mobilière ou des portes et fenêtres ayant pour objet une cote *moindre de trente*

francs sont *exemptes* du timbre. (*Loi* 21 *avril* 1832., *art.* 28.) *V.* Cadastre, n° 2. I. G. 30 avril 1832, § 1, n° 1399.

8. **PÉTITIONS.** — Restitutions. — Les droits de timbre d'une demande en restitution ne sont pas restituables, même lorsqu'elle est accueillie. (*Trib. d'Ambert*, 14 *juin* 1831.) *V.* n° 3 sup. I. G. 20 sept. 1831, § 10, n° 1381.

9. — Surnuméraires. — Les pétitions des aspirans au surnumérariat doivent être sur papier timbré. Circ. 6 déc. 1808.

PLACARDS. — *V.* Affiches; Saisies *immobilières*, n° 2 *et* 6.

PLACES *dans les églises.* — *V.* Baux *à ferme*, n° 26.

PLANS. — *V.* Acquisitions *par les établissemens publics*, n°s 19 *et* 20; Acquisitions *par l'etat*, n° 7; Actes *innommés*.

PLURALITÉ *des droits.* — *V.* Acceptations *de successions*; Avis *de parens*, n° 7; Cautionnemens, n° 10; Exploits, n°s 10 et suiv.; Ordonnances, n° 4; Prestations *de serment*, n°s 69 *et* 71; Procès-verbaux, n° 18; Rédaction, n° 20; Renonciations, n° 1 et suiv., Significations *d'avoués à avoués*, n° 5; Transcriptions, n°s 17 et 18.

PLUS-VALUES. — *V.* Échanges, n° 15 et 16, et Soultes *d'échanges*.

POLICE. — *V.* Actes *de poursuites en matière criminelle ou de police*; Actes *judiciaires en matière criminelle ou de police*; Procès-verbaux *de délits*.

POLICES *d'assurances.* — Timbre. — Les polices d'assurances doivent être rédigées sur papier timbré à 1 *fr.*, à peine d'une amende progressive de 25, 50 et 100 fr. (*Loi* 6 *prair. an VII*, *art.* 4 *et* 5.) Modifié, n° 3, inf. Circ. n° 1580.

2. — Idem. I. G. 15 mai 1807, n° 326.

3. — Elles peuvent être rédigées sur papier timbré de toute dimension. (*Décret* 3 *janv.* 1809.) I. G. 6 mars 1809, § 2, n° 419.

4. — Les amendes sont réduites à 5, 10 et 20 fr. (*Loi* 1824, *art.* 10.) I. G. 23 juin 1824, § 10, n° 1136.

— *V.* Assurances.

POLICE *des ateliers.* — *V.* Ateliers.

POLICE *du roulage.* — *V.* Procès-verbaux *de délits*, n° 21.

POLICE *générale.* — *V.* Actes *de poursuites en matière criminelle et de police*; Actes *judiciaires en matière criminelle et de police*.

PONTS-*et-chaussées.* — *V.* Marchés, n° 14, 15 et 16.

POMPES *à feu.* — *V.* Rédaction, n° 17; Ventes *d'immeubles*, n° 64.

PORTEURS *de contraintes (Actes des).* — Timbre. — Ils sont admis au visa pour timbre. (*Déc.* 17 *germ. an VII.*) Circ. n° 1566.

— *V.* Actes *de poursuites dans l'intérêt de l'état.*

PORTION *disponible.* — *V.* Successions, n° 25 et 26.

POSTES. — *V.* Reconnaissances *de la poste.*

POSTILLONS. — *V.* Quittances, n° 32.

POURSUITES. — *V.* Actes *de poursuites dans l'intérêt de l'état et des établissemens publics*; Actes *judiciaires en matière de contributions*; Amendes *de timbre*, n°s 28 *et* 30; Amendes *forestières*; Paiement *des droits*, n° 1 *et suiv.*; Prescriptions, n° 1.

POURVOIS. — Le premier acte de recours ou pourvoi en cassation, 15 *fr. fixe.* (*Loi enreg.*, *art.* 68, § 6, *n°* 3.) Modifié. n° 3 inf. Circ. n° 1450.

2. — Tout premier acte de recours en cassation, quel qu'en soit l'objet, *excepté en matière criminelle*, est passible du droit *fixe de* 15 *fr.* (*Arrêté gouv.*, 21 *pluv. an XI*, *art.* 1.) Modifié. n° 3 inf. I. G. 13 vent. an XI, n° 124.

3. **POURVOIS.** — Le droit est porté à 25 *fr. fixe*, et les pourvois devant les conseils du roi, sont assujettis au même droit. (*Loi* 1816, *art.* 47 *n°* 1.) . . . . I. G. 29 avril 1816, n° 714.

4. — La déclaration de recours en cassation doit être enregistrée en *debet* lorsque le condamné en police correctionnelle est emprisonné. (*Déc. f.* 24 *mars* 1825.) . . . . . I. G. 29 juin 1825, § 12, n° 1166.

5. — CONTRIBUTIONS. — Le recours au conseil d'état contre les arrêtés des préfets en matière de contributions personnelle et mobilière ou des portes et fenêtres, n'est soumis qu'au timbre et doit être enregistré *gratis*. (*Loi* 21 *avril* 1832, *art.* 30.) . . . I. G. 30 avril 1832, § 2, n° 1399.

— *V.* EXPLOITS, n° 4; GARDE *nationale*.

POUVOIRS. — *V.* PROCURATIONS.

PRÉCIPUTS. — *V.* CONTRATS *de mariage*, *n°s* 6 *et* 7; SUCCESSIONS, n° 19 et suiv.

PREMIER *janvier*. — *V.* JOURS *fériés*, *n°* 2.

PRESCRIPTIONS. — La prescription est acquise après :

1° *Un an*, pour toute action dont les poursuites seraient interrompues pendant ce temps. (*Loi enreg.*, *art.* 61 *n°* 3.)

2° *Deux ans*, à compter de l'enregistrement, pour les droits non perçus, les fausses évaluations dans les déclarations, et les demandes en restitution (*art.* 61, *n°* 1).

3° *Trois ans*, à compter de l'enregistrement, pour les omissions de biens dans les déclarations de successions (*art.* 61, *n°* 2).

4° *Cinq ans*, à compter du décès, pour les successions non déclarées (*art.* 61, *n°* 3). Circ. n° 1450.

— *V.* ABSENCES, n°s 6 et 7.

2. — ACTES *administratifs*. — La prescription *biennale* n'est pas encourue pour la demande des droits d'un acte administratif, sous le prétexte que l'adjudication a été publique. (*Cass.* 23 *mai* 1832.) I. G. 30 sept. 1832, § 1, n° 1410.

3. — Idem. (*Cass.* 17 *avril* 1833.) I. G. 30 sept. 1833, § 1, n° 1437.

4. — ACTES *notariés*. — Les droits d'enregistrement des actes notariés ne se prescrivent que par *trente ans*. (*Déc. f.* 8 *prair. an IX.*) Circ. 21 prair. an IX, n° 2013.

5. — ACTES S. S.-P. — La prescription de 30 *ans* pour l'exigibilité des droits d'un acte s. s.-p. ne court pas de sa date, mais de l'époque où il a acquis date certaine. (*Cass.* 17 *août* 1831.) *V.* n° 12 inf. I. G. 27 déc. 1831, § 1, n° 1388.

6. — La prescription est acquise *deux ans* après la mention d'un acte s. s.-p dans un acte enregistré; mais une nouvelle mention dans un acte postérieur, rend les droits exigibles de nouveau. (*Trib. de la Seine*, 23 *août* 1826.) . . . . I. G. 21 déc. 1832, § 1, n° 1414.

7. — AMENDES *d'enregistrement et de timbre*. — Les amendes de contravention aux lois sur l'enregistrement ne se prescrivent que par *trente ans*. (*Cass.* 11 *et* 18 *nov.* 1806, *et Déc. f.* 7 *juin* 1808.) Modifié. n° 8 inf. I. G. 29 juin 1808, § 25, n° 386.

8. — La prescription *biennale* est acquise deux ans après la représentation des actes qui prouvent une contravention aux lois sur l'enregistrement. (*Av. cons. d'état*, 18 *août* 1810.) I. G. 22 sept. 1810, n° 491.

9. — Les amendes de timbre se prescrivent par *deux ans* à compter du jour où les préposés ont été à portée de connaître les contraventions. (*Déc. f.* 27 *juill.* 1818.) *V.* n° 10 inf. I. G. 18 août 1818, n° 852.

10. — Les amendes résultant de contraventions aux lois sur l'enregistrement et le timbre se prescrivent par *deux ans* à compter du jour où les préposés auront été mis à portée de constater ces contraventions. (*Loi* 1824, *art.* 13.) . . . . I. G. 23 juin 1824, § 4, n° 1136.

11. PRESCRIPTIONS. — **Amendes** *d'enregistrement et de timbre.* — Les droits et amendes de timbre ne se prescrivent que par *trente ans*, à moins que la contravention n'ait été signalée par un acte enregistré depuis plus de *deux ans*. (*Déc. f.* 7 *mars* 1826.) I. G. 16 juin 1826, § 10, n° 1189.

— *V.* Copies *signifiées*, n° 5; Délais; Expertises.

12. — **Date** *certaine.* — Les actes qui n'ont pas de date certaine ne peuvent être opposés à l'état pour prescription des droits et peines encourus. (*Loi enreg., art.* 62.) *V.* n° 5 sup. et n°s 19, 20 et 21 inf. Circ. n° 1450.

13. — **Greffes** (*Droits de.*) — Les prescriptions pour les droits de greffes sont les mêmes que celles applicables aux droits d'enregistrement. (*Décret* 12 *juill.* 1808, *art.* 6.) I. G. 3 sept. 1808, n° 398.

14. — **Hypothèques** (*Droits d'*) — Celle de *trente ans* est seule applicable aux droits d'hypothèques. (*Déc.* 19 *niv. an XII.*) Modifié. n° 15 inf. I. G. 30 niv. an XII, n° 198.

15. — La prescription des droits d'hypothèques s'acquiert par *deux ans*. (*Loi* 24 *mars* 1806.) I. G. 11 sept. 1806, n° 316.

16. — **Interruption.** — Les prescriptions en matière d'enregistrement sont suspendues par des demandes signifiées et enregistrées avant l'expiration des délais. (*Loi enreg., art.* 61, n° 3.) Circ. n° 1450.

17. — L'interruption de la prescription par les poursuites de l'une des parties ne peut profiter à l'autre. (*Cass.* 30 *mars* 1808, *et déc. f.* 24 *sept.* 1808.) . . . . I. G. 23 mars 1809, § 2, n° 424.

18. — La prescription en matière de droits d'enregistrement et de timbre n'est interrompue que par une demande judiciaire; un pourvoi admininistratif ne l'arrête point (*Déc. f.* 12 *fév.* 1811.) *V.* Restitutions, n° 23 et 24. I. G. 21 fév. 1811, n° 509.

19. — **Mutation** *secrète.* — La prescription des droits d'une mutation secrète est acquise 30 *ans* après l'inscription au rôle ou la date certaine de la mutation. (*Cass.* 5 *janv.* 1825.) I. G. 30 déc. 1825, § 6, n° 1180.

20. — Idem. (*Cass.* 23 *mai* 1832.) I. G. 30 sept. 1832, § 3, n° 1410.

21. — Idem. (*Cass.* 24 *juillet* 1833.) I. G. 30 déc. 1833, § 7, n° 1446.

22. — Les droits d'une mutation secrète sont prescrits *deux ans* après l'enregistrement de l'acte qui la fait connaître, mais il faut qu'il n'y ait pas besoin de recherches ultérieures. (*Cass.* 29 *et* 30 *juin*, 17 *août* 1813, 9 *mai* 1814, 28 *août* 1816, 27 *mars* 1817, 10 *janv.* 1821.) Arrêts contraires, un simple acte de propriété suffirait pour faire courir la prescription de *deux ans*, lors même qu'il faudrait des recherches ultérieures. (*Cass.* 15 *mars* 1825, 6 *fév. et* 14 *mars* 1826.) Modifié. n°s 23 et suiv. inf. I. G. 16 juin 1826, § 6, n° 1189.

23. — Retour à la première jurisprudence; les droits d'une mutation sont prescrits *deux ans* après l'enregistrement de l'acte qui la fait connaître, mais il faut qu'il n'y ait pas besoin de recherches ultérieures. (*Cass.* 16 *juin* 1828.) . . . . I. G. 26 sept. 1828, § 9, n° 1256.

24. — Idem. (*Cass.* 3 *janv.* 1832.) I. G. 29 juin 1832, § 5, n° 1401.

25. — Idem. (*Cass.* 24 *juillet* 1833.) I. G. 30 déc. 1833, § 7, n° 1446.

26. — Les droits d'une mutation constatée par un jugement se prescrivent par *deux ans* à partir de l'enregistrement du jugement, nonobstant l'appel. (*Cass.* 6 *juin* 1827.) I. G. 7 sept. 1827, § 3, n° 1219.

— *V.* Mutations *secrètes*, n°s 15 *et* 19; Restitutions, n° 17 et suiv.

27. — **Successions.** — On ne peut opposer la prescription *quinquennale* à la demande des droits résultant d'une succession lorsque le décès n'a pas été constaté régulièrement. (*Cass.* 5 *vent. an IX, et* 30 *juin* 1806; *déc. f.* 11 *oct.* 1808.) . . . . . I. G. 23 mars 1809, § 1, n° 424.

28. PRESCRIPTIONS. — SUCCESSIONS. — Les droits de mutation par décès ne sont pas prescrits dans les *deux ans* d'un acte qui fait connaître l'ouverture de la succession. (*Cass.* 29 *mai* 1832.) I. G. 30 sept. 1832, § 9, nº 1410.

29. — La prescription des droits de la succession d'un *étranger* ne court que du jour où un acte ou un jugement enregistré en France fait connaître la mutation. (*Cass.* 7 *mai* 1833.) I. G. 30 sept. 1833, § 11, nº 1437.

— *V.* SUCCESSIONS, nºˢ 82, 83 et 84.

30. — SUPPLÉMENS *de droits.* — La prescription *biennale* est acquise contre la demande d'un supplément de droit plus de deux ans après l'enregistrement d'une cession de créances, même lorsque les valeurs ne sont pas liquidées au moment de la cession. (*Sol.* 10 *juin* 1834.) I. G. 7 nov. 1834, § 6, nº 1467.

31. — TESTAMENT. — Les droits d'enregistrement d'un testament ne se prescrivent que par *trente ans* à compter du décès. (*Déc. f.* 8 *prair. an IX.*) . . . . Circ. 21 prair. an IX, nº 2013.

32. — TIMBRE. — Les droits et amendes de timbre ne se prescrivent que par *trente ans.* (*Déc. f.* 12 *sept.* 1825.) Modifié. nºˢ 8, 9 et 10 sup. . . . . I. G. 30 déc. 1825, § 10, nº 1180.

PRÉSENTATIONS, *défauts et congés,* faute de comparoir, 1 *fr. fixe.* (*Loi* 27 *vent. an IX, art.* 16.) Circ. nº 1992.

2. — TRIBUNAUX *de commerce.* — Les actes de l'espèce devant les tribunaux de commerce sont assujettis aux mêmes droits. (*Déc. f.* 18 *flor. an XII.*) Abrogé. nº 3 inf. I. G. 27 prair. an XII, nº 228.

3. — Cette perception est suspendue. (*Av. cons. d'état,* 18 *mess. an XII.*) . . . . . . Circ. 11 therm. an XII.

4. — L'exception pour les tribunaux de commerce s'étend à tous les tribunaux jugeant en matière commerciale. (*Déc. f.*) Circ. 14 niv. an XIII.

5. — TIMBRE. — Les registres tenus aux greffes doivent être sur papier timbré. (*Déc. f.* 7 *frim. et* 14 *pluv. an XII.*) I. G. 27 pluv. an XII, nº 203.

PRÉSOMPTIONS *légales.* — *V.* ANTICHRÈSES; BAUX *à ferme*; MUTATIONS *secrètes*, nº 8 *et suiv.*

PRESTATIONS *de serment.* — ACTES *administratifs.* — Les prestations de serment devant l'autorité administrative sont assujetties à l'enregistrement dans les *vingt jours*, lorsqu'ils n'ont pas d'objet *politique*; il n'est dû qu'*un franc fixe* pour celles qui renouvelleraient un serment déjà prêté sans changement de grade ni d'attributions. (*Déc. f.* 12 *déc.* 1821.) *V.* nºˢ 17 et 81 inf. I. G. 28 fév. 1822, nº 1025.

2. — Cette décision n'est exécutoire qu'à partir du 1ᵉʳ janvier 1822. (*Déc. f.* 17 *avril* 1822.) I. G. 22 avril 1822, nº 1034.

— *V.* inf. pour la quotité des droits.

3. — ARPENTEURS *forestiers*, 15 *fr. fixe.* (*Déc. f.* 10 *mess. an X.*). . . . . I. G. 3 fruct. an XIII, § 45, nº 290.

4. — AVOCATS et défenseurs officieux, 1 *fr. fixe.* (*Déc. f.* 20 *mai et* 8 *juill.* 1806.) Modifié. nº 5 inf. I. G. 16 juill. 1806, nº 311.

5. — Le droit est porté à 15 *fr. fixe.* (*Décret* 31 *mai* 1807.) *V.* nº 6 inf. . . . . . . I. G. 3 juill. 1807, nº 330.

6. — Le droit est toujours de 15 *fr. fixe*; mais d'*un franc* seulement pour les renouvellemens. (*Déc. j et f.* 10 *déc.* 1811.) I. G. 21 déc. 1811, nº 555.

7. — AVOUÉS. — 15 *fr. fixe.* (*Loi* 27 *vent. an IX, art.* 14.) Circ. nº 1992.

8. — Idem. (*Déc. j.* 14 *vend. et* 30 *brum. an XIII.*) I. G. 3 fruct. an XIII, § 57, nº 290.

9. — Idem. (*Déc. f.* 20 *mai et* 8 *juill.* 1806.) I. G. 16 juill. 1806, nº 311.

10. — Idem. (*Décret* 31 *mai* 1807.) I. G. 3 juill. 1807, nº 330.

11. PRESTATIONS *de serment.* — AVOUÉS. — Le droit de 15 *fr.* n'est exigible que pour les prestations de serment des avoués *avant d'entrer en fonctions;* pour celles des avoués qui exerçaient *antérieurement*, il n'est dû que 1 *fr. fixe.* (*Déc. f.* 30 *août* 1808.) Circ. 7 nov. 1808.

12. — CHASSES. — Inspecteurs et sous-inspecteurs, 15 *fr. fixe.* (*Déc. f.* 10 *flor. an XIII.*) I. G. 3 fruct. an XIII, § 46, n° 290.

13. — COMMISSAIRES *de police.* — *Exemptes* de l'enregistrement. (*Déc. f.* 4 *therm. an XIII.*) I. G. 3 fruct. an XIII, § 58, n° 290.

— COMPTABLES — *V.* n°s 38 et 80 inf.

— CONDUCTEURS *des ponts et chaussées.* — *V.* n°s 73 et 74 inf.

14 — CONSERVATEURS *des hypothèques.* — Tout employé nommé conservateur des hypothèques est assujetti à prêter un nouveau serment, et l'acte est passible du droit *fixe de* 15 *fr.* (*Déc. f.* 22 *oct.* 1819.) I. G. 10 déc. 1819, n° 911.

15. — CONTRIBUTIONS *directes.* — Directeurs, inspecteurs et contrôleurs, 15 *fr. fixe.* (*Déc. f.* 3 *flor. an XIII.*) *V.* n° 17 inf. I. G. 3 fruct. an XIII, § 54, n° 290.

16. — Porteurs de contraintes, 3 *fr. fixe.* (*Déc. f.* 3 *flor. an XIII.*). . . . . . . I. G. 3 fruct. an XIII, § 55, n° 290.

17. — CONTRIBUTIONS *directes et indirectes.* — Les prestations de serment des employés de ces deux administrations sont soumises à l'enregistrement et passibles du droit *fixe de* 15 *fr.*, même lorsqu'elles sont reçues par les préfets. En justice, les expéditions sont passibles des droits de greffe. (*Déc. f.* 12 *therm. an XII.*). . . . . I. G. 23 therm. an XII, n° 248.

18. — Idem. I. G. 3 fruct. an XIII, § 50 et 53, n° 290.

19. — CONTRIBUTIONS *indirectes.* — Buralistes. — 3 *fr. fixe*, lorsque leur traitement ne s'élève pas à 500 fr.; 15 *fr.* s'il est supérieur. (*Déc. f.* 1er *compl. an XII.*) . . . Circ. 3 compl. an XII.

20. — Idem. *V.* n° 23 et suiv. inf. I. G. 3 fruct. an XIII, § 52, n° 290.

21. — Commis aux exercices, 3 *fr. fixe;* Commis et contrôleurs temporaires, *exemptes.* (*Déc. f.*) Circ. 5 fruct. an XII.

22. — Idem. I. G. 3 fruct. an XIII, § 51, n° 290.

23. — Commis à pied et buralistes dont le traitement n'excède pas 500 fr., 3 *fr. fixe.* (*Déc. f.* 25 *nov.* 1806.) I. G. 8 janv. 1807, n° 323.

24. — Le droit est de 3 *fr.* pour les commis à pied et les buralistes dont le traitement n'excède pas 500 fr.; il est dû 15 *fr. fixe* pour tous les emplois supérieurs. (*Déc. f.* 31 *mai et* 5 *juill.* 1808.) I. G. 30 sept. 1808, § 8, n° 400.

25. — Le serment renouvelé en cas d'avancement est passible d'un nouveau droit de 3 *fr. fixe*, pour les surnuméraires, buralistes, débitans et commis à pied dont le traitement n'excède pas 500 fr., et de 15 *fr. fixe* pour les grades ou traitemens supérieurs. (*Déc. f.* 24 *août et* 25 *sept.* 1816.) I. G. 26 nov. 1816, n° 754.

26. — Les employés doivent prêter serment à chaque changement de l'une à l'autre des classes ci-après; 1° surnuméraires-buralistes, débitans de tabac, élèves de manufactures. 2° Commis aux exercices, de surveillance ou aux écritures, et préposés de la navigation et des salines. 3° Receveurs, chefs de fabrication, teneurs de livres des manufactures. 4° Entreposeurs. 5° Contrôleurs, premiers commis d'inspections, brigadiers de surveillance et directeurs d'arrondissement. 6° Régisseurs. 7° Directeurs. 8° Inspecteurs généraux. (*Déc. f.* 6 *juin* 1817.) I. G. 27 juin 1817, n° 785.

27. — DÉLAIS. — Les prestations de serment doivent être enregistrées dans les 20 *jours*, sous les obligations et peines résultant des articles 35 et 37 de la loi du 22 frim. an VII. (*Loi* 27 *vent. an IX, art.* 14.) *V.* n°s 34 et 35 inf. Circ. n° 1992.

28. **PRESTATIONS** *de serment.* — DOUANES. — Gardes des douanes, 3 *fr. fixe.* (*Loi enreg., art.* 68, § 8, *n°* 3.) Circ. n° 1450.

29. — Lieutenans et sous-lieutenans, 3 *fr. fixe.* (*Déc. f.* 20 *vend. an XI.*). . . . . . I. G. 3 fruct. an XIII, § 47, n° 290.

30 — 3 *fr. fixe* pour tous les employés des douanes dont le grade est inférieur à celui de contrôleur, et 15 *fr.* pour tous les autres. (*Déc. f.*). . . . . I. G. 22 fév. 1808, § 17, n° 366.

31. — *Changemens.* — La prestation renouvelée en cas d'avancement donne ouverture au droit de 3 *fr.* jusqu'au grade de contrôleur exclusivement, et de 15 *fr.* pour les emplois supérieurs. (*Déc. f.* 24 *août et* 25 *sept.* 1816.) Modifié. n° 33 inf. . . . . . I. G. 26 nov. 1816, n° 754.

32. — Les préposés des douanes qui *changent de grade* sont assujettis à un nouveau serment, et l'acte de prestation à un nouveau droit. (*Déc. f.* 18 *juill.* 1823.) Modifié. n° 33 inf. I. G. 8 sept. 1823, n° 1091.

33. — Les préposés des douanes n'ont pas besoin de prêter un nouveau serment lorsqu'ils changent de grade, et leur prestation de serment est assujettie au droit fixe de 3 *fr.* pour les gardes, lieutenans et autres préposés inférieurs commissionnés par les directeurs, et de 15 *fr.* pour les préposés supérieurs. (*Av. cons. d'état* 26 *déc.* 1832, *et Déc. f.* 18 *janv.* 1833.) I. G. 24 juill. 1833, n° 1429.

34. — *Délai.* — Les prestations de serment des agens des douanes doivent être enregistrées dans les *cinq jours.* (*Loi* 21 *avril* 1818, *art.* 65.) Modifié. n° 35 inf. . . . . I. G. 27 avril 1818, n° 830.

35. — Le délai pour l'enregistrement est toujours de *vingt jours.* (*Déc. f.* 27 *janv.* 1827.) I. G. 2 mai 1827, n° 1208.

36. — EMPLOYÉS *de l'état.* — Autres que les gardes, 15 *fr. fixe.* (*Loi enreg., art.* 68, § 6, *n°* 4.) Modifié. n° 38 inf. Circ. n° 1450.

37. — Les actes constatant la *nouvelle* prestation de serment des employés maintenus sous la restauration ne sont assujettis qu'au timbre. (*Déc. f.* 5 *et* 25 *mars et* 24 *mai* 1816.) Circ. 1er et 6 avril, et 1er juin 1816.

38. — 3 *fr. fixe* pour ceux dont le traitement n'excède pas 500 *fr.*, et 15 *fr. fixe* pour les autres. (*Déc. f.* 9 *mai* 1817.) Ils n'ont point à prêter un nouveau serment s'ils ne changent pas de grade ou de classe. (*Déc. f.* 17 *fév. et* 14 *mai* 1817.) . . . . . I. G. 27 juin 1817, n° 785.

39. — EXPERTS. — Les prestations de serment des experts chargés d'estimer les biens engagés, sont soumises au timbre, à l'enregistrement et aux droits de greffe. . . . . I. G. 28 germ. an XII, n° 221.

40. — La prestation de serment des experts dans le rapport fait aux juges n'est passible d'aucun droit particulier; mais le rapport, s'il est rédigé séparément, doit être enregistré au droit fixe. (*Déc. f.* 13 *juin* 1809.) *V.* AVIS *de parens, n°* 7. . . . . . I. G. 4 juillet 1809, § 7 et 37, n° 436.

41. — FACTEURS *ruraux de la poste.* — 3 *fr.* ou 15 *fr. fixe* selon le traitement. (*Déc. f.* 5 *avril* 1830.) I. G. 27 sept. 1830, § 12, n° 1336.

42. — GARDES *champêtres.* — 3 *fr. fixe.* (*Loi enreg., art.* 68, § 3, *n°* 3.) . . . . . Circ. n° 1450.

43. — GARDES *des barrières.* — 3 *fr. fixe.* (*Déc. f.* 12 *germ. an VII.*) . . . . . Circ. n° 1547.

44. — Idem. (*Loi* 27 *vent. an IX, art.* 14.) Circ. n° 1992.

45. — GARDES *forestiers.* — 3 *fr. fixe.* (*Loi enreg., art.* 68, § 3, *n°* 3.) . . . . . Circ. n° 1450.

46. — GARDES *particuliers.* — 3 *fr. fixe.* (*Déc. f.* 2 *sept.* 1830.) . . . . I. G. 24 déc. 1830, § 7, n° 1347.

47. **PRESTATIONS** *de serment.* — GARDES-*ventes ou facteurs de coupes de bois.* — 1 *fr. fixe.* (*Déc. f.*) Circ. 12 sept. 1808 et 28 sept. 1812.

48. — GENDARMES. — 3 *fr. fixe.* (*Déc. f.* 2 *août* 1808.) Abrogé. n° 49 inf. . . . . . . I. G. 30 sept. 1808, § 7, n° 400.

49. — Les prestations des gendarmes et de leurs officiers, en exécution de l'ordonnance royale du 29 oct. 1820 sont *exemptes* de l'enregistrement. (*Déc. f.* 21 *sept.* 1821.) I. G. 25 sept. 1821, n° 995.

50. — GREFFIERS de justices de paix, 3 *fr. fixe.* (*Loi enreg., art.* 68, § 3, *n°* 3.) — Des tribunaux civils, correctionnels et de commerce, 15 *fr. fixe.* (*Art.* 68, § 6, *n°* 4.) Circ. n° 1450.

51. — Greffiers des cours royales, 15 *fr. fixe.* (*Déc. f.* 20 *fruct. an X.*) . . . . . . I. G. 3 fruct. an XIII, § 44, n° 290.

52. — Greffiers et commis greffiers des tribunaux de première instance et d'appel, 15 *fr. fixe.* (*Déc. j. et f.* 15 *et* 21 *mai* 1811.) I. G. 30 mai 1811, n° 525.

53. — Même décision accordant en même temps un délai pour régulariser les actes de l'espèce. (*Déc. f.* 3 *sept. et* 5 *nov.* 1811.) I. G. 20 nov. 1811, n° 549.

54. — GREFFIERS *des maires.* — Pour les affaires de police, 3 *fr. fixe.* (*Déc. f.* 11 *août* 1811.) I. G. 23 août 1811, n° 537.

55. — Même décision accordant en même temps un délai pour régulariser les actes de l'espèce. (*Déc. f.* 3 *sept. et* 5 *nov.* 1811.) I. G. 20 nov. 1811, n° 549.

56. — HUISSIERS des juges de paix, 3 *fr. fixe.* (*Loi enreg., art.* 68, § 3, *n°* 3.) — Des tribunaux civils, correctionnels ou de commerce, 15 *fr. fixe.* (*Art.* 68, § 6, *n°* 4.) . . . Circ. n° 1450.

57. — L'acte constatant la prestation de serment des huissiers en exécution de l'art. 7 du décret du 14 juin 1813, est passible du droit de 3 ou de 15 *fr.* d'après les distinctions établies dans la loi d'enregistrement. (*Sol.*) I. G. 17 mars 1814, n° 659.

58. — Celles des huissiers *confirmés* dans leurs fonctions n'opèrent qu'*un fr. fixe*; pour les huissiers nouvellement nommés, le droit reste fixé à 3 ou à 15 *fr.* (*Déc. f.* 3 *janv.* 1823.) I. G. 8 fév. 1823, § 1, n° 1068.

59. — Le droit *fixe de* 15 *fr.* n'est dû qu'autant que l'huissier serait nouvellement nommé ou attaché à un tribunal de première instance. (*Déc. f.* 22 *mai* 1824.) . . . . . I. G. 29 mai 1824, n° 1133.

60. — IMPRIMEURS. — 1 *fr. fixe.* (*Déc. f.* 10 *août* 1813.) . . . . I. G. 25 août 1813, n° 645.

61. — 1 *fr. fixe*; et le droit de greffe de 1 *fr. par rôle* sur l'expédition. (*Sol.* 23 *juillet* 1830.) I. G. 24 déc. 1830, § 8, n° 1347.

— INGÉNIEURS. — *V.* n° 73 inf.

62. — INTERPRÈTES. — 1 *fr. fixe.* (*Déc. f.* 12 *therm. an XII.*) . . . . I. G. 3 fruct. an XIII, § 48, n° 290.

63. — 1 *fr. fixe*, et le droit de greffe de 1 *fr. par rôle* sur l'expédition. (*Sol.* 23 *juillet* 1830.) I. G. 24 déc. 1830, § 8, n° 1347.

64. — JUGES *et procureurs impériaux.* — *Exemptes* de l'enregistrement. (*Déc. f.* 28 *vent.*, 8 *germ.*, 28 *flor. et* 19 *prair. an X.*) I. G. 3 fruct. an XIII, § 43, n° 290.

65. — LIBRAIRES. — 1 *fr. fixe.* (*Déc. f.* 10 *août* 1813.) I. G. 25 août 1813, n° 645.

66. — 1 *fr. fixe*, et le droit de greffe de 1 *fr. par rôle* sur l'expédition. (*Sol.* 23 *juill.* 1830.) I. G. 24 déc. 1830, § 8, n° 1347.

67. — NOTAIRES — 15 *fr. fixe.* (*Loi enreg., art.* 68, § 6, *n°* 4.) Circ. n° 1450.

68. — Idem. (*Déc. f.* 14 *pluv. an XII.*) I. G. 28 pluv. an XII, n° 204.

69. **PRESTATIONS** *de serment.* — NOTAIRES. — 15 *fr. fixe* par chaque notaire prêtant serment, outre les droits de greffe. (*Déc. f.* 24 *vend. an XIII.*) . . . . I. G. 3 fruct. an XIII, § 49, n° 290.

70. — OCTROIS. — Serment des préposés de l'octroi, 3 *fr. fixe*, si leur traitement n'excède pas 500 fr. (*Déc. f.* 16 *vend. an XIV.*) *V.* n° 79 inf. Circ. 3 brum. an XIV.

— PAYEURS. — *V.* n° 80 inf.

71. — PLURALITÉ. — Il est dû un droit particulier par chaque fonctionnaire qui prête serment. (*Déc. f.* 7 *pluv. an VIII.*) Circ. n° 1798.

72. — POLITIQUE. — *Exempt* de l'enregistrement. I. G. 3 fruct. an XIII, § 56, n° 290.

73. — PONTS *et chaussées.* — Serment des ingénieurs, 15 *fr. fixe*; des conducteurs, 3 *fr. fixe.* (*Déc. f.* 4 *therm. an XIII.*) I. G. 3 fruct. an XIII, § 59 et 60, n° 290.

74. — Agens subalternes. 3 *fr. fixe.* (*Déc. f.* 2 *août* 1808.) . . . . I. G. 30 sept. 1808, § 7, n° 400.

75. — PRISONS. — Concierges, 15 *fr. fixe.* (*Déc. f.* 12 *août* 1806.) . . . . I. G. 22 fév. 1808, § 16, n° 366.

76. — Les prestations de serment des employés des maisons de détention sont passibles du droit *fixe de* 3 *fr.* ou de 15 *fr.*, selon que le traitement est inférieur ou supérieur à 500 fr. (*Déc. f.* 9 *mai* 1817.) I. G. 27 juin 1817, n° 785.

— PROCUREURS *du roi.* — *V.* n° 64 sup.

77. — RECEVEURS chargés de l'insinuation, 1 *fr. fixe.* (*Sol.* 16 *mess. an VIII.*). . . . . Circ. n° 1847.

78. — RECEVEURS *des hospices.* — 1 *fr. fixe* sans traitement; 3 *fr.* si le traitement est de 500 fr. et au-dessous; 15 *fr.* s'il est supérieur. Le receveur municipal assermenté qui prête un nouveau serment comme receveur d'un hospice ou d'un bureau de bienfaisance, doit payer un nouveau droit. (*Déc. f.* 22 *fév.* 1825.). . . . . I. G. 29 juin 1825, § 11, n° 1166.

79. — RECEVEURS *des octrois.* — 15 *fr. fixe.* (*Déc. f.* 26 *niv. an VII.*) *V.* n° 70 sup. Circ. n° 1500.

80. — RECEVEURS *et payeurs généraux.* — Les prestations de serment des receveurs et payeurs généraux et autres comptables justiciables de la cour des comptes, reçues par cette cour, ou par les préfets, sont assujetties à l'enregistrement dans les *vingt jours*, au droit fixe de 15 *fr.* (*Ord. roy.* 29 *juill. et* 7 *oct.* 1814.). . . . . I. G. 17 mars 1820, n° 922.

81. — TRANSCRIPTION *au greffe.* — L'enregistrement au greffe de l'acte constatant la prestation de serment d'un employé qui change seulement de résidence n'est soumis à aucun droit. (*Déc. f.* 30 *mai* 1809.) I. G. 6 juill. 1809, n° 438.

PRÊTS de militaires. — *V.* QUITTANCES, n° 24; SERVICE *militaire.*

PRÊTS *sur dépôts* de marchandises et valeurs. — Les actes de l'espèce ne sont soumis qu'au droit *fixe de* 3 *fr.* jusqu'au 1er janvier 1815. (*Décret* 15 *janv.* 1814, *art.* 2.) Modifié. n° 2 inf. Circ. 21 janv. 1814.

2. — Les actes de prêts sur dépôts ou consignations de marchandises, fonds publics français et actions de compagnies, à des commerçans résidant dans le lieu du domicile du commissionnaire et dépositaire, ne sont passibles que du droit *fixe de* 2 *fr.*; mais s'il y avait affectation d'hypothèque, l'acte serait sujet au droit de 1 *fr. p.* °/₀. (*Loi* 8 *sept.* 1830.) I. G. 10 sept. 1830, n° 1332.

3. — Le prêt sur dépôt par un individu non commerçant est passible du droit ordinaire d'obligation. (*Sol.* 14 *déc.* 1830.) I. G. 18 mars 1831, § 7, n° 1354.

4. — Les prêts sur dépôt d'actions ou autres objets, faits à un individu *non commerçant*, sont passibles du droit ordinaire de 1 *fr. p.* °/₀. (*Cass.* 17 *nov.* 1834.) . . . I. G. 21 avril 1835, § 10, n° 1481.

5. **PRÊTS** *sur dépôt.* — Timbre. — Les actes de l'espèce peuvent être rédigés sur papier timbré de dimension. (*Sol.* 10 *mai* 1832.) I. G. 20 sept. 1831, § 11, n° 1381.

— *V.* Nantissemens.

PRÊTRES *déportés* — *V.* Successions, n° 85.

PREUVES *légales.* — *V.* Baux *à ferme*, n° 27; Antichrèses; Mutations *secrètes*, n° 8 *et suiv.*

PRIMES — *V.* Pêche, n° 2.

PRIMES *d'assurances.* — *V.* Assurances.

PRISES *de possession* en vertu d'actes enregistrés. 1 *fr. fixe.* (*Loi enreg., art.* 68, § 1, *n°* 33.) *V.* Absences; Héritiers (*Actes d'*) Circ. n° 1450.

PRISES *maritimes.* — *V.* Actes *judiciaires*, *n°* 48; Ventes *de meubles*, *n°s* 20, 21 *et* 22.

PRISÉES *de meubles.* — 1 *fr. fixe.* (*Loi enreg., art.* 68, § 1, *n°* 34.) Circ. n° 1450.

PRISONS. — *V.* Marchés, n° 17; Registres, n°s 22 et 23.

PRIVILÈGES. — *V.* Paiement *des droits*; Successions, n° 72 et suiv.

PROCÈS-VERBAUX *et rapports* d'employés, gardes, commissaires, séquestres, experts, arpenteurs et agens forestiers ou ruraux. — 1 *fr. fixe.* (*Loi enreg., art.* 68, § 1, *n°* 35.) Modifié. n° 2 inf. Circ. n° 1450.

2. — 2 *f. fixe.* (*Loi* 1816, *art.* 43, *n°* 16.) I. G. 29 avril 1816, n° 714.

— *V.* Aliénations, n° 6 et suiv.; Bureaux, n° 7 et suiv.

3. — Carence. — Les procès-verbaux de l'espèce rédigés par les juges de paix ne sont passibles que du droit *fixe d'un franc.* (*Déc. f.* 8 *oct.* 1823.) *V.* Scellés . . . . . I. G. 19 nov. 1823, § 1, n° 1104.

— Contraventions. — *V.* Procès-verbaux *de délits et contraventions.*

4. — Coupes *de bois.* — Les expéditions des procès-verbaux d'adjudication sont, comme les minutes, soumises au timbre, excepté celles qui sont délivrées pour ordre au préfet ou à l'administration forestière. (*Déc. f.* 14 *pluv. an XII.*) *V.* n° 15 inf. . . . Circ. 2 vent. an XII.

5. — Les procès-verbaux d'arpentage, assiette, balivage, martelage, réarpentage et récolement dressés par l'administration forestière, doivent être visés pour timbre et enregistrés *en débet.* (*Déc. f.* 19 *germ. an XIII.*) I. G. 7 flor. an XIII, n° 281.

6. — Les procès-verbaux d'arpentage et autres relatifs aux coupes de bois délivrées aux usagers sont assujettis à l'enregistrement. (*Déc. f.* 5 *mai* 1807.) *V* n°s 11 et 14 inf. I. G. 22 fév. 1808, § 6, n° 366.

7. — Les procès-verbaux d'assiette et autres relatifs aux bois communaux doivent être admis au timbre et à l'enregistrement *en débet.* (*Déc. f.*) *V.* n° 11 inf. . . . . I. G. 25 mai 1810, n° 475.

8. — Les procès-verbaux relatifs aux coupes de bois de l'état sont soumis au timbre et à l'enregistrement, et les droits doivent être payés par les adjudicataires; les expéditions destinées au directeur des domaines et à l'adjudicataire doivent être timbrées, ainsi que le certificat de paiement, le permis d'exploiter et le registre du garde-vente. Modifié n° 15. Circ. 28 sept. 1812.

9. — Les procès-verbaux des agens forestiers doivent être enregistrés dans les *vingt jours*, s'il s'agit de délivrances; et dans les *deux mois*, pour les opérations de réarpentage, récolemens, etc. (*Déc. f.* 12 *juill.* 1822.) I. G. 10 août 1822, § 2, n° 1050.

10. — Les procès-verbaux de délivrances de harts doivent être enregistrés *en débet* et les droits recouvrés sur les parties en même temps que le prix. (*Déc. f.* 4 *juill.* 1825.) I. G. 28 juill. 1825, n° 1169.

11. **PROCÈS-VERBAUX.** — COUPES *de bois.* — Les procès-verbaux relatifs aux coupes de bois délivrées en nature aux communes ou usagers sont assujettis au timbre et à l'enregistrement; mais les simples permis d'exploiter ne sont pas sujets à ces formalités. (*Déc. f.* 3 *déc.* 1825.) *V.* nº 6, 7 et 8 sup. I. G. 31 mars 1826, nº 1187.

12. — Les procès-verbaux et actes relatifs au choix, à l'abattage et autres formalités concernant les bois destinés au service de la marine, sont dispensés du timbre et de l'enregistrement. (*Déc. f.* 1er *oct.* 1828.) I. G. 17 janv. 1829, § 5, nº 1265.

13. — Les procès-verbaux de l'autorité administrative portant remise de ventes de coupes de bois sont *exempts* de timbre et d'enregistrement. (*Sol.* 2 *juin* 1829.) . . . . . . I. G. 26 sept. 1829, § 8, nº 1293.

14. — Les procès-verbaux d'assiette, de balivage et de martelage des bois délivrés aux usagers dans les forêts de l'état ne peuvent être admis *en débet* aux formalités du timbre et de l'enregistrement. (*Sol.* 7 *nov.* 1834.). . . . . I. G. 21 avril 1835, § 11 et 18, nº 1481.

15. — Les procès-verbaux d'arpentage, balivage et martelage des coupes de bois de l'état doivent être visés pour timbre et enregistrés *en débet*; ceux de réarpentage, récolement, permis d'exploiter et citation au récolement, doivent recevoir la formalité pour *mémoire*, les droits étant payés par anticipation, lors des adjudications. L'expédition délivrée au receveur général est assujettie au timbre; mais celle qui est destinée au directeur des domaines en est *exempte.* (*Sol.*) *V.* VENTES *de coupes de bois.* I. G. 29 août 1835, nº 1496.

— *V.* CAHIERS *des charges*, nos 4, 5 *et* 6; DÉLAIS.

— DÉLITS *et contraventions.* — *V.* PROCÈS-VERBAUX *de délits.*

16. — DESTRUCTION *de marchandises avariées.* — Les procès-verbaux dressés par les agens des douanes pour constater la destruction des marchandises avariées sont soumis au droit *fixe de* 1 *fr.* (*Loi* 21 *avril* 1818, *art.* 56.) I. G. 27 avril 1818, nº 830.

17. — EXPERTISES. — Les procès-verbaux des experts nommés par l'autorité pour constater des faits à raison desquels des contribuables réclament un dégrèvement *d'impôts directs* sont *exempts* de timbre; mais ces procès-verbaux doivent être rédigés sur papier timbré, s'ils sont faits à la requête des parties. (*Déc. f.* 22 *germ. an XI.*) I. G. 22 prair. an XI, nº 137.

18. — Les procès-verbaux et rapports d'experts ne sont assujettis qu'à un seul droit, quel que soit le nombre de vacations, et ne sont soumis à l'enregistrement que lorsque l'on veut en faire usage. (*Déc.* 24 *sept.* 1808.) I. G. 14 nov. 1808, § 1, nº 406.

19. — Les procès-verbaux d'expertise des droits d'usage dans les forêts de l'état doivent être visés pour timbre et enregistrés en *débet.* (*Déc. f.* 4 *avril* 1830.) . . . . . . I. G. 10 avril 1830, nº 1309.

20. — Les procès-verbaux d'expertise des bois de l'état à aliéner doivent être visés pour timbre et enregistrés *gratis.* (*Ord. roy.*, 10 *déc.* 1817, *et Déc. f.* 27 *mars* 1831, *art.* 8.) I. G. 2 février 1818, nº 819, et 25 avril 1831, nº 1361.

— *V.* DÉPÔTS *aux greffes*, nº 8; PRESTATIONS *de serment*, nos 39 *et* 40; RÉDACTION, nº 39.

21. — MARINE. — Les procès-verbaux d'échouement sont soumis au timbre. (*Déc. f.* 2 *prair. an VII.*) Circ. nº 1705.

22. — Les procès-verbaux de sauvetage dressés par les officiers de l'administration de la marine ne sont passibles que du droit *fixe de* 2 *fr.*, sans égard au nombre des vacations. (*Déc. f.* 12 *juin* 1827.) I. G. 24 juillet 1827, § 2, nº 1212.

23. — Les procès-verbaux de vérification de rapports des capitaines de navires sont passibles d'un droit particulier s'ils ne sont pas dans le même contexte que le rapport. (*Sol.* 1er *fév.* 1831.) I. G. 25 juin 1831, § 6, nº 1370.

— *V.* ORDRES; RAPPORTS.

24. PROCÈS-VERBAUX. — VENTES *d'effets militaires.* — Les procès-verbaux de remise et d'expertise des effets militaires reconnus inutiles au service sont *exempts* du timbre et de l'enregistrement. I. G. 24 février 1813, n° 623.

— *V.* VENTES *d'immeubles;* VENTES *de marchandises;* VENTES *de meubles;* VENTES *de mobilier de l'état;* VISITES *de navires.*

25. — VÉRIFICATIONS *de régies des comptables.* — Ceux dressés par les employés de l'enregistrement et des domaines sont *exempts* du timbre et de l'enregistrement. (*Déc. f.* 22 *août* 1821.) I. G. 31 août 1821, n° 992.

PROCÈS-VERBAUX *de conciliation.* — *V.* BUREAUX *de paix;* CONCILIATIONS.

PROCÈS-VERBAUX *de délits et contraventions* aux réglemens généraux de police et d'impositions, 1 *fr. fixe.* (*Loi enreg., art.* 68, § 1, *n°* 50.) *V.* n° 2 inf. . . . . . . Circ. n° 1450.

2. — Ces actes doivent être admis à l'enregistrement et au visa pour timbre en *débet.* (*Ord. roy.* 22 *mai* 1816, *art.* 5.) I. G. 3 juin 1816, n° 726.

3. — Confirmation de cette règle lorsqu'il n'y a pas de partie civile en cause. (*Loi* 25 *mars* 1817, *art.* 74.) I. G. 27 mars 1817, § 1, n° 768.

— *V.* ACTES *de poursuites dans l'intérêt de l'état;* ACTES *de poursuites dans l'intérêt des établissemens publics;* ACTES *de poursuites en matière criminelle et de police;* BUREAUX, n°s 7, 8 et 9; CAUTIONNEMENS, n° 6.

4. — CONTRIBUTIONS *indirectes.* — Les procès-verbaux des préposés des droits réunis doivent être enregistrés dans les *quatre jours.* (*Déc. f.* 22 *août* 1806.) . . . . . . I. G. 22 fév. 1808, § 10, n° 366.

5. — Le procès-verbal dressé par les employés des droits réunis ne doit pas être enregistré avant la délivrance de la copie, et cette dernière disposition n'est pas sujette à un droit particulier. I. G. 28 juillet 1808, § 10, n° 390.

6. — L'assignation à fin de condamnation ne peut être donnée par le procès-verbal, et celui-ci doit être enregistré préalablement. I. G. 30 sept. 1808, § 9, n° 400.

7. — La mention mise à la suite des procès-verbaux des préposés des contributions indirectes, constatant la notification faite aux contrevenans dans les vingt-quatre heures, n'est passible d'aucun droit particulier; mais l'assignation y serait soumise. (*Sol.* 6 *fév.* 1835.) I. G. 31 juillet 1835, § 10, n° 1490.

— DÉLAIS. — *V.* n° 4 sup., et n°s 8, 11, 12 et 13 inf.; DÉLAIS.

8. — DOUANES. — Les procès-verbaux de saisie dressés par les préposés des douanes ne sont passibles que d'un seul droit, quelque soit le nombre des vacations, et ne doivent être enregistrés que dans les *quatre jours* de la dernière date. . . . . . . I. G. 29 juin 1808, § 26, n° 386.

9. — FORÊTS. — Les procès-verbaux des gardes et agens forestiers doivent être admis au timbre et à l'enregistrement en *debet.* (*Déc. f.* 18 *therm. an IX.*) . . . . . . Circ. 7 fruct. an IX, n° 2033.

10 — Les procès-verbaux des gardes forestiers peuvent être enregistrés aux bureaux les plus voisins *indistinctement.* (*Déc. f.* 28 *nov.* 1809.) *V.* BUREAUX, n°s 7, 8 et 9. . . . I. G. 2 janv. 1810, § 1, n° 458.

11. — Les procès-verbaux de délits rapportés par les agens forestiers sont soumis au timbre et à l'enregistrement dans les *quatre jours.* (*Déc. f.* 12 *juillet* 1822.) . . . . . I. G. 10 août 1822, § 2, n° 1050.

12. — Les procès-verbaux de délits ou contraventions dressés par les agens forestiers doivent être enregistrés en *debet* s'il s'agit de bois soumis au régime forestier, dans les *quatre jours qui suivront celui de l'affirmation.* (*C. for., art.* 170.) . . . . . . I. G. 24 juillet 1828, n° 1251.

13. — Idem. (*Sol.* 28 *oct.* 1828.) I. G. 17 janv. 1829, § 6, n° 1265.

14. PROCES-VERBAUX. — GARDES. — Les procès-verbaux des gardes champêtres ou forestiers doivent être visés pour timbre en *débet*. (*Déc. f.* 28 *germ. et* 2 *fruct. an IV.*) *V.* BUREAUX, n° 7 et suiv. Circ. n° 1502.

15. — Cette exception n'est pas applicable aux gardes des particuliers. (*Déc.* 26 *germ. an VII.*) Circ. n° 1566.

16. — Les procès-verbaux des gardes-pêche doivent être visés pour timbre et enregistrés en *débet*. I. G. 21 mess. an X, n° 63.

17. — GENDARMES. — Les procès-verbaux rédigés par les gendarmes doivent être visés pour timbre en *débet*. (*Déc. f.* 3 *pluv. an VIII.*) *V.* BUREAUX, n° 8. . . . . Circ. n° 1762.

18. — LIBRAIRIE. — Les procès-verbaux de contravention aux réglemens sur l'imprimerie et la librairie doivent être enregistrés *au comptant*. (*Déc. f.*) . . . . I. G. 14 janvier 1812, § 2, n° 559.

19. — MORTS *violentes*. — Les procès-verbaux rédigés par les juges de paix pour constater les morts violentes, sont *exempts* de timbre ; mais les expéditions délivrées à des *particuliers* y sont sujettes. (*Déc. f.* 18 *niv. an X.*) I. G. 27 fruct. an X, § 6, n° 72.

20. — OCTROIS. — Ces procès-verbaux doivent être sur papier timbré et enregistrés ; mais on peut se dispenser de dresser procès-verbal des saisies au-dessous de 10 fr. (*Déc. f.*) I. G. 5 juin 1809, § 6, n° 432.

21. — ROULAGE. — Les procès-verbaux de contravention à la police du roulage et les décisions des conseils de préfecture ou des maires sur ces procès-verbaux, sont *exempts* du timbre et de l'enregistrement. (*Décret* 23 *juin* 1806, *art.* 38.) . . . . . . I. G. 3 oct. 1807, n° 345.

22. — TIMBRE. — Sont sujets au timbre de dimension les actes et procès-verbaux des gardes et de tous employés ou agens ayant droit de verbaliser, ainsi que les copies délivrées (*Loi timb., art.* 12, *n°* 1), à peine de 100 *fr. d'amende*. (*Art.* 26, *n°* 5.) Modifié. n° 23 inf. Circ. n° 1419.

23. — L'amende est réduite à 20 *fr.* (*Loi* 1824, *art.* 10.) . . . . I. G. 23 juin 1824, § 10, n° 1136.

24. — VOIRIE *(Grande)*. — Les procès-verbaux en matière de grande voirie doivent être visés pour timbre et enregistrés en *débet*. (*Déc. f.* 11 *frim. et* 4 *germ. an XI.*) . . . I. G. 3 fruct. an XIII, n° 290.

25. — Les procès-verbaux et actes de poursuites en matière de contraventions à la grande voirie doivent être visés pour timbre et enregistrés en *débet* ainsi que les expéditions des arrêtés de condamnation. (*Déc. f.* 20 *déc.* 1808.) . . . . I. G. 30 janvier 1809, n° 415.

PROCÉDURES *criminelles*. — *V.* ACTES *de poursuites en matière criminelle et de police* ; ACTES *judiciaires en matière criminelle et de police*.

PROCURATIONS *et pouvoirs* qui ne donnent pas lieu au droit proportionnel. — *un franc fixe*. (*Loi enreg., art.* 68, § 1, *n°* 36.) Modifié. n° 2 inf. Circ. n° 1450.

2. — 2 *fr. fixe*. (*Loi* 1816, *art.* 43, *n°* 17.) I. G. 29 avril 1816, n° 714.

3. — AUTORISATIONS *de présenter en justice*. — L'autorisation verbale de présenter en justice constatée par le jugement, ne donne pas lieu à un droit particulier ; mais si l'autorisation *écrite* était rappelée, elle devrait être enregistrée préalablement (§ 4). En matière commerciale, le droit de pouvoir est exigible sur le jugement, à moins qu'il ne soit constaté que ce pouvoir a été donné *verbalement à l'audience*. (*Déc. f.* 13 *juin* 1809.) *V.* n° 4 inf. I. G. 4 juill. 1809, § 35, n° 436.

4. — Le pouvoir *verbal* donné à l'audience du tribunal de commerce n'engendre aucun droit sur le jugement qui le constate. (*Déc. f.* 7 *mars* 1826.) *V.* EXPLOITS, n° 5. I. G. 16 juin 1826, § 4, n° 1189.

5. **PROCURATIONS** *et pouvoirs.* — CAISSES *d'épargnes.* — Aucune disposition n'exempte du timbre et de l'enregistrement les procurations notariées produites pour retirer des sommes déposées aux caisses d'épargnes; mais ces institutions n'étant pas des établissemens publics ou des autorités constituées, les procurations s. s.-p. peuvent être produites sans avoir été préalablement enregistrées. (*Déc. f.* 11 *oct.* 1834.). . . . I. G. 31 juill. 1835, § 11, n° 1490.
— *V.* COLONS *de Saint-Domingue*, *n°* 5; ÉMIGRÉS, n° 2.

6. — DÉCLARATIONS *de successions.* — Les procurations s. s.-p. données par les héritiers ou légataires pour passer déclaration, sont soumises au timbre, mais *exemptes* de l'enregistrement. (*Ordres généraux de régie, art.* 38.) I. G. 26 juillet 1809, n° 443.

7. — DÉCLARATIONS *préalables.* — La procuration donnée pour faire une déclaration préalable à une vente de meubles est *exempte* d'enregistrement. (*Déc. f.* 17 *mai* 1830.) I. G. 27 sept. 1830, § 11, n° 1336.

8. — MANDAT *sur la poste.* — Le pouvoir donné par un maire pour toucher un mandat sur la poste, en paiement du coût d'expéditions d'actes de l'état civil, est *exempt* de timbre. (*Déc. f.* 28 *juin* 1827.) I. G. 7 sept. 1827, § 7, n° 1219.

9. — MILITAIRES. — Les procurations données par les sous-officiers et soldats en retraite ou en réforme, pour toucher à la caisse du payeur les arrérages qui leur sont dus, sont *exemptes* de timbre et d'enregistrement. (*Décret* 21 *déc.* 1808.). . . . . I. G. 6 mars 1809, § 1, n° 419.
— *V.* SIGNIFICATIONS *d'avoués à avoués*, *n°* 4.

10. — TRANSFERTS *de rentes sur l'état.* — Les procurations données pour opérer le transfert des rentes sur l'état, même au-dessous de 50 fr., opèrent 2 *fr. fixe.* (*Ord. roy.* 5 *mars* 1823, *art.* 1, *et Déc. f.* 26 *mars* 1823.) I. G. 2 avril 1823, n° 1076.

11. — VENTES *de coupes de bois de l'état.* — Les procurations dont les adjudicataires de coupes de bois justifient en déclarant command, doivent être enregistrées préalablement. (*Déc. f.* 21 *mai* 1828.) I. G. 24 juill. 1828, § 1, n° 1251.

12. — VENTES *d'immeubles.* — La procuration contenant une vente parfaite est passible du droit proportionnel. (*Sol.* 4 *sept.* 1829.) I. G. 29 déc. 1829, § 13, n° 1303.

PRODUCTIONS. — *V.* ACTES *de produit*; ACTES *judiciaires*; ORDRES.

PRODUCTIONS *de preuves ou pièces.* — *V.* ACTES *judiciaires*, *n°* 53.

PROFITS *maritimes.* — *V.* OBLIGATIONS *à la grosse aventure.*

PROJETS *de comptes.* — *V.* COMPTES.

PROMESSES *d'indemnités* indéterminées et non susceptibles d'évaluation. — 1 *fr. fixe.* (*Loi enreg., art.* 68, § 1, *n°* 37.) Modifié. n° 2 inf. Circ. n° 1450.

2. — 2 *fr. fixe.* (*Loi* 1816, *art.* 43, *n°* 18.) I. G. 29 avril 1816, n° 714.
— *V.* INDEMNITÉS.

PROMESSES *de mariage.* — *V.* ACTES *de l'état civil*, *n°s* 4, 12 *et* 13; PUBLICATIONS *de promesses.*

PROMESSES *de payer* — 1 *fr. p.* °/o. (*Loi enreg., art.* 69, § 3, *n°* 3.) *V.* OBLIGATIONS. Circ. n° 1450.

PROMESSES *de vente* — *V.* VENTES.

PROMULGATION *des lois* — *V.* LOIS, n° 34 et suiv.

PROPRES *de réunion.* — *V.* SUCCESSIONS, n°s 86, 87 et 88.

PROPRIÉTÉ. — *V.* MUTATIONS.

PROROGATIONS *de délai* — *V.* ACTES *innommés*; RETRAITS *de réméré*, *n°* 5.

PROSPECTUS *et catalogues.* — TIMBRE. — Les catalogues de libraire et les prospectus d'ouvrages, ou d'objets d'arts, qui se crient ou se distribuent, doivent être timbrés. (*Av. cons. d'ét.* 28 *mess. an IX.*) Modifié. n°s 5 et 6 inf. . . . . Circ. 29 fruct. an IX, n° 2042.

2. **PROSPECTUS** *et catalogues.* — Les prospectus sont soumis au timbre. Modifié. nos 5 inf. I. G. 27 fruct. an X, § 2, no 72.

3. — Les catalogues de livres sont soumis au timbre. (*Déc. f.* 25 *août* 1812.) Abrogé. no 5, 6 et 7 inf. I. G. 9 sept. 1812, no 599.

4. — Les prospectus, catalogues et annonces de librairie, ou d'objets concernant les sciences et les arts, sont soumis au timbre de *cinq centimes* la feuille de 30 décimètres carrés, et de *trois centimes* la demi-feuille. (*Loi* 1816, *art.* 70.) Abrogé. nos 5 et 6 inf. I. G. 29 avril 1816, § 7, no 715.

5. — Les annonces, prospectus et catalogues de librairie sont *exempts* du timbre. (*Loi* 25 *mars* 1817, *art.* 76.) I. G. 27 mars 1817, § 3, no 768.

6. — L'*exemption* du timbre est étendue aux annonces, prospectus et catalogues d'objets relatifs aux sciences et aux arts. (*Loi* 15 *mai* 1818, *art.* 83.) *V.* no 7 inf. . . . I. G. 18 mai 1818, § 8, no 834.

7. — Les prospectus et annonces relatifs aux *arts mécaniques* jouissent de l'*exemption* du timbre. (*Déc. f.* 27 *sept.* 1822.) I. G. 16 octobre 1822, no 1058.

8. — Les prospectus et annonces de *journaux*, autres que ceux exclusivement consacrés aux sciences et aux arts, sont soumis au timbre. (*Déc. f.* 20 *déc.* 1832.) *V.* Journaux, nos 13, 14 et 15. I. G. 23 mars 1833, § 15, no 1422.

PROTÊTS. — Notaires. — Délai. — Les protêts faits par les notaires doivent être enregistrés dans les *quatre jours* et sont passibles du droit *fixe de* 2 *fr.*; les effets de commerce non timbrés doivent *préalablement* être visés pour timbre, sous peine de 20 *fr. d'amende.* (*Loi* 24 *mai* 1834, *art.* 23.) I. G. 2 juin 1834, no 1457.

— *V.* Actes *passés en conséquence*, *nos* 19 *et* 35; Communications, no 2; Effets *de commerce*, no 1 *et suiv.*; Exploits, nos 1 et 2; Obligations, nos 6 et 17.

PRUDHOMMES. — Loi du 18 mars 1806, qui constitue les conseils des prudhommes. . . . I. G. 5 juill. 1809, no 437.

2. — Les citations, procès-verbaux de conciliation, les jugemens rendus par les conseils des prudhommes, les procès-verbaux de contravention et les certificats de dépôts de marques, sont assujettis au timbre et à l'enregistrement dans les délais fixés pour les actes de l'espèce devant les juges de paix. Les droits sont les mêmes excepté pour tous les actes et jugemens dont l'objet n'excède pas 25 fr., les procès-verbaux de contravention et les certificats de dépôt qui doivent être enregistrés *gratis*. Le livre des acquits, la feuille d'audience et le répertoire sont les seuls registres passibles du timbre. (*Déc. f.* 20 *juin* 1809.) I. G. 5 juill. 1809, no 437.

Nota. Déc. f. 6 juill. 1813 qui *exempte* du timbre le livre des acquits.

— *V.* Exploits, no 2.

PRYTANÉE. — *V.* Rentes *du prytanée.*

PUBLICATIONS. — *V.* Chambres *de discipline*; Dépôts *aux greffes*, *nos* 1, 6 *et* 7; Rédaction, no 40; Saisies *immobilières*, *no* 2.

PUBLICATIONS *de promesses de mariage.* — Les affiches des publications sont assujetties au timbre. (*Déc. f.* 6 *niv. an VII.*) Circ. no 1566.

— *V.* Actes *de l'état civil*, *nos* 4, 12 *et* 13

PURGES *des hypothèques* — *V.* Dépôts *aux greffes*, *nos* 6 *et* 7.

Q

QUITTANCES *et libérations.* — 50 *cent. p.* °/o. (*Loi enreg.*, *art.* 69, § 2, *no* 11.) . . . Circ. no 1450.

2. **QUITTANCES** *et libérations.* — **A-comptes.** — Le paiement par à-comptes sur les sommes qui pourraient être dues après un compte de gestion non encore rendu est passible du droit de 50 *cent. p.* °/₀. (*Sol.* 26 *juillet* 1826.) . . . . I. G. 23 déc. 1826, § 7, n° 1204.
— *V.* Actes *judiciaires, n*ᵒˢ 25 *et* 26 ; Comptabilité *communale ou des établissemens publics ;* Comptabilité *publique ;* Comptes, nᵒˢ 2, 4, 5 et 6 ; Comptes *de tutelle, n*ᵒˢ 2, 3 *et* 4.

3. — **Contributions.** — Les quittances de contributions sont *exemptes* d'enregistrement. (*Loi enreg., art.* 70, § 3, *n°* 5.) Circ. n° 1450.

4. — **Déclaration** *de command.* — La quittance donnée par le vendeur dans l'acte de déclaration de command n'est passible d'aucun droit particulier. (*Déc. f.* 15 *mars* 1808.) I. G. 29 juin 1808, § 15, n° 386.
— *V.* Délivrances *de legs, n°* 2.

5. — **Dette** *publique.* — Les quittances d'intérêts de la dette sont *exemptes* d'enregistrement. (*Loi enreg., art.* 70, § 3, *n°* 3.) *V.* n° 19 inf., et Dette *publique, n°* 3. . . . Circ. n° 1450.

6. — **Domaines** *engagés.* — Les quittances du quart de la valeur des domaines engagés sont passibles du droit de 2 *fr. p.* °/₀ et doivent être enregistrées dans les trois mois au bureau de la situation des biens, à peine du *double droit.* . . . . I. G. 3 fruct. an XIII, § 62, n° 290.

7. — **Double** *libération.* — La quittance donnée à un acquéreur payant en l'acquit de son vendeur n'est passible que d'un seul droit quoiqu'elle opère une double libération. (*Déc. j. et f.*, 9 *et* 23 *août* 1808.) *V.* n° 8 inf. I. G. 30 sept. 1808, § 11, n° 400.

8. — Quand le prix d'une vente n'a pas été délégué, la quittance donnée à l'acquéreur par les créanciers inscrits du vendeur, et en sa présence, opère deux droits. (*Sol.* 17 *avril* 1824.) *V.* nᵒˢ 22 et 23 inf. I. G. 8 sept. 1824, § 12, n° 1146.

9. — **Employés** *de l'état.* — Les quittances de leurs traitemens et émolumens sont *exemptes* de l'enregistrement. (*Loi enreg., art.* 70, § 3, *n°* 5.) Circ. n° 1450.
— **Établissemens** *publics.* — *V.* Acquisitions *par les établissemens publics, n°* 12.

10. — **Faillites.** — Les quittances de répartitions données par les créanciers aux syndics ou caissiers de la faillite, 2 *fr. fixe,* quel que soit le nombre d'émargemens sur chaque répartition. (*Loi* 24 *mai* 1834, *art.* 15.). I. G. 17 nov. 1834, § 1, n° 1471.
— *V.* Faillites.

11. — **Intérêts.** — La quittance sans *réserve des intérêts* n'est pas soumise au droit d'enregistrement sur le montant de ces intérêts ; mais il en serait autrement si elle portait que les intérêts *ont été payés.* (*Déc. f.* 28 *juin* 1808.) . . . . I. G. 28 juillet 1808, § 11, n° 390.

12. — **Legs.** — La quittance par un des héritiers donnée à l'héritier principal institué, d'un legs qui lui a été fait par le défunt, n'est passible que du droit de 50 *cent. p.* °/₀, à moins que l'héritier ne paie un supplément ; alors le droit de cession serait exigible sur le tout. (*Sol.*) I. G. 9 juin 1827, § 2, n° 2, n° 1209.
— *V.* Délivrances *de legs, n°* 2 ; Légitimes.

13. — **Mainlevée.** — La mainlevée d'une inscription prise pour sûreté d'une somme *déterminée* avec mention que cette inscription n'a plus de causes, opère le droit de libération. (*Déc. f.* 25 *sept.* 1827.) *V.* Mainlevées, n° 2. . . . . I. G. 15 déc. 1827, § 9, n° 1229.

14. — **Partages.** — La mention dans un partage de sommes payées à des tiers, même au notaire rédacteur, n'est passible d'aucun droit particulier. (*Cass.* 16 *mars* 1825, *et* 7 *nov.* 1826.) I. G. 20 mars 1827, § 10, n° 1205.

15. — **Prix.** — Dans le cas de transmission de biens, la quittance donnée par le même acte pour tout ou partie du prix entre les contractans, n'est pas sujette à un droit particulier. (*Loi enreg., art.* 9.) Circ. n° 1450.

16. **QUITTANCES** *et libérations.* — **Prix.** — La quittance donnée dans un contrat de vente d'une partie du prix remise aux syndics des créanoiers du vendeur pour désintéresser un créancier inscrit, n'opère pas un droit particulier. (*Cass.* 21 *juillet* 1828.) I. G. 24 mars 1829, § 13, n° 1272.

17. — L'acte par lequel un vendeur reconnaît avoir reçu le montant des billets souscrits pour le prix d'une vente d'immeubles est passible du droit de 50 *cent. p.* °/₀. (*Cass.* 5 *nov.* 1834.) I. G. 21 avril 1835, § 12, n° 1481.

18. — Remise *de meubles.* — Le droit de quittance est seul exigible sur le paiement fait par le survivant à ses enfans devenus majeurs, de la valeur des meubles du prédécédé. (*Déc. j. et f.*) I. G. 12 nov. 1811, § 3, n° 548.

19. — Rentes *sur l'état.* — Le droit de quittance est exigible sur l'acte qui constate la libération d'une dette au moyen d'une cession de rente sur l'état. (*Cass.* 31 *déc.* 1834.) I. G. 21 avril 1835, § 6, n° 1481.

— *V.* Rachats *de rentes, n°s* 1 *et* 2; Résolutions *de contrats, n°* 9; Retraits *de réméré, n°* 1 *et suiv.*; Saisies *immobilières, n°* 3.

20. — Subrogations. — La quittance avec subrogation donnée à un tiers, opère 1 *fr. p.* °/₀, comme ayant l'effet d'un transport de créances. (*Déc. f.* 23 *oct.* 1826.) . . . I. G. 20 mars 1827, § 11, n° 1205.

21. — Idem. (*Sol.* 25 *nov.* 1828.) I. G. 24 mars 1829, § 2, n° 1272.

22. — Le paiement par l'acquéreur d'un immeuble hypothéqué à la sûreté de la créance, n'est passible que du droit de 50 *cent. p.* °/₀. (*Sol.* 22 *mai* 1827.) . . . . I. G. 15 déc. 1827, § 10, n° 1229.

23. — Idem. (*Sol.* 22 *mai* 1829.) *V.* n° 7 et 8 sup. I. G. 26 sept. 1829, § 9, n° 1293.

24. — **TIMBRE.** — Sont *exemptes* du timbre les quittances des traitemens des employés de l'état; les récépissés qui leur sont délivrés; les quittances de contributions *directes*; celles des contributions *indirectes* qui s'inscrivent sur les actes, et toutes les quittances *au-dessous de* 10 *fr.* quand il ne s'agit pas d'un à-compte ou d'un paiement final sur plus forte somme; enfin les quittances de prêts et fournitures concernant les gens de guerre et celles de secours aux indigens, indemnités pour incendies, inondations, épizooties ou autres cas fortuits. (*Loi timb., art.* 16, *n°* 1.) Les quittances peuvent être écrites à la suite de l'acte obligatoire ou à la suite les unes des autres, s'il s'agit de la même créance ou d'un seul terme de fermage. (*Art.* 23.) Le timbre des quittances données à l'état ou délivrées en son nom est à la charge des particuliers qui les donnent ou les reçoivent. (*Art.* 29.) Circ. n° 1419.)

— *V.* Actes à *la suite, n°s* 1, 14 *et* 15.

25. — Arpenteurs *forestiers.* — Les quittances de traitemens des *arpenteurs* forestiers salariés par l'état sont *exemptes* de timbre. (*Déc. f.* 2 *mars* 1831.) . . . . . . I. G. 25 juin 1831, § 10, n° 1370.

26. — Comptabilité *communale.* — Les quittances de traitemens des employés salariés par les communes ou les établissemens de bienfaisance ne sont soumises au timbre que lorsque les traitemens excèdent 300 fr. par année. (*Déc. f.*) . . . . I. G. 2 avril 1808, § 5, n° 371.

27. — Les quittances données aux administrations départementales ou communales et aux établissemens publics sont soumises au timbre lorsqu'elles excèdent 10 fr., et n'ont pas pour objet le paiement des employés de toute espèce dont le traitement est inférieur à 300 fr. par an, ou des secours aux indigens, des indemnités pour incendies et autres accidens. Les quittances peuvent être mises sur les mandats timbrés. (*Déc. f.* 17 *oct.* 1809.) I. G. 23 nov. 1809, § 2 et 3, n° 454.

28. — Les quittances au-dessous de 10 fr. ne sont affranchies du timbre que lorsqu'elles n'ont pas pour objet un à-compte ou un paiement final sur une créance supérieure; celles des desservans et autres dont le traitement n'excède pas 300 fr., peuvent être rédigées sur papier non timbré. (*Déc. f.* 12 *sept.* 1823.) . . . . I. G. 8 oct. 1823, § 1, n° 1099.

— *V.* Contributions.

29. **QUITTANCES** *et libérations.* — **Enfans** *trouvés.* — Les quittances de sommes payées par les hospices pour mois de nourrices des enfans trouvés sont assujetties au timbre ; mais elles peuvent être rédigées en forme d'états d'émargement sur la même feuille. (*Déc. f.* 26 *déc.* 1832.) Abrogé. *V.* n° 30 inf. I. G. 23 mars 1833, § 19, n° 1422.

30. — Ces quittances sont *exemptes* du timbre. (*Déc. f.* 10 *janv.* 1834.) . . . . I. G. 17 janv. 1834, n° 1447.

31. — **Gratifications** *à des marins.* — Les quittances de gratifications accordées à des marins ou ouvriers attachés à la marine, sont *exemptes* de timbre. (*Déc. f.* 30 *août* 1833.) I. G. 30 déc. 1833, § 14, n° 1446.

32. — **Maitres** *de postes et postillons.* — Les quittances des gages et indemnités des maîtres de poste et des pensions ou secours accordés aux postillons, sont *exemptes* de timbre. (*Déc. f.* 30 *août* 1808.) I. G. 23 sept. 1808, n° 399.

— *V.* Messageries, n° 1 et 2.

— **Navigation** *(droits de).* — *V.* Registres, n°s 20 et 21.

— **Octrois.** — *V.* Octrois *municipaux*, n° 1 *et suiv.*

33. — **Patentes.** — Les quittances de droits de patentes sont *exemptes* de timbre. (*Déc.* 18 *frim. an X.*) Circ. 9 pluv. an X.

34. — **Pensions.** — Les quittances des pensionnaires sur fonds de retenue, sont *exemptes* du timbre. (*Déc. f.* 19 *juin* 1822.) I. G. 17 août 1822, § 5, n° 1051.

— **Prêts** *de militaires.* — *V.* Service *militaire.*

35. — **Restitutions** *de droits.* — Les quittances de restitution de droits indûment perçus, sont *exemptes* de timbre. (*Déc. f.* 16 *août* 1808.) *V.* Pétitions, n° 8. . . . . . I. G. 1er sept. 1808, n° 397.

36. — **Secours.** — Les quittances de secours accordés par l'état aux communes sont *exemptes* de timbre. (*Déc. f.* 30 *nov.* 1833.) I. G. 2 avril 1834, § 8, n° 1451.

— **Tabacs.** — *V.* Registres, n° 24.

R

RACHATS. — *V.* Aliénations, n° 5 ; Émigrés, n°s 1, 2 et 3 ; Retraits *de droits successifs* ; Retraits *de reméré* ; Ventes *d'immeubles*, *n°* 44 *et suiv.*

RACHATS *de rentes.* — 50 *centimes p.* °/₀ sur le capital constitué, ou, à défaut, sur vingt fois la rente perpétuelle, et dix fois la rente viagère. (*Loi enreg., art.* 15, *n°* 9, *et art.* 69, § 2, *n°* 11.) Circ. n° 1450.

2. — Les quittances pour remboursemens de rentes appartenant à l'état, sont passibles du droit ordinaire de 50 *centimes p.* °/₀ ; mais seulement sur le capital déterminé par la loi. (*Déc. f.* 1er *prair. an VIII.*) Circ. n° 1849.

— *V.* Actes *administratifs*, n° 20 ; Obligations, n° 21 ; Quittances ; Rentes *du prytanée.*

RADIATIONS *d'inscriptions.* — *V.* Mainlevées.

RADIATIONS *de saisies.* — *V.* Rédaction, n° 41.

RADIATIONS *des causes.* — *V.* Actes *judiciaires*, *n°* 49 ; Mise *au rôle*, *n°* 13.

RAPPORTS *d'arbitres.* — *V.* Sentences *arbitrales.*

RAPPORTS *d'experts.* — *V.* Actes *passés en conséquence*, *n°* 20 ; Dépôts *aux greffes*, *n°* 8 ; Procès-verbaux, n°s 17 et suiv. ; Vérifications *d'écritures.*

RAPPORTS *des capitaines de navires.* — Les actes de l'espèce sont sujets au timbre et à l'enregistrement, mais seulement pour la navigation de long cours. La formalité peut être donnée *en débet* pour les rapports des capitaines de navires naufragés. (*Déc. f.* 15 *juill.*, 2 *août et* 24 *sept.* 1808.) I. G. 14 oct. 1808, n° 402.

— *V.* Procès-verbaux, n° 23.

RAPPORTS *des juges commissaires.* — *V.* Actes *judiciaires*, n° 85.

RATIFICATIONS pures et simples d'actes en forme. — 1 *fr. fixe.* (*Loi enreg., art.* 68, § 1, *n°* 38.) Circ. n° 1450.

RÉCÉPISSÉS délivrés aux receveurs de deniers publics, sont *exempts* de l'enregistrement. (*Loi enreg., art.* 70, § 3, *n°* 7.) Circ. n° 1450.
— *V.* Comptabilité *publique*; Consignations; Quittances, n°s 3 et 24.

RÉCÉPISSÉS *de pièces.* — 1 *f. fixe.* (*Loi enreg., art.* 68, § 1, *n°* 22.) Modifié. n° 2 inf. Circ. n° 1450.

2. — 2 *fr. fixe.* (*Loi* 1816, *art.* 43, *n°* 8.) I. G. 29 avril 1816, n° 714.
— *V.* Actes *judiciaires*; Chambres *de discipline*, *n°* 6.

3. — Communications *prises au greffe.* — Les récépissés de pièces communiquées aux avoués ne sont sujets à l'enregistrement que lorsqu'on veut en faire usage. (*Déc. f.* 13 *juin* 1809.) *V.* Communications, n° 1. I. G. 4 juill. 1809, § 14, n° 436.

4. — Notaires — Les récépissés délivrés aux notaires du dépôt de leurs titres et réception, sont soumis au timbre et au droit *fixe de* 2 *fr.* pour l'enregistrement, outre les droits de greffe. (*Déc. f.* 14 *pluv. an XII.*) Modifié. n° 5 inf. I. G. 28 pluv. an XII, n° 204.

5. — Ce droit est porté à 3 *fr.* fixé pour tous les actes passés aux greffes des tribunaux de première instance. (*Loi* 1816, *art.* 44, *n°* 10.) I. G. 29 avr. 1816, n° 714.

RÉCEPTIONS *de cautions.* — *V.* Actes *judiciaires*, *n°* 50; Rédaction, n°s 22 et 23.

RECEVEURS. — **Timbre.** — Il est fait défense aux receveurs d'enregistrer aucun acte qui ne serait pas sur papier timbré du timbre prescrit, ou qui n'aurait pas été visé pour timbre, et d'admettre à la formalité de l'enregistrement les protêts d'effets négociables sans se faire représenter ces effets en bonne forme (*Loi timb. art.* 25), le tout à peine de 50 *fr. d'amende.* (*Art.* 26, *n°* 4.) Modifié. n° 2 inf. Circ. n° 1419.

2. L'amende est réduite à 10 fr. (*Loi* 1824, *art.* 10.). . . . . I. G. 23 juin 1824, § 10, n° 1136.

RÉCIDIVE. — *V.* Amendes *de timbre.*

RÉCLAMATIONS. — *V.* Contributions; Pétitions; Restitutions.

RÉCOLTES *sur pied.* — *V.* Successions, n° 89; Ventes *de meubles.*

RECONNAISSANCES pures et simples, sans obligation ni quittance. — 1 *fr. fixe.* (*Loi enreg., art.* 68, § 1, *n°* 39.) Modifié. n° 2 inf. Circ. n° 1450.

2. — 2 *fr. fixe.* (*Loi* 1816, *art.* 43, *n°* 19.) I. G. 29 avril 1816, n° 714.

RECONNAISSANCES *de billets ou lettres de change.* — *V.* Obligations, n°s 2, 3 et 4.

RECONNAISSANCES *de dépôts.* — *V.* Consignations; Dépôts *de sommes.*

RECONNAISSANCES *de dettes.* — *V.* Etats *de dettes*; Obligations, n°s 10 et suiv., 18, 23 et 24.

RECONNAISSANCES *d'enfans naturels.* — Par acte de célébration de mariage, 2 *fr. fixe* (*Loi* 1816, *art.* 43, *n°* 22). — Hors de l'acte de célébration, 5 *fr. fixe.* (*Art.* 45, *n°* 7.) I. G. 29 avril 1816, n° 714.

2. — **Indigens.** — Dans le cas d'indigence notoire des parties, la reconnaissance doit être enregistrée *gratis.* (*Loi* 15 *mai* 1818, *art.* 77.). . . . . I. G. 18 mai 1818, § 6, n° 834.

RECONNAISSANCES *d'envois d'argent.* — **Postes.** — Elles sont soumises au timbre. (*Sol.*) *V.* n° 3 inf. Circ. 2 prair. an VII, n° 1566.

2. — Les *duplicata* sont soumis au timbre. (*Déc. f.* 2 *brum. an VIII.*) Circ. n° 1705.

3. — Les reconnaissances d'articles d'argent délivrées par l'administration des postes doivent être sur papier timbré, lorsqu'elles excèdent 10 fr. (*Déc. f.* 25 *avril* 1833.) . . . . I. G. 30 juin 1833, § 10, n° 1425.

RECONNAISSANCES *de rentes.* — *V.* Titres-*nouvels.*

RECOURS *en cassation.* — *V.* Pourvois.

RECOUVREMENS — *V.* Actes *de poursuites dans l'intérêt de l'état*; Paiement *des droits.*

RECRUTEMENT. — *V.* Conscription; Service *militaire.*

RECTIFICATION *des actes de l'état civil.* — *V.* Actes *de l'état civil*, nos 5, 6 *et* 7.

RÉCUSATION *des juges.* — Le visa du greffier sur l'exploit de récusation, la remise de la copie au greffe et la déclaration du juge sont *exempts* d'enregistrement. Le jugement qui prononce la récusation est passible du droit *fixe de* 3 *fr.* (*Déc. f.* 13 *juin* 1809.) *V.* Rédaction, n° 42. Modifié. *V.* Actes *judiciaires*, *nos* 7, 13 *et* 17. . . . I. G. 4 juill. 1809, § 8 et 32, n° 436.

RÉDACTION *(droits de).* — Les droits de rédaction se perçoivent sur les actes de greffe des tribunaux civils et de commerce, et sont passibles de la retenue d'un dixième pour la remise des greffiers. (*Loi* 21 *vent. an VII*, *art.* 1, 2, 5 *et* 19.) . . . Circ. n° 1537.

2. — Idem. (*Loi* 22 *prair. an VII, art.* 3.) Circ. n° 1611.

3. — Acceptations sous bénéfice d'inventaire, 1 *fr.* 25 *cent. fixe.* (*Loi* 21 *vent. an VII, art.* 5.) Circ. n° 1537.

4. — Idem. (*Décret* 12 *juillet* 1808, *art.* 1.) I. G. 3 sept. 1808, n° 398.

5. — Actes *de voyage.* — 1 *fr.* 25 *cent. fixe.* (*Loi* 21 *vent. an VII, art.* 5.) . . . Circ. n° 1537.

6. — Idem. (*Décret* 12 *juillet* 1808, *art.* 1.) I. G. 3 sept. 1808, n° 398.

7. — Actes *en brevet.* — Les actes rédigés en *brevet* ne sont pas assujettis au droit de rédaction. Abrogé. n° 8 inf. I. G. 3 sept. 1808, n° 398.

8. — Le droit de rédaction est exigible sur les actes *en brevet*, comme pour ceux *en minute.* (*Sol.* 8 *oct.* 1830.) I. G. 18 mars 1831, § 13, n° 1354.

9. — Adjudications *judiciaires.* — 1° Dépôts de l'exemplaire d'affiche et de l'état des inscriptions, 3 *fr. fixe.*

2° Dépôts des titres de créances, 1 *fr.* 50 *cent. fixe.*

3° Procès-verbaux d'adjudication, 50 *cent. p.* °/o sur les cinq premiers mille, et 25 *cent. p.* °/o sur l'excédant, sans fraction de 100 fr.

4° Procès-verbaux d'ordre, 25 *cent. p.* °/o sur chaque bordereau sans fraction de 100 fr.

Le tout sous la déduction d'*un dixième* pour la remise du greffier. (*Loi* 22 *prair. an VII, art.* 1, 2 *et* 3.) *V.* n° 35 inf. Circ. n° 1611.

10. — Idem. (*Décret* 12 *juillet* 1808, *art.* 1, *n°* 2.) I. G. 3 sept. 1808, n° 398.

11. — Le droit de rédaction est dû pour les jugemens qui autorisent des rentrées en possession faute de paiement; ceux qui prononcent des rétrocessions de ventes et pour les partages faits au greffe, mais sur la soulte seulement; il n'est pas dû pour un jugement qui annule une vente *ab initio.* (*Déc. f.* 11 *déc.* 1810.) Modifié. n° 15 inf. I. G. 20 déc. 1810, n° 500.

12. — Lorsque le prix d'une adjudication sur folle enchère est inférieur au premier, il n'est dû que le droit de 1 *fr.* 25 *cent.* fixé pour les moindres actes. (*Déc. f.*) . . . . . Circ. 15 oct. 1807.

13. — Pour les ventes sur *folle enchère* ou *licitations*, le droit de rédaction n'est dû que sur l'excédant du prix ou sur la portion acquise par le co-licitant. (*Déc. f.* 21 *oct.* 1806.) Circ. 11 nov. 1806.

14. — Idem. (*Décret.* 12 *juillet* 1808, *art.* 3.) I. G. 3 sept. 1808, n° 398.

15. **REDACTION** (*droits de*). — ADJUDICATIONS *judiciaires*. — Le droit proportionnel de rédaction est dû sur toutes les adjudications en justice, même pour les baux, et soit qu'il s'agisse de meubles ou d'immeubles; mais il n'est pas exigible sur les jugemens qui prononcent des résiliemens et rétrocessions de ventes ou baux, ni sur les partages faits au greffe, même avec soulte. (*Déc. f.* 21 *mai* 1823.) . . . . . I. G. 11 juin 1823, n° 1082.

16. — Le droit de rédaction est dû sur l'adjudication faite en justice, d'une jouissance ou de valeurs mobilières. (*Tribunal de Versailles*, 21 *déc.* 1826.) . . . . I. G. 28 juin 1829, § 1, n° 1282.

17. — Le droit de rédaction est exigible sur la totalité du prix d'une adjudication qui comprend une machine à vapeur dans laquelle l'acquéreur avait des droits indivis sans en avoir sur l'immeuble. (*Cass.* 8 *avril* 1829.) . . . . I. G. 26 sept. 1829, § 12, n° 1293.

18. — AFFIRMATIONS *de créances*. — 1 *fr.* 25 *cent.* (*Loi* 21 *vent. an VII, art.* 5.) . . . Circ. n° 1537.

19. — Idem. Ainsi que pour toutes autres déclarations faites au greffe, excepté celles à la requête du ministère public. (*Décret* 12 *juillet* 1808, *art.* 1.) *V.* n° 21 inf. . . . I. G. 3 sept. 1808, n° 398.

20. — Il n'est dû qu'un seul droit fixe de rédaction pour chaque procès-verbal de vérification et d'affirmation de créances, quelque soit le nombre des créanciers affirmans. (*Déc. f.* 12 *nov.* 1823.) *V.* n° 21 inf. I. G. 29 nov. 1823, § 1, n° 1106.

21. — Les procès-verbaux de vérification et d'affirmation de créances, en matière de faillites, ne sont pas sujets au droit de rédaction; mais les autres affirmations faites aux greffes, y restent assujetties. (*Déc. f.* 5 *fév.* 1828.) *V.* n° 34 inf. . . . . I. G. 26 juin 1828, § 12, n° 1249.

22. — CAUTIONS. — Les actes de réception ou soumissions de cautions, 1 *fr.* 25 *cent. fixe.* (*Loi* 21 *vent. an VII, art.* 5.) Circ. n° 1537.

23. — Idem. (*Décret* 12 *juillet* 1808, *art.* 1.) I. G. 3 sept. 1808, n° 398.

24. — CONSIGNATIONS *de sommes*. — 1 *fr.* 25 *cent. fixe.* (*Décret* 12 *juillet* 1808, *art.* 1.) I. G. 3 sept. 1808, n° 398.

25. — DÉCHARGES *de dépôts*. — Sont soumis au même droit fixe de rédaction que les actes de dépôts. (*Décret* 12 *juillet* 1808, *art.* 2.) *V.* n° 26 inf. . . . . I. G. 3 sept. 1808, n° 398.

26. — DÉPOTS *aux greffes* des bilans, 1 *fr.* 25 *cent. fixe.* (*Loi* 21 *vent. an VII, art.* 5.) Circ. n° 1537.

27. — Les dépôts des titres de créances pour les distributions en justice, 1 *fr.* 50 *cent. fixe*; de l'exemplaire d'affiche et de l'état des inscriptions, 3 *fr. fixe.* (*Loi* 22 *prair. an VII, art.* 1 *et* 2.) Circ. n° 1611.

28. — Les droits restent fixés à 1 *fr.* 50 *cent.* pour les dépôts de titres *par chaque production*; 3 *fr. fixe* pour l'état d'inscriptions, et à 1 *fr.* 25 *cent. fixe* pour les dépôts de bilans, des registres et répertoires, des signatures et paraphes des notaires, et pour tous autres actes de dépôts aux greffes. (*Décret* 12 *juillet* 1808, *art.* 1.) . . . I. G. 3 sept. 1808, n° 398.

— *V.* DÉPÔTS *aux greffes*.

29. — ENQUÊTES. — 1 *fr.* 25 *cent. fixe*, outre 50 *cent.* par chaque déposition de témoins. (*Loi* 21 *vent. an VII, art.* 5.) Circ. n° 1537.

30. — Idem. (*Décret* 12 *juillet* 1808.) I. G. 3 sept. 1808, n° 398.

31. — EXCLUSIONS *ou options de tribunaux d'appel*. — 1 *fr.* 25 *cent. fixe.* (*Loi* 21 *vent. an VII, art.* 5.) Circ. n° 1537.

32. — INTERROGATOIRES *sur faits et articles*. — 1 *fr.* 25 *cent.* (*Loi* 21 *vent. an VII, art.* 5.) Circ. n° 1537.

33. — Idem. (*Décret* 12 *juillet* 1808, *art.* 1.) I. G. 3 sept. 1808, n° 398.

34. **RÉDACTION** (*droits de*). — **Juges** *commissaires*. — Le droit de rédaction n'est pas exigible sur les actes émanés des juges commissaires assistés des greffiers. (*Déc. f.* 10 *nov.* 1824.) *V.* n° 21 sup. I. G. 23 mars 1825, § 13, n° 1156.

35. — Minimum. — Le *minimum* des droits de rédaction est fixé à 1 *fr.* 25 *cent.* (*Décret* 12 *juillet* 1808, *art.* 3.) I. G. 3 sept. 1808, n° 398.

36. — Oppositions. — Transcriptions et enregistremens aux greffes d'oppositions et autres actes, si l'expédition est délivrée, 1 *fr.* 25 *cent. fixe*. (*Décret* 12 *juillet* 1808, *art.* 1.) *V.* Certificats, n° 3. I. G. 3 sept. 1808, n° 398.

37. — Ordres. — 25 *cent. p.* °/₀ de la créance colloquée sur chaque bordereau délivré. (*Loi* 22 *prair. an VII, art.* 1 *et* 2.) *V.* n° 35 sup. Circ. n° 1611.

38. — Idem. (*Décret* 12 *juillet* 1808, *art.* 1, *n°* 2.) I. G. 3 sept. 1808, n° 398.

39. — Procès-verbaux *et actes* rédigés par les greffiers, 1 *fr.* 25 *cent. fixe*. (*Décre* 12 *juillet* 1808, *art.* 1.) I. G. 3 sept. 1808, n° 398.

40. — Publications. — Publications de contrats de mariages, divorces, séparations, actes et dissolutions de société, 1 *fr.* 25 *cent. fixe*. La remise de ces actes n'est passible d'aucun droit de dépôt. (*Décret* 12 *juillet* 1808, *art.* 1.) . . . . I. G. 3 sept. 1808, n° 398.

41. — Radiations *de saisie*. — 1 *fr.* 50 *cent. fixe*. (*Décret* 12 *juillet* 1808, *art.* 1, *n°* 2.) I. G. 3 sept. 1808, n° 398.

42. — Récusations *de juges*. — 1 *fr.* 25 *cent. fixe*. (*Décret* 12 *juillet* 1808, *art.* 1.) . . . . I. G. 3 sept. 1808, n° 398.

43. — Renonciations à communauté ou succession, 1 *fr.* 25 *cent. fixe*. (*Loi* 21 *vent. an VII, art.* 5.) Circ. n° 1537.

44. — Idem. (*Décret* 12 *juillet* 1808, *art.* 1.) I. G. 3 sept. 1808, n° 398.

45. — Reprise *d'instance*. — 1 *fr.* 25 *cent. fixe*. (*Loi* 21 *vent. an VII, art.* 5.) Modifié. n° 46 inf. Circ. n° 1537.

46. — Ces actes devant être faits par actes d'avoués à avoués sont *exempts* du droit de rédaction. I. G. 3 sept. 1808, n° 398.

— *V.* Restitutions, n°s 27 et 28; Saisies-*arrêts*, *n°* 2; Saisies *immobilières*, *n°* 2.

47. — Sociétés. — Actes d'enregistrement de sociétés, 1 *fr.* 25 *cent. fixe*. (*Loi* 21 *vent. an VII, art.* 5.) Circ. n° 1537.

48. — Idem. (*Décret* 12 *juillet* 1808, *art.* 1.) I. G. 3 sept. 1808, n° 398.

49. — Surenchères. — 1 *fr.* 50 *cent. fixe*. (*Décret* 12 *juillet* 1808, *art.* 1, *n°* 2.) . . . I. G. 3 sept. 1808, n° 398.

50. — Transcriptions *de saisies*. — 3 *fr. fixe*. (*Décret* 12 *juillet* 1808, *art.* 1, *n°* 2.) I. G. 3 sept. 1808, n° 398.

— Ventes *judiciaires*. — *V.* n° 9 et suiv. sup.

— Vérifications *de créances*. — *V.* n° 18 et suiv. sup.

RÉDACTION *des jugemens*. — *V.* Actes *judiciaires*, *n°* 51.

REDEVANCES. — *V.* Baux; Mercuriales; Successions.

RÉDUCTIONS. — *V.* Acceptillations.

RÉFÉRÉS. — *V.* Actes *judiciaires*; Mises *au rôle*, *n^os^* 14, 15 *et* 16; Ordonnances.

RÉGIME *dotal*. — *V.* Autorisations, n° 3; Cessions *de droits successifs*, *n°* 6; Contrats *de mariage*, *n°* 8.

REGISTRES. — **TIMBRE.** — 1° Sont sujets au timbre de dimension, les registres destinés à la rédaction des actes judiciaires; ceux des administrations centrales ou municipales n'ayant pas rapport à l'administration générale; ceux des notaires, huissiers ou autres officiers publics et ministériels; les registres des receveurs des communes ou établissemens publics; ceux des messageries, des compagnies ou sociétés d'actionnaires et des établissemens particuliers d'éducation; les registres des agens d'affaires, directeurs, régisseurs, syndics de créanciers et entrepreneurs de travaux et fournitures; ceux des banquiers, négocians, armateurs, marchands, fabricans, commissionnaires, agens de change, courtiers et artisans; ceux des aubergistes, maîtres d'hôtels garnis et logeurs, et généralement tous livres et registres qui sont de nature à être produits en justice, et dans le cas d'y faire foi, ainsi que les extraits, copies ou expéditions qui en sont délivrés (*Loi timb. art.* 12, *n°* 2). Le tout à peine de 30 *fr. d'amende* contre les particuliers, et de 100 *fr.* contre les officiers publics (*art.* 26, *n°* 3 *et* 5). Modifié. n° 2 inf.

2° Sont *exempts* du timbre, les registres des administrations et des établissemens publics pour ordre et administration générale, ceux des tribunaux, procureurs du roi et commissaires du gouvernement, pour les actes non sujets à l'enregistrement, et enfin les registres des receveurs des contributions publiques et autres préposés publics. (*Art* 12, *n°* 2. § *V.* Livres *de commerce.* Circ. n° 1419.

2. **REGISTRES. — TIMBRE.** — Les amendes sont réduites à 5 *fr.* et à 20 *fr.* (*Loi* 1824, *art.* 10.) I. G. 23 juin 1824, § 10, n° 1136.

— *V.* Actes *administratifs*, *n°s* 1, 6, 16, 21 *et* 22.

3. — **Avoués.** — Les registres dont la tenue est prescrite aux avoués par l'art. 151 du décret du 16 février 1807, doivent être sur papier timbré. (*Déc. f.* 7 *nov.* 1821.) . . . I. G. 21 nov. 1821, n° 1004.

4. — Le registre des avoués doit être tenu sur papier timbré de dimension. (*Déc. f.* 27 *déc.* 1833.) I. G. 2 avril 1834, § 9, n° 1451.

— **Brévets** *d'invention.* — *V.* Actes *administratifs*, *n°* 6.

5. — **Caisses** *d'épargnes.* — Les registres et livrets à l'usage des caisses d'épargnes, sont *exempts* du timbre et ne doivent pas être communiqués aux préposés. (*Loi* 5 *juin* 1835, *art.* 9.) I. G. 11 août 1835, n° 1492.

— *V.* Certificats, n°s 2 et 14; Certificats *de vie*, *n°* 19; Chambres *de discipline*, *n°s* 3, 4, 9 *et* 10; Timbre (*changement*), *n°s* 11 *et* 12; Comptabilité *communale ou des établissemens publics*; Comptabilité *publique*; Douanes.

6. — **Déclarations** *préalables.* — Le registre des déclarations préalables aux ventes publiques de meubles est *exempt* du timbre. (*Loi* 22 *pluv. an VII*, *art.* 4.). . . . . . Circ. n° 1498.

7. — **Établissemens** *publics.* — Les registres de recettes et dépenses des hospices sont soumis au timbre. (*Déc. f.* 16 *vend. an VIII.*) Circ. n° 1705.

8. — Les registres de recette des droits de pesage, jaugeage et mesurage, ou autres droits appartenant aux communes, doivent être tenus sur papier timbré. (*Déc. f.*) . . . I. G. 2 avril 1808, § 6, n° 371.

9. — Les registres des hospices et des bureaux de bienfaisance, pour les actes d'administration extérieure, sont passibles du timbre; ceux des fabriques en sont *exempts.* (*Déc. f.*) Modifié. *V.* Fabriques, n° 3. I. G. 15 juill. 1820, n° 941.

10. — Les registres de recettes et dépenses des colléges doivent être timbrés. (*Déc. f.* 26 *août* 1820.) I. G. 28 sept. 1820, § 1, n° 953.

11. — Les registres des colléges et des établissemens publics sont assujettis au timbre. (*Déc. f.* 7 *nov.* 1823.) I. G. 31 mars 1826, § 16, n° 1187.

12. — Les registres de recettes et dépenses des colléges et petits séminaires doivent être timbrés, mais le registre de recette de la rétribution universitaire en est *exempt.* (*Déc. f.* 17 *juin* 1826, *et* 17 *mars* 1828.) I. G. 14 avril 1828, § 2, n° 1239.

— *V.* Actes *administratifs*, *n°* 16; Chambres *de discipline*, *n°s* 3, 4, 9 *et* 10; Comptabilité *communale et des établissemens publics*; Fabriques.

— **Etat civil.** — *V.* Actes *de l'état civil;* Certificats, n°s 2 et 14; Cotes *et paraphes*, *n°* 2; Dépôts *aux greffes*, *n°* 10.

— *V.* Extraits, n°s 12, 13 et 14.

13. REGISTRES. — TIMBRE. — Gardes-*ventes*. — Le registre que les gardes-ventes doivent tenir est soumis au timbre. I. G. 8 vend. au XI, n° 78.

14. — Greffes. — On doit tenir sur papier timbré les registres des adjudications, contributions, oppositions ou appels, productions, renonciations à succession, transcriptions de saisies immobilières, et ceux des scellés dans les villes au-dessus de 20,000 âmes. (*Déc. j. et f.* 9 *et* 22 *mars* 1808.) I. G. 6 avril 1808, n° 373.

15. — Les registres de salaires tenus par les greffiers sont *exempts* du timbre. (*Déc. f.* 20 *nov.* 1826.) I. G. 20 mars 1827, § 16, n° 1205.

— *V.* Dépôts *aux greffes*, *n°s* 9 *et* 10; Greffes (*droits de*), *n°* 7 *et suiv.*; Lettres-*patentes*, *n°* 3; Présentations, n° 5.

16. — Greffiers *des maires*. — Les registres des greffiers des maires sont sujets au timbre. (*Déc. f.* 11 *août* 1811.) I. G. 23 août 1811, n° 537.

17. — Hypothèques. — Les registres des hypothèques doivent être timbrés. (*Loi* 21 *vent. an VII*, *art.* 16.) Circ. n° 1539.

18. — Le registre de transcription des saisies immobilières doit être tenu en papier timbré. (*Déc. f.* 10 *fév.* 1807.) Circ. 14 fév. 1807, et I. G. 21 sept. 1807, n° 341.

19. — Tous les registres des *formalités hypothécaires* doivent être tenus sur papier timbré. (*Déc. j. et f.* 9 *et* 22 *mars* 1808.) *V.* Cotes *et paraphes.*, *n°* 2. . . . . I. G. 6 avril 1808, § 10, n° 373.

— *V.* Lettres-*patentes*, *n°* 3; Livres *de commerce*, *n°* 1 *et suiv.*; Messageries, n°s 1 et 2.

20. — Navigation *intérieure*. — Les registres de recette des droits de navigation perçus pour le compte de l'état, sont *exempts* du timbre. Circ. 10 frim. an XII.

21. — Les registres pour la perception des droits de péage par les concessionnaires *temporaires* des ponts et canaux, sont assujettis au timbre des livres de commerce; les quittances doivent être sur timbre de l'administration des contributions indirectes, si les droits étaient perçus par elle avant la concession; au cas contraire, elles sont assujetties au timbre ordinaire. (*Déc. f.* 23 *janv.* 1830.) I. G. 8 juin 1830, § 12, n° 1320.

— *V.* Octrois *municipaux*, *n°* 1 *et suiv.*

— Police. — *V.* Actes *de poursuites en matière criminelle.*

22. — Prisons. — Le registre d'écrou tenu dans les conciergeries doit être en papier timbré. (*Déc. j. et f.* 9 *et* 22 *mars* 1808.) I. G. 6 avril 1808, § 8, n° 373.

23. — Le registre destiné à constater les incarcérations pour dettes doit être en papier timbré, sous peine d'amende contre les concierges. (*Déc. j.*). . . . . I. G. 12 mai 1835, n° 1483.

— *V.* Présentations, n° 5; Prud'hommes, n° 2.

— Surenchères. — *V.* Surenchères.

24. — Tabacs. — Les registres des déclarations de cultivateurs sont *exempts* du timbre; mais les quittances de livraisons y sont assujetties. (*Déc. f.* 11 *août* 1812.) . . . I. G. 20 août 1812, n° 595.

RELATIONS *d'enregistrement*. — Les relations doivent être transcrites littéralement dans les expéditions et dans les actes publics, civils, judiciaires ou extra-judiciaires passés en vertu d'actes sous seing-privé ou venant de l'étranger, à peine de 10 *fr. d'amende*. (*Loi enreg.*, *art.* 44.) Les jugemens, sentences ou arrêtés rendus sur un acte enregistré doivent faire mention de la date du paiement du droit, du montant et du nom du bureau où il a été acquitté; en cas d'omission, le droit est exigible, sauf restitution. (*Art.* 48.) La relation d'enregistrement doit être mise sur l'acte enregistré; elle exprimera en toutes lettres la date de l'enregistrement, le folio du registre, le numéro et la somme des droits perçus en distinguant celui perçu sur chaque disposition particulière, *à peine de* 10 *fr. d'amende*. (*Art.* 57.) Modifié. n° 2 inf. Circ. n° 1450.

2. **RELATIONS** *d'enregistrement.* — Les amendes sont réduites à 5 *fr.* (*Loi* 1824, *art.* 10.) I. G. 23 juin 1824, § 10, n° 1136.

3. — Les relations d'enregistrement doivent être transcrites littéralement dans les expéditions et dans les actes passés en conséquence d'actes sous seing-privé. (*Déc. f.* 24 *mai* 1808.) I. G. 30 sept. 1808, § 10, n° 400.

4. — Les relations d'enregistrement doivent indiquer le montant de la remise du greffier. (*Sol.*) I. G. 10 juin 1820, n° 935.

5. — Idem. (*Loi* 23 *juillet* 1820.) I. G. 26 juillet 1820, n° 944.

6. — Elles doivent indiquer en toutes lettres la quotité de *chaque* droit perçu, à peine de 5 *fr.* d'amende. (*Sol.*) I. G. 24 janvier 1832, n° 1393.

— *V.* Amendes *d'enregistrement*, *n*os 10 *et* 11.

RELIGIEUSES. — Renonciations *aux dots.* — Les renonciations des religieuses à leurs dots et les engagemens contractés par les débiteurs de les nourrir et entretenir sont passibles du droit fixe d'*un franc.* Circ. 12 prair. an IX, n° 2012.

RELIQUATS *de comptes.* — *V.* Comptes; Comptes *de tutelle.*

REMBOURSEMENS. — *V.* Rachats *de rentes.*

RÉMÉRÉ. — *V.* Retraits *de réméré;* Successions, nos 90 et 91; Ventes *d'immeubles*, *n*° 44 *et suiv.*

REMISES *de causes.* — *V.* Actes *judiciaires*, *n*° 52 *et suiv.*

REMISES *de dettes.* — *V.* Acceptillations.

REMISES *de droits et amendes.* — Aucune autorité, ni la régie, ni ses préposés ne peuvent accorder de remise ou modération de droits, ni en suspendre le recouvrement sans en devenir personnellement responsables. (*Loi enreg.*, *art.* 59.) . . . . . . Circ. n° 1450.

— *V.* Amnisties.

REMISES *d'extraits.* — *V.* Amendes *d'enregistrement.*

REMISES *de pièces.* — *V.* Décharges.

REMISES *des greffiers.* — *V.* Greffes *(droits de)*, *n*os 4, 5 *et* 6.

REMPLACEMENS *militaires.* — *V.* Actes *administratifs*, *n*os 23 *et* 24; Marchés, n° 1; Service *militaire;* Traités *de remplacement*, *n*° 2.

REMPLOIS (*Déclarations de.*) La déclaration de remploi opère un droit fixe particulier, si elle est faite au profit du mari, ou si, faite au profit de la femme, elle est acceptée par elle. La cession à titre de remploi par le mari à sa femme, opère le droit de vente. (*Déc. f.* 28 *juin* 1808.) I. G 17 août 1808, n° 392.

2. — La déclaration faite par le mari au profit de la femme que des biens de la communauté lui serviront de remploi jusqu'à concurrence de ses reprises n'est pas sujette au droit proportionnel d'enregistrement, ni à celui de transcription. (*Sol.* 2 *déc.* 1834 *et* 17 *mars* 1835.) I. G. 31 juill. 1835, § 12, n° 1490.

— *V.* Majorats, n° 17; Successions, nos 86 et suiv, et n° 92.

RENONCIATIONS, abstentions et répudiations à successions, legs ou communauté, lorsqu'elles sont pures et simples; si elles ne sont pas faites en justice, 1 *fr. fixe par chaque renonçant et pour chaque succession* (*Loi enreg.*, *art.* 68, § 1, *n*° 1); si elles sont faites par acte aux greffes, il est dû 2 *fr. fixe.* (*Art.* 68, § 2, *n*° 6.) Modifié. n° 2 inf. Circ. n° 1450.

2. — pour les renonciations faites aux greffes, le droit est porté à 3 *fr. fixe.* (*Loi* 1816, *art.* 44, *n*° 10.) I. G. 29 avril 1816, n° 714.

3. **RENONCIATIONS.** — CONDITIONNELLES *ou partielles.* — La renonciation à une succession ou à un legs, faite sous une condition quelconque, est réputée cession, et opère le droit proportionnel. Les droits de succession restent exigibles. (*Sol.* 16 *avril* 1825.). I. G. 30 sept. 1825, § 7, n° 1173.

4. — Idem. (*Sol.* 26 *juin* 1827.) I. G. 15 déc. 1827, § 11, n° 1229.

5. — Si la renonciation n'est que *partielle*, elle équivaut à une vente, même lorsqu'il s'agit d'un légataire universel. (*Cass.* 15 *avril* 1831.) I. G. 25 juin 1831, § 7, n° 1370.

— *V.* DONATIONS *entre vifs*, *n°* 26 *et suiv.*; DONATIONS *entre vifs*, *par contrat de mariage*, *n°s* 14 *et* 15; HÉRITIERS *bénéficiaires*, *n°s* 2 *et* 3; RÉDACTION, n°s 43 et 44; RELIGIEUSES; RÉUNIONS *d'usufruit*, *n°* 8; SERVITUDES; SUCCESSIONS, n° 93 et suiv.; TRANSACTIONS, n°s 4 et 5; VENTES *d'immeubles*, *n°* 47.

RENONCIATIONS *à une servitude.* — *V.* SERVITUDES.

RENOUVELLEMENS. — *V.* INSCRIPTIONS, n°s 18 et 19.

RENTES. — *V.* CESSIONS *de droits convenanciers*; CESSIONS *de rentes*; CONSTITUTIONS *de rentes*; INSCRIPTIONS, n°s 20 et 21; MAJORATS, n° 18; OBLIGATIONS, n° 21; RACHATS *de rentes*; TITRES *nouvels*.

RENTES *du prytanée.* — Les adjudications ou rachats de rentes provenant du prytanée, et cédées à la caisse d'amortissement, ne sont passibles que du droit *fixe d'un franc.* (*Décret* 9 *déc.* 1809, *art.* 8.) Circ. 11 janv. 1810.

RENTES *sur l'état.* — *V.* CESSIONS *de rentes*, *n°s* 3 *et* 4; CONSTITUTIONS *de rentes*, *n°* 3; DETTE *publique*; DONATIONS *entre vifs*, *n°s* 28 *et* 29; INSCRIPTIONS *de rentes*; QUITTANCES, n° 19; SUCCESSIONS, n°s 97 et suiv.; TRANSFERTS, n° 1 et suiv.

RENTRÉES *en possession.* — *V.* ÉMIGRÉS; MUTATIONS; RÉSOLUTIONS; RETRAITS *de réméré*; RETRAIT *successoral*; RÉTROCESSIONS.

RENVOIS *pour cause de parenté.* — *V.* ACTES *judiciaires*, *n°* 56.

RÉPERTOIRES. — TIMBRE. — Sont assujettis au timbre de dimension les répertoires des greffiers, secrétaires d'administration, notaires, huissiers et autres officiers publics et ministériels. (*Loi timb.*, *art.* 12, *n°* 2), à peine de 100 *fr. d'amende.* (*Art.* 26, *n°* 5.) Modifié. n° 2 inf. Circ. n° 1419.

2. — L'amende est réduite à 20 *fr.* (*Loi* 1824, *art.* 10.). . . . . I. G. 23 juin 1824, § 10, n° 1136.

3. — On doit se servir pour les répertoires du papier débité. (*Déc. f.* 2 *brum. an VIII.*) Circ. n° 1705.

4. — Les répertoires des porteurs de contraintes sont admis au *visa* pour timbre *gratis.* (*Déc. f.* 19 *avril* 1808.) I. G. 7 juin 1808, n° 382.

— *V.* DÉPÔTS *aux greffes*, *n°* 11; PRUDHOMMES, n° 2.

REPRISES. — *V.* CONTRATS *de mariage*, *n°* 6; PARTAGES; SUCCESSIONS, n° 100 et suiv.

REPRISES *d'instances.* — *V.* RÉDACTION, n°s 45 et 46.

RÉPUDIATIONS. — *V.* RENONCIATIONS.

REQUÊTES. — *V.* ACTES *judiciaires*; MISES *au rôle*, *n°* 8; ORDONNANCES.

RESCISIONS. — *V.* EXPERTISES, n° 4; RÉSOLUTIONS *de contrats*; SUCCESSIONS, n° 105.

RESCRIPTIONS. — *V.* MANDATS.

RÉSERVES *d'usufruit.* — *V.* VENTES *d'immeubles*, *n°* 50 *et suiv.*

RÉSILIATIONS. — *V.* RÉSILIEMENS; RÉSOLUTIONS *de contrats.*

RÉSILIEMENS par actes authentiques dans les vingt-quatre heures des actes résiliés. — 1 *fr. fixe.* (*Loi enreg.*, *art.* 68, § 1, *n°* 40.) Modifié. n° 2 inf. Circ. n° 1450.

2. — 2 *fr. fixe.* (*Loi* 1816, *art.* 43, *n°* 20.) I. G. 29 avril 1816, n° 714.

3. **RÉSILIEMENS.** — BAUX. — La rétrocession ou le résiliement d'un bail opèrent le droit proportionnel. (*Cass. arrêt d'admission.*) I. G. 26 juin 1828, § 5, n° 1249.

4. — La résiliation judiciaire d'un bail opère le droit proportionnel. (*Cass.* 14 *août* 1832.) I. G. 21 déc. 1832, § 2, n° 1414.

— *V.* RÉDACTION, n° 15; RÉSOLUTIONS *de contrats.*

RÉSOLUTIONS *de contrats.* — Les résolutions de contrats prononcées en justice, pour cause de *nullité radicale*, sont passibles du droit *fixe de* 3 *fr.* (*Loi enreg., art.* 68, § 3, n° 7.) Modifié. n° 2 inf. Circ. n° 1450.

2. — Le droit est porté à 5 *fr. fixe* (*Loi* 1816, *art.* 45, *n°* 5), et à 10 *fr.* si la résolution est prononcée par arrêt de cour royale. (*Art.* 46, *n°* 2.) . . . . I. G. 29 avril 1816, n° 714.

— BAUX. — *V.* RÉSILIEMENS, n°s 3 et 4.

3. — ÉCHANGES. — LÉSION. — La loi n'admettant pas la rescision pour cause de lésion en matière d'échange, le jugement qui la prononcerait serait passible 1° du droit d'échange, s'il rétablissait les échangistes dans leurs biens; 2° du droit de vente, si l'un d'eux rentrait dans sa propriété en conservant l'autre, et 3° du droit de soulte, si l'un des échangistes payait une plus value pour rester propriétaire. (*Sol.*) I. G. 9 therm. an XII, § 2, n° 245.

4. — VENTES. — *Biens dotaux.* — Le jugement qui prononce la résolution de l'aliénation d'un bien dotal, n'est soumis qu'au droit fixe, la nullité étant radicale. (*Sol.* 15 *avril* 1834.) I. G. 7 nov. 1834, § 3, n° 1467.

5. — *Consentement réciproque.* — La résolution judiciaire d'une vente, sur le consentement réciproque des parties, est passible du droit proportionnel. (*Cass.* 11 *nov.* 1833.) I. G. 2 avril 1834, § 2, n° 1451.

6. — *Défaut de paiement.* — Les jugemens portant résolution de vente pour défaut de paiement quelconque sur le prix d'acquisition, lorsque l'acquéreur n'est pas entré en jouissance, 3 *fr. fixe.* (*Loi* 27 *vent. an IX, art.* 12.) Modifié. n° 7 inf. . . . . . Circ. n° 1992.

7. — Le droit est porté à 5 *fr. fixe* (*Loi* 1816, *art.* 45, *n°* 5), ou à 10 *fr.*, si la résolution est prononcée par arrêt de cour royale. (*Art.* 46, *n°* 2.) . . . . I. G. 29 avril 1816, n° 714.

8. — *Interdits.* — La résolution d'une vente faite par un interdit, opère le droit *fixe.* (*Sol.* 4 *nov.* 1831.) I. G. 31 mars 1832, § 3, n° 1398.

9 — *Lésion.* — La rescision judiciaire d'une vente pour cause de lésion est passible du droit *fixe*; mais elle opère rétrocession, 1° si elle n'est pas prononcée en justice; 2° si elle a lieu en faveur de l'acquéreur; 3° si la vente avait été faite par autorité de justice. Le remboursement du prix à l'acquéreur évincé par suite de lésion opère 50 *centimes p.* °/₀. Modifié. n° 11 inf. I. G. 9 therm. an XII, n° 245.

10. — Les résolutions judiciaires de vente pour cause de lésion ultramédiaire, ne sont passibles que du droit *fixe.* (*Déc. f.* 20 *frim. an XIII.*) Abrogé. n° 11 inf. . . . I. G. 3 fruct. an XIII, § 63, n° 290.

11. — La résolution judiciaire d'une vente pour cause de *lésion* est sujette au droit proportionnel. (*Déc. f.* 23 *sept.* 1830.) I. G. 24 déc. 1830, § 4, n° 1347.

12. — Idem (*Cass.* 11 *nov.* 1833.) I. G. 2 avril 1834, § 2, n° 1451.

13. — *Mineurs.* — La résolution judiciaire d'une vente faite à un mineur opère le droit *fixe.* (*Sol.* 31 *déc.* 1830.) I. G. 18 mars 1831, § 5, n° 1354.

14. — *Simulation.* — La résolution judiciaire d'une vente pour cause de simulation est sujette au droit *proportionnel.* (*Sol.* 15 *juin* 1830.). . . . . I. G. 18 mars 1831, § 4, n° 1354.

15. — Idem. (*Cass.* 12 *nov.* 1834.) I. G. 21 avril 1835, § 5, n° 1481.

— *V.* RÉDACTION, n°s 11 et 15.

RESTITUTIONS. — Tout droit régulièrement perçu ne peut être restitué, quels que soient les événemens ultérieurs, sauf les cas prévus. (*Loi enreg., art.* 60.). . . . . . Circ. n° 1450.

2. — Elles doivent être faites aux parties. (*Déc. f.* 7 *juin* 1808.) Modifié. n° 3 inf. . . . I. G. 29 juin 1808, § 28, n° 386.

3. — Elles peuvent être faites aux parties ou aux notaires. (*Déc. f.* 5 *juill.* 1830.) . . . I. G. 13 août 1830, n° 1328.

— *V.* Absences, n°s 1 et 2; Cessions *de droits successifs*, *n°* 1; Constitutions *de rentes*, *n°* 3.

4. — Contrats *de mariage.* — Les droits perçus sur un contrat de mariage résilié et non suivi de célébration doivent être restitués, sauf la réserve du droit fixe dû pour le contrat. (*Déc. f.* 7 *juin* 1808.) *V.* n° 21 inf. . . . . I. G. 29 juin 1808, § 29, n° 386.

5. — Héritiers *bénéficiaires.* — Les droits de succession payés par un héritier bénéficiaire ne sont pas restituables. (*Cass.* 3 *fév.* 1829.) I. G. 28 juin 1829, § 5, n° 1282.

6. — Intérêts. — Les droits restitués ne sont passibles d'aucun intérêt, même depuis la demande judiciaire. *Cass.* 23 *nov.* 1811, *et Déc. f.* 14 *avril* 1812.). . . . . I. G. 22 avril 1812, n° 574.

7. — Dans aucun cas, l'administration ne doit les intérêts, même moratoires des sommes indûment perçues. (*Cass.* 6 *nov.* 1827.) I. G. 22 mars 1828, § 15, n° 1236.

8. — Jugemens *infirmés.* — Les droits régulièrement perçus sur un jugement infirmé en appel ne sont pas restituables. (*Cass.* 14 *janv.* 1824.) *V.* n° 31 et suiv. inf. I. G. 19 mai 1824, § 8, n° 1132.

9. — Idem. (*Cass.* 14 *juill.* 1824.) I. G. 18 déc. 1824, § 7, n° 1150.

10. — Idem. (*Cass.* 11 *avril* 1825.) I. G. 30 sept. 1825, § 4, n° 1173.

11. — Idem. (*Cass.* 17 *avril* 1826.) I. G. 30 sept. 1826, § 9, n° 1200.

12. — Idem. (*Cass.* 2 *août* 1826.) I. G. 23 déc. 1826, § 5, n° 1204.

13. — Licitation. — Partage *postérieur.* — La perception faite sur une licitation n'est que provisoire, et il y a lieu à restitution, *dans les deux ans*, si un partage attribue l'immeuble ou le prix en totalité ou en partie à l'acquéreur. (*Déc. f.* 21 *déc.* 1829.) Modifié. *V.* Au supplément. I. G. 27 mars 1830, § 8, n° 1307.

14. — Idem. (*Déc. f.* 31 *déc.* 1833.) Modifié. *V.* n°s 25 et 26 inf. et au supplément. . . . I. G. 2 avril 1834, § 3, n° 1451.

15. — Locations *verbales.* — Les droits perçus sur les locations verbales ne peuvent être restitués que dans les *deux ans.* (*Déc. f.* 21 *avril* 1812.). . . . . I. G. 30 avril 1812, n° 577.

— *V.* Musique, n° 5; Pétitions, n°s 3 et 8.

16. — Permis *de port d'armes.* — Le droit de permis de port d'armes n'est pas restituable, lorsque le permis, après avoir été délivré, a été retiré par mesure de police; mais il doit être restitué si le permis a été refusé. (*Déc. f.*). . . . . I. G. 27 juin 1812, n° 587.

17. — Prescription. — Les parties sont non recevables après *deux ans* pour toute demande en restitution de droits perçus. (*Loi enreg., art.* 61, *n°* 1.) Circ. n° 1450.

18. — Le délai de *deux ans* pour la restitution des droits d'enregistrement expire le dernier jour des deux ans, et les droits perçus le 1er janvier 1828 doivent être restitués le 31 décembre 1829, au plus tard. (*Sol.* 19 *janv.* 1830.) . . . . I. G. 8 juin 1830, § 7, n° 1320.

19. — Même décision pour les droits d'hypothèques. (*Cass.* 1er *août* 1831.). . . . . . . I. G. 27 déc. 1831, § 12, n° 1388.

20. RESTITUTIONS. — PRESCRIPTION. — *Amendes.* — La restitution des amendes de contravention aux lois sur l'enregistrement peut être demandée dans les *trente ans*. (*Déc. f.*). I. G. 23 mars 1809, § 3, n° 424.

21. — *Contrat de mariage.* — Les droits perçus sur un contrat de mariage non célébré doivent être restitués dans les *deux ans* de l'enregistrement du contrat. (*Sol. 9 juill.* 1833.) *V.* n° 4 sup. I. G. 30 sept. 1833, § 5, n° 1437.

22. — *Donations.* — La prescription est acquise pour la restitution du droit proportionnel mal à-propos perçu sur une donation éventuelle, *deux ans* après son enregistrement. (*Cass.* 22 *déc.* 1830.) I. G. 18 mars 1831, § 9, n° 1354.

23. — *Interruption.* — La prescription biennale pour la restitution des droits est valablement interrompue par une *réclamation administrative* enregistrée au ministère des finances ou à la direction générale. (*Déc. f.* 27 *sept.* 1827.). . . . . I. G. 16 oct. 1827, n° 1226.

24. — La prescription est également interrompue par l'enregistrement *pour ordre* des pétitions aux registres de perception. (*Déc. f.* 2 *mars* 1831.). . . . . I. G. 16 mars 1831, n° 1352.

25. — *Licitations.* — Les droits d'une licitation ne sont plus restituables *deux ans* après l'enregistrement de l'acte lui-même, et non à compter du partage postérieur. (*Déc. f.* 21 *déc.* 1829.) Modifié. *V.* AU SUPPLÉMENT. I. G. 27 mars 1830, § 8, n° 1307.

26. — Idem. (*Déc. f.* 31 *déc.* 1833.) *V.* n°s 13 et 14 sup. . . . . I. G. 2 avril 1834, § 3, n° 1451.

— *V.* PRESCRIPTIONS, n° 1; QUITTANCES, n° 35.

27. — RÉDACTION (*Droits de*). — Le droit de rédaction perçu sur une adjudication judiciaire annulée en appel est restituable, mais non celui d'expédition. (*Déc. f.*). . . . . Circ. 15 oct. 1807.

28. — Les droits *fixes* de rédaction ne sont pas restituables, mais le droit *proportionnel* de rédaction perçu sur une adjudication en justice annulée en appel, doit être restitué. (*Décret* 12 *juill.* 1808, *art.* 4.) *V.* n° 33 inf. I. G. 3 sept. 1808, n° 398.

29. — SUCCESSIONS. — Les droits de mutation par décès acquittés par une *erreur de fait*, sont restituables dans les *deux ans*, mais avec l'autorisation de l'administration. (*Déc. f.* 12 *avril* 1808.) I. G. 29 juin 1808, § 30, n° 386.

30. — La déclaration d'une succession par suite d'une *erreur de fait*, donne lieu à restitution des droits payés. (*Sol.* 24 *nov.* 1829.) I. G. 27 mars 1830, § 10, n° 1307.

— *V.* SUCCESSIONS, n° 128, et n° 5 sup.

— TIMBRE *de la réclamation.* — *V.* PÉTITIONS, n°s 3 et 8.

31. — VENTES *annulées.* — Les droits d'enregistrement perçus sur une adjudication judiciaire annulée en appel sont restituables. (*Déc. f.* 15 *flor. an XI.*) Circ. 15 oct. 1807.

32. — Les droits d'une adjudication en justice, *légalement* annulée, sont restituables, dans les *deux ans* de l'arrêt. (*Av. cons. d'état*, 22 *oct.* 1808.). . . . . I. G. 28 avril 1809, § 1, n° 429.

33. — Idem. (*Déc. f.* 13 *juin* 1809.) I. G. 4 juill. 1809, § 57, n° 436.

34. — Les droits perçus sur une vente annulée comme ayant été faite après la dénonciation d'une saisie, ne sont pas restituables. (*Cass.* 17 *avril* 1833.). . . . . I. G. 30 sept. 1833, § 14, n° 1437.

35. — Les droits perçus sur une vente consentie sous une condition *résolutoire*, ne sont pas restituables. (*Cass.* 23 *juill.* 1833.) I. G. 30 déc. 1833, § 11, n° 1446.

— *V.* n° 8 et suiv. sup.; CESSIONS *de droits successifs*, n° 1; SUCCESSIONS, n° 128; VENTES *d'immeubles*, n°s 3, 4, 42, 46 et 57.

36. — VENTES *dont le prix est variable.* — La restitution des droits d'une vente dont le prix a été stipulé *à tant la mesure* pour défaut de contenance, ne peut être demandée que dans les *deux ans* à partir de l'enregistrement de cette vente. (*Sol.* 10 *juin* 1834.) I. G. 7 nov. 1834, § 9, n° 1467.

RESTITUTIONS *de dots.* — *V.* ACTES *judiciaires*, n° 59.

RETOURS *d'échanges ou de partages.* — *V.* ECHANGES; PARTAGES; SOULTES.

RETOUR (*Droits de.*) — *V.* SUCCESSIONS, n°s 106 et 107.

RÉTRACTATIONS. — 1 *fr. fixe.* (*Loi enreg.*, *art.* 68, § 1, *n°* 41.) Modifié. n° 2 inf. Circ. n° 1450.

2. — 2 *fr. fixe.* (*Loi* 1816, *art.* 43, *n°* 21.) I. G. 29 avril 1816, n° 714.

RETRAITS *conventionnels.* — *V.* RETRAITS *de réméré.*

RETRAITS *de droits successifs.* — *V.* RETRAIT *successoral.*

RETRAITS *de pièces.* — *V.* DÉCHARGES, n° 3.

RETRAITS *de réméré* exercés dans les délais par acte public, ou présentés à la formalité avant l'expiration du délai, s'ils sont faits par acte s. s.-p. — 50 *cent. p.* °/ₒ (*Loi enreg.*, *art.* 69, § 1, *n°* 11). Si le *réméré* a été exercé après l'expiration des délais convenus, il est dû 4 *fr. p.* °/ₒ. (*Art.* 69, § 7, *n°* 6.) Modifié. n° 2 et 5 inf. . . . . Circ. n° 1450.

2. — Le droit de 4 fr. p. °/ₒ est porté à 5 *fr.* 50 *c. p.* °/ₒ, y compris le droit de transcription. (*Loi* 1816, *art.* 52 *et* 54.) I. G. 29 avril 1816, n° 714.

3. — Sont passibles du droit de 50 *cent. p.* °/ₒ, 1° le retrait exercé par un héritier du vendeur, mais seulement pour sa part; 2° celui exercé par le vendeur sur la totalité d'un héritage, lorsque l'acquéreur à pacte de rachat d'une part indivise a acheté le surplus par une licitation postérieure au contrat; 3° le retrait exercé par le vendeur contre un tiers acquéreur.

Sont considérés comme reventes, 1° le retrait exercé en vertu d'une convention postérieure au contrat; 2° celui exercé après le délai stipulé, ou dont le délai excède cinq ans; *V.* n° 5 inf. 3° enfin celui exercé par le co-héritier ou le co-propriétaire pour les portions excédant ses droits. I. G. 9 therm. an XII, n° 245.

4. — OBLIGATION. — Dans une quittance à compte du prix, l'obligation de payer le surplus avant l'échéance du terme du *réméré* n'est passible d'aucun droit particulier. (*Sol.* 6 *sept.* 1826.) I. G. 23 déc. 1826, 8, n° 1204.

5. — PROROGATION. — Le retrait exercé avant les cinq ans, dans le délai stipulé par un acte de prorogation, ne donne lieu qu'au droit de quittance, sans droit de transcription, si la prorogation a eu lieu avant l'expiration du terme convenu par le contrat. (*Déc. f.* 22 *fév.* 1830.) I. G. 8 juin 1830, § 8, n° 1320.

— *V.* TRANSCRIPTIONS, n° 19, et n° 2 sup.; VENTES *d'immeubles*, *n°s* 44 *et suiv.*

RETRAIT *successoral.* — Le retrait exercé par des héritiers contre le cessionnaire d'un co-héritier, n'est passible que du droit de 50 *cent. p.* °/ₒ (*Déc. f.* 11 *flor. an XII.*) Circ. 17 mess. an XII.

2. — Les retraits de l'espèce exercés par les héritiers contre un étranger acquéreur de droits indivis, sont passibles du droit de 50 *centimes p.* °/ₒ, lors même que l'ouverture de la succession serait antérieure à la promulgation du code, ou que l'étranger n'aurait pas acquis la totalité des droits de son vendeur; mais si la cession avait été consentie avant le code, ou si l'indivision avait cessé avant le retrait, celui-ci serait passible du droit de vente, comme rétrocession volontaire. (*Déc. f.* 11 *flor. an XII.*) . . . I. G. 9 therm. an XII, § 3, n° 245.

RÉTROCESSIONS *de baux.* — *V.* BAUX *à ferme*, *n°* 1; BAUX *à vie*, *n°* 2; RÉSILIEMENS, n° 3 et 4.

RÉTROCESSIONS *de biens.* — Meubles, 2 *fr. p.* °/ₒ (*Loi enreg.*, *art.* 69, § 5, *n°* 1). Immeubles, 4 *fr. p.* °/ₒ. (*Art.* 69, § 7, *n°* 1.) Modifié. n° 2 inf. Circ. n° 1450.

2. RÉTROCESSIONS *de biens.* — Le droit pour les immeubles est porté à 5 *fr.* 50 *c.p.* °/₀, y compris le droit de transcription. (*Loi* 1816, *art.* 52 *et* 54.) . . . . . I. G. 29 avril 1816, n° 714.

— *V.* Cessions *de créances*; Emigrés, n°s 3 et 4; Rédaction, n°s 11 et 15; Ventes *d'immeubles*; Ventes *de meubles.*

RÉUNIONS *de la nue-propriété à l'usufruit.* — Elles ne sont passibles du droit que sur la valeur de la nue-propriété. (*Loi enreg., art.* 15, *n°* 8.) Circ. n° 1450.

2. — Le droit n'est exigible que sur le prix exprimé; mais si la transmission s'opère à titre gratuit, il ne doit être perçu que sur la moitié de la valeur ou dix fois le revenu. (*Sol.* 19 *avril* 1826.) I. G. 30 sept. 1826, § 17, n° 1200.

— *V.* Successions, n° 24.

RÉUNIONS *de l'usufruit à la propriété.* — Elles n'opèrent aucun droit proportionnel s'il a été acquitté sur la valeur entière; mais si la réunion a lieu par cession, moyennant un prix supérieur à celui sur lequel le droit a été perçu, il est dû un supplément selon la nature de la convention (*Loi enreg., art.* 15, *n^os^* 6 *et* 7); si le prix n'est pas supérieur, la réunion par cession opère 1 *fr. fixe.* (*Art.* 68, § 1, *n°* 42.) Modifié. n° 2 inf. Circ. n° 1450.

2. — Le droit est porté à 3 *fr. fixe.* (*Loi* 1816, *art.* 44, *n°* 4), plus le droit de transcription de 1 *fr.* 50 *c.p.* °/₀, s'il n'a pas été perçu sur la mutation de la nue-propriété. (*Art.* 52 *et* 54.) I. G. 29 avril 1816, n° 714.

3. — Lorsque le nu-propriétaire achète l'usufruit avant d'avoir acquitté le droit de succession pour la nue-propriété, on doit percevoir le droit proportionnel, sauf à imputer, lors de la déclaration, la somme perçue au-delà du droit fixe. (*Déc. f.* 22 *mars* 1808.) I. G. 29 juin 1808, § 39, n° 386.

4. — Le droit proportionnel est dû si l'acquéreur n'a pas payé les droits sur la valeur entière. (*Déc. f.* 11 *avril* 1809.) *V.* n° 10 inf. I. G. 5 juin 1809, § 5, n° 432.

5. — Les réunions qui s'opèrent à titre gratuit, sont comme les autres passibles du droit proportionnel, s'il n'a pas été acquitté sur la valeur entière, même lorsque la transmission de la nue-propriété n'aurait donné lieu à aucun droit, d'après la législation alors en vigueur. (*Déc f.* 23 *nov.* 1813.) I. G. 3 déc. 1813, n° 654.

6. — Le droit de transcription est exigible sur l'acte qui réunit l'usufruit à une propriété héritée. (*Sol.* 21 *mai* 1825.) I. G. 30 sept. 1825, § 13, n° 1173.

7. — La réunion qui s'opère par le décès de l'usufruitier, rend exigible le complément de droits, si le nu-propriétaire n'a pas acquitté les droits sur la valeur entière. (*Cass.* 25 *nov.* 1829.) Modifié. n° 10 inf. I. G. 27 mars 1830, § 12, n° 1307.

8. — La renonciation de l'usufruitier au profit du nu-propriétaire, est passible du droit de 3 *fr. fixe*, outre le droit de transcription, s'il n'a pas été acquitté sur la valeur entière. (*Cass.* 6 *janv.* 1830.) I. G. 8 juin 1830, § 9, n° 1320.

9. — La cession par l'usufruitier au nu-propriétaire opère le droit *fixe de* 3 *fr.* et celui de 1 *fr.* 50 *c.p.* °/₀ pour transcription, si ce droit n'a pas été acquitté sur la valeur entière. (*Cass.* 10 *août* 1830.) I. G. 24 déc. 1830, § 1, n° 1347.

10. — Il n'est pas dû un droit proportionnel à l'événement, quand le droit a été perçu sur la *valeur entière* lors du démembrement de l'usufruit et de la propriété, soit que les droits sur la valeur de l'usufruit aient été acquittés par celui au profit duquel la réunion s'opère, soit qu'ils aient été payés par son cédant. (*Cass.* 29 *mai* 1832, 27 *mai et* 12 *août* 1834.) I. G. 7 nov. 1834, § 7, n° 1467.

11. — La cession de l'usufruit faite *postérieurement* à la vente de l'immeuble par le nu-propriétaire, ne peut être considérée comme une réunion d'usufruit, et par suite opère le droit de 5 *fr.* 50 *c.p.* °/₀. (*Cass.* 17 *mars* 1835.). . . . . I. G. 31 juill. 1835, § 13, n° 1490.

— *V.* Ventes *d'immeubles*, *n^os^* 40, 41, 50 *et suiv.*

REVENTES. — *V.* Aliénations, nos 3 et 5; Ventes *d'immeubles*, no 1; Ventes *de meubles*, no 1.

REVENTES *sur folle enchère.* — *V.* Rédaction, nos 12, 13 et 14; Ventes *d'immeubles*, nos 20, 21, 22, 56 *et* 57.

RÉVERSIONS. — La réversion d'une rente viagère stipulée au profit d'un tiers non co-propriétaire, donne ouverture au droit fixe de donation éventuelle et au droit de succession à l'événement. (*Trib. de la Seine*, 10 *mars* 1830.) . . . . I. G. 8 juin 1830, § 6, no 1320.
— *V.* Donations *entre vifs*, no 30; Successions, no 108 et suiv.

RÉVOCATIONS. — 1 *fr. fixe.* (*Loi enreg.*, *art.* 68, § 1, no 41.) Modifié. no 2 inf. . . . Circ. no 1450.

2. — 2 *fr. fixe.* (*Loi* 1816, *art.* 43, no 21.) I. G. 29 avril 1816, no 714.
— *V.* Exploits, no 5.

ROLES *d'armemens et d'équipages.* — *V.* Marine; Service *militaire.*

ROLES *de contributions* — Ils sont *exempts* du timbre. (*Loi timb.*, *art.* 16.) *V.* Contributions, no 2; Matrices *de rôles.* Circ. no 1419.

2. — Même *exemption* pour l'enregistrement. (*Loi enreg.*, *art.* 70, § 3, no 6.). . . . . Circ. no 1450.

ROLES *des causes.* — **Timbre.** — Ces rôles sont *exempts* du timbre. (*Loi timb.*, *art.* 16, no 1.) *V.* Mises *au rôle.* Circ. no 1419.

ROULAGE. — *V.* Procès-verbaux *de délits*, no 21.

ROUTES *départementales.* — *V.* Acquisitions *par les établissemens*, nos 21, 22 *et* 23.

S

SAGES-FEMMES. — *V.* Diplômes.

SAISIES. — *V.* Cautionnemens, no 6; Procès-verbaux *de délits*, no 8 *et* 20; Rédaction, no 41 et 50; Registres, no 18; Successions, no 114.

SAISIES-ARRÊTS. — La déclaration du tiers-saisi doit être enregistrée dans les vingt jours, mais elle n'est passible d'aucun droit proportionnel. Les pièces produites ne doivent pas être enregistrées préalablement, à moins que le tiers-saisi ne soit obligé d'en justifier pour combattre les prétentions du saisi. L'état des meubles qui accompagne la déclaration du tiers est passible du droit *fixe de* 1 *fr.*, s'il est rédigé par acte séparé. (*Déc. f.* 18 *avril et* 13 *juin* 1809.) . . . . I. G. 4 juillet 1809, § 45 et 46, no 436.

2. — L'ordonnance du juge autorisant la saisie sans titre opère 3 *fr. fixe;* la déclaration du tiers-saisi, 2 *fr. fixe,* outre le droit de rédaction si elle est faite au greffe; les certificats des fonctionnaires pour remplacer cette déclaration sont passibles du même droit de 2 *fr.;* le dépôt au greffe, 3 *fr. fixe,* outre le droit de rédaction; l'état des meubles joint à la déclaration, 1 *fr. fixe.* Enfin, les autres pièces à l'appui sont *exemptes* d'enregistrement. — Le jugement de validité est soumis au droit de 3 *fr.* ou 5 *fr.* s'il y a titre authentique, et dans le cas contraire au droit proportionnel de 50 *cent. p.* °/o, outre le droit de titre. La déclaration de compétence n'est pas sujette à un droit particulier, et il n'est dû qu'un seul droit fixe sur le jugement qui statue sur plusieurs saisies contre un seul ou réciproquement; mais le droit de condamnation est dû sur chaque créance sans titre exécutoire. Le jugement qui ordonne la compensation dans le cas de saisie sur soi-même opère 50 *cent. p.* °/o; il en est de même de la condamnation du tiers-saisi, comme *débiteur direct,* outre le droit perçu sur le jugement rendu contre le saisi. — Les jugemens qui

prescrivent la délivrance des deniers, la vente des meubles, la mainlevée de la saisie, ou autres dispositions, sont passibles des droits de 3 *fr.* ou de 5 *fr. fixe.* (*Déc. f.* 6 *août* 1823.) I. G. 27 sept. 1823, n° 1097.

SAISIES-EXÉCUTIONS. — Établissement *de gardien.* — L'acte par lequel un juge établit un gardien des objets saisis est sujet à l'enregistrement dans les vingt jours. (*Déc. f.* 13 *juin* 1809.) *V.* Exploits, n°s 15 et 16. . . . . I. G. 4 juillet 1809, § 47, n° 436.

SAISIES-IMMOBILIÈRES. — Dépôt *du cahier des charges.* — Le dépôt doit être constaté par un acte soumis à l'enregistrement. (*Déc. f.* 13 *juin* 1809.) . . . . . . I. G. 4 juillet 1809, § 52, n° 436.

2. — Publications. — La publication des saisies doit être constatée aux greffes par un acte sujet au droit *fixe de* 3 *fr.*, et au droit de rédaction de 1 *fr.* 25 *cent.* Le certificat du greffier pour justifier de l'accomplissement de cette formalité est passible du droit *fixe de* 1 *fr.*, et du droit de rédaction de 1 *fr.* 25 *cent.* (*Déc. f.* 6 *avril* 1835.) *V.* Certificats, n° 8. I. G. 22 avril 1835, n° 1482.

3. — Quittances *de frais.* — Les quittances de frais de poursuites annexées à la minute de l'adjudication doivent être enregistrées. (*Déc. f.* 13 *juin* 1809.) . . . . I. G. 4 juillet 1809, § 54, n° 436.
— *V.* Rédaction, n°s 41 et 50; Transcriptions, n° 21.

4. — Transcription *au greffe.* — La transcription au greffe est soumise à l'enregistrement dans les vingt jours; mais l'extrait à insérer au tableau en est *exempt.* (*Déc. f.* 13 *juin* 1809.) I. G. 4 juillet 1809, § 49 et 50, n° 436.

5. — Vacations. — Chaque séance du procès-verbal doit être enregistrée dans les quatre jours de sa date. (*Déc. j. et f.* 17 *mai et* 21 *juin* 1808.) *V.* Inventaires, n°s 6, 7 et 8. I. G. 28 juillet 1808, § 13, n° 390.
— *V.* Ventes *d'immeubles*, *n°* 53.

6. — **TIMBRE.** — Apposition *des affiches.* — Le procès-verbal d'apposition des affiches doit être rédigé sur papier timbré de dimension, séparé du placard. (*Déc. f.* 30 *janv.* 1810.) I. G. 12 mars 1810, n° 468.

SALAIRES *de transcription.* — *V.* Transcriptions, n° 22.

SANTÉ. — *V.* Patentes *de santé.*

SAUVETAGE. — *V.* Procès-verbaux, n° 22.

SCELLÉS *(Appositions et levées de).* — 2 *fr. fixe* par chaque vacation. (*Loi enreg., art.* 68, § 2, *n°* 3.) *V.* Inventaires, n°s 6, 7 et 8. Circ. n° 1450.
— *V.* Actes *passés en conséquence*, *n°* 21; Procès-verbaux (*Carence*), *n°* 3.

2. — D'Office — Les appositions et levées de scellés d'*office* doivent être visées pour timbre et enregistrées en *débet.* (*Déc. f.* 1er *prair. an XIII.* . . . . I. G. 3 fruct. an XIII, § 3, n° 290.

3. — Faillites. — Les procès-verbaux d'apposition, de reconnaissance et de levée de scellés après faillite ne sont soumis qu'au droit *fixe de* 2 *fr.*, quelque soit le nombre des vacations. (*Loi* 24 *mai* 1824, *art.* 11.) *V.* Faillites. . . . . I. G. 17 nov. 1834, § 1, n° 1471.

4. — Gardien. — L'établissement d'un gardien dans un procès-verbal d'apposition de scellés n'est pas soumis à un droit particulier. (*Déc. f.* 25 *avril* 1809.) . . . . . . I. G. 4 juillet 1809, § 72, n° 436.

SECOURS. — *V.* Quittances, n° 24.

SECRÉTAIRES *d'administrations.* — *V.* Paiement *des droits.*

SÉMINAIRES. — *V.* Acquisitions *par les établissemens publics;* Ventes *d'immeubles*, *n°* 31.

SÉNAT. — *V.* Acquisitions *par l'état;* Aliénations, n° 4,

SENTENCES *arbitrales.* — Le dépôt au greffe doit être constaté par un acte soumis à l'enregistrement en même temps que la sentence et dont les droits doivent être réclamés *directement* des parties. Elle ne peut être rendue exécutoire avant l'enregistrement. (*Déc. f.* 11 *oct.* 1808, *et* 23 *mai* 1809.) I. G. 4 juill. 1809, § 77, n° 436.

2. — Le rapport d'arbitres déposé au tribunal de commerce est soumis au timbre et à l'enregistrement préalable; on doit constater le dépôt par un acte également sujet à l'enregistrement. (*Déc. f.* 22 *juin* 1825.) I. G. 30 sept. 1825, § 12, n° 1173.

— *V.* Compromis; Expéditions (*droits d'*), *n°* 9.

SÉPARATIONS. — *V.* Actes *judiciaires*, *n°s* 12, 15 *et* 59; Chambres *de discipline;* Dépôts *aux greffes*, *n°* 1; Extraits, n° 9; Ordonnances, n° 5; Rédaction, n° 40.

SÉPULTURES. — *V.* Ventes *d'immeubles*, *n°* 54.

SERMENS. — *V.* Prestations *de serment.*

SERVICE *militaire.* — Les engagemens, enrôlemens, quittances de prêts et tous autres actes concernant le service de terre ou de mer, sont *exempts* de l'enregistrement. (*Loi enreg., art.* 70, § 3, *n°* 13.) Circ. n° 1450.

— *V.* Avis *de parens*, *n°* 4.

2. — Timbre. — Les engagemens, enrôlemens, congés, certificats, cartouches, quittances de prêts, billets d'étapes et de logemens et autres pièces ou écritures concernant les gens de guerre du service de terre et de mer, sont *exempts* du timbre. (*Loi timb., art.* 16, *n°* 1.) Circ. n° 1419.

3. — Les expéditions des actes de l'état civil et les certificats qui doivent être produits pour les enrôlemens volontaires, sont *exempts* du timbre. (*Déc. f.* 6 *août* 1818.) . . . I. G. 17 août 1818, n° 851.

4. — Les actes et certificats pour l'exemption du service militaire sont affranchis du timbre. (*Déc. f.* 5 *sept.* 1818.) I. G. 10 sept. 1818, n° 856.

5. — Les pièces produites devant les conseils de révision par les individus qui se présentent comme remplaçans sont soumises au timbre; mais les expéditions des actes de l'état civil et les certificats produits pour les enrôlemens *volontaires* en sont *exempts*. (*Déc. f.* 17 *janv.* 1835.) I. G. 15 juillet 1835, n° 1489.

— *V.* Comptabilité *publique;* Conscription; Marchés; Traités.

SERVITUDES *immobilières.* — Le consentement à l'établissement d'une servitude ou la renonciation à celle qui existe, opèrent le droit de vente immobilière. (*Sol.* 27 *sept. et* 4 *oct.* 1826.) I. G. 20 mars 1827, § 13, n° 1205.

SERVITUDES *militaires.* — Les actes de procédure et autres relatifs aux servitudes militaires doivent être enregistrés *gratis;* les procès-verbaux, notifications à la suite, jugemens de condamnation et significations sont soumis au visa pour timbre et à l'enregistrement *en débet;* les soumissions souscrites par les propriétaires autorisés à construire opèrent 1 *fr. fixe.* (*Ord. roy.* 1er *août* 1821, *art.* 10, 21, 33, 35, 40 *et* 75.) I. G. 3 oct. 1821, n° 998.

SIGNATURES. — *V.* Dépôts *aux greffes*, *n°s* 12 *et* 13; Légalisations.

SIGNIFICATIONS. — *V.* Actes *de poursuites;* Exploits.

SIGNIFICATIONS *d'appel.* — *V.* Appels.

SIGNIFICATIONS *d'avoués à avoués.* — Elles doivent être enregistrées dans les quatre jours, au droit *fixe de* 25 *cent.*, à peine de 5 *fr. d'amende.* (*Loi* 27 *vent. an IX, art.* 15.) Modifié. n° 2 inf. Circ. n° 1992.

2. — Le droit est porté à 50 *cent. fixe*, pour les significations de l'espèce dans les procédures en première instance (*Loi* 1816, *art.* 41, *n°* 2); 1 *fr. fixe* devant les cours royales (*art.* 42), et 3 *fr. fixe* pour les significations d'avocat à avocat près la cour de cassation et les conseils du roi. (*Art.* 44, *n°* 10.) I. G. 29 avril 1816, n° 714.

3. **SIGNIFICATIONS** *d'avoués à avoués.* — Les significations de nature à être faites d'avoué à avoué sont seules passibles du droit de 25 c., celles qui doivent l'être à personne ou à domicile, quoique faites entre avoués, restent assujetties aux droits ordinaires. (*Déc. j.* 12 *vend. an XII.*) Modifié. n° 2 sup. . . . . I. G. 3 fruct. an XIII, § 66, n° 290.

— *V.* Actes *de produit*, *n°* 1; Actes *judiciaires*, *n°* 41; Appels, n° 6.

4. — Constitution *d'avoué.* — Il n'est pas dû un droit particulier de pouvoir pour la constitution d'avoué. (*Déc. f.* 7 *juin* 1808.) I. G. 29 juin 1808, § 31, n° 386.

5. — Pluralité. — Elles sont passibles d'un droit par chaque avoué demandeur ou défendeur. (*Sol.*) Circ. 9 mess. an IX, n° 2018.

SIGNIFICATIONS *par les secrétaires.* — *V.* Actes *administratifs*, *n°* 25.

SIMULATIONS *de prix.* — *V.* Contre-lettres; Expertises; Résolutions *de contrats*, *n°s* 14 *et* 15; Ventes *d'immeubles*, *n°* 55.

SOCIÉTÉS (*Actes de formation et de dissolution de*). — 3 *fr. fixe.* (*Loi enreg.*, *art.* 68, § 3, *n°* 4.) Modifié. n° 2 inf. Circ. n° 1450.

2. — 5 *fr. fixe.* (*Loi enreg.*, *art.* 45, *n°* 2.) I. G. 29 avril 1816, n° 714.

— *V.* Baux *à ferme*, *n°s* 28, 29 *et* 30.

3. — Extraits. — Les actes de société doivent être enregistrés avant le dépôt des extraits, et ceux-ci sont passibles du droit *fixe d'un franc.* (*Déc. f.* 31 *janv.* 1824.) . . . I. G. 19 mai 1824, § 1, n° 1132.

4. — Mise *des associés.* — Les mises de fonds des associés n'opérant aucune obligation ou libération, ne sont passibles d'aucun droit particulier. (*Délib.* 29 *therm. an XII.*) I. G. 3 fruct. an XIII, § 9, n° 290.

5. — La mise en société des meubles ou immeubles n'opère aucun droit particulier; mais le droit proportionnel est exigible à la dissolution, si un associé reçoit dans son lot des biens qu'il n'a pas apportés. (*Déc. f.* 8 *déc.* 1807.) *V.* n° 6 et suiv. inf. . . . . . I. G. 22 déc. 1807, n° 360.

6. — Partage. — Le droit de mutation est exigible si, à la dissolution de la société un immeuble apporté par l'un des associés passe en tout ou partie dans les mains d'un autre associé. (*Déc. f.* 3 *oct.* 1828.) *V.* Ameublissemens et n° 5 sup. . . . . . . I. G. 24 mars 1829, § 3, n° 1272.

7. — Idem. (*Cass.* 3 *janv.* 1832.) I. G. 29 juin 1832, § 5, n° 1401.

8. — Idem. (*Cass.* 25 *avril* 1833.) I. G. 30 sept. 1833, § 13, n° 1437.

— *V.* Rédaction, n°s 40, 47 et 48; Successions, n°s 20, 21, 24, 115 et suiv.

SOLENNITÉS *publiques.* — *V.* Donations *entre vifs par contrat de mariage*, *n°* 16 *et suiv.*

SOLIDARITÉ. — *V.* Afficheurs; Amendes; Auteurs; Expertises, n° 5; Héritiers, n° 1; Imprimeurs; Obligations, n°s 19 et 20; Paiement *des droits*, *n°s* 1, 11, 13 *et suiv.*; Successions, n°s 1, 49, 120, 121 et 122.

SOLUTIONS. — *V.* Perceptions.

SOMMATIONS. — *V.* Exploits.

SOMMATIONS *respectueuses.* — *V.* Actes *innommés.*

SOULTES *d'échanges, retours ou plus values.* — 4 *fr. p.* °/°. (*Loi enreg.*, *art.* 69, § 7, *n°* 5.) Modifié. n° 2 inf. Circ. n° 1450.

2. — Le droit est porté à 5 *fr.* 50 *c. p.* °/°, y compris le droit de transcription. (*Loi* 1816, *art.* 52 *et* 54.) I. G. 29 avril 1816, n° 714.

3. — Idem. (*Loi* 1824, *art.* 2.) I. G. 23 juin 1824, § 2, n° 1136.

— *V.* Echanges; Résolutions *de contrats*, *n°* 3.

SOULTES *de partages ou retours.* — Les soultes qui ont pour objet des créances, 1 *fr. p.* °/o (*Loi enreg., art.* 69, § 3, *n°* 3). Meubles, 2 *fr. p.* °/o (*art.* 69, § 5, *n°* 7.) Immeubles, 4 *fr. p.* °/o. (*Art.* 69, § 7, *n°* 5.) Circ. n° 1450.

2. — Pour asseoir la perception des droits sur les soultes qui portent sur plusieurs natures de biens, on doit les imputer, d'abord sur le montant des rentes sur l'état, puis sur les créances à termes, ensuite sur les capitaux de rentes et les meubles, et enfin sur les immeubles. (*Déc. f.*) I. G. 22 sept. 1807, n° 342.

— *V.* Donations *entre vifs contenant partage*, *n°* 18; Partages, n°s 3, 4, 7 et 8; Rédaction, n°s 11 et 15.

3. — Transcription. — Le droit additionnel de 1 *fr.* 50 *c. p.* °/o n'est pas exigible sur les soultes de partages, sauf à le percevoir lors de la transcription, si elle est requise. (*Cass.* 27 *juill.* 1819.) I. G. 27 oct. 1819, n° 903.

4. — Le droit de 5 *fr.* 50 *c. p.* °/o est dû sur les soultes de partages entre co-propriétaires à différens titres. (*Sol.* 2 *avril* 1825.) Modifié. *V.* Licitations, n° 6. . . . . I. G. 30 sept. 1825, § 11, n° 1173.

SOUMISSIONS par acte séparé. — 1 *fr. fixe.* (*Loi enreg., art.* 68, § 1, *n°* 43.) *V.* Servitudes *militaires.* Circ. n° 1450.

SOUMISSIONS *de cautions.* — *V.* Rédaction, n°s 22 et 23.

SOUMISSIONS *de rachat.* — *V.* Obligations, n° 21; Rachats.

SOUS-BAUX. — *V.* Baux.

SOUS-TRAITÉS. — *V.* Marchés; Traités.

SOUVERAIN. — *V.* Acquisitions *par l'état*, *n°* 9; Donations *entre vifs par contrat de mariage*, *n°* 16 *et suiv.*

STIPULATIONS *en nature.* — *V.* Mercuriales.

SUBROGATIONS. — Aliénations, n° 5; Obligations, n° 22; Quittances, n° 20 et suiv.

SUBROGATIONS *de baux.* — *V.* Baux.

SUBSTITUTIONS. — *V.* Donations *entre vifs*, *n°* 37.

SUBVENTION *de guerre.* — *V.* Décime *par franc.*

SUCCESSIONS. — Les droits de mutation par décès sont perçus sur la déclaration estimative des parties, 1° pour les meubles, sur la valeur. (*Loi enreg. art.* 14, *n°* 8), et 2° pour les immeubles sur un capital formé de *vingt fois* le produit des biens ou le prix des baux courans *sans distraction* des charges. (*Art.* 15, *n°* 7.) L'usufruit s'évalue à moitié. (*Art.* 14, *n°* 11 *et art.* 15, *n°* 8.) *V.* Bureaux, n° 1. Circ. n° 1450.

2. — Les droits sont fixés, savoir :
1° Ligne *directe.* — Meubles, 25 *cent. p.* °/o. (*Loi enreg., art.* 69, § 1, *n°* 3.) Immeubles, 1 *fr. p.* °/o. (*Art.* 69, § 3, *n°* 4.) *V.* n° 50 inf. Circ. n° 1450.

3. — 2° Entre-Époux. — Meubles, 75 *cent. p.* °/o. (*Loi enreg., art.* 69, § 4, *n°* 2.) Immeubles, 2 *fr.* 50 *cent. p.* °/o. (*Art.* 69, § 6, *n°* 3.) Modifié. n° 4 inf. Circ. n° 1450.

4. — Les droits sont portés : Meubles, 1 *fr.* 50 *cent. p.* °/o. Immeubles, 3 *fr. p.* °/o. (*Loi* 1816, *art.* 53.) *V.* n° 18 et suiv., et n° 50 inf. I. G. 29 avril 1816, n° 714.

5. — 3° Ligne *collatérale.* — Meubles, 1 *fr.* 25 *cent. p.* °/o. (*Loi enreg., art.* 69, § 4, *n°* 2.) Immeubles, 5 *fr. p.* °/o. (*Art.* 69, § 8, *n°* 2.) Modifié. n° 6 inf. . . . . . Circ. n° 1450.

6. — Les droits sont fixés : Meubles, 2 *fr.* 50 *cent. p.* °/o. Immeubles, 5 *fr. p.* °/o. (*Loi* 1816, *art.* 53.) Modifié. n° 7 inf. I. G. 29 avril 1816, n° 714.

7. **SUCCESSIONS.** — LIGNE *collatérale.* — Les droits sont portés aux quotités ci-après, savoir entre :

Frères, oncles et neveux,	Meubles,	3 *fr. p.* °/₀.	Immeubles,	6 *fr.* 50 *cent. p.* °/₀.
Grands-oncles et cousins-germains	—	4 *fr. p.* °/₀.	—	7 *fr.* » *p.* °/₀.
Parens au-delà du 4me jusqu'au 12me degré. . . .	—	5 *fr. p.* °/₀.	—	8 *fr.* » *p.* °/₀.

(*Loi* 21 *avril* 1832, *art.* 33.) *V.* MUTATIONS, n° 3. I. G. 30 avril 1832, § 3, n° 1399.

8. — 4° ENTRE NON-PARENS. — Meubles, 1 *fr.* 25 *cent. p.* °/₀. (*Loi enreg., art.* 69, § 4, n° 1.) Immeubles, 5 *fr. p.* °/₀. (*Art.* 69, § 8, n° 2.) Modifié. n° 9 inf. . . . . . . Circ. n° 1450.

9. — Les droits sont portés : Meubles, 3 *fr.* 50 *cent. p.* °/₀. Immeubles, 7 *fr. p.* °/₀. (*Loi* 1816, *art.* 53.) Modifié. n° 10 inf. I. G. 29 avril 1816, n° 714.

10. — Les droits sont élevés : Meubles, 6 *fr. p.* °/₀. Immeubles, 9 *fr. p.* °/₀. (*Loi* 21 *avril* 1832, *art.* 33.) *V.* n° 50 inf., et MUTATIONS, n° 4. . . . . I. G. 30 avril 1832, § 3, n° 1399.

— ABSENCES. — *V.* ABSENCES.

— ACQUÉREURS. — *V.* n° 74 et suiv. inf.

11. — ACTIONS *de la banque.* — Elles s'évaluent d'après le capital primitif de 1,000 fr. pour chaque action, outre l'accroissement résultant du fonds de réserve, suivant la dernière fixation arrêtée par la banque. (*Déc. f.* 25 *sept.* 1810.) Modifié. n° 12 inf. I. G. 15 mai 1811, § 1, n° 520.

12. — L'évaluation doit être faite d'après le cours de la bourse au jour du décès. (*Déc. f.* 27 *août* 1816.) *V.* ACTIONS *de la banque.* I. G. 4 oct. 1816, n° 747.

13. — ADOPTÉS. — C'est à titre de succession et non par suite d'un retour légal que les enfans de l'adoptant héritent de la part de l'adopté dans la succession restée indivise du premier, et les droits sont dûs. (*Cass.* 28 *déc.* 1829.) . . . . I. G. 27 mars 1830, § 11, n° 1307.

— AMBASSADEURS. — *V.* n° 54 et 55 inf.

14. — AMEUBLISSEMENT. — On doit déclarer en totalité l'immeuble ameubli par le défunt; mais si l'ameublissement a été consenti par le survivant, on ne doit déclarer que l'indemnité mobilière. (*Déc. f.* 3 *oct.* 1828.) *V.* n° 15 inf. et CONTRATS *de mariage*, n° 7. I. G. 24 mars 1829, § 3, n° 1272.

15. — Le survivant qui recueille en vertu de son contrat un bien ameubli par son conjoint et mis dans une communauté universelle, ne doit déclarer que la moitié de la valeur mobilière. (*Sol.* 30 *oct.* 1832.) *V.* AMEUBLISSEMENS. . . . . I. G. 23 mars 1833, § 7, n° 1422.

16. — ARBRES *épars ou de bordure.* — ÉVALUATION. — Les arbres dont l'élagage est abandonné aux fermiers ne doivent pas être l'objet d'un supplément d'évaluation pour fixer le revenu. (*Déc. f.* 11 *oct.* 1808.) I. G. 10 nov. 1808, § 4, n° 405.

17. — AVANCEMENT *d'hoirie.* — On doit déclarer les immeubles sur lesquels le défunt a été doté d'une somme pour le remplir de ses droits, mais sans qu'il y ait eu cession explicite de sa part et sans que les droits de cession aient été perçus. (*Sol.* 20 *sept.* 1831.) *V.* nos 42 et 43 inf. I. G. 27 déc. 1831, § 4, n° 1388.

18. — AVANTAGES *entre époux.* — Les droits sont exigibles sur les douaires que les coutumes accordaient *de droit* aux époux survivans, mais seulement lorsque le mariage est antérieur à la loi du 17 niv. an II. (*Déc. j. et f.* 24 *fruct. an VIII, et* 28 *vend. an IX.*) Circ. 17 frim. an IX, n° 1942.

19. — Les stipulations qui attribuent au survivant la totalité de la communauté ou une part supérieure, ou enfin un préciput, sont considérées comme avantages entre époux passibles des droits à l'événement. (*Déc. f.* 22 *août* 1809.) Modifié. n° 20 inf. I. G. 25 sept. 1809, n° 451.

20. SUCCESSIONS. — **Avantages** *entre époux.* — Le survivant qui recueille la totalité ou partie de la communauté en vertu d'une convention *entre associés* stipulée dans son contrat de mariage, n'est tenu de payer aucun droit. (*Cass.* 6 *mars* 1822, *et Déc. f.* 9 *mai* 1823.) *V.* n°s 21 et 23 inf. I. G. 8 janv. 1824, § 1, n° 1113.

21. — L'époux survivant qui recueille la totalité de la communauté par suite d'une convention de mariage *entre associés* n'est pas tenu de déclarer la moitié qui appartenait à son conjoint, mais seulement les reprises sur la communauté. (*Sol.* 6 *nov.* 1824.) *V.* n° 22 inf. I. G. 23 mars 1825, § 6, n° 1156.

22. — Si l'avantage a été stipulé à titre de *donation* dans le contrat de mariage, le droit de succession est exigible. (*Sol.* 1er *mars* 1831.) . . . . I. G. 20 sept. 1831, § 5, n° 1381.

23. — Idem. (*Cass.* 15 *fév.* 1832.) I. G. 29 juin 1832, § 4, n° 1401.

24. — Le survivant qui, en vertu d'une *convention* de mariage, recueille l'usufruit de la part de son conjoint dans la communauté, et qui en outre, est *légataire* d'un quart en propriété et d'un quart en usufruit, ne doit payer aucun droit sur la valeur de l'usufruit qu'il recueille en totalité par l'effet d'une convention entre associés, le droit n'est exigible que sur la nue-propriété dont l'évaluation doit être faite au denier dix. (*Sol.* 23 *août* 1831.) I. G. 27 déc. 1831, § 7, n° 1388.

25. — L'époux survivant doit déclarer la portion disponible pour laquelle il a opté. (*Cass.* 4 *déc.* 1832.) I. G. 30 sept. 1833, § 10, n° 1437.

26. — L'époux survivant légataire de l'usufruit de tous les biens du prémourant, peut ne déclarer que la portion disponible d'après la loi. (*Tribunal de Laval,* 14 *mai* 1832, *et Sol.* 18 *oct.* 1833.) *V.* n° 95 inf. I. G. 2 avril 1834, § 5, n° 1451.

27. — Les mutations par décès résultant d'une donation consentie par *contrat de mariage,* ne seraient assujetties qu'au *demi droit;* mais l'administration repousse cette jurisprudence. (*Cass.* 15 *mai* 1834.) I. G. 7 nov. 1834, § 5, n° 1467.

— *V.* n°s 3 et 4 sup., 32 et suiv., et n° 95 inf.

28. — **Baux** *à portion de fruits.* — L'évaluation d'un bien loué à portion de fruits doit être faite d'après les mercuriales des trois dernières années, et les frais de l'expertise si elle a lieu, sont à la charge de la partie, lors même que l'insuffisance ne serait pas d'un huitième. (*Cass.* 9 *mai* 1826.) I. G. 30 sept. 1826, § 4, n° 1200.

29. — **Baux** *courans.* — Ce sont les baux courans à l'époque du décès et non à l'époque de la déclaration qui doivent servir de base à l'évaluation. (*Délib.* 21 *vent. et Déc. f.* 12 *germ. an XIII.*) I. G. 3 fruct. an XIII, § 69, n° 290.

30. — Le bail courant d'un immeuble doit *nécessairement* servir de base à son évaluation, et les parties ne peuvent demander l'expertise (*Cass.* 19 *août* 1829.) . . . . . I. G. 29 déc. 1829, § 8, n° 1303.

31. — **Baux** *héréditaires.* — Les biens concédés à titre de bail héréditaire doivent être déclarés par les héritiers du preneur. (*Cass.* 28 *janv.* 1833.) . . . . I. G. 30 juin 1833, § 7, n° 1425.

— **Biens** *à l'étranger.* — *V.* n° 51 et suiv., et n°s 64, 126 et 127 inf.

— **Biens** *rentrés dans l'hérédité.* — *V.* n°s 82, 83, 84, 90 et 105 inf.

— **Bois.** — *V.* n° 16 sup. et Bois.

— **Colons.** — *V.* Colons *de Saint-Domingue,* n° 2.

— **Communauté.** — *V.* n°s 14, 15, 19 et suiv. sup., et n° 87 et suiv. inf.; Contrats *de mariage,* n°s 3, 5 *et* 6.

32. — **Coutume** *de Bordeaux.* — **Acquêts.** — Sous l'empire de la coutume de Bordeaux, les immeubles acquêts, affectés aux enfans, n'appartiennent qu'en usufruit au survivant. (*Cass.* 11 *avril* 1831.) I. G. 20 sept. 1831, § 6, n° 1381.

33. — **Coutume** *de Normandie.* — **Conquêts** — Quoique la coutume de Normandie soit exclusive de la communauté, la moitié des conquêts recueillie par la femme ne doit pas être déclarée. (*Cass.* 30 *mars* 1825.) I. G. 29 juin 1825, § 8, n° 1166.

34. **SUCCESSIONS.** — **Coutume** *de Normandie.* — De même on ne doit pas déclarer l'usufruit des conquêts attribué à la femme en vertu de la même coutume. (*Cass.* 26 *juin* 1826). I. G. 30 sept. 1826, § 12, n° 1200.

35. — Même décision en ce qui concerne la moitié des meubles de la succession. (*Cass.* 22 *juill.* 1828.) I. G. 31 déc. 1828, § 4, n° 1263.

36. — **Déclaration** *provisoire.* — **Expertise.** — La déclaration provisoire doit, à peine du *double droit*, être complétée dans les six mois du décès; l'insuffisance d'estimation résulte suffisamment de l'expertise du fait des parties. (*Cass.* 18 *janv.* 1825.) *V.* n° 37 et 59 inf. I. G. 29 juin 1825, § 5, n° 1166.

37. — **Délais.** — Les délais pour déclarer les mutations par décès sont de *six mois* à partir du décès ou de la prise de possession *en France;* de *huit mois* si le décès est arrivé *en Europe;* d'*un an* si c'est *en Amérique*, et de *deux ans* en *Afrique*. En cas de décès d'un militaire en activité de service, le délai ne court que de la prise de possession (*Loi enreg., art.* 24). Le jour du décès n'est pas compté, et si le délai expire un dimanche ou un jour férié, il est remis au lendemain (*art.* 25). La peine pour le retard est le *demi droit en sus.* (*Art.* 39.) Circ. n° 1450.

38. — Le delai pour faire la déclaration d'une succession échue à un héritier que la loi déclare *indigne* de succéder, ne court que du jour du jugement ou de l'arrêté définitif, par suite duquel la succession est dévolue aux autres héritiers. (*Déc. f.* 7 *juin* 1808.) I. G. 29 juin 1808, § 37, n° 386.

39. — Les biens légués au défunt doivent être déclarés dans les *six mois* de son décès, même lorsqu'il n'y aurait pas eu de délivrance de legs à son profit, ni d'acceptation par son héritier mineur. (*Cass.* 10 *mars* 1829.) I. G. 27 mars 1830, § 9, n° 1307.

— *V.* **Amendes** *d'enregistrement;* **Délais**, n° 1, et n°s 46, 68, 82, 83, 84, 105, 113 et 122 inf.

40. — **Divorces.** — Les enfans saisis par l'art. 305 du code civil de la moitié des biens de leurs père et mère, dans le cas de divorce par *consentement mutuel*, doivent acquitter les droits fixés pour les mutations par décès en ligne directe dans les six mois de la prononciation du divorce. (*Déc. j. et f.* 9 *et* 22 *fév. et* 15 *mars* 1814.) . . . I. G. 24 mars 1814, n° 660.

41. — **Donations** *entre vifs.* — On ne doit pas déclarer l'immeuble délivré à un donataire depuis le décès, quoique la donation laisse le choix entre cet immeuble et une somme d'argent. (*Sol.* 9 *avril* 1825.) I. G. 30 sept. 1825, § 5, n° 1173.

42. — On ne doit pas déduire les sommes données *entre vifs* par l'auteur de la succession et payables à son décès, même lorsqu'elles ont acquitté le droit proportionnel. (*Sol.* 26 *oct.* 1825.) Abrogé. n° 43 inf. I. G. 31 mars 1826, § 6, n° 1187.

43. — Décision contraire. (*Cass.* 18 *fév. et* 1er *avril* 1829.) *V.* n° 17 sup. . . . . . . I. G. 26 sept. 1829, § 4, n° 1293.

— *V.* **Donations** *entre vifs*, n°s 13 *et suiv.*, 31 *et suiv.*

44. — **Donations** *éventuelles.* — La déclaration doit comprendre les biens donnés éventuellement, lors même que le droit proportionnel a été mal à-propos perçu sur la donation. (*Cass.* 13 *avril* 1825.) *V.* n° 19 et suiv. sup., et **Donations** *éventuelles.* . . . I. G. 30 sept. 1825, § 6, n° 1173.

45. — **Dotations** *des vétérans.* — Il n'est pas dû de droits de succession pour les biens délaissés par les vétérans donataires en vertu de la loi du 1er floréal an XI, et le droit de mutation n'est exigible que lorsque la propriété irrévocable des dotations est acquise aux successeurs. (*Déc. f.* 29 *mars* 1808.) I. G. 30 sept. 1808, § 6, n° 400.

— **Douaire** *coutumier.* — *V.* n° 19 et suiv. sup.

46. — **Emigrés** *et* **Condamnés** *révolutionnairement.* — Le délai pour déclarer la suc-

cession d'un condamné révolutionnairement ou émigré, ne court que du jour où la demande a pu être formée contre les héritiers. La succession d'un enfant décédé pendant la durée de la confiscation, ne doit pas être déclarée. (*Déc. f* 18 *brum. an XI.*) *V.* n° 85 inf. I. G. 3 fruct. an XIII, § 71, n° 290.

47. **SUCCESSIONS.** — **Émigrés** *et* **Condamnés** *révolutionnairement.* — Les acquisitions faites par les femmes d'émigrés pendant le temps de l'émigration de leurs maris, sont personnelles et ne doivent pas être déclarées au décès des émigrés. (*Déc. j. et f.* 14 *et* 28 *juin* 1808.) I. G. 28 juill. 1808, § 15, n° 390.

48. — Remise est accordée aux héritiers des émigrés des droits de mutation pas décès dus à raison des biens appartenant à leur auteur, et dans la propriété desquels ils ont été réintégrés. Pour les biens séquestrés, la compensation de ces droits ne s'opère que jusqu'à concurrence des sommes perçues par l'état. (*Loi* 25 *mars* 1817, *art.* 78.) . . . I. G. 27 mars 1817, § 5, n° 768.

— **Enfans** *adoptifs.* — *V.* n° 13 sup.

49 — **Enfans** *naturels.* — Ils doivent payer les droits au taux fixé en ligne directe; mais les héritiers légitimes ne sont pas *solidaires* avec eux. (*Déc. f.* 7 *mess. an XII.*) *V.* n° 50 et 96 inf. I. G. 29 mess. an XII, n° 239.

50. — **Enfans** *naturels et* **Epoux** *survivans.* — Lorsque l'époux survivant ou les enfans naturels sont appelés à la succession, à défaut de parens au degré successible, ils doivent être considérés, quant à la quotité des droits, comme personnes non parentes. (*Loi* 1816, *art.* 53.) *V.* n°s 3, 4, 8, 9 et 10 sup., et n°s 78 et 96 inf. . . . I. G. 29 avril 1816, n° 714.

— **Établissemens** *publics.* — Pour les successions qui leur sont échues, *V.* **Acquisitions** *par les établissemens publics*, et n° 10 sup.

51. — **Étrangers.** — Les immeubles situés ou les valeurs dues *en France* à la succession d'un étranger doivent être déclarés au bureau de la situation, même lorsqu'ils sont échus à un étranger. (*Déc. f.* 5 *prair. an X.*) *V.* n°s 126 et 127 inf. . . . . . . I. G. 3 fruct. an XIII, § 36 et 37, n° 290.

52. — On doit déclarer les créances dues en France à la succession d'un étranger décédé hors du royaume. (*Sol.* 14 *août* 1827.) I. G. 15 déc. 1827, § 4, n° 1229.

53. — Idem. (*Déc. f.* 11 *mars* 1829.) *V.* **Prescriptions**, n° 29. . . . . I. G. 28 juin 1829, § 6, n° 1282.

54. — On ne doit pas déclarer le mobilier des ambassadeurs étrangers décédés en France. (*Déc. f.* 12 *sept.* 1829.) I. G. 29 déc. 1829, § 9, n° 1303.

55. — Le mobilier laissé en France par un étranger décédé dans le royaume, doit être déclaré, sauf celui des ambassadeurs. (*Déc. f.* 7 *fév.* 1834.). . . . . I. G. 19 juill. 1834, § 6, n° 1458.

— **Evaluations.** — *V.* n°s 1, 28 et suiv. inf.

— **Expertise.** — *V.* n°s 28, 30, 36 sup., et n° 58 et suiv. inf.

— **Fermages** *et fruits civils.* — *V.* n° 89 inf.

56. — **Folle enchère.** La propriété d'un immeuble revendu sur folle enchère, depuis l'ouverture de la succession, doit être déclarée. (*Cass.* 14 *fév.* 1825.) . . . . I. G. 29 juin 1825, § 9, n° 1166.

57. — **Habitation.** — Le legs d'un droit d'habitation doit être déclaré comme immobilier. (*Sol.* 2 *août* 1831.) I. G. 27 déc. 1831, § 6, n° 1388.

— **Héritiers** *bénéficiaires.* — *V.* n°s 73 et 94 inf.; **Héritiers** *(Actes d')*; **Héritiers** *bénéficiaires*, n°s 2 *et* 3; **Restitutions**, n° 5.

— **Institutions** *contractuelles.* — *V.* Ce mot.

58. — **Insuffisances** *d'évaluations.* — Elles sont punies de la peine du *double droit,*

outre les frais de l'expertise, si elle a eu lieu. (*Loi enreg., art.* 39.) *V.* n° 60 inf. . . . Circ. n° 1450.

59. **SUCCESSIONS.** — **Insuffisances** *d'évaluations.* — Les héritiers sont admis à rectifier dans les six mois du décès les insuffisances et omissions qui existeraient dans leurs déclarations ; mais après l'expiration du délai légal, le *double droit* est exigible, lors même que la rectification serait faite volontairement. (*Déc. f.*) *V.* n° 36 sup. I. G. 10 sept 1807, n° 338.

60. — L'insuffisance d'évaluation dans une déclaration de succession constatée par expertise, donne lieu au *double droit* et à la répétition des frais, lors même qu'elle n'excède pas d'un *huitième* le revenu déclaré. (*Cass.* 21 *mai* 1824.) . . . . I. G. 8 sept. 1824, § 5, n° 1146.

— *V.* Amendes *d'enregistrement*, n° 7 et n° 36 sup.

61. — **Legs** *particuliers.* — L'héritier ou légataire universel doit acquitter les droits sur la totalité de la succession, sans déduction des legs particuliers dont elle est grevée, à moins que ceux-ci ne se trouvent en nature et n'aient été désignés par le testateur. Le légataire particulier de son côté doit acquitter les droits pour son legs. (*Déc. f.* 17 *fév.* 1807.) Modifié. n° 67 inf. I. G. 22 fév. 1808, § 9, n° 366.

62. — Les droits des successions grevées de legs particuliers doivent être acquittés par les héritiers sur la totalité de la succession, et il n'est dû aucun droit particulier pour les legs qui ne se trouvent pas en nature. (*Av. cons. d'état,* 2 *sept.* 1808.) *V.* n° 67 inf. I. G. 8 oct. 1808, n° 401.

63. — Les legs de rentes ou pensions viagères ne sont susceptibles d'aucun droit particulier lorsque les droits ont été acquittés sur la totalité de la succession ; les legs d'usufruit doivent être déclarés et acquitter un droit particulier. (*Cass.* 23 *nov.* 1811, *et Déc. f.* 14 *avril* 1812.) Modifié. n° 67 inf. I. G. 22 avril 1812, n° 574.

64. — Les legs particuliers qui ne se trouvent pas en nature dans la succession doivent acquitter les droits au taux fixé selon le degré de parenté des légataires, et l'on ne doit imputer que les droits payés par les héritiers sur une valeur mobilière égale au montant des legs. (*Cass.* 2 *juill.* 1823 *et* 28 *janv.* 1824 ; *Sol.* 17 *nov.* 1824.) Si la somme léguée est à prendre sur des biens à l'étranger, elle doit être déclarée en totalité. (*Cass.* 21 *déc.* 1813, *et Sol.* 11 *déc.* 1824.) Modifié. n° 67 inf. . . . . . . I. G. 23 mars 1825, § 7, n° 1156.

65. — Les droits sont dus pour les legs de sommes ou de rentes au taux fixé selon le degré de parenté, même lorsqu'elles n'existent pas en nature. (*Cass.* 29 *mars* 1825.) Modifié. n° 67 inf. I. G. 30 déc. 1825, § 5, n° 1180.

66. — On doit déclarer comme immeubles les biens de cette nature dont le prix doit servir à acquitter des legs au paiement desquels ils ont été affectés par le testateur. (*Sol.* 19 *août* 1831.) I. G. 27 déc. 1831, § 5, n° 1388.

67. — Nouveau mode de liquidation des droits pour les legs de sommes non existantes dans la succession.

1° Déclaration de l'héritier *antérieure* à celle du légataire : Si les droits du legs sont d'une quotité *inférieure*, rien à réclamer ; si la quotité est *supérieure*, exiger les droits du legs en imputant les droits payés par l'héritier sur une valeur égale en meubles et immeubles ; si la quotité est *inférieure* au droit dû pour les immeubles, et *supérieure* à celui dû pour les meubles, exiger les droits du legs en imputant le droit payé pour les meubles et celui qui serait dû par le légataire sur la somme formant la différence entre la succession mobilière et le legs.

2° Déclaration de l'héritier *postérieure* à celle du légataire : si le droit payé par le légataire est *inférieur* en quotité, imputer ce droit sur celui qui est exigible pour la totalité de la succession ; s'il est *supérieur*, distraire de la valeur entière de la succession une valeur égale à celle du legs et ne percevoir que sur le restant en immeubles ; s'il est *inférieur* au droit dû pour les immeubles mais *supérieur* à celui des meubles, imputer le droit dû par l'héritier sur le mobilier et le droit payé par le légataire sur le restant du legs. (*Sol. générale* 12 *juill.* 1833.) *V.* n° 98 inf. . . . . I. G. 26 août 1833, n° 1432.

68. SUCCESSIONS. — Legs *particuliers* — Les droits d'un legs payable après le décès du légataire universel doivent être déclarés dans les *cinq ans* du décès du testateur. (*Tribunal de Confolens*, 26 *juillet* 1833, *et Sol.* 26 *nov.* 1833.) . . . . I. G. 2 avril 1834, § 4, n° 1451.

69. — Majorats. — La transmission par décès des biens affectés à un majorat n'est passible que du droit de 1 *fr. p.* °/₀ fixé pour les mutations *en ligne directe*, sur un capital formé de *dix fois* le revenu. Le droit est dû par la veuve en proportion de la pension qu'elle recueille. (*Décret* 24 *juin* 1808, *art.* 6.) . . . . I. G. 12 janv. 1809, § 10, n° 413.

70. — Nu-Propriétaires. — La demande des droits de succession peut être formée contre les héritiers de la *nue-propriété*. (*Cass.* 29 *germ. an XI, et* 21 *mai* 1806, *et Déc. f.* 24 *mars* 1807.) I. G. 29 juin 1808, § 38, n° 386.

— Nue-Propriété. — *V.* n° 24 sup., et Réunions *d'usufruit, n°* 3.

71. — Omissions. — La peine prononcée contre les omissions faites dans les déclarations de succession est celle du *double droit*. (*Loi enreg., art.* 39.) *V.* n°ˢ 58 et suiv. sup., et Amendes *d'enregistrement, n°* 9. Circ. n° 1450.

72. — Paiement *des droits*. — L'état aura action sur les revenus des biens à déclarer en quelques mains qu'ils se trouvent, pour le paiement des droits de succession. (*Loi enreg., art.* 32.) *V.* n°ˢ 76 et 77 inf. Circ. n° 1450.

73. — *Héritier bénéficiaire.* — On peut refuser la déclaration offerte sans paiement des droits, et le *demi droit en sus* devient exigible de l'héritier bénéficiaire *directement*, nonobstant sa renonciation ultérieure. (*Cass.* 1ᵉʳ *fév.* 1830.) . . . . I. G. 8 juin 1830, § 5, n° 1320.

74. — *Tiers-acquéreur.* — L'acquéreur d'un immeuble dépendant d'une succession est tenu sur les revenus de cet immeuble, du paiement des droits, même lorsque son contrat a été transcrit; mais il n'est pas solidaire avec les héritiers pour les autres biens de la succession. (*Déc. j.* 23 *niv. an XII.*) Abrogé. n° 76 inf. . . . . . . I. G. 5 vent. an XII, n° 206.

75. — Le tiers-acquéreur responsable des droits de mutation par décès dus pour l'immeuble dont il est détenteur, l'est en même temps pour le montant du *demi droit en sus*. (*Déc. f.* 21 *oct.* 1806.) Abrogé. n° 76 inf. I. G. 22 fév. 1808, § 13, n° 366.

76. — Le paiement des droits ne peut être poursuivi contre les tiers-acquéreurs sur les revenus des biens à déclarer. (*Av. cons. d'état* 4 *sept.* 1810.) *V.* n° 77 inf. . . . . . I. G. 29 oct. 1810, n° 495.

77. — Mais cette action est admise contre les tiers-acquéreurs qui n'auraient pas rempli les formalités hypothécaires. (*Déc. f.* 14 *juillet* 1817.) . . . . I. G. 11 oct. 1817, n° 809.

— *V.* Paiement *des droits*.

78. — Parenté. — Les parens au-delà du douzième degré sont considérés comme *non parens* pour la perception des droits, il en est de même de l'époux survivant et des enfans naturels appelés à la succession à défaut de parens au degré successible. (*Sol.*) *V.* n° 50 sup. I. G. 29 avril 1816, § 5, n° 6, n° 714.

79. — Partage *antérieur à la déclaration*. — On ne doit pas avoir égard au partage qui précède la déclaration, et les biens doivent être déclarés pour la part du défunt. (*Déc. f.* 3 *juillet* 1810.) Modifié. n° 80 inf. I. G. 14 juillet 1810, n° 484.

80. — Lorsqu'un partage antérieur à la déclaration attribue aux héritiers la nue-propriété et au survivant l'usufruit de tous les biens de la communauté pour les remplir chacun de la moitié qui leur revient, on doit prendre ce partage pour base de la déclaration. (*Cass.* 16 *juillet* 1823; *Délib.* 5 *juillet* 1826, 28 *nov.* 1828, *et Sol.* 11 *juin* 1833.) I. G. 30 sept. 1833, § 8, n° 1437.

81. SUCCESSIONS. — **Partage** *antérieur à la déclaration.* — Lorsque par un partage antérieur à la déclaration les immeubles sont attribués à l'époux survivant, à la charge de payer une soulte aux héritiers, on doit déclarer la part du défunt dans les immeubles et non la soulte ou valeur mobilière qui n'existait pas dans la succession. (*Sol.* 26 *déc.* 1834.) I. G. 21 avril 1835, § 7, n° 1481.

— **Partage** *inégal.* — *V.* n° 19 et suiv. sup.

— **Portion** *disponible.* — *V.* n°s 25 et 26 sup.

— **Préciputs.** — *V.* n° 19 et suiv. sup.

82. — **Prescriptions.** — La prescription est acquise dans tous les cas, même pour les biens rentrés dans la succession, lorsque plus de *cinq ans* se sont écoulés depuis le décès sans déclaration ni poursuites. (*Cass.* 8 *mars* 1826.). . . . . I. G. 16 juin 1826, § 5, n° 1189.

83. — Idem. (*Cass.* 20 *août* 1827.) I. G. 15 déc. 1827, § 3, n° 1229.

84. — Il y a exception à ce principe pour les droits d'un usufruit légué par un testament mystique ouvert et enregistré plus de *cinq ans* après le décès. (*Cass.* 26 *juill.* 1825.) I. G. 30 sept. 1826, § 14, n° 1200.

— *V.* n° 68 sup.; **Prescriptions**, n°s 1, 27 et suiv.

85. — **Prêtres** *déportés.* — Le délai pour déclarer la succession des prêtres déportés ne court que du jour de l'envoi en possession. (*Déc.* 28 *juin* 1808.) *V.* n° 46 sup. . . . I. G. 28 juill. 1808, § 14, n° 390.

— **Procurations.** — *V.* **Procurations**, n° 6.

86. — **Propres** *de réunion.* — L'immeuble acquis pendant la communauté en échange de biens propres à l'un des époux, ne forme pas remploi pour la totalité, si une soulte a été payée des deniers de la communauté. Dans ce cas, les parties peuvent stipuler qu'une partie de l'immeuble représentant cette soulte, fera partie de la communauté. (*Cass.* 31 *juill.* 1832.) *V.* n° 92 inf. I. G. 21 déc. 1832, § 3, n° 1414.

87. — L'immeuble dans lequel l'un des époux avait une part indivise, ne devient pas *irrévocablement*, par son acquisition pendant la communauté, un propre de cet époux, et les héritiers peuvent le déclarer comme faisant partie de la communauté. (*Sol.* 27 *sept.* 1833.) I. G. 30 déc. 1833, § 4, n° 1446.

88. — La portion acquise par le mari, *sous le régime dotal*, d'un immeuble appartenant par indivis à sa femme, ne fait pas partie de la succession de cette dernière. (*Cass.* 31 *mars* 1835.) I. G. 31 juill. 1835, § 7, n° 1490.

89. — **Récoltes** *sur pied.* — Les fruits civils ou fermages doivent être déclarés au *prorata ;* mais les récoltes sur pied ne doivent pas l'être, à moins qu'elles n'aient été vendues avant le décès. Il en est autrement pour les récoltes sur pied appartenant à un fermier, celles-ci doivent être comprises dans la déclaration de sa succession. (*Sol.* 28 *sept.* 1828.) I. G. 31 déc. 1828, § 5, n° 1263.

— *V.* **Rédaction**, n°s 3, 4, 43 et 44.

90. — **Réméré.** — Les biens rentrés à la succession doivent être déclarés dans les six mois du retrait. I. G. 9 therm. an XII, n° 245.

91. — On doit déclarer comme immeubles les biens *acquis* sous faculté de rachat, lors même que le retrait aurait été exercé depuis le décès et avant la déclaration. (*Déc. f.* 13 *frim. an XIII.*) I. G. 3 fruct. an XIII, § 34, n° 290.

92. — **Remplois.** — L'immeuble qui appartient à l'un des époux à titre de remploi consommé doit être déclaré en entier comme faisant partie de sa succession, si la femme n'avait pas accepté le remploi, le bien reste à la communauté. (*Déc. f.* 28 *juin* 1808.) *V.* n° 86 sup. I. G. 17 août 1808, n° 392.

93. SUCCESSIONS. — RENONCIATIONS. — Les renonciations à une succession ou à un legs faites devant notaires, sont admises, comme celles qui sont passées au greffe pour dispenser du paiement des droits de mutation. (*Déc. j. et f.* 20 *avril et* 7 *mai* 1808.) . . . I. G. 29 juin 1808, § 27, n° 386.

94. — L'héritier qui a accepté sous bénéfice d'inventaire ne peut plus renoncer, et sa renonciation ne le dispenserait pas du paiement des droits. (*Cass.* 24 *avril* 1833.) . . . I. G. 30 sept. 1833, § 9, n° 1437.

95. — L'époux survivant avantagé par son contrat de mariage peut renoncer à la donation, et sa renonciation le dispense du droit de mutation par décès. (*Trib. de St-Quentin*, 25 *sept.* 1832, *et Sol.* 23 *juill.* 1833.) I. G. 30 déc. 1833, § 5, n° 1446.

— *V.* n° 73 sup.; RENONCIATIONS, n° 1 et suiv., RÉUNIONS *d'usufruit, n*os 3, 7 *et* 10; TRANSACTIONS, nos 4 et 5.

96. — La renonciation d'un héritier légitime n'accroît pas la part des enfans naturels, mais celle des autres co-héritiers légitimes ou des légataires institués, et les droits doivent être liquidés en conséquence. (*Sol.* 24 *mars* 1835.). . . . . I. G. 31 juill. 1835, § 6, n° 1490.

— RENTES. — *V.* n° 61 et suiv. sup., et nos 108 et 109 inf.

97. — RENTES *sur l'état*. — On ne doit pas déclarer ces rentes que la loi du 22 frim. an VII *exempte* de tous droits de mutation, même lorsque la succession s'est ouverte antérieurement. (*Déc. f.* 10 *fruct. an XII.*) I. G. 3 fruct. an XIII, § 38, n° 290.

98. — On ne doit pas déclarer les legs de sommes qui ne peuvent être acquittées qu'avec des rentes sur l'état, seules valeurs de la succession. (*Cass.* 6 *fév.* 1827.) . . . I. G. 30 juin 1827, § 6, n° 1210.

99. — Le legs d'une somme à provenir de la vente des rentes sur l'état *possédées* par le testateur est *exempt* du droit. (*Cass.* 14 *janv.* 1829.) *V.* n° 61 et suiv. sup. . . . . I. G. 28 juin 1829, § 7, n° 1282.

100. — REPRISES. — Les héritiers du mari doivent déclarer la moitié de tous les biens de la communauté, sans avoir égard aux distractions qui s'opèrent par les reprises de la veuve. (*Déc. f.* 24 *sept.* 1808.) Abrogé n° 101 inf. . . . . I. G. 10 nov. 1808, § 3, n° 405.

101. — Les reprises à exercer sur la communauté doivent être déduites ou ajoutées pour la déclaration. (*Déc. j. et f.* 18 *juill.* 1817.) I. G. 11 oct. 1817, n° 809.

102. — En cas d'insuffisance de la communauté, on ne peut, dans la déclaration de succession du mari, déduire les reprises de la femme sur les propres du défunt, et ceux-ci doivent être déclarés intégralement. (*Cass.* 18 *mai* 1824.) *V.* n° 104 inf. . . . I. G. 8 sept. 1824, § 4, n° 1146.

103. — On ne doit pas déduire les reprises lorsque les époux sont mariés sans communauté. (*Sol.* 5 *août* 1828.) I. G. 31 déc. 1828, § 3, n° 1263.

104. — Les reprises de la femme ne peuvent être distraites dans la déclaration, sur les biens propres du mari, ou même sur la communauté, si elle y a renoncé. (*Cass.* 10 *août* 1830.) *V.* n° 102 sup. I. G. 24 déc. 1830, § 5, n° 1347.

105. — RESCISION. — Les biens rentrés par rescision doivent être déclarés dans les six mois de la rescision. *V.* n° 82 sup. I. G. 9 therm. an XII, n° 245.

— RESTITUTIONS. — *V.* n° 128 inf. et RESTITUTIONS, nos 1, 5, 29 et 30.

106. — RETOUR *légal ou conventionnel*. — Les biens qui font retour à l'ascendant donateur par une disposition de la loi doivent être déclarés; mais il n'en est pas de même lorsque le retour est *conventionnel*. (*Sol.* 23 *brum. an VIII.*) . . . . . . Circ. n° 1689.

107. — Idem. (*Déc. f.* 29 *déc.* 1807.) I. G. 23 fév. 1808, § 17, n° 366.

— *V.* RÉUNIONS *d'usufruit*, n° 1 *et suiv.*

108. SUCCESSIONS. — REVERSIONS. — Le donataire doit déclarer la rente viagère qu'il recueille par suite de la reversion stipulée dans l'acte de constitution, et l'exigibilité du droit part de la date du décès du premier investi. (*Sol.* 14 *déc.* 1825.). I. G. 31 mars 1826, § 7, n° 1187.

109. — Idem. (*Trib. de la Seine*, 10 *mars* 1830.) I. G. 8 juin 1830, § 6, n° 1320.

110. — Les droits dus pour la reversion d'un usufruit sont exigibles à partir du décès du premier institué, lorsque cet usufruit a été donné pour en jouir *successivement*. (*Sol.* 14 *avril* 1826.) I. G. 30 sept. 1826, § 15, n° 1200.

111. — Idem. (*Trib. du Havre*, 25 *juill.* 1832.) I. G. 23 mars 1833, § 8, n° 1422.

112. — Mais lorsque l'usufruit a été donné *conjointement* à plusieurs individus, il n'est dû aucun droit pour l'accroissement qui s'opère au profit des survivans. (*Sol.* 9 *nov.* 1830.) I. G. 18 mars 1831, § 6, n° 1354.

113. — Le délai de cinq ans pour déclarer un usufruit recueilli *successivement* par plusieurs personnes ne court qu'à partir du décès du précédent usufruitier. (*Cass.* 30 *déc.* 1834.) I. G. 21 avril 1835, § 5, n° 1481.

— *V.* REVERSIONS.

114. — SAISIE *réelle.* — On doit déclarer les biens saisis réellement si le propriétaire meurt avant l'adjudication définitive. (*Déc. f.* 7 *juin* 1808.) . . . . I. G. 29 juin 1808, § 35, n° 386.

115. — SOCIÉTÉS. — Les héritiers d'un associé doivent acquitter les droits sur la part du défunt, comme pour les successions ordinaires; mais si la société continue, les droits ne sont exigibles qu'au taux fixé pour les meubles lors même que des immeubles en dépendraient. (*Déc. f.* 8 *déc.* 1807.) I. G. 22 déc. 1807, n° 360.

116. — Idem. (*Déc. f.* 19 *fév.* 1811.) I. G. 15 mai 1811, § 2, n° 520.

117. — La succession de la femme d'un sociétaire est toute mobilière pour sa part dans la société, même lorsque cette société possède des immeubles. (*Sol.* 19 *mai* 1824.) I. G. 8 sept. 1824, § 10, n° 1146.

118. — Les héritiers d'un sociétaire peuvent, avant le partage de la société, être admis à évaluer son émolument dans cette société et ne déclarer que sa part. (*Cass.* 3 *mars* 1829.) I. G. 26 sept. 1829, § 6, n° 1293.

119. — Les actions ou intérêts dans une société *non dissoute* qui possède des immeubles ne doivent être déclarés que comme meubles. (*Cass.* 14 *août* 1833.) . . . . . . I. G. 30 déc. 1833, § 6, n° 1446.

120. — SOLIDARITÉ. — Les co-héritiers sont solidaires pour le paiement des droits (*Loi enreg., art.* 32.) *V.* n° 49 sup., et n°s 121 et 122 inf. Circ. n° 1450.

— TIERS-ACQUÉREURS. — *V.* n°s 74, 75, 76 et 77 sup.

— *V.* TRANSACTIONS, n°s 4 et 5.

121. — TUTEURS *et curateurs.* — Ils supportent personnellement les peines encourues pour retards, omissions ou insuffisances d'évaluations dans les déclarations de successions. (*Loi enreg., art.* 39.) Circ. n° 1450.

122. — La peine du *demi droit* est à la charge personnelle des tuteurs et curateurs, et le paiement doit être poursuivi contre eux; si la nomination du tuteur était postérieure au délai, et que la déclaration fût faite dans les *six mois* de cette nomination, le *demi droit* ne serait pas exigible. (*Déc. f.* 7 *juin* 1808.) . . . . I. G. 29 juin 1808, § 34, n° 386.

123. — USUFRUIT *converti en rente viagère.* — Les droits de mutation par décès sont dus sur un legs d'usufruit converti depuis le décès en une rente viagère constituée au profit de l'usufruitier. (*Cass.* 19 *nov.* 1834.) I. G. 21 avril 1835, § 8, n° 1481.

— *V.* n°s 1, 110 et suiv. sup.

124. SUCCESSIONS. — Vacantes. — Les droits sont exigibles comme pour les successions ordinaires appréhendées par les héritiers et au taux fixé pour le degré de parenté des héritiers appelés. (*Cass.* 18 *niv. an XII.*) *V.* n° 125 inf. . . . . I. G. 3 fruct. an XIII, § 70, n° 290.

125. — Les droits dus pour une succession vacante doivent être liquidés au taux fixé pour l'héritier appelé par la loi à la recueillir, mais non d'après la quotité due pour le légataire ou l'héritier institué. (*Déc. f.* 7 *juin* 1808.) . . . . I. G. 29 juin 1808, § 33, n° 386.

126. — Valeurs *à l'étranger*. — Les valeurs à l'étranger dépendant de successions ouvertes en France et échues à des régnicoles, ne doivent pas être déclarées. (*Déc. f.*) Abrogé. n° 127 inf. I. G. 3 fruct. an XIII, § 36, n° 290.

127. — Les créances de toute nature, lors même qu'elles sont dues en pays étranger, doivent être déclarées au bureau du domicile du défunt. (*Cass.* 21 *déc.* 1813.) Il en est de même des marchandises en entrepôt à l'étranger. (*Sol.* 26 *mars* 1825.) *V.* n° 64 et suiv. sup. I. G. 29 juin 1825, § 7, n° 1166.

128. — Ventes *judiciaires*. — Appel. — Les biens acquis judiciairement doivent être déclarés, sauf restitution, si la vente est annulée en appel. (*Déc. f.* 13 *juin* 1809.) . . . . I. G. 4 juill. 1809, § 57, n° 436.

— Vétérans. — *V.* n° 45 sup.

SUPPLÉMENS *aux journaux*. — *V.* Journaux, n°s 4 et 16.

SUPPLÉMENS *de droits*. — *V.* Paiement *des droits*, n°s 8; Prescriptions, n° 30; Transcriptions, n° 23; Ventes *de meubles*, n° 25.

SUPPLÉMENS *de prix*. — *V.* Contre-lettres; Expertises; Ventes *d'immeubles*, n°s 45 *et suiv.*

SURENCHÈRES. — Ventes *de coupes de bois*. — Le registre prescrit par l'article 25 du code forestier pour les déclarations de surenchères doit être tenu en papier timbré, et ces déclarations sont sujettes à l'enregistrement comme complément de l'adjudication. (*Déc. f.* 1er *mai* 1828.) I. G. 24 juillet 1828, § 2, n° 1251.

— *V.* Cautionnemens, n°s 20 et 21; Rédaction, n° 49; Transcriptions, n° 20; Ventes *d'immeubles*, n°s 56 *et* 57.

SURNUMÉRAIRES. — *V.* Pétitions, n° 9.

SUSCRIPTIONS *de testamens mystiques*. — Ne sont passibles de l'enregistrement que dans les trois mois du décès des testateurs comme les testamens eux-mêmes. (*Délib.* 12 *germ. an XIII.*) I. G. 3 fruct. an XIII, § 73, n° 290.

2. — Timbre. — Un notaire peut rédiger l'acte de suscription d'un testament mystique sur l'enveloppe non timbrée; lors de l'ouverture, cette enveloppe doit être visée pour timbre *sans amende*, celle-ci se trouvant éteinte par le décès du testateur. (*Déc. f.* 3 *déc.* 1807.) I. G. 22 déc. 1807, n° 359.

SYNDICS. — *V.* Paiement *des droits*, n° 16.

T

TABACS. — *V.* Livrets; Obligations, n° 27; Registres, n° 24; Ventes *de mobilier de l'état*, n° 16.

TABLE *décennale*. — *V.* Actes *de l'état civil*, n° 16.

TABLES *de la bibliographie*. — *V.* Librairie.

TARIF *des droits*. — *V.* Chaque mot.

TAXES. — *V.* Exécutoires.

TESTAMENS. — 3 *fr. fixe.* (*Loi enreg., art.* 68, § 3, *n°* 5.) Modifié. n° 2 inf. . . . . .
Circ. n° 1450.

2. — 5 *fr. fixe.* (*Loi* 1816, *art.* 45, *n°* 4.) I. G. 29 avril 1816, n° 714.

— *V.* Actes *passés en conséquence, n°s* 22, 23 *et* 24; Dépôts; n° 3; Mutations *secrètes, n°* 21; Obligations, n° 23 et 24; Prescriptions, n° 31; Suscriptions *de testamens;* Transcriptions, n° 24.

THÉATRES. — *V.* Ventes *de meubles, n°* 26.

TIMBRE. — Les droits de timbre sont de deux sortes : *fixes* en raison de la dimension du papier; *proportionnels* ou gradués en raison des sommes. (*Loi timb., art.* 2.) *V.* n° 4 et suiv. inf. Circ. n° 1419.

2. — Application *des droits.* — Sont assujettis au droit de timbre établi en raison de la *dimension*, tous les papiers à employer pour les actes et écritures soit publics soit privés, et généralement tous ceux qui doivent ou peuvent faire titre, être produits pour obligation, décharge, justification, demande ou défense; les expéditions ou extraits de ces actes, les répertoires, les registres des administrations et établissemens publics, négocians, etc., et enfin toutes pièces qui sont de nature à être produites en justice et dans le cas d'y faire foi (*Loi timb., art.* 1 *et* 12), à peine de 30 *fr. d'amende* contre les particuliers et de 100 *fr.* contre les officiers publics. (*Art.* 26, *n°* 3 *et* 5.) Le droit de timbre *proportionnel* en raison des sommes est applicable aux billets à ordre, obligations, mandats, lettres de change et autres effets négociables ou de commerce, (*Art.* 14) à peine de l'amende du *vingtième* qui ne pourra être moindre de 30 *fr.* (*Art.* 26, *n°* 6.) Modifié. n° 6, 9 et 10 inf. . . . .
Circ. n° 1419.

— *V.* Actes *à la suite;* Actes *de poursuites;* Actes *judiciaires;* Actes *passés en conséquence, n°* 28 *et suiv.;* Affiches; Amendes *de timbre;* Avis *et annonces imprimés;* Billets; Décime *pour franc;* Effets *de commerce;* Empreintes; Expéditions; Journaux; Lettres *de change;* Lois; Obligations; Prospectus; Quittances, et autres mots sous chacun desquels sont classées les instructions relatives à l'application des droits de timbre.

3. — Exemption *des droits.* — Sont exceptés de la formalité du timbre, savoir :
Les actes du gouvernement, ceux de l'administration publique en général et de tous les établissemens publics, lorsque ces actes ne sont pas sujets à l'enregistrement. — Les actes de police générale ou de vindicte publique. — Les certificats d'indigence. — Les comptes rendus par des comptables publics, les *doubles*, autres que celui du comptable, de chaque compte de recette ou gestion particulière et privée. — Les effets publics et inscriptions sur le grand livre de la dette publique. — Les pétitions aux corps législatifs, celles pour demandes de congés, secours, celles des réfugiés et déportés. — Les pièces ou écritures concernant les gens de guerre. — Les quittances de traitemens des fonctionnaires et employés publics, celles des contributions directes, des secours ou indemnités, et toutes autres quittances au-dessous de 10 fr. lorsqu'il ne s'agit pas d'un à-compte ou d'une quittance finale sur plus forte somme. — Les registres des administrations ou établissemens publics pour ordre et administration générale et pour la perception des revenus publics; et enfin les rôles fournis pour l'appel des causes. (*Loi timb., art.* 16.) *V.* les différens mots. Circ. n° 1419.

4. — Fixation *des droits.* — 1° Timbre *de dimension*, Feuille de grand registre, 1 *fr.* 50 *cent.*; de grand papier, 1 *fr.*; de moyen papier, 75 *cent.*; de petit papier, 50 *cent.*, *et* 25 *cent.* pour la demi-feuille. (*Loi timb., art.* 8.) Modifié. n°s 5 et 6 inf. . . .
Circ. n° 1419.

5. — Les droits sont élevés, savoir : Feuille de grand registre, 2 *fr.*; de grand papier, 1 *fr.* 50 *cent.*; de moyen papier, 1 *fr.* 25 *cent.*; de petit papier, 70 *cent.*, et 35 *cent.* pour la demi-feuille. (*Loi* 1816, *art.* 62.) I. G. 29 avril 1816, § 1, n° 715.

6. — Les amendes de 20 fr. et 100 fr. sont réduites à 5 *fr.* et à 20 *fr.* (*Loi* 1824, *art.* 10.) I. G. 23 juin 1824, § 10, n° 1136.

7. **TIMBRE** — FIXATION *des droits.* — 2° TIMBRE *proportionnel.* — Le droit de timbre proportionnel est fixé à 50 *cent. par mille francs*, sans fraction. — Au-dessus de 20,000 fr. les coupons seront visés pour timbre pour l'excédant. (*Loi timb. art.* 9, 10 *et* 11.) Modifié. n° 8 inf. Circ. n° 1419.

8. — Le droit est élevé de deux cinquièmes et porté à 70 *cent. par mille francs.* (*Loi* 1816, *art.* 64.) Modifié. n°s 9 et 10 inf. I. G. 29 avril 1816, § 2, n° 715.

9. — Le droit est réduit à 35 *cent.* pour les effets de 500 fr. et au-dessous. (*Loi* 1824, *art.* 8) Le *minimum* de l'amende du vingtième est fixé à 5 *fr.*; l'amende n'est exigible qu'en cas d'insuffisance du prix du timbre proportionnel ou de dimension, et seulement sur l'excédant. (*Loi* 1824, *art.* 12.) Modifié. n° 10 inf. . . . . I. G. 23 juin 1824, § 8 et 12, n° 1136.

10. — Le droit de timbre proportionnel est réduit à 50 *cent. par mille francs*, et à 25 *cent.* pour les effets de 500 fr. et au-dessous. L'amende est portée à 6 *fr. p.* °/₀, au *minimum* de 5 *fr.* contre le souscripteur ou le premier endosseur en *France*, et une pareille amende est due en outre par le premier endosseur, accepteur ou cessionnaire. Les contrevenans sont solidaires. (*Loi* 24 *mai* 1834, *art.* 18, 19, 20 et 21.) *V.* AMENDES *de timbre*; EFFETS *de commerce.* I. G. 14 nov. 1834, n° 1469.

11. — NOUVEAUX *timbres.* — On ne peut faire usage des papiers au timbre supprimé, sous peine d'amende, excepté pour les registres commencés. (*Loi timb. art.* 35, 36 *et* 37.) Circ. n° 1419.

12. — L'emploi, après le 1er janvier 1815, de papiers timbrés qui ne porteraient pas le type royal, donne lieu à l'amende, excepté pour les registres commencés. (*Ord. roy.* 11 *nov.* 1814, *art.* 1, 6 *et* 7.) Circ. 28 nov. 1814.

13. — PAPIERS *timbrés* — Les notaires, huissiers, greffiers, secrétaires des administrations et autres officiers ou fonctionnaires publics, les arbitres, avoués ou défenseurs officieux, doivent faire usage pour la rédaction de leurs actes, du papier timbré *débité par la régie*, sauf le *parchemin* qu'ils sont admis à faire timbrer préalablement. Les administrations publiques et les particuliers peuvent se servir de papiers ou parchemins timbrés à l'*extraordinaire* ou visés pour timbre avant d'en avoir fait usage. (*Loi timb., art.* 7, 12, 17 *et* 18.)

Le papier qui aura été employé à un acte quelconque ne pourra plus servir pour un autre acte, quand même le premier n'aurait pas été achevé. (*Art.* 22.) Les contraventions aux dispositions qui précèdent sont punies d'une *amende de* 30 *fr.* contre les particuliers, et de 100 *fr.* pour les officiers publics. (*Art.* 26, *n°s* 3 *et* 5.) . . . Circ. n° 1419.

14. — Les amendes sont réduites à 5 *fr.* et à 20 *fr.* (*Loi* 1824, *art.* 10.) . . . . . . I. G. 23 juin 1824, § 10, n° 1136.

— *V.* DIMENSIONS; EMPREINTES, n°s 1 et 2; EXPÉDITIONS; PAIEMENT *des droits*, *n°s* 14, 15 *et* 16; RECEVEURS, n°s 1 et 2; PRESCRIPTIONS, n° 32.

TIMBRE *à l'extraordinaire.* — On ne peut admettre aucune espèce de papier au timbre à l'extraordinaire en *débet.* (*Loi* 1816, *art.* 71.) *V.* TIMBRE sup. . . . . . . I. G. 29 avril 1816, § 8, n° 715.

TISSUS *français.* — *V.* INVENTAIRES, n° 5.

TITRES. — *V.* AFFIRMATIONS *de créances*, *n°* 1; COLONS *de St-Domingue*, *n°s* 1 *et* 2; EMIGRÉS, n° 5.

TITRES (*droits de*). — *V.* ACTES *judiciaires*, *n°s* 31, 47, 60 *et suiv.*

TITRES *produits au cours d'instance.* — *V.* ACTES *judiciaires*, *n°* 66 *et suiv.*; ACTES *passés en conséquence*, *n°s* 27, 32, 33; AMENDES *d'enregistrement*, *n°* 14.

TITRES-NOUVELS de rentes dues par actes en forme, 1 *fr. fixe.* (*Loi enreg., art.* 68, § 1, *n°* 44.) Modifié. n° 2 inf. Circ. n° 1450.

2. — 3 *fr. fixe.* (*Loi* 1816, *art.* 44, *n°* 5.) I. G. 29 avril 1816, n° 714.
— *V.* OBLIGATIONS, n° 21.

TITULAIRES *de cautionnemens.* — *V.* Déclarations *en faveur des bailleurs de fonds.*

TONTINES. — *V.* Actions; Certificats *de vie*, *n°* 20.

TOURBIÈRES. — *V.* Baux *à ferme*, *n°* 31; Ventes *d'immeubles*, *n°* 58 *et* 59.

TRADUCTIONS. — *V.* Actes *passés à l'étranger*, *n°* 13.

TRAITES *d'adjudicataires de coupes de bois.* — Les transferts d'obligations des adjudicataires de coupes sont soumis au droit *fixe de* 1 *fr.*, quelque soit le nombre des endossemens. (*Déc. f.* 8 *niv. an IX.*) *V.* n° 2 inf. Circ. 25 niv. an IX, n° 1963.

2. — Ces traites sont assujetties au timbre proportionnel. *V.* Obligations, n° 28 et suiv. I. G. 24 fruct. an XIII, n° 291.

3. — Les traites rédigées dans la forme de simples billets à ordre ne sont passibles que du droit *fixe de* 1 *fr.*; depuis 1813, elles sont *exemptes* de l'enregistrement comme lettres de change. (*Déc. f.* 1er *juin* 1813.) Modifié. *V.* Lettres *de change*, *n°* 2. . . . . I. G. 4 juin 1813, n° 640.

TRAITES *des receveurs généraux.* — *V.* Mandats, n° 5 et 6.

TRAITÉS. — Héritiers. — Le paiement par l'héritier institué d'une constitution dotale faite par les père et mère, avec promesse par le co-héritier qui reçoit de tenir compte au partage, est passible du droit de 1 *fr. p.* °/₀. (*n°* 1.)

Celui fait par un frère à sa sœur d'une somme à laquelle elle se restreint sur la dot qui lui a été constituée par ses père et mère, avec renonciation absolue, opère le droit de quittance sur la somme payée. (*n°* 2.) — (*Sol.*) *V.* Cessions *de droits successifs*; Transactions, n° 4 et 5. I. G. 9 juin 1827, § 3, n° 1209.

2. — Remplacemens. — Les traités de remplacement pour le service de la garde nationale ne sont passibles que du droit *fixe de* 1 *fr.* (*Déc. f.* 19 *sept.* 1809.) *V.* Actes *administratifs*, *n°* 23 *et* 24. Circ. 24 sept. 1809.

— *V.* Marchés; Mines; Renonciations; Transactions; Ventes *d'immeubles*, *n°* 58 *et* 59; Ventes *de meubles*, *n°* 4.

TRANSACTIONS qui ne donnent pas lieu au droit proportionnel, 1 *fr. fixe.* (*Loi enreg.*, *art.* 68, § 1, *n°* 45.) Modifié. n° 2 inf. Circ. n° 1450.

2. — 3 *fr. fixe.* (*Loi* 1816, *art.* 44, *n°* 8.) I. G. 29 avril 1816, n° 714.

3. — Les transactions ne sont passibles du droit fixe qu'autant qu'elles ne donnent pas ouverture au droit proportionnel, et celui-ci doit *seul* être perçu, même lorsqu'il est inférieur au droit fixe. (*Sol.* 10 *sept.* 1830.) . . . . I. G. 24 déc. 1830, § 9, n° 1347.

4. — La transaction par laquelle un légataire, saisi de la propriété, abandonne une *partie* de la succession est passible du droit de donation, et les droits de mutation par décès sont dus par lui sur la totalité du legs. (*Sol.* 26 *juin* 1827.) . . . . I. G. 15 déc. 1827, § 11, n° 1229.

5. — Idem. (*Cass.* 15 *fév.* 1831.) I. G. 25 juin 1831, § 7, n° 1370.

— *V.* Atermoiemens; Cessions *de droits successifs*; Renonciations, n° 3, 4 et 5; Traités, n° 1.

6. — Douanes. — Les transactions faites avant jugement, relativement à des contraventions en matière de douanes, ne sont, comme les jugemens, passibles que du droit *fixe.* (*Déc. f.* 6 *avril* 1833.) I. G. 12 juillet 1833, n° 1428.

TRANSCRIPTIONS *aux greffes.* — *V.* Majorats; Rédaction, n° 36 et 50; Saisies *immobilières*, *n°* 4.

TRANSCRIPTIONS (*droits de*). — 1 *fr.* 50 *cent. p.* °/₀ sur le prix ou l'importance des mutations immobilières. (*Loi* 21 *vent. an VII*, *art.* 25.) Circ. n° 1539.

2. — Dans tous les cas où les actes sont de nature à être transcrits, le droit de 1 *fr.*

50 *cent. p.* °/₀ doit être perçu *lors de l'enregistrement*, et la transcription aux hypothèques n'est passible que du droit fixe d'*un franc*. (*Loi* 1816, *art.* 54 *et* 61.) . . . I. G. 29 avril 1816, n° 714.

3. **TRANSCRIPTIONS** (*droits de*). — La transcription est indivisible, et l'on ne peut requérir la formalité pour une partie seulement, les droits sont dus pour toutes les dispositions du contrat. (*Déc. j. et f.* 17 *et* 28 *mars* 1809.) . . . . I. G. 6 juin 1809, § 2, n° 433.

4. — La formalité de la transcription ne peut être donnée à un acte de donation pour une partie des biens seulement. (*Déc. f.* 28 *mars* 1827.). . . . . I. G. 30 juin 1827, § 16, n° 1210.

5. — Si l'on requiert la transcription d'un acte qui n'y était pas assujetti, cette formalité opère irrévocablement le droit proportionnel. (*Cass.* 30 *août* 1826.). . . . . . I. G. 23 déc. 1826, § 12, n° 1204.

6. — Idem. (*Cass.* 12 *nov.* 1823, 25 *juill.* 1827, *et Sol.* 10 *août.* 1827.). . . . . . I. G. 15 déc. 1827, § 12, nomb. 2, n° 1229.

7. — Acquisitions *par les établissemens publics*. — Donations en faveur des hospices et des pauvres, 1 *fr. fixe*. (*Loi* 7 *pluv. an XII.*) Modifié. n° 8 inf. . . . . I. G. 12 vent. an XII, n° 209.

8. — Le droit ordinaire est exigible. (*Loi* 18 *avril* 1831, *art.* 17.) *V.* Acquisitions *par les établissemens publics*, n°s 10, 11, 15, 16, 19 *et* 20. I. G. 27 avril 1831, n° 1362.

9. — Acquisitions *par l'état*. — Elles sont *exemptes* du droit de transcription. *Déc. j. et f.* 15 *et* 23 *brum. an XII.*) *V.* Acquisitions *par l'état*, n° 1 *et suiv.* . . . . . I. G. 21 pluv. an XII, n° 202.

10. — Actes *sous seing-privé*. — Les actes sous seing-privé peuvent être valablement transcrits. (*Av. cons. d'état* 3 *flor. an XIII.*) I. G. 11 sept. 1806, § 8, n° 316.

11. — Baux *emphytéotiques*. — Pour la perception des droits de transcription, l'évaluation du capital sera faite à raison de *dix fois* le prix du bail de trente ans et au dessous, et à raison de *vingt fois* pour ceux au-dessus de trente ans. (*Déc. f.* 19 *niv. an XII.*) I. G. 30 niv. an XII, n° 198.

12. — La transcription requise d'une cession de jouissance emphythéotique enlève toute action en restitution du droit additionnel de 1 *fr.* 50 *cent. p.* °/₀, sans qu'il soit besoin d'examiner si ce droit était réellement dû. (*Cass.* 11 *mars* 1829.) . . . . . I. G. 28 juin 1829, § 1, n° 1282.

— *V.* Cessions *de rentes*, *n°* 5 *et suiv.*

13. — Déclaration *de command*. — Il n'est dû qu'un seul droit pour la transcription de la vente et de la déclaration de command faite en temps utile, quoique non notifiée dans les vingt-quatre heures. (*Déc. f.* 3 *flor. an XIII.*). . . . . I. G. 11 sept. 1806, § 6, n° 316.

— *V.* Desséchemens *des marais*; Domaines *congéables*.

14. — Donations. — D'après les dispositions du code civil, les donations doivent être transcrites au bureau des hypothèques au droit de 1 *fr.* 50 *cent. p.* °/₀, et cette formalité ne doit avoir lieu qu'à l'événement, si la transmission est éventuelle. (*Déc. f.* 19 *brum. an XII.*) *V.* n°s 4 sup. et 18 inf. I. G. 26 niv. an XII, n° 196.

— *V.* Donations *entre vifs*, *n°s* 3, 5, 7, 10 *et* 25; Donations *entre vifs*, *contenant partage*, *n°s* 4 *et* 19; Donations *entre vifs par contrat de mariage*, *n°s* 2, 4, 6 *et* 9.

15. — Dotations. — Les actes d'investiture ou de remplacement de dotations doivent être transcrits sans autres droits que le remboursement du timbre employé et les salaires du conservateur (*Décret* 22 *déc.* 1812, *art.* 6.). . . . . I. G. 25 fév. 1813, § 1, n° 625.

16. **TRANSCRIPTIONS** (*droits de*). — DOUBLE *formalité*. — Le droit de la transcription du même acte dans plusieurs bureaux ne doit être perçu qu'au premier. (*Loi* 21 *vent. an VII, art.* 26.) Circ. n° 1539.

— *V.* ÉCHANGES, n°s 2, 3, 4, 9, 10, 17 et 18; ÉMIGRÉS, n° 4; LETTRES-PATENTES, n° 3; LICITATIONS, n° 2 et suiv.; MAJORATS, n°s 1, 4, 5 et 6.

17. — PLURALITÉ. — La transcription d'une vente opère autant de droits fixes d'*un franc* qu'il y a d'acquéreurs distincts. (*Déc. f.* 18 *mai* 1821.) I. G. 31 mai 1821, n° 980.

18. — Il n'y a pas lieu à la pluralité des droits fixes sur la transcription d'une donation faite à plusieurs personnes. (*Sol.* 7 *juill.* 1824.). . . . . I. G. 18 déc. 1824, § 15, n° 1150.

— *V.* REMPLOIS, n° 2

19. — RETRAITS *de réméré*. — La transcription opère le droit proportionnel si le retrait lui-même est passible du droit proportionnel d'enregistrement; autrement elle ne donne ouverture à aucun droit. (*Délib.* 7 *prair. an XI et* 3 *niv an XIV*.) *V.* RETRAITS *de réméré*, n° 2. I. G. 11 sept. 1806, § 7, n° 316.

— *V.* RÉTROCESSIONS *de biens*, *n°* 2; RÉUNIONS *de l'usufruit*, *n°s* 2, 6, 8 *et* 9.

20 — REVENTE *par suite de surenchère*. — Le droit ne doit être perçu que sur l'excédant du prix. (*Sol.* 2 *mess. an VIII.*) Circ. n° 1838.

21. — SAISIES *immobilières*. — Le procès-verbal d'adjudication doit être transcrit au bureau des hypothèques, au droit de 1 *fr.* 50 *cent. p.* °/₀. (*Loi* 11 *brum. an VII, art.* 22.) *V.* RÉDACTION, n° 50; SAISIES *immobilières*, n° 4. Circ. n° 1610.

22. — SALAIRES. — La moitié des salaires alloués aux conservateurs pour la transcription des actes de mutation doit être perçue au profit du trésor. (*Ord. roy.* 1er *mai* 1816, *art.* 1.) I. G. 8 mai 1816, n° 719.

— *V.* SOULTES *de partage*, *n°s* 3 *et* 4.

23. — SUPPLÉMENT *des droits*. — Le droit est dû sur le prix exprimé sur lequel le droit d'enregistrement a été perçu, et le conservateur ne peut requérir l'expertise pour obtenir un supplément de droits de transcription. (*Déc. j. et f.* 14 *mars* 1809.) . . . I. G. 6 juin 1809, § 3, n° 433.

24. — TESTAMENS. — Le droit de transcription doit être perçu sur le testament qui qui transmet les biens, et non sur le consentement à l'exécution de ce testament. (*Sol.* 21 *juill.* 1824.) I. G. 18 déc. 1824, § 16, n° 1150.

— VENTES. — *V.* sup., et VENTES *d'immeubles*, *n°s* 2, 19, 26, 27, 28, 30 *et suiv.*

TRANSFERTS. — Les transferts de rentes domaniales ne sont passibles que du droit fixe de 1 fr. *V.* CESSIONS *de rentes*, *n°s* 3 *et* 4. Circ. n° 1845.

TRANSFERTS *de rentes sur l'état*. — La cession d'une rente sur l'état, moyennant une rente viagère, opère le droit de 2 *fr. p.* °/₀ comme constitution de rente. (*Cass.* 7 *nov.* 1826. I. G. 20 mars 1807, § 12, n° 1205.

2. — Le transfert dont le prix reste dû, ou consenti en paiement d'une dette opère le droit d'obligation ou de quittance. (*Sol.* 2 *août* 1831.). . . . . I. G. 27 déc. 1831, § 8, n° 1388.

3. — Même décision pour le droit de quittance. (*Cass.* 31 *déc.* 1834.). . . . . I. G. 21 avril 1835, § 6, n° 1481.

— *V.* CONSTITUTIONS *de rentes*, n° 3, DETTE *publique*; DONATIONS *entre vifs*, *n°s* 28 *et* 29.

TRANSMISSIONS *de propriétés*. — *V.* ACQUISITIONS; ALIÉNATIONS; CESSIONS; DONATIONS; ÉCHANGES; MUTATIONS; SUCCESSIONS; TRANSCRIPTIONS; VENTES, etc.

TRANSPORTS *de créances et rentes*. — *V.* CESSIONS *de créances*; CESSIONS *de rentes*.

TRAVAUX *publics*. — *V.* DEVIS; MARCHÉS; MUTATIONS, n° 5.

TRIBUNAUX *étrangers.* — *V.* Actes *judiciaires*, n° 71.

TUTELLES ou actes de nominations de tuteurs et curateurs. — 2 *fr. fixe.* (*Loi enreg., art.* 68, § 2, *n°* 4.) Circ. n° 1450.

2. — Actes *d'office.* — On doit admettre au visa pour timbre et à l'enregistrement *en débet* les actes de tutelle faits d'office par les juges de paix, sauf recouvrement ultérieur sur les parties. (*Déc. f.* 20 *fruct. an X et* 1er *prair. an XIII.*) . . . . I. G. 3 fruct. an XIII, § 3, n° 290.

3. — Les actes *d'office* relatifs à la nomination du subrogé-tuteur, peuvent être visés pour timbre et enregistrés en *débet.* (*Déc. f.* 28 *juin* 1808.) . . . . I. G. 28 juill. 1808, § 1, n° 390.

3. — Co-tuteur. — L'acte qui maintient la mère remariée dans la tutelle et lui adjoint le second mari pour co-tuteur n'est passible que d'un seul droit *fixe de* 2 *fr.* (*Déc. f.* 20 *juin* 1809.) I. G. 31 août 1809, n° 449.

— *V.* Actes *passés en conséquence*, n° 25; Avis *de parens*; Comptes *de tutelle*, n° 1 *et suiv.*; Nominations *de tuteurs.*

TUTELLES *officieuses.* — 2 *fr. fixe.* (*Déc. f.* 23 *sept.* 1806.) Modifié, n° 2 inf. . . . . Circ. 24 nov. 1806.

2. — Le droit est porté à 50 *fr. fixe.* (*Loi* 1816, *art.* 48, *n°* 1.). . . . . I. G. 29 avril 1816, n° 714.

3. — Nourriture. — L'obligation que contracte le tuteur officieux de nourrir son pupille, ne donne ouverture à aucun droit particulier; stipulée dans un acte *séparé*, cette obligation est passible du droit *fixe d'un franc.* (*Déc. f.* 20 *juin* 1809.) . . . . . I. G. 31 août 1809, n° 449.

TUTEURS *et curateurs.* — *V.* Avis *de parens*; Nominations *de tuteurs et curateurs*; Paiement *des droits*; Successions, n°s 121 et 122; Tutelles.

U

UNIONS et directions de créanciers. — 3 *fr. fixe.* (*Loi enreg.*, *art.* 68, § 3, *n°* 6.) . . . Circ. n° 1450.

UNIVERSITÉS. — *V.* Actes *administratifs*, *n°* 16.

USAGES. — *V.* Droits *d'usage.*

USINES. — *V.* Ventes *d'immeubles*, *n°s* 60 *et suiv.*

USUFRUIT. — L'usufruit s'évalue à la *moitié* de la valeur entière de l'objet, ou d'après un capital formé de *dix fois* le revenu des biens. (*Loi enreg., art.* 14, *n°* 11, *et art.* 15, *n°* 8.) Circ. n° 1450.

— *V.* Partages, n°s 8 et 9; Réunions *d'usufruit*; Successions, n°s 1, 110 et suiv. et 123; Ventes *d'immeubles*, *n°* 39 *et suiv.*, 50 *et suiv.*

USURPATIONS. — Biens *communaux.* — *V.* Déclarations, n°s 4 et 5.

UTILITÉ *publique.* — *V.* Acquisitions *par les établissemens publics*, *n°s* 9, 10, 14, 19 *et suiv.*; Acquisitions *par l'état*, *n°s* 1, 2, 3, 4, 6 *et* 7; Actes *administratifs*, *n°s* 4 *et* 5; Mutations, n° 5.

V

VACATIONS. — *V.* Enquêtes, n° 4; Inventaires, n° 1, 3, 4, 6 et suiv.; Procès-verbaux, n°s 18 et 22; Procès-verbaux *de délits*, *n°* 8; Saisies *immobilières*, *n°* 5; Scellés, n° 1.

VALEURS. — Les droits proportionnels se liquident 1° pour les baux, engagemens, licitations, marchés, rétrocessions et ventes sur le prix exprimé en y ajoutant les charges; 2° pour les cessions de créances et de rentes, les constitutions de rentes ou pensions, les jugemens portant condamnation, collocation ou liquidation, les obligations et quittances sur les capitaux; 3° pour les échanges, mutations à titre gratuit et par décès sur une déclaration estimative des parties, et d'après le revenu capitalisé pour les immeubles. (*Loi enreg., art.* 14.) Si les sommes ou valeurs donnant lieu au droit proportionnel ne sont pas déterminées, les parties sont tenues d'y suppléer par une déclaration estimative au pied de l'acte. (*Art.* 16.) Circ. n° 1450.
— *V.* Chaque mot et Capitaux; Évaluations; Expertises; Mercuriales.

VALIDITÉS *de saisies.* — *V.* Saisies-*arrêts, n°* 2.

VÉLITES. — Les actes de soumission et de cautionnement fournis par eux ou en leur faveur, ne sont passibles que du droit *fixe de* 1 *fr.* (*Déc. f.* 19 *therm. an XII.*) . . . I. G. 3 fruct. an XIII, § 75, n° 290.

VENTES *de bois de l'état.* — Les procès-verbaux de vente sont assujettis au timbre et au droit d'enregistrement de 2 *fr. p.* °/₀, les expéditions sont passibles du timbre. (*Ord. roy.* 10 *déc.* 1817, *art.* 5.) I. G. 2 fév. 1818, n° 819.

— Idem. (*Déc. f.* 27 *mars* 1831, *art.* 5, 8 *et* 12.) I. G. 25 avril 1831, n° 1361.
— *V.* Aliénations; Procès-verbaux, n° 4 et suiv.

VENTES *de coupes de bois de l'état.* — Les procès-verbaux de vente et les cahiers de charges sont soumis au timbre et à l'enregistrement; les expéditions autres que celles délivrées au préfet et à l'administration forestière doivent être timbrées. (*Déc. f.* 28 *brum. et* 8 *pluv. an X.*) *V.* Procès-verbaux, n° 15. I. G. 24 fruct. an XIII, n° 291.

— *V.* Cahiers *de charges, n°* 6; Expéditions; Procès-verbaux, n° 4 et suiv.; Ventes *de meubles, n°* 8 *et suiv.*

VENTES *d'immeubles*, adjudications, cessions, rétrocessions, reventes et tous autres actes translatifs de propriété ou d'usufruit de biens immeubles à titre onéreux, 4 *fr. p.* °/₀ *sur le prix.* (*Loi enreg., art.* 69, § 7, *n°* 1.) Modifié. n° 2 inf. . . . . . . Circ. n° 1450.

2. — Le droit est porté à 5 *fr.* 50 *cent. p.* °/₀; mais la transcription ne donnera plus lieu au droit proportionnel. (*Loi* 1816, *art.* 52.) I. G. 29 avril 1816, n° 714.
— *V.* Cessions; Licitations; Mutations; Mutations *secrètes.*

3. — Adjudications *en justice.* — Les adjudications en justice doivent être enregistrées dans les vingt jours, nonobstant l'appel; si elles sont annulées par les voies légales, les droits sont restituables dans les deux ans de l'arrêt. (*Av. cons. d'état,* 22 *oct.* 1808.) I. G. 28 avril 1809, § 1, n° 429.

4. — Idem. (*Déc. f.* 13 *juin* 1809.) I. G. 4 juillet 1809, § 57, n° 436.

5. — La vente en justice de biens délaissés par hypothèque, en faveur du précédent propriétaire, opère le droit proportionnel. (*Cass.* 19 *avril* 1826.) . . . . I. G. 30 sept. 1826, § 19, n° 1200.

6. — L'avoué n'a que trois jours sans distinction des jours fériés pour déclarer l'adjudicataire. (*Cass.* 1er *déc.* 1830.) I. G. 18 mars 1831, § 1, n° 1354.
— *V.* Actes *judiciaires;* Rédaction, n° 9 et suiv.

7. — Annulation. — Les droits d'une vente sous seing-privé sont exigibles, même lorsqu'elle a été annulée par jugement. (*Cass.* 27 *mars* 1830.) *V.* n° 3 sup., et Restitutions, n° 31 et suiv. I. G. 29 juin 1832, § 2, n° 1401.

8. — Antichrèse. — La vente d'usufruit, faussement qualifiée *antichrèse*, est passible du droit de vente. (*Cass.* 16 *fév.* 1831.) I. G. 25 juin 1831, § 8, n° 1370.

9. — Biens *communaux.* — Les ventes de biens communaux faites aux détenteurs ne sont passibles des droits que sur le prix déboursé sans addition de la valeur des constructions ou améliorations. (*Déc. f.*) I. G. 28 oct. 1819, n° 904.

10. **VENTES** *d'immeubles.* — **Billets.** — La vente dont le prix est payé en billets souscrits par l'acquéreur n'opère aucun droit particulier pour les billets. (*Sol.* 30 *nov.* 1825.) . I. G. 31 mars 1826, § 13, n° 1187.

11. — **Bois**, *sol et superficie.* — Le rapprochement de deux actes portant ventes séparées du sol et de la superficie d'un bois, autorise la perception de 5 *fr.* 50 *cent. p.* °/₀ sur le tout. (*Tribunal de la Seine*, 4 *fév.* 1824.) . . . . I. G. 19 mai 1824, § 13, nomb. 2, n° 1132.

12. — La question de fraude peut être appréciée par les tribunaux. (*Cass.* 17 *janv. et* 4 *avril* 1827.) I. G. 30 juin 1827, § 13, n° 1210.

13. — **Charges.** — On doit ajouter au prix comme charge de la vente ce qui excède 10 *cent. par franc* imposés aux acquéreurs. (*Cass.* 10 *déc.* 1816, *et Sol.* 28 *juillet* 1824.) I. G. 18 déc. 1824, § 2, n° 1150.

14. — *Dettes.* — Dans une vente à charge d'acquitter des dettes, l'insuffisance constatée de leur évaluation ne suffit pas pour établir la vileté du prix, l'expertise seule peut la constater. (*Sol.* 6 *mars* 1827.) I. G. 30 juin 1827, § 10, n° 1210.

15. — *Intérêts excessifs.* — La stipulation d'intérêts excessifs n'autorise pas une addition au prix stipulé pour établir la perception ; l'expertise seule peut prouver l'insuffisance du prix exprimé. (*Déc. f.* 28 *mess. an XII.*) . . . . I. G. 3 fruct. an XIII, § 76, n° 290.

16. — *Rentes foncières.* — Le capital des rentes grévant les immeubles vendus doit être ajouté au prix pour établir la perception. (*Cass.* 4 *vent. an X.*) . . . . . . I. G. 16 brum. an XII, n° 178.

17. — La charge de payer une rente foncière grévant l'immeuble vendu doit être ajoutée au prix. (*Cass.* 7 *fév.* 1827.) I. G. 30 juin 1827, § 12, n° 1210.

18. — *Rente viagère.* — La charge de servir une rente viagère en l'acquit du vendeur ne doit être ajoutée au prix que pour le montant de l'évaluation, si elle se trouve dans le contrat, et non pour le capital de la rente, sauf expertise. (*Cass.* 21 *déc.* 1829.) I. G. 27 mars 1830, § 13, n° 1307.

— **Cimetières.** — *V.* n° 54 inf.

— **Constructions.** — *V.* n° 9 sup.; Ventes *de meubles*, n° 15; Indemnités, n° 2.
— *V.* Contre-lettres ; Déclarations *de command.*

— **Domaines** *nationaux.* — *V.* Acquisitions *par l'état;* Aliénations ; Ventes *de bois.*

19. — **Double** *droit.* — Le double droit dû pour une vente enregistrée après le délai est de 5 *fr.* 50 *cent. p.* °/₀ et non de 4 *fr. p.* °/₀. (*Sol.* 3 *juillet* 1829.) *V.* Mutations. I. G. 29 déc. 1829, § 14, n° 1303.

— **Établissemens** *publics.* Ventes *en leur faveur.* — *V.* Acquisitions *par les établissemens.* — Ventes *par les établissemens. V.* n°s 29, 30 et 31 inf.

— **Filatures.** — *V.* n° 63 et suiv. inf.

20. — **Folle enchère.** — Lorsque le prix est inférieur à celui de la première adjudication enregistrée, 1 *fr. fixe* (*Loi enreg.*, *art.* 68, § 1, *n°* 8); s'il est supérieur, le droit de vente est dû sur l'excédant du prix. (*Art.* 69, § 5, *n°* 1, *et* § 7, *n°* 1.) Modifié. n° 21 inf. Circ. n° 1450.

21. — Le droit *fixe* est porté à 3 *fr.* (*Loi* 1816, *art.* 44, *n°* 1.) . . . . I. G. 29 avril 1816, n° 714.

22. — Le droit proportionnel n'est dû que sur l'excédant du prix si la première vente a été enregistrée ; dans le cas contraire, il est exigible sur le prix de la seconde vente, et le double droit sur la première doit être réclamé du fol enchérisseur. Lorsque le prix est inférieur, le premier adjudicataire doit les droits et doubles droits sur la différence. (*Déc. f.* 13 *juin* 1809.) *V.* n°s 55 et 56 inf. . . . . I. G. 4 juill. 1809, § 56, n° 436.

23. **VENTES** *d'immeubles.* — **Garantie.** — La vente par un père tuteur, au nom de ses enfans mineurs, avec garantie personnelle, ne donne pas lieu à un droit particulier. (*Cass.* 18 *avril* 1831.) I. G. 20 sept. 1831, § 8, n° 1381.

24. — La vente avec garantie par les deux époux, de biens propres à l'un d'eux, opère le droit de 50 *cent p.* °/ₒ pour la garantie. (*Déc. f.* 26 *oct.* 1831.) Abrogé. n° 25 inf. I. G. 13 déc. 1831, n° 1384.

25. — Décision abrogée. (*Déc. f.* 14 *juill.* 1832.) I. G. 17 juill. 1832, n° 1403.

26. — **Héritiers** *bénéficiaires.* — Le droit de 1 *f.* 50 *c. p.* °/ₒ est dû sur la transcription d'une adjudication au profit d'un héritier bénéficiaire. (*Cass.* 12 *nov.* 1823.) . . . I. G. 16 fév. 1824, n° 1121.

27. — Les ventes de l'espèce sont passibles du droit de transcription, lors de l'enregistrement. (*Cass.* 12 *nov.* 1823 *et* 26 *déc.* 1831.) I. G. 31 mars 1832, § 1, n° 1398.

28. — Idem. (*Cass.* 15 *janv.* 1834.) *V.* Licitations, n°ˢ 8 et suiv.; Transcriptions, n° 5. I. G. 19 juill. 1834, § 1, n° 1458.

29. — **Hospices.** — Les ventes de biens appartenant aux hospices ne sont passibles que du droit de 2 *fr. p.* °/ₒ. (*Déc. f.*) Modifié. n° 30 et 31 inf. . . . . I. G. 22 fév. 1808, § 14, n° 360.

30. — Les ventes de biens des hospices qui, par assimilation aux ventes de biens de l'état, ne sont passibles que du droit de 2 *fr. p.* °/ₒ, sont en outre sujettes au droit additionnel de 1 *fr.* 50 *c. p.* °/ₒ. (*Déc. f.* 30 *nov.* 1819.) Modifié. n° 31 inf. . . . . . . I. G. 4 janv. 1820, n° 917.

31. — Les ventes de biens des hospices, bureaux de bienfaisance, fabriques et séminaires sont passibles des droits ordinaires de 5 *fr.* 50 *c. p.* °/ₒ. (*Déc. f.* 24 *déc.* 1827.) . . . . I. G. 22 mars 1828, § 8, n° 1236.

— **Immeubles** *par destination.* — *V.* n°ˢ 58 et suiv. inf.; Biens; Ventes *de meubles*, n° 26.

32. — **Indivision** *subsistante.* — La vente d'immeubles *indivis* qui ne fait pas cesser entièrement l'idivision, opère le droit de 5 *fr.* 50 *c. p.* °/ₒ. (*Cass.* 16 *janv.* 1827.) . . . I. G. 15 déc. 1827, § 12, n° 1229.

33. — Idem. (*Cass.* 24 *août* 1829.) I. G. 29 déc. 1829, § 12, n° 1303.

34. — Idem. (*Cass.* 27 *déc.* 1830.) I. G. 18 mars 1831, § 10, n° 1354.

35. — Idem. (*Cass.* 6 *nov.* 1832.) I. G. 23 mars 1833, § 12, n° 1422.

— **Licitations** — *V.* n° 32 et suiv. sup.; Cessions *de droits successifs;* Licitations.

— **Machines** *à vapeur et métiers de filature.* — *V.* n° 63 et suiv. inf.

— **Majorats** — *V.* Majorats.

36. — **Meubles** *et immeubles.* — La vente comprenant des immeubles et des objets mobiliers non désignés, ni estimés *article par article*, est passible du droit fixé pour les immeubles sur la totalité du prix, lors même que la vente a lieu par adjudication, et que les prix sont distincts. (*Sol.* 25 *nov.* 1828) I. G. 24 mars 1829, § 18, n° 1272.

37. — Si la vente se reporte à un inventaire antérieur pour la désignation des meubles, elle n'opère que 2 *fr. p.* °/ₒ sur le prix particulier de ceux-ci. (*Sol.* 15 *janv.* 1830.) *V.* Biens, et n°ˢ 65 et 66 inf. I. G. 8 juin 1830, § 10, n° 1320.

38. — **Mines.** — **Condition** *suspensive.* — La vente du droit d'exploiter une mine, sauf l'autorisation du gouvernement, n'opère le droit proportionnel qu'à partir de cette autorisation. (*Cass.* 19 *juin* 1826.) *V.* Mines; Ventes *de meubles*, n° 4, *et* n°ˢ 58 *et* 59 *inf.* I. G. 30 sept. 1826, § 20, n° 1200.

— **Moulins** *à vent.* — *V.* n° 67 inf.

39. — **Nue-propriété.** — **Usufruit.** — La vente de la nue-propriété et de l'usufruit à deux personnes différentes est passible du droit de 5 *fr.* 50 *c. p.* °/ₒ, savoir : pour la nue-propriété, sur le prix augmenté de moitié en sus; et pour l'usufruit, sur le prix exprimé. (*Sol.* 28 *oct.* 1825.) Modifié. n° 40 inf. I. G. 31 mars 1826, § 5, n° 1187.

40. **VENTES** *d'immeubles.* — **Nue-propriété.** — **Usufruit.** — La vente par le même acte de la nue-propriété et de l'usufruit à deux personnes différentes, opère le droit sur chacun des prix sans rien ajouter à celui de la nue-propriété, sauf le paiement des droits dus par le nu-propriétaire sur la valeur de l'usufruit, lors de la réunion. (*Cass.* 20 *mars et* 26 *déc.* 1826.) Modifié. n° 40 inf. I. G. 20 mars 1827, § 14, n° 1205.

41. — La vente de la nue-propriété d'un immeuble dont l'usufruit appartient à *un tiers*, n'est passible du droit que sur le prix exprimé, sauf la perception sur la valeur de l'usufruit, lors de sa réunion à la nue-propriété. (*Cass.* 3 *janv.* 1827.) Modifié pour la dernière partie. *V.* Réunions *d'usufruit*, n° 10. I. G. 30 juin 1827, § 9, n° 1210.

— *V.* n°s 50, 51 et 52 inf.; Obligations, n° 16; Paiement *des droits*, n° 13; Partages, n° 3.

42. — **Prix** *à régler par experts.* — Quand le prix n'est pas déterminé par le contrat, les parties doivent y suppléer par une déclaration estimative dont l'inexactitude emporte la peine du *double droit.* (*Déc. j. et f.* 10 *et* 21 *janv.* 1812.) . . . . . I. G. 12 mars 1812, n° 566.

43. — **Procuration.** — La vente parfaite rédigée sous la forme d'une procuration est passible du droit de 5 *fr.* 50 *c. p.* °/₀. (*Sol.* 4 *sept.* 1829.) . . . . I. G. 29 déc. 1829, § 13, n° 1303.

— *V.* Quittances, n°s 15, 16 et 17.

44. — **Réméré.** — Les ventes à *réméré* faites à la banque territoriale sont passibles des droits ordinaires d'enregistrement et de transcription, mais seulement sur le prix stipulé, sans qu'il y ait lieu de rechercher la valeur vénale. (*Déc f.* 22 *vend. an VIII, et* 8 *pluv. an IX.*) Circ. 14 germ. an IX, n° 1987.

45. — Le supplément de prix payé par l'acquéreur à *réméré* est passible du droit de vente. I. G. 9 therm. an XII, n° 245.

46. — Le supplément de prix stipulé dans une vente, pour le cas où le *réméré* ne serait pas exercé, est *immédiatement* passible du droit proportionnel, et ce droit ne peut être restitué en cas d'exercice de la faculté de rachat. (*Déc. f.* 7 *juin* 1808.) . . . . I. G. 29 juin 1808, § 40, n° 386.

47. — La renonciation moyennant un supplément de prix, à une faculté de rachat précédemment stipulée, est passible du droit fixé pour les ventes. (*Sol.* 3 *oct.* 1828.) *V.* Retraits *de réméré.* I. G. 24 mars 1829, § 19, n° 1272.

48. — **Remplois.** — La cession à titre de remploi en vertu de l'art. 1595 C. C., par un mari à sa femme est passible du droit de vente. (*Déc. f.* 28 *juin* 1808.) *V.* Remplois, n°s 1 et 2. I. G. 17 août 1808, n° 392.

— *V.* Renonciations, n°s 3, 4 et 5.

49. — **Rentes.** — Les droits sur une vente consentie moyennant une rente perpétuelle doivent être perçus sur le capital au denier vingt, même lorsqu'il est stipulé que le rachat de cette rente ne pourra être exercé qu'en payant un capital supérieur. (*Cass.* 19 *mai et* 17 *déc.* 1834.) *V.* Expertises, n° 7, et n°s 16, 17 et 18 sup. . . . . I. G. 21 avril 1835, § 13, n° 1481.

50. — **Réserve** *d'usufruit ou de jouissance.* — Pour les ventes avec réserve de l'usufruit par le vendeur, on doit l'évaluer à la moitié du prix, charges comprises, et percevoir sur le total; mais il ne sera dû un droit proportionnel lors de la réunion à la propriété, que sur le prix excédant l'évaluation. (*Loi enreg., art.* 15, *n°* 6.) *V.* n° 41 sup. Circ. n° 1450.

51. — On doit ajouter au prix la réserve de la jouissance pour un temps quelconque postérieur au paiement, *excepté* lorsque la réserve ne s'applique qu'au terme courant des revenus à échoir. (*Déc. f.* 23 *août* 1808.) I. G. 30 sept. 1808, § 12, n° 400.

52. VENTES *d'immeubles.* — **Réserve** *d'usufruit ou de jouissance.* — La réserve de jouissance indéfinie au profit du vendeur équivaut à une réserve d'usufruit et donne lieu à l'addition de moitié du prix. (*Cass.* 24 *juin* 1829.) . . . . I. G. 26 sept. 1829, § 11, n° 1293.

— *V.* Réunions *d'usufruit;* Usufruit; Valeurs, et n° 39, 40 et 41 sup.

— **Résolutions.** — *V.* Résolutions *de contrats.*

— **Restitutions.** — *V.* n° 3 et 4 sup., 56 et 57 inf.; Restitutions, n° 13, 14, 17 et suiv., 25, 26, 31 et suiv.

53. — **Saisies.** — En cas de vente par expropriation de biens légués par un testament non transcrit, l'acquisition par l'un des héritiers appelés, est passible du droit de 5 *fr.* 50 *cent. p.* °/₀ sur la totalité du prix. (*Sol.* 31 *déc.* 1825.) . . . . I. G. 31 mars 1826, § 14, n° 1187.

54. — **Sépultures.** — Les concessions de terrains pour sépultures sont passibles du droit de vente sur la totalité du prix en y comprenant même les sommes attribuées aux pauvres; les actes de l'espèce ne sont soumis à l'enregistrement qu'à partir de l'approbation. (*Déc. f.* 7 *nov.* 1809.) I. G. 3 janvier 1810, n° 459.

— **Servitudes.** — *V.* Servitudes, n° 1.

55. — **Simulation.** — Les droits d'une vente immobilière sont exigibles, même lorsque l'on prétend qu'elle a été simulée. (*Cass.* 23 *fév.* 1824.) . . . . I. G. 19 mai 1824, § 12, n° 1132.

— **Successives.** — *V.* Expertises. n° 8.

56. — **Surenchères.** — Pour les adjudications par suite de surenchère sur aliénation volontaire, on doit imputer les droits perçus sur le premier acte. (*Sol.* 28 *août* 1829.) I. G. 29 déc. 1829, § 4, n° 1303.

57. — Le droit n'est exigible que sur la portion du prix qui excède celui de la première vente; mais si le second prix est moindre, le premier droit n'est pas restituable. (*Cass.* 6 *fév.* 1833.) *V.* n° 20, 21 et 22 sup. I. G. 30 juin 1833, § 2, n° 1425.

58. — **Tourbières.** — La vente par actes séparés du sol d'une tourbière et de la faculté de l'extraire, faite au même acquéreur, opère le droit de 5 *fr.* 50 *cent. p.* °/₀ sur le tout. (*Trib. d'Amiens*, 6 *août* 1832.) I. G. 23 mars 1833, § 13, n° 1422.

59. — La vente du droit d'exploiter de la tourbe opère le droit de vente mobilière ou de 5 *fr.* 50 *cent. p.* °/₀ selon que le fonds est vendu en même temps. (*Sol.* 11 *fév.* 1834.) I. G. 19 juillet 1834, § 2, n° 1458.

— **Transcription.** — *V.* n° 2, 19, 26, 27, 28, 30, 31, 33 et suiv. sup., et Transcription.

60. — **Usines.** — **Ustensiles.** — Les meubles réputés immeubles par leur destination, vendus avec le fonds qu'ils servent à exploiter, opèrent le droit de vente immobilière. I. G. 3 fruct. an XIII, § 26, n° 290.

61. — Le rapprochement de deux actes de vente dont l'un comprend une usine et l'autre les ustensiles servant à son exploitation, autorise la perception du droit de 5 *fr.* 50 *cent. p.* °/₀ sur le tout. (*Cass.* 23 *fév.* 1824.) . . . . I. G. 19 mai 1824, § 13, n° 1, n° 1132.

62. — Les foudres, cuves et tonnes à l'usage d'un *chay* ou fabrique de vins, sont immeubles par destination, et la vente avec l'usine opère le droit de 4 *fr.* ou de 5 *fr.* 50 *cent. p.* °/₀. (*Cass.* 30 *mai* 1826.) I. G. 30 sept. 1826, § 18, n° 1200.

63. — Les métiers et ustensiles d'une filature sont réputés immeubles par destination s'ils sont vendus avec l'immeuble. (*Sol.* 28 *nov.* 1828.) . . . . I. G. 24 mars 1829, § 17, n° 1272.

64. VENTES *d'immeubles.* — **Usines.** — **Ustensiles.** — Une machine à vapeur est réputée immeuble, et la vente au co-propriétaire d'une part indivise de cette machine ne peut être considérée comme une licitation si l'immeuble lui-même n'était pas indivis. (*Cass.* 8 *avril* 1829.) I. G. 26 sept. 1829, § 12, nº 1293.

65. — La qualification de meubles donnée à des ustensiles réputés immeubles par destination, ne change pas leur nature et n'empêche pas la perception du droit de 5 *fr.* 50 *cent.* sur le tout. (*Cass.* 20 *juin* 1832.) Modifié. nº 65 inf. . . . . I. G. 30 sept. 1832, § 12, nº 1410.

66. — Arrêt contraire. (*Cass.* 23 *avril* 1833.) I. G. 30 sept. 1833, § 15, nº 1437.

67. — La vente d'un moulin fixé ou posé sur piliers en maçonnerie avec le terrain sur lequel il est érigé, est passible du droit de 5 *fr.* 50 *cent. p.* °/₀. (*Cass.* 12 *mai* 1834.) I. G. 7 nov. 1834, § 10, nº 1467.

— *V.* Ventes *de meubles*, *nº* 15.

— **Usufruit.** — *V.* Réunions *d'usufruit*, *et nºs* 39, 40, 41, 50, 51 *et* 52 *sup.*

— **Verbales.** — *V.* Mutations *secrètes.*

— **Ventillation.** — *V.* nºs 36, 37, 65 *et* 66 sup., Biens.

VENTES *de marchandises.* — Les ventes de marchandises par les courtiers de commerce doivent être enregistrées dans les dix jours et sont passibles du droit de 2 *fr. p.* °/₀. (*Déc. f.* 4 *vend. an XII.*) Modifié. nº 4 inf. I. G. 28 vend. an XII, nº 173.

2. — Les ventes faites, en exécution du décret impérial du 11 mai 1807, de marchandises données en nantissement des prêts faits au commerce, sont *exemptes* du timbre et de l'enregistrement. (*Décret* 11 *mai* 1807, *art.* 5.) Circ. 6 juin 1807.

3. — La requête et l'ordonnance portant autorisation de vendre, sont assujetties au timbre et à l'enregistrement, ainsi que la déclaration de propriété ou de commission, et l'acte de dépôt au greffe. — Les catalogues d'objets à vendre sont assujettis au timbre. — Les ventes sont passibles du droit de 2 *fr. p.* °/₀ sur le prix cumulé et doivent être enregistrées dans les quatre jours. — Le dépôt au greffe peut être fait avant l'enregistrement. (*Déc. f.* 22 *sept.* 1812.) Modifié. nº 4 inf. . . . . I. G. 6 oct. 1812, nº 602.

4. — Les ventes publiques de meubles faites par les courtiers de commerce, conformément au décret du 17 avril 1812, ne sont passibles que du droit de 50 *cent. p.* °/₀. (*Loi* 15 *mai* 1818, *art.* 74.) I. G. 18 mai 1818, § 3, nº 834.

5. — Idem. Lors même que ces ventes ne seraient pas faites à la bourse. (*Déc. f.* 9 *oct.* 1819.) I. G. 28 oct. 1819, § 1, nº 904.

6. — Idem. Quand même la valeur des lots serait réglée par les tribunaux au-dessous du *minimum* fixé par le décret. (*Déc. f.* 18 *mai* 1821.) *V.* nº 7 inf. . . . . I. G. 14 juin 1821, § 4, nº 983.

7. — Pour jouir de la modération du droit à 50 *cent. p.* °/₀, les ventes de l'espèce doivent être faites conformément au décret du 17 avril 1812, et ne comprendre que des marchandises de la nature de celles désignées au tableau annexé ou portées dans les états dressés par les tribunaux de commerce; autrement le droit de 2 *fr. p.* °/₀ reste exigible. (*Déc. f.* 24 *juillet* 1834.) I. G. 31 déc. 1834, § 6, nº 1473.

8. — **Avaries.** — Les ventes publiques de marchandises avariées par suite d'événemens de mer, faites sous la surveillance du receveur des douanes par les courtiers de commerce ou autres officiers publics, ne sont passibles que du droit *fixe de* 1 *fr.* (*Loi* 21 *avril* 1818, *art.* 56.) I. G. 27 avril 1818, nº 830.

9. — Ce tarif est applicable aux ventes de l'espèce faites par les commissaires de la marine. (*Déc. f.* 2 *mars* 1821.) I. G. 19 avril 1821, § 3, nº 978.

10. — La réduction du droit à 1 *fr. fixe*, n'est applicable pour les ventes publiques de marchandises provenant de navires naufragés qu'aux objets *avariés*. (*Déc. f.* 12 *juin* 1827.) I. G. 24 juillet 1827, § 1, nº 1212.

11. **VENTES** *de marchandises.* — **Faillites.** — Les ventes de meubles et marchandises des *faillis* faites publiquement ou à l'amiable par les syndics, ne sont passibles que du droit de 50 *cent. p.* °/₀. (*Loi* 24 *mai* 1834, *art.* 12.) . . . . I. G. 17 nov. 1834, § 1, n° 1471.

VENTES DE MEUBLES. — Les ventes, rétrocessions et tous autres actes translatifs de propriété ou d'usufruit, de meubles, récoltes, coupes de bois sur pied et autres objets mobiliers à titre onéreux, 2 *fr. p.* °/₀ sur le prix. (*Loi enreg., art.* 69, § 5, *n*° 1.) Circ. n° 1450.

2. — Les procès-verbaux de ventes publiques de meubles doivent être enregistrés au bureau dans l'arrondissement duquel les ventes ont eu lieu; le droit est exigible sur le montant des sommes que contiendra cumulativement le procès-verbal des séances à enregistrer dans le délai prescrit. (*Loi* 22 *pluv. an VII, art.* 6.) *V.* n° 23 inf.; Bureaux, n° 10. Circ. n° 1498.

— Achalandages. — *V.* Cessions *d'offices.*

— *V.* Actes *passés en conséquence, n*° 26.

— Bateaux. — *V.* Ventes *de navires, n*^os^ 6 *et* 7.

3. — **Brevets** *d'invention.* — La cession d'un brevet d'invention est passible du droit de 2 *fr. p.* °/₀. (*Sol.* 29 *mai* 1832.) I. G. 30 sept. 1832, § 4, n° 1410.

4. — **Carrières.** — La vente du droit d'exploiter une carrière ouverte ou à ouvrir, n'est passible que du droit de vente mobilière si elle est faite séparément de la vente du fonds. (*Cass.* 12 *août* 1833.) *V.* Ventes *d'immeubles, n*^os^ 58 *et* 59. . . . . I. G. 30 déc. 1833, § 10, n° 1446.

5. — **Charges.** — Le décime pour franc et tous les autres frais mis à la charge des adjudicataires doivent être ajoutés au prix pour la liquidation des droits. (*Déc. f.* 10 *fruct. an XII.*) Modifié. n° 6 inf. I. G. 20 fruct. an XII, n° 253.

6. — On doit ajouter au prix, comme charge de la vente, ce qui excède *cinq centimes pour franc* mis à la charge des adjudicataires. (*Sol.* 19 *avril* 1826.) *V.* n° 22 inf., et Ventes *de mobilier de l'état, n*° 15. I. G. 30 sept. 1826, § 21, n° 1200.

7. — **Communes.** — Les maires peuvent vendre le mobilier des communes et le procès-verbal doit être enregistré dans les vingt jours. (*Déc. f.* 17 *oct.* 1809.) . . . . . . I. G. 23 nov. 1809, § 14, n° 454.

— Constructions. — *V.* n° 15 inf., et Indemnités, n° 2.

8. — **Coupes** *de bois.* — **Baux.** — Les bois en coupes réglées peuvent être affermés comme tous les autres immeubles; mais l'acte qualifié *bail* qui aurait pour effet de céder des coupes de bois *non aménagées* ou des arbres épars, doit être réputé *vente de coupes.* (*Déc. j. et f.* 6 *juillet et* 16 *août* 1808.) I. G. 30 sept. 1808, § 3, n° 400.

9. — L'acte qualifié bail pour plusieurs années des coupes de la superficie entière d'un bois, moyennant un prix payé comptant, doit être considéré comme vente de coupes de bois et assujetti au droit de 2 *fr. p.* °/₀. (*Sol.* 15 *mai* 1827.) . . . . I. G. 7 sept. 1827, § 5, n° 1219.

10. — Idem. (*Sol.* 1er *juill.* 1828.) I. G. 31 déc. 1828, § 6, n° 1263.

11. — Idem. (*Cass.* 3 *déc.* 1832.) I. G. 23 mars 1833, § 14, n° 1422.

12. — **Coupes** *de bois de l'état.* — Il n'est dû qu'un seul droit sur l'adjudication, malgré le nombre des renvois. (*Sol.* 3 *niv. an VIII.*) Circ. n° 1723.

13. — Le délai court de la date du renvoi au précédent enchérisseur. (*Déc. f.* 6 *frim. an XIII.*) I. G. 3 fruct. an XIII, § 20, n° 290.

— *V.* Procès-Verbaux, n° 4 et suiv.; Surenchères; Ventes *de coupes de bois.*

— **Faillites.** — *V.* Faillites; Ventes *de marchandises, n*° 11.

— **Filatures.** — *V.* Ventes *d'immeubles, n*° 63 *et suiv.*

— **Fournitures.** — *V.* Obligations, n° 8.

14. **VENTES** *de meubles.* — HÉRITIERS. — Le droit doit être perçu sur la totalité des objets mobiliers adjugés publiquement, sans distraction de ceux qui seraient vendus aux co-héritiers. (*Cass.* 9 *mai* 1832.) *V.* n° 17 inf. . . . . I. G. 30 sept. 1832, § 13, n° 1410.

— IMMEUBLES *par destination.* — *V.* VENTES *d'immeubles*, n° 60 *et suiv.*

— MACHINES *à vapeur et métiers.* — *V.* VENTES *d'immeubles*, n° 63 *et suiv.*

— MARCHANDISES. — *V.* VENTES *de marchandises.*

— MARINE. — *V.* n° 27 inf.; VENTES *de mobilier de l'état*, n°s 3, 4 *et* 5; VENTES *de navires.*

15. — MATÉRIAUX. — La vente de matériaux et du droit d'établir une usine est purement mobilière et ne doit que 2 *fr p.* °/₀. (*Cass.* 12 *janv.* 1829.) . . . . I. G. 28 juin 1829, § 12, n° 1282.

— MOBILIER *de l'état.* — *V.* VENTES *de mobilier de l'état.*

— MOULINS *à vent.* — *V.* VENTES *d'immeubles*, n° 67.

— NAVIRES. — *V.* VENTES *de navires.*

16. — OBJETS *retirés.* — Le prix des objets retirés par le vendeur doit être compris dans le produit d'une vente publique, et il est passible du droit de 2 *fr. p.* °/₀. (*Ord. roy.* 1er *mai* 1816.) Modifié. n° 17 inf. I. G. 1er juin 1816, n° 725.

17. — Les objets retirés de la vente doivent être compris dans le procès-verbal; mais le droit de 2 *fr. p.* °/₀ n'est exigible que sur le prix des objets adjugés. (*Déc. f.* 19 *fév.* 1819.) Les ventes de bois appartenant à l'état ou aux communes doivent également comprendre tous les objets exposés en vente. (*Déc. f.* 26 *fév.* 1819.) . . . . . . I. G. 25 mars 1819, § 1 et 3, n° 883.

— OFFICES. — *V.* CESSIONS *d'offices.*

18. — POISSONS *de mer.* — Les ventes publiques de poissons frais ne sont pas sujettes à l'enregistrement; mais celles de poissons salés doivent être faites avec les formalités ordinaires, et sont passibles des droits d'enregistrement. (*Déc. j et f.* 7 *mai* 1819.) Modifié. n° 19 inf. I. G. 28 oct. 1819, § 2, n° 904.

19. — Les ventes de poissons salés sont également *exemptes* de l'enregistrement. (*Av. cons. d'état* 3 *juin* 1820.) I. G. 14 juill. 1820, n° 940.

20. — PRISES *maritimes.* — Ces ventes sont soumises à l'enregistrement dans les vingt jours à peine du *double droit*, et les officiers de l'administration de la marine doivent, à défaut de consignation des droits, délivrer extrait des actes aux receveurs, sous peine de 10 *fr. d'amende* et de la responsabilité des droits. (*Loi* 27 *vent. an IX*, *art.* 7.) Modifié. n° 21 inf. Circ. n° 1992.

21. — L'amende est réduite à 5 *fr.* (*Loi* 1824, *art.* 10.) I. G. 23 juin 1824, § 10, n° 714.

22. — Les droits de douanes ou d'octrois mis à la charge des acquéreurs ne doivent pas être ajoutés au prix pour la liquidation. (*Déc. f.* 15 *sept.* 1807.) Circ. 23 sept. 1807.

23. — PRIX *cumulé.* — La perception à faire *cumulativement* sur le prix des ventes de meubles ne s'applique qu'aux ventes *au comptant*, et non à celles de coupes de bois et autres signées *séparément* par les adjudicaires et cautions. (*Déc. f.* 28 *niv. an IX.*) *V.* n° 2 sup. Circ. 7 germ. an IX, n° 1781.

24. — RÉCOLTES. — On peut sans contravention rédiger dans le même contexte un procès-verbal de vente de récoltes sur plusieurs communes, à la requête de plusieurs propriétaires. (*Sol.* 16 *juin* 1824.) I. G. 8 sept. 1824, § 13, n° 1146.

25. — SUPPLÉMENS. — Les supplémens de droits sur une vente publique ne peuvent être réclamés que des parties. (*Déc. f.* 19 *fév.* 1819.) I. G. 25 mars 1819, § 2, n° 883.

26. — THÉATRES. — Les machines, décorations et autres effets mobiliers d'un théâtre ne sont pas considérés comme immeubles par destination. (*Déc. f.* 4 *mars* 1806.) . . . I. G. 12 fév. 1808, § 12, n° 366.

27. **VENTES** *de meubles.* — TIMBRE. — MARINE. — Les ventes faites par les préposés ou officiers de marine, des effets de marins ou passagers morts en mer, sont *exemptes* de timbre, lorsqu'elles n'excèdent pas dix fr.; celles dont le produit est supérieur, peuvent être visées pour timbre au retour. La formalité de l'enregistrement doit être donnée *gratis* dans les vingt jours qui suivront la rentrée du bâtiment, si la vente ne s'élève qu'à 25 fr. et au-dessous; mais les ventes dont le produit est supérieur, restent assujetties aux droits ordinaires. Circ. n° 1801 bis.

VENTES *de mobilier de l'état.* — Les ventes de mobilier de l'état sont passibles du droit de 2 *fr. p.* °/₀ (*Déc. f.* 10 *août* 1826.). I. G. 23 déc. 1826, § 9, n° 1204.

2. — CHEVAUX *des haras.* — Ces ventes sont passibles du droit ordinaire de 2 *fr. p.* °/₀. (*Déc. f.*) I. G. 8 oct. 1807, n° 349.

3. — MARINE. Les ventes faites par les officiers d'administration de la marine sont soumises au timbre et à l'enregistrement. *V.* nᵒˢ 1 sup. et 4 inf.; VENTES *de meubles*, n° 27. I. G. 12 therm. an X, n° 66.

4. — Les ventes de mobilier de la marine faites en exécution de l'arrêté du gouvernement du 13 prairial an X, sont *exemptes* du timbre et de l'enregistrement. (*Déc. f.* 12 *fruct. an XI.*) Modifié. n° 1 sup. I. G. 5 compl. an XI, n° 166.

5. — Idem. Modifié. n° 1 sup. I. G. 24 fév. 1813, n° 624.

6. — MILITAIRES. — Les ventes de mobilier militaire faites par les commissaires des guerres sont assujetties au timbre et à l'enregistrement. (*Déc. f.* 8 *flor. an VIII.*) . . . Circ. n° 1810.

7. — Les ventes de mobilier militaire faites par les préposés sont soumises aux droits ordinaires de timbre et d'enregistrement. Circ. 6 prair. an IX, n° 2009.

8. — Les ventes de mobilier militaire en exécution des arrêtés des consuls des 9 et 13 floréal an IX sont *exemptes* de l'enregistrement. (*Déc. f.* 25 *fruct. an IX.*) Modifié. nᵒˢ 1 sup. et 14 inf. I. G. 8 brum. an X, n° 3.

9. — Cette décision est applicable aux ventes d'anciens poids et mesures déposés dans les établissemens militaires. (*Sol.*) *V.* nᵒˢ 1 sup. et 14 inf. I. G. 9 frim an X, n° 18.

10. — Ces ventes sont *exemptes* du timbre. (*Déc. f.* 25 *niv. an X.*) Modifié. n° 12 inf. I. G. 5 pluv. an X, n° 38.

11. — Les ventes d'effets provenant de militaires décédés dans les hôpitaux. — 2 *fr. p.* °/₀. (*Déc. f.*) I. G. 8 oct. 1807, n° 349.

12. — Les ventes d'effets provenant des militaires décédés dans les hôpitaux ou dans les prisons, sont soumises au timbre et au droit d'enregistrement de 2 *fr. p.* °/₀; les expéditions délivrées aux administrations sont *exemptes* de timbre. (*Déc. ministre de la guerre* 2 *mai* 1808.) *V.* nᵒˢ 13 et 14 inf. I. G. 4 août 1808, n° 391.

13. — Les ventes de mobilier militaire inutile au service sont *exemptes* du timbre et de l'enregistrement. Modifié. nᵒˢ 1 sup. et 14 inf. I. G. 24 fév. 1813, n° 623.

14. — Les adjudications de fumiers à provenir des écuries militaires sont passibles du droit de 2 *fr. p.* °/₀ sur l'évaluation provisoire du prix, sauf réglement ultérieur. (*Déc. f.* 7 *oct.* 1834.) I. G. 31 juill. 1835, § 1, n° 1490.

— *V.* PROCÈS-VERBAUX, n° 22.

15. — SAISIES. — Pour les ventes de marchandises saisies à la douane, le droit est dû sur la totalité du prix lorsqu'il comprend les droits de douane à payer pour l'importation; mais on ne doit pas les ajouter lorsque leur paiement n'est qu'éventuel. (*Déc. f.* 25 *juin* 1830.) I. G. 27 sept. 1830, § 13, n° 1336.

16. — TABACS. — Les ventes publiques de tabacs faites par les préposés des contributions indirectes ne sont passibles que du droit de 50 *cent. p.* °/₀. (*Déc. f.*). . . . . . I. G. 14 juill. 1820, n° 940.

VENTES *de navires.* — Les ventes de navires par les courtiers de commerce sont passibles du droit ordinaire de 2 *fr. p.* °/ₒ. (*Déc. f.* 4. *vend. an XII.*) Abrogé. nº 4 inf. . . . I. G. 28 vend. an XII, nº 173.

2. — Les ventes de navires *français* sont assujetties au droit ordinaire de 2 *fr. p.* °/ₒ. (*Déc. f.* 18 *germ. an X.*) Abrogé. nº 4 inf. I. G. 3 fruct. an XIII, § 77, nº 290.

3. — Les ventes de navires étrangers sont passibles du droit ordinaire de 2 *fr. p.* °/ₒ. (*Déc. f.*) Abrogé. nºˢ 4 et 7 inf. Circ. 10 nov. 1806.

4. — Les ventes de navires ne sont soumises qu'au droit *fixe d'un franc.* (*Loi* 21 *avril* 1818, *art.* 64.) I. G. 27 avril 1818, nº 830.

5. — Cette décision est applicable aux ventes de débris de navires naufragés. (*Déc. f.* 2 *mars* 1821.) I. G. 19 avril 1821, § 3, nº 978.

7. — Bateaux. — Les ventes de toute espèce de navires ou bateaux *français* ne sont assujetties qu'au droit *fixe d'un franc.* (*Déc. f.* 2 *mars* 1824.). . . . . I. G. 19 mai 1824, § 14, nº 1132.

7. — La réduction est applicable à toutes les ventes de navires ou bateaux, même *étrangers.* (*Déc. f.* 14 *sept.* 1825.) I. G. 30 déc. 1825, § 8, nº 1180.

VÉRIFICATIONS *de créances.* — *V.* Actes *passés en conséquence*, nº 27; Affirmations *de créances;* Rédaction (*droits de*), nº 18 *et suiv.*

VÉRIFICATIONS *d'écritures.* — Les pièces déposées doivent être enregistrées préalablement; l'acte de dépôt, le procès-verbal du juge et le rapport des experts peuvent être enregistrés en même temps; les décharges sont passibles d'un droit particulier, et le droit proportionnel est exigible sur l'exécutoire qui taxe les vacations des experts. (*Déc. f.* 13 *juin* 1809.) *V.* Actes *judiciaires.* I. G. 4 juill. 1809, § 19 et 20, nº 436.

VÉRIFICATIONS *de rapports.* — *V.* Procès-verbaux, nº 23.

VÉRIFICATIONS *de régies.* — *V.* Procès-verbaux, nº 25.

VÉTÉRANS. — *V.* Successions, nº 45.

VINDICTE *publique.* — *V.* Actes *de poursuites en matière criminelle et de police;* Actes *judiciaires en matière criminelle et de police.*

VISA. — Exploits. — Le visa donné par des fonctionnaires publics sur des actes d'huissiers n'est passible d'aucun droit particulier. (*Déc. f.* 13 *juin* 1809.) . . . . . . I. G. 4 juill. 1809, § 78, nº 436.

VISA *pour timbre.* — *V.* les différens mots selon la nature des actes.

VISITES *de navires* — Les procès-verbaux de visite de navires et leur dépôt au greffe sont assujettis au timbre, à l'enregistrement et aux droits de greffe, lorsqu'il s'agit de voyages de long cours ou de grand cabotage, pour le petit cabotage, au contraire, il y a *exemption.* (*Déc. f.* 13 *déc.* 1828.) I. G. 24 mars 1829, § 12, nº 1272.

VOIRIE *(Grande)*. — *V.* Actes *administratifs*, nº 15; Procès-verbaux, nºˢ 24 et 25.

VOITURES *publiques.* — *V.* Messageries.

VOYAGES. — *V.* Actes *de voyage.*

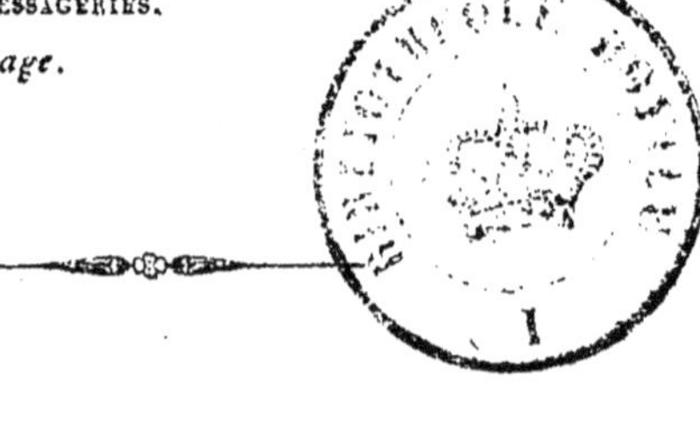

ERRATUM.

Page 2 ligne 37. — ACCEPTATIONS *de lettres de change*. — *V*. AMENDES *de timbre, n°* 10. — *Lisez* : n° 17.

— 7 — 18. — *V*. NOMINATIONS *de gardes*. — *Lisez* : *V*. MARCHÉS ; NOMINATIONS *de gardes*.

— 10 — 14. — Les extraits délivrés aux indigens sont sujettis au timbre. — *Lisez* : Assujettis au timbre.

— 31 — 5. — Seellés. — *Lisez* : Scellés.

— 41 — Après la 25me ligne. — *Ajoutez* : *V*. VENTES *de coupes de bois*.

— 43 — 11. — *V*. OBLIGATIONS *solidaires*. — *Lisez* : *V*. MARCHÉS ; OBLIGATIONS *solidaires*.

— 50 — 44. — Opèrent les droits fixes pour les actes de l'espèce. — *Lisez* : Opèrent les droits fixés pour les actes de l'espèce.

— 52 — *dernière*. — I. G. 23 mars 1825, n° 11, n° 1156. — *Lisez* : I. G. 23 mars 1825, § 11, n° 1156.

— 55 — 12. — Les expéditions d'actes *destinés*. — *Lisez* : Destinées.

— 70 — 15. — *V*. DONATIONS *entre vifs contenant partage*, n° 16. *Lisez* : n° 17.

— 76 — *Dernier* n°. — I. G. 5 juin 1829. — *Lisez* : 1809.

TABLE
ALPHABÉTIQUE ET ANALYTIQUE
DES
CIRCULAIRES
ET INSTRUCTIONS GÉNÉRALES
DE M. LE CONSEILLER-D'ÉTAT,
DIRECTEUR GÉNÉRAL DE L'ENREGISTREMENT ET DES DOMAINES,

Jusqu'au 1er Septembre 1835.

DEUXIÈME PARTIE.

MANUTENTION,

Amendes de condamnation, Frais de justice, Comptabilité, Domaines et Hypothèques.

A

ABUS *nuisibles au service.* — Il est défendu aux Inspecteurs de loger ou de manger chez les receveurs, de déplacer les registres, minutes et documens, ou de se faire conserver des cases en blanc pour y mettre leur vu. (*Ordres de service, art.* 3, 4 *et* 5.) . . . I. G. 5 juin 1830, n° 1318.

2. — Même défense aux inspecteurs et vérificateurs. Ils doivent en outre s'abstenir de faire des emprunts d'argent aux receveurs. (*Art.* 3 *et* 36 *du réglement.*) . . . . . . I. G. 15 mars 1831, n° 1351.
— *V.* Administration *de l'enregistrement et des domaines*, n°s 5, 8 *et* 10.

ACCUSÉS *de crédit et de réception.* — Ils doivent être rédigés en double expédition, dont l'une restera à la direction et sur laquelle seront mentionnées les pièces de dépenses renvoyées pour irrégularité. *V.* Comptabilité, n°s 9 et 10. . . . . I. G. 23 janv. 1822, n° 1017.

A-COMPTES. — Ceux payés par les condamnés doivent s'imputer d'abord sur les frais dont le trésor a fait l'avance. I. G. 19 niv. an XII, n° 194.

2. — Se conformer rigoureusement à cette instruction. I. G. 19 avril 1831, n° 1359.

ACQUÉREURS *de domaines nationaux.* — *V.* ALIÉNATIONS; AMENDES, n°s 35, 36 et 37; BOIS *de l'état, n^{os}* 10 *et* 11; CÉDULES *et obligations;* CHEPTELS; RESTITUTIONS, n° 1 et 2.

ACQUIESCEMENS *aux jugemens et arrêts concernant l'administration.* — Aussitôt qu'un jugement ou arrêt concernant l'administration a été rendu, les receveurs près les tribunaux doivent en faire connaître le dispositif au directeur du département où la contestation s'est élevée. Les directeurs examineront ce dispositif; et s'il n'est pas conforme à leurs conclusions, il les transmettront avec leur avis motivé à l'administration qui fera connaître sa détermination. Jusque-là, les receveurs ne pourront être autorisés à acquiescer aux jugemens ou arrêts, et ils ne devront les exécuter que comme *contraints et forcés* et sous toutes réserves. *V.* INSTANCES. . . . . I. G. 16 juill. 1808, n° 389.

2. — Ces dispositions s'appliquent aux arrêtés administratifs en matière contentieuse. I. G. 25 oct. 1812, § 4, n° 606.

ACQUITS. — *V.* COMPTABILITÉ, n° 151.

ACTES ADMINISTRATIFS. — (V. *Circ. n°* 255.)
— Il sera fait mention dans les enregistremens de ceux soumis à l'approbation des préfets ou du ministre, de la réserve suspensive de leur exécution jusqu'à l'approbation, et on indiquera le jour de la réception à la mairie ou à la préfecture. . . . . . I. G. 3 fruct. an XIII, § 5, n° 290.

2. — Les actes translatifs de propriété, d'usufruit ou de jouissance, les adjudications ou marchés et les cautionnemens doivent seuls être inscrits au répertoire. (*Loi* 15 *mai* 1818, *art.* 77 *à* 81.) I. G. 18 mai 1818, n° 834.

3. — EXPÉDITIONS. — La formule exécutoire n'est pas nécessaire pour les actes administratifs. I. G. 4 nov. 1812, n° 609.

ACTES *concernant les colonies.* — *V.* RENVOIS, n° 3.

ACTES *de poursuites.* — *V.* POURSUITES *au nom de l'administration.*

ACTES *des huissiers.* — PATENTES — La mention de la patente des huissiers n'est pas obligatoire. Abrogé. n° 2 inf. I. G. 4 juill. 1809, § 11, n° 436.

2. — L'article 37 de la loi du 1er brumaire an VII, n'est pas abrogé par la loi du 22 frimaire an VII, et les huissiers doivent mentionner dans leurs actes leurs patentes et celles des parties. (*Ord. roy.* 23 *déc.* 1814. I. G. 20 janv. 1815, n° 668.

— *V.* PATENTES, n° 7 et suiv.; RÉPERTOIRES, n° 14.

ACTES *des notaires.* — MINUTES. — On doit garder minutes des ventes de biens de mineurs, faites par délégation des tribunaux. Circ. 8 prair. an XII.

2. — Les actes reçus par un notaire, suppléant son confrère, doivent contenir mention que la minute est restée au notaire suppléé qui reste responsable; ils doivent être inscrits aux répertoires des notaires suppléans et suppléés. — La minute d'une quittance ou décharge donnée personnellement à un notaire, à la suite d'un acte reçu par lui, doit rester en sa garde, bien qu'elle soit signée d'un autre notaire qui doit l'inscrire à son répertoire. (*Déc. j. et f.*) I. G. 11 nov. 1819, n° 909.
— *V.* PATENTES, n° 7 et suiv.

ACTES *judiciaires.* — EXPÉDITIONS. — Les expéditions des jugemens d'homologation doivent contenir, outre le jugement, la délibération homologuée, l'ordonnance qui prescrit la communication au ministère public et les conclusions de ce dernier. I. G. 11 mars 1813, n° 628.

2. — FEUILLE *d'audiences.* — Elle doit contenir en entier le dispositif de chaque jugement et les motifs qui lui servent de base. I. G. 10 nov. 1808, n° 405.

3. **ACTES** *judiciaires.* — Feuilles *d'audiences.* — Il peut être tenu deux feuilles d'audience; une pour les affaires civiles, l'autre pour les affaires correctionnelles ou de simple police. (*Déc. f.* 15 *sept.* 1820.) *V.* n° 4 inf. I. G. 28 sept. 1820, n° 953.

4. — La tenue d'une feuille d'audience particulière pour les jugemens en matière de police correctionnelle et de simple police, n'est pas obligatoire. (*Déc. j. et f.* 3 *janv. et* 19 *fév.* 1823.) I. G. 5 mars 1823, n° 1074.

5. — Les infractions aux articles 18, 138, 139, 140, 433, 470, 1016 et 1020 du Code de procédure, et 36, 37 et 74 du Réglement du 30 mars 1808, doivent être signalées par les employés de l'enregistrement aux directeurs chargés de s'entendre avec les procureurs du roi, pour y faire remédier. I. G. 11 avril 1823, n° 1077.

6. — Justices de paix. — Ils conservent leur caractère d'actes de la justice de paix, bien que faits en vertu de commissions des tribunaux supérieurs. *V.* Défaut *de comparution.* I. G. 3 fruct. an XIII, n° 290.

7. — Patentes. — Les jugemens des tribunaux civils ou de commerce ne doivent pas contenir, à peine d'amende, la mention de la patente des parties dans les cas prévus par l'ordonnance royale du 25 décembre 1814. (*Déc. f.* 30 *janv.* 1821.) *V.* Patentes, n° 7 et suiv. I. G. 22 fév. 1821, n° 972.

ACTES *soumis à l'approbation des préfets.* — *V.* Actes *administratifs, n°* 1; Répertoires, n° 6.

ACTES *sous seing-privé.* — Ils peuvent être écrits par les officiers publics. (*Av. cons. d'état,* 26 *mars* 1808.) I. G. 29 juin 1808, § 4, n° 386.

2. — Les actes synallagmatiques doivent être transcrits littérallement aux registres de formalité sous la responsabilité des receveurs. I. G. 26 juill 1809, n° 448. — *V.* Hypothèques, n°s 99, 101.

ACTIONS *contre les communes.* — *V.* Communes.

ADDITIONS. — *V.* Erreurs *de calcul.*

ADDITIONS *dans les actes.* — *V.* Contraventions *aux lois sur le notariat.*

ADJUDICATIONS. — *V.* Coupes *de bois.*

ADJUDICATIONS *d'immeubles.* — *V.* Hypothèques, n° 102.

ADMINISTRATEURS. — *V.* Administration *de l'enregistrement, n°* 15 *et suiv.*

ADMINISTRATION *de l'enregistrement et des domaines.* — Employés. — (V. *Circ. n°* 1316.)
— Les préposés qui ne font que changer de résidence ne sont pas tenus de prêter un nouveau serment. I. G. 17 pluv. an XIII, n° 269, et 6 juill. 1809, n° 438.

2. — Ils ne peuvent directement ou indirectement se rendre adjudicataires des biens de l'état ni de ceux des communes. I. G. 29 avril 1813, n° 625.

3. — Il leur est prescrit de prêter serment de fidélité au roi et d'obéissance aux lois du royaume devant le juge de paix de leur résidence. Circ. 6 avril 1816.

4. — Aucun employé ne peut être admis au serment ni être installé s'il ne justifie du versement de son cautionnement. I. G. 6 mai 1816, n° 717.

5. — Les employés supérieurs ne peuvent loger ni manger chez les employés sous leurs ordres. *V.* Abus et n°s 8 et 10 inf. I. G. 27 fév. 1818, n° 825.

6. — Tout employé nommé Conservateur est tenu de prêter un nouveau serment. (*Déc. f.* 22 *oct.* 1819.) I. G. 12 nov. 1819, n° 910.

7. — Il est défendu aux employés, sous peine de révocation, de diriger aucun cabinet d'affaires ou de se charger de procuration pour un comptable. (*Déc. f.* 15 *déc.* 1820.) I. G. 23 déc. 1820, n° 964.

8. — Rappel aux employés supérieurs de la défense de loger et manger chez les employés sous leurs ordres. *V.* Abus et n° 5 sup. et 10 inf. I. G. 12 sept. 1823, n° 1093.

9. ADMINISTRATION *de l'enregistrement et des domaines.* — EMPLOYÉS. — Rappel de la défense de s'absenter sans congé. *V.* CONGÉS. I. G. 25 fév. 1825, n° 1154.

10. — Rappel aux employés supérieurs de la défense de loger et manger chez les receveurs, et de leur faire aucun emprunt. *V.* ABUS et n°s 5 et 8 sup. Circ. 18 août 1827.

11. — L'employé qui, ayant déclaré qu'il irait partout, n'accepte pas l'emploi où il a été nommé, est censé renoncer à tout avancement. I. G. 12 fév. 1830, n° 1304.

12. — Nouveau serment à prêter par tous les employés. (*Loi* 30 *août* 1830.) . . . . . . I. G. 8 sept. 1830, n° 1331.

13. — Ce serment ne dispense pas de celui prescrit par l'art. 6 de la loi du 1er juin 1791.) I. G. 16 mai 1831, n° 1364.

— *V.* ABUS; DÉBETS *des employés;* FRAIS *de poursuites, n°* 1; LÉGION-D'HONNEUR, n°s 14 et 15; NOTES; ORDRES *généraux de régie;* PENSIONNAIRES; PENSIONS *de retraite;* PRESTATIONS *de serment.*

14. — *Avancement.* — Les bureaux sont divisés en trois classes : 1re Chefs-lieux de départemens; 2me Chefs-lieux d'arrondissemens; 3me Chefs-lieux de cantons. — Les receveurs sont choisis parmi les surnuméraires ayant vingt-un ans accomplis; le directeur général nomme pour chaque direction un premier commis choisi parmi les receveurs, et qui tient la même ligne d'avancement; les vérificateurs sont choisis parmi les receveurs; les inspecteurs particuliers parmi les vérificateurs; les inspecteurs généraux parmi les inspecteurs particuliers : les uns et les autres doivent avoir pour chaque degré d'avancement, trois ans de grade. Les directions des départemens sont divisées en trois classes; l'avancement a lieu d'une classe à l'autre. Sont nommés directeurs de troisième classe les inspecteurs particuliers après cinq ans de grade; les inspecteurs généraux et chefs de division de l'administration centrale sont admissibles aux directions de première classe après cinq ans de grade; les chefs-adjoints sont admissibles aux directions de deuxième classe; les sous-chefs à celle de troisième classe, après trois ans de grade; les inspecteurs généraux sont admissibles aux directions de deuxième et troisième classe après trois ans d'exercice; les sous-chefs adjoints sont nommés inspecteurs particuliers après trois ans de grade. (*Ord. roy.* 25 *déc.* 1816.) I. G. 30 déc. 1816, n° 759.

— *V.* n° 11 sup.; DIRECTEURS; INSPECTEURS, n° 13; NOTES, n° 4; PREMIERS COMMIS; RECEVEURS; REMISES; SURNUMÉRAIRES; TRAITEMENS; VÉRIFICATEURS.

15. — ORGANISATION. — *Administration centrale.* — (V. *Circ. n°s* 20, 77, 89, 448, 451, 825, 831, 1144.

— L'administration sera établie sur de nouvelles bases par une loi particulière. En attendant, les lois qui existent sur son organisation, sa manutention et ses frais de régie seront exécutées. (*Loi* 22 *frim. an VII, art.* 71.) Circ. n° 1450.

16. — Le nombre des administrateurs, la division des départemens entr'eux; la formation du conseil d'administration, ses attributions et sa compétence, ont successivement fait l'objet des circulaires et instructions générales ci-après modifiées par les n°s 17 et 21 inf. Circ. 10 vend. an XIV; 28 janv. 1811; 9 déc. 1811, et 30 juin 1814. (*Ord. roy.* 25 *déc.* 1816.) I. G. 30 déc. 1816, n° 759; et 30 mai 1817, n° 778.

17. — L'administration se compose d'un directeur général, six administrateurs et un secrétaire général. Le directeur général travaille seul avec le ministre, et dirige, sous ses ordres, toutes les opérations relatives à la perception; il correspond avec les autorités et signe seul les ordres généraux de service. La division du travail sera faite par le ministre entre les administrateurs qui correspondront directement avec les directeurs sur les objets placés sous leur surveillance et travailleront particulièrement avec le directeur général. Le directeur général et les administrateurs forment le conseil d'administration présidé par le directeur général, ou l'administrateur délégué par lui. Le ministre peut appeler le conseil près de lui. En cas d'absence du directeur général, le ministre désigne l'administrateur qui en remplira les fonctions. Le conseil, sur le rapport d'un administrateur, délibère sur 1° le budget général des dépenses de l'administration; 2° le contentieux administratif et judiciaire; 3° le

contentieux de la comptabilité, les débets des comptables et les contraintes contre les redevables; 4° sur les demandes en remboursement, remise ou modération de droits et amendes; 5° sur la liquidation des pensions de retraite; 6° sur les suppressions, divisions et créations d'emploi; 7° sur les projets, devis, marchés et adjudications pour le service de la régie; 8° sur les révocations, destitutions et mises à la retraite des employés; 9° sur les questions d'application de lois, ordonnances et réglemens, et sur les instructions générales; 10° sur les objets qui lui seront soumis par le ministre et le directeur général. — Les délibérations sont prises à la majorité; la voix du directeur général est prépondérante. Le directeur général peut suspendre l'effet d'une délibération en en référant au ministre après avoir fait part au conseil de ses motifs. Le conseil pourra modifier sa décision ou l'appuyer de nouvelles observations. — Le directeur général présente à l'approbation du ministre l'état de composition des bureaux de l'administration centrale, avec indication des traitemens de chaque grade; il lui soumet le budget annuel des dépenses de l'administration délibéré en conseil, et lui remet, par mois, l'état des recettes et dépenses; il soumet à son approbation les délibérations du conseil sur l'application des lois, sur les dispositions du service entraînant une dépense nouvelle, et sur les instructions générales; il lui rend périodiquement compte des résultats de son administration. — Le directeur général, les administrateurs, le secrétaire général, les directeurs de départemens et les inspecteurs généraux sont nommés par le roi sur le rapport ou la proposition du ministre des finances qui nomme aux emplois d'inspecteurs particuliers et de conservateurs. Le directeur général nomme à tous les autres emplois, en se conformant à l'ordre hiérarchique des grades et aux règles d'avancement et de nomination. — Le directeur général révoque, destitue et met à la retraite les employés à sa nomination, après avoir pris l'avis du conseil; il suspend les autres employés en en rendant compte au ministre des finances qui statue. — Le conseil d'administration, arrête les comptes annuels, le directeur général les vise et les adresse au ministre des finances avec pièces à l'appui. (*Ord. roy.* 3 *janv.* 1821.)
. . . I. G. 10 fév. 1821, n° 970.

18. ADMINISTRATION *de l'enregistrement et des domaines.* — ORGANISATION. *Administration centrale.* — Division des départemens en quatre divisions territoriales; une cinquième division sera chargée des domaines engagés. Circ. 5 fév. 1829.

19. — A partir du 1er août 1829, le travail est divisé par matières entre les cinq divisions. 1re Personnel; 2me Enregistrement; 3me Enregistrement, actes judiciaires, greffes et hypothèques, mutations par décès; 4me Timbre et domaines; 5me Domaines engagés. (*Déc. f.* 31 *mai* 1829.) *V.* n° 21 inf. I. G. 27 juin 1829, n° 1281.

20. — Détail des attributions confiées à chacune des cinq divisions. *V.* n° 21 inf.
. . . I. G. 17 juill. 1829, n° 1284.

21. — Suppression de la 5me division. Distribution du travail entre les quatre divisions conservées ainsi qu'il suit :

1re *Division.* — La surveillance et la suite du travail des employés de tous grades, les rapports sur les révocations et admissions à la retraite, sur les congés, les secours, etc, fixation des débets de régie, application de la responsabilité encourue par les comptables et les employés supérieurs, la formation par trimestre des listes des employés qui ont acquis des droits à l'avancement.

2me *Division.* — Droits d'enregistrement des actes publics et sous seings-privés, contraventions aux lois sur l'enregistrement et le notariat, au code de commerce, etc.

3me *Division.* — Enregistrement, actes administratifs, actes judiciaires, greffes et hypothèques, mutations par décès, amendes et frais de justice. — Le timbre et les amendes y relatives; la surveillance de l'atelier général du timbre.

4me *Division.* — L'exécution des lois des 5 décembre 1814 et 27 avril 1825, relatives aux propriétaires dépossédés; les domaines et le mobilier de l'état, les biens séquestrés, les deshérences. — Les opérations relatives à l'exécution des lois sur les domaines engagés et échangés, et sur les décomptes d'acquéreurs des domaines nationaux; les îles et îlots, les lais et relais de mer, l'exécution du code forestier, et, en général, toutes les affaires contentieuses et autres, qui sont relatives ou qui ont trait au domaine de l'état et aux anciennes listes civiles. . . . . . Circ. 22 février 1831.

— *V.* Compétence; Droits *d'enregistrement*.

22. **ADMINISTRATION** *de l'enregistrement et des domaines.* — Organisation. — *Service dans les départemens.* — Aucun employé, les surnuméraires exceptés, ne peut être placé sous la surveillance de son père, beau-père, oncle, frère ou beau-frère. *V.* n° 24 inf. I. G. 16 janv. 1829, n° 1264.

23. — Le nombre des inspecteurs est réduit à 150. Celui des vérificateurs est porté à 295. Répartition entre les départemens. Résidence des inspecteurs. (*Ord. roy.* 11 *nov.* 1829.) *V.* Inspecteurs, n° 13; Vérificateurs. Circ. 29 janv. 1830.

24. — Les dispositions de l'instruction générale, n° 1264, n° 22 sup., ne sont pas applicables aux premiers commis. I. G. 27 mars 1830, n° 1306.

ADMINISTRATION *des contributions directes.* — Ses agens doivent communiquer aux employés de l'enregistrement les états de mutations dressés par les contrôleurs. Ces états, remis par les directeurs aux receveurs, seront rapprochés des tables et sommiers; les mutations qui ne seront justifiées par aucun acte, seront relevées au sommier des découvertes, et le paiement des droits sera réclamé des nouveaux propriétaires. (*Déc. f.* 14 *avril* 1820.) I. G. 31 mai 1820, n° 934.

2. — La vérification des états terminée, les receveurs doivent les retourner sans retard au directeur qui les remettra à la disposition du directeur des contributions directes. . . . I. G. 24 déc. 1822, n° 1111.

ADMINISTRATION *des contributions indirectes.* — Les objets mobiliers hors de service qui en proviennent sont remis, sur inventaire, aux préposés des domaines. Les directeurs de l'enregistrement remettent à ceux des contributions indirectes copie de procès-verbaux de vente. I. G. 20 nov. 1833, n° 1439.

— *V.* Amendes, nos 34, 45, 60; Bacs et Bateaux; Canaux; Cartes *à jouer;* Garantie; Hypothèques, n° 138; Lettres *de voitures*, n° 2; Matières *d'or et d'argent*, n° 4; Messageries; Patentes, n° 1; Tabacs.

ADMINISTRATION *des douanes.* — *V.* Douanes.

ADMINISTRATION *des forêts.* — Réunie à l'administration de l'enregistrement par Ord. roy. du 17 mai 1817, elle a été rétablie séparément par celle du 11 oct. 1820. Les instructions spéciales au service forestier, et dès-lors aujourd'hui sans objet, sont les nos 777, 781, 783, 700, 790, 794, 799, 800, 802, 803, 807, 808, 812, 818, 826, 827, 841, 846, 848, 855, 862, 871, 889, 896, 901, 915, 926 et 955.

— *V.* Code *forestier;* Forêts.

ADMINISTRATIONS *financières.* — Leurs dépenses doivent être acquittées pour chaque exercice, au plus tard dans les quatre mois qui suivent sa clôture. (*Déc. f.* 7 *déc.* 1819.) I. G. 20 janvier 1820, n° 919.

2. — La vente des objets leur appartenant et reconnus inutiles, doit être faite devant les préfets ou leurs délégués en présence du préposé de l'enregistrement chargé de la recette qui figure aux états mensuels et comptes sous le titre *prix de vente d'objets provenant des ministères.* (*Déc. f.* 29 *août* 1823.) . . . . I. G. 10 sept. 1823, n° 1092.

— *V.* Hypothèques, n° 66.

ADMINISTRATION *des monnaies.* — *V.* Matières *d'or et d'argent*, nos 1 *et* 2.

ADMINISTRATION *des postes.* — *V.* Frais *de justice*, nos 65 *et* 66; Hypothèques, n° 66.

ADMINISTRATIONS *publiques.* — *V.* Frais *de justice*, nos 7, 11, 23 *et* 38.

ADRESSES *des lettres.* — *V.* Correspondance; Ports *de lettres et paquets.*

AFFICHES *et avis.* — Vendre les papiers d'affiches restant en nature, après avoir maculé le timbre. (*Déc. f.* 5 *fév.* 1819.) I. G. 16 fév. 1819, n° 878.

— *V.* Timbre; Timbre *extraordinaire.*

AFFIRMATIONS *de créances.* — **Faillites.** — Les procès-verbaux d'affirmation de créances doivent être écrits par le greffier sous la dictée du juge commissaire; ils doivent être déposés au greffe sans qu'il en soit rédigé acte, et le greffier peut en délivrer expédition. I. G. 9 mars 1809, n° 420.

AFFRANCHISSEMENS. — *V.* Ports *de lettres et paquets.*

AGE. — *V.* Inspecteurs; Receveurs; Surnuméraires; Vérificateurs.

AGENS *forestiers.* — *V.* Délits *forestiers;* Procès-verbaux; Vacations.

AGENS *des ponts-et-chaussées.* — *V.* Amendes, n°s 61 à 64, 69 et 70.

ALGÉRIENS. — **Séquestre.** — Le séquestre est mis et levé sur leurs biens. . . . . . . Circ. 3 et 25 juill. 1809; 6 déc. 1810, et 9 sept. 1811.

ALIÉNATIONS *de biens de l'état.* — **Dispositions** *générales.* — * Arrêté du 2 fruct. an X, qui règle le mode de partage des fermages de l'année entre l'état et les acquéreurs. I. G. 4 compl. an X, n° 74; Circ. 14 sept. 1807.

2.* — Il y a lieu de percevoir les intérêts des intérêts des sommes non acquittées aux échéances. Mode de perception. I. G. 27 vend. an XI, n° 84, et 19 vent. an XII, n° 212.

3.* — On doit donner avis aux conservateurs des forêts des déchéances encourues par les acquéreurs de bois de l'état, sol et superficie. Circ. 12 flor. an XI.

4.* — Ordre d'exécution des lois des 15 et 16 flor. an X, sur la vente des biens de l'état. Exceptions à faire. Circ. 22 mess. an XI.

5.* — On doit prélever les frais de vente sur les biens adjugés aux créanciers des émigrés. Circ. 15 vend. an XII.

6.* — L'art. 545 C. C. relatif à l'expropriation pour cause d'utilité publique est applicable aux biens de l'état. I. G. 20 mai 1808, n° 379.

7. — La faculté d'élire command ne peut être exercée par les adjudicataires qu'au profit d'un seul individu. — L'exploitation des mines de tourbes et charbons de terre ne pourra avoir lieu qu'après le paiement intégral du prix. — En cas de déchéance, l'administration ne sera pas tenue de maintenir les baux. I. G. 17 mars 1809, n° 422.

8. — La transcription ne purge pas le droit de l'état à rentrer en possession faute de paiement du prix, et la poursuite en déchéance a lieu administrativement. (*Décret 17 mai* 1809.) I. G. 10 juill. 1809, n° 439.

9.* — Les paiemens par anticipation ne peuvent être effectués qu'aux caisses des receveurs des contributions directes. I. G. 19 juill. 1809, n° 441.

10.* — A partir du 1er janv. 1810, il n'y aura pas lieu d'allouer aux acquéreurs l'escompte d'anticipation. Circ. 8 déc. 1809.

11. — Les terrains enclavés dans les forêts de l'état ou qui leur sont contigus, ne peuvent être aliénés que sur le rapport du directeur des domaines, les agens forestiers entendus. I. G. 13 juill. 1810, n° 483.

12. — L'instruction n° 672, *V.* Communes (*Biens des*), n° 4, est applicable à toutes les adjudications de biens faites au nom de l'état. I. G. 28 fév. 1815, n° 674.

13. — Ord. roy. du 11 juin 1817 : le recouvrement des prix encore dus sera suivi par voie de contrainte et déchéance. Les biens rentrés par suite de déchéance pourront être remis aux anciens propriétaires. I. G. 14 juill. 1817, n° 791.

14.* — Etat des sommes restant à recouvrer le 1er janv. 1818. . . . . I. G. 14 janv. 1818, n° 817.

15. — Loi du 12 mars 1820, qui fixe le mode de libération définitive des acquéreurs de biens de l'état. *V.* Decomptes, n° 18. I. G. 3 avril 1820, n° 915.

16. ALIÉNATATION *des biens de l'état.* — **Dispositions** *générales.* — Les immeubles affectés au service des ministères, et dont la vente sera jugée nécessaire, seront vendus comme les biens de l'état, et le produit versé au trésor. (*Ord. roy.* 14 *sept.* 1822.) I. G. 8 janv. 1823, n° 1065.

— *V.* Administration *de l'enregistrement et des domaines*, n° 2; Décomptes; Ecoles *chrétiennes;* Eglises; Emigrés; Fabriques; Fermages; Hospices; Hypothèques, n° 61; Iles, n°s 2, 3 et 4; Instances, n° 12; Lais *et relais de mer;* Liquidations; Maisons *et usines;* Obligations; Restitutions, n°s 1 et 2.

17. * — Lois *antérieures à celle du* 15 *floréal an X.* — On ne doit plus admettre en paiement les bons pour habillement et armement de conscrits. (*Arrêté gouv.* 5 *frim. an X.*) I. G. 21 frim. an X, n° 22.

18. * — Surseoir aux poursuites en dépossession des acquéreursqui ne seront pas libérés avant le 1er nivôse an X. (*Déc. f.* 27 *frim. an X.*) I. G. 29 frim. an X, n° 29.

19. * — Les rescriptions du trésor public, en tiers provisoire, sont admissibles en paiement. Circ. 9 vent. an X.

20. * — Poursuivre les acquéreurs de maisons et usines payables en bons de deux tiers qui sont en retard de se libérer. (*Arrêté gouv.* 3 *vent. an X.*) . . . . I. G. 18 vent. an X, n° 45; Circ. 23 vent. an X.

21. * — Les rescriptions de la trésorerie sont admissibles en paiement. . . . . I. G. 2 mess. an X, n° 59; Circ. 5 mess. an X.

22. * — Les paiemens faits en assignats sont valables au cours. (*Arrêté gouv.* 22 *prair. an X.*) I. G. 27 mess. an X, n° 64.

23. * — Poursuivre la dépossession des acquéreurs en retard et la revente à leur folle-enchère. Circ. 17 therm. an X.

24. * — Les rescriptions pour bons de deux tiers délivrées antérieurement à l'arrêté du 3 vent. an X, aux acquéreurs de maisons et usines, sont admissibles en paiement. . . . Circ. 17 fruct. an X.

25. * — Les assignats ont été admissibles en paiement pour leur valeur nominale jusqu'au 1er germ. an V. Circ. 28 fruct. an X.

26. * — Les reconnaissances de dépôts de bons de deux tiers et de bons de quart délivrées par la caisse d'amortissement ne doivent pas être portées en recette effective. . . . I. G. 20 vend. an XI, n° 79; Circ. 3 pluv. an XI.

27. * — Les acquéreurs doivent les intérêts des obligations ou cédules qu'ils n'ont pas acquittées à l'échéance. (*Déc. f.* 9 *vend. an XI.*) I. G. 20 vend. an XI, n° 80.

28. * — Les acquéreurs déchus doivent les intérêts du prix d'adjudication par compensation des fruits perçus par eux. I. G. 29 vend. an XI, n° 86.

29. * — Se mettre de suite en possession des biens pour lesquels la déchéance est encourue . . . . I. G. 5 niv. an XI, n° 109; Circ. 23 niv., 30 fruct. an XI, 17 germ. et 27 prair. an XII.

30. * — Poursuivre dans certains cas la revente à la folle-enchère des acquéreurs qui ont souscrit des cédules. Circ. 22 pluv. et 26 flor. an XI.

31. * — On doit imputer les arrérages d'inscriptions données en paiement, sur les intérêts du prix des adjudications. Circ. 16 prair. an XI.

32. * — La déchéance est encourue depuis le 1er vend. an XI, pour tous les acquéreurs de bâtimens et usines qui n'avaient pas soldé à cette époque le prix d'acquisition et pour tous les anciens acquéreurs soumis aux lois du 26 vend. an VII et 11 frim. an VIII, qui n'avaient pas soldé au 1er frim. an XI. Mode de dépossession et de revente. I. G. 23 fruct. an XI, n° 161; Circ. 30 fruct. an XI.

33.* **ALIÉNATIONS** *des biens de l'état.* — **Lois** *antérieures à celle du* 15 *flor. an X.* — Les acquéreurs en retard sont admis à solder leurs adjudications jusqu'à l'instant où les maisons et usines, par eux acquises, seront portées sur une affiche de revente ou affectées à un service public. Circ. 8 et 14 frim. an XII.

34.* — Ne sont pas restituables aux émigrés rayés les portions indivises avec des tiers, rentrées dans les mains de l'état par suite de déchéance. Les acquéreurs qui ont consigné en capital et intérêts le montant du prix de vente depuis la restitution à eux faite des à-comptes payés, peuvent suivre l'effet de leurs contrats. . . . . . . Circ. 24 pluv. an XII.

35.* — Ne pas restituer aux acquéreurs les sommes payées au-delà de celles par eux prétendues exigibles d'après l'arrêté du 22 prair. an X, si les paiemens ont eu lieu avant cet arrêté. (*Arr. des consuls* 21 *pluv. an XII.*) Circ. 6 vent. an XII.

36.* — Surseoir aux poursuites contre les acquéreurs qui ont donné en paiement provisoire des créances non liquidées sur des individus frappés de confiscation. (*Déc. f.* 27 *pluv. et* 23 *germ. an XII.*) I. G. 17 vent. an XII, n° 210, et 8 flor. an XII, n° 222.

37.* — Les acquéreurs d'églises n'ont pas droit à la prime accordée par l'art. 4 de la loi du 13 therm. an IV. Circ. 22 germ. et 13 mess. an XII.

38.* — Cas où il y a lieu d'allouer la prime de 18 p. °/₀ accordée par la loi du 13 therm. an IV aux acquéreurs en vertu de la loi du 28 vent. an IV. (*Déc. f.* 28 *flor. an XII.*) I. G. 9 prair. an XII, n° 226.

39.* — On doit maintenir en possession les acquéreurs qui, après avoir retiré leurs consignations, les ont rétablies, et on doit régler leur décompte. (*Déc. f.* 22 *therm. an XII.*) Circ. 7 fruct. an XII.

40.* — On ne peut imputer sur une autre vente l'excédant de solde résultant de l'arrêté du 22 prair. an X. — Les mandats donnés en paiement d'une vente payable en assignats ne peuvent être employés que pour leur valeur nominale. (*Délib.* 30 *pluv. an XIII.*) Circ. 29 vent. an XIII.

41.* — Décret du 14 février 1806, qui ouvre à la caisse d'amortissement un crédit de dix millions en rescriptions admissibles en paiement des biens vendus antérieurement aux lois des 15 et 16 flor. an X. Mode de liquidation des intérêts postérieurs au 30 frim. an XI. Circ. 27. janv. 1807.

42.* — Demande d'un état des créances non liquidées définitivement et des certificats de dépôt de titres de créances données en paiement de prix de vente. Circ. 13 août 1808.

43.* — A moins de réserve expresse dans les ventes, on ne peut faire aucune réclamation aux acquéreurs de biens sur lesquels il existait lors de l'aliénation des semences, foins, pailles, fumiers, marne et engrais destinés à leur exploitation . . . . . I. G. 18 sept. 1810, n° 489.

— *V.* Amendes, n°ˢ 35, 36 et 37; Cédules *et obligations;* Cheptels; Cures; A-comptes.

44.* — **Lois** *des* 15 *et* 16 *flor. an X et* 5 *vent. an XII.* — Biens à mettre en vente; mise à prix; frais à la charge des acquéreurs; mode; paiement; poursuites et déchéances; amendes; biens indivis; comptabilité; états. (*Lois* 15 *et* 16 *flor. an X.*) . . . I. G. 6 mess. an X, n° 61; Circ. 11 mess. an X.

45.* — Loi 5 vent. an XII, qui modifie celles des 15 et 16 flor. an X . . . . I. G. 28 vent. an XII, n° 215.

46.* — Les rescriptions de la caisse d'amortissement sont admissibles en paiement des quatre derniers cinquièmes du prix des biens vendus. (*Arr. gouv.* 21 *vend. et* 28 *vent. an XII.*) I. G. 15 flor. an XII, n° 223; Circ. 27 flor. an XII.

47.* — Les acquéreurs en retard doivent l'amende et les intérêts simultanément. (*Déc. f.* 26 *prair. an XII.*) I. G. 11 mess. an XII, n° 235.

48.* — Les acquéreurs déchus qui ont payé l'amende et remboursé les fruits perçus ont droit à la restitution des sommes payées; cette restitution doit être autorisée par le ministre des finances. Les acquéreurs déchus ne peuvent être admis à nouvelles enchères qu'en fournissant caution. (*Déc. f.* 24 *mess. an XII.*) . . . . I. G. 6 therm. an XII, n° 242.

49.* ALIÉNATIONS *de biens de l'état.* — **Lois** *des* 15 *et* 16 *flor. an X et* 5 *vent. an XII.* — Les intérêts des quatre derniers termes ne sont dus qu'à partir de l'échéance du premier. Circ. 8 niv. an XIII.

50.* — Décret du 3 niv. an XIII qui rapporte les arrêtés transmis par l'instruction générale n° 223. (V. *n°* 46 *sup.*). . . . . I. G. 17 pluv. an XIII, n° 270; Circ. 1er vent. et 27 germ. an XIII.

51.* — Toutes les sommes payées sur les ventes faites en vertu de la loi du 5 vent. an XII, doivent être versées pour le compte de la caisse d'amortissement. . . . . . . Circ. 6 nov. 1806.

52.* — Presser les ventes. Circ. 9 janv. et 8 sept. 1807.

53.* — Signifier aux acquéreurs en retard la contrainte qui doit précéder la déclaration de déchéance. Circ. 13 nov. 1807.

— *V.* Prytanée *français, n*os 1 *et* 2.

ALIÉNATIONS *de bois de l'etat.** — Il sera vendu 300,000 hectares de bois de l'état, sol et superficie. (*Loi* 23 *sept.* 1814.) Mode de vente. (*Ord. roy.* 7 *oct.* 1814.) . . . . I. G. 4 nov. 1814, n° 663.

2.* — Le receveur des domaines du chef-lieu d'arrondissement est chargé de la recette. Il y aura compte ouvert avec les acquéreurs. Mode de liquidation et d'attribution de la remise extraordinaire. I. G. 20 janv. 1815, n° 669; Circ. 23 janv. 1815.

3.* — Les acquéreurs peuvent verser à la caisse de service du trésor royal le prix de leurs adjudications. Les quittances pour solde délivrées par les receveurs des domaines, leur serviront provisoirement de *quitus.* I. G. 15 fév. 1815, n° 673.

4.* — Reviser et rectifier les estimations. Circ. 13 déc. 1815.

5.* — Mettre en vente les bois contenant plus de 300 hectares lorsqu'ils sont soumissionnés, en commençant par les plus élevés, et surseoir pour ceux estimés moins de 400 fr. l'hectare. Circ. 14 déc. 1815.

6.* — Salaire des gardes à avancer par l'administration, conformément au cahier des charges. (*Art.* 37.) I. G. 14 déc. 1815, n° 702.

7.* — Mode de répartition et de liquidation de la remise extraordinaire. . . . . . . I. G. 2 fév. 1816, n° 706.

8.* — État des sommes à recouvrer au 1er nov. 1818. I. G. 3 nov. 1818, n° 861.

— *V.* Aliénations *des biens de l'etat, n°* 11; Bois *de l'etat, n*os 1, 9, 10 *et* 11.

ALIGNEMENS — *V.* Terrains *de la voie publique.*

ALTÉRATIONS. — *V.* Contraventions *aux lois de l'enregistrement;* Répertoires.

AMENDES. — **DISPOSITIONS** *générales.* — (V. *Circ.* 203, 247, 252, 306, 334, 825, 1073, 1326, 1864.)

— La contrainte par corps peut être exercée pour le recouvrement des frais de poursuite et du décime, lorsqu'elle a lieu pour l'amende. I. G. 6 niv. an X, n° 31.

2. — La contrainte par corps peut être exercée tant que l'insolvabilité des débiteurs n'est pas constatée légalement. Elle est poursuivie par les receveurs au nom du ministère public. I. G. 1er flor. an X, n° 53.

3. — Les frais d'emprisonnement sont avancés par l'administration, sauf recours contre les redevables. I. G. 9 germ. an XI, n° 130.

4.* — L'insolvabilité des condamnés ne peut être prouvée que par des procès-verbaux de carence en forme. Modifié. n° 10 inf. Circ. 5 prair. an XI.

5. AMENDES. — DISPOSITIONS *générales*. — La contrainte par corps ne pourra être exercée que contre les condamnés d'une solvabilité reconnue, et l'on se bornera à faire rédiger des procès-verbaux de carence contre les véritables indigens. Modifié. n° 10. inf. I. G. 19 niv. an XII, n° 194.

6.* — Ordre de reprendre les poursuites contre les condamnés non compris dans les états fournis par les procureurs-généraux, de ceux qui ont profité de l'amnistie du 18 prair. an XII. Circ. 2 therm. an XII.

7. — L'indemnité due aux greffiers pour les extraits ou états de jugemens remis aux receveurs pour le recouvrement des amendes de police et les confiscations, est fixée à 40 cent. par rôle de 28 lignes à la page et 16 syllabes à la ligne lorsqu'il est délivré des extraits, et à 25 cent. par article lorsqu'il est formé des états. . . . . I. G. 8 mars 1806, n° 301.

8. — On doit suivre l'exécution pure et simple des jugemens, pour le recouvrement des amendes prononcées contre des étrangers devenus Français par la réunion de leur pays à la France. Circ. 24 sept. 1806.

9. — Le privilége accordé au trésor par la loi du 5 sept. 1807, pour les frais de justice, ne s'étend pas aux amendes; il n'est pas primé par celui de la partie civile pour l'indemnité. (*Déc. j. et f.* 19 *et* 29 *mars* 1808.) I. G. 14 avril 1808, n° 375.

10. — L'insolvabilité des condamnés résulte suffisamment d'un certificat d'indigence, délivré par le maire, visé par le sous-préfet, et indiquant le montant des contributions directes du redevable. *V.* n°s 12 et 16 inf. I. G. 3 juin 1808, n° 381.

11. — Le recouvrement des amendes prononcées par le C. proc. (art. 10, 56, 67, 91, 213, 244, 246, 263, 264, 276, 374, 390, 471, 479, 494, 500, 512 et 1030), doit être suivi par voie de contrainte ordinaire, sauf à recourir à la contrainte par corps dans les cas prévus par les art. 213 et 264, si les circonstances l'exigent. . . . . I. G. 3 déc. 1808, n° 408.

12. — Un certificat d'indigence, dans la forme déterminée par l'inst. gén., n° 381 (n° 10 sup.), suffit pour autoriser le ministère public à faire subir aux condamnés la détention d'un mois en remplacement de l'amende. I. G. 26 janv. 1811, n° 506.

13. — Le recouvrement des amendes et frais de justice sera fait par les receveurs du domicile des condamnés. Prescriptions de manutention abrogées. . . . . I. G. 11 mai 1811, n° 518.

14. — L'emploi de la contrainte par corps est facultatif, et ne doit dans tous les cas avoir lieu que contre les condamnés solvables. I. G. 24 sept. 1812, n° 600.

15.* — Il est fait remise des condamnations prononcées pour faits purement politiques, et dont le but évident était de servir la cause royale. . . . . I. G. 3 juill. 1816, n° 729.

16. — Le recouvrement n'est que suspendu par un certificat d'indigence, et les employés doivent continuer leur surveillance et ne peuvent annuler l'article d'une manière absolue. I. G. 22 octobre 1816, n° 750.

— *V.* A-COMPTES; AMNISTIES; CONTRAINTE *par corps;* CONTUMAX; DOUANES; MOBILIER *de l'état, n°* 10; PRESCRIPTIONS, n° 5; RESTITUTIONS.

17. — ATTRIBUÉES. — Le recouvrement des amendes de police rurale est fait par les receveurs de l'administration, et le produit en est attribué aux communes sous la seule déduction du coût des extraits. Mode d'exécution. (*Arr. gouv.* 26 *brum. an X.*) *V.* n°s 19 et 20 inf. I. G. 24 vent. an X, n° 48.

18. — Les amendes de police correctionnelle et municipale sont attribuées pour moitié aux communes. Mode d'exécution. Modifié. n° 20 inf. . . . . I. G. 7 vent. an XI, n° 121.

19. — Les frais de poursuites, tombés en pure perte par l'insolvabilité des condamnés, seront déduits des portions attribuées aux communes et hospices. . . . . I. G. 2 therm. an XII, n° 241, et Circ. 2 fruct. an XII.

20. AMENDES. — Attribuées. — Toutes les amendes de police correctionnelle ou municipale sont attribuées 2/3 aux communes, 1/3 aux hospices; elles forment un fonds commun. Mode d'exécution. (*Décret du* 17 *mai* 1809.) Modifié. n° 50 inf. . . . I. G. 29 juill. 1809, n° 444; Circ. 31 mars 1812.

21 — Les amendes de contravention aux réglemens de l'université sont attribuées aux communes et hospices. I. G. 20 janv. 1815, n° 670.

22. — La partie attribuée est payable sur mandats des préfets. Etat du recouvrement par trimestre. Elles forment un fonds commun. (*Déc. f.* 15 *sept. et* 21 *déc.* 1817.) . . . I. G. 30 déc. 1817, n° 815.

— *V.* n°s 38, 47 à 59, 61, 62, 66 et 67 inf.; Comptabilité, n° 11; Fonds *de subvention*, n°s 3 et 4.

23. — Cassation. — Celles prononcées contre l'administration de l'enregistrement seront payées à la partie, ou à son mandataire spécial, par le receveur près la cour de cassation, au vu d'un extrait de l'arrêt, d'une autorisation du directeur du département de la Seine et d'un certificat de non-opposition. Circ. 21 déc. 1807.

24. — Le même receveur acquittera les dépens. Circ. 6 juill. 1808.

25 — L'indemnité de 150 fr., prononcée par la cour de cassation contre la partie qui succombe, n'est pas une amende, et la recette n'en appartient pas à l'administration. Circ. 2 sept. 1809.

— Chasse. — *V.* Permis *de port d'armes*.

— Code *de procédure*. — *V.* n° 11 sup.

26. — Conscription *et désertion*. — Le nouveau mode de recrutement de l'armée a rendu sans objet les instructions sur cette matière : ce sont les n°s 92, 116, 179, 199, 218, 227, 230, 238, 244, 268, 285, 292, 302, 305, 321, 469, 670, et diverses circ. sans n°.

27. — Remise des sommes restant à recouvrer, sauf le remboursement des frais et sous réserve des droits des tiers, a été faite par ord. roy. du 17 janv. 1816. . . . . . I. G. 1er fév. 1616, n° 705, et 30 mai 1816, n° 723.

28. — Consignation. (*Appel.*) — (V. *circ. n°* 1336).

— Les appels de jugemens des tribunaux de commerce sont sujets à l'amende de fol appel. Il sera consigné 12 fr. à compte sur l'amende de 60 fr., avant le jugement à intervenir. (*Arr. gouv.* 27 *niv. an X.*) I. G. 12 prair. an XI, n° 136.

29. — Il y a lieu à autant d'amendes de consignation qu'il y a d'appelans n'ayant pas un intérêt commun. I. G. 1er mess. an XIII, n° 231.

30. — Il n'y a pas lieu à consignation d'amende pour les appels de jugemens correctionnels. (*Déc. j.* 25 *therm. an* 12 *et f.* 17 *fruct. an XII.*) . . . . I. G. 11 vend. an XIII, n° 257.

31. — Les indigens ne sont plus dispensés de consigner l'amende pour se pourvoir par requête civile. I. G. 18 avril 1810, n° 472.

32. — La consignation peut n'être pas faite avant la mise au rôle; il suffit qu'elle ait lieu avant le jugement. (*Déc. f. et j.* 6 *mars* 1824.) I. G. 24 mars 1824, n° 1127.

33. — L'amende de consignation pour les pourvois en cassation contre les jugemens des conseils de discipline de la garde nationale, peut être consignée sur le lieu même entre les mains du receveur de l'enregistrement. (*Déc. f.* 30 *déc.* 1833.) . . . . . . I. G. 29 janv. 1834, n° 1449.

— *V.* Avoués, n° 1.

34. — Contributions *indirectes*. — Le recouvrement des amendes de rebellion contre les préposés de l'administration des contributions indirectes appartient à cette administration. I. G. 10 juin 1809, n° 434.

35. AMENDES. — **Déchéance.** — Les amendes encourues pour retard de paiement par les acquéreurs des biens de l'état sont exigibles indépendamment des intérêts des termes échus et non soldés. I. G. 11 mess. an XII, n° 235.

36. — Le recouvrement doit en être suivi par le receveur des domaines au vu de l'arrêté de déchéance. I. G. 10 juin 1809, n° 434.

37. — L'amende n'est encourue qu'en cas de déchéance et non pour simple retard dans un terme. (*Déc. f.* 3 *oct.* 1818.) I. G. 21 nov. 1818, n° 867.

— *V.* Aliénations; Bois *de l'état;* Code *forestier;* Communes, n° 27.

— **Douanes.** — *V.* Marchandises *anglaises.*

— **Forestières.** — *V.* Code *forestier;* Délits *forestiers;* Prescriptions, n° 5.

38. — **Garde** *nationale.* — Ces amendes sont attribuées aux communes et sont recouvrées par les préposés de l'enregistrement comme celle de police municipale. (*Déc. f.* 6 *juill.* 1831). I. G. 15 juill. 1831, n° 1372.

39. — Le recouvrement de ces amendes ne peut être suivi par voie de contrainte par corps. (*Av. cons. d'état,* 2 *avril* 1834.) I. G. 16 août 1834, n° 1461.

— *V.* n° 17 à 22 et 33 sup.

40. — **Huissiers.** — Le recouvrement des amendes prononcées contre les huissiers (*Décret des* 14 *juin et* 29 *août* 1813) pour délits ou contraventions relatifs à l'exercice de leur ministère, appartient à l'administration; un quart de ces amendes est attribué à la bourse commune des huissiers. . . . . I. G. 17 mars 1814, n° 659; 26 juill. 1823, n° 1087.

41. — Cette attribution n'a lieu qu'à partir de la date du décret du 14 *juin* 1813. . . . Circ. 25 mai 1814.

— **Hypothèques.** — *V.* Hypothèques, n° 11.

42. — **Imprimerie** *et librairie.* — Le produit net en est versé à la caisse d'amortissement pour le compte de la direction générale de l'imprimerie et la librairie. Modifié. n° 43 inf. I. G. 19 avril 1811, n° 515.

43. — Il n'y a plus lieu d'en faire la distinction dans les bordereaux de compte. . . . I. G. 26 janv. 1815, n° 670.

44. — **Octrois.** — C'est à la caisse du receveur de l'enregistrement que doivent être versés le décime sur ces amendes et celles pour rebellion. (*Déc. f.* 8 *flor. an VIII, et* 11 *vent. an XI.*) Modifié. n° 45 inf. I. G. 23 vent. an XI, n° 127.

45. — Cette recette est réunie aux attributions de l'administration des contributions indirectes. I. G. 5 vend. an XIII, n° 256.

46. — **Patentes.** — Le recouvrement des amendes pour défaut de mention de patentes dans les actes publics, appartient à l'administration, et doit continuer d'avoir lieu. Circ. 22 vend. an XIV.

— **Pêche.** — *V.* Pêche.

47. — **Police** *simple et correctionnelle.* — Le recouvrement en est suivi à la requête de procureur du roi par voie de contrainte, sur l'extrait délivré par le greffier pour celles correctionnelles, et pour celles de simple police dix jours après la signification du jugement. (*Déc. f.* 20 *juin* 1820.) *V.* n°s 48, 54 et 56 inf. . . . . . . I. G. 25 juill. 1820, n° 943.

48. — Le recouvrement des amendes de police correctionnelle doit être poursuivi à la requête de M. le conseiller d'état, directeur général de l'enregistrement et des domaines; poursuite et diligence de M.   , directeur à   , agissant au nom de M. le procureur du roi près le tribunal de   , et pour lequel domicile est élu au bureau de M.   , receveur à   . (*Code d'inst. crim., art.* 197; *Cass.* 8 *janv.* 1822.) *V.* n°s 54, 56 inf. . . . . I. G. 28 fév. 1822, n° 1024.

49. AMENDES. — **Police** *simple et corectionnelle.* — Le recouvrement des amendes de simple police est suivi par voie de commandement. Il n'y a lieu de signifier en entier que les jugemens par défaut ou sujets à l'appel ; pour les autres, il suffit de signifier l'extrait. (*Déc. j. et f.* 4 *oct.* 1822.) *V.* n° 56 inf. I. G. 7 déc. 1822, n° 1059.

50. — Les receveurs de l'enregistrement restent chargés de leur recouvrement ; ils doivent en tenir une comptabilité séparée et en rendre compte aux préfets en lui adressant au mois de janvier de chaque année un état sommaire, divisé par commune, du recouvrement fait pendant l'année précédente sur les amendes de simple police, et un état semblable pour celles de police correctionnelle. Les produits des amendes de simple police attribuées en totalité aux communes seront versés aux receveurs municipaux sur mandats des préfets. Ceux des amendes correctionnelles attribuées au fonds commun seront de même versés à la caisse du receveur général. (*Ord. roy.* 30 *déc.* 1823.) Prescriptions diverses abrogées. N°s 51, 53 et 54 inf. Les mandats sont acquittés sous déduction de 5 *p.* °/$_o$ pour frais de régie. Les frais tombés en non valeurs seront remboursés aux receveurs de l'enregistrement par les receveurs des finances sur mandats des préfets. I. G. 25 fév. 1824, n° 1122.

51. — Nouveaux modèles d'états de recouvrement à dresser par année. Le produit net est versé aux receveurs communaux sur mandats des directeurs délivrés en vertu d'une délégation du ministre au vu des états arrêtés par les préfets. (*Déc. f.* 18 *avril* 1826.) I. G. 31 mai 1826, n° 1188.

52. — Le recouvrement peut en être suivi à la requête de l'administration agissant *au nom* du procureur du roi. (*Cass.* 30 *janv.* 1826.) I. G. 16 juin 1826, § 13, n° 1189.

53. — Il ne sera délivré qu'un seul mandat au nom du receveur général pour le produit des amendes correctionnelles de tout le département. (*Déc. f.* 15 *juin* 1826.) . . . I. G. 15 juill. 1826, n° 1194.

54. — Les états de recouvrement des amendes de police rurale et municipale doivent être dressés pour chaque commune. (*Déc. f.* 8 *sept.* 1826.) I. G. 28 sept. 1826, n° 1198.

55. — Les amendes pour délits dans les bois des particuliers, sont assimilées aux amendes de simple police et de police correctionnelle. (*Déc. f.* 26 *janv.* 1832.) . . . I. G. 7 fév. 1832, n° 1394.

56. — L'effet des jugemens contradictoires de police correctionnelle peut être suivi après les dix jours du délai d'appel, sans qu'il soit nécessaire de les faire signifier ; mais la signification est indispensable pour ceux par défaut. Pour les jugemens de simple police, il est nécessaire de faire signifier ceux par défaut et ceux contradictoires sujets à appel. La signification est faite à la diligence du ministère public, et les frais compris dans les frais de justice ; le premier acte de poursuite à faire par le receveur est un commandement. (*Déc. j. et f.* 13 *déc.* 1832.) . . . . I. G. 29 janv. 1833, n° 1417.

57. — Le recouvrement peut en être suivi contre les héritiers des condamnés lorsque le jugement de condamnation avait force de chose jugée au moment du décès. Toutefois, on ne peut user de la voie de la contrainte par corps. (*Déc. j. et f.* 13 *et* 21 *août* 1833.) I. G. 7 sept. 1833, n° 1435.

58. — Les greffiers des tribunaux de simple police doivent adresser dans la huitaine aux receveurs de l'enregistrement un relevé sommaire des jugemens susceptibles d'opposition ou d'appel. Il leur sera alloué 10 centimes par article qui seront payés ainsi qu'il est prescrit pour les frais de justice. Les receveurs, au vu de ce relevé, donnent avis aux individus y portés des condamnations prononcées contre eux. A l'expiration des délais accordés aux condamnés pour faire connaître leur détermination, les receveurs renvoient le relevé au juge de paix en indiquant les condamnés qui ont payé, et les renseignemens recueillis sur la solvabilité des autres. (*Déc. j.* 15 *déc.* 1833.) *V.* n° 59 inf. I G. 27 déc. 1833, n° 1445.

59. — Ce relevé sera formé distinctement pour chaque canton du domicile des condamnés. Le receveurs les conserveront et adresseront seulement aux juges de paix un état des jugemens non exécutés volontairement, et qui devront être signifiés. (*Déc. j.* 20 *sept.* 1834.) I. G. 31 janv. 1835, n° 1476.

— *V.* n°s 17 à 22 sup.; PRESCRIPTIONS, n° 5.

60. AMENDES. — POUDRES *et salpêtres.* — Le recouvrement en appartient à l'administration des contributions indirectes. I. G. 5 nov. 1812, n° 610.

61. — ROULAGE. — Ces amendes sont passibles du décime, et doivent être recouvrées par le receveur de la commune qui en verse les trois quarts à la caisse du receveur de l'enregistrement; un quart de l'amende et la moitié des dommages sont attribués aux agens qui ont constaté le délit. État du recouvrement à fournir par trimestre. (*Décret* 23 *juin* 1806.) *V.* n° 64 inf. . . . . Circ. 10 mars 1807, et I. G. 3 oct. 1807, n° 345.

62. — Les frais de bris de roues sont prélevés sur le montant des condamnations et payés sur mandat du sous-préfet. I. G. 18 fév. 1812, n° 562.

63. — L'attribution aux agens qui ont constaté la contravention doit leur être payée au bureau de leur domicile. (*Déc. f.* 15 *mai* 1822.) I. G. 29 mai 1822, n° 1044.

64. — Les receveurs des communes doivent verser aux receveurs de l'enregistrement le produit brut de ces amendes immédiatement après leur recouvrement. (*Déc. f.* 18 *juin* 1827.) *V.* RECEVEURS *communaux.* I. G. 27 juill. 1827, n° 1213.

65. — ROUTES (*Police des*). — Mode de recouvrement des amendes déposées entre les mains des maires. I. G. 11 therm. an XI, n° 148; Circ. 29 frim. an XII.

66. — UNIVERSITÉ. — Elles sont attribuées aux communes et hospices. (*Déc. f.* 13 *oct.* 1814.) I. G. 26 janv. 1815, n° 670.

67. — Elles sont attribuées 1/2 à l'université, 1/2 aux enfans trouvés. (*Décret* 15 *nov.* 1811; *Déc. f.* 22 *oct.* 1819.) Le paiement en est effectué comme celui des amendes de police. (*I. G. n°* 815, *n°* 22 *sup.*) I. G. 2 nov. 1819, n° 906.

— *V.* n°s 21, 47 à 59 sup.

68. — VOIRIE (*Grande*). — Le recouvrement en sera suivi par voie de contrainte par les receveurs de l'enregistrement; elles seront portées en recette sous le titre : *Amendes de condamnation* . . . . I. G. 30 janv. 1809, n° 415; 28 sept. 1813, n° 652; 26 janv. 1816, n° 670.

69. — Le paiement du tiers attribué aux agens qui ont constaté le délit et du tiers attribué aux communes, doit être fait par le receveur du chef-lieu, sur mandats des préfets, dressés au vu des états des directeurs, pour les sommes recouvrées jusqu'au 1er oct. 1817, et à l'avenir par trimestre. (*Déc. f.* 28 *juill.* 1817.) . . . . I. G. 15 sept. 1817, n° 801.

70. — Le paiement aux agens sera fait par le receveur du bureau dans l'arrondissement duquel ils sont domiciliés. Les états fournis par les receveurs indiqueront le nom et le domicile des agens. (*Déc. f.* 22 *mai* 1820.) I. G. 13 juin 1820, n° 936.

71. — L'état trimestriel des sommes recouvrées sera adressé directement aux directeurs; ceux-ci transmettront immédiatement l'état général aux préfets, et provoqueront ensuite l'ordonnancement des sommes dont la liquidation aura été arrêtée. . . . I. G. 24 janv. 1829, n° 1268.

— *V.* VOIRIE (*Grande*).

AMNISTIES. — Plusieurs amnisties ont été accordées aux condamnés à des peines pécuniaires et aux débiteurs de droits en sus et amendes de contravention. Leur application a été déterminée successivement par les instructions générales des :

1. — Amendes et frais forestiers. 2 vent. an IX, n° 120.

2. — Amendes et frais correctionnels; contraintes par corps; désertion . . . . 29 prair. an XII, n° 230.

3. — Mêmes dispositions; délits forestiers. 5 avril 1810, n° 471.

4. — Emigrés. 20 sept. 1810, n° 490.

5. — Suite du n° 471. 20 juin 1811, n° 528.

6. — Suite des n°s 471 et 528. 31 août 1811, n° 540.

7. — Délits forestiers. 14 sept. 1814, n° 662.

8. — Amendes de timbre et d'enregistrement; droits en sus et doubles droits d'enregistrement. 23 nov. 1814, n° 664.

9. — Suite du n° 664. 17 nov. 1815, n° 700.

10. — Désertion. 20 janv. 1817, n° 763.

11. — Délits résultant de la rareté des subsistances. 20 sept. 1817, n° 804.

12. — Délits forestiers. 21 oct. 1820, n° 950.

13. — Délits forestiers et de pêche; amendes de police simple et correctionnelle; frais avancés pour les communes. 10 juin 1825, n° 1164.

14. — Suite du n° 1164. 21 oct. 1825, n° 1174.

15. — Délits forestiers. 7 nov. 1827, n° 1227.

16. — Délits forestiers. 5 mai 1830, n° 1315.

17. — Délits politiques de la presse. 6 août 1830, n° 1325.

18. — Timbre des journaux et gravures; faits politiques. 7 sept. 1830, n° 1329.

19. — Amendes, frais, délits; police simple et correctionnelle; roulage; grande voirie; forêts; pêche, enregistrement et timbre, amendes et droits en sus. . . . . . 19 nov. 1830, n° 1340.

— *V.* Amendes, n° 15; Confiscations.

ANGLAIS. — Mesures diverses relatives au séquestre et à la mise en vente des biens des Anglais et des Français résidant en Angleterre. . . . . Circ. 16 août, 5 déc. 1810, et 9 avril 1813.

ANNEXES. — *V.* Contraventions *aux lois sur le notariat.*

ANNONCES. — *V.* Affiches.

ANNUAIRE. — *V.* Calendrier.

ANTICIPATION *de paiement.* — *V.* Aliénations *des biens de l'etat*, n°s 9, 10, 38; Caisse *d'amortissement*, n° 23; Décomptes, n° 12.

APANAGES. — *V.* Bois *de l'etat*, n° 17; Code *forestier.*

APPELS. — *V.* Amendes, n°s 28 à 33.

APPELS *au conseil d'etat.* — *V.* Instances, n°s 7 et 13.

APPOINTEMENS. — *V.* Remises; Traitemens.

APPOSITIONS *de scellés.* — *V.* Ordonnances *sur requête.*

APPRÉCIATIONS. — *V.* Mercuriales.

APPROVISIONNEMENS. — *V.* Mobilier *de la marine*; Mobilier *militaire*, n° 4; Registres; Timbre.

ARBRES. — **Routes.** — (V. *Circ.* n°s 223, 876.)

— * Le prix des arbres abattus doit être provisoirement versé à la caisse d'amortissement. Abrogé. n° 3 inf. Circ. 20 déc. 1806.

2. * — Etat des versemens à adresser tous les trois mois. Circ. 2 janv. 1807.

3. — Le produit de ces ventes est versé sans distinction et classé sous le titre ; *Prix de vente de mobilier.* I. G. 26 janv. 1815, n° 670.

4. — Ils ne peuvent être vendus qu'avec le concours des préposés des domaines. . . . . . I. G. 25 mai 1825, n° 1163.

5. **ARBRES.** — ROUTES. — L'administration des domaines est chargée de suivre les instances relatives à la propriété de ces arbres. Ces instances sont suivies au nom des préfets ainsi qu'il est prescrit pour les questions de propriété de biens de l'état. (*Déc. f.* 12 *mai* 1826.) *V.* INSTANCES, n° 28. I. G. 13 juill. 1826, n° 1193.

6. — Ils peuvent être délivrés en nature pour le service de l'artillerie. Les receveurs font la recette du prix d'estimation sous l'article *prix de vente de mobilier de l'état.* Les remanens et branchages en provenant sont vendus et portés en recette au chapitre *produits divers.* (*Ord. roy.* 18 *mars* 1831.) I. G. 17 mai 1831, n° 1365.

— *V.* COMPTABILITÉ, n° 206; FORTIFICATIONS; n° 7.

ARCHIVES. — Compte à rendre par les directeurs de leur situation dans chaque département. Circ. 29 juin. 1806.

2. — Les titres mêmes doivent être remis aux employés de l'administration lorsque les extraits sont insuffisans, et les expéditions doivent leur être délivrées sans frais. . . . Circ. 19 janv. 1807.

— *V.* COMMUNICATIONS.

ARPENTEURS. — *V.* VACATIONS (*des*).

ARMES *déposées dans les greffes.* — *V.* MOBILIER *de l'état*, n° 4.

ARRESTATIONS. — *V.* CONTRAINTE *par corps.*

ARRÊTS *concernant l'administration.* — *V.* ACQUIESCEMENS.

ARRÊTS *criminels.* — *V.* FRAIS *de justice*, n° 57.

ARRÊTS *d'admission.* — *V.* INSTANCES, n° 65, 67 et 68.

ARRÊTS *de la cour des comptes.* — *V.* COUR *des comptes;* COMPTABLES.

ARRÊTÉS ADMINISTRATIFS *en matière contentieuse.* — *V.* ACQUIESCEMENS, n° 2; HYPOTHÈQUES, n°s 62 et 63; INSTANCES *administratives.*

ARRÊTÉS *d'alignement.* — *V.* DOMAINES *de l'état*, n° 13.

ARRÊTÉS *des conseils de préfectures.* — *V.* INSTANCES, n° 7 et suiv.

ARRÊTÉS *des préfets.* — *V.* HYPOTHÈQUES, n°s 68, 71, 75, 83.

ARRÊTÉS *des produits.* — *V.* COMPTABILITÉ; INSPECTEURS; VÉRIFICATEURS.

ARRÊTÉS *des registres.* — (V. *Circ.* n°s 3 *et* 258.)

— Ils doivent être inscrits tous les soirs dans une case particulière pour chaque arrêté; être écrits en toutes lettres de la main du receveur, et signés par lui. Pour les registres non divisés par case, ils ne doivent jamais être intercallés, et sur le registre de dépôt dans les conservations, ils doivent être placés dans une case de la page gauche. I. G. 26 juill. 1809, n° 443.

— *V.* BUREAUX *de l'enregistrement*, n° 2; DROITS *constatés;* HYPOTHÈQUES, n° 115 et suiv.

ARTILLERIE. — *V.* ARBRES, n° 6; MOBILIER *de l'état*, n°s 5 *et* 14.

ASCENDANS. — *V.* ÉMIGRÉS, n° 1.

ASSIGNATS. — *V.* ALIÉNATIONS *de biens de l'état*, n°s 22, 25 *et* 40.

ASSURANCES *contre l'incendie.* — *V.* CAUTIONNEMENS, n° 8.

ATELIER *général du timbre.* — Son établissement. (*Arrêté*, 7 *fruct. an X.*) *V.* TIMBRE. I. G. 20 fruct. an X, n° 73.

ATTÉRISSEMENS. — *V.* ILES.

ATTRIBUTIONS. — *V.* AMENDES *attribuées.*

AUBAINE (*Droits d'*). — * Les sujets du royaume d'Italie, des principautés de Lucques et Piombino, les sujets prussiens et ceux du duché de Francfort, en sont exemptés. I. G. 3 sept. 1814, n° 541; 23 déc. 1811, n° 556, et 22 juin 1812, n° 584.

2. * **AUBAINE** (*Droits d'*). — Il est aboli respectivement entre la France et le Danemarck. (*Déc. f.* 24 *mars* 1817.) I. G. 4 avril 1817, n° 771.

3. * — Aboli entre la France et le royaume des Deux-Siciles. (*Traité* 1er *juin* 1818.) I. G. 15 juin 1818, n° 842.

4. * — Aboli pour les successions des Suédois décédés en France. (*Déc. f.* 6 *fév.* 1819.) I. G. 15 fév. 1819, n° 877.

5. * — Aboli complettement. (*Loi* 14 *juill.* 1819.) I. G. 13 août 1819, n° 900.

— *V.* Détraction.

AUDIENCE. — *V.* Feuille (*d'*).

AUDIENCE *publique.* — *V.* Instances, n° 58 et 59.

AUTRICHE (*Princes de la maison et sujets du royaume d'*). — * Séquestre apposé sur leurs biens. (*Décret du* 7 *juin* 1809.) Circ. 16 juin 1809.

2. * — Les biens dépendant des successions de sujets autrichiens morts en France pendant la guerre, ou les sommes provenant de la vente de ces biens, seront restitués aux héritiers. Circ. 25 janv. 1811.

AVANCES *à charge de remboursement.* — *V.* Comptabilité, n° 12 et suiv.

AVANCES *de fonds.* — *V.* Receveurs, n° 3.

AVANCEMENT. — *V.* Administration *de l'enregistrement et des domaines;* Caisse *des retraites;* Changemens *de résidence, etc.*

AVARIES. — *Timbre et impressions.* — Les avaries des ballots de papiers timbres, registres et impressions doivent être constatées par un procès-verbal; signé par le directeur, le garde magasin et les agens des messageries. I. G. 30 frim. an XII, n° 188.

AVERTISSEMENS. — Ils doivent être adressés, en franchise, par les receveurs aux maires des communes de l'arrondissement de leur bureau, qui les feront parvenir sans frais aux parties intéressées. Ils seront pliés, mais non cachetés, et accompagnés d'une lettre d'envoi contenant indication nominative des redevables. (*Déc. f.* 6 *avril* 1821.) I. G. 12 avril 1821, n° 1356.

— *V.* Successions, n° 4.

AVIS. — *V.* Affiches.

AVOUÉS. — Celui qui a requis l'inscription au rôle est seul passible de l'amende encourue pour retard ou défaut de consignation de l'amende d'appel. (*Déc. j. et f.* ? *et* 23 *juill.* 1823.) I. G. 1 oct. 1823, n° 1098.

2. — Surveillance spéciale à exercer pour réprimer les abus en matière de timbre commis dans les significations d'avoué à avoué. I. G. 26 déc. 1831, n° 1387.

— *V.* Instances, n° 18.

B

BACS *et bateaux.* — Distraits des attributions de l'administration des domaines pour être réunis à celle des contributions indirectes, à partir du 1er vend. an XIII, par la loi du 5 vend. an XII. Les inst. sur la matière, aujourd'hui sans objet, sont les n°s 63, 83, 184 et 254.

BACHELIERS *ès-lettres.* — *V.* Surnuméraires.

BALLOTS *de papiers timbrés.* — *V.* Avaries.

BARRIÈRES. — *V.* Routes.

BATEAUX. — *V.* Bacs.

BATIMENS *de l'état.* — Ils ne peuvent être mis à la disposition d'un ministre que par un arrêté du gouvernement. Circ. 3 therm. an X.

2. — Il en sera affecté au logement des généraux commandant les divisions militaires et autres officiers. Circ. 28 pluv. an XI.

3.* — Etat de ces bâtimens à fournir par les directeurs. Circ. 28 vent. an XI.

4.* — Il n'y a lieu de réclamer les fermages de ceux affectés aux corps administratifs et judiciaires qu'à partir de l'an 5. Situation du recouvrement à fournir. . . . . . Circ. 20 octobre 1806.

5.* — Ordre de reprendre possession des bâtimens qui avaient été affectés à la taxe d'entretien des routes. Circ. 26 fév. 1807.

6. — Etat de consistance des bâtimens affectés à des services publics. . . . . Circ. 27 fév. 1807.

7. — Les palais de justice et prisons cesseront d'être régis par l'administration et sont à la charge des départemens. Circ. 27 oct. 1807.

8. — Ceux occupés pour le service de l'administration départementale, des cours et tribunaux et de l'instruction publique ont été concédés gratuitement. État à fournir. (*Décret* 9 *avril* 1811.) I. G. 13 mai 1811, n° 519.

9.* — Les préfets ne peuvent disposer d'aucun bâtiment autre que ceux qui étaient occupés lors du décret du 9 avril 1811. État à fournir. I. G. 30 mars 1812, n° 569.

10.* — On ne peut réclamer aux sous-préfets le loyer des bâtimens occupés par eux avant le décret du 9 avril 1811. Circ. 25 juin 1812.

— *V.* Bois *de l'état*, n° 4. — Réparations.

BATIMENS ET TERRAINS *militaires.* — L'administration est chargée d'en percevoir les loyers et fermages; ils seront portés en recette sous le titre : *Revenus des domaines* (*Déc. f.* 17 *avril* 1822.) I. G. 4 mai 1822, n° 1038.

2. — Cette recette est de nouveau remise aux receveurs des finances. L'administration ne reste chargée que de la recette de ceux affectés à la dotation des invalides. (*Déc. f.* 20 *juin* 1823.) Abrogé. n° 3. I. G. 30 juin 1823, n° 1084.

3. — L'administration est de nouveau chargée de cette recette. (*Déc. f.* 9 *août* 1823.) I. G. 20 sept. 1823, n° 1095, et 16 fév. 1825, n° 1153.

4. — Les produits des loyers de ces bâtimens et terrains doivent être recouvrés intégralement par les receveurs des domaines. Les frais de réparations devront être acquittés par le ministère de la guerre. (*Déc. f.* 12 *avril* 1827.) . . . . I. G. 6 juill. 1827, n° 1211.

5. — Cette disposition n'est applicable qu'aux loyers d'une échéance postérieure au 1er janvier 1827, et les receveurs ne peuvent consentir à aucun prélèvement sur les loyers, tels qu'ils ont été stipulés dans les baux. (*Déc. f.* 7 *sept.* 1827 *et* 5 *avril* 1828.) I. G. 1er juin 1828, n° 1245.

6. — Les receveurs des domaines sont chargés de la recette des loyers des immeubles affectés au service des poudres et salpêtres. (*Déc. f. et guerre* 10 *janv.* 1828.) . . . I. G. 10 fév. 1829, n° 1269.

7. — Suppression des états trimestriels de produit. I. G. 4 mai 1830, n° 1314.

— *V.* Fortifications; Guerre.

BAUX. — *V.* Légion *d'honneur*, nos 5 et 11.

BAUX *à complant ou à portion de fruits.* — Les lois sur les rentes féodales ne leur sont pas applicables. Rechercher les biens ainsi affermés et dont la propriété peut être réclamée par l'état. I. G. 5 pluv. an 11, n° 118.

— *V.* Hospices, n° 3.

BAUX *d'immeubles.* — *V.* Mutations.

BAUX *de pêche.* — *V.* Pêche.

BAUX *emphytéotiques.* — La contribution foncière est à la charge du preneur; mais il a le droit d'exercer la retenue du cinquième sur sa redevance, à moins de stipulation contraire dans l'acte emphythéotique. I. G. 16 mars 1809, n° 421.

BAUX *en nature.* — *V.* MERCURIALES.

BELGES. — Séquestre à apposer sur les biens des Belges qui ont pris du service en Autriche. I. G. 1er oct. 1811, n° 545.

BIENFAISANCE (*Établissemens de*). — *V.* HOSPICES.

BIENS *affectés aux ministères.* — *V.* ALIÉNATIONS *de biens de l'état*, n° 16.

BIENS *des communes.* — *V.* COMMUNES *et établissemens publics;* COMPTABILITÉ, n° 16.

BIENS *de la famille Napoléon.* — *V.* NAPOLÉON BONAPARTE.

BIENS *de la liste civile.* — *V.* DOMAINES *engagés*, n° 11.

BIENS *de l'état.* — *V.* CADASTRE; CAISSE *d'amortissement;* DOMAINE *de l'état.*

BIENS *sans maître.* — *V.* BIENS *vacans.*

BIENS *séquestrés.* — * Etats de ceux existant au 1er sept. 1806. Circ. 5 sept. 1806.

2. * — Pareils états au 1er juillet 1810. Circ. 30 juin 1810.

3. * — Pareils états au 1er janvier 1813. Donner successivement avis des mainlevées obtenues, ou des biens nouvellement séquestrés. Circ. 30 janv. 1813.
— *V.* CONDAMNÉS; ÉMIGRÉS; SÉQUESTRE.

BIENS VACANS *et sans maître.* — Ceux découverts par suite de la confection du cadastre sont régis comme biens de l'état; mais il est fait recette spéciale des produits. Ceux dans la propriété desquels des particuliers seront réintégrés devront être imposés de suite au nom de ces particuliers, à la diligence des receveurs. Il en est de même des biens vendus. (*Déc. f.* 18 *sept.* 1806, *et* 16 *juin* 1809.) . . . . Circ. 26 sept. 1806; I. G. 14 août 1809, n° 447.

2. — Les directeurs des contributions directes sont chargés de cette dernière prescription; les directeurs des domaines leur transmettront à cet effet, dans les dix jours, un état des ventes ou réintégrations opérées. I. G. 3 fév. 1835, n° 1477.
— *V.* DESHÉRENCES; ÉPAVES.

BILLETS. — *V.* EFFETS *de commerce.*

BILLON. — *V.* MONNAIES, nos 4 et 5.

BLANCS. — *V.* CONTRAVENTIONS *aux lois sur le notariat.*

BOIS *de bourdaine.* — *V.* COUPES *de bois*, n° 2.

BOIS *de la légion d'honneur.* — *V.* LÉGION *d'honneur et* BOIS *de l'état*, n° 5.

BOIS *de l'état.* — Calculer la distance à vol d'oiseau pour déterminer ceux qui sont aliénables. Circ. 26 vent. an XI.

2. * — État de consistance au 1er therm. an XI. Circ. 8 therm. et 6 fruct. an XI.

3. * — Ne consentir aucun bail de pâturage. I. G. 9 niv. an XII, n° 191.

4. * — Dresser l'état des terrains et bâtimens en dépendant qui ont été aliénés. . . . Circ. 8 germ. an XIII.

5. * — Les bois cédés à la Légion-d'Honneur sont réunis au sol forestier. . . . . . . Circ. 15 mars 1809.

6. * — Surseoir aux ventes des bois de l'état. I. G. 6 mai 1816, n° 718.

7. * — Demande d'un état des terrains usurpés sur les forêts de l'état. . . . . . . I. G. 9 mai 1828, n° 1241.

8. * — État des concessionnaires d'affectation à titre particulier dans les bois de l'état, en instance pour faire déclarer leurs droits irrévocables. (*C. for., art.* 58) . . . . . . Circ. 17 nov. 1828.

9. BOIS *de l'état*. — Loi du 25 mars 1831 qui autorise la vente de bois jusqu'à concurrence de quatre millions de revenu net. Exécution; cahier de charges. . . . . I. G. 15 avril 1831, n° 1361.

10. — Le receveur général doit remettre au directeur un bordereau spécial des paiemens effectués par chaque acquéreur et des primes allouées. Ce bordereau qui servira de base au *quitus* définitif sera conservé par le directeur. (*Déc. f.* 9 *août* 1831.) . . . I. G. 23 août 1831, n° 1379.

11. — Les acquéreurs en retard de solder sont mis en demeure par une contrainte décernée par le receveur des domaines, signifiée à la diligence et pour le compte du receveur des finances. Après quinzaine de cette notification, le directeur provoque près du préfet un arrêté de déchéance, qui, après approbation du ministre sera notifié aux parties. A défaut de paiement dans le mois, le directeur fera procéder au nom de l'état à la reprise de possession et au recouvrement, par le receveur des domaines, de l'amende de déchéance, des fruits et des frais avancés par le receveur des finances. (*Déc. f.* 17 *août* 1832.) I. G. 14 sept. 1832, n° 1408.

12. — BOIS *en litige*. — Les condamnations pécuniaires prononcées pour délits dans les bois en litige, sont recouvrés par les receveurs pour le compte de la caisse des consignations. Le mode de comptabilité est celui tracé par l'instruction générale n° 1203. (*V.* SUCCESSIONS *vacantes, n°* 5.) Les recettes sont portées au chapitre : *Correspondans du trésor.* Les poursuites auront lieu à la requête du procureur du roi, et à la diligence du receveur de l'enregistrement, *agissant pour le compte de la caisse des dépôts et consignations.* (*Déc. f.* 23 *fév.* 1831.) I. G. 4 mars 1831, n° 1350.

13. — USAGERS. — Leur donner connaissance des dispositions de l'art. 61, C. for. . . . . I. G. 24 juill. 1828, § 3, n° 1251.

14. — Les arrêtés des conseils de préfecture reconnaissant des droits d'usage, ne sont que de simples avis et ne deviennent actes du gouvernement et définitifs que par l'approbation du ministre. Si cette approbation était refusée, les parties pourraient toujours introduire l'instance devant les tribunaux. *V.* n° 16 inf. . . . . I. G. 17 janv. 1829, § 3, n° 1265.

15 * — État des prétendant-droits d'usage qui ont exercé leur pourvoi devant les tribunaux dans les délais fixés par l'article 61, C. for. Circ. 28 juill. 1829.

16. — Les arrêtés des conseils de préfecture portant reconnaissance des droits des usagers, ouvrent l'instance, et le délai fixé par l'art. 61, C. for., n'est plus applicable. Les préfets peuvent provoquer d'office la décision du ministre sur ces arrêtés. — Ces diverses dispositions sont applicables aux bois possédés par les princes à titre d'apanage. (*Déc. f.* 28 *juill. et* 3 *août* 1829.) I. G. 30 oct. 1829, § 3, n° 1294.

17. — Règles à suivre pour les cantonnemens en remplacement de droits d'usage. (*Arrêté f.* 4 *mars* 1830.) I. G. 10 avril 1830, n° 1309.

— *V.* ALIÉNATIONS *de biens de l'état*, n°s 3, 11; ALIÉNATIONS *de bois de l'état;* CAISSE *d'amortissement;* CODE *forestier;* COUPES *de bois.*

BOIS *de marine*. — CODE *forestier.*

BOIS *des arsenaux*. — *V.* MOBILIER *militaire*, n° 17.

BOIS *des communes et des établissemens*. — *V.* COMMUNES; CODE *forestier.*

BOIS *des particuliers*. — Ils sont régis, quant au régime forestier, par le décret du 15 avril 1811. (*Ord. roy.* 22 *sept.* 1819; *Déc. f.* 19 *avril* 1820.) . . . . I. G. 25 avril 1820, n° 931.

— *V.* AMENDES, n° 55; CODE *forestier.*

BOIS *engagés*. — *V.* DOMAINES *engagés.*

BOIS *indivis*. — *V.* CODE *forestier.*

BONS *deux tiers*. — *V.* ALIÉNATIONS *de biens de l'état*, n°s 20, 24 *et* 26; RESTITUTIONS, n° 1.

BONS *pour l'équipement des conscrits.* — * Les receveurs doivent les verser de suite aux mains des receveurs généraux. I. G. 6 niv. an X, n° 32.

— *V.* Aliénations *de biens de l'état*, *n°* 17.

BORDEREAUX *d'inscriptions.* — *V.* Hypothèques, n°s 34, 35, 47, 49, 55, 58, 59 et 156.

BORDEREAUX *de recettes et dépenses par mois.* — Ils doivent être adressés par les receveurs au directeur, au plus tard le 3 de chaque mois; et par le directeur à l'administration, le 11 au plus tard. Circ. 21 vent. an X.

2. — On doit y indiquer la nature et le motif du restant en caisse. . . . . Circ. 5 therm. an XIII.

3. — État du restant en caisse à la fin de l'année à joindre au dernier bordereau de l'année. Circ. 17 vend. an XIV.

4. — Nouvelle forme de ces bordereaux. Les états justificatifs qu'il était prescrit d'y joindre se trouvent compris dans leur rédaction. Comparaison de tous les produits et causes des augmentations ou diminutions à faire connaître. . . . . I. G. 10 janv. 1824, n° 1114.

— *V.* Compabilité, n° 16.

BORDEREAUX *de situation de caisse.* — En arrivant dans chaque bureau, les inspecteurs doivent dresser sur un imprimé spécial un bordereau de situation de la caisse et de la débite des papiers timbrés, et le joindre au compte qu'ils adressent au directeur et à l'administration. (*Ordres de service, art.* 6.) *V.* Caisse, n°s 4 et 5. Modifié. n° 2 inf. I. G. 5 juin 1830, n° 1318.

2. — Ce bordereau sera dressé par les vérificateurs. (*Ordres de service, art.* 5.) Les inspecteurs ne devront le fournir qu'en cas de déficit. (*Art.* 38.) . . . . I. G. 15 mars 1831, n° 1351.

— *V.* Opérations *d'inspection;* Vérifications *de régies.*

BORDEREAUX *de versemens.* — *V.* Versemens.

BORDEREAUX *récapitulatifs.* — *V.* Comptabilité, n°s 7, 32 et suiv.

BORNAGE. — *V.* Code *forestier.*

BOURSES *communes.* — *V.* Amendes, n°s 40 et 41; Huissiers, n° 4.

BREVETS. — *V.* Surnuméraires.

BULLETINS. — *V.* Hypothèques, n° 12 et suiv.; Timbre *extraordinaire.*

BUREAU *de liquidation.* — *V.* Liquidation.

BUREAUX *des domaines et bois.* — * Ceux dont les recettes ne s'élèvent pas à 30,000 fr. seront supprimés. (*Décret* 23 *mai* 1810.) I. G. 20 juin 1810, n° 479.

2. * — Ordre aux directeurs de proposer ces suppressions s'il y a lieu. (*Déc. f.* 26 *mai* 1817.) I. G. 6 juin 1817, n° 780.

— *V.* Remises, n°s 2 et 10.

BUREAUX *de l'enregistrement.* — (V. *Circ.* n°s 363, 464.)
— Les bureaux doivent être fermés les jours fériés. I. G. 6 juin 1809, n° 433.

2. — Cette disposition est de rigueur. Les receveurs indiqueront les jours fériés dans l'inscription des arrêtés. I. G. 12 juill. 1816, n° 730.

3. — Relevé des actes, déclarations et articles de recette, portés sur les registre et tableau des officiers publics, à fournir chaque année dans les dix premiers jours de janvier. I. G. 11 nov. 1833, n° 1438.

— *V.* Administration *de l'enregistrement et des domaines*, *n°* 14; Hypothèques, n°s 9, 10 et 139; Jours *fériés.*

— Enregistrement *des actes et déclarations.* — *V.* Bureaux (1re partie.)

C

CACHETS, *timbres et sceaux*. — Les cachets, timbres et sceaux portant les emblêmes du dernier gouvernement (impérial), doivent être détruits ou maculés. . . . . . . Circ. 9 fév. et 4 juin 1816; I. G. 30 sept. 1816, n° 744.

CADASTRE. — Les préposés des domaines sont dispensés de l'examen des rôles-matrices, et de la discussion des contenances et estimation des biens de l'état. . . . . . . I. G. 14 août 1809, n° 447.

— *V.* Biens *vacans;* Hospices, n° 10.

CAISSE. — Sureté. — Tout receveur, chargé de deniers publics, ne pourra obtenir décharge d'aucun vol, s'il n'est justifié qu'il est l'effet d'une force majeure, et que le dépositaire, outre les précautions ordinaires, avait eu celle de coucher ou de faire coucher un homme sûr dans le lieu où il tenait ses fonds, et en outre, si c'était au rez-de-chaussée, de le tenir solidement grillé. (*Arr. du* 8 *floréal an X.*) . . . . I. G. 25 flor. an X, n° 56.

2. — Tous les fonds doivent être réunis dans une seule caisse, ou au moins dans une même pièce. (*Déc. f.* 4 *oct.* 1821.) I. G. 13 oct. 1821, n° 1000.)

— *V.* Inspecteurs, n° 2; Vols de Caisse.

3. — Vérifications. — Les employés doivent ouvrir leurs bureaux, et représenter les fonds en caisse aux inspecteurs des finances. I. G. 27 janv. 1816, n° 704.

4. — Un procès-verbal en double expédition, signé par le receveur et un employé supérieur, ou, à défaut, le maire, l'adjoint ou le juge de paix, constatera chaque année les fonds en caisse au 31 décembre. Un double sera envoyé au directeur, l'autre restera au bureau. (*Déc. f.* 9 *nov.* 1820.) . . . . I. G. 16 déc. 1820, n° 962, 12 fév. 1821, n° 971, et 5 déc. 1821, n° 1009.

5. — Envoi de bordereaux imprimés pour les situations de caisse à établir par les employés supérieurs. Circ. 29 avril 1823.

— *V.* Bordereaux *de recettes et dépenses*, n° 2 et 3; Bordereaux *de situation de caisse;* Comptabilité, n° 17; Déficits; Vérifications *de régies.*

CAISSE *d'amortissement*. — * Il lui est délégué 26,859,761 fr. 75 cent. sur les sommes à recouvrer au 1er vend. an XIII pour prix des ventes de biens. (*Décret* 3 *niv. an XIII.*) I. G. 17 pluv. an XIII, n° 270; Circ. 1er vent. et 27 germ. an XIII.

2. * — Elle est autorisée à recevoir par anticipation, avec remise de 1/2 pour 0/0 par mois, les sommes qui lui ont été déléguées. I. G. 27 flor. an XIII, n° 284.

3. * — Cette remise se liquide sur le capital et les intérêts. Circ. 24 vend. an XIV.

4. * — Les préposés s'adresseront au directeur général de cette caisse pour la régie et la vente des biens lui appartenant, sans l'intermédiaire de l'administration centrale de l'enregistrement. Circ. 29. nov. 1806.

5. — Il lui est délégué 21,000,000 fr. sur les biens disponibles au 1er avril 1806. (*Loi* 24 *avril* 1806.) Circ. 13 fév. 1807.

6. * — Il lui est délégué 6,645,000 fr. sur les produits des décomptes (*Décret* 4 *mars* 1808.) Circ. 15 avril et 20 mai 1808.

7. * — Il lui est abandonné des biens de l'état pour complément de la délégation de 21 millions. (*Déc. f.* 16 *nov.* 1808.) Circ. 25 nov. 1808.

8. — A partir du 1er janv. 1810, la régie des biens de cette caisse n'appartient plus à l'administration des domaines. (*Déc. f.* 17 *août* 1809.) Circ. 18 sept. 1809.

9. * — Rendre compte par année des recettes faites pour la caisse d'amortissement. . . . Circ. 23 oct. 1809.

10. * CAISSE *d'amortissement.* — Rectification d'erreurs commises dans la comptabilité concernant cette caisse. Circ. 29 nov. 1809.

11. * — Elle est autorisée à aliéner les rentes provenant du prytanée, dont elle est propriétaire par le décret du 5 mars 1806. (*Décret* 9 *déc.* 1809, Circ. 11 janv. 1810.

12. * — Les biens qui lui appartiennent nommément sont les seuls à régir pour son compte et sous ses ordres directs. Circ. 14 fév. 1810.

13. * — Nouvelle délégation de 15,000,000 sur les produits des décomptes. (*Décret* 3 *fév.* 1810) Circ. 12 juin 1810.

14. * — Mesures relatives à ces abandons. Circ. 17 oct. 1810.

15. * — Les biens qui lui sont abandonnés seront vendus pour son compte, et régis jusqu'à la vente au profit de l'état. Circ. 15 avril 1811.

16 * — Autre délégation de 30 millions sur les produits des décomptes. (*Décret* 18 *avril* 1811.) Circ. 29 avril 1811.

17. * — Pour les biens vendus en son nom, la recette des fruits et amendes à réclamer des acquéreurs déchus lui appartiont. Circ. 8 juillet 1811.

18 * — A partir du 1er oct. 1812, les biens disponibles cesseront d'être vendus pour son compte. . Circ. 22 août 1812.

19. * — Les biens de la caisse d'amortissement sont affectés au paiement des obligations du trésor. (*Loi* 23 *sept.* 1814.) Ils seront régis par l'administration des domaines, et les recettes seront comprises dans ses produits. I. G. 25 mai 1815, n° 690.

20. * — Mode de réglement des décomptes des acquéreurs. Circ. 10 nov. 1815.

21. * — Etats à fournir des recettes faites pour cette caisse. Circ. 30 nov. 1815.

22. * — 150,000 hectares de bois lui appartenant sont mis en vente. (*Loi* 25 *mars* 1817, *art.* 145.) Le mode de vente et les formalités à suivre sont déterminés par l'ord. roy. du 10 déc. 1817. I. G. 2 fév. 1818, n° 819.

23. * — Envoi aux directeurs de l'état des bois mis en vente. I. G. 11 fév. 1818, n° 821

24. * — Modèles d'affiches et procès-verbaux de vente. I. G. 15 avril 1818, n° 828.

25. * — Prescriptions pour l'exécution de la loi du 25 mars 1817, n° 22 sup. . . . . I. G. 3 août 1818, n° 850.

26. * — Mode d'expertise et de réglement des frais. (*Déc. f.* 4 *sept.* 1818. . . . . . I. G. 14 sept. 1818, n° 858.

27. * — Réglement des frais de rédaction et d'expéditions des procès-verbaux de vente. (*Déc. f.* 6 *nov.* 1818.) I. G. 11 nov. 1818, n° 865.

28. * — Ordre de continuer les ventes. I. G. 14 janv. 1819, n° 874.

29. * — Modifications aux cahiers des charges pour la vente des bois de la caisse d'amortissement. I. G. 18 mars 1820, n° 924, et 24 août 1820, n° 949.

30. * — Les minutes des ventes resteront déposées aux sous-préfectures. (*Déc. f.* 30 *oct.* 1820.) I. G. 30 nov. 1820, n° 960.

31. * — L'administration des forêts concourt à cette vente. Ne peuvent être vendus : les futaies, les bois utiles aux travaux de la marine ou de places fortes, ceux nécessaires à l'approvisionnement de Paris, enfin ceux contenant plus de 500 hectares. Exécution. (*Déc. f.* 9 *mars* 1821.) I. G. 14 avril 1821, n° 977.

32. * — Coupes *de bois.* — Clauses, charges et conditions des ventes, états. *V.* Coupes *de bois de l'état.* — Ordinaire 1819, I. G. 21 août 1818, n° 854. — 1820, I. G. 14 juill. 1819, n° 897, et 28 juill. 1819, n° 898 — 1821, I. G. 31 juill. 1820, n° 945. — 1822, I. G. 26 sept. 1821, n° 997.

— *V.* Aliénations *de biens de l'état,* n°s 41, 46 et 51; Amendes, n° 42; Arbres, n°s 1 et 2; Cautionnemens, n°s 38 et 39; Communes, n° 3; Eaux minérales; Emigrés, n° 10; Fabriques, n°s 8 et 15; Garde (*droit de*); Légion *d'honneur*, n° 13; Prytanée *français;* Rentes *dues à l'état.*

CAISSE *des dépôts et consignations.* — Donner avis au directeur général de la caisse d'amortissement des reconnaissances de consignations enregistrées. . . . . . . Circ. 12 germ. an XIII.

2. — Les fonds affectés aux pensions de retraite des employés des ministères et administrations, seront versés à la caisse des dépôts et consignations qui ouvrira un compte courant avec chaque administration. (*Ord. roy.* 3 *juill.* 1816.) *V.* Caisse *des retraites.* . . . I. G. 25 juill. 1816, n° 734.

3. — Elle doit seule recevoir toutes les consignations judiciaires; les deniers offerts réellement; ceux dus par des acquéreurs (*C. Com. art.* 2183, 2184, 2186, 2189); le montant des effets de commerce non présentés à l'échéance; les cautionnemens de personnes; les deniers versés à un garde du commerce pour éviter une arrestation; les sommes remises aux geôliers par les débiteurs pour obtenir leur mise en liberté; celles dont les cours et tribunaux ordonnent le dépôt; le prix des bâtimens de mer vendus par justice (*C. Com. art.* 209); les deniers saisis et arrêtés sur les débiteurs ou les tiers; les prix de vente provenant de saisies réelles ou immobilières; ceux des ventes de meubles des faillis (*C. Com. art.* 497); les sommes provenant de successions vacantes, etc. (*Ord. roy.* 3 *juill.* 1816.) I. G. 20 août 1816, n° 736.

4. — Les portions de traitemens et remises saisies doivent y être consignées. . . . . . I. G. 22 juill. 1817, n° 792.

5. — Adresser chaque mois au directeur général de cette caisse le relevé des actes présentés à la formalité et pouvant donner lieu à consignation. (*Ord. roy.* 2 *juill.* 1815.) Abrogé. n° 7. I. G. 13 août 1817, n° 795.

6. — Les produits du domaine extraordinaire sont versés à cette caisse, à Paris, pour tous les départemens, par la caisse du trésor, au vu des états de recouvremens. (*Loi* 15 *mai* 1818, *art.* 95 *et* 96.) I. G. 20 mai 1818, n° 835.

7. — Il n'y a plus lieu d'adresser le relevé ci-dessus, n° 5. (*Déc. f.* 7 *fév.* 1825.) . . . . I. G. 16 avril 1825, n° 1160.

8. — Exactitude à apporter dans les états des recettes faites pour le compte de cette caisse. Circ. 2 nov. 1832.

— *V.* Bois *de l'état*, n° 12; Caisse *des retraites*, n°s 6, 9 et 10; Cautionnemens, n°s 42 et 43; Comptabilité, n°s 20, 21, 22 et 23; Mobilier *de l'état*, n° 8; Saisies-arrêts *ès-mains des préposés*, n° 4; Saisies *réelles*, n° 4; Successions *en déshérence*; Successions *vacantes*.

CAISSE *des retraites.* — La retenue sur les traitemens et remises est élevée à 2 1/2 p. %, à partir du 1er germ. an XII, pour assurer des pensions aux veuves et orphelins des employés. (*Décret* 12 *flor. an XIII.*) Modifié. n° 5 inf. . . . . I. G. 23 prair. an XIII, n° 287.

2. — La remise extraordinaire sur le produit des décomptes n'est pas passible de la retenue pour la caisse des retraites. *V.* n° 4 inf. Circ. 25 juin 1808.

3. — La retenue est élevée à 4 p. %, à partir du 1er juillet 1814. Elle aura lieu sur les salaires des conservateurs, sous la déduction d'un tiers pour frais de bureau. Le produit des emplois vacans, par mort, démission ou autrement, est affecté à la caisse des retraites sous déduction des sommes à payer aux intérimaires. (*Ord. roy.* 4 *nov.* 1814.) Modifié. n° 5 inf. et Vacances *d'emplois*, n° 3. . . . . I. G. 7 déc. 1814, n° 665.

4. — La retenue doit être appliquée à toutes les remises extraordinaires, à partir du 1er juillet 1815. I. G. 26 sept. 1815, n° 699.

5. — A partir du 1er janvier 1816, la retenue est élevée à 5 p. %. Il sera fait en outre, au profit de la caisse des retraites, un prélèvement de 15 p. % sur les recouvremens provenant des peines et amendes de contraventions aux lois des 22 frim. an 7 et 27 vent. an IX. (*Ord. roy.* 17 *et* 24 *janv.* 1816.) *V.* n° 7 inf. . . . . I. G. 8 fév. 1816, n° 707, et 6 mars 1816, n° 711.

6. **CAISSE** *des retraites.* — Tous les fonds appartenant à cette caisse doivent être versés par les directeurs à la caisse des consignations. Ils en adressent le compte au directeur général avant le 20 du second mois de chaque trimestre avec récépissé à l'appui. Modifié. n° 22 inf. I. G. 25 juill. 1816, n° 734.

7. — Le prélèvement de 15 p. °/₀ sur les amendes de contraventions et droits en sus, doit être porté en dépense dans l'état de mois. On continue d'en rendre compte d'après l'instruction 707, n° 5 sup. Abrogé. n° 14 inf. I. G. 26 août 1816, n° 737.

8. — Le traitement des premiers commis en congé appartient en totalité à la caisse des retraites. Modifié. *V.* Vacances *d'emplois, et* Congés I. G. 1ᵉʳ oct. 1816, § 1, n° 745.

9. — Les inspecteurs perçoivent dans leurs tournées les retenues et prélèvemens destinés à la caisse des retraites, et les versent directement à la caisse des consignations sans l'intermédiaire des directeurs. Abrogé. n° 10 inf. I. G. 1ᵉʳ oct. 1816, § 2, n° 745.

10. — Il sera ouvert dans chaque bureau un registre de recette pour le compte de cette caisse, à partir du 1ᵉʳ juillet 1818. Toutes les recettes faites seront versées comme produits de l'enregistrement et des domaines. Elles seront portées aux états de produits sous le titre : *Compte de divers fonds de retraite* (*caisse des dépôts et consignations*). Ces recettes ne donnent lieu à aucune remise. (*Déc. f.* 21 *mai* 1818.) Modifié. n° 22 inf. . . . I. G. 22 mai 1818, n° 836.

11. — La retenue s'opère sur les remises provenant de recettes du domaine extraordinaire. (*Dec. f.* 30 *nov.* 1818.) I. G. 21 déc. 1818, n° 870.

12. — Prélèvement pendant un an, au profit de la caisse des retraites du premier mois de traitement, ou du douzième de l'augmentation de traitement annuel, dans les cas de nomination ou de promotion à un emploi supérieur. — Exécution. (*Ord. roy.* 15 *avril* 1820.) *V.* n° 20 inf. I. G. 10 mai 1820, n° 932,

13. — Ce prélèvement sera exercé jusqu'au 1ᵉʳ avril 1822. (*Ord. roy.* 14 *mars* 1821.) Les employés restés sans emploi depuis le 1ᵉʳ avril 1814 et replacés ne supportent pas ce prélèvement. (*Déc. f.* 26 *mars* 1821.) I. G. 4 avril 1821, n° 976.

14. — A partir de janv. 1822, le prélèvement de 15 p. °/₀ sur les droits en-sus et amendes, n° 5 sup., sera porté en recette et en dépense, pour tous les départemens, par le caissier central de l'administration à Paris, au vu des bordereaux mensuels des directeurs. — Le produit des emplois vacans appartient au trésor et non à la caisse de retraite. — Elle continue toutefois à recevoir le produit des absences par congé et le premier mois de traitement lors des nominations et avancemens ; la liquidation en sera faite sur les remises de l'année précédente. (*Déc. f.* 7 *sept.* 1821.) Modifié. nᵒˢ 16 et 18 inf. I. G. 19 janv. 1822, n° 1016.

15. — Le prélèvement du premier mois d'appointement et du 12ᵉ d'augmentation, n° 12 sup., sera exercé jusqu'à ce qu'il en soit autrement ordonné. (*Ord. roy.* 13 *mars* 1822.) — *V.* nᵒˢ 16, 18 et 20 inf. I. G. 23 mars 1822, n° 1028.

16. — Les directeurs fourniront chaque année un état des remises des receveurs et conservateurs pendant l'année précédente, pour servir de base au prélèvement fixé par l'instruction n° 1016. — *V.* n° 14 sup. et n° 19 inf. Circ. 27 janv. 1823.

17. — A partir du 1ᵉʳ oct. 1823, une retenue de 5 p. °/₀ sera faite à son profit sur les salaires des conservateurs; il en sera compté conformément à l'instruction n° 836, n° 10 sup. (*Ord. roy.* 12 *nov.* 1823.) I. G. 29 nov. 1823, n° 1105.

18. — Le produit des emplois vacans sous la déduction des sommes à payer aux intérimaires, appartient à la caisse des retraites. — Exécution en ce qui concerne l'année 1823. (*Déc. f.* 12 *déc.* 1823.) Modifié. *V.* Vacances. I. G. 18 déc. 1823, n° 1108.

19. — La portion des remises allouée à la caisse des retraites pour les vacances d'emploi par congé ou autrement, sera liquidée provisoirement sur les recettes probables de l'année, et le réglement définitif aura lieu au 31 décembre. Les employés se feront également compte alors des portions de remises qui leur sont attribuées. Le prélèvement du premier mois de traitement continuera d'être fait sur les remises de l'année précédente. Le compte des recettes faites pour la caisse des retraites ne sera plus dressé que par année. I. G. 20 mars 1824, n° 1126.

20. CAISSE *des retraites.* — Réunion en une seule caisse générale des pensions de retraites des administrations financières. Les recettes se composent, 1° d'une retenue de 5 p. °/₀ sur les traitemens et remises; 2° de la retenue du premier mois de traitement; 3° de celle, pendant le premier mois, de la portion de traitement accordée à titre d'augmentation; 4° d'une retenue sur les appointemens des employés en congé; 5° d'un prélèvement sur le produit des amendes, saisies et confiscations; 6° des fonds subventionnels accordés par les lois et budgets; 7° des arrérages de rentes et intérêts de fonds appartenant à la caisse. (*Ord. roy.* 12 *janv.* 1825.) I. G. 9 avril 1825, n° 1158.

21. — La retenue de 5 p. °/₀ sur la totalité des remises et salaires est maintenue. (*Ord. roy.* 10 *juill.* 1827.) I. G. 7 sept. 1827, n° 1219.

22. — Les traitemens et remises n'étant plus ordonnancés que pour le restant net, après la retenue opérée, les directeurs fourniront par sémestre un état de la situation, *au vrai*, des sommes dévolues à la caisse des pensions. Les mandats de paiemens délivrés aux préposés contiendront le décompte des retenues qu'il n'y aura plus lieu de porter en recette. Cela ne s'applique pas aux retenues sur les salaires des conservateurs ou sur les recettes résultant d'opérations de trésorerie. (*Déc. f.* 10 *déc.* 1828.) I. G. 22 janv. 1829, n° 1266.

— *V.* Caisse *des dépôts et consignations*, n° 2; Comptabilité, n°s 24 à 29; Congés; Hypothèques, n° 147; Premiers Commis; Pensions *de retraites;* Vacances *d'emplois*, n°s 4 et 5.

CALCUL *décimal.* — *V.* Mesures *métriques.*

CALENDRIER *grégorien.* — Il est mis en usage à partir du 1er janvier 1806. (*Sénatus consulte*, 22 *fruct. an XIII.*) I. G. 30 brum. an XIV, n° 294.

— *V.* Comptabilité, n° 2.

CANAUX. — La vente des objets inutiles, provenant du service et des travaux de confection, est faite par les receveurs des domaines. La recette figure sous le titre : *Prix de ventes d'objets mobiliers provenant des ministères; ministère de l'intérieur. — Fonds spécial des canaux.* (*Déc. f.* 28 *nov.* 1823.) . . . . I. G. 20 déc. 1823, n° 1109.

2. — L'administration des contributions indirectes est maintenue dans le droit d'administrer seule les francs-bords des canaux, d'effectuer la vente des arbres et d'en percevoir le prix. (*Déc. f.* 30 *avril* 1829.) *V.* n° 3 inf. I. G. 6 juin 1829, n° 1276.

3. — Les produits des propriétés acquises pour la construction des canaux sont perçus par l'administration des domaines jusqu'à la mise en perception des droits de navigation. Ils sont classés dans les *Recettes ayant une destination spéciale*, ou sous le titre : *Revenus des domaines de l'état*, suivant les cas. (*Déc. f.* 6 *nov.* 1829.) *V.* n° 6 inf. I. G. 22 déc. 1829, n° 1302.

4. — Il n'y a pas lieu de réclamer de l'administration des contributions indirectes les recouvremens faits par elle pour terrains des canaux en construction, avant le 1er janvier 1830. (*Déc. f.* 25 *juin* 1830.) I. G. 6 août 1830, n° 1326.

5. — Les dispositions de l'instruction n° 1276, n° 2 sup., sont applicables aux rivières canalisées, même en ce qui concerne la location de la pêche. (*Déc. f.* 26 *déc.* 1831.) . . . I. G. 10 janv. 1832, n° 1389.

6.* — **Droits** *de navigation.* — Distraits des attributions de l'administration de l'enregistrement, et réunis, à partir du 1er vend. an XIII, à celles de l'administration des contributions indirectes, par la loi du 5 vent. an XII. . . . . I. G. 23 fruct. an XII, n° 254, et 27 mai 1811, n° 528.

CANTONNEMENS. — *V.* Bois *de l'état*, n° 17; Code *forestier.*

CAPTURES (*droit de*). — *V.* Contrainte *par corps.*

CARENCE. — *V.* Procès-*verbaux de.*

CARNET. — *V.* Comptabilité, n° 30.

CARRIÈRES. — *V.* Mines.

CARTES *à jouer.* — Partie distraite de l'administration de l'enregistrement pour être réunie à celle des contributions indirectes, à partir du 1er vend. an XIII, par la loi du 5 vent. an XII. I. G. 23 fruct. an XII, n° 254.

CASSATION. — *V.* Instances, n° 65 et suiv.

CATHÉDRALES. — *V.* Fabriques.

CAUTIONNEMENS — Employés. — *Immeubles.* — (V. *Circ.* n°s 21, 90, 44, 340, 345, 630.)

— Les conservateurs doivent fournir un supplément de cautionnement lorsque par suite de changement de circonscription, la population de leur arrondissement se trouve augmentée; mais seulement lorsque l'augmentation résulte d'une réunion de territoire et non d'un nouveau recensement. (*Déc. f.* 29 *juill.* 1806.) *V.* n° 7 inf. . . . I. G. 11 sept. 1806, n° 316.

2. — Les inscriptions prises sur les immeubles affectés aux cautionnemens des conservateurs doivent être renouvelées dans les dix ans de leur date. Ce renouvellement aura lieu au moins six mois avant l'expiration du délai décennal. Le directeur surveillera l'exécution de cette mesure au moyen de la tenue d'un sommier des cautionnemens des conservateurs. *V.* n°s 6 et 9 inf. I. G. 8 août 1809, n° 445.

3. — Un nouveau cautionnement peut toujours être substitué à l'ancien en remplissant les formalités prescrites pour le premier. (*Déc. j. et f.* 17 *et* 30 *avril* 1811.) . . . I. G. 1er juin 1811, n° 526.

4. — Rappel de l'obligation de renouveler les inscriptions conformément aux prescriptions ci-dessus (n° 2). État de situation au 1er juillet 1821. *V.* n° 9 inf. . . . . . I. G. 1er juill. 1821, n° 986.

5. — Précautions à prendre pour assurer la validité du cautionnement; pièces à produire; nature de l'immeuble; valeur; origine; quittance de prix; purge sur les anciens propriétaires; hypothèques personnelles; hypothèque légale; femme; modèle d'acte de cautionnement. (*Déc. j.* 1er *juin* 1822.) I. G. 4 juin 1822, n° 1045.

6. — Changement dans le libellé des bordereaux pour l'inscription à prendre et qui doit être requise au profit de *toutes personnes.* — L'inscription ne peut être radiée qu'en vertu de jugement, même après les dix ans de la cessation des fonctions. Mode d'obtention de ce jugement. (*Déc. j. et f.* 5 *avril* 1825. . . . . I. G. 13 avril 1825, n° 1159.

7. — Le cautionnement des conservateurs doit être fixé sur la population de l'arrondissement à l'instant où il est fourni. (*Déc. f.* 22 *oct.* 1828.) Tableau de la population à adresser au directeur général; avis à lui donner des changemens reconnus par suite de recensemens ultérieurs. I. G. 8 nov. 1828, n° 1260.

8. — Si le cautionnement est établi sur des maisons, on doit exiger qu'elles soient assurées contre l'incendie. (*Déc. f.* 3 *sept.* 1831.) I. G. 27 sept. 1831, n° 1382.

9. — En cas de cessation de fonctions, le renouvellement d'inscription prescrit (n° 2 sup.) doit avoir lieu dans les trois mois, quelle que soit la date de l'inscription. . . . I. G. 12 mars 1833, n° 1420.

10. * — *Numéraire.* — Dispositions relatives au paiement des intérêts de l'an IX. . . . Circ. 18 prair. an X.

11. — Affectation des cautionnemens en numéraires des employés à la sûreté de tous les dépôts et recettes dont ils sont chargés. *V.* n° 29 inf. . . . . I. G. 5 fruct. an XI, n° 153.

12. CAUTIONNEMENS. — **Employés.** — *Numéraire.* — Mode de remboursement et compensation en cas de changement d'emploi. Abrogé. nos 23, 24, 27 et 29 inf. . . . I. G. 19 germ. an XIII, n° 277.

13. — Le cautionnement total de chaque receveur est fixé au double du montant des remises d'une année entière. (*Loi* 24 *avril* 1806, *titre* 4, *art.* 15.) Supplément à fournir et mode d'exécution. Circ. 10 mai 1806, et I. G. 13 juin 1806, n° 307.

14. — Mode de régularisation des cautionnemens pour les bureaux nouvellement organisés. I. G. 26 juill. 1806, n° 312.

15. — Pour faire verser dans les caisses de l'administration, les cautionnemens des employés reliquataires, en paiement des sommes par eux dues au trésor, on doit former jusqu'à concurrence des sommes dues, opposition motivée, à la caisse d'amortissement ou au greffe du tribunal. (*Loi* 25 *niv. an XIII*), et faire ordonner le dessaisissement. Moyens d'exécution. *V.* n° 27 inf. I. G. 1er août 1806, n° 313.

16. — Pièces à produire pour en obtenir le remboursement. *V.* nos 27, 28 et 29 inf. . . . Circ. 11 déc. 1806.

17. — Moyen d'obtenir les certificats définitifs d'inscription. Circ. 10 mars 1807.

18. — Les employés des domaines peuvent verser leurs cautionnemens à la caisse des receveurs généraux. Les intérêts de ces cautionnemens se prescrivent par cinq ans. (*Av. cons. d'état*, 24 *déc.* 1808.) I. G. 19 mai 1809, n° 430.

19. * — Ceux fournis pour des emplois dans les départemens détachés de la France, sont affectés aux nouveaux emplois des préposés replacés. I. G. 7 sept. 1815, n° 698.

20. * — Invitation aux conservateurs de verser par anticipation le supplément de cautionnement prescrit par le projet de loi de finance pour 1816. *V.* n° 21 inf. . . . . I. G. 16 avril 1816, n° 713.

21. — Fixation nouvelle des cautionnemens des conservateurs des hypothèques. (*Loi* 1816, *art.* 86.) Le supplément sera versé dans le mois; à défaut, les employés seront remplacés. (*Art.* 92 *et* 95.) L'intérêt est fixé à 4 p. °/o. (*Art.* 94.) Aucun employé ne sera installé ou admis au serment avant d'avoir justifié du versement de son cautionnement. (*Art.* 96.) I. G. 6 mai 1816, n° 717.

22. * — Mesures transitoires pour l'exécution de l'art. 92 de la loi de 1816. *V.* n° 21 sup. I. G. 24 juill. 1816, n° 733.

23. — Modèle de la déclaration à faire au bas de l'inscription d'un cautionnement pour le faire admettre, jusqu'à due concurrence, à la garantie de nouvelles fonctions. (*Déc. f.* 26 *nov.* 1818.) *V.* nos 27, 28 et 29 inf. I. G. 23 janv. 1819, n° 875.

24. — Le certificat de *quitus* à fournir pour obtenir le remboursement de totalité ou de partie d'un cautionnement doit être délivré par l'administration chargée de la comptabilité. *V.* nos 27, 28 et 29 inf. Les intérêts seront payés, et l'affectation aux nouvelles fonctions pourra avoir lieu sur la présentation d'un certificat de solde de compte délivré par le directeur, bien que la régie ne soit pas vérifiée, si l'employé n'est ni en *débet* ni l'objet d'aucun soupçon. (*Déc. f.*) *V.* n° 25 inf. . . . . I. G. 3 nov. 1819, n° 907.

25. — Le certificat de solde de compte ne peut être délivré que sur la déclaration de propriété du cautionnement ou sur le consentement des bailleurs de fonds à ce que le cautionnement réponde tant des anciennes que des nouvelles fonctions. *V.* n° 29 inf. I. G. 29 juin 1820, n° 937.

26. — Les cautionnemens sont réunis à la dette publique. (*Ord. roy.* 4 *nov.* 1824.) . . . I. G. 22 janv. 1825, n° 1151.

27. — Les comptables qui auront soldé leurs comptes pourront obtenir, avant le *quitus*, le remboursement des deux tiers de leur cautionnement, et même de la totalité en remplaçant le dernier tiers par un cautionnement en immeubles ou en rentes sur l'état. La demande en remboursement sera faite par les comptables eux-mêmes au directeur de la dette inscrite, et appuyée d'un certificat de libération provisoire ou définitive et du consentement de l'administration. Ces pièces seront demandées par les comptables au directeur de la comptabilité générale des finances qui les transmettra à la dette inscrite. — Les employés non comptables ou n'ayant point exercé par *intérim* des fonctions de comptables s'adresseront *directement* à l'administration. La même marche sera suivie pour l'application des cautionnemens à de nouvelles fonctions; mais la demande sera faite par les directeurs. Ces consentemens et certificats sont *exempts* du timbre. — L'application des cautionnemens aux *debets* s'opérera par décisions spéciales du ministre des finances. (*Ord. roy.* 22 *mai* 1825, *et Arrêté f.* 7 *juin* 1825.) Modifié. n° 29 inf. I. G. 7 sept. 1825, n° 1171.

28. CAUTIONNEMENS. — **Employés.** — *Numéraire.* — Pour obtenir le remboursement, les employés produiront le consentement de l'administration et le certificat de libération définitive délivré par le directeur de la comptabilité générale au vu le l'arrêt de *quitus* qui devra leur être rendu ensuite. (*Déc. f.* 24 *août* 1826.) *V.* n° 29 inf. Circ. 1er sept. 1826, et I. G. 27 oct. 1826, n° 1201.

29. — Les cautionnemens serviront de garantie pour toutes les gestions successives et seront inscrits sans affectation de résidence; mesures d'exécution; pièces à produire; états. — En cas de mutation, l'employé devra produire au directeur le certificat d'inscription de son dernier cautionnement, un certificat de non opposition délivré par le greffier du tribunal de sa dernière résidence, et selon le cas, le récépissé de versement du supplément. — Les consentemens et certificats de libération ne seront plus fournis que pour obtenir le remboursement, et alors on y joindra le certificat de non opposition. (*Ord. roy.* 25 *juin* 1835.) Les intérêts de cautionnemens seront payés sur un état adressé le 1er octobre de chaque année par les directeurs à la dette inscrite, mesures transitoires et d'exécution. (*Déc. f.* 11 *juill.* 1835.) . . . I. G. 8 août 1835, n° 1491.

— *V.* Comptabilité, n° 29.

30. — **Journaux.** — Le cautionnement fixé par la loi du 9 juin 1819 sera fourni en rentes sur l'état. Modèle de l'acte de cautionnement qui doit être rédigé en double dans les départemens entre le directeur représentant l'agent judiciaire du trésor, et l'éditeur du journal, si le cautionnement est fourni en rentes départementales. Le directeur conservera l'un des doubles de l'acte et en adressera copie à l'agent judiciaire, au préfet et au receveur général dans les mains duquel il fera opposition au transfert; il effectuera le dépôt de l'inscription à la caisse du receveur des domaines. — Les arrérages seront payés au propriétaire sur bordereau délivré par le directeur : *Modèle.* — Le cautionnement est affecté aux dépens, dommages-intérêts et amendes, et dans cet ordre. Formalités de dessaisissement et de remboursement. (*Ord. roy.* 9 *juin* 1819.) *V.* nos 31, 32 et 33 inf. I. G. 19 juin 1819, n° 892.

31. — Loi du 18 juillet 1828 sur la publication des journaux et écrits périodiques. Le cautionnement fixé par cette loi sera reçu ainsi qu'il est prescrit ci-dessus (n° 30) sous de légères modifications de rédaction d'acte. Le directeur délivrera aux propriétaires du journal un certificat qu'ils ont fourni le cautionnement. L'opposition au transfert de l'inscription affectée au cautionnement a lieu par une simple lettre du directeur au receveur général. I. G 23 sept. 1828, n° 1255.

32. — Nouvelle fixation des cautionnemens des éditeurs de journaux; la propriété devra appartenir exclusivement aux gérans responsables. Les dispositions ci-dessus sont maintenues. (*Loi* 14 *déc.* 1830.) I. G. 17 déc. 1830, n° 1343.

33. — On ne peut admettre que des rentes nominatives. (*Déc. f.* 25 *oct.* 1832.) . . . I. G. 6 nov. 1832, n° 1412.

34. — **Officiers publics.** — *Notaires.* — Leurs cautionnemens sont spécialement affectés à l'acquit des condamnations prononcées contre eux par suite de l'exercice de leurs fonctions. (*Loi* 25 *vent. an XI, art.* 33.) Mesures à prendre pour assurer l'effet de cette affectation. I. G. 21 frim. an XIII, n° 263.

35. **CAUTIONNEMENS.** — Officiers publics. — *Notaires.* — L'administration n'a pas à s'occuper des supplémens de cautionnemens fixés par la loi du du 2 vent. an XIII. Circ. 7 germ. an XIII.

36. — Formalités à suivre pour faire verser ces cautionnemens aux caisses de l'administration en paiement des sommes dues au trésor. I. G. 1er août 1806, n° 313.

37. — Le privilége du trésor sur le cautionnement des notaires s'étend à tous les droits et amendes dont ils sont redevables pour contraventions commises dans l'exercice de leurs fonctions. (*Cass.* 25 *juill.* 1827.) I. G. 15 déc. 1827, § 8, n° 1229.

38. — Personnes *à représenter en justice.* — Ces cautionnemens sont recouvrés par les receveurs des actes judiciaires, et versés pour le compte de la caisse d'amortissement. Modifié. n°s 41 et 42 inf. I. G. 17 déc. 1811, n° 554.

39. — Il en est de même de ceux des individus placés sous la surveillance de la haute police. I. G. 22 sept. 1813, n° 651.

40. — Bordereau particulier de ces recettes à fournir par mois. Abrogé. n° 41 inf. . . . I. G. 8 fév 1815, n° 671; Circ. 30 nov. 1815.

41. — Les receveurs de l'administration cesseront de percevoir les fonds de ces cautionnemens. Abrogé. n° 42 inf. I. G. 20 août 1816, n° 736.

42. — Les receveurs des domaines des chefs-lieux d'arrondissement sont chargés de la recette de ces cautionnemens dont ils verseront le montant au receveur-général pour le compte de la caisse des dépôts et consignations. Comptabilité. (*Déc. f.* 20 *oct. et* 6 *nov.* 1826.) I. G. 22 déc. 1826, § 2, n° 1203.

43. — Ces dispositions comprennent les cautionnemens des condamnés mis en surveillance. (*Déc. f.* 22 *août* 1827.) I. G. 14 sept. 1827, n° 1222.

44. — Receveurs *des hospices.* — Les cautionnemens fournis en *rentes* sur l'état, sont réalisés de la même manière que ceux des journaux, et les dispositions des I. G. n°s 892 et 1255 leur sont applicables. Modèle d'acte. (*Déc. f.* 16 *sept.* 1830.) *V.* n°s 30 et suiv. sup. I. G. 2 mars 1831, n° 1349.

45. — On ne peut admettre que des rentes nominatives. (*Déc. f.* 25 *oct.* 1832.) . . . . I. G. 6 nov. 1832, n° 1412.

CÉDULES *et obligations.* — * Le recouvrement de celles souscrites par les acquéreurs de biens de l'état, et non acquittées à l'échéance, doit être suivi par voie de revente à folle enchère. . . . .
I. G. 18 flor. an X, n° 54 ; Circ. 17 therm. an X; 22 pluv. et 26 flor. an XI.

2. * — Les acquéreurs qui ont souscrit des cédules, et qui, faute de paiement, ont encouru la déchéance, peuvent conserver les biens, *même après l'insertion dans les affiches de reventes*, en payant le principal, les intérêts et les frais. . . . . I. G. 23 mai 1807, n° 329.
— *V.* Obligations.

CERTIFICATS *d'indigence.* — *V.* Amendes, n°s 10, 12 et 16.

CERTIFICATS *de vie.* — Rentiers *et pensionnaires de l'état.* — Les formules timbrées seront délivrées aux notaires certificateurs par les receveurs. (*Déc. f.* 23 *mai et* 7 *juill.* 1818.) I. G. 11 sept. 1818, n° 857.

2. — Les payeurs doivent remettre aux receveurs les formules existant entre leurs mains. (*Déc. f.* 3 *fév.* 1819.) I. G. 27 fév. 1819, n° 880.

3. — Ils ne sont pas sujets à l'inscription au répertoire. I. G. 20 fév. 1822, n° 1021.

CHABLIS. — *V.* Code *forestier.*

CHANCELIER *de la légion d'honneur.* — *V.* Légion *d'honneur*, n° 8.

CHANGE *des monnaies.* — *V.* Monnaies, n° 2.

CHANGEMENS *de domicile.* *V.* Hypothèques, n°s 49 et 50.

CHANGEMENS *de résidence ou d'emploi.* — On doit se rendre à la destination indiquée dans le délai fixé. Lorsqu'un préposé à traitement fixe ne fait que changer de résidence, il ne supporte aucune interruption de traitement. — Mode de paiement. — Si un préposé passe à un emploi supérieur, il y a interruption de traitement jusqu'au jour de la prestation de serment. Le produit en appartient à la caisse des retraites. Modifié. *V.* VACANCES *d'emplois.* I. G. 28 nov. 1817, n° 812.

2. — A chaque changement d'employé un compte sera rendu par le comptable sortant à son successeur, en présence de l'employé supérieur chargé de l'installation; en cas de décès ou d'absence, le compte sera rendu par l'employé supérieur, après avoir fait dresser par le juge de paix l'état de la caisse des papiers timbrés, etc. *V.* COMPTES *de clerc à maître.* (*Déc. f.* 30 *mai* 1821.) I. G. 30 juin 1821, n° 985.

3. — Les employés appelés à une nouvelle destination, et les surnuméraires nommés à un premier emploi, doivent se rendre sans retard à leur poste. Les directeurs informent le directeur général de la cessation du service et de l'arrivée à destination. L'employé rétardataire sans motif légitime est considéré comme absent sans congé. (*V.* CONGÉS.) En cas de maladie, il en est justifié par certificat de médecin légalisé, et l'employé en prévient le directeur général et le directeur de département. . . . . . I. G. 26 juin 1829, § 2, n° 1280.

4. — Tout surnuméraire ou ancien employé à replacer doit dans les cinq jours (pour une distance de 60 lieues et au-dessous), ou les 8 jours (pour une distance supérieure) de la date de la lettre d'avis de la nomination, faire connaître son acceptation et indiquer le jour de son départ et approximativement celui de son arrivée à destination. Si la lettre d'avis ne prescrit point de délai, il ne pourra excéder 20 jours de la date de cette lettre; passé ce délai la commission sera renvoyée et il sera disposé de l'emploi. Tout employé en exercice accusera réception, dans les mêmes délais, de la lettre d'avis de sa promotion à un autre emploi et fera connaître son acceptation. S'il ne lui est pas indiqué de délai, il devra être rendu à sa nouvelle destination, à partir de la cessation de son service, dans un délai de 15 jours, pour une distance de 60 lieues, de 10 jours pour une distance moindre, et de 5 jours, s'il ne change pas de département. Les employés à traitement fixe perdront leur traitement après ce délai jusqu'au jour de leur arrivée au chef-lieu du département. Si le retard excède 15 jours, l'installation ne pourra avoir lieu que sur l'ordre du directeur général. Aucune demande de congé ne sera accueillie avant l'installation dans le nouvel emploi. Les directeurs ne pourront sous aucun prétexte retenir les employés supérieurs appelés à une nouvelle destination, et feront immédiatement relever ceux en *intérim;* il en est de même pour les surnuméraires. Ils devront donner avis du départ au directeur général et au directeur du département de la nouvelle résidence. I. G. 22 déc. 1830, n° 1346.

— *V.* CAUTIONNEMENS, n° 29; COMPTES *de clerc à maître;* INSTALLATIONS.

CHASSE. — **FORÊTS** *de l'état.* — (V. *Circ. n°s* 1016, 1021, 1023.)

— Le droit de chasse dans les forêts de l'état est mis en adjudication. (*Loi* 24 *avril* 1833, *art.* 5.) Mode d'adjudication et cahier des charges. Circ. 22 août 1833.

— *V.* COMPTABILITÉ; PERMIS *de port d'armes.*

CHEMINS *vicinaux.* — Les propriétés de l'état et de la couronne contribuent aux dépenses des réparations de ces chemins dans les proportions réglées par les préfets en conseil de préfecture. (*Loi* 28 *juill.* 1824.) Règles à suivre. . . . . I. G. 8 sept. 1827, n° 1220.

CHEPTELS. — Il n'y a lieu de répéter aucun supplément de prix des acquéreurs de biens nationaux pour les cheptels et objets mobiliers dont ils ont pris possession dans les biens par eux acquis. (*Décret* 18 *juill.* 1806.) Circ. 14 août 1806.)

CHEVAUX *d'artillerie ou de réforme.* — *V.* MOBILIER *militaire*, n°s 5, 6, 14, 21, 22 et 25.

CHIFFRES. — CONTRAVENTIONS *aux lois sur le notariat.*

CIRCULAIRES *du directeur général de l'administration.* — (V. *Circ.* 1250.) — Les directeurs doivent en accuser réception. Modifié. Circ. 21 déc. 1810.

CLOTURE *des exercices.* — *V.* COMPTABILITÉ.

CODE FORESTIER. — TITRE Ier. Régime forestier. — TITRE II. De l'administration forestière. — TITRE III. Des bois et forêts qui font partie du domaine de l'état. — *Sect.* 1re. Délimitation et bornage. — *Sect.* 2. Aménagement. — *Sect.* 3. Adjudication des coupes. — *Sect.* 4. Exploitations. — *Sect.* 5. Réarpentages et récolemens. — *Sect.* 6. Glandée, panage et paisson. — *Sect.* 7. Affectations à titre particulier dans les bois de l'état. — *Sect.* 8. Droits d'usage dans les bois de l'état. — TITRE IV. Bois et forêts qui font partie du domaine de la couronne. — TITRE V. Bois et forêts possédés à titre d'apanages ou de majorats reversibles à l'état. — TITRE VI. Bois des communes et établissemens publics. — TITRE VII. Bois et forêts indivis qui sont soumis au régime forestier. — TITRE VIII. Bois des particuliers. — TITRE IX. Affectations spéciales des bois à des services particuliers. — *Sect.* 1re. Bois destinés au service de la marine. — *Sect.* 2. Bois destinés au service des ponts et chaussées pour les travaux du Rhin. — TITRE X. Police et conservation des bois et forêts. — *Sect.* 1re. Dispositions applicables à tous les bois et forêts en général. — *Sect.* 2. Dispositions spéciales aux bois et forêts soumis au régime forestier. — TITRE XI. Poursuites en réparation de délits et contraventions. — *Sect.* 1re. Poursuites exercées au nom de l'administration forestière. — *Sect.* 2. Poursuites exercées au nom et dans l'intérêt des particuliers. — TITRE XII. Peines et condamnations pour tous les bois en général. Tarif des amendes à prononcer par arbre, d'après sa grosseur et son essence. — TITRE XIII. Exécution des jugemens. — *Sect.* 1re. Exécution des jugemens rendus à la requête de l'administration forestière ou du ministère public. — *Sect.* 2. Exécution des jugemens rendus dans l'intérêt des particuliers. — TITRE XIV. Disposition générale. — TITRE XV. Dispositions transitoires. (*Loi* 21 *mai* 1827.) I. G. 24 juill. 1828, n° 1251.

— *V.* ALIÉNATIONS *de bois;* BOIS *de l'état;* BOIS *des particuliers;* COMMUNES; COUPES *de bois.*

2. — RÉGLEMENT D'EXÉCUTION. — TITRE Ier. Administration forestière. — *Sect.* 1re. Direction générale des forêts. — *Sect.* 2. Service forestier dans les départemens. Division territoriale du royaume en 20 conservations forestières. — § 1er. Agens forestiers. — § 2. Arpenteurs. — § 3. Gardes à cheval et à pied. — § 4. Dispositions communes aux agens et préposés. — *Sect.* 3. Ecole forestière. — § 1er. Ecole royale. — § 2. Ecoles secondaires. — TITRE II. Bois et forêts qui font partie du domaine de l'état. — *Sect.* 1re. Délimitation et bornage. — *Sect.* 2. Aménagemens. — *Sect.* 3. Assiettes, arpentages, balivages, martelages et adjudications de coupes. — *Sect.* 4. Exploitations. — *Sect.* 5. Réarpentages et récolemens. — *Sect.* 6. Adjudications de glandée, panage et paisson; vente de châblis, de bois de délits et autres menus marchés. — *Sect.* 7. Concessions à charge de repeuplement. — *Sect.* 8. Affectations à titre particulier dans les bois de l'état. — *Sect.* 9. Droits d'usages dans les bois de l'état. — TITRE III. Bois et forêts qui font partie du domaine de la couronne. — TITRE IV. Bois et forêts qui sont possédés par les princes à titre d'apanages, et par des particuliers à titre de majorats reversibles à l'état. — TITRE V. Bois des communes et des établissemens publics. — TITRE VI. Bois indivis soumis au régime forestier. — TITRE VII. Bois des particuliers. — TITRE. VIII. Affectations spéciales des bois à des services publics. — *Sect.* 1re. Bois destinés au service de la marine. — *Sect.* 2. Bois destinés au service des ponts et chaussées; fascinage du Rhin. — TITRE IX. Police et conservation des bois et forêts régis par l'administration forestière. — TITRE X. Poursuites exercées au nom de l'administration forestière. — TITRE XI. Exécution des jugemens rendus à la requête de l'administration forestière ou du ministère public. — TITRE XII. Dispositions transitoires sur le défrichement des bois. (*Ord. roy.* 22 *mai* 1827.) I. G. 24 juill. 1828, n° 1251.

COLLATIONS *d'actes.* — Lorsqu'une partie refuse de certifier conforme à l'original la copie tirée par le receveur d'un acte présenté à la formalité, on doit constater ce refus par un procès-verbal, et faire faire une collation de l'acte par un notaire, la partie présente, ou dûment appelée par sommation extra-judiciaire. (*Cass.* 13 *août* 1833.) I. G. 30 déc. 1833, § 2, n° 1446.

— *V.* Répertoires, n° 5.

COLLÈGES *anglais, irlandais et écossais établis en France.* — Ils sont remis en possession de leurs biens non vendus ou rentrés dans la main de l'état par déchéance. (*Arr.* 3 *mess. an XI.*) I. G. 30 mess. an XI, n° 144.

COLLOCATIONS. — *V.* Faillites; Ordres.

COLONIES. — *V.* Renvois, n° 3.

COMMANDS. — *V.* Aliénations; Coupes *de bois.*

COMMERÇANS. — *V.* Patentes, n° 7 et suivans; Contrats *de mariage.*

COMMIS. — *V.* Receveurs, n° 5.

COMMISSAIRES *priseurs.* — *V.* Mobilier *de l'état, n°* 3; Mobilier *militaire, n°* 18; Répertoires, n°s 14 et 22; Ventes *publiques de meubles.*

COMMISSAIRES *aux saisies réelles.* — *V.* Saisies *réelles, n°* 3.

COMMUNES *et établissemens publics.* — Actions *contre les.* — Aucune action contre les communes ne peut être intentée que sur l'autorisation du conseil de préfecture. Cette permission sera demandée par le directeur et relatée en l'acte introductif d'instance. (*Arr.* 27 *vend. an X.*) I. G. 8 brum. an X, n° 2.

— *V.* Frais *de poursuites contre les communes;* Mobilier *militaire, n°* 23.

2. — Biens (*des*). — Les biens des communes, réunis au domaine de l'état par la loi du 24 août 1793, continueront d'être vendus comme les autres biens de l'état. (*Decret* 28 *mai* 1812.) I. G. 8 août 1812, n° 593.

3.* — Par la loi du 20 mars 1813, les biens possédés par les communes ont été cédés à la caisse d'amortissement, sous la seule exception des bois et biens communaux proprement dits, dont les habitans jouissent en commun. La vente immédiate en est ordonnée. Mesures d'exécution, états et prescriptions diverses y relatives. . I. G. 24 mars 1813, n° 630, et Circ. 10, 20, 24 et 25 avril, 17, 18, 22 et 21 mai, 10, 14 et 28 juin, 6 et 12 juill., 4 août, 23 et 29 sept., 27 et 30 nov. 1813, 22 mars, 20 juin, 2 août, 27 oct. et 3 déc. 1814, et I. G. 24 fév. 1816, n° 709.

4.* — Nouveaux ordres pour faire exécuter les contrats et provoquer la déchéance des acquéreurs. I. G. 9 fév. 1815, n° 672.

5.* — Ordre de continuer les ventes et confirmation de celles faites du 20 mars au 7 juill. 1815. I. G. 25 juill. 1815, n° 695.

6.* — Les biens des communes non vendus seront remis à leur disposition. Les receveurs cesseront d'en percevoir les revenus et d'en acquitter les dépenses. Ils remettront, sous inventaire, aux maires des communes tous les titres, baux et renseignemens concernant ces biens. (*Loi* 28 *avril* 1816, *art.* 15.) I. G. 6 mai 1816, n° 718.

7.* — Liquidation définitive pour les biens vendus et non vendus, pour l'exécution de la loi du 28 avril 1816, art. 15. (*Déc. f.* 13 *déc.* 1816.) I. G. 20 déc. 1816, n° 756.

8.* — Etat des sommes restant à recouvrer le 1er janvier 1818. . . . . I. G. 14 janv. 1818, n° 817.

9.* — Nouvelles prescriptions pour la liquidation à faire pour les biens vendus ou non vendus, n° 7 sup. Comptes à rendre par mois. I. G. 19 août 1818, n° 853.

10.* — État des sommes à recouvrer au 1er nov. 1818. I. G. 8 nov. 1818, n° 861.

11. — Les minutes des ventes doivent rester aux sous-préfectures. (*Déc. f.* 30 *oct.* 1820.) I. G. 30 nov. 1820, n° 960.

— *V.* Eaux minérales; Expropriation *pour utilité publique, n°* 2; Garde (*droit de*); Halles; Instances, n° 2; Rentes *dues à l'état, n°s* 16 *et* 23.

12. **COMMUNES** *et Établissemens publics.* — COMPTABILITÉ. — Les employés supérieurs sont chargés de la vérification des pièces de leur comptabilité en ce qui concerne le timbre et l'enregistrement. Les employés chargés de vérifier les régies vérifieront dans le cours de leurs opérations les pièces de comptabilité des communes et établissemens ayant un revenu supérieur à 10,000 fr.; pour ceux ayant un revenu inférieur, la vérification aura lieu, par les inspecteurs de 1re ou 2e classe, à la préfecture, et par les autres employés supérieurs aux sous-préfectures . . . . I. G. 14 nov. 1832, § 2, n° 1413.

13. * — COUPES *de bois.* — Les coupes de bois des communes sont assujetties au décime par franc. (*Loi* 29 *sept.* 1791, *art.* 19, *titre* 12.) Les vacations des agens forestiers sont acquittés par les communes pour les coupes délivrées en nature. . . . . I. G. 19 germ. an X, n° 51.

14. * — Le montant de ces vacations doit être versé au bureau de la situation des bois. . . . Circ. 7 flor. an X.

15. * — Mode d'administration, de vente et de recouvrement. (*Arr. gouv.* 19 *vent. et* 6 *flor. an X.*) I. G. 28 prair. an X, n° 58; Circ. 6 frim. an XI.

16. * — Les recettes du prix des ventes sont faites par l'administration à partir du 19 vent. an X. Circ. 29 fruct. an X.

17. * — Mode de recouvrement des vacations des agens forestiers pour les coupes délivrées en nature. I. G. 18 therm. an XI, n° 151.

18. * — L'administration est autorisée à recouvrer le prix des coupes *ordinaires* des bois des communes jusqu'à concurrence des sommes acquittées à leur décharge par le trésor. (*Déc. f.* 5 *fruct. an XI.*) . . I. G. 3me compl. an XI, n° 165.

19. * — Le paiement des vacations des arpenteurs, pour opérations dans les bois communaux, doit être fait par le receveur communal. I. G. 29 vent. an XII, n° 175.

20. * Le produit des coupes extraordinaires doit être versé aux caisses des receveurs particuliers des finances. Circ. 29 frim. an XII.

21. * — Les salaires des gardes seront avancés par l'administration à charge de recouvrement contre les communes. Modifié. n° 25 inf. . . . . Circ. 17 prair. an XII; I. G. 10 frim. an XIII, n° 260; Circ. 3 janv. 1806.

22. * — Le sénat et la légion d'honneur doivent acquitter le décime par franc des coupes vendues par adjudication. (*Déc. f.* 11 *fév.* 1806.) Circ. 20 fév. 1806.

23. * — Il en est de même des sénatoreries. (*Déc. f.* 3 *mai* 1806.) Circ. 16 mai 1806.

24. * — Le paiement des gardes pour les communes qui versent elles-mêmes les fonds peut avoir lieu sans autorisation du ministre. Circ. 6 juill. 1806.

25. * — L'administration ne fera plus l'avance du paiement des gages des gardes des bois communaux. I. G. 11 juill. 1806, n° 310.

26. * — Les traites des adjudicataires doivent être versées sans intermédiaire chez les receveurs généraux. Circ. 17 déc. 1806.

27. * — Les adjudicataires en retard ne doivent pas l'amende du vingtième. . . . . . Circ. 24 janv. 1807.

28. * — Mode de versement du prix des coupes extraordinaires. Circ. 21 janv. 1807.

29. * — Les fonds destinés au paiement des gardes doivent être versés par trimestre au receveur des domaines. Circ. 20 fév. 1807.

30. * — La recette des dommages-intérêts adjugés aux communes appartient aux receveurs communaux. Circ. 7 sept. 1807.

31. * — On doit stipuler dans les adjudications le paiement comptant de la remise du receveur. Circ. 7 nov. 1807.

32. * — Le paiement des gardes ne donne lieu à aucune remise. Circ. 23 nov. 1807.

33.* **COMMUNES** *et Établissemens publics.* — COUPES *de bois.* — Nouvelle comptabilité relative au paiement des gardes. I. G. 16 nov. 1810, n° 498; Circ. 19 juin 1813.

34.* — Le décime par franc n'est pas dû sur les ventes de coupes affouagères; mais on exigera le paiement des vacations des agens forestiers. . . . . I. G. 22 janv. 1814, n° 658.

35.* — Les traites des adjudicataires doivent être remises aux directeurs qui feront connaître, par un bordereau mensuel, la situation de ce service. . . . . I. G. 26 janv. 1815, n° 670; Circ. 30 nov. 1815.

36.* — Les receveurs ne doivent continuer de percevoir que ce qui appartient au trésor sur le prix de ces coupes, savoir : le décime pour franc et le prélèvement de 50 p. °/₀ du prix principal des bois communaux. Modifié. n° 37 inf. . . . . I. G. 20 août 1816, n° 736.

37.* — Le prélèvement de 50 p. °/₀ a cessé à partir du 1er juillet 1816. (*Loi* 28 *avril* 1816, *art.* 153.) I. G. 19 oct. 1816, n° 749.

38.* — Les préposés des domaines sont chargés de la recette du prix des coupes extraordinaires de 1817. I. G. 31 janv. 1817, n° 764.

39.* — La coupe des quarts de réserve ne peut avoir lieu que dans diverses circonstances déterminées, et avec les formalités prescrites par l'ord. roy. du 7 mars 1817. Les agens de la marine sont autorisés à désigner dans ces bois les arbres propres aux constructions. Le décime par franc doit seul être versé aux receveurs des domaines. . . . I. G. 30 août 1817, n° 799.

40. — Les receveurs n'ont pas à s'occuper de la recette des prix principaux; ils doivent se borner à percevoir le décime par franc appartenant à l'état. Il en est de même pour les ventes de châblis et arbres épars. (*Déc. f.* 2 *mars* 1822.) . . . . I. G. 1er avril 1822, n° 1031.

41. — La perception gratuite (*C. for. art.* 107) des restitutions et dommages-intérêts adjugés aux communes pour délits dans leurs bois n'a lieu qu'à partir du 1er janvier 1829. (*Loi* 6 *juin* 1827; *Déc. f.* 4 *avril* 1828.) I. G. 24 juill. 1828, § 5, n° 1251.

— *V.* CODE FORESTIER; VACATIONS *des arpenteurs.*

42. — DÉLITS *contre leurs propriétés.* — Bien que parties civiles, les communes et établissemens publics sont dispensés de la consignation du montant des droits et frais. Les formalités sont données en *debet*, et les frais avancés à charge de recouvrement contre qui de droit. (*Déc. f.* 31 *janv. et* 29 *août* 1821.) Mesures d'exécution et de comptabilité. I. G. 24 oct. 1821, n° 1001.

43. — Etats des frais à recouvrer contre les communes et établissemens publics par suite de l'insolvabilité des condamnés. I. G. 24 avril 1824, n° 1128.

44. — Même état au 1er août 1827. I. G. 7 août 1827, n° 1215.

— *V.* AMENDES, n°s 17 à 22, 50 à 53, 66 et 69; CODE FORESTIER; COMPTABILITÉ, n° 137; FRAIS *de justice, n°s* 32 *et* 65.

45. — DETTES. — Les directeurs feront près des préfets les démarches nécessaires pour faire porter aux budgets des communes les sommes qu'elles doivent à l'administration. . . . I. G. 1er juill. 1813, n° 642.

46. — Il n'y a plus lieu de répéter contre les communes le montant des dettes acquittées pour elles par le trésor suivant liquidation du conseil général de liquidation. . . . . I. G. 9 sept. 1813, n° 647.

47. — DROITS. — Il peut leur être accordé délai pour l'acquittement des droits de timbre et d'enregistrement, ou leur en être fait remise entière. . . . . I. G. 30 août 1808, n° 395.

— *V.* COMMUNICATIONS, n° 2.

COMMUNICATIONS. — Les dépositaires de registres de l'état civil, de rôles de contributions, et autres chargés d'archives et dépôts de titres publics, les notaires, greffiers, huissiers et secrétaires des administrations, sont tenus de communiquer les actes et renseignemens dont ils sont dépositaires aux préposés de l'enregistrement, à toute réquisition et sans déplacer, et de leur en laisser prendre sans frais extraits et copies, *à peine de 50 fr. d'amende*, en cas de refus constaté par procès-verbal dressé en présence du maire ou de l'adjoint. — Sont exceptés les testamens du vivant des testateurs. — Ces communications ne pourront être exigées les jours de repos, et chaque séance, par jour, n'excédera pas 4 heures. (*Loi 22 frim. an VII. art.* 54.)

2. **COMMUNICATIONS.** — Décret du 4 mess. an XIII, qui ordonne la communication des registres des communes et établissemens publics aux préposés de l'enregistrement. I. G. 13 vend. an XIV, n° 293.

3. — L'amende est réduite à 10 fr. (*Loi 1824, art.* 10.) I. G. 23 juin 1824, n° 1136. — *V.* Administration *des contributions directes*; Archives, n° 2; Contrôleurs; Instances, n° 8; Répertoires, n° 29.

COMMUNICATIONS *au ministère public.* — *V.* Instances, n°s 39 et 41.

COMPENSATION. — Les débiteurs directs de l'état peuvent toujours se libérer avec les rentes viagères qui leur sont dues par l'état. Circ. 12 therm. an X.

2. — Règles à observer pour admettre la compensation en faveur de ceux qui sont tout à la fois débiteurs et créanciers directs de l'état. I. G. 25 germ. an XIII, n° 279.

3. — Elle s'étend aux intérêts. Circ. 29 vend. an XIV.

4. — Les émigrés rayés, éliminés ou amnistiés, ne peuvent faire admettre en compensation des sommes dues par eux à l'état pour acquisitions antérieures, les indemnités ou restitutions auxquelles ils peuvent avoir droit. Circ. 21 janv. 1807.

COMPÉTENCE. — *V.* Instances, n°s 38 et 42.

COMPÉTENCE *de l'administration.* — A l'administration appartient la solution des difficultés qui s'élèvent sur la perception des droits d'enregistrement, avant l'introduction des instances. (*Loi 22 frim. an VII, art.* 63.) I. G. 30 janv. 1808, n° 1018. — *V.* Administration *de l'enregistrement et des domaines.*

COMPTABILITÉ. — DISPOSITIONS *générales.* — * Les bons d'habillement et armement des conscrits admis en paiement seront versés à la caisse des receveurs généraux. I. G. 6 niv. an X, n° 32.

2. * Réglement de comptabilité pour l'an XIV et 1806 par suite du rétablissement du calendrier grégorien . . . . I. G. 30 brum. an XIV, n° 294; Circ. 17 vend. et 7 niv. an XIV.

3. * — Distinction des recettes et dépenses en fonds généraux et fonds spéciaux. Changemens dans les états de produits. Abrogé. n° 6. I. G. 16 mars 1812, n° 567.

4. * — Réglement pour les bureaux dans lesquels le service a été interrompu et s'est fait pour le compte des armées étrangères. Circ. 30 mai 1814.

5. * — Comptes à rendre par les préposés détachés de la France. Circ. 28 août 1814.

6. — La distinction des recettes et dépenses en fonds généraux et spéciaux (n° 3 sup.) n'aura plus lieu. (*Loi 23 sept.* 1814.) I. G. 26 janv. 1815, n° 670.

7. — A partir de 1821, les receveurs seront directement justiciables de la cour des comptes et présenteront en leur nom le compte de leur gestion personnelle. Le compte sera rendu pour toute l'année par le receveur en exercice au 31 décembre, et il sera appuyé, s'il y a lieu, des comptes de clerc à maître rendus entre les préposés qui ont régi pendant l'année au même bureau. Ces comptes seront adressés à l'administration dans les trois premiers mois de l'année pour être transmis en double expédition à la cour des comptes dans les trois mois suivans, accompagnés d'un bordereau récapitulatif par département. L'administration dressera et remettra dans les deux mois, en double expédition, au ministre des finances, un résumé général des opérations de ses préposés pendant l'année écoulée. (*Ord. roy.* 8 *nov.* 1820.) La comptabilité sera tenue par mois et par année. Prescriptions d'exécution. *V.* n°s 32 et 43 inf. I. G. 12 fév. 1821, n° 971.

8. COMPTABILITÉ. — DISPOSITIONS *générales.* — Formation et régularisation des comptes pour 1820 et années antérieures. (*Déc. f.* 10 *fév.* 1821.) *V.* n° 34 et suiv. inf. I. G. 5 mars 1821, n° 973.

9. — Accusés *de réception et de crédit.* — Ils doivent être rédigés en double expédition dont une restera à la direction et sur laquelle il sera fait mention des pièces rejetées pour irrégularité. I. G. 23 janv. 1822, n° 1017.

10. — Ils doivent rappeler le montant des dépenses vérifiées pour les mois antérieurs. Circ. compt. gén. 13 déc. 1833, n° 34; 3 déc. 1834, n° 36.

11. — Amendes *attribuées.* — Le produit des amendes de police correctionnelle doit être versé à la recette générale. Récépissé à talon. Pour tous les paiemens aux receveurs des communes ou établissemens publics, quittances à souche. *V.* Amendes, nos 50 et 71. Circ. compt. gén. 8 déc. 1828, n° 14.

— *V.* Arbres, nos 1, 2, 3 et 6.

12. — Avances *à charge de recouvrement.* — Celles à recouvrer ou à régulariser à la fin de l'année doivent figurer comme dépenses définitives. — Paiemens à régulariser. Ordre d'en accélérer la régularisation. Rejet de ceux pour lesquels elle n'aurait pas été obtenue au 31 décembre. Il n'en sera plus admis à l'avenir. . . Circ. compt. gén. 30 oct. 1827, n° 11; 15 déc. 1827, n° 12; 27 oct. 1828, n° 13.

13. — Les frais de poursuites pour le recouvrement des condamnations pour délits forestiers peuvent être avancés sur les fonds des recettes; il en est compté sous le titre des *Avances à charge du recouvrement* et aux *Recouvremens d'avances.* . . . . . Circ. compt. gén. 14 déc. 1829, n° 16.

14. — Le relevé des avances ne comprendra que les avances restant à régulariser au 31 décembre. — Etat à joindre aux comptes par l'employé supérieur. — Modèle. . . . Circ. compt. gén. 20 nov. 1832, n° 27.

15. — Avis des Recettes — Les directeurs adressent au ministre le 5 *de chaque mois* l'avis des recettes du mois précédent. En conséquence, les bordereaux des receveurs doivent être mis à la poste le 2 *au plus tard;* et en cas d'empêchement, il y sera pourvu par un état sommaire et provisoire des recettes qu'ils transmettront au directeur le 1er *ou le* 2. Circ. compt. gén. 5 déc. 1826, n° 9.

— *V.* Batimens *et terrains militaires.*

16. — Biens *des communes* — Les recettes de cette nature seront portées aux produits accidentels. Circ. compt. gén. 13 déc. 1833, n° 34.

— *V.* Bois *de l'état,* n° 12.

17. — Bordereaux *mensuels.* — Les droits d'enregistrement y seront portés en un seul article. Circ. compt. gén. 20 déc. 1831, n° 24.

18. — Distinction des sommes restant à recouvrer au 31 décembre, et indication à faire des dépenses des mois antérieurs. Circ. compt. gén. 17 déc. 1832, n° 28.

— *V.* Bordereaux *de recettes et dépenses*, *et* n° 15 *sup.*

19. — Caisse. — Procès-verbal du solde de caisse et inventaire des papiers timbrés; leur cadre imprimé sur la même demi-feuille. Circ. compt. gén. 30 oct. 1827, n° 11.

— *V.* Caisse, n° 4; Caisse *d'amortissement,* nos 8, 9, 10, 19, 21, 26 *et* 27.

20. — Caisse *des dépôts et consignations.* — Ouverture de deux articles pour le produit net des successions vacantes et les cautionnemens de personnes à représenter en justice. Circ. compt. gén. 23 nov. 1826, n° 8.

21. — Insertion dans le compte des articles relatifs au produit des ventes d'effets mobiliers déposés dans les greffes. Circ. compt. gén. 9 nov. 1829, n° 15.

22. — Nouvel article pour les recouvremens de dommages pour délits dans les bois en litige. Circ. compt. gén. 15 nov. 1831. n° 22.

23. — A partir du 1er juillet 1832, les receveurs des chefs-lieux de département et d'arrondissement doivent verser particulièrement le jour même ou le lendemain, au receveur des finances, préposé de la caisse des dépôts et consignations, le montant des recettes faites pour le compte de cette caisse sur le produit des successions vacantes, des cautionnemens de personnes à représenter en justice, des prix de ventes d'effets mobiliers déposés aux greffes, et des condamnations pour délits dans les bois en litige. — Chaque versement spécial pour chaque nature de recette sera appuyé de l'état des recouvremens et de la copie du procès-verbal de vente pour les effets mobiliers, le receveur ou la personne qui le représentera, signera sur le registre à ce destiné une déclaration indiquant l'origine, l'objet, le motif ou la destination de la somme consignée. Il en sera délivré des récépissés spéciaux qui devront être portés en dépense, suivant la nature de la consignation, aux divers articles qui les concernent. Circ. compt. gén. 18 juin 1832, n° 26.

— *V.* Caisse *des dépôts et consignations.*

24. COMPTABILITÉ. — Caisse *des retraites.* — Liquidations des prélèvemens sur les traitemens, remises ou salaires; exactitude des calculs. . . . . Circ. compt. gén. 23 nov. 1826, n° 8.

25. — Le détail des recettes rappellera celles des mois antérieurs. . . . . Circ. compt. gén. 15 déc. 1827, n° 12.

26. — Produit des vacances d'emplois jusqu'au 30 avril et des absences par congés. Classement. Circ. compt. gén. 27 oct. 1828, n° 13.

27. — Retenues pour la caisse des retraites sur les traitemens et remises. — Il n'en est plus fait recette; mais les retenues sur les salaires des conservateurs et sur les remises extraordinaires continuent d'être portées en recette. — Les erreurs de liquidation sur les exercices précédens seront portées aux recettes imprévues. — États à faire dans le bordereau récapitulatif, des employés entrés en fonctions pendant l'année et des recettes pour la caisse des retraites. . . . . Circ. compt. gén. 9 nov. 1829, n° 15; 18 nov. 1830, n° 17.

28. — Additions à l'état des employés pour présenter la liquidation du prélèvement du premier mois d'appointemens, ou du douzième d'augmentation. . . . . Circ. compt. gén. 15 nov. 1831, n° 22.

29. * — Les prélèvemens au profit de la caisse des retraites doivent être faits sous la déduction de la retenue au profit du trésor. Circ. compt. gén. 15 déc. 1831, n° 23.

— *V.* Caisse *des retraites;* Canaux.

30. — Carnet *de compte ouvert avec les notaires.* — Les receveurs doivent tenir un carnet de compte ouvert avec les notaires, pour l'inscription par ordre de dates des sommes consignées ou payées, du montant des droits d'enregistrement des actes soumis à la formalité, et des sommes remboursées aux notaires pour excédant de consignations. Le compte doit être réglé lors de chaque remise des actes, et toujours soldé à la fin du mois. Ce carnet formé aux frais des comptables doit être coté et paraphé par le directeur modèle. Circ. compt. gén. 14 déc. 1829, n° 16.

31. — Cautionnemens *des comptables.* — Pour obtenir le remboursement, les comptables devront fournir au directeur de la dette inscrite le consentement de l'administration, et le certificat de libération délivré par le directeur de la comptabilité générale, au vu de l'arrêt de *quitus.* Cette dernière pièce est remise ensuite aux comptables. (*Arrêté f.* 24 *août* 1826. Circ. compt. gén. 1er sept. 1826, sans n°.

— *V.* Cautionnemens, n°s 42, 44 et 45; Communes.

32. — Comptes *de clerc à maître.* — La troisième expédition destinée à la cour des comptes et conservée par le préposé en exercice pour la joindre à son compte d'année, devra être envoyée *aussitôt sa rédaction* au directeur, et transmise *immédiatement* par lui, après vérification, à la comptabilité générale. . . . . Circ. compt. gén. 5 juill. 1825, n° 2.

33. — Ils doivent être rédigés en quadruple expédition; l'une reste au bureau, une autre est destinée au préposé qui rend le compte et les deux autres sont envoyées au directeur qui en conserve une et adresse l'autre à la comptabilité pour être jointe ensuite au compte d'année. Circ. compt. gén. 28 déc. 1830, n° 18.

— *V.* Comptes *de clerc à maître.*

34. COMPTABILITÉ. — COMPTES *d'ordre et d'année.* — BORDEREAU *récapitulatif.* — La rédaction du compte d'ordre et des comptes d'année et bordereaux récapitulatifs qui l'ont remplacé, a été chaque année l'objet de prescriptions nouvelles, presque toutes sans objet maintenant et pour lesquelles il est d'ailleurs impossible de suppléer à la lecture entière de l'instruction. Ces instructions sont : pour 1808, Circ. 6 fév. et 22 mars 1809. — 1809, I. G. 18 janv. 1811, n° 503. — 1810, I. G. 27 juin 1811, n° 529. — 1811, I. G. 25 fév. 1812, n° 564. — 1812, I. G. 16 fév. 1813, n° 622. — 1813, Circ. 14 mars 1814. — 1814, I. G. 3 juin 1815, n° 692. — 1815, I. G. 31 août 1816, n° 738. — 1816, I. G. 28 août 1817, n° 797. — 1817, I. G. 1er mai 1818, n° 831. — 1818, I. G. 5 juin 1819, n° 891. — 1819, I. G. 20 avril 1820, n° 929. — 1820, I. G. 10 janv. 1821, n° 967. — 1821, I. G. 19 déc. 1821, n° 1013. — 1822, I. G. 7 déc. 1822, n° 1060. — 1823, I. G. 24 déc. 1823, n° 1110. — 1824, I. G. 8 déc. 1824, n° 1149.

35. — Les comptes doivent être rendus par le comptable en exercice au 31 décembre. Recommandations générales. *V.* n° 43 et suiv. Circ. compt. gén. 15 nov. 1825, n° 3.

36. — Mesures à prendre pour que le compte des finances puisse être conforme aux comptes rendus à la cour. — Opérations préparatoires à faire à l'avance. — Vérification et dépouillement des comptes sur le bordereau récapitulatif à faire au fur et à mesure de la réception. — Défense d'opérer des changemens aux résultats présentés par le bordereau définitif; les erreurs seraient rectifiées dans les comptes de l'année suivante. Circ. compt. gén. 23 nov. 1826, n° 8; 30 oct. 1827, n° 11; 9 nov. 1829, n° 15; 18 nov. 1830, n° 17.

37. — Les inspecteurs, et au besoin les vérificateurs, doivent présider avant le 31 janvier à la rédaction en triple expédition des comptes de recettes et dépenses des années 1830 et 1831. (*Ordres de service, art.* 6.) I. G. 15 oct. 1830, n° 1338.

38. — Etat à fournir des différences entre le compte et le bordereau de décembre. . . . . Circ. compt. gén. 15 nov. 1831, n° 22; 20 nov. 1832, n° 27.

39. — Tous les employés supérieurs doivent concourir à la rédaction des comptes de l'année 1831. Distribution des bureaux entre eux. Cette opération sera terminée dans la première quinzaine de janvier. *V.* n° 40 inf. I. G. 24 nov. 1831, n° 1383.

40. — Ce concours aura lieu chaque année. Les directeurs feront entre les employés supérieurs la division des bureaux, et en adresseront l'état à l'administration avant le 30 novembre. I. G. 14 nov. 1832, n° 1413.

41. — Chaque compte doit être accompagné des pièces ci-après : 1° état des articles de droits constatés non recouvrés au 30 septembre; 2° relevé des articles reportés et de ceux portés en recette; 3° état certifié des droits constatés pour le 4° trimestre; 4° inventaire des pièces de dépense; 5° bordereau de liquidation des remises; 6° état des taxations des percepteurs sur la débite des passeports; 7° pièces justificatives des dépenses d'emballage et de transport de registres; 8° mêmes pièces pour les frais de transport de papiers timbrés; 9° relevé par articles des avances à recouvrer au 31 décembre; 10° procès-verbal de solde de caisse, et inventaire de papiers timbrés et formules diverses; 11° état des passeports délivrés aux indigens; 12° relevé des différences entre le compte et le bordereau de décembre. Circ. compt. gén. 24 août 1833, n° 32.

42 — Développement à faire des droits et amendes de timbre, classement des recettes et dépenses par viremens, et des avances pour taxes des témoins cités devant les conseils de discipline de la garde nationale, et pour indemnités en matière d'expropriation pour cause d'utilité publique. . . . . Circ. compt. gén. 25 août 1834, n° 35; 3 déc. 1834, n° 36.

43. — Les comptes d'année doivent être adressés au directeur dans le courant de janvier; il les transmet au ministre, *le* 25 *février*, avec toutes les pièces à l'appui, deux expéditions du bordereau récapitulatif et le bordereau complémentaire des recettes. *V.* n° 44 inf. Circ. compt. gén. 15 nov. 1825, n° 3.

44. **COMPTABILITÉ.** — COMPTES *d'ordre et d'année.* — BORDEREAU *récapitulatif.* — Le bordereau général des recettes et dépenses doit être adressé au ministre *le* 5 *février;* le bordereau récapitulatif (en double expédition) doit lui être transmis *le* 1er *mars,* avec les comptes individuels et les pièces à l'appui. — Circ. compt. gén. 23 nov. 1826, n° 8; 30 oct. 1827, n° 11; 27 oct. 1828, n° 13; 9 nov. 1829, n° 15; 18 nov. 1830, n° 17; 15 nov. 1831, n° 22, 20 nov. 1832, n° 27; 24 août 1833, n° 32; 25 août 1834, n° 35; et 18 août 1835, n° 37.

45. — DÉBETS *des employés.* — Recette sur débets pour *déficit* de caisse. — Réunion des intérêts et du principal pour le classement. Circ. compt. gén. 30 oct. 1827, n° 11.

46. — Suppression de l'article relatif aux cautionnemens cédés en paiemens de sommes dues à l'état. Circ. compt. gén. 28 déc. 1830, n° 18.

47. — Les débets des comptables hors de fonctions dont le recouvrement doit être poursuivi par l'agent judiciaire du trésor, ne peuvent être reçus par les receveurs de l'enregistrement; mais doivent être versés *directement* aux receveurs des finances, sauf les reliquats résultant de procès-verbaux de vérification de régies des receveurs en exercice. Si les comptables hors de fonctions étaient en même temps créanciers de l'état, les receveurs devraient verser la somme en déduction du *debet.* (*Arr. f.* 9 *oct.* 1832, *art.* 13. Circ. 30 mai 1833, n° 29.

48. — Suppression de l'article relatif à cette recette qui n'est plus faite par les receveurs. — *V.* n° 172 inf. Circ. compt. gén. 13 déc. 1833, n° 34.

— *V.* DÉBETS *des employés.*

49. * — DÉPENSES. — Les dépenses du sénat, de la direction générale des contributions directes, des bureaux établis près les préfets pour les domaines nationaux, et celles de l'administration de l'enregistrement seront acquittées directement par le trésor sur ordonnance du ministre. (*Arr. gouv.* 29 *vend. an X.*(. . . . . I. G. 14 brum. an X, n° 8.

50. * — Le montant des dépenses indûment acquittées pendant le premier trimestre de l'an X doit être rétabli dans les caisses. I. G. 21 niv. an X, n° 36.

51. * — Les receveurs ne doivent acquitter aucune dépense autre que celles qui concernent l'administration, les ordonnances du ministre de la guerre sur le produit des terrains de fortifications; celles du ministre des finances pour restitutions de revenus de biens séquestrés; les dépenses de l'administration forestière et les frais de justice; les ports de lettres des fonctionnaires publics et les traitemens des législateurs. (*Arr. gouv.* 15 *niv. an VIII.*) I. G. 8 août 1806, n° 315.

52. — Les receveurs ne doivent pas acquitter les mandats tirés sur eux par les préposés du trésor. *V.* nos 72 et 149 inf. Circ. 28 mai 1806.

53. — Les receveurs des chefs-lieux de département sont exclusivement chargés du paiement des traitemens fixes des directeurs et employés supérieurs, de ceux des préposés du timbre, et des frais de bureau des directeurs. La quittance du traitement fixe sera visée par les directeurs. . . . . Circ. 26 sept. 1808; I. G. 2 oct. 1816, n° 746.

54. * — Les traitemens et remises des employés ne seront payés qu'à raison d'un quinzième par mois pour 1814. Circ. 12 janv. 1814.

55. — Régularisation des dépenses des années 1814 et 1815. . . . . I. G. 19 juin 1817, n° 784.

56. — Les traitemens fixes seront payés sur état dressé par les directeurs et ordonnancés par le directeur général. Modifié. n° 60 inf. I. G. 12 fév. 1808, n° 822.

57. — Les dépenses seront classées par exercice, et état en sera fourni par mois. Le visa du directeur doit indiquer sur les pièces justificatives l'exercice auquel appartient la dépense. (*Ord. roy.* 26 *mars* 1817.) I. G. 12 mai 1818, n° 833.

58. **COMPTABILITÉ.** — **Dépenses.** — Les dépenses de l'administration doivent être acquittées dans les quatre premiers mois qui suivent la clôture de l'exercice. (*Déc. f.* 7 *déc.* 1819.) Modifié. n° 63 inf. I. G. 20 janv. 1820, n° 919.

59. * — Ordre de solder les dépenses non encore acquittées sur l'exercice 1819. État à en dresser. I. G. 4 août 1820, n° 947.

60. — Les traitemens fixes seront payés sans qu'il soit nécessaire de l'ordonnance du directeur général. *V.* n° 74 inf. I. G. 20 nov. 1820, n° 958.

61. * — Régularisation des dépenses antérieures à 1818. (*Ord. roy.* 1er *nov.* 1820.) . . . I. G. 5 déc. 1820, n° 961.

62. — Les dépenses à payer aux préposés doivent figurer dans la comptabilité de l'année à laquelle elles se rapportent. I. G. 12 fév. 1821, n° 971.

63. — Les dépenses applicables à un exercice devront être liquidées et payées avant le 30 sept. de l'année suivante. Celles à régulariser à cette époque seront imputées sur l'exercice courant. (*Déc. f.* 8 *juin* 1821.) I. G. 20 juin 1821, n° 984.

64. — Règlement pour l'imputation des dépenses de l'administration par exercice et mode de leur ordonnancement et de leur classement. (*Ord. roy.* 14 *sept.* 1822. . . . . I. G. 8 janv. 1823, n° 1065.

65. — L'ordonnancement et la comptabilité des dépenses de l'administration sont réunis au ministère des finances; en conséquence, les directeurs adresseront chaque mois au directeur général un relevé des sommes à ordonnancer pour ce même mois rédigé sur les relevés transmis par les receveurs. Le directeur général provoquera les ordonnances de délégation et les transmettra aux directeurs qui adresseront aux receveurs des mandats en forme pour chaque partie prenante. Les dépenses urgentes pourront être acquittées avant l'ordonnancement et seront portées aux bordereaux de mois sous le titre : *Dépenses à régulariser.* (*Ord. roy.* 4 *nov.* 1824.) . . . . I. G. 22 janv. 1825, n° 1151.

66. — Fournir par mois l'état des dépenses restant à régulariser. Abrogé. n° 71 inf. . . . I. G. 22 sept. 1823, n° 1095.

67. — Mode d'ordonnancement des dépenses liquidées par les préfets. (*Déc. f.* 11 *fév.* 1825.) I. G. 26 mars 1825, n° 1157.

68. — Régularisation du paiement des remises des employés à la fin de l'année. . . . . I. G. 28 sept. 1825, n° 1172.

69. — Les dépenses pour remises et salaires, ports de lettres, frais de transport, taxations des percepteurs et menues dépenses du timbre doivent être justifiées par des mandats spéciaux appuyés d'un bordereau de liquidation, des états, lettres de voitures et quittances. *V.* n° 150 inf. Circ. compt. gén. 15 nov. 1825, n° 3.

70. — Nomenclature des pièces à produire à l'appui des mandats de paiement des dépenses de l'administration, sous peine de rejet. Les mandats doivent indiquer les pièces justificatives, ou la date, le numéro et le montant du mandat au soutien duquel ces pièces auront été jointes. (*Déc. f.* 8 *nov.* 1826.) . . . . Circ. compt. gén. 16 déc. 1826, n° 10.

71. — Suppression des états de situation de l'ordonnancement des dépenses dans les comptes. Circ. compt. gén. 15 déc. 1827, n° 12.

72. — Les mandats tirés par les receveurs généraux sur les receveurs de l'enregistrement et des domaines doivent être acquittés sur les premières recettes. Ils sont admis comme numéraire dans les versemens, et il n'en est pas fait écriture. (*Déc. f.* 4 *juin* 1828.) *V.* n° 149 inf. I. G. 13 juin 1828, n° 1246.

73. — Les dépenses doivent être classées par exercice et par nature. . . . . Circ. compt. gén. 8 déc. 1828, n° 14.

74. — A partir de 1829, les traitemens et remises ne seront ordonnancés que pour le restant net. (*Déc. f.* 30 *déc.* 1828.) I. G. 22 janv. 1829, n° 1266.

75. COMPTABILITÉ. — **Dépenses.** — On doit classer sous un titre particulier au chapitre des dépenses accidentelles les frais d'expertises et d'instances relatives à l'indemnité des émigrés. *V.* n° 145 inf. Circ. 24 août 1829.

76. — Distinction à partir de l'exercice 1834 des dépenses applicables aux exercices clos. Circ. compt. gén. 13 déc. 1833, n° 34; 3 déc. 1834, n° 36.

— *V.* Administrations *financières*, n° 1; Amendes, n°s 22 et 43.

77. — **Dépenses** *domaniales.* — Les arrêtés des préfets portant liquidation des frais relatifs aux ventes de biens meubles et immeubles appartenant à l'état, ne doivent pas être soumis au ministre. (*Déc. f.* 21 *nov.* 1831.) *V.* Domaines *de l'état*, n° 16. . . . Circ. compt. gén. 20 déc. 1831, n° 24.

78. — **Dépenses** *forestières.* — Les directeurs ne peuvent ordonnancer le paiement des traitemens des agens forestiers. *V.* n°s 84 et 85 inf. Circ. 21 pluv. an X.

79. — Les frais de bureaux accordés aux conservateurs des forêts leur seront payés par les caisses de l'administration de l'enregistrement sur mandats de l'administration des forêts. (*Arr du gouv.* 7 *frim. an X.*) *V.* n° 83 inf. Circ. 2 et 11 vent. an X.

80. * — Paiement des dépenses du deuxième trimestre de l'an X. Circ. 7 germ. an X.

81. — Les mandats de paiement des traitemens des agens forestiers ne doivent contenir que le restant net, déduction faite de la retenue du centième pour le fonds de retraite. (*Déc. f.* 1er *germ. an XI.*) I. G. 25 prair. an XI, n° 138.

82. * — Réglement des vacations antérieures à la nouvelle organisation de l'administration des forêts. Circ. 25 frim. an XII.

83. — Les gardes forestiers doivent se présenter en personne avant l'expiration du trimestre pour recevoir leur traitement et en émarger le mandat. *V.* n° 85 inf. . . . Circ. 29 prair. an XII, et 21 flor. an XIII.

84. — Les salaires des gardes forestiers peuvent être acquittés par les receveurs de canton sur les mandats visés par le directeur. Circ. 17 nov. 1807.

85. — Les traitemens et gages des agens forestiers sont payés par trimestre sur état du conservateur émargé des parties prenantes. *V.* n° 87 inf. I. G. 19 sept. 1817, n° 802.

86. — Les dépenses forestières seront acquittées sur mandats des conservateurs et inspecteurs principaux. I. G. 31 mars 1821, n° 974.

87. — Réglement pour l'imputation des dépenses forestières par exercice et pour le mode de leur ordonnancement. (*Déc. f.* 24 *déc.* 1822.) Modifié. n° 98 inf. . . . . . I. G. 4 janv. 1823, n° 1063, et 17 avril 1823, n° 1079.

88. * — Renvoi à faire à l'administration des forêts des pièces de dépenses applicables à 1822 et non régularisées au 1er oct. 1823. I. G. 27 déc. 1823, n° 1112.

89. — Les payeurs sont autorisés à délivrer des récépissés sans distinction de crédit et jusqu'à concurrence du montant cumulé des ordonnances de crédit délivrées sur un même exercice. (*Déc. f.* 16 *avril* 1824.) I. G. 1er mai 1824, n° 1129.

90. — Les frais d'arpentage des coupes de bois de l'état ne doivent être avancés que sur mémoire vérifié et visé par le conservateur; ceux de poursuites et d'instances que sur état revêtu du visa d'un agent forestier. État à fournir. Modifié. n° 92 inf. . . . . . I. G. 31 janv. 1825, n° 1152.

91. — A compter de l'exercice 1826, les remboursemens pour moins de mesure et autres relatifs aux bois feront partie des dépenses de l'administration des forêts acquittées à titre d'avance sur les mandats des conservateurs. (*Déc. f.* 6 *oct.* 1825.) . . . Circ. compt. gén. 5 déc. 1825, n° 4.

92. — Les frais d'arpentage ne peuvent être acquittés que sur mandats des conservateurs délivrés en vertu d'ordonnances préalables de délégation. Les frais de poursuites et d'instances peuvent seuls être acquittés sans ordonnancement ministériel. . . . Circ. compt. gén. 4 avril 1826, n° 6.

93. COMPTABILITÉ. — **Dépenses** *forestières.* — On doit recouvrer sur les copropriétaires indivis des bois de l'état les frais de garde dont ils sont tenus. (*Déc. f.* 16 *mars et* 30 *juin* 1826.) *V.* n° 95 inf. I. G. 29 sept. 1826, n° 1199.

94. — Les acquits des dépenses forestières payées jusqu'au 25 décembre doivent être versés avant l'expiration du mois. — Emploi en dépense des avances non recouvrées au 31 décembre 1827. *V.* n° 98 inf. . . . . Circ. compt. gén. 30 oct. 1827, n° 11; 27 oct. 1828, n° 13; 24 août 1833, n° 32.

95. — Le recouvrement des frais de garde (n° 93 sup.) doit avoir lieu à partir de la mise en jouissance. (*Déc. f.* 28 *mai* 1828.) I. G. 21 juin 1828, n° 1247.

96. — Les frais relatifs à l'aliénation des bois de l'état doivent être acquittés à titre d'avance sur les mandats des conservateurs des forêts, visés par les directeurs comme les autres dépenses forestières. Circ. compt. gén. 29 avril 1831, n° 19.

97. — Les frais de délimitation et de bornage des forêts de l'état, à la charge des propriétaires riverains, doivent être portés en recette et en dépense sous un article spécial; la dépense doit être justifiée par l'état du conservateur, visé par le préfet, quittancé par les parties prenantes et accompagné d'une copie de la recette. (*Déc. f.* 18 *août* 1831.) Circ. compt. gén. 23 août 1831, n° 21; 15 nov. 1831, n° 22.

98. — Le bordereau de versement des pièces justificatives des dépenses forestières fourni par les directeurs aux payeurs, ne doit être rédigé qu'en simple expédition et sommairement par bureau. Circ. compt. gén. 17 déc. 1832, n° 28.

99. — Nomenclature des pièces à produire pour les dépenses concernant le service de l'administration des forêts. L'absence de pièces suffisantes peut déterminer le receveur à surseoir au paiement en donnant par écrit les motifs de son refus; mais il doit déférer à la réquisition écrite de l'ordonnateur secondaire, sauf à joindre au mandat copie de sa déclaration et l'original de la réquisition qu'il aura reçue. (*Ord. roy.* 14 *sept.* 1822.) Circ. compt. gén. 18 juill. 1833, n° 31; 3 déc. 1834, n° 36.

100. — L'administration de l'enregistrement est chargée d'avancer, à charge de recouvrement, les frais d'exécution des jugemens ordonnant la démolition des constructions établies à distance prohibée des forêts. On doit à cet égard suivre le mode de comptabilité tracé pour les autres avances faites pour l'administration forestière. (*Déc. f.* 21 *fév.* 1835.) I. G. 2 mars 1835, n° 1480.

101. — **Dépouillement** *des droits par article du tarif.* — Etablissement à partir de 1826 d'un livre de dépouillement des droits d'enregistrement, formé mensuellement au moyen de feuilles où les droits seront relevés jour par jour. Ces feuilles seront additionnées tous les dix jours, et visées par les inspecteurs en tournée; le résultat par mois et par année sera relevé aux bordereaux et aux comptes. *Modèles.* . . . . . Circ. compt. gén. 27 déc. 1825, n° 5.

102. — Ce relevé doit être la copie du livre. Circ. compt. gén. 23 nov. 1826, n° 8.

103. — Concordance entre la quotité et le produit des droits fixes. . . . . Circ. compt. gén. 30 oct. 1827, n° 11.

104. — Changemens par suite de modifications dans le tarif. *V.* n° 107 inf. . . . . . Circ. compt. gén. 8 déc. 1828, n° 14; 18 nov. 1830, n° 17.

105. — Inexactitudes à prévenir. Circ. compt. gén. 15 nov. 1831, n° 22.

106. — Il présentera les droits constatés au lieu des droits perçus. — Changemens. . . . Circ. compt. gén. 20 déc. 1831, n° 24; 18 août 1835, n° 37.

107. — Changemens par suite des modifications du tarif. . . . . Circ. compt. gén. 30 avril 1832, n° 25; 17 déc. 1832, n° 28.

108. — Diminution des détails. Circ. compt. gén. 13 déc. 1833, n° 34.

— **Livre** *de dépouillement.* — *V.* **Sommier** *de dépouillement.*

109. COMPTABILITÉ. — DOMMAGES-INTÉRÊTS. — Ceux adjugés aux communes et établissemens publics doivent figurer aux opérations de trésorerie; mode de remboursement. *V.* n° 110 inf. Circ. compt. gén. 15 déc. 1827, n° 12; 27 oct. 1828, n° 13.

110. — Le remboursement aura lieu par année sur les états par bureau des recouvremens effectués; ces états doivent être vérifiés par un employé supérieur, visés par le directeur et arrêtés par le préfet; l'acquit du mandat doit être justifié par une quittance à souche. Circ. compt. gén. 14 déc. 1829, n° 16.

— *V.* DOMMAGES-INTÉRÊTS; DROITS *au comptant.*

111. — DROITS *constatés.* — Etablissement des sommiers et registres de droits constatés. — Etat à fournir par trimestre, et relevé général à envoyer par les directeurs au ministre le 10 du premier mois. Circ. compt. gén. 20 déc. 1831, n° 24.

112. — Exactitude des résultats, état du dernier trimestre vérifié et arrêté par l'employé supérieur à joindre au compte d'année. Circ. compt. gén. 20 nov. 1832, n° 27.

113. — Articles de l'exercice 1832 restant à apurer au 31 décembre 1832. . . . . . Circ. compt. gén. 17 déc. 1832, n° 28.

114. — Formation des états d'articles de l'exercice 1832; non recouvrés au 30 septembre 1833; vérification et arrêté de ces états par les directeurs; envoi dans la seconde quinzaine des bordereaux des sommes à mettre à la charge des receveurs, et formation de l'état général à adresser à la comptabilité générale le 5 novembre. Les états sont ensuite renvoyés aux receveurs dans la première quinzaine de décembre, et un relevé des articles reportés à l'exercice suivant accompagne le compte. *V.* n° 115 inf. Circ. compt. gén. 24 août 1833, n° 32; 25 août 1834, n° 35.

115. — Le relevé est remplacé par une colonne de l'état indiquant le n° du report, nouvelle forme de cet état, et récapitulation à faire par bureau. . . . . Circ. compt. gén. 18 août 1835, n° 37.

— *V.* DROITS *constatés;* DROITS *de greffe;* GREFFIERS, n°s 2, 4, 6, 8, 14 et suiv.

116. — DROITS *de sceau.* — Ils sont attribués au trésor et classés sous un titre spécial. . . . Circ. compt. gén. 8 déc. 1828, n° 14.

117. — EFFETS *de commerce.* — Recouvremens d'effets pour le commerce de Rouen et d'Amiens, et dépenses y relatives. Circ. compt. gén. 28 déc. 1830, n° 18; 15 nov. 1831, n° 22.

— *V.* ERREURS *de calcul.*

118. * — ÉTATS ET COMPTES. — Les comptes et pièces à l'appui doivent être adressés à l'administration dans la deuxième quinzaine du deuxième mois de chaque trimestre. (*Arr.* 25 *pluv. an X.*) Circ. 29 pluv. an X.

119. * — Transmission des états de produits par mois; prescriptions sans objet actuel. (*Arr.* 18 *vent. an X.*) Modifié. n° 125 inf. Circ. 21 vent. an X.

120. * — Envoi des états pour la comptabilité de l'an XIII. Circ. 22 vend. an XIII.

121. * — Modification à l'envoi des comptes et pièces justificatives. Circ. 12 mai 1808.

122. * — Changemens à faire dans les états et impressions. Circ. 21 juin 1814.

123 * — Modification des états de mois et comptes. I. G. 26 janv. 1815, n° 670.

124. — Les directeurs doivent adresser, le 10 au plus tard, le résumé des recettes du mois précédent à la comptabilité générale. I. G. 27 janv. 1816, n° 704.

125. — La comptabilité courante et journalière sera tenue en partie double, et les états présenteront les recettes faites depuis le 1er janvier jusqu'à la fin de chaque mois. Explications. L'état de produits des receveurs devra être adressé au directeur le 2 de chaque mois, celui du directeur à l'administration le 10 au plus tard. Le résumé prescrit (n° 13) ne sera plus envoyé. Modific. n°s 127 et 128 inf. . . . . . . I. G. 6 janv. 1817, n° 761; et 6 déc. 1817, n° 814.

126. COMPTABILITÉ. — **États et Comptes.** — L'état de mois des directeurs doit être envoyé en simple expédition. I. G. 10 juin 1817, n° 782.

127. — Transmission *directe* à faire, par les directeurs à la comptabilité générale des finances, de toutes les pièces de comptabilité. Envois par la poste à l'adresse du *ministre des finances*, émargée : *comptabilité générale des financss*. . . . . Circ. compt. gén. 15 déc. 1824, n° 1er.

128. — Même recommandation ; mais on continuera d'adresser au directeur général les documens relatifs au contrôle des produits et l'état de comparaison des recettes. (*Ord. roy.* 4 *nov.* 1824.) I. G. 22 janv. 1825, n° 1151.

V. États *périodiques ;* Expropriation *pour utilité publique*, n°s 3 *et* 4.

129. — **Fonds** *particuliers.* — Les fonds particuliers des receveurs versés en excédant de leurs recettes figurent dans les comptes. . . . . Circ. compt. gén. 30 oct. 1827, n° 11; 15 déc. 1827, n° 12, 27 oct. 1828, n° 13.

130. — **Fonds** *de subvention.* — Leur mouvement doit être constaté par des formules imprimées, contenant la réquisition du directeur, le récépissé du comptable et le talon de ce récépissé. *Modèle.* Circ. compt. gén. 30 mai 1833, n° 29.

— *V.* Fonds *de subvention.*

131. — **Forêts.** — Les produits accessoires des ventes de bois de la caisse d'amortissement et dépenses y relatives, doivent figurer aux recettes et dépenses accidentelles. . . . Circ. compt. gén. 30 oct. 1827, n° 11.

132. — Produits accessoires des forêts à imputer sur les recettes de l'exercice pendant lequel les ventes ont eu lieu. . . . . Circ. compt. gén. 8 déc. 1828, n° 14 ; 14 déc. 1829, n° 16.

133. — Recette des fermages du droit de chasse dans les forêts de l'état à porter sous un article spécial des produits accessoires des forêts. . . . . Circ. compt. gén. 20 nov. 1832, n° 27.

134. — **Fortifications.** — Les produits recouvrés pour le compte de l'hôtel des Invalides sont réunis au budget de l'état. (*Loi* 21 *avril* 1832, *art.* 50.) La remise extraordinaire de 5 p. °/₀ allouée aux directeurs, inspecteurs et receveurs est supprimée; mais ces derniers jouiront de la remise ordinaire. . . . . Circ. compt. gén. 30 avril 1832, n° 25.

135. — Classement de la recette. Circ. compt. gén. 20 nov. 1832, n° 27.

— *V.* Fortifications.

136. — **Frais** *de justice.* — Transmission d'une instruction générale contenant toutes les dispositions existantes des lois, décrets, ordonnances et décisions relatifs aux frais de justice, et les modèles des états, mémoires, taxes et mandats de paiement. . . . Circ. compt. gén. 15 nov. 1826, n° 7.

137. — Avances des quatre derniers mois de 1827. — Emploi en dépense. . . . . . Circ. compt. gén. 30 oct. 1827, n° 11.

138. — Ils seront désormais payés à titre de dépense définitive. . . . . Circ. compt. gén. 15 déc. 1827, n° 12; 27 oct. 1828, n° 13.

139. — Les taxes à témoins sont insaisissables. (*Décret* 13 *pluv. an XIII, art.* 2.) . . . Circ. compt. gén. 18 juill. 1833, n° 31.

140. — Les receveurs doivent s'abstenir de payer les frais de justice concernant les délits pour transport frauduleux de lettres. Circ. compt. gén. 13 déc. 1833, n° 34.

— *V.* Frais *de justice ;* Frais *de justice militaire.*

141. — **Frais** *de poursuites et d'instances.* — Les pièces de procédure ne doivent pas être produites à l'appui du mandat de remboursement des frais, si leur conservation est nécessaire. Dans ce cas, l'exécutoire, un extrait du jugement et l'autorisation de l'administration suffisent. (*Déc. f.* 20 *juill.* 1831.) . . . . Circ. compt. gén. 20 déc. 1831, n° 24.

— *V.* Frais *d'instances ;* Frais *de poursuites*, n°s 3 *et* 4.

142. COMPTABILITÉ — Frais *de procédure dans l'intérêt des communes et établissemens publics.* — Ouverture d'un nouvel article. Circ. compt. gén. 23 nov. 1826, n° 8.

143. — Gratifications. — Classement au chapitre des remboursemens de la dépense relative aux gratifications pour procès-verbaux en matière de délits de port d'armes. *V.* Permis *de port d'armes.* Circ. compt. gén. 28 déc. 1830, n° 18.

144. — Greffe *du conseil d'état.* — Réunion au budget et classement des recettes pour frais de greffe du conseil d'état. Circ. compt. gén. 30 avril 1832, n° 25.

— *V.* Hypothèques, n° 145.

145. — Indemnité *des émigrés.* — Insertion d'un article de dépense pour les frais relatifs. *V.* Emigrés, et n° 75 sup. Circ. 18 nov. 1830, n° 17.

146. — Inventaire *général des dépenses.* — Modifications dans sa forme. . . . . . Circ. compt. gén. 30 oct. 1827, n° 11.

147. — Il comprendra les avances à charge de recouvrement ou de régularisation et les remboursemens des fonds particuliers. Circ. 15 déc. 1827, n° 12.

148. — Journaux. — Nouveau classement du produit des droits de timbre des journaux. . . . Circ. compt. gén. 28 déc. 1830, n° 18.

— *V.* Lettres *de voitures.*

149. — Mandats. — Les mandats délivrés par les receveurs des finances sur des caisses publiques doivent être détachés d'un registre à souche. (*Ord. roy.* 8 *déc.* 1832, *art.* 4.) Circ. compt. gén. 30 mai 1833, n° 29.

150. — Mandats *de paiemens.* — Les dépenses pour remises, ports et taxations des percepteurs doivent être réunies en un seul mandat, *par année*, pour chaque nature. *V.* n° 69 sup. Circ. compt. gén. 30 oct. 1827, n° 11.

151. — Les mandats doivent être acquittés par le créancier, et s'il ne sait pas signer, le receveur y transcrit la déclaration de paiement signée par lui et deux témoins en présence du créancier. Pour les sommes au-dessus de 150 fr., la quittance doit être notariée. Si la somme est reçue par un mandataire, la procuration enregistrée et légalisée doit être jointe. Enfin, si le paiement est fait au cessionnaire ou aux héritiers, le cessionnaire doit produire une expédition de son titre, et les héritiers l'acte de décès, un extrait de l'intitulé de l'inventaire, un certificat de propriété ou un acte de notoriété. Circ. compt. gén. 18 juill. 1833, n° 31.

— *V.* Mandats.

152. — Marine. — Etat à fournir par trimestre du produit des ventes d'objets mobiliers et de location des biens dépendant du ministère de la marine. *Modèle.* . . . . . Circ. compt. gén. 28 déc. 1830, n° 18.

153. — Opérations *de trésorerie.* — Insertion dans les bordereaux de mois d'un état présentant la situation des divers services de trésorerie. *V.* Frais *de justice militaire, n°* 11. Circ. compt. gén. 14 déc. 1829, n° 16.

154. — Passeports *et permis de ports d'armes.* — Changement du mode de comptabilité; les formules hors d'usage dans les mains des préfets doivent être remplacées sur le vu de l'arrêté d'annulation. — Justification de la recette, article spécial ajouté aux comptes. — Passeports *gratis* avec secours de route, doivent être remis directement au préfet par le garde-magasin. Circ. compt. gén. 23 nov. 1826, n° 8.

155. — Les formules de passeports aux indigens pour l'étranger ne doivent pas entrer dans le compte des receveurs du timbre extraordinaire.. . . . . Circ. compt. gén. 30 oct. 1827, n° 11.

156. — Remises aux percepteurs sur le prix des passeports, dépense à justifier par un état indiquant par ordre de date le nombre et le prix des formules délivrées, la remise allouée, et l'émargement du percepteur. *Modèle.* . . . . Circ. compt. gén. 8 déc. 1828, n° 14.

157. COMPTABILITÉ. — PASSEPORTS *et permis de ports d'armes.* — Rappel des règles tracées par l'instruction 921; mais l'état doit être rédigé par année. . . . . . Circ. compt. gén. 20 nov. 1832, n° 27.

— *V.* PASSEPORTS *et permis de ports d'armes.*

158. — PORTS *de lettres.* — Frais de piétons et de messagers pour le transport des dépêches et frais de port de lettres remboursés dans certains cas aux directeurs à porter aux dépenses accidentelles. Circ. compt. gén. 23 nov. 1826, n° 8.

— *V.* PORTS *de lettres et paquets.*

159. — PROCÈS-VERBAUX *des recettes.* — Ils doivent être faits par trimestre et joints aux comptes d'année. Modifié. n° 166 inf. Circ. compt. gén. 30 oct. 1827, n° 11.

160. — QUITTANCES. — Les quittances délivrées par les receveurs doivent, lorsqu'elles ne s'inscrivent pas sur les actes formalisés, être détachées d'un registre à souche à partir du 1er janvier 1834. (*Ord. roy.* 8 *déc.* 1832, *art.* 9.) Modifié. n° 161 inf. . . . Circ. compt. gén. 30 mai 1833, n° 29.

161. — Il est sursis à l'exécution de cette ordonnance et à l'établissement des registres ou quittances à souche. (*Déc. f.* 13 *juill.* 1833.) . . . . Circ. compt. gén. 13 déc. 1833, n° 34.

162. —RECETTES. — Ordre de verser toutes les recettes faites au 1er janvier 1807, responsabilité des employés supérieurs. Circ. 23 déc. 1806.

163. — Toutes les recettes doivent être versées sous la seule dénomination : *Produits de l'enregistrement et des domaines.* Etats divers à joindre. Il sera fourni par les directeurs aux receveurs généraux un aperçu des recettes et dépenses, aux époques que ces derniers indiqueront. I. G. 8 fév. 1815, n° 671.

164. — Les recettes faites pour le compte des établissemens publics seront versées au trésor avec les autres produits et entreront dans les comptes de l'administration. (*Déc. f.*) I. G. 5 mars 1816, n° 710.

165. * — Les receveurs fourniront par année un état des recettes faites pour le compte de la légion d'honneur, l'hôtel royal des Invalides et le domaine extraordinaire. . . . . I. G. 31 mai 1816, n° 724.

166. — Les recettes doivent être justifiées par un relevé des procès-verbaux par mois ou par le procès-verbal de vérification, et le compte doit indiquer celle des deux pièces produites; les recettes seront divisées par exercice. . . . . Circ. compt. gén. 18 nov. 1830, n° 17; 15 nov. 1831, n° 22.

167. — Outre le procès-verbal de vérification, les recettes doivent être justifiées par l'état des droits constatés du 4e trimestre. Circ. compt. gén. 20 nov. 1832, n° 27.

— *V.* REMISES *ordinaires des receveurs;* RÉPARATIONS, n° 2.

168. — RESTITUTIONS *de droits.* — Copie de l'enregistrement et de l'ordre de restitution visé par le directeur à joindre au mandat. . . . . Circ. compt. gén. 8 déc. 1828, n° 13.

169. — Mentionner sur les mandats la date de l'avis donné en exécution de l'instruction n° 1328. Circ. compt. gén. 28 déc. 1830, n° 18.

170. — Pour les restitutions de droits de transcription indûment perçus sur les donations d'immeubles avec partage, on doit joindre aux mandats le certificat de non transcription délivré par le conservateur. Circ. compt. gén. 20 déc. 1831, n° 24.

— *V.* RESTITUTIONS.

171. — RÉSULTAT *de la comparaison des recettes et dépenses.* — Il se compose seulement du numéraire en caisse et des *débets. V.* n° 182 inf. . . . . Circ. compt. gén. 30 oct. 1827, n° 11.

172. — Les débets pour *déficit* des comptables hors de fonctions ne doivent plus y figurer. Circ. compt. gén. 27 oct. 1828, n° 13.

173. COMPTABILITÉ. — RETENUE *au profit du trésor.* — Règles pour la recette de la retenue proportionnelle à exercer sur les traitemens et remises, d'après la loi du 18 avril 1831. Abrogé. n° 176 inf. Circ. compt. gén. 24 mai 1831, n° 20.

174. — Etat à insérer au bordereau récapitulatif. . . . . Circ. compt. gén. 15 nov. 1831, n° 22.

175. — Le prélèvement du premier mois d'appointemens et de la moitié des traitemens en cas de congé, doit être fait sous la déduction de la retenue au profit du trésor. Circ. compt. gén. 15 déc. 1831, n° 23.

176. — Cette retenue est supprimée à partir du 1er mai 1832. . . . . Circ. compt. gén. 30 avril 1832, n° 25.

177. — Etat à joindre à l'appui du compte. Circ. compt. gén. 20 nov. 1832, n° 27.

— *V.* RETENUE *au profit du trésor;* SAISIES-*arrêts ès-mains des préposés.*

178. — SÉNATORERIES. — Les recettes relatives aux anciennes sénatoreries seront confondues avec les recettes de même nature concernant les autres domaines nationaux. . . . Circ. compt. gén. 18 nov. 1830, n° 17.

179. — SOMMIER *de dépouillement.* — Colonnes ajoutées et modifications par suite de l'établissement des nouveaux registres de recette de droits constatés. — La vérification de ce sommier doit être constatée par un arrêté. *V.* nos 101 à 108 sup. et SOMMIER *de dépouillement.* Circ. compt. gén. 20 déc. 1831, n° 24.

— *V.* TAXES *à témoins;* TERRAINS *de la voie publique.*

180. — TIMBRE. — *Changemens.* — Les opérations qu'il nécessite ne seront constatées que dans les comptes de 1828. — L'échange des papiers au timbre proportionnel ne donne lieu à aucune mention dans les écritures. . . . . Circ. compt. gén. 30 oct. 1827, n° 11.

181. — Recette de papiers à l'ancien type renvoyés aux gardes magasins et de formules imprimées remises par le receveur du timbre; papiers à l'ancien timbre renvoyés à l'atelier général; échanges de papiers au timbre proportionnel. . . . . Circ. compt. gén. 27 oct. 1828, n° 13.

182. — Nouveaux papiers au timbre proportionnel à partir du 1er janvier 1835, et renvoi des anciens. . . . .
Circ. compt. gén. 25 août 1834, n° 35; 3 déc. 1834, n° 36; 18 août 1835, n° 37.

183. — *Débite.* — Les fractions de feuilles employées des registres hypothécaires doivent être comptées comme débitées en entier dans les comptes des conservateurs. *V.* n° 185 inf. Circ. compt. gén. 15 nov. 1825, n° 3.

184. — Les comptes en matières de papiers timbrés de dimension seront à l'avenir présentés par *feuilles* au lieu de l'être par *rames, mains et feuilles.* . . . . Circ. compt. gén. 30 oct. 1827, n° 11.

185. — Les conservateurs doivent compter du prix de toutes les feuilles employées, sans déduction pour les inscriptions prises contre les débiteurs de l'état; en cas d'insolvabilité, ils sont remboursés des droits de timbre avancés suivant le mode prescrit pour les restitutions sur un état certifié par eux et vérifié par les inspecteurs, constatant, article par article, les causes de l'impossibilité du recouvrement. Cette restitution est préalablement approuvée par l'administration. . . . . Circ. compt. gén. 8 déc. 1828, n° 14.

186. — Comparaison à établir au bordereau récapitulatif des envois de papiers timbrés, passeports et permis de port d'armes avec les recettes des receveurs. . . . . . . Circ. compt. gén. 18 nov. 1830, n° 17.

187. — *Dépenses.* — Les menues dépenses du timbre sont les frais d'achat et d'entretien du coffre des timbres, de la table et du siége du timbreur et du tourne-feuilles, du maillet, des balles et de l'encre pour timbrer, des frais de paille, toiles, cordes et cires à cacheter pour les ballots qui sortent des magasins, des frais de façon et de transport des ballots aux messageries à raison de cinq ou dix centimes par rame, et enfin des salaires de timbreurs ou tourne-feuilles temporaires. Economie des dépenses et visa par les directeurs des pièces justificatives. . . . . Circ. compt. gén. 14 déc. 1829, n° 16.

188. COMPTABILITÉ. — TIMBRE — *Droits de.* — Les droits de timbre antérieurs à la loi du 28 avril 1816, doivent être portés dans les comptes aux recettes accidentelles. Circ. compt. gén. 28 déc. 1830, n° 18.

189. — Division des produits du timbre et amendes y relatives. . . . . Circ. compt. gén. 25 août 1834, n° 35, et 3 déc. 1834, n° 36.

190. — *Magasin.* — Nouvelle forme du compte du garde magasin. Inventaire à faire le 31 décembre. Circ. compt. gén. 30 oct. 1827, n° 11.

191. — Distinction des papiers et formules adressées aux receveurs, et des formules transmises aux préfets. Circ. compt. gén. 27 oct. 1828, n° 13.

192. — Les relevés des procès-verbaux dressés sur les registres des gardes magasins du timbre ne doivent pas comprendre le solde du compte de l'année précédente. . . . Circ. compt. gén. 9 nov. 1829, n° 15.

193. — Les registres du garde magasin doivent présenter une situation mensuelle basée sur le restant au 31 décembre de l'année précédente. . . . . Circ. compt. gén. 14 déc. 1829, n° 16.

194. — Le procès-verbal de vérification de la régie du garde magasin à joindre au compte d'année remplace les relevés des procès-verbaux mensuels. . . . . Circ. compt. gén. 20 nov. 1832, n° 27.

195. — Le compte d'année du garde magasin du timbre doit être appuyé 1° des reconnaissances d'envois renfermées dans une chemise récapitulative par bureau et par nature; 2° Arrêtés du préfet pour les formules remplacées; 3° Reconnaissances du préfet pour les passeports gratis et avec secours; 4° Autorisations de l'administration pour les échanges; 5° Décisions ministérielles pour les admissions en non valeur; 6° Inventaire du magasin au 31 déc. Circ. compt. gén. 24 août 1833, n° 32.

196. — Modifications pour la comptabilité des papiers timbrés supprimés. . . . . . Circ. compt. gén. 18 août 1835, n° 37.

— *V.* TIMBRE.

197. — TRAITEMENS, *Remises et salaires.* — États de traitemens fixes des employés supérieurs et des employés du timbre. Rédaction et émargement. . . . . . . Circ. compt. gén. 8 déc. 1828, n° 14.

198. — Les traitemens et remises ne sont plus employés en dépense que pour le *net*, déduction faite des retenues pour la caisse des retraites. Le montant des salaires des conservateurs sera exprimé dans leur compte et un état présentant la liquidation des traitemens et remises sera inséré au bordereau récapitulatif. . . . . Circ. compt. gén. 9 nov. 1829, n° 15.

199. — État de liquidation des traitemens à insérer au bordereau récapitulatif; division par exercice et distinction en trois parties : *Employés supérieurs, employés du timbre, receveurs.* Circ. compt. gén. 18 nov. 1830, n° 17.

200. — Exactitude recommandée pour la liquidation des remises. . . . . Circ. compt. gén. 15 nov. 1831, n° 22.

201. — Changemens pour la remise des conservateurs à liquider à raison de 2 p. °/₀. *V.* REMISES, n° 11. Circ. compt. gén. 20 nov. 1832, n° 27.

— *V.* REMISES; SALAIRES; TRAITEMENS et n° 202 et suiv. inf.

202. — VACANCES *d'emplois.* — A partir du 1er mai 1828, les produits figurent aux recettes accidentelles. Circ. compt. gén. 27 oct. 1828, n° 13.

203. — Ils font partie des produits divers. *V.* nos 204 et 205 inf. . . . . Circ. compt. gén. 8 déc. 1828, n° 14.

204. COMPTABILITÉ. — VACANCES *d'emplois.* — Il ne sera plus fait dépense ni recette des portions de traitemens et remises provenant de vacances d'emplois. (*Arrêté f.* 26 *nov.* 1834.) Circ. compt. gén. 3 déc. 1834, n° 36.

205. — Suppression de l'article dans les comptes. . . . . Circ. compt. gén. 18 août 1835, n° 37.

— *V.* VACANCES *d'emplois*, *n°* 5; VACATIONS *des arpenteurs.*

206. — VENTES *de mobilier* — Classement du produit de la vente des remanens et branchages d'arbres des routes. Circ. compt. gén. 15 nov. 1831, n° 22.

207. — Les bordereaux dressés chaque trimestre, par les intendans militaires, des sommes recouvrées sur les prix de vente d'objets mobiliers et immobiliers ou de locations de biens dépendant du ministère de la guerre, doivent être contrôlés par les directeurs au vu des états de produits. (*Déc. f.* 4 *oct.* 1831.) . . . . Circ. compt. gén. 20 déc. 1831, n° 24.

— *V.* MOBILIER *de l'état;* MOBILIER *de la marine;* MOBILIER *militaire.*

208. — VÉRIFICATIONS *de régies.* — RELIQUATS *et avances.* — L'extrait certifié par le receveur et par un employé supérieur de la recette des résultats de vérifications de régies, sera joint au procès-verbal de vérification après avoir été visé par le directeur. L'avance sera remboursée au comptable au moyen d'un mandat de restitution appuyé d'un extrait du procès-verbal et de la copie de l'autorisation de l'administration. Circ. compt. gén. 18 nov. 1830, n° 17.

209. — Même recommandation. Circ. compt. gén. 20 nov. 1832, n° 27.

— *V.* VÉRIFICATIONS *de régies.*

210. — VERSEMENS. — Les récépissés de versemens doivent, pour opérer la libération des comptables, être délivrés sur des formules à talon et visés à leur diligence dans les 24 heures par le préfet ou le sous-préfet qui les rendront immédiatement aux parties après en avoir détaché les talons. A Paris, le contrôle sera exercé par un contrôleur en chef spécial. (*Ord. roy.* 8 *déc.* 1832, *art.* 1, 2, *et* 3, *et* 12 *mai* 1833, *art.* 1 *et* 2.) Circ. compt. gén. 30 mai 1833, n° 29.

— *V.* VERSEMENS.

211. — VIREMENS *de fonds entre les comptables.* — Pour éviter les déplacemens de fonds entre les comptables, les receveurs sont autorisés 1° à verser dans leur propre caisse les sommes dont ils seraient personnellement débiteurs à la caisse d'un autre receveur pour *droits et produits perçus à son préjudice*, *reliquats de vérification de régies, et complémens de remises.* Ils en comptent sous le titre de *Recettes par viremens*, et le receveur qui devait faire la recette, l'effectue au moyen d'un bordereau de virement qu'il porte en recette au titre spécial selon la nature du paiement, et en dépense aux *Viremens de fonds ;* 2° A prélever dans leur caisse les sommes qui leur seraient dues par des collègues pour *Avances résultant de vérifications de régies*, *excédans de remises*, *frais de poursuites et d'instances*, *paiemens d'amendes attribuées ou remboursemens de dommages alloués aux établissemens publics.* Ils en font dépense au titre de *Viremens de fonds*, et le receveur qui devait faire le paiement l'effectue dans sa comptabilité ou dans sa caisse, puis se charge en recette sous le titre des *Recettes par viremens* de la somme portée au bordereau de dépense qui lui a été transmis par son collègue. Circ. compt. gén. 30 nov. 1833, n° 33.

212. — VOIRIE *(Grande).* — Recouvremens et paiemens par les receveurs des frais de démolitions, de déblais et d'expertises en matière de grande voirie, exploitations des mines ou desséchemens de marais. Ils figurent aux opérations de trésorerie. . . . Circ. compt. gén. 8 déc. 1828, n° 14.

— *V.* VOIRIE (*Grande*), *n°s* 4 *et* 5.

COMPTABILITÉ *des communes.* — *V.* COMMUNES, n° 12.

COMPTABLES *publics.* — *V.* COMPTABILITÉ, n° 7; DÉBETS; HYPOTHÈQUES, n°s 31, 51 et suiv.

COMPTES *d'ordre et d'année*. — *V.* Comptabilité, n° 34 et suiv.

COMPTES *de clerc à maître*. — A chaque mutation le comptable qui cessera ses fonctions rendra à son successeur un compte de clerc à maître d'après le modèle des comptes annuels. Ce compte sera rédigé, en présence d'un employé supérieur, en triple expédition : l'une servira de décharge au receveur sortant, et les autres resteront au receveur entrant qui en produira une à l'appui de son compte d'année. (*Déc. f.* 30 *mai* 1821.) Modifié. *V.* Comptabilité, n° 33. I. G. 30 juin 1821, n° 985.

2. — Ils doivent dans toutes les circonstances avoir lieu en présence d'un employé supérieur. I. G. 14 août 1835, n° 1493.

— *V.* Changemens *d'emplois*, n° 2; Comptabilité, n°s 32 et 33.

COMPTES *à rendre par les inspecteurs de leurs opérations*. — Ces comptes rédigés sur des imprimés spéciaux doivent être adressés au directeur et à l'administration avant de quitter chaque bureau. (*Ordres de service*, *art.* 31.) Modifié. n° 2 inf. . . . . I. G. 5 juin 1830, n° 1318.

2. — Ils doivent être rédigés sur les imprimés spéciaux et adressés au directeur avant de quitter chaque bureau, avec les notes sur les receveurs et surnuméraires. Dans la quinzaine, le directeur donnera les ordres convenables aux receveurs, et transmettra les comptes à l'administration, en faisant connaître succinctement dans une colonne spéciale les ordres qu'il aura donnés. (*Art.* 40 *du règlement.*) . . . . I. G. 15 mars 1831, n° 1351.

COMPTES *ouverts*. — *V.* Sommiers.

COMPTOIRS *d'escompte*. — *V.* Effets *de commerce*.

CONCESSIONS. — *V.* Iles *et ilots* ; Lais *et relais de mer*.

CONCESSIONNAIRES. — *V.* Bois *de l'état*, n° 8.

CONCLUSIONS *du ministère public ou des parties*. — *V.* Instances, n°s 43, 44 et 45.

CONCUSSIONS. — *V.* Administration *de l'enregistrement et des domaines*, n° 1er.

CONDAMNÉS. — *V.* Contumax; Mobilier *des*.

CONDAMNÉS *aux fers*. — *V.* Frais *de justice*, n°s 44 *et* 46.

CONDAMNÉS *révolutionnairement*. (V. *Circ.* 495, 780, 808, 904 *et* 1248.)

— Les rescriptions du trésor sont admissibles en paiement des droits de succession des condamnés. I. G. 23 germ. an X, n° 11.

2. — Etat à dresser de tous leurs biens vendus par suite des confiscations prononcées par les tribunaux révolutionnaires. Revenu de 1790 et prix de vente à faire connaître. . . . I. G. 15 juill. 1824, n° 1139.

— *V.* Emigrés.

CONFISCATIONS *générales*. — Toutes poursuites exercées en exécution d'arrêts ou jugemens prononçant des confiscations générales, pour quelque cause que ce soit, cesseront d'avoir leur effet. (*Ord. roy.* 19 *juin* 1816.) I. G. 3 juill. 1816, n° 729.

CONFLITS. — *V.* Instances, n°s 1 et 2.

CONFRÉRIES. — *V.* Fabriques, n° 11.

CONGÉS. — *V.* Présentations.

CONGÉS *des employés*. (V. *Circ.* 301, 448, 1181.)

— Les employés ne peuvent s'absenter sans congé à peine de révocation. — Les employés en congé sont privés de leur traitement, si ce n'est pour cause de maladie. — Est censé absent sans congé tout employé non rentré à son poste à l'expiration de son congé, ou qui l'a quitté sans être remplacé. — La retenue du traitement est faite au profit de la caisse des retraites, sous déduction des frais de bureau fixés au tiers pour les receveurs et à 10 fr. par jour pour les frais de tournée des inspecteurs. — Les demandes de congé seront faites par l'intermédiaire des directeurs. (*Arrêté du gouv.* 8 *vend. an XII.*) *V.* n° 6 inf. I. G. 24 vend. an XII, n° 170, et 28 nov. 1817, n° 812.

2. CONGÈS *des employés.* — La retenue est définitivement liquidée sur les recettes faites au moment de l'expiration du congé. Modifié. *V.* Caisse *des retraites*, *n°* 19. . . . . I. G. 16 frim. an XIII, n° 262; 9 frim. an X, n° 295.

3. — La demande de congé doit indiquer le lieu où l'employé doit se rendre. Il ne sera plus donné de congé pour maladie; au vu d'un certificat du médecin en bonne forme, le directeur pourvoira au service suivant les cas et avec l'autorisation de l'administration. *V.* n°s 6 et 8 inf. Circ. 29 vent. an XIII.

4. — La retenue aura lieu en cas d'absence, même par maladie. Circ. 6 sept. 1808.

5. — Rappel aux employés des dispositions ci-dessus (n° 1er) : les employés qui se rendront à Paris sans autorisation spéciale seront considérés comme absens sans congé. (*Déc. f.* 15 *déc.* 1820.) I. G. 18 déc. 1820, n° 963.

6. — Aucun employé ne peut quitter sa résidence pour cause étrangère au service, ou interrompre l'exercice de ses fonctions sans une autorisation préalable dont il devra profiter dans la quinzaine, et qui entraînera la retenue au profit de la caisse des retraites de la moitié du traitement *net*, c'est-à-dire déduction faite du tiers pour frais de bureau ou de l'indemnité allouée aux intérimaires. Il peut être accordé des congés sans retenue pour l'accomplissement des devoirs politiques et pour maladie exigeant un traitement hors de la résidence. — Les demandes de congés doivent énoncer les motifs et le lieu où l'employé désire se rendre, celles pour maladie seront appuyées de certificats en forme; les congés illimités sont supprimés, et le même employé ne pourra obtenir plus de trois mois de congé dans une année. — L'absence sans congé, le retard sans prolongation de congé, ou le défaut d'avis du départ ou de l'arrivée, entraînent la révocation ou la perte du double du traitement. — Les employés en congé à Paris doivent, en arrivant, indiquer leur domicile, et ceux qui s'absentent pour l'exercice des droits politiques sont tenus de justifier de leur séjour. Les receveurs étant responsables doivent désigner le surnuméraire qui peut être appelé à les remplacer. (*Arr. f.* 10 *avril* 1829.) Modifié. *V.* n°s 8 et 9 inf. I. G. 26 juin 1829, § 1er, n° 1280.

7. — La retenue doit être liquidée en considérant chaque mois comme étant de 30 jours. (*Déc. f.* 14 *juill.* 1832.) I. G. 31 juill. 1832, n° 1405.

8. — Les congés sans retenue ne peuvent être accordés que pour l'accomplissement des devoirs imposés par les lois. (*Déc. f.* 21 *mai* 1833.) Rappel aux dispositions maintenues de l'instruction générale n° 1280, n° 6 sup. I. G. 8 juin 1833, n° 1424.

9. — Les employés supérieurs ou surnuméraires chargés de l'*intérim* d'un bureau, par suite de congé ou de maladie, ont droit au tiers des remises. — Les receveurs ne sont plus admis à désigner le surnuméraire qui devra les remplacer, et par suite sont déchargés de toute responsabilité pour la gestion de l'intérimaire. (*Déc. f.* 5 *et* 15 *sept.* 1834.) I. G. 22 sept. 1834, n° 1464.

— *V.* Administration *de l'enregistrement;* Caisse *des retraites*, n°s 3, 8, 14, 19 *et* 20; Premiers commis; Surnuméraires, n° 4.

CONSCRIPTION. — *V.* Amendes, n°s 26 et 27; Amnisties.

CONSEIL *d'administration.* — *V.* Administration *de l'enregistrement.*

CONSEILS *des prudhommes.* — *V.* Prudhommes.

CONSERVATIONS. — *V.* Administration *de l'enregistrement;* Caisse *des retraites;* Cautionnemens *des employés;* Hypothèques; Ports *de lettres et paquets;* Remises, n°s 8 et 11; Versemens, n° 20.

CONSIGNATIONS. — *V.* Amendes, n° 28 à 33; Caisse *des dépôts et consignations.*

CONTENTIEUX. — *V.* Instances.

CONTRAINTES. — Le premier acte de poursuites pour le recouvrement des droits et amendes d'enregistrement et de timbre est une contrainte rendue exécutoire par le juge de paix. (*Loi* 22 *frim. an VII, art.* 64.) *V.* Instances, n° 15. Circ. n° 1450.

2. * **CONTRAINTES.** — Elles doivent être signifiées par les huissiers des justices de paix lorsqu'elles sont visées par les juges de paix, et par les huissiers des tribunaux lorsqu'elles sont visées par les présidens de ces tribunaux. . . . . I. G. 23 brum. an X, n° 12; 8 germ. an XI, n° 129, et 17 mars 1814, n° 659.

3. — Les formules de contraintes seront timbrées, et il en sera compté comme du papier de débite ordinaire. Circ. 5 vent. an XI.

4. — En matière de droits de successions, il est convenable de signifier la contrainte à tous les héritiers qui sont sur les lieux. (*Déc. f.* 7 *juin* 1808.) . . . . I. G. 19 juin 1808, § 36, n° 386.

— *V.* Amendes, n°s 47, 48 et 68; Huissiers, n° 2; Hypothèques, n°s 62, 63 et 65; Instances, n° 15; Rentes *dues à l'état*, n° 24.

CONTRAINTE *par corps*. — Elle est applicable au recouvrement des amendes pour délits, du décime par franc et des frais de poursuites, dans les cas déterminés par les circulaires n°s 1864 et 1956. I. G. 6 niv. an X, n° 31.

2. — Distinction à faire entre les condamnés solvables et ceux dont l'insolvabilité est légalement constatée. I. G. 1er flor. an X, n° 53.

3. — Elle ne doit être employée que contre les condamnés reconnus solvables. (*Déc. j. et f.* 5 *niv. an XII.*) I. G. 19 niv. an XII, n° 194.

4. — La contrainte par corps, lorsqu'elle a pour objet le recouvrement des condamnations pécuniaires, n'est soumise à aucune des formalités prescrites pour la contrainte par corps en matière civile. (*Déc. j.* 12 *sept.* 1807.) . . . . I. G. 5 nov. 1807, n° 358.

5. — La contrainte par corps ne doit être exercée qu'utilement ou contre les délinquans forestiers d'habitude; les agens forestiers désigneront les délinquans qu'il importe d'emprisonner. S'il y a plusieurs jugemens contre le même, il suffit d'agir en vertu du dernier. Les frais de poursuites comptent pour déterminer le temps de la détention. Les délinquans insolvables, mis en liberté après le temps fixé (*C. for., art.* 213) sont entièrement libérés. L'action des parties civiles n'empêche pas celle de l'administration. Mise à exécution. (*Déc. f.* 2 *nov.* 1829.) *V.* Code *forestier*. . . . . I. G. 8 déc. 1829, n° 1299.

6. — Les frais de capture des délinquans forestiers alloués aux gendarmes sont fixés à 4 fr. dans les villes de 40,000 âmes, et à 3 fr. partout ailleurs. (*Ord. roy.* 25 *fév.* 1832.) I. G. 13 mars 1832, n° 1397.

— *V.* Amendes, n°s 1, 2, 5, 11, 14 et 39; Débets *des employés*, *n°* 2; Délits *forestiers*; Frais *de justice*, *n°* 39.

CONTRATS *de mariage*. — Commerçans. — Dépot. — Le dépôt par extrait des contrats de mariage entre époux dont l'un sera commerçant, doit être effectué dans le mois aux greffes des tribunaux civils et de commerce du domicile du mari et aux chambres des notaires et avoués, à peine de 100 fr. d'amende contre le notaire. (*C. Com. art.* 67 *et* 68; *Cod. Proc. art.* 872.) Modifié. n° 2 inf. Le dépôt à la maison commune ne peut suppléer qu'à défaut de tribunal de commerce spécial, et ne dispense pas du dépôt aux autres lieux désignés. (*Déc. f. et j.* 16 *juill.* 1823.) . . . . . I. G. 9 août 1823, n° 1089.

2. — L'amende est réduite à 20 fr. (*Cass.* 27 *août* 1828.) . . . . I. G. 24 mars 1829, § 1er, n° 1272.

— *V.* Contraventions *aux lois sur le notariat*, *n^os^* 3 *et* 7.

CONTRAVENTIONS *aux codes*. — *V.* Actes *judiciaires*, *n°* 5; Amnisties, Contrats *de mariage*.

CONTRAVENTIONS *aux lois sur l'enregistrement*. — Poursuites. — L'effet des procès-verbaux qui les constatent doit être suivi par voie de contrainte, sans assignation devant le tribunal I. G. 23 brum. an X, n° 12.

2. **CONTRAVENTIONS** *aux lois sur l'enregistrement.* — Poursuites. — On ne doit pas les constater par procès-verbal, il suffit de décerner contrainte motivée et soumise à l'approbation préalable du directeur. (*Cass.* 2 *août* 1808 *et* 9 *juin* 1813.) . . . I. G. 18 déc. 1824, § 17, n°. 1150.

— *V.* Instances; Notaires; Prescriptions, n°s 1, 2, 3, 4 et 7.

3. — Répertoires. — Omissions aux répertoires. 10 fr. d'amende pour les notaires, greffiers et secrétaires; et 5 fr. pour les huissiers, par chaque omission. (*Loi* 22 *frim. an VII, art.* 49.) Défaut de présentation au visa trimestriel, 10 fr. d'amende par décade de retard. (*Art.* 51.) Refus de communication, 50 fr. d'amende. (*Art.* 52.) Modifié. n°s 2 et 3 inf. Circ. n° 1450.

4. — Ces amendes sont réduites, savoir : celles progressives à une seule de 10 fr., quelle que soit la durée du retard; et les amendes fixes de 50 à 10 fr., et celles au-dessous de 50 fr. à 5 fr. (*Loi* 1824, *art.* 10.) I. G. 23 juin 1824, § 10, n° 1136.

5. — L'amende pour défaut de présentation au visa est réduite à une seule amende de 10 fr., quelle que soit la durée du retard. (*Déc. f.* 22 *mars* 1834.) On doit alors constater cette contravention chaque trimestre, et poursuivre de suite le recouvrement de l'amende. I. G. 19 juill. 1834, § 10, n° 1458.

— *V.* Caisse *des retraites*, n°s 5, 7 *et* 14; Contraventions *aux lois sur le notariat*, *n°* 1; Répertoires, n° 23 et 24, et **Première partie**, V° Amendes.

CONTRAVENTIONS *aux lois sur le notariat.* — Défaut de dépôt du double du répertoire au greffe du tribunal. Amende, 100 fr. par mois de retard. (*Loi* 6 *oct.* 1791, *art.* 16, *et* 16 *flor. an IV, art.* 1er.) Modifié. n° 6 inf. Circ. n° 1304.

2. — Loi *du* 25 *vent. an XI.* — 1° Défaut d'énonciation du nom et du lieu de résidence du notaire qui reçoit l'acte. Amende, 100 fr. (*Loi* 25 *vent. an XI, art.* 11.) Modifié. n° 6 inf.

2° — Abréviations, blancs, lacunes, omissions des noms, qualités et demeures des parties et témoins. Sommes et dates en chiffres; défaut d'annexe des procurations des contractans; défaut de mention de lecture aux parties. Amendes, 100 fr. (*Art.* 13.) Modifié. n° 6 inf.

3° — Surcharges, interlignes, additions, mots rayés non approuvés. Amende, 50 fr. (*Art.* 16) Modifié. n° 6 inf.

4° — Emploi des clauses et expressions féodales et des mesures anciennes. Amende, 50 fr. (*Art.* 17.) Modifié. n° 6 inf.

5° — Délivrance d'expéditions, sans autorisation du président, à autres personnes qu'aux intéressés directs. Amende, 100 fr. (*Art.* 23). Modifié. n° 6 inf.

6° — Retard dans la remise des minutes et répertoire au successeur ou au notaire désigné. Amende contre le notaire ou ses héritiers, 100 fr. par mois de retard. (*Art.* 55, 56 *et* 57.) Modifié. n° 6 inf. I. G. 21 frim. an XIII, n° 263.

3. — Omission du dépôt des contrats de mariage entre commerçans. Amendes, 100 fr. Modifié. n° 7 inf. C. Com. art. 67 et 68.

4. — Défaut de mention de la patente des parties. Amende, 500 fr. (*Loi* 1er *brum. an VII; Ord. roy.* 23 *déc.* 1814.) I. G. 20 janv. 1815, n° 668.

5. — Les barres tirées dans les blancs et non approuvées par les parties avant la présentation à la formalité, constituent une contravention à l'article 13. Les contraventions sont constatées dans les actes par une mention mise en marge et paraphée *ne varietur*, et par un procès-verbal qui rappellera les articles paraphés et dont la sincérité sera reconnue par le notaire; ou, en cas de refus, affirmé devant le juge de paix. (*Déc. j. et f.* 8 *et* 25 *juill.* 1823.) Modifié. n° 8 inf. I. G. 9 août 1823, n° 1089.

6. — Les amendes ci-dessus sont réduites, savoir : celles progressives à une seule de 10 fr.; celles fixes de 500 fr. à 50 fr.; de 100 fr. à 20 fr.; de 50 fr. à 10 fr.; au-dessous de 50 fr. à 5 fr. (*Loi* 16 *juin* 1824, *art.* 10.) I. G. 23 juin 1824, n° 1136.

7. CONTRAVENTIONS *aux lois sur le notariat.* — **Loi** *du* 25 *vent. an XI.* — L'amende pour défaut de dépôt de l'extrait des contrats de mariage entre commerçans (n° 3 sup.) est réduite à 20 fr. par la loi de 1824. (*Cass.* 27 *août* 1828.) . . . . . . I. G. 24 mars 1829, § 1; n° 1272.

8. — Les barres tirées dans les blancs doivent être approuvées au moment de la signature de l'acte. Les contraventions aux lois du notariat doivent être constatées par procès-verbal; mais on doit s'abstenir de mentions marginales sur les actes. (*Déc. f.* 30 *août* 1825. I. G. 24 déc. 1830, § 15, n° 1347.

9. — **Poursuites.** — Le recouvrement des amendes de notariat est attribué aux receveurs de l'enregistrement; mais elles doivent être prononcées par jugement du tribunal civil. (*Loi* 25 *vent. an XI, art.* 53.) Les contraventions sont constatées par les employés par des procès-verbaux qui seront transmis au procureur du roi chargé de poursuivre la condamnation. I. G. 21 frim. an XIII, n° 263.

10. — S'abstenir de réclamer les amendes encourues avant la loi du 19 décembre 1790. Les amendes de notariat ne doivent être réclamées des héritiers du contrevenant que s'il y a eu condamnation ou soumission de payer avant son décès. Le recouvrement peut être suivi sur le cautionnement du notaire. (*Déc. j. et f.* 1er *sept.* 1807.) I. G. 17 sept. 1807, n° 340.

11. — Toute action est éteinte pour les contraventions antérieures à la loi du 25 vent. an XI. (*Déc. f.* 7 *juin* 1808.) — Les employés doivent se borner à constater les contraventions et à en donner connaissance au procureur du roi, seul chargé d'en poursuivre la répression. (*Déc. f. et j.* 15 *mars et* 25 *avril* 1808). *V.* nos 5 et 8 sup. . . . I. G. 21 juin 1808, n° 384.

— *V.* Cautionnemens *des fonctionnaires publics;* Frais *de justice,* n° 31; Prescriptions, n° 5.

CONTRAVENTIONS *aux lois sur le timbre.* — **Poursuites.** — Les préposés sont autorisés à retenir les pièces en contravention pour les joindre à leurs procès-verbaux, à moins que les contrevenans ne consentent à signer les procès-verbaux qui devront être signifiés dans les trois jours avec assignation devant le tribunal. L'instruction se fera sur simples mémoires respectivement signifiés, et les jugemens définitifs seront sans appel. (*Loi* 13 *brum. an VII, art.* 31 *et* 32.) Circ. n° 1419.

2. — Les procès-verbaux de contraventions aux lois sur le timbre doivent être signifiés dans les trois jours au contrevenant domicilié dans l'arrondissement du bureau, avec assignation devant le tribunal, et l'instance, s'il y a lieu, est suivie conformément à l'art. 17 de la loi du 27 vent. an IX. *V.* n° 1 sup. I. G. 15 mai 1807, n° 326.

3. — Le recouvrement des amendes encourues pour rédaction de quittances sur papier non timbré doit être suivi contre les débiteurs libérés. (*Déc. j et f.* 7 *et* 24 *sept.* 1808.) I. G. 27 oct. 1808, n° 403.

4. — L'effet des procès-verbaux doit être suivi par voie de contrainte. (*Loi* 1816, *art.* 76.) I. G. 29 avril 1816, § 10, n° 715.

5. — Les amendes de timbre ne sont prescrites que par trente ans, et ce n'est que dans le cas ou les préposés auraient été mis à même de découvrir la contravention au vu d'un acte présenté à la formalité, que la prescription de deux ans deviendrait applicable. (*Déc. f.* 7 *mars* 1826.) I. G. 16 jnin 1826, § 10, n° 1189.

6. — Les art. 31 et 32 de la loi du timbre (*n° 1 sup.*) doivent être exactement exécutés, le défaut d'annexe des pièces en contravention pouvant faire annuler les poursuites. (*Trib. de la Seine,* 26 *déc.* 1833.) I. G. 19 juill. 1834, § 11, n° 1458.

7. — Les contraventions doivent être constatées par procès-verbal, l'énonciation dans un acte authentique des titres ou pièces non timbrés ne suffit pas pour justifier la demande des droits et amendes. (*Cass.* 26 *fév.* 1835.) I. G. 31 juill. 1835, § 14, n° 1490.

— *V.* Instances, n° 76; Prescriptions, n° 6, et 1re Partie, V° Amendes *de timbre.*

CONTRAVENTIONS *aux lois sur les ventes publiques de meubles.* — **Loi** *du 22 pluviôse an VII.* — 1° Vente sans le ministère d'un officier public. Amende, 50 à 1,000 fr. (*Loi 22 pluv. an VII, art.* 1er *et* 7.) Modifié. n° 4 inf.

2° Défaut de déclaration préalable. Amende, 100 fr. (*Art.* 2 *et* 7.) Modifié. n° 4 inf.

3° Défaut de transcription de la déclaration en tête du procès-verbal. Amende, 100 fr. (*Art.* 5 *et* 7.) Modifié. n° 4 inf.

4° Objet adjugé et omis au procès-verbal. Par chaque omission, amende, 100 fr. (*Art.* 5 *et* 7.) Modifié. n° 4 inf.

5° Altération du prix. Par chaque article altéré, amende, 100 fr. (*Art.* 5 *et* 7.) Modifié. n° 4 inf.

6° Prix non porté en toutes lettres. Par chaque article, amende, 15 fr. (*Art.* 5 *et* 7.) Modifié. n° 4 inf. Circ. n° 1498.

2. — Les préposés sont autorisés à se transporter aux lieux où se font les ventes et à se faire représenter les procès-verbaux. Ils peuvent requérir l'assistance du maire. La preuve testimoniale est admise pour prouver les contraventions. (*Loi* 22 *pluv. an VII, art.* 8.) I. G. 15 mai 1807, n° 326.

3. — Tout objet exposé en vente, adjugé ou non, doit être porté au procès-verbal, à peine de 100 fr. d'amende. (*Ord. roy.* 1er *mai* 1816.) Modifié. n° 4 inf. *V.* Première partie V°; Ventes *de meubles*, n°s 16 *et* 17. I. G. 1er juin 1816, n° 725.

4. — Les amendes ci-dessus sont réduites, savoir : celles de 500 fr. à 50 fr.; celles de 100 fr. à 20 fr.; celles de 50 fr. à 10 fr.; celles au-dessous de 50 fr. à 5 fr. (*Loi* 16 *juin* 1824, *art.* 10) I. G. 23 juin 1824, n° 1136.

— *V.* Instances, n° 77; Prescriptions, n° 3.

CONTRE-TOURNÉES. — *V.* Inspecteurs.

CONTRE-VÉRIFICATIONS. — Les inspecteurs peuvent être chargés de procéder à la contre-vérification des opérations des vérificateurs, d'après les ordres spéciaux de l'administration (art. 33 du réglement.) Dans ce cas, ils doivent rendre compte de leur travail par le précis imprimé dont les vérificateurs font usage, et dresser un procès-verbal de contre-vérification et un rapport de gestion. (*Art.* 40.) *V.* Inspecteurs, n° 15; Opérations *d'inspection.* I. G. 15 mars 1831, n° 1351.

CONTRIBUTIONS *directes.* — **Mutations.** — Les receveurs de canton adresseront au commencement de chaque trimestre, au contrôleur des contributions directes, le relevé de tous les actes translatifs de propriété, enregistrés pendant le trimestre précédent ou dont le renvoi aura été fait; mais on n'y comprendra pas ceux ayant pour objet des biens situés hors de l'arrondissement du bureau. (*Déc. f.* 14 *avril* 1829.) . . . I. G. 12 juin 1829, n° 1277.

2. — Ce relevé doit être fait par les contrôleurs eux-mêmes dans tous les bureaux de leur résidence. I. G. 8 déc. 1829, n° 1296.

3. — Les mutations sont faites sur la seule déclaration des parties, sans justification obligée d'actes authentiques; elles le sont d'office au vu des relevés des actes enregistrés. (*Déc.* 10 *juin* 1831.) I. G. 5 juill. 1831, n° 1371.

— *V.* Administration *des contributions directes;* Contribution *foncière,* n°s 12, 13 *et* 14; Contrôleurs; Sommiers *de la contribution foncière.*

CONTRIBUTION *foncière.* — **Biens** *de l'état.* — (V. *Circ.* 143, 157, 778, 1106, 1107, 1225.)

— Suspendre tout paiement sur les contributions des bois de l'état. Situation à fournir des réclamations pour cause de surtaxe. (*Déc. f.* 12 *brum. an X.*) . . . . I. G. 22 brum. an X, n° 10.

2. — A partir de l'an X, les bois de l'état ne sont plus imposables, et les receveurs doivent faire rétablir dans leurs caisses les sommes indûment versées pour cet objet. I. G. 21 niv. an X, n° 36.

3. — Ordre d'acquitter ce qui est dû pour l'an IX. I. G. 25 niv. an X, n° 37.

4. **CONTRIBUTION** *foncière*. — Biens *de l'état*. — Demander le dégrèvement des surtaxes de domaines. Circ. 5 brum. an XII.

5. — Ne payer que par douzième, et recouvrer sur les acquéreurs ou propriétaires réintégrés le *prorata* d'impôt. Modifié. n° 8 inf. Circ. 27 niv., 3 et 18 pluv. an XII.

6. Les terrains rendus au sol forestier, et ceux donnés à temps pour être ensemencés en bois, sont *exempts* de la contribution. I. G. 13 juill. 1810, n° 483.

7. — Les directeurs des domaines doivent adresser aux directeurs des contributions directes l'état des bois vendus ou rendus aux anciens propriétaires, afin de les mettre à portée d'opérer la cotisation au rôle; à l'avenir ces renseignemens seront fournis aussitôt la vente ou l'arrêté de mise en possession. (*Déc. f.* 10 *fév.* 1824.) . . . . . . I. G. 28 fév. 1824, n° 1123.

8. — Les contributions des bois vendus sont à la charge des acquéreurs à partir de l'entrée en jouissance, et les receveurs n'ont plus à payer et à recouvrer sur les acquéreurs le *prorata* de l'année courante. (*Déc. f.* 26 *mai* 1824.) . . . . I. G. 19 juill. 1824, n° 1140.

9. — Les receveurs n'ont pas à recouvrer sur les co-propriétaires de bois indivis avec l'état les portions de contributions à leur charge. Etat. Les biens vendus, échangés ou restitués par l'état, doivent être imposés. Etat. (*Déc. f.* 7 *sept.* 1826.) . . . . . . I. G. 29 sept. 1826, n° 1199.

10. — Les receveurs doivent recouvrer sur les nouveaux possesseurs des bois vendus ou restitués le montant de la contribution foncière, depuis l'entrée en jouissance jusqu'à la cotisation aux rôles. (*Déc. f.* 28 *mai* 1828.) I. G. 21 juin 1828, n° 1247.

11. — Rappel à l'exécution de l'instruction générale, n° 1123 (n° 7 sup.); elle est applicable aux biens de toute nature, qui, avant leur vente par le domaine, n'étaient pas imposés. I. G. 3 fév. 1835, n° 1477.
— *V.* Baux *emphytéotiques;* Domaine *de l'état*, n° 16.

12. — Répartition. — Etat du taux moyen des placemens en biens fonds dans chaque arrondissement à fournir aux directeurs des contributions directes. (*Déc. f.* 22 *avril* 1819.) I. G. 26 avril 1819, n° 885.

13. — Il doit être dressé par canton. *Modèle.* I. G. 12 mai 1819, n° 888.

14. — Nouvel état semblable à dresser par communes, à fournir aux préfets. (*Déc. f.* 5 *oct.* 1820.) I. G. 21 nov. 1821, n° 1005.

CONTRIBUTIONS *indirectes*. — *V.* Administration *des contributions indirectes;* Frais *de justice*.

CONTRIBUTIONS *publiques*. — Perception. — *V.* 1re partie.

CONTROLEURS *des contributions directes*. — On doit leur communiquer, sans déplacement, les divers registres dont ils ont besoin. . . . . I. G. 13 vent. an XI, n° 125; 21 nov. 1821, n° 1005.

2. — Ordre de coopérer aux recherches qui leur sont prescrites. Circ. 22 fév. 1806.
— *V.* Contributions *directes;* Ports *de lettres et paquets*.

CONTUMAX. — A la réception des ordonnances de séquestre, le directeur les transmet au bureau du domicile de l'accusé contumax ou de la situation des biens, où elles sont notifiées aux débiteurs. Inventaire, recouvremens, emploi du mobilier, régie des biens, paiement des dettes, comptes ouverts, sommiers et registres de recette. Circ. nos 621, 693, 756, 1720, 1814 et 1997.

2. — Les biens des accusés contumax doivent être séquestrés et régis conformément aux lois sous l'empire desquelles les condamnations ont été prononcées. Ceux des faillis contumax étant le gage des créanciers ne doivent pas être séquestrés. (*Déc. f.* 4 *août* 1807 *et* 17 *prair. an XI.*) On doit payer jusqu'à concurrence du produit net du séquestre les mandats délivrés par les préfets aux créanciers des contumax. . . . Circ. 5 sept. 1807; I. G. 15 janv. 1810, n° 462.

3. **CONTUMAX.** — L'amende prononcée contre les contumax décédés dans les cinq ans de la condamnation ne peut être recouvrée contre leurs héritiers; mais ils doivent les frais de poursuites. I. G. 13 mars 1810, n° 469.

— *V.* Débets *des comptables;* Frais *de justice, n*os 41 *et* 48.

CONVENTIONNELS *régicides.* — Les biens concédés à titre gratuit aux conventionnels régicides qui ont voté pour l'acte additionnel sont réunis au domaine de l'état. Ordre d'en faire la recherche. I. G. 21 fév. 1816, n° 708.

COPIES *de pièces.* — Celles faites et signifiées par les huissiers doivent être correctes, lisibles et ne peuvent contenir plus de 35 lignes par page de petit papier, 40 lignes par page de moyen papier, et 50 lignes par page de grand papier, à peine de 25 fr. d'amende, à laquelle l'huissier sera condamné sur la simple provocation du ministère public et par la cour ou tribunal où la copie sera produite. Si la copie est faite et signée par un avoué, l'huissier aura son recours contre lui. (*Décret* 29 *août* 1813.) I. G. 17 mars 1814, n° 659.

CORPORATIONS *religieuses.* — *V.* Pensions (*des*).

CORRESPONDANCE. — (V. *Circ. n*os 1, 87 *et* 1110.)

— Les employés du département ne doivent correspondre avec le directeur général que sur sa demande. La correspondance doit toujours être adressée à l'administrateur de chaque division. I. G. 8 brum. an X, n° 1er; 4 niv. an X, n° 30.

2. — Les lettres pour le directeur général doivent lui être adressées directement et non sous le couvert des administrateurs. Circ. 26 mess. an X.

3. — Les demandes de timbre doivent être adressées au chef du l'atelier général. Circ. 7 therm. an X.

4. — Les lettres doivent être datées du jour du départ. Prescriptions relatives aux adresses. Circ. 17 vent., 17 germ., 12 flor., 29 mess., 20 therm. et 2 fruct. an XII et 12 oct. 1812.

5. — Les directeurs doivent suivre pour leur correspondance l'ordre des divisions par matières. *V.* Administration. I. G. 17 juill. 1829, n° 1284.

— *V.* Instances, n° 6; Ports *de lettres et paquets;* Procès-verbaux.

COTES *et paraphes.* — *V.* Répertoires, nos 29 et 33.

COUPES *de bois de l'état.* — (V. *Circ.* 1175, 1209 *et* 1217.)

— Les clauses et charges des ventes, les réserves à faire, le mode de recouvrement, la comptabilité et les états à fournir, sont réglés, pour chaque ordinaire, par des dispositions spéciales transmises par les instructions et circulaires ci-après : Ordinaire de l'an X, I. G. 14 brum. an X, n° 6, et 25 frim. an X, n° 26; Circ. 27 flor. et 21 therm. an X, et 16 avril 1806. — an XI : I. G. 8 et 21 vend. an XI, nos 78 et 81; 27 pluv. an XI, n° 119; Circ. 5 et 21 therm. an X, 19 et 20 vent. et 3 flor. an XI, 7 et 16 avril 1806. — an XII : I. G. 21 fruct. an XI, n° 159; Circ. 15 vend. an XII, 7 et 16 avril 1806. — an XIII : I. G. 7 fruct. an XII, n° 252; Circ. 27 flor an XIII, 7 et 16 avril 1806. — an XIV et 1806 : I. G. 24 fruct. an XIII, n° 291; Circ. 23 brum. an XIV, 28 janv., 7 et 16 avril 1806. — 1807 : Circ. 22 sept 1806. — 1808 : Circ. 11 août 1807. — 1809 : Circ. 12 sept. 1808. — 1810 : Circ. 4 août 1809. — 1811 : Circ. 8 sept. 1810. — 1812 : Circ. 24 juin 1811. — 1813 : Circ. 28 sept. 1812. — 1814 : Circ. 26 août 1813. — 1815 : Circ. 26 août 1814. — 1816 : Circ. 2 nov. 1815. — 1817 : I. G. 19 oct. 1816, n° 749. — 1818 : I. G. 9 juill. 1817, n° 789. — 1819 : I. G. 21 août 1818, n° 854. — 1823 : I. G. 14 sept. 1822, n° 1055. — 1824 : I. G. 21 juin 1823, n° 1083. — 1825 : I. G. 8 sept. 1824, n° 1145. — 1826 : I. G. 22 août 1825, n° 1170; 2 déc. 1825, n° 1178. — 1827 : I. G. 26 août 1826, n° 1196. — 1828 : I. G. 28 sept. 1827, n° 1223. — 1829, I. G. 14 oct. 1828, n° 1257. — 1830 : I. G. 25 sept. 1829, n° 1292. — Ord. 1831 : I. G. 25 sept. 1830, n° 1335. — 1833 ; I. G. 16 oct. 1832, n° 1411. — 1834 : I. G. 9 sept 1833, n° 1436, et 20 août 1834, n° 1462. — 1835 : I. G. 29 août 1835, n° 1496. *V.* Caisse *d'amortissement, n°* 32.

2. * **COUPES** *de bois de l'état.* — Etat à fournir des sommes dues sur les ventes de bois de l'an IX pour valeur de bois fournis à la marine. I. G. 8 brum. an X, n° 4.

3. — Les traites des adjudicataires doivent être souscrites payables à la caisse du receveur général du département. I. G. 25 frim. an X, n° 26.

4. * — Mode de paiement de l'arriéré des prix de coupes de bois de l'état. . . . . . . I. G. 15 niv. an. X, n° 35, et 28 vent. an X, n° 49.

5. — Insérer au cahier des charges l'obligation de mettre à part le bois de Bourdaine. . . . I. G. 8 vend. an XII, n° 168.

6. — On ne doit pas exiger des cautions la désignation des immeubles qu'ils possèdent. (*Déc. f.* 8 *brum. et* 23 *niv. an XII.*) Circ. 30 niv. an XII.

7. — Donner avis des déchéances aux conservateurs des forêts. Circ. 20 vent. an XII.

8. — Pendant les ventes, les secrétariats des préfectures resteront ouverts pendant tout le jour. Circ. 14 mess. an XII.

9. — Aucune somme ne peut être remboursée aux adjudicataires pour moins de mesure que par décision du ministre. (*Déc. f.* 22 *brum. an XIII.*) Circ. 9 frim. an XIII.

10. — Les frais doivent être acquittés comptant, suivant état compris au procès-verbal. Circ. 28 sept. 1812; 26 août 1814 et 2 nov. 1815.

11. — Dispositions relatives aux mises à prix, enchères, tiercement, demi-tiercement, doublement, renonciation, déchéance, cautionnement et contrainte par corps contre les adjudicataires. Circ. 28 sept. 1812 et 26 août 1813.

12. — Les receveurs des domaines ne sont plus chargés de recevoir que le décime pour franc, le montant des folles enchères et sur-mesures, et autres produits pour lesquels il n'est pas souscrit de traites. Les receveurs généraux sont chargés de faire souscrire et de recouvrer les traites. (*Déc. f.* 26 *mai* 1817.) I. G. 6 juin 1817, n° 780.

13. — Le command doit être présent et accepter l'adjudication, si l'adjudicataire n'est pas porteur d'un mandat valable. Il n'est pas nécessaire de signifier l'acceptation du command. I. G. 24 juill. 1828, n° 1251.

14. — La faculté de surenchérir jusqu'à l'heure de midi du surlendemain (*C. for. art.* 25) n'est accordée qu'à l'adjudicataire ou à ceux qui jusqu'à l'heure de midi du lendemain de l'adjudication ont fait déclaration d'offrir au moins le cinquième en sus du prix de vente. Si les offres sont égales, l'adjudication demeure à celui qui a fait l'offre le premier. (*Déc. f.* 10 *juill.* 1828.) I. G. 17 janv. 1829, § 2, n° 1265.

15. — Le mot *exercice* est substitué au mot *ordinaire*. Les recettes applicables à chaque exercice seront faites distinctement. I. G. 20 août 1834, n° 1462.
— *V.* Caisse *d'amortissement*, n° 32; Code *forestier;* Etrangers; Obligations, n° 6; Traites *des adjudicataires.*

COUPES *de bois des communes et établissemens publics.* — *V.* Communes, n° 13 et suiv.

COUR *des comptes.* — Arrêts. — Notification des arrêts ou extraits d'arrêts sur la gestion des comptables. *Modèles.* Modifié. n° 2 inf. I. G. 1er fév. 1823, n° 1067.

2. — Cette notification sera faite par l'entremise des directeurs et constatée par récépissés spéciaux imprimés qui seront renvoyés à la comptabilité avec un état collectif. *Modèles.* Circ. compt. gén. 30 juill. 1825, sans n°.

COURS *des monnaies.* — *V.* Monnaies.

COURTIERS *de commerce.* — *V.* Répertoires, n° 22.

COUT *des actes.* — *V.* Répertoires, n° 34.

CRÉANCES *et rentes de l'état.* — (V. *Circ. n°* 786.)
— Leur inscription sur les registres et sommiers ne suffit pas pour en suivre le recouvrement devant les tribunaux, si cette inscription n'est pas confirmée par déclaration du débiteur. Circ. 5 prair. an XI.

2. **CRÉANCES** *et rentes de l'état.* — Provoquer ces déclarations. (n° 1 sup.) . . . . . I. G. 28 oct. 1807, n° 355.

3. — Négociation et aliénation des créances et capitaux exigibles, dans les quatre départemens de la rive gauche du Rhin. I. G. 25 germ an XIII, sans n°.

4. — Fournir l'état de toutes les créances échues et non payées, et de toutes celles à échoir. Circ. 22 mars 1806.

— *V.* Intérêts, n° 1er; Rentes *dues à l'état.*

CRÉANCES *hypothécaires.* — *V.* Tables *alphabétiques*, n° 2.

CURES. — État à fournir des terrains réservés pour les jardins des curés dont les acquéreurs se sont mis indûment en possession. Circ. 11 fruct. an XII.

2. — Ordre d'en suivre la reprise de possession. Circ. 11 prair. an XIII.

3. — Lors des ventes de monastères, il faut en excepter les bâtimens nécessaires au logement du curé, mais sur l'autorisation expresse du gouvernement. . . . . Circ. 19 prair. et 25 fruct. an XIII.

4. — Les bâtimens des cures et presbytères supprimés appartiennent aux fabriques. *V.* Églises; Fabriques; Presbytères. I. G. 22 juill. 1807, n° 534.

D

DÉBET. — *V.* Droits *d'enregistrement*, nos 7 *et* 8.

DÉBETS *des comptables directs du trésor.* — L'administration n'est chargée de la régie des biens séquestrés sur les comptables que pour défaut de présentation de compte; lorsqu'il y a *débet* constaté, elle n'a à s'immiscer ni dans la régie des biens, ni dans le recouvrement du *débet.* I. G. 26 oct. 1807, n° 356.

2. — La main-levée du séquestre mis sur les biens des comptables emporte restitution des fruits, à charge de justifier du *quitus* et sous le prélèvement de 5 p. °/o pour frais de régie, et des frais de poursuites et de séquestre avancés par l'administration. (*Déc. f.* 16 *juill.* 1830.) I. G. 7 août 1830, n° 1327.

DÉBETS *des employés.* — (V. *Circ.* 630, 722.)

— Le directeur général peut poursuivre, sans autorisation du conseil d'état, les employés infidèles. (*Arr. gouv.* 9 *pluv. an X.*) I. G. 23 pluv. an X, n° 42.

2. — La contrainte par corps peut être exercée contre les employés reconnus en *débet* sans jugement préalable, et, en cas d'urgence, sur le simple visa du directeur. — *V.* Contrainte *par corps*, *et* n° 7 *inf.* I. G. 21 mai 1806, n° 303.

3. — Mode de réglement des *débets*, et cas auxquels ils sont passibles d'intérêts. . . . . I. G. 30 nov. 1808, n° 407; Circ. 17 avril et 25 mai 1809.

4. — Mode de réduction en numéraire des débets constatés en assignats. . . . . I. G. 17 juill. 1810, n° 485.

5. — Les erreurs de calcul ne sont passibles d'intérêts (à compter du jour où le versement a dû avoir lieu) que sur décision expresse du ministre. Elles sont assimilées en ce cas aux soustractions et omissions de recette. Dans le cas contraire, les intérêts du *débet* ne courent que de la signification du procès-verbal de vérification. Les erreurs au préjudice du comptable sont imputées, à leur date, sur les intérêts et ensuite sur le capital des omissions de recette. Etat chronologique des erreurs ou omissions constatées à joindre au procès-verbal. Liquidation des intérêts. (*Déc. f.* 20 *mars* 1818.) *V.* Vérifications *de régies.* I. G. 29 mai 1818, n° 839.

6. — L'admission en non valeur des *débets* n'aura lieu que par décision du ministre des finances approuvée par le roi. Rapports; pièces à l'appui et comptabilité. (*Déc. f.* 29 *janv.*, 2 *et* 12 *août* 1821.) I. G. 6 oct. 1821, n° 999.

7. **DÉBETS** *des employés.* — L'agent judiciaire du trésor est chargé de la poursuite des débets. (*Ord. roy.* 4 *nov.* 1824.) I. G. 22 janv. 1825, n° 1151.

— *V.* Comptabilité, n°s 45 et suiv.; Inspecteurs, n° 15; Vérifications *de régies*.

DÉBITE. — *V.* Timbre.

DÉBITEURS *de l'état.* — *V.* Amendes; Amnisties; Compensation; Hypothèques, n° 58 et suiv.; Intérêts, n° 1er.

DÉCÈS. — *V.* Notices (*de*).

DÉCHÉANCES. — *V.* Aliénations *de biens de l'état*, n°s 3, 7, 8, 13, 18, 23, 28, 29, 30, 32, 34, 44, 48, 53; Amendes, n°s 35, 36 et 37; Bois *de l'état*, *n°* 11; Cédules *et obligations*; Communes, n° 4; Coupes *de bois*, *n^os* 7 *et* 11; Décomptes, n° 15; Emigrés, n°s 7 et 11; Fabriques, n°s 3, 14 et 16; Prêtres *déportés*; Restitutions, n° 1.

DÉCIME *par franc.* — Le décime doit être perçu en même temps que le principal, et ne donne lieu à aucune remise. (*Loi* 6 *prair. an VII, art.* 2.) Circ. n° 1574.

2. — Il n'est pas applicable aux dommages-intérêts adjugés à l'état. (*Déc. f.* 16 *therm. an VII.*) Circ. n° 1643.

3 — Il est exigible sur les droits et amendes dus au moment de la publication de la loi du 6 prair. an VII. I. G. 1er brum. an XI, n° 87.

4. — La perception n'en avait pas lieu dans les départemens au-delà des Alpes. . . . . . Circ. 5 fruct. an XI.

— *V.* Communes, n°s 34, 36, 40; Contrainte *par corps*, *n°* 1; Coupes *de bois*, *n°* 12.

DÉCISIONS *et solutions.* — Les directeurs doivent, dans les trois jours de la réception, donner connaissance aux parties intéressées des décisions du ministre, et donner ensuite aux receveurs les ordres d'exécution nécessaires. I. G. 14 janv. 1824, n° 1115.

2. — Cette communication doit avoir lieu avec exactitude et sans l'intermédiaire des receveurs. Circ. 28 oct. 1834.

DÉCLARATIONS *de bailleurs de fonds.* — *V.* Cautionnemens *des employés*.

DÉCLARATIONS *de command.* — *V.* Aliénations *de biens de l'état*, *n°* 7; Coupes *de bois*, *n^os* 11 *et* 13.

DÉCLARATIONS *de successions.* — Les héritiers, donataires et légataires sont tenus de passer déclaration détaillée des biens qui leur sont transmis par décès, ils doivent la signer sur le registre. Ils rapporteront à l'appui, pour les biens meubles, un inventaire ou état estimatif, article par article, par eux certifié, s'il n'a pas été fait par un officier public; il sera déposé et annexé à la déclaration. (*Loi* 22 *frim. an VII, art.* 27.) Circ. n° 1450.

2. — Les déclarans ne sachant pas écrire sont dispensés de fournir un état estimatif du mobilier. La déclaration en contiendra le détail sur leur indication verbale, et le receveur certifiera par sa signature que la partie ne sait pas écrire. . . . . I. G. 22 mai 1832, n° 1400.

DÉCLARATIONS *préalables.* — *V.* Ventes *de meubles*.

DÉCOMPTES *des acquéreurs de biens de l'état.* — Il faut y comprendre les intérêts des intérêts des sommes non payées à l'échéance. I. G. 27 vend. an XI, n° 84.

2. — La suppression du bureau de liquidation a laissé la fixation des décomptes dans les attributions de l'administration. Circ. 17 niv. an XI.

3. — On doit y distinguer les paiemens faits en numéraire, et ceux effectués en valeurs admises en paiement. Circ. 8 flor. an XI.

4. — Une remise extraordinaire est accordée aux directeurs et receveurs sur les sommes recouvrées par suite de décomptes. (*Arr.* 4 *therm. an XI*; *décret* 22 *oct.* 1808.) Abrogé. n° 17 inf. I. G. 24 frim. an XII, n° 183; Circ. 4 nov. 1808.

5. — Réglement spécial aux acquéreurs qui ont obtenu une quittance définitive, sans avoir retiré les annuités par eux souscrites. I. G. 30 therm. an XII, n° 250.

6. **DÉCOMPTES** *des acquéreurs de biens de l'état.* — Mode de liquidation pour les adjudications contenant des biens de diverses natures. Circ. 11 brum. an XIII.

7.* — Les mandats admis en paiement sont comptés pour leur valeur nominale. . . . . Circ. 29 vent. an XIII et 10 juill. 1807.

8. — Les lois, décisions, instructions et modèles d'états, relatifs au règlement des décomptes, sont rapportés et commentés dans les I. G. des 24 mess. an XIII, n° 289; 19 fév. 1808, n° 364; 4 nov. 1808, n° 404; 20 mai 1813, n° 636, et 21 déc. 1816, n° 757.

9. — Fournir l'état mensuel des recouvremens sur les décomptes. Circ. 19 mai 1806.

10. — État des recouvremens opérés pendant les 100 jours de l'an XIV. . . . . . . Circ. 23 déc. 1806.

11. — Il ne peut être admis de compensation entre les sommes payées en trop pour adjudications antérieures à l'an IX et le prix de biens acquis postérieurement. . . . . . Circ. 16 janv. 1807.

12. — La prime d'anticipation de paiement est allouée à l'adjudicataire sur folle enchère. Circ. 17 mars 1807.

13. — Création d'un bureau central de vérification. Augmentation de la remise allouée aux directeurs. *V.* n° 17 inf. Circ. 21 mars 1807.

14. — Accélérer la confection des décomptes. Circ. 14 avril 1809.

15. — Le recouvrement d'un reliquat doit être suivi par voie de contrainte et de déchéance. I. G. 15 déc. 1812, n° 615.

16. — L'administration peut également suivre ce recouvrement par les voies ordinaires. I. G. 28 fév. 1815, n° 694.

17. — Les remises extraordinaires sont supprimées à partir du 1er janvier 1819. (*Loi* 14 *juill.* 1819.) I. G. 4 août 1819, n° 899.

18. — La libération des acquéreurs de domaines nationaux en vertu de la prescription prononcée par le décret du 22 oct. 1808 est confirmée. Sont affranchis de toute recherche 1° les acquéreurs qui lors de ce décret avaient quittances pour solde sans notification de décompte dans les six ans du décret; 2° ceux qui, depuis, ont reçu semblable quittance et auxquels il n'aura pas été signifié de décompte dans les six ans; les décomptes devront être signifiés aux autres et aux acquéreurs de rentes nationales en vertu de la loi du 21 niv. an VIII, avant le 1er janvier 1822; et à défaut, ils se trouveront libérés, excepté en ce qui concerne les ventes faites en exécution des lois des 15 et 16 floréal an X. Tout décompte de 20 fr. et au-dessous sera annulé et les poursuites devront être terminées avant le 1er janvier 1823 pour les décomptes maintenus. A cette époque on pourra seulement terminer l'exécution des décisions ou jugemens obtenus. Les sous-acquéreurs qui se seraient libérés *en vertu de jugemens* sont affranchis de tout recours. — Ordre d'activer les décomptes. État. (*Loi* 12 *mars* 1820, *art.* 1 *à* 6.) *V.* n° 19 inf. I. G. 3 avril 1820, § 1, n° 925.

19. — Les frais faits antérieurement à la loi du 12 mars 1820, n° 10 sup., pour le recouvrement de reliquats n'excédant pas 20 fr., seront remboursés aux receveurs comme non valeurs. (*Déc. f.* 2 *août* 1820.) I. G. 10 août 1820, n° 948.

20. — Les paiemens faits en mandats pour ventes antérieures à la loi du 28 vent. an IV et effectués avant la loi du 29 messidor an IV, d'après le tableau de dépréciation inséré dans la loi du 15 germinal an IV, ont valablement libéré les acquéreurs. (*Ord. roy.* 2 *fév.* 1821.) I. G. 21 avril 1821, n° 979.

21 * — Ordre de presser la solution des affaires et état de situation par mois. (*Déc. f.* 3 *mai* 1822.) I. G. 28 mai 1822, n° 1043.

22. — Les arrêtés de sursis indéfini pris par les préfets pour reliquat de décomptes ne peuvent être exécutés qu'après approbation du ministre. (*Déc. f.* 10 *janv.* 1828.) *V.* n° 23 inf. I. G. 5 fév. 1828, n° 1232.

23. DÉCOMPTES *des acquéreurs de biens de l'état.* — C'est au directeur à provoquer près des préfets des arrêtés de surséance indéfinie pour les débiteurs insolvables ou inconnus. Ces arrêtés ne sont point soumis à l'approbation ministérielle. (*Déc. f.* 14 *juill.* 1832.) I. G. 8 août 1832, n° 1406.

24. — Les intérêts doivent être calculés par jour. (*Déc. f.* 20 *avril* 1835.) . . . . . . I. G. 16 juin 1835, n° 1486.

— *V.* Aliénations *de biens de l'état;* Bois *de l'état*, *n°* 10; Caisse *d'amortissement*, *n°s* 1, 6, 13, 16 *et* 20; Caisse *des retraites*, *n°* 2; Émigrés, n°s 15 et 33; Instances, n°s 9 et 10; Liquidation, n°s 2 et 3.

DÉCOUVERTES. — *V.* Donations *éventuelles*; Sommiers; Rentes *dues à l'état, n°* 17 *et suiv.*

DECRETS *impériaux.* — Ils sont obligatoires du jour de la publication au chef-lieu, du bulletin dans lequel ils sont insérés, et du jour de leur notification pour ceux d'un intérêt spécial. Circ. 10 vend. an XIV.

DÉFAUT *de comparution aux bureaux de paix.* — Relevés des mentions de non comparution à adresser chaque mois au directeur qui les transmet aux procureurs du roi pour veiller à l'exécution de l'art. 56, C. Proc. I. G. 15 janv. 1833, n° 1416.

DÉFAUTS. — *V.* Présentations.

DÉFICITS. — Les inspecteurs doivent constater par un procès-verbal le *déficit* qu'ils reconnaîtraient dans la caisse d'un comptable, et peuvent lui fermer provisoirement la main. Dans tous les cas, ils en informeront sur-le-champ l'administration et le directeur. (*Ordres de service, art.* 7.) *V.* Caisse; Comptabilité; Débets. . . . I. G. 5 juin 1830, n° 1318.

DÉFRICHEMENS. — *V.* Code *forestier.*

DÉLAIS. — *V.* Première partie.

DÉLIMITATIONS *des bois.* — *V.* Code *forestier.*

DÉLIVRANCES *de bois.* — *V.* Code *forestier.*

DÉLITS *contre les propriétés.* — *V.* Communes, n°s 42, 43 et 44.

DÉLITS FORESTIERS. — Amendes *et* Frais *forestiers.* — Fixation du montant des amendes encourues à défaut d'exploitation et de vidange dans les délais prescrits. . . . I. G. 8 vend. an XI, n° 78.

2. — A partir de l'an X, la moitié du produit net des amendes est attribuée à l'administration des forêts. (*Arr. gouv.* 17 *vent. an XI.*) I. G. 13 frim. an XI, n° 103.

3. * — Les extraits de jugemens doivent être remis directement aux receveurs par le commissaire près les tribunaux. I. G. 23 brum. an XII, n° 180.

4. — Le recouvrement de l'amende du 20e, prononcée contre les adjudicataires de coupes de bois, pour défaut de paiement à l'échéance, doit être fait en même temps que celui du principal. I. G. 25 vent. an XII, n° 214.

5. — Cette amende n'est pas sujette au décime par franc. I. G. 24 mess. an XII, n° 236.

6. * — Fournir un état par trimestre, des jugemens, condamnations et recouvremens. Abrogé. n° 7 inf. I. G. 20 therm. an XII, n° 247.

7. * — Cet état est supprimé. *V.* n° 17 inf. Circ. 4 fruct. an XII.

8. — Il y a lieu de déduire du produit des amendes les frais prononcés contre l'administration forestière. (*Déc. f.* 19 *frim. an XIV.*) Circ. 28 frim. an XIV.

9. — Presser le recouvrement et fournir un état de situation par trimestre. *V.* n° 15 et abrogé. n° 21 inf. Circ. 6 sept. et 11 nov. 1806 et 10 oct. 1807.

10. — On doit déduire du produit des amendes attribuées aux agens forestiers les frais avancés en pure perte. I. G. 2 mai 1810, n° 473.

11. * **DÉLITS FORESTIERS.** — AMENDES *et* FRAIS *forestiers.* — Les gardes généraux des forêts sont chargés du recouvrement des amendes et condamnations en matière de délits concernant les forêts, la chasse et la pêche. Mode d'exécution. Abrogé. n° 13 inf. I. G. 17 mars 1811, n° 510; 24 déc. 1811, n° 557.

12. — Rédaction et envoi d'un état du recouvrement par année. Abrogé. n° 21 inf. . . . Circ. 14 déc. 1812.

13. — A partir du 1er janv. 1818, les receveurs seront seuls chargés du recouvrement des amendes et autres condamnations pour délits forestiers. Mesures d'exécution et de poursuites. I. G. 2 déc. 1817, n° 813.

14. — Les conservateurs des forêts adresseront par trimestre aux directeurs l'état des délinquans insolvables à incarcérer. Les préposés provoqueront la contrainte par corps en suivant les formes prescrites par les art. 780 et suiv. *C. Proc.* (*Déc. f.* 29 *mars* 1824.) Éviter de multiplier les frais. — Il n'y a pas lieu à consignation d'alimens. *V.* n° 18 inf. I. G. 7 mai 1824, n° 1131.

15. — Activer les poursuites en employant la contrainte par corps. État des extraits de jugemens à fournir aux conservateurs. Modification dans les états de situation du recouvrement. *V.* n° 17 inf. I. G. 7 juill. 1824; n° 1138.

16. — État trimestriel à fournir des condamnés insolvables dont l'emprisonnement a eu lieu. I. G. 9 juill. 1825, n° 1168.

17. — L'état des condamnations et celui des recouvremens ne seront fournis que tous les six mois. Abrogé. n° 21 inf. I. G. 1er mai 1827, n° 1207.

18. — La signification des jugemens contradictoires n'est point obligatoire; mais il convient de signifier le commandement prescrit par l'art. 211 *C. for.* à la suite de l'extrait du jugement. (*Déc. f.* 4 *oct.* 1828.) I. G. 17 janv. 1829, § 7, n° 1265.

19. — Les états de condamnations par défaut, prescrits par l'art. 188 de l'ordonnance d'exécution du C. for., doivent être remis par les agens forestiers aux receveurs du domicile des condamnés. I. G. 30 oct. 1829, § 4, n° 1294.

20. — État trimestriel du recouvrement à fournir. Abrogé. n° 21 inf. . . . . I. G. 8 déc. 1829, n° 1299.

21. — Dispense de fournir à l'avenir cet état. I. G. 19 avril 1834, n° 1455.

— *V.* A-COMPTES; BOIS *de l'état*, n° 12; CODE *forestier;* FRAIS *de justice;* INSTANCES, n° 37; PROCÈS-VERBAUX *de délits.*

22. — POURSUITES. — Les frais de poursuites doivent être remboursés aux agens forestiers, ou acquittés par les receveurs, d'après la taxe du tribunal et sauf recouvrement sur les condamnés. (*Déc. f.* 21 *pluv. an X.*) *V.* n° 25 inf. . . . . I. G. 5 vent. an X, n° 44.

23. — Les receveurs doivent acquitter directement ces frais et en suivre le recouvrement conformément à la circ. du 14 flor. an VII, n° 1556. *V.* n° 25 inf. . . . . . I. G. 8 therm. an XI, n° 147.

24. — Les actes de procédure faits par les gardes forestiers leur sont payés comme aux huissiers. (*Av. Cons. d'état,* 16 *mai* 1807.) I. G. 12 mai 1808, n° 370.

25. — Les actes continuent d'être faits par les agens forestiers. Leur rétribution est celle fixée par le décret du 18 juin 1811, sans frais de voyage, si ce n'est lorsqu'ils ont dû se transporter hors de leur canton. Ces frais sont payés sur mémoire en triple expédition, et répartis entre l'agent qui a dirigé les poursuites, le garde général et le garde citateur. (*Déc. f.* 5 *juill.* 1822.) I. G. 10 août 1822, n° 1050.

26. — Règles à suivre pour diminuer les frais. Distinctions à faire entre les délinquans à poursuivre pour la répression ou pour le recouvrement des condamnations. (*Déc. f.* 26 *juill.* 1831.) I. G. 19 avril 1831, n° 1378.

— *V.* COMPTABILITÉ, n° 13; CONTRAINTE *par corps.*

DÉLITS RURAUX. — *V.* Procès-*verbaux de.*

DEMANDES *de registres et impressions.* — *V.* Registres *et impressions.*

DEMANDES *de timbre.* — *V.* Correspondance, n° 3; Timbre.

DEMANDES *reconventionnelles.* — *V.* Instances, n° 38.

DÉMISSIONS *d'emplois.* — Un employé démissionnaire ne peut quitter ses fonctions avant l'installation de son successeur, sous peine de dommages-intérêts. (*Loi* 21 *vent. an VII, art.* 14.) Circ. n° 1539.

2. — Elles doivent être adressées directement au directeur général ou par l'intermédiaire du directeur. Tout employé qui traite de son emploi, ou fait colporter sa démission par un tiers, doit être immédiatement remplacé. Circ. 21 fév. 1822.

DÉPARTEMENS. — *V.* Mobilier *des.*

DÉPENSES. — *V.* Comptabilité, n° 49 et suiv.

DÉPENSES *domaniales.* — *V.* Comptabilité, n° 77.

DÉPENSES *forestières.* — *V.* Comptabilité, n° 78 et suiv.

DÉPENSES *urgentes.* — *V.* Frais *de justice.*

DÉPORTÉS *pour faits politiques.* — États de leurs biens vendus à rédiger conformément aux instructions générales nos 1135, 1139 et 1142. . . . . I. G. 14 août 1824, n° 1143.

— *V.* Condamnés *révolutionnairement;* Émigrés.

DÉPOSITAIRES *de registres et archives.* — *V.* Communications.

DÉPOTS. — *V.* Caisse *des dépôts et consignations;* Contrats *de mariage;* Hypothèques, n° 12 et suiv.; Partages; Répertoires, n° 25 et suiv., et 1re Partie.

DÉPOTS *par les établissemens religieux.* — *V.* Révélations.

DÉPOTS *publics.* — Dans la vérification des dépôts publics, les employés supérieurs doivent indiquer par leur vu au répertoire l'époque à laquelle ils ont porté leurs opérations. I. G. 31 mai 1824, n° 1134.

— *V.* Opérations *d'inspection;* Vérifications *de régies.*

DÉPOUILLEMENT. — Livre. — Demande d'un extrait du livre de dépouillement, pour les premiers six mois de 1826. Circ. 17 août 1826.

— *V.* Comptabilité, n° 101 et suiv.; Droits *d'enregistrement;* Sommier *de.*

DÉSERTION. — *V.* Amendes, nos 26 et 27; Amnisties; Frais *de justice;* Frais *de justice militaire;* Hypothèques, n° 83.

DÉSHÉRENCES. — *V.* Successions *en déshérence.*

DESSÈCHEMENS. — Mode de fixation et de recouvrement des indemnités de plus value dues au trésor par les particuliers par suite de l'exécution de la loi du 16 septembre 1807 sur le desséchement des marais. I. G. 5 déc. 1809, n° 456.

DESTITUTIONS. — *V.* Administration *de l'enregistrement.*

DÉSISTEMENS. — *V.* Instances, n° 40.

DÉTRACTION (*droit de*). — Il doit être exigé des sujets du duché de Bade, sur les successions ouvertes en France à leur profit. Il est de 8 p. °/o et indépendant des droits de succession ordinaires. (*Déc f.* 18 *fév.* 1818.) Abrogé. n° 2 inf. . . . . . I. G. 26 fév. 1818, n° 824.

2. — Aboli complètement. (*Loi* 14 *juill.* 1819.) I. G. 13 août 1819, n° 900.

— *V.* Aubaine.

DETTES. — *V.* Communes; Émigrés, n° 17.

DETTE *publique.* — Pour le paiement des arrérages de rentes sur l'état, les receveurs généraux sont autorisés à délivrer des *bons* sur les préposés de l'enregistrement. Ils seront acquittés à présentation jusqu'à concurrence des fonds en caisse. (*Déc. f.* 4 *juin* 1819. I. G. 21 juin 1819, n° 893.

— *V.* Cautionnemens, n° 26.

DIMENSIONS *des papiers.* — *V.* Affiches; Timbre; Timbre *extraordinaire.*

DIRECTEURS. — (V. *Circ.* n°s 1144, 1302.)

— Ils doivent adresser au directeur général 1° les demandes de brevets des surnuméraires et pièces à l'appui; 2° les demandes de congés des préposés et surnuméraires; 3° tous avis de maladies ou décès, régie par intérim, cessations de régie, installations, etc.; 4° les ordres de destination donnés aux inspecteurs et vérificateurs, les changemens de ces destinations et les motifs de ces changemens, 5° enfin, tout ce qui est relatif au personnel. Modifié. *V.* n° 3 inf., et Administration, n° 21. . . . I. G. 18 nov. 1816, n° 752.

2. — Ils doivent vérifier eux-mêmes deux fois par an les bureaux et conservations de chefs-lieux du département et en rendre compte . . . . Circ. n° 1302; I. G. 16 oct. 1810 n° 494; Circ. 14 nov. 1821.

3. — C'est à l'administrateur divisionnaire que les directeurs doivent adresser tout ce qui concerne les ordres de service donnés aux employés supérieurs. *V.* n° 4 inf. . . . I. G. 3 août 1832, n° 1049.

4. — Ils continuent d'adresser au directeur général, *cabinet particulier*, les pièces et états rappelés, n°s 1 et 3 sup. I. G. 17 juill. 1829, n° 1284.

— *V.* Administration *de l'enregistrement et des domaines;* Frais *de poursuites, n°* 4; Nominations; Notes; Pensionnaires; Ports *de lettres et paquets.*

DIRECTEURS *généraux.* — M. le comte Duchatel a été le premier directeur-général.

2. — M. Barrairon est chargé provisoirement des fonctions de directeur-général. (*Ord. roy.* 16 *juill.* 1815.) Circ. 17 juill. 1815.

3. — M. Barrairon est maintenu définitivement. (*Ord. roy.* 25 *sept.* 1815.) . . . . . Circ. 26 sept. 1815.

4. — Décès de M. le comte Barrairon. Le ministre des finances exerce provisoirement les fonctions. Circ. 12 déc. 1820.

5. — M. le comte Chabrol. (*Ord. roy.* 23 *janv.* 1821.) Circ. 29 janv. 1821.

6. — M. le vicomte de Martignac. (*Ord. roy.* 4 *août* 1824.) Sans Circ.

7. — M. Bourdeau. (*Ord. roy.* 13 *fév.* 1828.) Sans Circ.

8. — M. Calmon. (*Ord. roy.* 31 *mai* 1829.) Circ. 4 juin 1829.

9. — M. le vicomte de Suleau. (*Ord. roy.* 2 *avril* 1830.) Circ. 25 avril 1830.

10. — M. Calmon. (26 *juill.* 1830.) *V.* n° 8 sup. Sans Circ.

— *V.* Administration *de l'enregistrement et des domaines.*

DISTRIBUTIONS *de deniers.* — *V.* Instances, n° 64.

DIVISION *du travail.* — *V.* Administration *de l'enregistrement.*

DOMAINE *de la couronne.* — Les propriétés de la couronne, dont les puissances alliées ont pu se mettre en possession après le 23 avril 1814, sont replacées sous la sauve-garde du roi. Circ. 20 mai 1814.

2. — Les frais de poursuites pour délits dans les bois de la couronne sont avancés par l'administration et recouvrés sur les condamnés; en cas de non valeur ou d'insolvabilité, ils sont remboursés par la liste civile sur états trimestriels dressés en double par les receveurs, visés par les directeur et vérifiés par l'agent supérieur des forêts de la couronne. — Les restitutions et dommages-intérêts sont recouvrés par l'administration (de préférence aux amendes) pour le compte de la liste civile, et lui sont remboursés, sous la déduction de 5 p. °/₀, sur semblable état des recouvremens. (*Déc. f.* 13 *oct.* 1829.) I. G. 15 sept. 1832, n° 1409.

— *V.* Chemins *vicinaux*; Code *forestier*; Hypothèques, n° 105.

DOMAINE *de l'état.* — (V. *Circ. n*os 137, 157.)

* — Demande d'un état de consistance. Circ. 21 mess. an X.

2. * — État des domaines à vendre au 1er prair. an XII. Circ. 18 flor. an XII.

3. * — État des revenus de ceux restant à vendre. Circ. 7 flor. an XIII.

4. * — État de ceux à vendre au 1er avril 1806. Circ. 30 avril 1806.

5. * — État de ceux restant au 1er août 1806. Circ. 8 août 1806.

6. * — État de ceux restant au 1er janvier 1808. Circ. 26 déc. 1807.

7. * — Les inspecteurs vérifieront ces états et rendront compte de la situation des recouvremens. Circ. 22 mars 1808.

8. * — État de tous ceux disponibles avec distinction des biens ruraux et des maisons et bâtimens. Circ. 22 oct. 1810.

9. * — Les biens de l'état compromis par les réquisitions des intendans des puissances *alliées*, postérieurement aux conventions du 23 avril 1814, sont replacés sous la sauve-garde du roi. Circ. 20 mai 1814.

10. * — État des biens, rentes, créances et capitaux à recouvrer avec distinction d'origine. Circ. 28 mai 1814.

11. — L'administration des domaines est chargée de toutes les opérations d'achat, de prise de possession et du paiement des biens acquis pour le service d'une administration financière; elle reçoit les titres en dépôt, suit toutes les instances relatives à la propriété, et sur la remise des immeubles devenus inutiles, procède à leur vente ou provoque un nouvel emploi. Les dépenses d'entretien sont à la charge de l'administration qui a la jouissance. (*Déc. f.* 11 *oct.* 1824.) *V.* Administrations *financières, n*° 2. I. G. 13 juill. 1826, n° 1192.

12. — Les demandes d'échanges entre l'état et les particuliers sont faites directement au ministre et appuyées des titres et états de charges. Renvoyées au préfet, celui-ci donne son avis après avoir consulté l'administration des domaines ou des forêts, s'il s'agit de bois. Mode d'expertise; l'échange n'est définitif qu'après une loi rendue sur l'avis de ces administrations et du conseil d'état. Le contrat doit être transcrit et les frais supportés par moitié. (*Ord. roy.* 12 *déc.* 1827.) . . . . I. G. 6 fév. 1828, n° 1233.

13. — Les acquéreurs de terrains par suite d'alignemens, sont autorisés à en verser le prix au bureau du canton de la situation des biens. (*Déc. f.* 12 *août* 1828.) . . . . . I. G. 2 sept. 1828, n° 1254.

14. — Prévenir par des actes conservatoires la prescription de 40 ans déterminée par la loi du 1er décembre 1790 en faveur des détenteurs de domaines de l'état dont l'aliénation a été autorisée, et celle de 10 ans applicable à toutes les usurpations sur les biens de l'état. Instances à engager; état à fournir. Circ. 13 oct. 1830.

15. — C'est aux directeurs à provoquer près des préfets les arrêtés de surséances indéfinies pour les débiteurs inconnus ou insolvables de droits domaniaux. Ces arrêtés ne sont pas soumis à l'approbation ministérielle. (*Déc. f.* 14 *juill.* 1832.) . . . . . I. G. 8 août 1832, n° 1406.

16. — Les dépenses concernant les biens de l'état doivent être liquidées par les préfets sur le rapport des directeurs. Les arrêtés ne sont soumis à l'approbation du ministre que pour les sommes au-dessus de 300 fr. — Les contributions sont acquittées sur l'extrait du rôle certifié par le percepteur et visé par le maire; les frais d'instance sur la taxe de l'autorité judiciaire ou administrative; les réparations conformément au décret du 5 septembre 1806. (*Déc. f.* 19 *déc.* 1833.) . . . . I. G. 24 déc. 1833, n° 1444.

— *V.* Aliénations *de biens de l'état*; Batimens *de l'état*; Baux *à complant*; Bois *de l'état*; Chemins *vicinaux*; Code *forestier*; Communes, n° 2; Contribution *foncière*; Cures; Établissemens *religieux*; Fermages; Fossés *des routes*; Hospices, n° 5; Iles; Instances, nos 14, 25, 28 et suiv., 72 et suiv.; Lais *et relais de mer*; Matériaux; Mines; Napoléon *Bonaparte*; Rentes *dues à l'état*; Réparations; Restitutions, n° 3 à 6; Révélations; Sénat, n° 2; Terrains *incultes*.

DOMAINES *engagés*. — (V. *Circ.* 157, 351 *bis*, 392, 396, 399, 410, 500, 567, 577, 579, 585, 706, 716 *et* 749.)

— Loi du 14 vent. an VII qui révoque toutes les aliénations de biens de l'état à titre d'engagemens consentis depuis 1566; exceptions. Les engagistes sont néanmoins admis à conserver la propriété en payant le quart de la valeur à la caisse du receveur des domaines du chef-lieu de département. Mode d'expertise, de paiement, de dépossession, délais et explications pour l'exécution de la loi. Circ. n°s 1531 et 1782.

2. — Les engagistes qui n'ont pas payé le quart de la valeur dans les délais déterminés par la loi du 14 vent. an VII sont assimilés à ceux qui n'ont fait ni déclaration ni soumission, et leur dépossession devra être poursuivie s'ils ne remplissent pas leurs obligations dans le mois de la sommation qui leur sera faite. (*Déc. f.* 23 *frim. et* 5 *pluv. an X.*) I. G. 4 vent. an X, n° 43.

3. * — On ne peut vendre, quant à présent, les biens engagés à vie ou pour un temps déterminé. (*Déc. f.* 13 *vend. an XI.*) *V.* n° 11 inf. I. G. 28 vend. an XI, n° 85.

4. * — Demande d'un état des opérations faites pour l'exécution de la loi du 14 vent. an VII. I. G. 8 niv. an XI, n° 112.

5. — Mode d'exécution de la loi du 11 pluv. an XII qui réunit au domaine de l'état les bois qui avaient été engagés ou échangés. . . . .
I. G. 28 germ. an XII, n° 221; 18 flor. an XII, n° 224; et 30 brum. an XIII, n° 259.

6. — Les engagistes de bois au-dessous de 150 hectares, doivent, pour devenir propriétaires incommutables, payer le quart de la valeur des bois, non compris la futaie, et en outre la totalité de la valeur de la futaie d'après expertise. (*Av. cons. d'état* 12 *flor. an XIII.*) *V.* n° 15 inf. Circ. 19 mess. an XIII.

7. — Les engagistes maintenus en possession en payant le quart, ne sont pas tenus de servir la rente d'engagement, mais seulement les arrérages jusqu'au jour de l'arrêté (*Av. cons. d'état* 22 *fruct. an XIII.*) *V.* n°s 8 et 10 inf. Circ. 7 brum. an XIV.

8. — Les cessionnaires de ces rentes (n° 7 sup.) en recevront d'autres en remplacement ou en seront remboursés au cours. Circ. 29 frim. an XIV.

9. — Les adjudicataires des domaines engagés vendus en exécution de la loi du 14 vent. an VII sont tenus de verser dans le mois, au trésor, les sommes dont ils sont reliquataires. États à fournir. (*Décret* 23 *janv.* 1806. I. G. 28 mai 1806, n° 304.

10. — Les arrérages payés antérieurement à l'avis du conseil d'état du 22 fruct. an XIII (n° 7 sup.) ne sont pas restituables. Circ. 11 juill. 1806.

11. — L'ajournement de la vente des biens engagés à vie ou à temps (n° 3 sup.) est levé. Ces biens seront vendus conformément aux lois des 18 mess. an VII, et 5 vent. an XII, à l'exception des biens dépendant de la liste civile ou affectés à un service public. Prescriptions d'exécution. I. G. 13 juill. 1807, n° 331.

12. * — Rendre compte de la situation au 1er janv. 1808 de l'exécution des lois des 14 vent. an VII, et 11 pluv. an XII. Circ. 13 fév. 1808.

13. — La recette des restitutions de fruits dues par les détenteurs, appartient aux receveurs des domaines. La première mise à prix pour la vente de ces biens doit être faite conformément à l'art. 115 de la loi du 5 vent. an XII. I. G. 15 fév. 1810, n° 465.

14. — Il ne peut être exercé de poursuites qu'en vertu de titres postérieurs à l'édit de fév. 1566, à moins que les titres antérieurs ne contiennent clause de retour ou réserve de rachat; le tout sauf les exceptions de l'art. 5 de la loi du 14 vent. an VII. . . . I. G. 20 juin 1812, n° 583.

15. — Les détenteurs de bois engagés sont admis à devenir propriétaires incommutables en payant le quart de la valeur de ces bois, quelles que soient leur étendue et leur situation. (*Loi* 28 *avril* 1816.) I. G. 15 mai 1816, n° 720.

16. — Lorsqu'il y a lieu de fixer la valeur de bois engagés, l'expert à la nomination du directeur sera choisi sur une liste de trois agens forestiers désignés par le conservateur. (*Déc. f.* 13 *nov.* 1816.) I. G. 25 nov. 1816, n° 753.

17. DOMAINES *engagés*. — Les échangistes de bois dont les échanges n'étaient pas consommés au 1er janv. 1789, sont admis au bénéfice de l'art. 116 de la loi du 28 avril 1816, soit en payant le quart de la valeur, soit en acquittant la soulte fixée si les biens cédés par eux ont été vendus. (*Loi* 15 *mai* 1818.) I. G. 28 mai 1818, n° 838.

18. — Les détenteurs de biens engagés ou échangés sont libérés de toute action résultant de la loi du 14 vent. an VII, et déclarés propriétaires incommutables si dans les 30 ans, à compter de la publication de cette loi, il ne leur a pas été fait sommation de s'y conformer. (*Loi* 12 *mars* 1820, *art.* 7, 8 *et* 9.) Ordre d'activer les recherches pour découvrir et poursuivre les détenteurs. I. G. 3 avril 1820, n° 925.

19. — État des biens engagés pour lesquels les détenteurs n'ont pas payé le quart en exécution des lois des 14 vent. an VII, 28 avril 1816 et 15 mai 1818. (*Loi* 12 *mars* 1820, *art.* 10.) I. G. 31 août 1820, n° 950.

20. — Les receveurs chargés du recouvrement sont autorisés à avancer sur les fonds de leur caisse les frais de poursuites et d'instances y relatifs, sauf remboursement ultérieur d'après les règles de comptabilité pour frais de saisies immobilières. (*Déc. f.* 29 *mars* 1828.) I. G. 18 avril 1828, n° 1240.

— *V.* Instances; Liquidation, n° 3; Maisons *canoniales*; Obligations, n° 9; Rentes *d'engagement*; Saisies *immobilières*.

DOMAINE *extraordinaire*. — Il fait partie du domaine de l'état. L'administration est chargée d'en prendre possession, de percevoir les revenus et de procéder à la vente des biens non affectés à des dotations. Les produits seront versés à la caisse des consignations. (*Loi* 15 *mai* 1818, *art.* 95, 96, 99.) Exécution : Prise de possession; administration et vente; recouvremens; dépenses; comptabilité; majorats; registres; états. I. G. 20 mai 1818, n° 835.

2. — Remises spéciales accordées aux receveurs sur ces produits. (*Déc. f.* 22 *juin* 1818.) I. G. 30 juin 1818, n° 843.

3. — Suppression de la division du domaine extraordinaire au ministère des finances. Ses attributions, sauf celles concernant la dette inscrite, sont confiées à l'administration. Détails à ce sujet. (*Loi* 26 *juill.* 1821, *et déc. f.* 9 *janv.* 1823.) Les recettes sont sujettes à la remise ordinaire et versées confusément avec les autres produits au trésor qui est seul chargé du versement à la caisse des consignations. Les dépensse sont comprises dans les autres dépenses domaniales. (*Déc. f.* 27 *déc.* 1822.). . . . I. G. 18 janv. 1823, n° 1066.

— *V.* Caisse *des dépôts et consignations*, n° 6; Caisse *des retraites*, n° 11.

DOMICILE. — *V.* Poursuites, n° 3; Élection *de domicile*.

DOMMAGES-INTERÊTS *adjugés aux communes et établissemens*. — *V.* Communes, n°s 30 et 41; Comptabilité, n°s 109 et 110.

DOMMAGES-INTERÊTS *à la couronne*. — *V.* Domaine *de la couronne*, n° 2.

DOMMAGES-INTERÊTS *à l'état*. — *V.* Décime *par franc*, n° 2.

DONATIONS. — *V.* Hypothèques, n° 96 et suiv.; Insinuation.

DONATIONS *éventuelles*. — On doit relever au sommier des découvertes toutes les dispositions des actes enregistrés d'ou résulte une libéralité éventuelle, afin de réclamer les droits à l'événement. I. G. 31 mars 1826, § 7, n° 1187.

DOTATIONS. — *V.* Hypothèques, n° 20; Légion *d'honneur*; Sénat, n° 1er.

DOTATIONS *des invalides*. — *V.* Batimens *et terrains militaires*.

DOUANES. — Frais et Amendes. — Les frais des saisies faites dans l'intérieur sont avancés par les receveurs à charge de recouvrement. Les amendes sont également recouvrées par eux. Comptabilité. (*Déc. f.*, 1er *juin* 1821.) . . . . I. G. 11 juill. 1821, n° 987.

— *V.* Frais *de justice*, n°s 54, 55 *et* 62; Lettres *de voitures*, n° 2; Marchandises *anglaises*; Papiers *timbrés*.

DOUBLE *des répertoires.* — *V.* Répertoires, n° 25 et suiv.

DROITS *au comptant.* — Ce sont ceux dont le paiement a lieu au moment des diverses formalités. L'on doit également considérer et classer comme tels les droits résultant d'omissions, insuffisances d'évaluations, mutations secrètes, testamens, actes administratifs ou sous-seings privés non enregistrés dans les délais, les supplémens de droits, et les amendes de contravention de toute nature, lorsqu'elles n'ont pas été prononcées par jugemens ou décisions ministérielles. Enfin les droits en *débet* qui continuent d'être consignés aux sommiers des droits certains ou des formalités en *débet*, et les droits d'hypothèques en suspens consignés au sommier spécialement destiné à cet usage. Les droits au comptant appartiennent à l'exercice de l'année du paiement. I. G. 18 avril 1831, n° 1358.

DROITS CONSTATÉS. — Ce sont ceux dont la reconnaissance et la liquidation précèdent le recouvrement, tels que 1° les divers droits ou amendes d'enregistrement et de timbre résultant de condamnations judiciaires ou de décisions ministérielles; 2° les supplémens de droits d'hypothèque; 3° les amendes, frais de justice et autres peines résultant de condamnations, y compris les droits de timbre et d'enregistrement liquidés par les jugemens; 4° les revenus de domaines et prix de vente de mobilier exigibles; 5° les termes échus de prix de vente de domaines; 6° les recettes et produits accidentels comprenant les résultats de vérifications de régies; 7° les produits accessoires des forêts à mesure de l'échéance des termes de paiement; 8° les prix de vente de location d'objets mobiliers et immobiliers provenant des ministères.

Ces divers droits et revenus doivent être consignés, selon leur nature, sur huit sommiers spéciaux, établis à partir du 1er janvier 1832. Chaque consignation sera datée et portera un n° particulier. Ils seront portés en recette sur un pareil nombre de registres correspondans; les recettes appartiennent à l'exercice de l'année pendant laquelle les articles ont été consignés, pourvu qu'ils aient été recouvrés avant la clôture de l'exercice. A cet effet un espace en blanc doit être réservé à la fin de l'année sur les registres pour inscrire les recettes du même exercice faites dans les neuf premiers mois de l'année suivante. Les registres seront arrêtés jour par jour (modifié. n° 2 inf.), et contiendront l'enregistrement de toutes les sommes reçues sous une même série de numéros par chaque exercice. Au 30 septembre de la seconde année de l'exercice, les receveurs forment pour chaque sommier un état des articles non recouvrés sur cet exercice, et l'adressent au directeur avant le 15 octobre avec les certificats ou pièces constatant l'impossibilité du recouvrement. Les receveurs sont responsables du montant des articles non recouvrés par leur faute; le directeur propose par un arrêté à la suite de l'état 1° les articles à mettre à leur charge; 2° ceux à reporter à l'exercice suivant; 3° ceux dont les comptables doivent être déchargés. Les bordereaux par bureau des sommes mises à la charge des receveurs sont adressés à la première division dans la seconde quinzaine d'octobre, et sur la proposition de l'administration le ministre des finances statue définitivement.

Dans la première quinzaine de décembre, et sur l'avis de la décision, le directeur renvoie dans les bureaux les états arrêtés, et prescrit le report aux sommiers de l'exercice courant des articles à recouvrer sur les débiteurs ou sur les receveurs responsables; ceux-ci doivent en compter immédiatement. Les articles irrécouvrables sont annulés ou reportés au sommier des surséances. Les états avec les pièces à l'appui doivent être joints aux comptes d'année. Chaque trimestre les receveurs adressent au directeur l'état des recouvremens de droits constatés, et un double de celui du dernier trimestre sera joint au compte d'année présenté à la cour des comptes. (*Déc. f.* 9 *sept.* 1830.) I. G. 18 avril 1831, n° 1358.

2. — Dispense d'arrêter jour par jour les registres de droits constatés et celui des opérations de trésorerie : le registre des prix de ventes d'immeubles est le seul qui continuera d'être arrêté. (*Déc. f.* 21 *fév.* 1833.) I. G. 18 mars 1833, n° 1421.

3. — Transmission de cadres imprimés et instructions pour la rédaction des états à dresser le 30 septembre pour chaque sommier des droits constatés. *V.* n° 1er sup . . . . Circ. 26 juill. et 9 oct. 1833.

— *V.* Comptabilité, n° 111 à 115; Registres, n° 5; Sommiers, n° 4.

DROITS *d'aubaine et de détraction.* — *V.* AUBAINE; DÉTRACTION.

DROITS *d'enregistrement et de transcription.* (V. *Circ.* 1310.)
*— Fournir par trimestre un état des droits dont la loi du 28 avril 1816 a réglé les quotités. Circ. 19 juin 1816.

2.* — Pareil état pour l'année 1818. Circ. 8 oct. 1819.

3.* — État des droits de successions en ligne directe et collatéralle, perçus pendant les cinq dernières années. I. G. 30 nov. 1825, n° 1177.

4 — État trimestriel comparatif des droits perçus sur les actes en matière de faillites, et sur les échanges en 1834 et 1835. I. G. 17 nov. 1834, n° 1471.

5. — AVANCES. — Les officiers publics tenus d'avancer les droits, peuvent se faire rembourser sur exécutoire du juge de paix, et l'opposition des parties doit être jugée sur simples mémoires respectivement signifiés. (*Loi enreg. art.* 30.) Circ. n° 1450.

6. — Défense de subroger des tiers dans les droits du trésor pour le recouvrement des droits. (*Déc. f.* 14 *fév.* 1826.) I. G. 16 juin 1826, § 14, n° 1189.

7. — DÉBET. — Les greffiers doivent fournir extrait des jugemens de condamnation pour le recouvrement des droits. (*Loi, enreg. art.* 70.) Circ. n° 1450.

8. — Faire article sur un sommier spécial des droits des formalités en *débet*, à l'exception de ceux à comprendre dans une liquidation de dépens, pour en suivre ultérieurement le recouvrement. I. G. 31 oct. 1812, n° 607.

— *V.* COMPÉTENCE; DÉPOUILLEMENT; FRAIS *de justice, n°* 56; PAIEMENT *des droits*; RELATIONS; RESTITUTIONS.

DROITS *de greffe.* * — État de ceux perçus en 1807. Circ. 27 janv. 1818.
— *V.* GREFFIERS.

DROITS *de navigation.* — *V.* CANAUX.

DROITS *de patentes.* — *V.* PATENTES.

DROITS *de pêche.* — *V.* PÊCHE.

DROITS *de sceau.* — *V.* COMPTABILITÉ, n° 116.

DROITS *d'usage.* — *V.* BOIS *de l'état, n°* 13 *et suiv.*; CODE *forestier*; INSTANCES, n° 35.

DROITS *en débet.* — *V.* DROITS *d'enregistrement, n°s* 7 *et* 8.

DROITS *en-sus.* — *V.* CAISSE *des retraites, n°s* 5, 7 *et* 14.

E

EAUX *minérales.* — Le produit des sources appartenant à l'état, frais d'entretien prélevés, doit être versé à la caisse d'amortissement, à la diligence des receveurs. Les contestations élevées par les communes sur la propriété de ces sources doivent être jugées par les conseils de préfecture. (*Arr. gouv.* 3 *flor. an VIII, et* 6 *niv. an XI.*) I. G. 3 mess. an XI, n° 140.

ÉCHANGES *de biens de l'état.* — *V.* ALIÉNATIONS; DOMAINE *de l'état, n°* 12.

ÉCHANGES *de papiers timbrés.* — *V.* TIMBRE.

ÉCOLES *chrétiennes.* — Suspendre la vente des maisons appartenant à ces institutions et état de consistance à fournir. Circ. 11 flor. an XIII.

EFFETS *de commerce.* — Les receveurs concourront jusqu'au 28 fév. 1831 au recouvrement des effets au-dessous de 1,500 fr. qui leur seront adressés par les commerçans de Rouen. (*Déc. f.* 20 *nov.* 1830.) I. G. 27 nov. 1830, n° 1341.

2. — Même prescription en faveur des effets adressés par les commerçans d'Amiens. (*Déc. f.* 29 *nov.* 1830.) I. G. 22 déc. 1830, n° 1345.

3. EFFETS *de commerce.* — Ce concours aura lieu jusqu'au 30 juin 1831 pour ceux adressés par les comptoirs d'escompte d'Amiens, Rouen, Lille, Reims et Troyes. Il a cessé au 1er janvier 1831 pour les effets adressés individuellement. (*Déc. f.* 18 *déc.* 1830.) I. G. 4 janv. 1831, n° 1348.

— *V.* COMPTABILITÉ, n° 117; TIMBRE.

EFFETS *de la dette publique.* — Pour être admis dans les caisses de l'administration, ils doivent être convertis en rescriptions du trésor. Circ. 6 niv. an XIII.

EFFETS *déposés dans les greffes.* — *V.* MOBILIER *de l'état.*

EFFETS *des militaires décédés dans les hôpitaux et les prisons.* — Le mode de vente et de comptabilité était réglé par les circ. 30 avril 1807 et I. G. 4 août 1808, n° 391; mais, à dater du 1er janvier 1815, cette recette ne fait plus partie des attributions de l'administration. I. G. 26 janv. 1815, n° 670.

EFFETS *militaires.* — *V.* MOBILIER *militaire.*

ÉGLISES *et presbytères.* * — Les églises non réservées pour le culte ne peuvent être vendues que sur l'autorisation spéciale du ministre des finances. (*Arr. gouv.* 28 *brum. an XI.*) Circ. 17 frim. an XI.

2. * — Ordre de vendre les églises ou presbytères qui ne sont pas susceptibles de location. Circ. 6 flor. et 3 mess. an XI.

3. * — Celles abandonnées aux communes, en vertu de la loi du 18 germ. an X, sont propriétés communales. Circ. 15 vent. an XIII.

4. * — Les églises et presbytères non employés pour le culte font partie des biens restitués aux fabriques. (*Avis Cons. d'état,* 23 *déc.* 1806.) . . . . I. G. 22 juill. 1807, § 3, n° 334.

— *V.* ALIÉNATIONS *de biens de l'état,* n° 37; CURES; FABRIQUES; PRESBYTÈRES.

ÉLECTION *de domicile.* — *V.* HYPOTHÈQUES, nos 34, 35, 49, 50, 55, 58, 59; INSTANCES, n° 47; SAISIES-*arrêts, n°* 4.

ÉMIGRÉS. — **ASCENDANS.** * — Droits des Ascendans sur les revenus des biens séquestrés. *V.* n° 36 et suiv. inf. I. G. 12 therm. an X, n° 67.

2. * — Les ascendans ne sont pas tenus de restituer les fruits perçus avec autorisation. (*Décret* 31 *août* 1806.) Circ. 22 oct. 1806.

3. * — **BIENS ET REVENUS.** — Restitutions à faire à certains émigrés des coupes de l'an X. Circ. 22 mess. an X, et I. G. 24 vend. an XI, n° 82.

4. * — Les hospices sont maintenus en possession des biens d'émigrés attribués en remplacement de biens aliénés. (*Avis Cons. d'état* 1er *flor. an XI.*) . . . . Circ. 28 prair. an XI.

5. * — Droits de l'état sur l'usufruit appartenant à des émigrés. . . . . Circ. 22 frim. an XII, 15 juill. 1807; I. G. 2 fév. 1811, n° 507.

6. * — Les émigrés rayés ou leurs héritiers conservent les revenus qu'ils ont perçus à défaut de séquestre, ou à titre de jouissance provisoire. Circ. 5 vent. an XII.

7. * — L'état conserve dans certains cas la propriété des biens vendus dont les acquéreurs ont encouru la déchéance. I. G. 1er mars 1806, n° 299; Circ. 15 sept. 1807.

8. * — Cas où il y a lieu de restituer les biens et revenus aux émigrés rayés. Mode de procéder. I. G. 20 fév. 1808, n° 365.

9. * — Loi du 5 déc. 1814, qui ordonne la remise aux émigrés de tous leurs biens non vendus. I. G. 12 déc. 1814, n° 666.

10. * — Les biens qui avaient été cédés à la caisse d'amortissement leur seront rendus sans qu'il soit pourvu à leur remplacement et en se conformant à la marche tracée par l'instruction n° 666. I. G. 15 mai 1816, n° 720.

11.* ÉMIGRÉS. — BIENS ET REVENUS. — Les biens rentrés dans la main de l'état, par suite de déchéance, à quelque époque qu'elle ait eu lieu, peuvent leur être rendus. (*Loi* 5 *déc.* 1814; *Ord. roy.* 11 *juin* 1817.) I. G. 14 juill. 1817, n° 791.

12.* — État des biens des émigrés vendus ou employés par le gouvernement. Revenu en 1790; prix de vente. Modèles. (*Déc. f.* 12 *avril* 1824.) . . . . I. G. 1er juin 1824, n° 1135, et 4 août 1824, n° 1142.

13.* — Mode de réduction en numéraire des prix de vente de leurs biens et de ceux des condamnés et déportés. I. G. 18 nov. 1824, n° 1148.

14.* — État à fournir des soultes imposées à l'état par suite des partages de présuccessions. *V.* n° 36 et suiv. inf. Circ. 21 avril 1825.

15.* — Les sommes provenant de reliquats de décomptes doivent continuer d'être remises aux émigrés jusqu'à l'arrêté définitif du bordereau d'indemnité sur lequel il en sera fait déduction. (*Déc f.* 13 *mai* 1825.) I. G. 23 mai 1825, n° 1162.

16.* — État des biens dont la restitution n'a point été effectuée. . . . . I. G. 24 juin 1830, n° 1322.
— *V.* ALIÉNATIONS *de biens de l'état*, n° 13.

17.* — DETTES. — État à dresser de l'actif des émigrés pour la liquidation de leurs dettes. I. G. 11 janv. 1806, n° 297.
— *V.* ALIÉNATIONS *de biens de l'état*, n° 5; LIQUIDATION, n° 2.

18.* — ÉLIMINATION. — Quels sont les prévenus d'émigration qui peuvent recevoir leur élimination. I. G. 26 frim. an X, n° 28.

19.* — Fixation de la date à laquelle le certificat d'amnistie est censé délivré. *V.* AMNISTIÉS, n° 4. Circ. 14 fruct. an X.

20.* — FEMMES. — Abandon de biens à leurs femmes en paiement de dots, douaires ou reprises. Distinctions à faire. Circ. 22 therm. an XI.

21.* — INDEMNITÉ. — Défense d'admettre aucun agent d'affaires à suivre celles relatives à l'indemnité à allouer aux émigrés, et de donner aucun renseignement tant que le principe n'en est pas reconnu. (*Lettre f.* 22 *déc.* 1824.) *V.* n° 22 inf. . . . Circ. 31 déc. 1824.

22.* — On peut donner des renseignemens aux anciens propriétaires ou à ceux que la loi appelle à les représenter, mais non aux fondés de pouvoir. *V.* n° 21 sup. . . . . Circ. 29 avril 1825.

23.* — Loi du 27 avril 1825, qui fixe l'indemnité accordée aux émigrés, condamnés et déportés. Prescriptions d'exécution. I. G. 4 mai 1825, n° 1161.

24.* — Envoi d'état de déductions à faire sur l'indemnité. Circ. 24 mai 1825.

25.* — État des biens rentrés dans la main du gouvernement, et qui ont été restitués aux anciens propriétaires. Circ. 6 juill. 1825.

26.* — Ordre d'expédier de suite les bordereaux d'indemnité. Circ. 19 juill. 1825.

27.* — État des bordereaux délivrés et restant à délivrer. Circ. 29 sept. 1825.

28.* — Pareil état au 31 janv. 1826. Circ. 27 janv. 1826.

29.* — Solutions diverses relatives à l'exécution de la loi. Circ. 21 mai 1826.

30.* — Les primes et escomptes ne peuvent être compris dans la liquidation. . . . . . Circ. 8 sept. 1826.

31.* — Relevé des reconnaissances de liquidation définitive admises en paiement de domaines. Circ. 3 oct. 1826.

32.* — On doit déduire les arrérages de rentes payés aux émigrés en assignats par suite de la loi du 1er flor. an III. Circ. 16 mai 1827.

33.* — Les reliquats de décomptes doivent être déduits des bordereaux, sauf à les recouvrer pour le compte des ayant-droit. Etat. Circ. 26 mai 1827.

54.* ÉMIGRÉS. — Indemnité. — État des inégalités de répartition à fournir. . . . . Circ. 26 oct. 1827.

55.* — État à fournir le 1er et le 16 de chaque mois. Circ. 15 nov. 1828.
— *V.* Comptabilité, n° 145.

56.* — Partages *de pré-succession.* — Les biens échus à l'état à ce titre lui appartiennent incommutablement. Exceptions. I. G. 21 fruct. an X, n° 71.

57.* — Il en est de même pour ceux échus par successions. . . . . I. G. 20 brum. an XI, n° 98 ; Circ. 16 prair., 14 germ. an XII, 6 niv. an XIII et 6 déc. 1806.

58.* — Règlement des droits de l'état, des ascendans et des créanciers. *V.* nos 1, 2 et 14 sup. I. G. 8 therm. an XI, n° 146 ; Circ. 15 vend. an XII.

59.* — Rectifications des erreurs reconnues. I. G. 3 sept. 1807, n° 337.
— *V.* Aliénations ; Amnisties ; Compensation ; Condamnés ; Déportés ; Prêtres *déportés.*

EMPRUNTS *d'argent.* — *V.* Abus ; Administration *de l'enregistrement,* n° 10.

EMPHYTÉOSES. — *V.* Baux *emphytéotiques.*

EMPLOIS *vacans.* — *V.* Caisse *des retraites ;* Vacances *d'emplois.*

EMPLOYÉS. — *V.* Administration *de l'enregistrement, etc ;* Changemens *de résidence ;* Comptabilité ; Congés ; Correspondance ; Débets *des employés ;* Démissions ; Pensions *de retraite, etc.*

EMPREINTES. — *V.* Journaux ; Timbre.

EMPRISONNEMENS. — *V.* Contrainte *par corps ;* Frais *de justice,* n° 45 ; Ordonnances *sur requête.*

ENCAN (*ventes à l'*). — *V.* Ventes *de meubles.*

ENFANS *des employés.* — *V.* Pensions *de retraite.*

ENFANS *trouvés.* — *V.* Amendes, n° 67.

ENGAGISTES. — *V.* Domaines *engagés ;* Obligations ; Rentes *d'engagement.*

ENREGISTREMENT. — Formalité. — Les receveurs ne pourront sous aucun prétexte différer l'enregistrement des actes et mutations dont les droits auront été payés. Ils pourront prendre copie certifiée par l'officier public des actes dont il n'y a pas minute et des exploits, en cas de refus, ils peuvent réserver l'acte pour s'en procurer une collation à leurs frais, sauf répétition s'il y a lieu ; cette disposition est applicable aux actes sous-seing privé. (*Loi enreg. art.* 56.) Circ. n° 1450.
— *V.* Bureaux *de l'enregistrement ;* Collations.

2. — Forme. — Les enregistremens doivent être clairs et précis, énoncer toutes les dispositions des actes et les renseignemens nécessaires au service des tables alphabétiques. —La somme du droit pour chaque disposition doit être écrite en toutes lettres et tirée hors ligne en chiffres. — Le nombre des rôles et renvois doit y être indiqué. — L'écriture doit être soignée, et le premier mot de chaque enregistrement, ainsi que les noms des parties, doivent être écrits en lettres majuscules. *V.* Hypothèques, n° 4. I. G. 3 fruct. an XIII, n° 290.

ENVOIS *périodiques.* — *V.* États *périodiques.*

ÉPAVES. — Les objets confiés aux messageries ou au roulage, et non réclamés dans les six mois, doivent être vendus au profit de l'état à la diligence des receveurs des domaines. I. G. 29 sept. 1810, n° 493.

2. — Les entrepreneurs des messageries rue Notre-Dame-des-Victoires sont autorisés à réunir à Paris les effets non réclamés. Circ. 10 mai 1811.

ERREURS *de calcul.* — Mode de rectification. Abrogé. n° 2 inf. . . . . I. G. 26 août 1816, n° 737.

2. **ERREURS** *de calcul.* — Elles doivent être rectifiées à la date courante. . . . . . I. G. 23 janv. 1822, n° 1017.

— *V.* Débets *des employés*, n° 5; Hypothèques, n° 5; Vérifications.

ESCOMPTES *d'anticipation.* — *V.* Aliénations *de biens de l'état*, n° 10.

ESCORTES. — Forme de la demande d'escortes pour le transport des fonds. . . . . . . Circ. 1er août 1809.

2. — Toute réquisition d'escorte doit être visée par le maire de la résidence du receveur. Elle peut être refusée par la gendarmerie, si l'autorité locale ne la juge pas nécessaire. Il n'est dû aucune indemnité pour ce service à la gendarmerie, et son refus d'obéir à la requisition doit être régulièrement constaté. (*Déc. f.* 17 *mars* 1830.) I. G. 26 avril 1830, n° 1311.

ESPAGNOLS. * — Séquestre mis sur tous les biens de ceux qui se trouvent en France. . . . Circ. 27 sept. 1808; 28 juill., 28 sept. et 9 déc. 1809, 28 fév. et 2 juill. 1810, 26 juin 1811 et 21 janv. 1812.

2. * — La régie de ces biens appartient au domaine extraordinaire et n'est plus dans les attributions de l'administration. Circ. 20 mars 1812.

ESTIMATIONS. — *V.* Mercuriales.

ÉTABLISSEMENS *de bienfaisance.* — *V.* Hospices; Hypothèques, n° 71.

ÉTABLISSEMENS *religieux étrangers.* * — Leurs biens situés en France sont réunis au domaine de l'état et régis comme tels. I. G. 25 sept. 1810, n° 492.

ÉTANGS *salés.* — *V.* Pêche.

ÉTAPES. — A partir du 1er nivôse an X, l'administration a cessé d'être chargée du paiement des frais d'étapes. I. G. 3 mess. an X, n° 60.

ÉTAT *civil.* — *V.* Registres *de l'.*

ÉTATS *de charges.* — *V.* Hypothèques, n° 21 et suiv.

ÉTATS *estimatifs de mobilier.* — *V.* Déclarations *de succession*, n° 2; Répertoires, n° 11.

ÉTATS *des mutations.* — *V.* Administration *des contributions directes*; Sommiers *de la contribution foncière.*

ÉTATS *de situation.* — *V.* Caisse; Sommiers.

ÉTATS *périodiques.* — Les divers états à fournir sont indiqués à chaque article auquel ils ont trait, et l'on se borne à rappeler les instructions qui ont rapport à cet objet en général et à donner ensuite le tableau de ceux prescrits au 1er sept. 1835.

2. — Nomenclature de ceux à fournir au 1er vend. an XII. Circ. 13 vend. an XII.

3. — Suppression de plusieurs états; nomenclature de ceux à fournir; modèles. . . . . . I. G. 31 mars 1821, n° 975.

4. — Ceux imprimés doivent être adressés sous bandes et affranchis moyennant 5 c. par feuilles, remboursables comme ports de lettres et paquets. (*Déc f.* 19 *janv.* 1821.) Abrogé. *V.* Ports *de lettres*, n° 15. Circ. 30 janv. 1821.

5. — Envoi de cadres imprimés pour les états. Circ. 24 mai 1821.

6. — La décision ci-dessus (n° 4) s'applique à toutes les impressions relatives au service. Il n'y a exception que pour les pièces entièrement manuscrites. (*Déc. f.* 29 *mars* 1822.) I. G. 25 avril 1822, n° 1037.

7. — Les états périodiques remis à l'inspecteur doivent à l'avenir être transmis directement par les receveurs aux directeurs dans les dix premiers jours du mois qui suit l'expiration de chaque trimestre. — La vérification de ces états par les employés supérieurs doit être faite au vu des minutes existant dans les bureaux. (*Ordres de service*; *art.* 40.) I. G. 5 juin 1830, n° 1318.

— *V.* Comptabilité, n° 114 et suiv.; Instances, n° 3 à 6; Ports *de lettres*, n° 24.

ÉTATS PÉRIODIQUES ET AUTRES.

TABLEAU de ceux prescrits au 1er septembre 1835 (*).

NOMENCLATURE DES ÉTATS.	ÉTATS A FOURNIR PAR LES Receveurs.	Vérificateurs.	Inspecteurs.	Directeurs.	INSTRUCTIONS qui LES PRESCRIVENT.
1° PAR QUINZAINE.					
Extraits de jugemens en matière forestière.	1er et 16 du mois au Dr.	"	"	A la réception au consr des forêts.	I. G. n° 1138.
Précis des opérations.	"	1er et 16 du mois au Dr.	"	1er et 26 du mois à la 1re div.	I. G. n° 1351, art. 31.
2° PAR MOIS.					
Accusés de réception. — de crédit.	"	"	"	A la réception aux Receveurs.	I. G. nos 971 et 1017.
Avis des recettes.	"	"	"	5 du mois au Min.	C. min. 15 mai 1826. n° 136.
Bordereau gén. des recettes et dépenses.	2 du mois au directeur.	"	"	10 *idem.*	I. G. n° 971.
— par nature des pièces de dépenses.	"	"	"	*Idem.*	*Idem.*
Comparaison des produits.	"	"	"	10 au Dr gén.	I. G. n° 1151.
Demandes de crédit.	"	"	"	*Idem.*	*Idem.*
Dépenses forestières, paiemens effectués.	"	"	"	10 au Payeur.	I. G. n° 1079 et C. C. nos 19 et 28.
Exécutoires de frais de justice.	"	"	"	10 au Ministre.	I. G. n° 971 et C. C. n° 7.
Frais de justice criminelle.	"	"	"	*Idem.*	*Idem.*
Frais urgens en matière criminelle.	2 du mois au Directeur.	"	"	*Idem.*	*Idem.*
— en matière forestière.	*Idem.*	"	"	1ers jours du mois au consr des forêts.	Circ. du Dr des forêts du 9 déc. 1826.
— en matière militaire.	*Idem.*	"	"	*Id.* au Sous-Intend.	I. G. n° 1062.
Inventaire des pièces de dépenses.	*Idem.*	"	"	10 au Ministre.	I. G. n° 971.
Mentions de non-comparution en conciliation.	10 *idem.*	"	"	A la réception au proc. du roi.	I. G. n° 1416.
Renvois d'actes.	*Idem.*	"	"	*Idem* aux Rrs et Drs.	I. G. nos 1351 et 1466.
Situation des crédits.	"	"	"	10 au Ministre.	C. min. 10 déc. 1827 18 déc. 1834.
Taxes des jurés.	2 du mois au Directeur.	"	"	*Idem.*	I. G. n° 971 et C. C. n° 7.
— de témoins en matière criminelle ou de police.	*Idem.*	"	"	*Idem.*	*Idem.*
— en matière de garde nationale.	*Idem.*	"	"	10 au Préfet.	I. G. n° 1422.

(*) ABRÉVIATIONS *particulières à ce Tableau.* — C. C., Circ. de la compt. gén. — Consr, Conservateur. — Dr, Directeur. Div., Division. — Gén., général. — Inspr, Inspecteur. — Min., Ministre des finances. — Proc., Procureur. — Rr, Receveur. — Vérifr, Vérificateur.

NOMENCLATURE DES ÉTATS.	ÉTATS A FOURNIR PAR LES Receveurs.	Vérificateurs.	Inspecteurs.	Directeurs.	INSTRUCTIONS qui LES PRESCRIVENT.
3° PAR TRIMESTRE.					
Amendes concernant l'université recouvrées.	10 du 1er mois au Dr.	"	"	la réception au Préfet.	I. G. no 906.
— de grande voirie.	*Idem.*	"	"	*Idem.*	I. G. nos 801, 936 et 1268.
— de Roulage.	*Idem.*	"	"	*Idem.*	I. G. no 845.
Couronne, dommages intérêts recouvrés. — Frais tombés en non-valeur.	10 du 1er mois au directeur. (En double.)	"	"	A la réception à l'agent en chef des forêts de la couronne.	I. G. no 1409.
Demandes de timbre. — de registres et impressions.	Dans les 2 1ers mois au Dr.	"	"	Dans les 2 1ers mois à la 3e division.	Circ. 15 déc. 1834.
Droits constatés.	Dans les 1ers jours au Dr.	"	"	10 du 1er mois au Ministre.	I. G. no 1358 et C. C. no 24.
Incarcérations de délinqnans forestiers.	10 du 1er mois au Dr.	"	"	A la réception au consr des forêts	I. G. no 1456.
Marine, ventes de mobilier et locations.	1er *idem.*	"	"	10 du 1er mois au Ministre.	C. C. no 18.
Pensionnaires de l'administration.	"	"	"	10 du 2e mois à la 1res division.	I. G. no 1020.
Situation des sommiers et précis des receveurs.	10 du 1er mois au Dr. (En double.)	"	"	25 du 1er mois à la 1re division.	I. G. no 1368 et 1470.
4° PAR SÉMESTRE.					
Contentieux, situation des procès-verbaux et des instances.	"	"	"	11 janv. et 11 juil. aux 4 divisions	I G. no 1284.
Mémoires d'ordres.	"	"	"	Aux employés.	I. G. no 1360.
Mutations, relevés des actes de	En avril et oct. aux contrôl.	"	"	"	I. G. nos 1277 et 1371.
Notes sur les employés et surnuméraires.	"	Dans le rapport de gest.	Avec les comptes (Non pér.)	1ers jours de janv. et juill. au Dr gén.	I. G. nos 1284 et 1351.
5° PAR ANNÉE.					
Arrêtés des comptes, distribution du travail.	"	"	"	30 nov. à la 1re div.	I. G. no 1415.
Attributions des amendes de police correctionnelle. — par communes des amendes de police.	Dans le courant de janv. au Dr.	"	"	A la réception au Préfet.	I. G. no 1122.
Avances à recouvrer ou à régulariser.	Avec le compte au Dr.	"	"	1er mars au Min.	C. C. no 27.
— de frais dans l'intérêt des communes, etc.	31 janvier au directeur.	"	"	"	I. G. nos 1001 et 1195.
Bordereau définitif des recettes et dépenses.	"	"	"	5 fév. au Ministre.	C. C. nos 8, 27. 32.
— récapitulatif des comptes.	"	"	"	1er mars au Min. (En double.)	*Idem.*

NOMENCLATURE DES ÉTATS.	ÉTATS A FOURNIR PAR LES Receveurs.	Vérificateurs.	Inspecteurs.	Directeurs.	INSTRUCTIONS qui LES PRESCRIVENT.
Comptes des recettes et dépenses	Après l'arrêté 1re 15ne janv.	"	"	1er mars au Min.	C. C. nos 8, 27, 32.
— sommaires du timbre, etc.	1ers jours de janv. au Dr.	"	"	15 janv. à la 3e division.	Circ. 15 déc. 1834.
Différences des bordereaux et comptes.	Avec le compte au Dr.	"	"	5 fév. au Ministre.	C. C. no 22.
Droits constatés. 4me trimestre.	1ers jours de janv. au Dr.	"	"	Idem.	C. C. nos 27 et 32.
— relevés des articles reportés.	Avec le compte au Dr.	"	"	1er mars au Min.	I. G. no 1358 et C. C. no 32.
— situation et arrêté à la fin de l'exercice.	15 oct. puis avec les comptes au Dr.	"	"	1re quinz. de déc. aux Rrs et 1er mars au Min.	Idem.
— Sommes mises à la charge des receveurs.	"	"	"	30 oct. à la 1re div.	I. G. no 1358.
Examens des surnuméraires.	"	"	"	1er juill. au Dr gén.	I. G. no 1470.
Impressions, journal de recette et dépense.	"	"	"	1er mars à la 3e div.	Circ. 19 déc. 1814.
Intérêts des cautionnemens.	"	"	"	1er oct. à la dette inscrite.	I. G. no 1491.
Inventaires de papiers timbrés.	Avec les comptes au Dr	"	"	1er mars au Min.	I. G. no 971 et C. C. no 32.
— général des pièces de dépenses.	Idem.	"	"	Idem.	Idem.
Nombre d'actes, etc.	10 janv. au Dr.	"	"	20 janv. à la 1re div.	I. G. no 1438.
Passeports des indigens.	Avec le compte au Dr.	"	"	1er mars au Min.	I. G. no 971 et C. C. no 27.
— Remises des percepteurs.	Idem.	"	"	Idem.	C. C. no 14.
Récolemens des inventaires de mobilier.	"	"	"	1er mars à la 1re div.	I. G. no 1390.
Remises et salaires	"	"	"	5 fév. au Dr gén. et à la 1re division.	Circ. 27 janv. 1823 et lettre 6 janv. 1832
— Bordereaux de liquidation.	Avec le compte au Dr.	"	"	1er mars au Min.	I. G. nos 971 et 1017.
Restant en caisse au 31 décembre.	Idem.	"	"	Idem.	I. G. nos 962, 1009 et C. C. no 11.
Restitutions et dommages alloués aux établissemens.	1ers jours de janv. au Dr.	"	"	A la réception au Préfet.	C. C. no 16.
Retenues au profit de la caisse des retraites.	"	"	"	5 fév. au Dr gén	I. G. no 1266.
Vérifications de régies, procès-verbaux. — Rapports de gestion.	"	Avant le 1er avril au Dr.	"	A la réception à la 1re division.	I. G nos 1338, 1351 et 1392.
Vérifications des greffes.	"	Idem.	"	Idem.	I. G. no 996.

NOMENCLATURE DES ÉTATS.	ÉTATS A FOURNIR PAR LES Receveurs.	Vérificateurs.	Inspecteurs.	Directeurs.	INSTRUCTIONS qui LES PRESCRIVENT.
6° ACCIDENTELS.					
Bordereaux de situation de caisse.	"	Avec le précis d'arrivée au Dr	En cas de déficit au directeur	Avec les précis et comptes à la 1re division.	I. G. n° 1351.
Caisse des dépôts et consignations, recettes.	A chaque recette au Rr des fin.	"	"	"	C. C. n° 26.
Comptes de clerc à maître.	Aussitôt l'installation au Dr (En double.)	"	"	A la réception au Ministre.	I. G. n° 985 et C.C. nos 2 et 18.
Comptes rendus par les inspecteurs.	"	"	Avant de quitter un bureau au directeur.	Quinzaine de la réception à la 1re division.	I. G. n° 1351.
Notifications d'arrêts de la cour des comptes.	"	"	"	A la réception des récépissés au Min.	C. C. 30 juill. 1825.
Procès-verbaux non suivis de jugemens.	De temps à autre au Dr ou Proc. du roi.	"	"	A la réception au Proc. du Roi.	I. G. n° 1351.
Renvois d'extraits de condamnation.	Aussitôt la remise au Dr.	"	"	A la réception aux Rrs et Drs puis aux vérificateurs.	I. G. n° 1353 et 1430.
Ventes de bois, sol et superficie.	"	"	"	Après la vente au Dr gén.	I. G. n° 1361.
Ventes de domaines de l'état.	"	"	"	*Id.* à la 4e div.	I. G. n° 1488.
Vérifications du magasin du timbre. Situation. — Inventaire du magasin.	"	2 fois par année au Dr. (En doub.)	2 fois par année L'état ne sera fourni au Dr qu'en cas de déficit.	Avec les précis des vérifrs à la 1re div.	I. G. n° 1396.

ÉTRANGERS *(Biens des)*. — La mainlevée du séquestre mis sur leurs biens ne peut être effectuée que sur l'ordre du gouvernement. . . . .
Circ. 30 fruct. an X et 13 vend. an XI.

2. — Les préfets ne peuvent surseoir à l'adjudication des coupes de bois, séquestrés sur des étrangers, pour l'ordinaire de l'an XI. I. G. 8 niv. an XI, n° 111.

ÉTRANGERS *devenus Français*. — *V.* Amendes, n° 8.

ÉVALUATIONS. — *V.* Mercuriales.

EXAMENS. — *V.* Surnuméraires.

EXCÈS *de pouvoir*. — *V.* Instances, n° 48.

EXÉCUTION *des jugemens*. — *V.* Acquiescemens; Instances.

EXÉCUTION *des lois*. — *V.* Lois.

EXÉCUTOIRES. *V.* Frais *de justice*.

EXPÉDITIONS *d'actes et jugemens*. — *V.* Actes *administratifs*, *n°* 3; Actes *judiciaires*, *n°* 1er; Greffiers; et 1re partie, V° Expéditions; Relations.

EXPÉDITIONS *dans l'intérêt de l'état*. — La remise des greffiers pour celles requises par les agens de l'état est de 20 centimes par rôle. Les préposés ne sont pas tenus d'en faire l'avance. *(Loi* 21 *vent. an VII, art.* 20.) Circ. n° 1537.

2. EXPÉDITIONS *dans l'intérêt de l'état.* — Les notaires n'ont droit pour ces expéditions qu'à une indemnité de 75 cent. par rôle à Paris, et de 50 cent. partout ailleurs. (*Déc. j.* 9 *janv.* 1808.) I. G. 23 fév. 1808, n° 367.

3. — Les employés peuvent requérir, sans l'intervention d'avoués, les secondes expéditions qui leur sont nécessaires I. G. 4 juill. 1809, § 63, n° 436.

EXPERTISES. — (V. *Circ. n°* 1109.)

— La demande en expertise autorisée par les art. 17 et 19 de la loi du 22 frim. an VII (Première partie, V° Expertises), sera faite au tribunal de la situation des biens par pétition portant nomination de l'expert de l'état. Elle sera ordonnée dans les dix jours de la demande. Si la partie refuse de nommer son expert dans les trois jours de la sommation qui lui en sera faite, il lui en sera nommé un d'office par le tribunal. En cas de partage, les experts appelleront un tiers expert; s'ils ne peuvent en convenir, il y sera pourvu par le juge de paix du canton de la situation des biens. Le procès-verbal sera rapporté dans le mois de la remise faite aux experts de l'ordonnance du tribunal ou de l'appel du tiers expert. Les frais d'expertise seront à la charge de l'acquéreur lorsque l'estimation excèdera d'un huitième au moins le prix énoncé au contrat. (*Loi enreg. art.* 18.) Circ. n° 1450.

2. — Il ne suffit pas que la demande en expertise soit présentée au tribunal avant l'expiration des délais; il faut encore qu'elle soit signifiée à la partie dans les mêmes délais. (*Cass.* 7 *germ. an XI, et* 18 *germ. an XIII.*) *V.* n° 7 inf. . . . . I. G. 11 juin 1806, n° 306.

3. — Si les biens sont situés dans divers arrondissemens, la demande sera portée devant le tribunal dans le ressort duquel se trouve le chef-lieu d'exploitation ou la plus forte partie des biens. Le même tribunal ordonnera l'expertise partout où elle sera nécessaire à la charge de nommer pour experts des individus domiciliés dans le ressort des tribunaux de la situation des biens, et il prononcera sur leur rapport. Les experts prêteront serment devant le juge de paix du canton où les biens sont situés. (*Loi* 15 *nov.* 1808, *art.* 1.) Ces dispositions ne s'appliquent pas aux biens transmis par décès. (*Art.* 2.) I. G. 3 janv. 1809, n° 411.

4. — Le code de procédure n'a rien changé aux formes prescrites en matière d'expertise par la loi du 22 frim. an VII. (*Av. cons. d'état,* 12 *mai* 1807.) . . . . . . I. G. 4 juill. 1809, § 23, 436.

5. — L'autorisation de suivre l'expertise est donnée par le tribunal sans appeler les parties en cause et sans qu'il soit besoin du rapport d'un juge. (*Cass.* 6 *juill.* 1825.) . . . I. G. 30 déc. 1825, § 12, n° 1180.

6. — C'est la valeur vénale au moment de l'aliénation que les experts doivent faire connaître et ils ont à tenir compte de la plus value résultant soit du temps, soit d'améliorations faites. (*Cass.* 15 *mai* 1832.) I. G. 30 sept. 1832, § 16, n° 1410.

7. — La notification de la requête en expertise ne suffit pas pour interrompre la prescription. Cette interruption ne peut résulter que d'une citation ou de la sommation à la partie de nommer son expert. (*Cass.* 27 *nov.* 1833.) Veiller à ce que cette double formalité soit contenue dans l'exploit de notification. . . . . I. G. 2 avril 1834, § 10, n° 1451.

8. — Le délai pour provoquer l'expertise des biens transmis par décès est de *deux ans*, et la représentation d'une quittance de loyers ne peut remplacer un bail courant ni servir par conséquent de base *exclusive* pour l'évaluation. (*Cass.* 12 *fév.* 1835.) I. G. 31 juill. 1835, § 2, n° 1490.

9. — Pour aucun motif, spécialement pour l'assignation préalable des parties, un tribunal ne peut surseoir d'ordonner l'expertise. (*Cass.* 11 *fév.* 1835.) . . . . I. G. 31 juill. 1835, § 3, n° 1490.

— *V.* Expertises (Première partie).

EXPLOITATIONS. — *V.* Code *forestier.*

EXPROPRIATIONS *forcées.* — Les frais d'avoués seront avancés par les receveurs près les tribunaux sur mandat du directeur et à charge de recouvrement. . . . . . . I. G. 23 pluv. an X, n° 41.

2. — Les poursuites en expropriation forcée doivent être formellement autorisées par l'administration, et pareille autorisation est nécessaire pour se rendre adjudicataire moyennant la mise à prix. Les frais avancés par l'administration seront remboursés par les adjudicataires. I. G. 21 pluv. an XII, n° 202.

3. — Les formalités de la poursuite en expropriation forcée sont déterminées par le titre XIX du Code civil. I. G. 30 therm. an XII, n° 251.

— *V.* Saisies *immobilières.*

EXPROPRIATIONS *pour utilité publique.* — Les propriétaires dont l'indemnité ne s'élève pas à 100 fr. sont dispensés de la production d'un certificat de non inscription hypothécaire. (*Déc. f.* 25 *mai* 1825.) I. G. 30 sept. 1825, § 14, n° 1173.

2. — Cette dispense est applicable aux expropriations pour l'utilité des communes. (*Déc. f.* 30 *mars* 1826.) I. G. 16 juin 1826, § 12, n° 1189.

3. — Loi du 7 juillet 1833 qui en fixe le mode et les formalités, et Ord. roy. du 18 sept. 1833 qui établit un tarif pour les actes faits en vertu de cette loi. — Expéditions de tous les actes relatifs aux acquisitions seront adressées aux directeurs qui les conserveront en dépôt sur inventaire spécial. Les receveurs acquitteront à titre d'avance et comme frais urgens, les indemnités dues aux membres du jury d'expropriation, magistrats et greffiers. Le recouvrement en aura lieu, soit par voie de contrainte sur la partie condamnée pour les frais de jurés, soit sur l'administration ou la compagnie concessionnaire pour l'indemnité au magistrat-directeur et son greffier. Mode de comptabilité pour ces dernières avances et leur remboursement qui seront classés aux *opérations de trésorerie.* I. G. 28 janv. 1835, n° 1448.

4. — Ord. roy. du 22 mars 1835 qui fixe le mode de rétrocession aux anciens propriétaires, ou de ventes de terrains acquis pour travaux d'utilité publique et qui n'ont pas reçu cette destination. Les produits en seront classés au chapitre *Produits divers.* I. G. 22 mai 1835, n° 1484.

— *V.* Aliénations *de biens de l'état,* n° 6; Hypothèques, n°s 28, 29 et 148.

EXTINCTIONS. — Hypothèques, n°s 30 et 31.

EXTRAITS *de jugemens.* — Amendes *et condamnations pécuniaires.* — L'indemnité allouée aux greffiers pour les extraits de jugemens fournis aux receveurs sera acquittée sur états spéciaux ordonnancés par le président. L'avance en sera faite à charge de recouvrement sur les condamnés ou sur le trésor. I. G. 8 mars 1806, n° 301.

2. — Cette indemnité est fixée 1° à 40 cent. par rôle pour ceux délivrés par extraits; 2° à 25 cent. par article lorsqu'il est formé simplement des états. Paiement comme il est dit ci-dessus n° 1. Les articles tombés en non valeur sont remboursés comme frais de poursuites en pure perte. Modifié. n°s 3 et 5 inf. I. G. 8 mars 1806, n° 501.

3. — Il est dû aux greffiers 60 cent. par extrait quelque soit le nombre de rôle de chaque extrait; en matière forestière, il n'est dû que 25 cent. (*Décret* 18 *juin* 1811, *art.* 50.) Modifié. n° 5 inf. I. G. 18 juill. 1811, n° 531.

4. — Cette indemnité fait partie des frais de poursuites et doit être acquittée sur les fonds généraux des frais de justice. I. G. 8 avril 1813, n° 632.

5. — Quelle que soit la matière, il n'est dû que 25 cent. par extrait délivré aux préposés de la régie pour le recouvrement des condamnations pécuniaires. (*Décret* 7 *avril* 1813, *art.* 7.) I. G. 31 mai 1813, n° 639.

6. — L'indemnité de 25 cent. n'est due que pour les jugemens devenus définitifs faute d'appel et les droits de timbre et d'enregistrement en *débet* doivent y être détaillés sans augmentation de salaire. (*Déc. f.* 26 *août* 1820.) I. G. 14 sept. 1820, n° 951.

7. EXTRAITS *de jugemens.* — AMENDES *et condamnations pécuniaires.* — Les extraits de jugemens doivent être transmis chaque mois aux receveurs qu'ils concernent de la même manière que les renvois. Modifié. n° 8 inf. . . . . I. G. 5 juin 1830, n° 1318.

8. — La transmission aura lieu aussitôt la remise, au moyen d'un bulletin de renvoi, énonçant le numéro du registre des renvois établi à cet effet dans les bureaux de chef-lieu, ou du sommier des découvertes dans les bureaux de canton. L'article sera émargé ensuite du numéro de la consignation d'après le bulletin renvoyé au bureau pour accusé de réception. I. G. 17 mars 1831, n° 1353.

9. — Les bulletins de renvois rentrés au receveur seront remis à l'employé supérieur chargé de la vérification qui constatera cette remise par un reçu paraphé en marge du registre, et les transmettra au directeur avec mention au registre de correspondance. Le directeur remettra ensuite ces bulletins aux vérificateurs afin de s'assurer de leur consignation exacte. I. G. 30 juill. 1833, n° 1430.

10. — Les extraits rédigés sur cadres imprimés peuvent être transmis directement en franchise par les directeurs à leurs collègues; mais ceux entièrement manuscrits continuent d'être transmis par l'intermédiaire de l'administration. . . . . I. G. 25 oct. 1834, n° 1466.

— *V.* AMENDES, n°s 7, 58 et 59; DÉLITS *forestiers;* DROITS *d'enreg.*, *n°* 7; FRAIS *de justice;* FRAIS *de poursuites*, *n°* 2; GREFFIERS; PORTS *de lettres*, *n°* 24.

EXTRAITS *des registres.* — *V.* REGISTRES, n°s 1 et 2.

F

FABRIQUES. * (V. *Circ.* 333, 485, 573.)
— La vente de leurs biens est suspendue. Circ. 7 prair. an XI.

2. * — Les biens non aliénés et les rentes non transférées sont rendus à leur destination primitive. *(Arr. gouv. 7 therm. an VI.)* I. G. 15 fruct. an XI, n° 155.

3. * — Les biens rentrés dans la main de l'état, par suite de déchéances, font partie de cette restitution. Etat des rentes dues à chaque fabrique. . . . . I. G. 24 brum. an XII, n° 181.

4. * — Demande d'un état du revenu de chaque fabrique. I. G. 2 niv. an XII, n° 189.

5. * — Les biens, rentes et fondations à charge de messes et services religieux leur sont également rendus. I. G. 6 pluv. an 12, n° 200.

6. * — La portion d'arrérages des rentes transférées et des fermages des biens aliénés, appartenant à l'état et non encore recouvrée au 7 therm. an XI, est abandonnée aux fabriques. Circ. 20 pluv. an XII.

7. * — Les biens donnés aux curés, vicaires, etc., à charge de service religieux, sont également remis aux mains des fabriques. I. G. 9 germ. an XII, n° 217.

8. * — Les rentes affectées à la caisse d'amortissement, avant l'arrêté du 7 therm. an XI, ne peuvent être restituées aux fabriques. Circ. 6 frim. an XI.

9. * — L'arrêté du 7 therm. an XI est applicable aux biens et rentes provenant des fabriques des métropoles et des cathédrales. I. G. 25 germ. an XIII, n° 278.

10. * — État de ces biens à fournir. Circ. 7 flor. an XIII.

11. * — Les biens et rentes provenant des confréries font partie de ceux attribués aux fabriques. Circ. 5 vend. an XIV.

12. * — Décisions nouvelles sur l'interprétation et l'application de l'arrêté du 7 thern. an XI. I. G. 22 juill. 1807, n° 334; et 23 oct. 1807, n° 355.

13. * — Demande d'un état des biens dont jouissent les fabriques, curés et desservans. Circ. 5 janv. 1808.

14. FABRIQUES.* — Les fabriques sont maintenues en possession des biens dont les acquéreurs avaient encouru la déchéance. Circ. 27 juill. 1808.

15.*— Les rentes provenant des fabriques, rendues au domaine par la caisse d'amortissement, leur sont restituables. Circ. 16 sept. 1808.

26.* — Les biens rentrés par suite de déchéance leur seront rendus à charge de rembourser les à-comptes payés. (*Déc. f.* 26 *sept.* 1818.) I. G. 10 nov. 1818, n° 864.
— *V.* CURES; EGLISES; HYPOTHÈQUES, n°s 130 et 131; PRESBYTÈRES.

FAILLITES. — *V.* AFFIRMATIONS *de créances*; DROITS *d'enregistrement*, *n°* 4; HYPOTHÈQUES, n°s 32 et 33.

FAUSSES ÉVALUATIONS. — *V.* EXPERTISES.

FAUSSES MONNAIES. — *V.* MONNAIES, n° 15.

FAUX. — *V.* REGISTRES, n° 3; RELATIONS *d'enregistrement*, *n°* 1er.

FEMMES. — *V.* EMIGRÉS, n° 20; HYPOTHÈQUES, n°s 69, 70, 103 et 104; SAISIES-ARRÊTS, n° 2.

FÉODALITÉS. — *V.* RENTES, n°s 2 et 3.

FERMAGES. — BIENS *de l'état.** — État de ceux à échoir en l'an X. . . . . Circ. 19 niv. an X.

2.* — État à faire de ceux de l'an IX. Circ. 6 vent. an X.

3.* — Liquidation et reduction des fermages stipulés en papier-monnaie. (*Arr. gouv.* 6 *mess. an X.*) I. G. 5 therm. an X, n° 65.

4. — Les fermages se prescrivent par 5 ans. (*Ord. de* 1629; *Cass.* 13 *germ. an XII.*) . . . Circ. 24 flor. an XII.

5.* — État des fermages de l'année expirée et de l'année courante. . . . . Circ. 7 niv. an XIV.

6.* — Fixation du *prorata* entre l'état et les acquéreurs. Circ. 14 sept. 1807.
— *V.* ALIÉNATIONS *de biens de l'état*, *n°* 1er; BATIMENS *de l'état*, *n^os^* 4 *et* 10; BATIMENS *militaires*, *n^os^* 4, 5 *et* 6; INSTANCES, n°s 14 et 25; OBLIGATIONS, n°s 6 et 7; RESTITUTIONS, n° 6.

FÊTES. — *V.* BUREAUX; JOURS *fériés*.

FEUILLES *d'audience*. — *V.* ACTES *judiciaires*, *n^os^* 2, 3, 4 *et* 5.

FILIGRANE. — Établissement d'un nouveau filigrane pour les papiers timbrés. (*Ord. roy.* 8 *juill.* 1827.) I. G. 21 août 1827, n° 1216.
— *V.* TIMBRE.

FIN *de non recevoir*. — *V.* INSTANCES.

FOLLE-ENCHÈRE. — *V.* ALIÉNATIONS; COUPES *de bois*.

FONDS *de subvention*. — Le receveur auquel il manque des fonds pour acquitter une dépense peut se faire remettre la somme nécessaire pour compléter le paiement. Formalités de comptabilité. (*Ord. roy.* 8 *nov.* 1820.) I. G. 12 fév. 1821, n° 971.

2. — La demande de fonds de subvention aux receveurs des finances ne doit avoir lieu que très-rarement. Formalités et modèles de demande et de quittance. (*Déc. f.* 10 *août* 1822.) I. G. 28 août 1822, n° 1053.

3. — Mode de réquisition et de remise des fonds de subvention. (*Déc. f.* 12 *août* 1826.) *V.* n° 4 inf. I. G. 28 sept. 1826, n° 1198.

4. — En cas d'insuffisance des recettes du receveur du chef-lieu pour acquitter les mandats d'amendes attribuées, le directeur y pourvoira par un ordre de subvention aux receveurs de canton. Ces opérations sont constatées sous un titre particulier. (*Déc. f.* 31 *août* 1827.) I. G. 11 sept. 1827, n° 1221.
— *V.* COMPTABILITÉ, n° 130.

FONDS *particuliers des receveurs.* — *V.* Comptabilité, n° 129; Receveurs, n° 3.

FORÇATS. — *V.* Marine.

FORCEMENS. (V. *Circ. n°* 64.)

— On ne doit relever sur les états de forcemens et restitutions que les perceptions relatives à des questions particulières. Celles d'intérêt général doivent faire l'objet d'un rapport spécial des employés supérieurs, avec copies d'actes et observations du receveur. Les directeurs peuvent faire à l'administration des rapports de ce genre, sans y être provoqués par les employés supérieurs. I. G. 13 fév. 1824, § 1er, n° 1119.

2. — Lorsque les perceptions sont évidemment contraires à la loi ou matériellement fausses, les inspecteurs doivent porter en recette à la date courante le supplément de droits exigible. S'il y a doute, ou que les receveurs ne reconnaissent pas l'irrégularité, les enregistremens sont relevés sur des imprimés spéciaux émargés des observations de l'inspecteur et du receveur, et adressés au directeur. Celui-ci y consigne ses propres observations, et transmet le tout à l'administration qui prononce; provisoirement il est fait mention des propositions au sommier douteux. (*Ordres de service, art.* 12.) I. G. 5 juin 1830, n° 1318.

3. — Confirmation de ces règles pour les perceptions relevées par les vérificateurs et inspecteurs; mais les vices matériels ne doivent être immédiatement portés en recette que d'après le consentement des receveurs; autrement il en sera fait article au sommier certain, et à défaut de recouvrement avant la rédaction du procès-verbal, l'article sera relevé au rapport de gestion. — Lorsque le délai de la prescription sera expiré sans que l'article ait été recouvré, le comptable sera forcé en recette s'il est encore en exercice; dans le cas contraire, l'administration statuera sur la responsabilité des employés auxquels on pourrait imputer le défaut de paiement. — Pour les perceptions douteuses, les solutions de l'administration seront transmises par les directeurs aux employés supérieurs et aux receveurs chargés du recouvrement. (*Art.* 12 *du règlement.*) I. G. 15 mars 1831, n° 1351.

FORÊTS. — Division de la France en 20 arrondissemens forestiers. (*Ord. roy.* 22 *nov.* 1820.) Modifié. Les directeurs correspondent pour le service avec les conservateurs et inspecteurs. Circ. 3 fév. 1821.

— *V.* Administration *des forêts;* Aliénations *de biens de l'état, n*os 3 *et* 11; Aliénations *de bois de l'état;* Amnisties; Chasse; Code *forestier;* Comptabilité, n° 131 et suiv.

FORME ET PROCÉDURE. — *V.* Instances, n° 41 et suiv.

FORMULES. — *V.* Passeports; Patentes; Permis *de port d'armes.*

FORTIFICATIONS. (V. *Circ. n°* 351.)

* — Fournir un état du produit de la location des herbes des remparts et fortifications dans les places de guerre. Circ. 22 vend. an XII.

2.* — Fournir un état des terrains et bâtimens dépendant des fortifications. . . . . Circ. 15 fév. 1811.

3.* — Le produit de ces terrains et bâtimens est affecté à l'hôtel des Invalides, et lui sera versé par la régie. Mode d'exécution. I. G. 18 avril 1811, n° 514.

4.* — Comptabilité relative à ces produits et remises spéciales allouées aux employés. . . . I. G. 10 août 1811, n° 536.

5. — Les loyers des corps-de-garde, prisons et bâtimens en ruines, loués pour de faibles sommes, en font partie. Les baux sont passés à la diligence des agens militaires. I. G. 7 déc. 1811, n° 553.

6. — La régie de ces biens est remise à l'autorité militaire; mais les revenus seront perçus par les receveurs. Remise allouée. Dans les places abandonnées, ces biens seront vendus au profit de l'hôtel des Invalides. (*Décret* 22 *déc.* 1812.) Modifié. *V.* Comptabilité, n° 134. I. G. 15 janv. 1813, n° 617.

7. **FORTIFICATIONS.** — Les frais d'abattage, transport et rentrée en magasin des arbres existant sur les terrains militaires seront acquittés jusqu'à due concurrence sur le produit de la vente. (*Déc. f.* 25 *sept.* 1830.) Modifié. *V.* MOBILIER *militaire, n°* 25. I. G. 27 oct. 1830, n° 1339.

— *V.* COMPTABILITÉ, n°s 134 et 135; GUERRE.

FOSSÉS *des routes.* — L'entretien de ceux qui correspondent à des propriétés régies par le domaine pour le compte de l'état doit avoir lieu à la diligence de l'administration. I. G. 12 déc. 1814, n° 614.

FRAIS *de bris de roues.* — *V.* AMENDES, n° 62.

FRAIS *de bureaux.* — (V. *Circ.* 959, 1010 *et* 1144.) — *V.* CONGÉS.

FRAIS *de capture et d'emprisonnement.* — *V.* AMENDES, n° 3; FRAIS *de justice, n°* 7 *et* 12.

FRAIS *de curage, de démolition et d'expertises.* — *V.* COMPTABILITÉ, n° 212; FOSSÉS; VOIRIE *(Grande).*

FRAIS *de justice.* — **PAIEMENT.** * — Les frais de justice et des prisons sont acquittés par les payeurs des départemens sur mandats des préfets à partir de l'an X. (*Arr. gouv.* 25 *vend. an X.*) I. G. 4 frim. an X, n° 16.

2. * — Il en est de même des taxes à témoins. (*Déc. f.* 8 *frim. an X.*) . . . . I. G. 14 frim. an X, n° 19.

3. * — Mode de remboursement de ceux avancés par les receveurs. (*Déc. f.* 24 *frim. an X.*) I. G. 9 niv. an X, n° 33; Circ. 17 flor. an X; I. G. 25 flor. an X, n° 55.

4. — A partir de l'an XI, les receveurs feront sur leur caisse l'avance des frais de justice. Les indemnités aux témoins et jurés sont payés sur la présentation de la copie d'exploit avec taxe du juge et acquit de la partie ou de deux témoins. Il en sera formé état par trimestre rendu exécutoire par le président et visé par le préfet. Les autres frais sont payés sur exécutoire visé du préfet. Les receveurs d'arrondissement acquitteront les frais de prison. (*Loi* 13 *flor. an X*; *Déc. f.* 12 *vend. an XI.*) *V.* n° 6 inf. I. G. 6 brum an XI, n° 88.

5. — Les frais de rectification des registres de l'état civil concernant les indigens sont acquittés comme frais de justice. (*Déc. j. et f.*) I. G. 6 brum. an XI, n° 90.

6. — Le paiement des taxes à témoins et jurés opéré comme il est dit n° 4, est régularisé par un état dressé par trimestre, rendu exécutoire au nom du receveur par le président du tribunal, visé par le procureur du roi et le préfet, et qui alors est admis en dépense. Les autres avances sont admises en dépense sur exécutoires semblables, dûment quittancés. *V.* n° 24 inf. I. G. 15 brum. an XI, n° 93.

7. — Les administrations publiques ou particulières sont considérées comme parties civiles à l'égard des frais de poursuites dirigées contre leurs agens infidèles. Les frais d'emprisonnement des condamnés, pour le recouvrement des condamnations pécuniaires, doivent être avancés par l'administration à charge de recouvrement. (*Déc. j. et f.* 15 *brum. et* 11 *vent. an XI.*) I. G. 9 germ. an XI, n° 130.

8. — Les dépenses véritablement urgentes doivent être acquittées sur le seul exécutoire du juge, sans visa préalable du préfet. Distinction. (*Déc. j.* 24 *germ. an XI.*) *V.* n° 13 inf. I. G. 16 therm. an XI, n° 150.

9. — Les frais de nourriture des condamnés emprisonnés ne sont pas des frais de justice et restent à la charge du ministère de l'intérieur comme frais de prison. (*Déc. f.* 9 *fruct. an XI; Décret* 4 *mars* 1808.) *V.* n° 34 inf. . . . . I. G. 30 fruct. an XI, n° 164; Circ. 30 avril 1808.

10. — Les frais dus aux huissiers et greffiers pour actes à la requête du ministère public doivent être acquittés comme frais de justice, sur exécutoire en forme. (*Déc. f.* 7 *frim. an VIII, et* 5 *fruct. an XI.*) I. G. 22 vend. an XII, n° 169.

11. — Lorsque l'indigence de la partie civile est authentiquement reconnue, les

frais de poursuites sont avancés par l'administration à charge de recouvrement. (*Déc. f.* 18 *vend. an XII.*) I. G. 17 frim. an XII, n° 182.

12. **FRAIS** *de justice.* — Les frais de capture et de translation des condamnés et ceux d'exécution des jugemens font partie des frais de justice, sauf les frais résultant d'une nouvelle capture après évasion. I. G. 29 flor. an XII, n° 225.

13. — Le paiement ne peut avoir lieu que sur exécutoire régulier, visé par le directeur et appuyé des pièces justificatives scrupuleusement vérifiées. Règles à suivre. (*Loi du* 5 *pluv. an XIII.*) *V.* n° 15 inf. I. G. 21 flor. an XIII, n° 283.

14. — Les frais d'exécution des jugemens militaires lorsque ces exécutions n'ont pas lieu militairement, sont payables comme frais de justice ordinaires. Circ. 7 mars 1807.

15. — Les originaux ou expéditions des actes des greffiers et huissiers ne doivent pas être joints aux exécutoires appuyés de mémoires détaillés et signés. (*Déc. j.* 13 *janv.* 1807.) Circ. 27 mars 1807.

16. — Les dépenses de routes pour la translation des prisonniers, par ordre des tribunaux ou du ministère public, doivent être acquittées comme frais de justice. Les autres sont à la charge des ministères. (*Av. cons. d'état* 10 *janv.* 1807.) . . . . . . Circ. 2 mai 1807.

17. — Les avances de frais de justice doivent être régularisées par trimestre. Exécution. (*Décret* 24 *fév.* 1806.) *V.* n° 21 inf. I. G. 5 nov. 1807, n° 358.

18. — Les frais de police municipale sont acquittés comme frais de justice lorsqu'il n'y a pas partie civile, ou que le maire poursuivant n'agit pas dans l'intérêt particulier de la commune, alors considérée comme partie civile. I. G. 23 déc. 1807, n° 361.

19. — Se conformer aux règlemens existant pour la taxe des salaires d'huissiers et les frais de justice criminelle, jusqu'à ce que les tarifs et règlemens généraux aient été arrêtés. (*Déc. j.* 18 *juill.* 1807, *et* 2 *avril* 1808.) I. G. 19 mai 1808, n° 378.

20. — Les exécutoires ne doivent être payés que sur l'acquit de toutes les parties prenantes ou du fondé de pouvoir spécial qui peut être donné au pied du mémoire. (*Déc. j.*) Circ. 16 juill. 1808.

21. — Les états de frais payés seront dressés par trimestre. *V.* n° 24. Circ. 5 nov. 1808.

22. — En matière correctionnelle et lorsqu'il y a partie civile dont l'indigence est constatée, les mandats et ordonnances pour frais de poursuites sont avancés par l'administration pour le compte du ministère de la justice et avec réserve de recouvrement contre qui de droit. (*Déc. j.* 10 *nov.* 1808.) I. G. 21 janv. 1809, n° 414.

23. — Les administrations publiques acquittent les frais de justice des procédures suivies dans leur intérêt. Les témoins, agens salariés des deniers publics, n'ont droit qu'à une indemnité de frais de route. (*Déc. f.* 26 *déc.* 1809.) *V.* n° 38 inf. . . . I. G. 15 janv. 1810, n° 461.

24. — Décret du 18 juin 1811 sur l'administration de la justice en matière criminelle, de police correctionnelle et de simple police, et tarif général des frais. — L'administration de l'enregistrement est chargée de faire l'avance des frais de justice criminelle à charge de recouvrement. (*Art.* 1.) Nomenclature de ces frais. (*Art.* 2 *et* 3.) — Tarif. Translation des prévenus, accusés, procédures et pièces de conviction; honoraires et vacations des médecins, chirurgiens, experts, etc.; indemnités aux témoins et jurés; scellés et mises en fourrière; expéditions et honoraires des greffiers; salaires des huissiers; transport des magistrats; frais de voyage et de séjour; ports de lettres et paquets; impressions; exécution des arrêts. (*Titre* 1er.) — Dépenses *assimilées à celles de l'instruction des procès criminels.* Interdiction d'office; poursuites d'office en matière civile; inscriptions hypothécaires requises par le ministère public; recouvrement d'amendes et cautionnemens; transport des greffes. (*Titre* 2.) — Les frais urgens seront acquittés sur simple taxe du juge au bas des copies d'exploits ou mémoires. (*Art.* 133.) — Désignation des frais urgens. (*Art.* 134, 135 *et* 136.) Ils seront relevés par trimestre sur un état qui devra être rendu exécutoire par le juge et visé par le préfet. (*Art.* 137.) — Les dépenses non urgentes seront acquittées sur état, taxé et rendu exécutoire par le juge, et visé par le préfet; formalités. (*Art.* 138 *à* 155.) — LIQUIDATION *et recouvrement des frais.* (*Titre* 3, *ch.* 2.) Les parties civiles sont tenues des frais, excepté en cas d'indigence constatée, sauf recours contre les condamnés. (*Art.* 157, 159 *et* 160.) — Les administrations publiques, communes et établissemens publics sont considérés comme parties civiles dans les procès suivis pour délits contre leurs propriétés. (*Art.* 158.) — Les exécutoires doivent exprimer qu'il n'y a pas partie civile en cause. (*Art.* 161.) — Frais de justice devant la cour de cassation, les cours prévotales et les tribunaux des douanes, (*Titre* 4.) — Prescriptions en ce qui concerne les employés. *V.* nos 25 30 et 33 inf.; COMPTABILITÉ, nos 7 et 136. I. G. 18 juill. 1811, n° 531.

25. FRAIS *de justice.* — Modèles des états, mémoires et exécutoires de frais de justice. Tous ceux qui ne seront pas conformes devront être rejetés *V.* COMPTABILITÉ, n° 136. I. G. 24 août 1811, n° 538; 16 janv. 1812, n° 560; 10 mars 1813, n° 627.

26. — Règlement des frais d'exécution des arrêts criminels. (*Arr. j.* 3 *oct.* 1811.) Ils seront payés sur mandats des préfets. Circ. 16 nov. 1811.

27. — S'il y a opposition au paiement, le visa du directeur distinguera la portion à acquitter à la partie prenante et celle réservée au saisissant. Cette portion sera versée à la caisse d'amortissement. Modifié. I. G. 13 juill. 1812, n° 589.

28. — Les frais en matière de recélement de déserteurs de la marine sont payés comme frais de justice criminelle. (*Déc. j.*) I. G. 6 août 1812, n° 592.

29. — Les frais d'états de liquidation des frais et ceux des extraits de jugemens pour le recouvrement des condamnations pécuniaires doivent être acquittés comme frais de justice. I. G. 8 avril 1813, n° 632.

30. — Modification au tarif des frais. (n° 24 sup.) Ne payer que les exécutoires conformes aux modèles. (n° 25 sup.) (*Décret* 7 *avril* 1813.) I. G. 31 mai 1813, n° 639.

31. — Les frais de poursuites des contraventions aux lois sur le notariat sont assimilés pour le paiement et le remboursement aux frais de justice ordinaires. (*Déc. f.* 10 *fév.* 1817.) I. G. 19 avril 1817, n° 773.

32. — Lorsqu'une affaire intéressant une commune ou un établissement doit entraîner peine afflictive ou infâmante, les frais sont acquittés comme frais de justice ordinaires. (*Déc. f.* 22 *mars* 1822.) I. G. 24 avril 1822, n° 1036.

33. — Les avances de frais urgens doivent être régularisées par mois. (*Déc. j.* 2 *mars* 1821.) I. G. 22 mai 1822, n° 1041.

34. — Les frais de nourriture des délinquans forestiers emprisonnés sont à la charge du ministère de l'intérieur. (*Déc. f.* 16 *avril* 1829.) I. G. 30 oct. 1829, § 1, n° 1294.

35. — Les frais de poursuites en matière forestière sont avancés par les receveurs conformément à la circulaire de la comptabilité générale du 15 déc. 1827. *V.* COMPTABILITÉ, n° 12. I. G. 8 déc. 1829, n° 1299.

36. — La partie civile qui, dans les affaires soumises au jury, n'a pas succombé, sera remboursée des frais de justice avancés par elle, sur état triple, comme pour les autres frais de justice. (*Ord. roy.* 28 *juin* 1833.) I. G. 27 juill. 1832, n° 1404.

37. — Les frais de poursuites en matière de contravention aux règlemens sur la pêche maritime doivent être avancés comme frais de justice ordinaires. (*Déc. f.* 9 *déc.* 1834.) I. G. 4 fév. 1835, n° 1478.

38. — Les frais ne sont avancés pour le compte des administrations publiques, autres que les postes et les contributions indirectes, (n° 65 et 66 inf.) que pour les instances, n'entraînant pas peine afflictive ou infâmante, suivies en vertu des lois spéciales à ces administrations. Dans le cas contraire, ils sont acquittés pour le compte du ministère de la justice. I. G. 17 août 1835, n° 1494.

— *V.* A-COMPTES; MANDATS, nos 1 et 3; TAXES *à témoins.*

39. **FRAIS** *de justice.* — **Recouvrement.** — Le recouvrement des frais de justice peut être suivi par voie de contrainte par corps. (*Déc. j. 8 frim. an X*; *Décrets* 20 *sept.* 1809, *et* 18 *juin* 1811.)) I. G. 6 niv. an X, n° 31; Circ 2 pluv. an XI; I. G. 17 fév. 1810, n° 466; et 18 juill. 1811, n° 531.

40. — Dans les cas prévus par la Circ. du 7 fruct. an VII, n° 1871, on doit faire apposer les scellés sur les effets mobiliers des accusés qui n'ont pas de propriétés immobilières. *V.* n° 41 et 43 inf. I. G. 1er fruct. an X, n° 69.

41. — Cette mesure ne doit avoir lieu que si l'accusé est contumax ou lorsqu'il s'agit de fausse monnaie. (*Déc. j. 24 therm. an X.*) I. G. 6 brum. an XI, n° 68.

42. * — Le recouvrement de ceux de l'an X doit être continué; mais il n'y a pas lieu d'en verser le produit à la caisse des centimes additionnels. . . . . I. G. 15 brum. an XI, n° 93.

43. — L'apposition de scellés ne doit avoir lieu préventivement que dans les cas emportant peine afflictive ou infamante, et l'on doit user de cette faculté avec modération. (*Déc. f. 7 niv. an XI.*) Circ. 28 vent. an XI.

44. — L'administration doit provoquer la nomination d'un curateur aux individus condamnés aux fers, pour suivre contre eux le recouvrement des frais de justice. Marche à suivre. *V.* n° 46 inf. I. G. 9 mess. an XI, n° 142.

45. — L'emprisonnement ne libère pas le condamné à l'égard des frais de justice, s'il redevient solvable, il peut être de nouveau poursuivi par voie de contrainte par corps. (*Déc. j. 18 fruct. an XI.*) I. G. 19 niv. an XII, n° 194.

46. — La nomination d'un curateur doit être provoquée contre les condamnés temporairement aux fers; mais pour ceux frappés de mort civile, le recouvrement des frais doit être suivi contre les héritiers, sauf, en cas de renonciation à la succession, à faire nommer un curateur spécial. (*Déc. f. 29 vent an XII.*) *V.* n° 44 sup. . . . . . I. G. 28 germ. an XII, n° 220.

47. — Le tiers du produit du travail des détenus qui doit leur être remis à leur sortie, n'est pas saisissable à cause des frais de justice. L'insolvabilité des condamnés est suffisamment constatée par un certificat d'indigence. (*Déc. f. 7 janv.* 1806.) *V.* nos 50 et 51 inf. Circ 13 janv. 1806.

48. — Les condamnés contumax absous par un nouveau jugement ne peuvent être déchargés des frais du premier jugement. Les frais doivent également être recouvrés sur les héritiers des condamnés décédés dans les cinq ans des jugemens par contumace. (*Déc. f. 6 oct.* 1807.) *V.* Contumax, n° 3. I. G. 22 oct. 1807, n° 354.

49. * — États de situation du recouvrement des frais de justice et des taxes abusives à fournir par trimestre. Abr. n° 68. I. G. 23 déc. 1807, n° 361; Circ. 10 oct. 1808.

50. — L'insolvabilité des condamnés est suffisamment prouvée per un certificat d'indigence délivré par le maire et visé par le préfet. (*Déc. j. 29 fév.* 1808.) *V.* n° 59 inf. I. G. 3 juin 1808, n° 381.

51. — Ce certificat suffit même pour autoriser le ministère public à faire subir au condamné la détention d'un mois. (*Déc. j. et f.*) I. G. 26 janv. 1811, n° 506.

52. — Les frais de justice doivent être recouvrés par le receveur du domicile du condamné. (*Déc. f. 2 avril* 1811.) Prescriptions de manutention abrogées. n° 63 inf. I. G. 11 mai 1811, n° 518.

53. — L'administration comptera des recouvremens sur les frais de justice comme de ses autres recettes. (*Décret 18 juin 1811, art.* 177.) État trimestriel de situation; prescriptions de comptabilité. (*Art.* 178.) Abrogé. n° 63 et 68 inf. . . . . I. G. 18 juill. 1811, n° 531.

54. — Les frais de justice en matière de douanes sont recouvrés comme frais de justice ordinaires. Mesures spéciales de comptabilité. (*Déc. f. 12 nov.* 1811.) . . . . . . I. G. 26 nov. 1811, n° 551.

55. **FRAIS** *de justice.* — RECOUVREMENT. — États particuliers de situation du recouvrement des frais de justice en matière de douanes. *Modèles. V.* n° 62 inf. . . . . Circ. 5 oct. 1812.

56. — Recouvrement des droits de timbre et d'enregistrement pour les formalités données en débet et dont le montant devait être compris dans la liquidation des dépens. Prescriptions de manutention abrogées. I. G. 31 oct. 1812, n° 607.

57. — Les frais d'exécution des arrêts criminels y compris ceux alloués pour l'assistance des greffiers, sont à la charge de l'état et ne doivent pas être recouvrés sur les condamnés. (*Déc. f.* 22 *avril* 1813.) Circ. 17 mai 1813.

58. — Les préposés doivent vérifier avec soin les états de liquidation de frais à recouvrer et les comparer aux taxes et exécutoires acquittés. . . . . I. G. 22 juin 1813, n° 641.

59. — Les certificats d'indigence en forme autorisent à suspendre les poursuites, mais les employés n'en doivent pas moins apporter la plus grande surveillance pour profiter des circonstances qui permettraient de suivre le recouvrement, même par voie de contrainte par corps. (*Déc. j.* 18 *sept.* 1816.) I. G. 22 oct. 1816, n° 750.

60. * — Ordre d'en activer le recouvrement. I. G. 23 août 1817, n° 796.

61. * — Distinction à faire dans les états de situation de ceux payés sur mandats des préfets. (*Déc. j.* 30 *janv.* 1818.) I. G. 16 fév. 1818, n° 823.

62. — L'administration des douanes doit rembourser aux receveurs de l'enregistrement les frais avancés dans les affaires suivies à sa requête. C'est à elle à en opérer le recouvrement sur les condamnés. (*Déc. f.* 8 *juin* 1818.) *V.* n° 55 sup. . . . . I. G. 1er juill. 1818, n° 847.

63. — L'administration reste chargée du recouvrement des frais de justice; elle en comptera comme de ses autres produits. (*Ord. roy.* 3 *nov.* 1819.) Mode de comptabilité. Modifié. n° 65 à 68 inf. I. G. 10 déc. 1819, n° 911.

64. — La femme d'un condamné n'a de préférence sur l'administration, par rapport aux frais de justice, qu'autant que ses reprises seraient établies par une liquidation contradictoire. (*Cass.* 15 *juin* 1824.) I. G. 8 sept. 1824, § 19, n° 1146.

65. — Les parties civiles sont responsables des frais avancés par l'état, même lorsqu'elles gagnent leur procès. Ceux avancés pour les communes ou établissemens publics et pour l'université, sont recouvrés sur les condamnés ; et en cas d'insolvabilité sur l'établissement, conformément à l'instruction 1001, les frais avancés pour les administrations des postes et de la loterie, doivent être immédiatement remboursés par elles, comme il est prescrit pour les douanes. I. G. n° 847, n° 62 sup. (*Déc. f.* 14 *juill.* 1826.) *V.* COMMUNES, n° 42. I. G. 18 août 1826, n° 1195.

66. — Les receveurs ne doivent faire aucune avance de frais dans les procédures suivies par l'administration des postes en matière de transport frauduleux de dépêches. (*Déc. f.* 17 *mars* 1828.) I. G. 1er avril 1828, n° 1237.

67. — La prescription de cinq ans établie par l'art. 636 du Code d'instruction criminelle n'est pas applicable aux frais prononcés par les arrêts et jugemens en matière correctionnelle. (*Cass.* 23 *janv.* 1828.) I. G. 26 juin 1828, § 13, n° 1249.

68. — Suppression des états de recouvremens sur les frais de justice et les taxes abusives. I. G. 31 oct. 1829, n° 1295.

— *V.* AMENDES, n° 13; COMPTABILITÉ, n° 136 et suiv.; CONTRAINTE *par corps*; CONTUMAX; HYPOTHÈQUES, n°s 108, 109 et 110; INSTANCES, n°s 39 et 40; MOBILIER *de l'état*, *n°* 10; PRESCRIPTIONS, n° 5.

FRAIS *de justice militaire.* — Les salaires des témoins, experts et interprètes appelés devant les tribunaux militaires sont payés par les receveurs sur état dressé par trimestre, arrêté et rendu exécutoire par les présidens des conseils de guerre, et visé par le commissaire des guerres. Règlement pour ceux antérieurs à l'an XI. *V.* n° 4 inf. . . . I. G. 30 frim. an XI, n° 106.

2. FRAIS *de justice militaire.* — Ces frais ne doivent être payés que sur mandats rendus exécutoires par le président du conseil de guerre et le rapporteur. (*Déc. guerre.*) Ils sont déterminés par l'arrêté du directoire du 17 flor. an V. Vérifier les exécutoires et les taxes. Règlement pour les avances antérieures à l'an XI. *V.* n° 4 inf. I. G. 16 therm. an XI, n° 149.

3. * — Ces frais ne sont pas assujettis à la retenue de 2 p. °/₀ prescrite par la loi du 26 fruct. an VII. (*Arr. gouv.* 6 *therm an XI.*) Circ. 2 fruct. an XI.

4. — Ceux urgens doivent seuls être acquittés par les receveurs dans les lieux où il n'existe pas de payeur militaire. *V.* n° 7 inf. I. G. 21 flor. an XIII. n° 283.

5. — Les frais urgens doivent *partout* être payés par les receveurs, à la seule exception de ceux qui concernent les déserteurs. *V.* n° 9 inf. Circ. 21 mess. an XIII.

6. — Ils sont recouvrés de la même manière que les frais de justice ordinaires et portés en recette sous le titre : *Frais de justice militaire recouvrés.* (*Déc. j. et f.* 14 *juill.* 1807.) Modèle d'exécutoire. I. G. 7 oct. 1807, n° 348.

7. — Ils continueront d'être avancés par les receveurs qui en seront remboursés directement par les payeurs de la guerre sur ordonnance du ministre ; mais ils ne devront plus figurer en dépense dans la comptabilité. (*Déc. guerre,* 25 *nov.* 1808.) *V.* n° 10 inf. I. G. 25 mars 1809, n° 425.

8. * — État sémestriel de situation du recouvrement à fournir. Circ. 4 juin 1812.

9. — Les frais concernant les prévenus de désertion sont assimilés aux autres frais de justice militaire, et on doit suivre à cet égard les dispositions de l'instruction générale, n° 425. (n° 7 sup.) Distinctions de comptabilité et modèles de pièces. (*Ord. roy.* 21 *fév.* 1816.) I. G. 15 avril 1816, n° 712.

10. — Les receveurs dresseront par mois le bordereau des frais avancés suivant le modèle joint. Il ne sera fait aucune distinction des frais payés ; ils le feront rendre exécutoire et le transmettront à l'intendant militaire qui leur délivrera un mandat de remboursement dans la quinzaine. (*Déc. g.* 9 *nov.* 1822.) I. G. 15 déc. 1822, n° 1062.

11. — Les taxes des témoins appelés devant les conseils de discipline de la garde nationale sont acquittées par les receveurs ; ils en sont remboursés par mandats du préfet sur le payeur, délivrés au vu des états fournis et sur ordonnance de délégation du ministre. Les taxes et états sont établis suivant les modèles adoptés pour les frais de justice militaire. La recette et la dépense figurent aux opérations de trésorerie. . . . I. G. 11 déc. 1833, § 2, n° 1442.

— *V.* Frais *de justice*, n° 14.

FRAIS *de nourriture des condamnés.* — L'administration n'est pas tenue de ces frais pour les condamnés emprisonnés à sa requête. I. G. 30 fruct. an XI, n° 164.

2. — Il n'y a lieu de faire aucune consignation pour ces frais. (*Décret* 4 *mars* 1808.) . . . Circ. 30 avril 1808.

— *V.* Frais *de justice*, nos 9 *et* 34 ; Frais *des prisons.*

FRAIS *de police municipale.* — *V.* Frais *de justice*, n° 18.

FRAIS DE PORT *de lettres et paquets.* — *V.* Mandats, n° 2 ; Ports *de lettres.*

FRAIS *de poursuites et d'instances concernant l'administration.* — (V. *Circ.* nos 125 *et* 153.)

— Ils demeurent à la charge des préposés qui les ont occasionnés irrégulièrement ou sans autorisation. Circ. 23 mars 1808.

2. — Les frais d'extraits de jugemens et des actes nécessaires à la suite du recouvrement des condamnations, sont à la charge de l'administration, et ne doivent plus être acquittés sur les fonds généraux des frais de justice. (*Ord. roy.* 3 *nov.* 1819.) . . . I. G. 10 déc. 1819, n° 911.

3. — Les frais de poursuites et d'instances tombés à la charge de l'administration appartiennent à l'exercice ouvert au moment du jugement ou de l'ordre d'abandonner les poursuites. I. G. 8 janv. 1823, n° 1065.

4. **FRAIS** *de poursuites et d'instances concernant l'administration.* — Lorsqu'il y a lieu d'acquitter, comme contraint, le montant des condamnations prononcées contre l'administration par un jugement ou arrêt contre lequel on peut se pourvoir en cassation, la dépense est suffisamment justifiée par une mention motivée des actes de la procédure et du jugement ou arrêt, mise sur l'état de frais, s'il est nécessaire de conserver ces pièces qui peuvent aussi être remises à la partie, sous récépissé. *V.* COMPTABILITÉ, n° 141. I. G. 7 sept. 1827, § 10, n° 1219.

5. — Les directeurs sont chargés sous leur responsabilité personnelle d'autoriser l'abandon des poursuites et d'ordonner le remboursement des frais. Celui des frais d'instances ne peut être ordonné que par l'administration. (*Déc. f.* 18 *nov.* 1829.) . . . I. G. 22 déc. 1829, n° 1302.

— *V.* AMENDES, n°s 1, 19 et 24; COMPTABILITÉ, n° 141; CONTRAINTE *par corps*; DOMAINES *de l'état*, n° 16; DOMAINES *engagés*, n° 20; EXTRAITS *de jugemens*; INSTANCES, n°s 7, 17, 25 et 27; REMISES *ordinaires*, n° 7; SAISIES *arrêts*, n° 3.

FRAIS *de poursuites contre les communes ou dans leur intérêt.* — Le recouvrement en est suivi par les receveurs contre les communes. I. G. 6 fruct. an XI, n° 154.

— *V.* COMMUNES, n°s 42, 43 et 44; COMPTABILITÉ, n° 142.

FRAIS *de poursuites pour délits dans les bois de la couronne.* — *V.* DOMAINES *de la couronne*, n° 2.

FRAIS *de sauvetage.* — *V.* MOBILIER *de la marine.*

FRAIS *de translation des prisonniers.* — *V.* FRAIS *de justice*, *n°s* 12 *et* 16.

FRAIS *de vente de biens de l'état.* — *V.* ALIÉNATIONS, n° 5; COMPTABILITÉ, n°s 77 et 96.

FRAIS *des prisons.* — Remboursement de ceux avancés pour l'an IX et l'an X. *V.* FRAIS *de justice.* Circ. 17 flor. an X, et 19 brum. an XI.

FRANÇAIS. * — Mettre sous le séquestre les biens des Français qui ont porté les armes contre la France, ou résidant à l'étranger, dans les cas prévus par le décret du 6 avril 1809. I. G. 20 sept. 1810, n° 490; Circ. 19 août 1811.

2. * — Décret du 21 nov. 1806 qui ordonne le séquestre des biens des Français résidant en Angleterre. Circ. 16 août 1810, et 5 déc. 1810.

3. * — Décrets des 16 et 28 août 1811 sur le même objet. . . . . I. G. 30 sept. 1811, n° 544; Circ. 28 sept. 1811.

4. * — Solutions diverses à cet égard. I. G. 20 fév. 1812, n° 563; et Circ. 7 sept. 1813.

5. * — Leurs biens ne peuvent être vendus qu'après confiscation. Circ. 9 avril 1813.
— *V.* CONFISCATIONS.

FRANCHISE. — *V.* PORTS *de lettres et paquets.*

FRUITS *pendant par racines.* — (V. *Circ.* n° 1139.)
— Ils peuvent être saisis *mobilièrement* pour le recouvrement des sommes dues à l'état. (*Déc. j.* 11 *prair. an XIII.*) I. G. 19 mess. an XIII, n° 288.
— *V* SAISIES *mobilières.*

G

GARANTIE. — OR ET ARGENT. (*Droits de.*) — Distraits des attributions de l'administration de l'enregistrement pour être réunis à celles de l'administration des contributions indirectes à partir du 1er vend. an XIII, par la loi du 5 vent. an XII. Les instructions sur la matière et aujourd'hui sans objet, sont les n°s 77, 135, 192 et 254, et quelques Circ. sans n°.

— *V.* MATIÈRES *d'or et d'argent.*

GARDE (*Droit de*). — Le droit de garde établi par la loi du 23 sept. 1793 n'est pas dû sur les fonds provenant des ventes de biens des communes ou établissemens et déposés à la caisse d'amortissement. (*Déc. f.* 14 *et* 25 *niv. an XIII.*) Circ. 6 pluv. an XIII.

2. — Il ne peut être perçu sur aucune des sommes versées à la caisse d'amortissement; mais il doit l'être sur celles versées au trésor public, notamment sur le produit des biens saisis réellement. Circ. 3 brum. an XIV.

GARDES-MAGASINS *du timbre*. — *V.* Avaries; Magasins *du timbre;* Timbre; Timbre *extraordinaire.*

GARDE *nationale.* — *V.* Amendes, n°s 33, 38 et 39; Amnisties; Frais *de justice militaire, n°* 11; Mobilier *militaire, n°* 24.

GARDES *forestiers.* — *V.* Aliénations *de bois de l'état, n°* 6; Communes, n°s 21, 24, 25, 29, 32 et 33; Procès-verbaux *des agens forestiers*; Répertoires, n° 16.

GENDARMERIE. — *V.* Escortes.

GESTIONS *des comptables.* — *V.* Cour *des comptes;* Rapports; Vérifications.

GLACES. — *V.* Mobilier *de l'état, n°* 14 *et suiv.*

GLANDÉES. — *V.* Code *forestier.*

CRANDE VOIRIE. — *V.* Voirie (*grande*).

GRATIFICATIONS. — Celles accordées aux agens forestiers sont insaisissables. (*Déc. f.* 13 *sept.* 1811.) I. G. 2 oct. 1811, n° 546.

— *V.* Comptabilité, n° 143; Permis *de ports d'armes, n°* 15 *et suiv.*

GREFFE *du conseil d'état.* — *V.* Comptabilité, n° 144.

GREFFES. — Vérification. — Les greffes seront vérifiés au moins une fois par année. Il en sera rendu compte par un rapport, suivant modèle joint. Les contraventions reconnues seront constatées par procès-verbal qui fera l'objet d'un rapport spécial du directeur à l'administration. I. G. 25 sept. 1821, n° 996.

— *V.* Greffiers; Mobilier *de l'état*; Timbre *extraordinaire.*

GREFFIERS. (V. *Circ.* 1109.)

— Les greffiers comptent le 1er de chaque mois aux receveurs du droit de mise au rôle. (*Loi* 21 *vent. an VII, art.* 4.) — Ils tiennent un registre coté et paraphé par le président, des actes soumis aux droits de greffe, et en doivent la communication. *Art.* 13.) — Il ne leur est dû aucun droit de recherche pour les actes de l'année et ceux dont ils délivrent expédition. (*Art.* 14.) — Leurs remises sont le *dixième* du droit de mise au rôle et 30 *cent.* par rôle d'expédition, ou 20 *cent.* seulement pour celles délivrées dans l'intérêt de l'état et dont les receveurs tiendront un compte particulier. (*Art.* 19 *et* 20.) *V.* n° 2 inf. — Ces remises seront payées aux greffiers le 1er de chaque mois sur mandat du président. (*Art.* 17, 18, 21 *et* 22.) Abrogé. n° 8 inf. — Toute exigence supérieure à ces remises est passible de 100 fr. *d'amende*, outre la destitution. (*Art.* 23.) — La loi du 21 vent. an VII doit être affichée dans tous les greffes. (*Art.* 26.) Circ. n° 1537.

2. — La remise de 20 *cent.* par rôle allouée pour les expéditions délivrées dans l'intérêt de l'état, ne doit être payée qu'après le recouvrement et tombe en non valeur avec l'article. (*Déc. f.* 20 *vend. an VIII.*) Circ. n° 1586.

3. — Il est accordé aux greffiers une remise du *dixième* des droits de rédaction et 75 *cent.* par chaque communication du procès-verbal d'ordre aux créanciers. (*Loi* 22 *prair. an VII, art.* 3, 4 *et* 5.) Circ. n° 1611.

4. — Allocation d'*un franc* pour l'affiche du contrat déposé pour la purge légale. (*Déc. j. et f.* 12 *et* 14 *niv. an XIII.*) I. G. 6 pluv. an XIII, n° 266.

5. — La remise allouée pour une adjudication annulée n'est pas restituable. . . . . . . Circ. 15 oct. 1807.

6. GREFFIERS. — Demande d'un état des droits de greffe et des remises perçus en 1807. Circ. 27 janv. 1808.

7. — Transmission des lois des 21 vent. et 22 prair. an VII et du décret du 12 juill. 1808 sur les droits de greffe. I. G. 3 sept. 1808, n° 398.

8. — La remise des greffiers, sauf le décime sur cette remise, ne sera plus reçue par les receveurs; mais perçue directement par les greffiers. (*Ord. roy.* 8 *déc.* 1819.) . . . I. G. 18 déc. 1819, n° 912.

9. — Défense de délivrer extrait ou expédition d'un jugement ou arrêt d'appel avant la consignation de l'amende. (*Édit roy.* 21 *mars* 1671; *Déc. j.* 2 *juill.* 1823.) . . . . . I. G. 1er oct. 1823, n° 1098.

10. — État des remises des greffiers pour 1831. Circ. 9 juin 1832.
— *V.* Communications; Extraits *de jugemens*; Frais *de justice*; Répertoires; Retenues *au profit du trésor, n*os 3 *et* 5, *et* 1re partie *V*° Greffes (*droits de*).

11. — Jugemens *rendus à l'audience.* — Les greffiers délivreront dans les dix jours extrait des jugemens dont les droits n'auront pas été consignés à peine de 10 *fr. d'amende* par décade de retard, outre la responsabilité des droits. (*Loi enreg., art.* 37.) Circ. n° 1450.

12. — La remise de ces extraits sera constatée par des récépissés inscrits au répertoire. (*Loi* 1816, *art.* 38.) I. G. 29 avril 1816, n° 714.

13. — L'amende n° 11 sup. est réduite à une seule amende de 5 *fr.* (*Loi* 1824, *art.* 10.) I. G. 23 juin 1824, n° 1136.

GUERRE. — *V.* Batimens *et terrains militaires*; Fortifications.

H

HALLES. * — Celles dont le domaine est en possession seront abandonnées aux communes, moyennant une rente de 5 p. °/o de l'estimation contradictoire. États. (*Décret* 26 *mars* 1806.) I. G. 25 juin 1806, n° 308.

2. * — L'estimation doit avoir lieu d'après la valeur réelle au moment de l'opération des experts. (*Déc. f.* 27 *oct.* 1806.) Circ. 18 nov. 1806.
— *V.* Rentes *dues à l'état, n*os 16 *et* 23.

HÉRITIERS. — *V.* Amendes, n° 57; Amnisties; Frais *de justice, n*os 46 *et* 48; Notaires.

HOTEL *des Invalides.* — *V.* Comptabilité, nos 134 et 135; Fortifications.

HOSPICES *et établissemens de bienfaisance.* (V. *Circ.* 969.)

* — Les biens affectés à des services de bienfaisance et de charité sont rendus aux hospices et établissemens de secours à domicile. (*Arr. gouv.* 27 *prair. an X.*) . . . I. G. 14 frim. an X, n° 21.

2. * — Rentes abandonnées aux hospices par la loi du 4 vent. an IX. (*Arr. gouv.* 27 *frim. et déc. f.* 7 *prair. an XI.*) . . . . I. G. 8 niv. an XI, n° 113, et 28 prair. an XI, n° 139.

3. * — Les redevances des baux à complant ne sont pas comprises dans cet abandon. (*Av. cons. d'état* 4 *vent. an XI.*) I. G. 5 pluv. an XI, n° 118.

4. * — Prescriptions relatives au mode de remplacement des biens des hospices aliénés par l'état. I. G. 17 vent. an XI, n° 126; Circ. 28 prair. an XI et 2 compl. an XII; I. G. 4 flor. an XIII, n° 280; 11 janv. 1806, n° 298, et 24 oct. 1806, n° 319.

5. * — Distinction des actes qui constituent la main-mise de fait sur les biens réunis au domaine de l'état. I. G. 15 fruct. an XI, n° 156.

6. * — Les hospices n'ont droit aux capitaux de rentes nationales que lorsqu'elles ont été découvertes par leurs agens. I. G. 21 niv. an XII, n° 195.

7.* **HOSPICES** *et établissemens de bienfaisance.* — Les remboursemens de rentes des hospices effectués dans les caisses nationales sont valables, soit qu'ils aient eu lieu avant ou après la loi du 9 fruct. an III. . . . . Circ. 3 vent. an XII, 1er. pluv. et 19 germ. an XIII.

8. — Relevé à fournir des actes contenant des dispositions en leur faveur. *V.* RENVOIS. . . . Circ. 3 pluv. an XIII.

9.* — Nouvelles explications sur les biens et rentes attribués gratuitement aux hospices par la loi du 4 vent. an IX. (*Av. cons. d'état, 30 avril* 1807.) . . . . I. G. 23 oct. 1807, n° 355.

10. — Ils n'ont aucun droit aux biens découverts par la confection du cadastre. (*Déc. f.* 18 *sept.* 1806.) I. G. 14 août 1809, n° 447.

— *V.* AMENDES, nos 17, 18, 19, 20, 21, 22, 50, 51, 52, 53, 66 et 67; HOSPITALIÈRES; HYPOTHÈQUES, n° 97.

HOSPITALIÈRES.* — Leurs biens sont réunis aux hospices. (*Arr. des consuls* 27 *prair. an X.*) I. G. 14 frim. an X, n° 21.

HUISSIERS.* — Ceux près la justice de paix ne peuvent valablement signifier les actes à la requête de l'administration. (*Déc. j.* 15 *fruct. an IX.*) Modifié. n° 2 inf. . . . I. G. 23 brum. an X, n° 12.

2. — Ces huissiers peuvent signifier les contraintes. (*Déc. j.* 27 *pluv. an XI*; *Décret* 14 *juin* 1813.) I. G. 8 germ. an XI, n° 129, et 17 mars 1814, n° 659.

3. — Réglement et organisation du service des huissiers. — Nomination. — Droit d'exploiter. — Prisées et ventes de meubles. — Devoirs et obligations. — Chambre de discipline. — Bourse commune. (*Décret* 14 *juin* 1813.) . . . . I. G. 17 mars 1814, n° 659.

4. — BOURSE COMMUNE. — Les receveurs ne doivent s'immiscer en rien dans la recette des fonds affectés à la bourse commune des huissiers. (*Déc. j. et f.* 8 *et* 18 *juill.* 1823.) I. G. 26 juill. 1823, n° 1087.

— *V.* ACTES *des huissiers*; AMENDES, nos 40 et 41; COMMUNICATIONS; CONTRAINTES, n° 1er; COPIES *de pièces*, FRAIS *de justice*; PATENTES, n° 7 et suiv.; REGISTRES *des protêts*; RÉPERTOIRES.

HYPOTHÈQUES *et privilèges.* — **DISPOSITIONS** *générales.* — (V. *Circ.* 41, 920, 973, 1428, 1464, 1474, 1506, 1545, 1570, 1571 *et* 1576.)

— Loi relative à la conservation des hypothèques confiée à l'administration de l'enregistrement. (*Art.* 1er.) — Établissement d'un bureau par arrondissement. (*Art.* 2.) — Fonctions des conservateurs. (*Art.* 3.) — Serment. (*Art.* 4.) — Cautionnement. (*Art.* 5 *à* 11.) — Empêchement des préposés. (*Art.* 12.) — Vacances des bureaux. (*Art.* 13 *et* 14.) — Traitement et salaires. (*Art.* 15.) — Registres. (*Art.* 16, 17 *et* 18.) — Perception. (*Art.* 19 *à* 27.) — Dispositions transitoires. (*Art.* 28 *à* 39, *loi* 21 *vent. an VII.*) Circ. n° 1539.

2. — Les expéditions ou brevets des procurations produits aux conservateurs doivent rester déposés pour leur garantie. (*Déc. f.* 18 *germ. an X.*) I. G. 18 vent. an XI, n° 123.

3. — Transmission du titre 18 C. C. sur les privilèges et hypothèques. (*Loi* 28 *vent. an XII.*) I. G. 11 mess. an XII, n° 233.

4. — Les conservateurs doivent délivrer à tous ceux qui le requièrent, copie des actes transcrits et des inscriptions subsistantes, ou des certificats négatifs. (*C. C. art.* 2196.) Ils ne peuvent refuser de faire les inscriptions et transcriptions requises. (*C. C. art.* 2200.) I. G. 11 mess. an XII, n° 233.

5. — Les sommes sur lesquelles les droits sont liquidés, doivent être inscrites en gros caractères. Les conservateurs sont responsables des forcemens de droits prescrits, et cette responsabilité s'étend, pour certains cas, aux employés supérieurs. . . . . . . I. G. 11 sept. 1806, n° 316.

6. HYPOTHÈQUES *et privilèges*. — **DISPOSITIONS** *générales*. — Les erreurs commises par les conservateurs peuvent être réparées par eux à la date courante, par une transcription plus exacte des titres et bordereaux; ils n'ont pour cela droit à aucun salaire. (*Av. cons. d'état*, 11 *déc.* 1810.) *V.* n° 136 inf. . . . . I. G. 21 janv. 1811, n° 505.

7. — État des formalités, droits et salaires pendant l'année 1811. Circ. 20 déc. 1811.

8. — Ordre aux employés supérieurs d'apporter la plus scrupuleuse exactitude dans la vérification de la manutention des conservateurs. Compte à en rendre. *V.* VÉRIFICATIONS *de régies*. I. G. 28 janv. 1824, n° 1117.

— BORDEREAUX *d'inscriptions*. — *V.* n° 34 et suiv. inf.

— BULLETINS *de dépôt*. — *V.* n° 12 et suiv. inf.

9. — BUREAUX. — Les conservateurs doivent tenir leurs bureaux fermés pour tout le monde les dimanches et fêtes. (*Déc. j. et f.* 22 *déc.* 1807.) *V.* BUREAUX; JOURS *fériés*. I. G. 11 janv. 1808, n° 362.

10. — Rappel de cette obligation. (*Déc. j.* 29 *juill.* 1808.) . . . . I. G. 6 juin 1809, n° 433.

— CERTIFICATS. — *V.* n° 21 et suiv. et n° 140 inf.

— CHANGEMENS *de domicile*. — *V.* nos 49, 50 et 140 inf.

— COLLATIONS. — *V.* n° 140 inf.

— COMPTABLES *publics*. — *V.* n° 51 et suiv. inf.

11. — CONTRAVENTIONS. — AMENDES. — Uee amende de 200 fr. à 1,000 fr. est prononcée contre les conservateurs pour la première contravention aux dispositions du chapitre X du livre 3, titre 8 du C. C. La deuxième contravention entraîne la destitution. (*C. C. art.* 2202.) — Les formalités sont données, sans blanc ni interligne, à peine de 1,000 à 2,000 fr. d'amende et de dommages-intérêts aux parties, payables par préférence à l'amende. (*C. C. art.* 2203.) — Les contraventions à constater par les employés supérieurs le sont par procès-verbal avec assignation devant le tribunal de l'arrondissement du bureau. (*Loi* 21 *vent. an VII, art.* 9.) . . . . . I. G. 11 mess. an XII, n° 233.

12. — DÉPOTS. — BULLETINS. — La remise des pièces sera constatée sur un registre particulier dans l'ordre de leur présentation. Il en sera délivré aux parties une reconnaissance qui rappellera le n° du registre, et les formalités seront données dans le même ordre. (*C. C. art.* 2200.) I. G. 11 mess. an XII, n° 233.

13. — Le dépôt des pièces est constaté provisoirement aux registres d'inscription et de transcription. (*Déc. f.* 26 *therm. an XII.*) Modifié. n° 13 inf. . . . . I. G. 4 vend. an XIII, n° 255.

14. — Ordre de se conformer littéralement à l'article 2200 du C. C., et de monter un registre spécial pour constater le dépôt des pièces. (*Déc.* 28 *pluv. an XIII.*) . *Modèle*. I. G. 8 vent. an XIII, n° 276.

15. — L'inscription au registre de dépôt est obligatoire pour toutes les pièces; mais la délivrance des bulletins est facultative lorsque la formalité doit être donnée de suite. On indiquera en marge du registre les articles pour lesquels il n'a pas été délivré de bulletin. (*Déc. f.* 17 *vent. an XIII.*) *V.* nos 16, 17 et 18 inf. . . . . . . I. G. 11 sept. 1806, n° 316.

16. — A moins de réquisition expresse et mentionnée au registre, on ne doit pas délivrer de bulletin à l'administration des contributions indirectes pour les inscriptions par elle prises sur ses préposés. I. G. 17 juin 1808, n° 383.

17. — On peut ne délivrer qu'un seul bulletin pour plusieurs pièces déposées par un même créancier. (*Déc. f.* 22 *nov.* 1808.) *V.* n° 18 inf. . . . . I. G. 6 juin 1809, § 6, n° 433.

18. HYPOTHÈQUES *et priviléges*. — DÉPOTS. — BULLETINS. — La délivrance des bulletins est obligatoire, si les formalités n'ont pas lieu instantanément. Un seul bulletin peut être donné pour plusieurs pièces déposées. (*Déc. f.* 22 *août* 1823.) *V.* nº 19 inf. I. G. 29 déc. 1829, § 24, nº 1303.

19. — Les conservateurs sont tenus de garder les bulletins de dépôts rapportés par les parties en retirant les pièces après la formalité, ou à défaut ils doivent se faire donner décharge en marge du registre de dépôt. I. G. 17 juin 1835, nº 1487.

— *V.* nºs 132, 140 et 149 inf.

— DUPLICATA *de quittances*. — *V.* nº 140 inf.

20. — DOTATIONS *dans l'intérieur de la France*. — Les lettres d'investiture, et les actes d'acquisition ou d'échange, seront transcrits dans le mois au bureau de la situation des biens, sur un registre spécial. — Les rentes comprises dans les dotations seront inscrites et sujettes au renouvellement décennal qui sera fait d'office. — Justifications à faire à l'intendant du domaine extraordinaire; salaires des conservateurs; modèle de transcription; pour les inscriptions on devra tenir une table propre à indiquer l'époque du renouvellement. (*Décret* 22 *déc.* 1812.) *V.* MAJORATS. . . . . . . I. G. 25 fév. 1813, nº 625.

21. — ÉTATS DE CHARGES. — Ils doivent être délivrés à tous ceux qui les requièrent. (*C. C. art.* 2196.) I. G. 11 mess. an XII, nº 233.

22. — On ne doit délivrer que les inscriptions qui frappent l'*immeuble désigné;* mais l'état des inscriptions prises sur *un individu* doit comprendre toutes celles qui lui sont applicables. (*Déc. f.* 17 *vent. an XIII.*) I. G. 11 sept. 1806, nº 316.

23. — La délivrance n'en peut être différée sous aucun prétexte. (*Déc. j. et f.* 21 *sept. et* 1er *oct.* 1808.) I. G. 6 juin 1809, § 4, nº 433.

24. — Les états ne doivent pas comprendre les inscriptions périmées, à moins de réquisition expresse rappelée dans l'état. — Les copies doivent être littérales et entières. (*Déc. f.* 7 *sept.* 1813.) *V.* nº 26 inf. I. G. 15 sept. 1813, nº 649.

25. — Les conservateurs ne sont pas tenus de délivrer des états partiels, si ce n'est dans le cas prévu par l'article 834 du C. Proc. (*Déc. j. et f.* 9 *nov. et* 8 *déc.* 1813.) *V.* nº 27 inf. I. G. 18 déc. 1813, nº 655.

26. — A moins de réquisition spéciale, les états d'inscriptions ne doivent pas contenir celles qui ont plus de dix ans de date. (*Déc. j. et f.* 13 *et* 24 *sept.* 1819.) *V.* nº 27 inf. I. G. 25 oct. 1819, nº 902.

27. — Les conservateurs doivent dans la délivrance des états se conformer à la volonté clairement exprimée des parties requérantes, sauf à indiquer formellement que la délivrance d'états *partiels* a lieu sur réquisition expresse. (*Déc. j. et f.*) *V.* nº 146 inf. I. G. 19 juin 1832, nº 1046.

28. — Les conservateurs peuvent faire connaître par une simple mention en marge d'un état fourni, la situation hypothécaire des propriétaires expropriés pour cause d'utilité publique. Ils ont droit au salaire d'un franc par article. (*Déc. f.* 25 *mai* 1825.) I. G. 30 sept. 1825, § 14, nº 1173.

29. — Ces dispositions sont applicables aux expropriations pour l'utilité des communes. (*Déc. f.* 30 *mars* 1826.) I. G. 16 juin 1826, § 12, nº 1189.

— *V.* nº 3 sup. et nºs 37, 106, 133, 140, 142, 143 et 156 inf.; EXPROPRIATIONS *pour utilité publique*, nº 1er.

30. — EXTINCTION. — PRESCRIPTION. — Les hypothèques et priviléges s'éteignent par l'extinction de l'obligation principale; la renonciation du créancier, les formalités de purge par les tiers détenteurs et par la prescription. — Pour le débiteur, la prescription du privilége est la même que celle de l'action qui le détermine; elle est acquise au tiers détenteur par la prescription de la propriété à son profit; s'il y a

titre, elle ne court que du jour où il a été transcrit. Les inscriptions prises par le créancier n'interrompent pas la prescription contre le débiteur ou le tiers détenteur. (*C. C. art.* 2180.) I. G. 11 mess. an XII, n° 233.

31. HYPOTHÈQUES *et privilèges*. — **Extinction.** — **Prescription.** — La prescription de droits du trésor public (*C. C.* art. 2227) court au profit des comptables du jour où leur gestion a cessé. (*Loi* 5 *sept.* 1807.) *V.* n°s 51, 77, 80 et 81 inf. . . . I. G. 15 oct. 1807, n° 350.

— *V.* n°s 85 et 87 inf.

32. — **Faillites.** — L'inscription sur les biens des débiteurs des faillis est reçue au nom des agens et syndics qui doivent joindre à leurs bordereaux un extrait du jugement qui les a nommés. (*C. Com. art.* 499.) Elle est prise au nom de la masse des créanciers sur les immeubles connus du failli, sur simple bordereau énonçant qu'il y a faillite et relatant la date du jugement de nomination des syndics. (*Art.* 500.) Le jugement d'homologation du concordat doit être transcrit, à moins de dérogation expresse. (*Art.* 524.) — L'inscription sur le failli ne donne lieu qu'à un seul salaire, bien que prise dans un intérêt collectif. — Le salaire est dû pour la transcription du jugement d'homologation. — Les radiations s'opèrent avec les formalités ordinaires. — La transcription des ventes d'immeubles du failli est soumise aux règles générales. *V.* n°s 96 et suiv. inf. I. G. 6 déc. 1808, n° 409.

33. — Rappel des prescriptions des art. 499 et 500 du C. Com. ci-dessus analysés, qui doivent être littéralement exécutées. (*Déc. j. et f.* 12 *et* 26 *janv.* 1813.) . . . . . I. G. 9 fév. 1813, n° 619.

— *V.* n°s 48 et 73 inf.

34. — **Formalités.** — **Inscriptions.** — L'inscription est requise par le créancier ou par un tiers en représentant le brevet original ou l'expédition du jugement ou de l'acte qui motive l'hypothèque. Il y est joint deux bordereaux dont l'un peut être à la suite de l'expédition du titre, et qui contiennent les noms, prénoms, domicile et profession du créancier et élection d'un domicile dans l'arrondissement du bureau; pareilles énonciations pour le débiteur; la date et la nature du titre; le montant des créances ou leur évaluation en capital et accessoires; l'époque d'exigibilité; l'espèce et la situation des biens affectés, sauf en cas d'hypothèque légale ou judiciaire. (*C. C. art.* 2148.) I. G. 11 mess. an XII, n° 233.

35. — L'hypothèque légale de l'état, des communes et établissemens publics sur les comptables; celle des mineurs et interdits sur les tuteurs, et des femmes mariées sur leurs maris, seront inscrites sur la représentation de deux bordereaux contenant les noms, prénoms professions et domiciles réels et élus des créanciers et débiteurs, la nature des droits à conserver et leur valeur si elle est déterminée. (*C. C. art.* 2153.) . . . . I. G. 11 mess. an XII, n° 233.

36. — La transcription du contrat par l'acquéreur vaut inscription pour le vendeur ou le prêteur des deniers payés. Le conservateur doit dans ce cas faire d'office l'inscription. Le prêteur peut requérir lui-même la transcription à cet effet. (*C. C. art.* 2108.) I. G. 11 mess. an XII, n° 233.

37. — Il n'y a pas priorité entre les formalités données le même jour, et les inscriptions faites le jour de la transcription grèvent l'immeuble aliéné. Les états ne doivent être délivrés que le lendemain de la formalité. (*Déc. f.* 26 *therm. an XII.*) Modifié. n° 40 et 41 inf. I. G. 4 vend. an XIII, n° 255.

38. — Un créancier a qualité pour requérir inscription, en justifiant du titre, au nom et par représentation du débiteur négligent. (*C. C. art.* 1166; *Déc. j. et f.* 30 *brum. et* 14 *niv. an XIII.*) I. G. 3 pluv. an XIII, n° 265.

39. — L'inscription des créances antérieures à la loi du 11 brum. an VII doit avoir lieu comme par le passé sur les bordereaux (*Loi* 11 *brum. an VII, art.* 40), nonobstant l'article 2148 du C. C. (*Déc. j. et f.* 10 *et* 15 *niv. an XIII.*) *V.* n° 48 inf. . . . I. G. 30 pluv. an XIII, n° 274.

40. HYPOTHÈQUES *et privilèges*. — **Formalités.** — **Inscriptions.** — Le concours établi par l'art. 2147 du C. C. n'a lieu qu'entre les créanciers inscrits et non entre eux et l'acquéreur qui a fait transcrire, et les inscriptions obtenues postérieurement à la transcription, bien que le même jour, sont sans effet. (*Déc. f.* 23 *pluv. an XIII.*) *V.* n° 41 inf. I. G. 8 vent. an XIII, n° 276.

41. — L'inscription est utilement prise dans les 15 jours de la transcription. (*C. Pr. art.* 834) Donner la plus grande publicité à cette disposition. Circ. 24 fév. 1807.

42. — L'inscription d'un jugement portant reconnaissance d'une obligation sous seing-privé ne peut avoir lieu qu'après l'échéance de la dette, si ce n'est dans le cas où cette faculté serait exprimée dans l'acte. (*Loi* 3 *sept.* 1807.) . . . . I. G. 29 sept. 1807, n° 344.

43. — Un délai de six mois est accordé pour rectifier les inscriptions pour lesquelles l'époque d'exigibilité aurait été omise. (*C. C. art.* 2148.) Cette rectification sera faite d'office, si l'omission est du fait du conservateur. (*Loi* 4 *sept.* 1807.) . . . . . I. G. 29 sept. 1807, n° 344.

44. — L'inscription d'office ne doit être prise ni pour la réserve d'usufruit ni pour celle de droits d'usage et d'habitation au profit des vendeurs et donateurs. (*Déc. j. et f.* 7 *et* 22 *mars* 1808.) I. G. 5 avril 1808, n° 372.

45. — La mention de l'époque d'exigibilité des arrérages est suffisante pour l'inscription d'une rente perpétuelle. — L'exigibilité doit être exprimée pour les créances résultant de jugemens comme pour les autres. (*Déc. j. et f.* 21 *juin et* 5 *juill.* 1808.) . . . . I. G. 26 août 1808, n° 394.

46. — L'inscription d'office doit avoir lieu nonobstant la quittance sous seing-privé inscrite au bas de l'expédition produite pour la transcription. (*Déc. j. et f.* 30 *avril et* 7 *mai* 1811.) I. G. 18 mai 1811, n° 521.

47. — Il est défendu aux conservateurs de rédiger ou de laisser rédiger par leurs commis des bordereaux d'inscription pour le compte des parties. (*Déc. f.* 11 *août* 1828.) I. G. 22 août 1828, n° 1253.

48. — L'inscription ne doit jamais avoir lieu que sur la représentation du titre. Il y a exception 1° pour les titres d'une date antérieure à la loi du 11 brum. an VII; 2° pour les hypothèques légales; 3° pour les inscriptions requises par les agens et syndics des faillites. (*C. Com. art.* 500.) I. G. 2 avril 1834, n° 1453. — *V.* n° 125 et 128 inf.

49. — *Changemens de domicile.* — Les déclarations de changement de domicile ne doivent pas être passées devant notaires si les déclarans savent signer, et ne nécessitent pas une nouvelle inscription. Elles sont faites et signées en marge des registres (*Loi* 11 *brum. an VII, art.* 20), en regard de l'inscription, ou, à défaut d'espace à la date courante, avec simple mention en marge de l'inscription. Il en est fait mention sur le bordereau représenté par les déclarans, avec pouvoirs, actes de décès ou titre de cession, s'il y a lieu. Ces dernières pièces restent en dépôt dans les mains du conservateur. (*Déc. f.* 28 *pluv. an IX.*) I. G. 13 vent. an XI, n° 123.

50. — Le requérant, ses représentans ou ses cessionnaires par acte authentique, ont le droit de changer le domicile élu à charge d'en indiquer un autre dans le même arrondissement. (*C. C. art.* 2152.) I. G. 11 mess. an XII, n° 233.

51. — *Comptables publics.* — L'inscription est indispensable pour conserver le privilège au profit du trésor sur les immeubles des comptables publics et lui donner rang. (*Déc. j. et f.* 30 *pluv. an XII et* 23 *pluv. an XIII.*) . . . . I. G. 8 vent. an XIII, § 2, n° 276.

52. — Le privilège du trésor sur les biens des comptables publics est réglé par la loi du 5 septembre 1807. Il est conservé par une inscription à prendre dans les deux mois de l'enregistrement de l'acte de propriété. (*Art.* 5.) — A l'égard des biens possédés avant la nommination ou échus depuis à titre gratuit, le privilège a lieu à charge d'inscription conformément aux art. 2121 et 2134 C. C. (*Art.* 6.) — Les comptables sont tenus d'énoncer leurs titres et qualités dans les actes translatifs de propriété; les receveurs de l'enregistrement et les conservateurs doivent, à peine de destitution et dommages-intérêts, requérir inscription au profit de l'état au vu des actes translatifs de propriété, et envoyer au procureur du roi de l'arrondissement et à l'agent du trésor à Paris le bordereau prescrit. Il n'y a exception que dans le cas d'un certificat de dispense d'inscription délivré par l'agent du trésor et rappelé en l'acte. (*Art.* 7.) — Les enregistremens d'actes donnant lieu à l'inscription seront émargés des mots : *Comptables publics*; et l'inscription prise sera rappelée en marge. *V.* n° 55 inf. I. G. 15 oct. 1807, n° 350.

53. **HYPOTHÈQUES** *et priviléges.* — **Formalités.** — **Inscriptions.** — *Comptables publics.* — Le trésor de la couronne a les mêmes droits que le trésor public sur les biens de ses employés comptables qui sont soumis aux dispositions de la loi du 5 sept. 1807. (*Av. cons. d'état* 13 *fév.* 1808.) *V.* n° 52 sup. I. G. 26 mars 1808, n° 370.

54. — État des inscriptions prises au profit du trésor, sur les comptables et débiteurs de l'état à adresser au ministre des finances. *Modèle.* . . . . Circ. 30 juill., 31 août et 22 sept. 1808.

55. — L'inscription prise au nom de l'état doit contenir élection de domicile à la préfecture ou à la sous-préfecture de l'arrondissement du bureau des hypothèques. Modèle de bordereau. Les receveurs généraux et particuliers des finances, les payeurs divisionnaires et ceux des ports et armées sont les seuls comptables auxquels s'applique la loi du 5 septembre 1807. (*Déc. f.* 14 *juill.* 1809.) *V.* n° 52 sup. . . . . . I. G. 22 juill. 1809, n° 442.

56. — Rappel des I. G. n°s 350 et 442. (n°s 52 et 55 sup.) I. G. 10 avril 1813, n° 633.

57. — Nouveau rappel de ces dispositions, et invitation de s'y conformer exactement. *V.* n°s 52 et 55 sup. I. G. 5 déc. 1818, n° 868.

— *V.* n°s 60, 68, 71, 72, 75, 77, 80, 81 et 129 inf.; Cautionnemens, n°s 3, 4, 5, 6 et 9.

58. — *Débiteurs de l'état.* — Les bordereaux d'inscriptions pour les créances dues à l'état doivent être rédigés au nom de l'administration qui requiert avec élection de domicile dans l'arrondissement de la conservation. *Modèles.* (*Déc. f.* 28 *niv. an XI.*) . . . I. G. 13 vent. an XI, n° 123.

59. — Le privilége, à raison des droits du trésor public, est réglé par les lois qui les concernent. (*C. C. art.* 2098.) Les inscriptions légales requises au nom de l'état le sont sur la représentation de deux bordereaux contenant seulement les noms, prénoms, professions et domiciles réels ou élus des créanciers et débiteurs, la nature des droits à conserver et leur valeur si elle est déterminée. (*C. C. art.* 2153.) . . . . I. G. 11 mess. an XII, n° 233.

60. — Les extraits de jugemens de condamnation et actes formant titres à l'état, produits pour requérir inscription, doivent être enregistrés et timbrés préalablement. (*Déc. f.* 22 *avril* 1806.) I. G. 11 sept. 1806, n° 316.

61. — Il n'y a pas lieu de prendre ou renouveler inscription pour assurer le paiement des biens de l'état vendus, ou des cédules souscrites à cet égard, excepté s'il s'agit d'immeubles affectés aux cautionnemens, ou pour dégradations ou clauses des ventes. (*Déc. f.* 17 *fév.* 1809.) I. G. 4 mars 1809, n° 418.

62. — Les arrêtés des ministres, des préfets et autorités administratives qui prononcent des condamnations, et les contraintes régulières décernées par les administrations, emportent hypothèque comme les jugemens. (*Av. cons. d'état* 29 *oct.* 1811.) Modifié. n° 65 inf. I. G. 20 avril 1812, n° 573.

63. — Ces dispositions sont maintenues et s'appliquent aux arrêtés qui fixent les débets des comptables des communes et établissemens publics. (*Av. cons. d'état,* 12 *nov.* 1811.) I. G. 29 avril 1812, n° 576.

64. HYPOTHÈQUES *et privilèges.* — FORMALITÉS. — INSCRIPTIONS. — *Débiteurs de l'état.* — On peut valablement requérir inscription en vertu d'un jugement de condamnation par défaut et non signifié. (*Cass. 29 nov.* 1824.) . . . . I. G. 23 mars 1824, § 14, nº 1156.

65. — Les contraintes décernées par les receveurs n'emportent pas hypothèque, aucune loi ne leur attribuant ce droit. (*Cass. 28 janv.* 1828.) . . . . I. G. 26 juin 1828, § 9, nº 1249.

— *V.* nº 53 sup., et nºs 66, 68, 72, 75, 82, 83, 108, 109 et 110 inf.

66. — *Radiations.* — Les consentemens à radiations donnés par délibération des corps administratifs, s'ils sont revêtus de l'enregistrement et des autres formalités prescrites pour ces actes, sont authentiques. (*Loi* 5 *nov.* 1790.) Mais les administrations, spécialement celle des postes, doivent donner leurs consentemens par actes notariés. (*Déc. j. et f.* 30 *niv. et* 11 *vent. an XI.*) *V.* nº 109 inf. Circ. 21 vent. an XI.

67. — La radiation doit avoir lieu après la huitaine franche de la signification du jugement contradictoire ou par défaut qui l'ordonne, sur la représentation de l'expédition du jugement et d'un certificat qu'il n'y a ni appel ni opposition. (*Déc. j.* 10 *therm. an XI.*) Abrogé. nºs 73 et 76 inf. I. G. 21 fruct. an XI, nº 157.

68. — Les arrêtés des préfets forment consentement authentique en vertu duquel la radiation des inscriptions requises au profit de l'état, doit s'effectuer. (*Déc. j. et f.*) . . . Circ. 2 mess. an XI.

69. — En pays de droit écrit une femme mariée, peut avec le consentement de son mari, donner mainlevée des inscriptions qu'elle a obtenues sur les biens de ce dernier, et la radiation ne peut être refusée, si d'ailleurs il n'y a opposition légale, et sauf à attendre dans ce cas le jugement entre les parties, *sans que les conservateurs aient à y intervenir comme parties.* (*Déc j. et f.* 14 *vent. et* 14 *flor. an X, et* 12 *niv. an XII.*) I. G. 26 niv. an XII, nº 197.

70. — La radiation s'opère du consentement des parties intéressées ayant capacité, ou en vertu d'un jugement ayant force de chose jugée. La radiation de l'hypothèque de la femme sur les biens du mari, et des mineurs et interdits sur ceux des tuteurs, ne peut avoir lieu qu'en vertu de jugement ayant force de chose jugée. (*C. C. art.* 2157.) Dans tous les cas, elle ne doit être opérée qu'au vu de l'expédition de l'acte de consentement ou du jugement. (*C. C. art.* 2158.) Les mêmes formalités sont applicables aux radiations partielles. *V.* nº 74 inf. I. G. 11 mes. an XII, nº 233.

71. — Les inscriptions au profit des pauvres et établissemens de charité ne peuvent être radiées, en tout ou partie, qu'en vertu d'une décision spéciale du conseil de préfecture ou d'un jugement des tribunaux. (*Décret* 11 *therm. an XII.*) . . . . . . I. G. 4 vend. an XIII, nº 255.

72. — Les inscriptions contre les comptables des anciennes fermes et régies doivent être radiées au vu du *quitus* de la commission de comptabilité ordonnant la radiation. (*Déc. f.* 5 *therm. an XII.*) Modifié. nº 75 inf. I. G. 4 vend. an XIII, nº 255.

73. — Les radiations ordonnées par les jugemens d'ordre seront régulièrement faites si l'avoué justifie soit par jugement, soit par son certificat, qu'il ne s'est élevé aucune contestation sur l'article pour lequel la radiation est demandée; le défaut de contestation tenant lieu en ce cas d'acquiescement. S'il y avait contestation, la radiation ne pourrait avoir lieu qu'après l'expiration des délais d'appel. (*Loi* 11 *brum. an VII, art.* 35.) Si le jugement ordonnait la radiation nonobstant appel, les conservateurs devraient l'effectuer. (*Déc. f.* 27 *frim. an XIII.*) . . . . I. G. 15 niv. an XIII, nº 264.

74. — Les inscriptions prises au profit des mineurs peuvent être radiées sur le consentement authentique du tuteur lorsque la créance est éteinte; mais il faut une délibération du conseil de famille, homologuée, si l'inscription grève le tuteur, ou s'il s'agit d'une réduction ou d'une conversion d'hypothèque. (*Déc. j. et f.* 29 *frim. et* 14 *niv. an XIII.*) I. G. 3 pluv. an XIII, nº 265.

75. **HYPOTHÈQUES** *et privilèges.* — **Formalités.** — **Inscriptions.** — *Radiations.* — Les inscriptions sur les comptables publics et les débiteurs de l'état ne seront radiées que sur arrêté spécial des préfets rappelant les arrêtés de la comptabilité générale ou les décisions des ministres. (*Déc. f.* 28 *brum. an XIV.*) Modifié, n° 80 inf. I. G. 11 sept. 1806, n° 316.

76. — Les radiations ordonnées par jugement ne seront effectuées que sur la présentation d'un certificat de l'avoué poursuivant, contenant la date de la signification du jugement et d'une attestation du greffier qu'il n'existe ni appel ni opposition (*C. Proc. art.* 548, 549 *et* 550), sauf le cas ou le jugement ordonne provisoirement la radiation nonobstant l'appel. (*Déc. f.* 17 *vent. an XIII.*) I. G. 11 sept. 1806, n° 316.

77. — La radiation des inscriptions sur les comptables publics, lorsqu'ils aliènent l'immeuble grévé, doit avoir lieu d'office, si, dans les trois mois de la notification de l'acte au trésor, un certificat constatant la situation du comptable n'a pas été déposé au greffe du tribunal de l'arrondissement; elle aura également lieu si le certificat ne constate aucun débet. (*Loi* 5 *sept* 1807, *art.* 9.) *V.* n°s 80 et 81 inf. . . . . I. G. 15 oct. 1807, n° 350.

78. — L'inscription prise pour sûreté d'une rente viagère doit être radiée au vu de l'acte de décès du titulaire de la rente, de la quittance des termes échus et de l'acte en forme qui établit le droit, la qualité et le consentement des héritiers. (*Déc. f.* 17 *nov.* 1807.) I. G. 11 janv. 1808, n° 362.

79. — Le jugement qui ordonne une radiation n'est signifié régulièrement qu'au domicile réel du condamné. (*Déc. j. et f.* 21 *juin et* 5 *juill.* 1808.) . . . . I. G. 24 août 1808, n° 393.

80. — La radiation des inscriptions sur les comptables publics doit avoir lieu sur la remise de la mainlevée authentique de l'agent du trésor. (*Déc. f.* 28 *nov.* 1808.) *V.* n° 81 et 109 inf. I. G. 31 janv. 1809, n° 416.

81. — Le mode de radiation des inscriptions sur les comptables publics (n° 77 sup.) est applicable quelle que soit la date de l'inscription. (*Déc. j.* 10 *juin* 1809.) . . . . . I. G. 22 juill. 1809, n° 442.

82. — La solution sur les demandes de radiations non consenties par les agens de l'état, contre ses redevables, appartient aux tribunaux; mais la contestation du fond du droit est de la compétence de l'autorité administrative. (*Av. Cons. d'état*, 29 *oct.* 1811.) I. G. 20 avril 1812, n° 573.

83. — Les inscriptions prises au profit de l'état en matière de conscription et de désertion sont radiées sur arrêtés motivés des préfets. (*Déc. f.* 6 *oct.* 1812.) . . . . I. G. 14 oct. 1812, n° 603.

— *V.* n°s 109 et 141 inf.

84. — *Renouvellement.* — Les inscriptions, sans aucune exception, n'ont d'effet que pendant 10 ans (*C. C. art.* 2154), et celles prises en l'an IV par suite de la loi du 9 mess. an III, doivent être renouvelées en l'an XIV. (*Délib.* 18 *therm. an XIII.*) — Le renouvellement est soumis, quant à la production des bordereaux et du titre, aux mêmes formalités que l'inscription primitive. (Modifié. n° 89 inf.) Il sera fait rappel en marge de la nouvelle inscription du n° de l'ancienne, et, en marge de celle-ci, qu'elle a été renouvelée tel jour et tel n°; la nouvelle inscription sera relevée au répertoire et aux tables. Celles non renouvelées seront émargées du mot *Périmées.* — La nécessité du renouvellement s'applique aux inscriptions prises pour sûreté des créances de l'état, sous la responsabilité des receveurs. *V.* n° 34 et suiv. sup. I. G. 11 sept. 1806, n° 316.

85. — Toutes les inscriptions, sans aucune exception, sont périmées après 10 ans, faute de renouvellement par la personne qui avait droit ou mission de faire inscrire. Celles prises d'office ne sont renouvelées qu'à la requisition de l'intéressé. (*Av. cons. d'état*, 15 *déc.* 1807.) *V.* n°s 30 et 31 sup. I. G. 13 avril 1808, n° 374.

86. **HYPOTHÈQUES** *et privilèges*. — FORMALITÉS. — INSCRIPTIONS. — *Renouvellement* — Les inscriptions prises antérieurement à la loi du 11 brum. an VII peuvent être renouvelées sans représentation du titre. (*Déc. j. et f.* 21 *mars et* 11 *avril* 1809.) *V.* n° 89 inf. I. G. 6 juin 1809, § 1er, n° 433.

87. — Les inscriptions non renouvelées en temps utile sont émargées du mot *Périmées*, mais ne doivent pas être radiées d'office, leur radiation restant soumise aux dispositions du C. C., art. 2157 et 2158, (n° 70 sup.). . . . . I. G. 18 sept. 1813, n° 650.

88. — Les conservateurs n'ont pas à certifier qu'une inscription ne subsiste plus faute de renouvellement. (*Déc. f.* 13 *sept.* 1829.) I. G. 29 déc. 1829, § 23, n° 1303.

89. — La représentation du titre ne peut être exigée pour les renouvellemens. (*Cour de Paris*, 27 *déc.* 1833.) I. G. 2 avril 1834, n° 1453.

— *V.* n° 137 inf.

90. — *Subrogations.* — La subrogation peut être faite et inscrite au registre sans la signature du requérant; cette signature ne peut être exigée que dans le cas où l'expédition de l'acte de subrogation ne contiendrait pas élection de domicile du cessionnaire, élection qui devrait alors avoir lieu dans la mention de subrogation. (*Sol.* 22 *mai* 1827.) I. G. 7 sept. 1827, § 8, n° 1219.

91. — FORMALITÉS. — RÉPERTOIRE. — Nouvelle disposition des registres destinés au répertoire prescrit par l'article 18 de la loi du 21 vent. an VII. *V.* nos 134 et 135 inf. I. G. 7 juin 1823, n° 1081.

92. — FORMALITÉS. — SAISIES. — *Enregistrement.* — La dénonciation au saisi sera enregistrée, dans la huitaine de sa date, à la conservation des hypothèques de la situation des biens, et mention en sera faite en marge de la transcription de la saisie. (*C. Proc. art.* 681) Un registre spécial est destiné à l'enregistrement des notifications de saisies. I. G. 21 sept. 1807, n° 341.

93. — Ces dispositions sont maintenues. (*Av. cons. d'état*, 30 *mai* 1809.) . . . . . . I. G. 26 juill. 1809, n° 443.

— *V.* nos 135 et 144 inf.

94. — *Transcriptions.* — Les saisies immobilières doivent être transcrites sur un registre spécial au bureau des hypothèques de la situation des biens. (*C Proc. art.* 677.) — Si cette formalité ne peut avoir lieu à l'instant, le conservateur fera mention, en marge de l'original qui lui sera laissé, des heure, jour, mois et an auxquels il lui aura été remis; en cas de concurrence, le premier présenté sera transcrit. (*C. Proc. art.* 678.) — S'il y a une précédente saisie, le conservateur constatera son refus en marge de la seconde en y mentionnant la première. (*C. Proc. art.* 679.) — La seconde saisie sera transcrite pour les objets non compris en la première. (*C. Proc. art.* 720.) — La notification de la saisie aux créanciers inscrits sera enregistrée en marge de la saisie, et de ce moment elle ne pourra être rayée que du consentement des créanciers ou en vertu de jugement. (*C. Proc. art.* 696.) . . . . . . Circ. 2 vend. an XI; I. G. 21 sept. 1807, n° 341.

95. — Les relations, certificats et copies relatives aux saisies doivent indiquer que la dénonciation au saisi et la notification aux créanciers ont été enregistrées et mentionnées en marge de la transcription. Circ. 26 nov. 1808.

— *V.* nos 135 et 144 inf.

96. — FORMALITÉS. — TRANSCRIPTIONS. — La transcription des donations remplace l'insinuation entièrement abolie. (*Loi* 13 *flor. an XI*; *C. C. liv.* 3, *titre* 2; *Déc. j.* 19 *brum. an XII.*) I. G. 26 niv. an XII, n° 196.

97. — La transcription des donations aux pauvres et hospices doit être faite aux bureaux de la situation des biens et à la diligence des administrateurs de ces établissemens. (*C. C. art.* 229 *et* 230.) I. G. 12 vent. an XII, n° 209.

98. HYPOTHÈQUES *et privilèges.* — FORMALITÉS. — TRANSCRIPTIONS. — Le titre doit être transcrit en entier, et la relation du conservateur tient lieu de reconnaissance. — Le requérant doit acquitter les frais, sauf recours. *V.* n° 102 inf. . . . . . I. G. 11 mess. an XII, n° 233.

99. — Les actes sous seing-privé, translatifs de propriété d'immeubles, peuvent être transcrits sur réquisition formelle du porteur de l'acte. (*Déc. j. et f.* 23 *mess. et* 12 *therm. an XII.*) *V.* n° 101 inf. I. G. 4 vend. an XIII, n° 255.

100. — L'acte constatant l'exercice du droit de réméré doit être transcrit comme l'acte de vente. Une mention en marge de la transcription de l'acte de vente ne suffit pas. (*Délib.* 7 *prair. an XI et* 3 *niv. an XIV.*) I. G. 11 sept. 1806, n° 316.

101. — Les actes de vente sous seing-privé enregistrés peuvent être valablement transcrits. (*Av. Cons. d'état,* 3 *flor. an XIII.*) I. G. 11 sept. 1806, n° 316.

102. — Le conservateur doit transcrire le titre tel qu'on le lui présente, et dans les adjudications à plusieurs, non solidaires, il ne peut exiger la remise d'autant de titres qu'il y a d'acquéreurs. (*Déc. j. et f.* 25 *mai et* 7 *juin* 1808.) *V.* n° 98 sup. . . . I. G. 27 juin 1808, n° 385.

103. — Il n'y a pas de formalités spéciales pour la purge légale sur les veuves et les mineurs devenus majeurs. (*Av. Cons. d'état,* 5 *mai* 1812.) . . . . I. G. 23 juin 1812, n° 585.

104. — Formalités de purge légale contre la femme ou le subrogé tuteur inconnus. (*Av. Cons. d'état,* 9 *mai* 1807.) I. G. 23 juin 1812, n° 585.

105. — Les échanges avec le domaine de la couronne doivent être transcrits. (*Décret* 11 *juill.* 1812, *art.* 7.) — L'intendant-général pourra faire purger légalement. (*Art.* 10.) — Toutes les formalités hypothécaires à cet égard donneront lieu au remboursement du timbre et au salaire du conservateur. I. G. 7 sept. 1812, n° 598.

106. — Il est interdit aux conservateurs de donner connaissance par simples notes ou verbalement des actes transcrits sur leurs registres; ils doivent se renfermer dans les prescriptions de l'art. 2196 du C. C. n° 4 sup. (*Déc. f.* 29 *mai* 1829.) . . . . . I. G. 13 juin 1829, n° 1278.

107. — Les actes d'acquisition concernant la grande voirie doivent être remis aussitôt leur transcription aux préfets qui en feront ultérieurement acquitter les droits et salaires, l'administration des ponts et chaussées n'étant pas tenue d'en faire l'avance. (*Déc. f.* 9 *août* 1834.) I. G. 4 sept. 1834, § 1er; n° 1463.

— *V.* n°s 36, 40, 41 sup., et n°s 128 et 134 inf.

108. — FRAIS *de justice.* — Le privilège du trésor pour le remboursement des frais de justice en matière criminelle, correctionnelle et de police, est réglé par la loi du 5 sept. 1807; il n'a lieu sur les immeubles qu'à charge d'inscription dans les deux mois du jugement de condamnation, faute de quoi il rentre dans les généralités de l'art. 2113 C. C. (*Loi* 5 *sept.* 1807, *art* 3.) I. G. 20 oct. 1807, n° 352.

109. — On doit inscrire contre les condamnés, bien qu'il y ait pourvoi en cassation; si les frais ne sont pas liquidés, ils devront être évalués approximativement. — L'administration ou ses directeurs ont seuls qualité pour donner main-levée des inscriptions prises sur les condamnés. — Les aliénations faites avant le jugement à titre onéreux ou gratuit ne peuvent être attaqués que s'il y a fraude présumée. . . . . . I. G. 14 avril 1809, n° 426.

110. — Un simple extrait du jugement suffit pour requérir l'inscription. (*Déc. j. et f.* 17 *et* 28 *juill.* 1812.) I. G. 12 août 1812, n° 594.

— INSCRIPTIONS. — *V.* n° 34 et suiv. sup.

111. — INSTANCES. — Dans les actions intentées contre les conservateurs en matière hypothécaire et pour faits généraux, ils jouissent du mode de procéder dont les lois spéciales accordent le privilège en matière d'enregistrement; cependant ils doivent toujours se présenter en personne dans les référés. S'il s'agit d'omissions et

erreurs purement personnelles, ils sont assujettis aux formes prescrites entre particuliers. (*Déc. f.* 2 *déc.* 1807.) *V.* INSTANCES, n° 62 et 63. . . . . I. G. 11 janv. 1808, n° 362.

112. HYPOTHÈQUES *et privilèges.* — **MAJORATS.** — L'acte indicatif des biens sera transcrit au bureau de la situation des biens à la diligence du procureur-général du sceau des titres; le conservateur lui donnera avis des inscriptions et transcriptions survenues dans la quinzaine, ou un certificat négatif non passible de salaire. (*Décret du* 1er *mars* 1808, *art.* 13.) Si le majorat n'est pas admis, la transcription sera rayée sur la réquisition du procureur-général. (*Art.* 15.) Les lettres patentes délivrées seront également transcrites au bureau de la situation des biens. Salaires. (*Art.* 23.) Les biens des majorats ne peuvent être grévés d'aucune hypothèque légale ou judiciaire. (*Art.* 45.) En cas d'hypothèque antérieure, il y aura lieu de faire compléter ou remplacer les immeubles grévés. (*Art.* 46.) Les lettres patentes accordées pour autoriser l'aliénation ou le changement des biens seront transcrites. (*Art.* 63 *et* 71.) La transcription de l'état des biens ne donne lieu qu'au salaire ordinaire du conservateur. (*Décret* 24 *juin* 1808, *art.* 1.) Il en est de même de celle de l'acte de constitution. (*Art.* 3.) La transcription de l'acte indicatif sera emargée des mots : *Acte indicatif-majorat.* Celle des lettres patentes sera émargée du mot : *Majorat.* Il sera monté une table spéciale pour les majorats. *Modèle.* . . . . I. G. 12 janv. 1813, n° 413; et 12 avril 1809, n° 427.

113. — Les majorats constitués entièrement en rentes sur l'état et immobilisées ne sont pas soumis aux formalités hypothécaires ci-dessus rappelées. (*Décret* 21 *déc.* 1808.) I. G. 18 mars 1809, n° 423.

114. — La transcription des lettres patentes donne lieu aux salaires ci-après : de marquis, 8 fr.; de vicomte, 4 fr. (*Ord. roy.* 7 *oct.* 1818.) *V.* n° 112 sup. . . . . I. G. 9 nov. 1818, n° 863.

— *V.* MAJORATS.

— **PÉREMPTION** et **PRESCRIPTION.** — *V.* n°s 24, 26, 30 et 31 sup.

— **RADIATIONS** *d'inscriptions.* — *V.* n° 66 et suiv. sup.

— **RADIATIONS** *de saisies.* — *V.* n° 94 sup.

115. — **REGISTRES.** — *Arrêtés.* — Les registres d'hypothèques doivent être cotés et paraphés par un des juges du tribunal civil. Ils seront arrêtés chaque jour par les conservateurs. (*C. C. art.* 2201.) I. G. 11 mess. an XII, n° 233.

116. — Les conservateurs doivent compter personnellement du timbre des parties des registres employés à l'arrêté des registres, *comme charge de l'emploi.* (*Déc. f.* 13 *frim. an XIII.*) Circ. 21 frim. an XIII.

117. — On doit exécuter complètement et pour tous les registres, l'obligation de les arrêter chaque jour. (*C. C. art.* 2201.) I. G. 11 sept. 1806, n° 316.

118. — Les arrêtés doivent être inscrits jour par jour, dans une seule case, sans intercallation, en toutes lettres, de la main du conservateur et signés par lui. Au registre des dépôts, ils doivent être mis dans les cases de la page gauche. . . . . I. G. 26 juill. 1809, n° 443.

119. — Les arrêtés doivent être inscrits sur une ligne distincte et espacés comme les lignes indiquées au registre de transcription. Le timbre employé est une charge de l'emploi. I. G. 31 août 1833, n° 1433.

120. * — **REGISTRES** et **IMPRESSIONS.** — *Timbre.* — Les impressions timbrées en l'an X, serviront en l'an XI sans application des nouveaux timbres. (*Arr. des consuls,* 7 *fruct. an X.*) I. G. 4 compl. an X, n° 73; 16 frim. an XI, n° 104.

121. — Les registres timbrés sont fournis aux conservateurs sur leur reconnaissance énonciative du montant des droits et avec obligation d'en faire le remboursement à la fin de chaque trimestre dans la proportion des feuilles écrites. Comptabilité. *V.* n°s 125 et 126 inf. Circ. 5 vend. an XI ; I. G. 30 vent. an XI, n° 128.

122. **HYPOTHÈQUES** *et privilèges.* — Registres et Impressions. — *Timbre.* — Tous les registres de *formalités* hypothécaires doivent être timbrés. (*Déc. j. et f.* 9 *et* 22 *mars* 1808.) Désignation des registres à tenir sur papier non timbré. . . . . I. G. 11 mess. an XII, n° 232 et 6 avril 1808, n° 373.

123. * — On doit tenir compte aux conservateurs du timbre employé aux rectifications des inscriptions prises dans l'intérêt de l'état. Circ. 27 fév. 1808.

124. — Nouvelle disposition des registres de formalités. I. G. 26 juill. 1809, n° 443.

125. — Le timbre est remboursé proportionnellement à la partie employée. Les registres d'inscriptions contiendront 35 lignes de 18 syllabes à la page. Modifié. n° 128 inf. Circ. 23 sept. 1809.

126. — Les registres seront remis aux conservateurs frappés du timbre ordinaire, et il en sera compté par eux et par les gardes-magasins comme des papiers de la débite ordinaire. I. G. 8 juin 1810, n° 477; Circ. 13 sept. 1810.

127. — Le remboursement du timbre doit être énoncé particulièrement dans la quittance des droits. I. G. 16 oct 1810, n° 494.

128. — Le registre des inscriptions contiendra 35 lignes de 13 syllabes; celui des transcriptions, 35 lignes de 18 syllabes. I. G. 31 août 1833, n° 1433.

— *V.* Comptabilité, n° 185; Timbre, n° 12, et Première partie V° Registres.

— Remboursement *des droits de timbre.* — *V.* Comptabilité, n° 185.

— Renouvellemens *d'inscriptions.* — *V.* n° 84 et suiv. sup.

— Répertoire *des formalités.* — *V.* n°s 91 sup. et 154 inf.

— Saisies *immobilières.* — *V.* n° 92 et suiv. sup.

129. — Salaires. — Le conservateur n'a droit à aucun salaire pour la radiation ordonnée par l'autorité administrative d'une inscription prise à faux sur un comptable public qui ne possède aucun immeuble dans l'arrondissement. (*Déc. f.* 19 *therm. an XII.*) I. G. 4 vend. an XIII, n° 255.

130. — Les fabriques ne sont pas dispensées de faire l'avance des salaires pour les inscriptions requises à leur profit. (*Déc. f.* 25 *niv. an XIII.*) Modifié. n° 131 inf. . . . I. G. 30 pluv. an XIII, § 2, n° 274.

131. — Les fabriques et établissemens publics ne sont dispensés de l'avance des droits et salaires que pour les inscriptions légales prises sur leurs receveurs et administrateurs comptables. (*Déc. f.* 3 *flor. et* 4 *therm. an XIII.*) . . . . I. G. 11 sept. 1806, n° 316.

132. — Il n'est dû aucun salaire pour la délivrance des bulletins de dépôt de pièces. (*Déc. f.* 17 *vent. an XIII.*) Abrogé. n° 140 inf. I. G. 11 sept. 1806, n° 316.

133. — Il n'est dû aucun salaire pour la recherche des inscriptions sur les registres. (*Déc. f.* 26 *fruct. an XIII.*) I. G. 11 sept. 1806, n° 316.

134. — Les salaires en ce qui concerne les saisies sont fixés provisoirement à 25 *cent.* par rôle de transcription et à 1 *franc* par enregistrement de dénonciation et certificat de refus. Modifié. n° 140 inf. I. G. 11 sept. 1806, n° 342.

135. — Les salaires sont fixés pour les transcriptions à 35 *cent.* par rôle du registre et à 25 *cent.* par rôle de copies des extraits collationnés, contenant 25 lignes de 18 syllabes. (*Déc. f.* 10 *fév.* 1807.) Modifié. n° 140 inf. . . Circ. 16 fév. 1807.

136. — Les conservateurs ont droit aux salaires pour la rectification des inscriptions qui, par la faute des requérans, ne contenaient pas l'époque d'exigibilité. (*Loi* 4 *sept.* 1807, *et Déc. f.* 15 *déc.* 1807.) *V.* n° 5 sup. Circ. 21 déc. 1807.

137. — Le salaire est dû pour les renouvellemens d'inscriptions; il y a exception pour les hypothèques légales dont l'objet est resté éventuel et non exigible. . . . . . . I. G. 13 avril 1808, n° 374.

138. **HYPOTHÈQUES** *et privilèges.* — **Salaires.** — Les conservateurs ont droit au salaire pour l'inscription prise par l'administration des contributions indirectes sur les immeubles affectés aux cautionnemens de ses préposés. I. G. 17 juin 1808, n° 383.

139. — Le tarif des salaires doit être affiché dans le bureau. Les conservateurs doivent en donner quittance distincte, libellée, datée et signée en toutes lettres; il en sera fait recette sur un registre spécial dont les recettes seront arrêtées et vérifiées par les employés supérieurs. Circ. 7 juin 1809.

140. — Nouvelle fixation des salaires des conservateurs, savoir : 1° Dépôts et *duplicata* de quittance, 25 *cent.*; 2° Déclarations de changemens de domicile et subrogations, 50 *cent.*; 3° Inscriptions requises ou d'office, extraits d'inscription ou certificats négatifs, radiations d'inscriptions ou de saisies, enregistremens de dénonciations de saisies ou de notifications de placards et refus de transcriptions de saisies, 1 *franc.* 4° Transcriptions de mutations ou de saisies et copies collationnées, 1 *franc par rôle de* 25 *lignes à la page, et* 18 *syllabes à la ligne, ou deux cent. par ligne.* Il en sera donné quittance datée, signée en toutes lettres et sans confusion avec les droits. Les salaires seront inscrits jour par jour, article par article et par ordre de numéro sur le registre spécial. (*Décret* 21 *sept.* 1810.) *V.* n° 145 inf. . . . . I. G. 16 oct. 1810, n° 494.

141. — Le certificat de radiation délivré sur-le-champ ne donne lieu à aucun salaire particulier; mais il est dû 1 *franc* pour chaque certificat délivré postérieurement. I. G. 16 oct. 1810, n° 494.

142. — Il est dû *un franc*, pour le certificat de non inscription, par chaque vendeur ou ancien propriétaire sur lesquels il est nécessaire de purger. — Il n'est dû qu'un salaire pour l'état demandé collectivement par plusieurs acquéreurs, en vertu d'adjudication, donation, expropriation ou licitation. — Il est dû un salaire pour l'état délivré au moment de la transcription, et un second pour le certificat délivré à l'expiration de la quinzaine. — Le salaire se fractionne à raison de deux centimes par ligne pour les rôles commencés. (*Déc. f.* 25 *juin* 1811.) I. G. 29 juin 1811, n° 530.

143. — Le certificat purement négatif donne lieu au salaire d'*un franc*; mais celui qu'il n'existe aucune autre inscription que celles reprises en l'état ne donne lieu à aucun salaire particulier, si ce n'est lorsque l'état s'appliquant à plusieurs, le certificat est entièrement négatif à l'égard de l'un. (*Av. cons. d'état*, 10 *sept.* 1811. . . . . . I. G. 19 oct. 1811, n° 547.

144. — En matière de saisie, il n'y a pas lieu à la pluralité du salaire en raison du nombre des créanciers ou des représentans du débiteur saisi. (*Déc. f.* 12 *janv.* 1813.) . . . I. G. 9 fév. 1813, n° 619.

145. — A partir de la publication de la loi du 28 avril 1816, la moitié des salaires alloués aux conservateurs pour la transcription des actes de mutation, sera portée en recette pour le compte du trésor et versée avec les autres produits. (*Ord. roy.* 1er *mai* 1816.) I. G. 8 mai 1816, n° 719.

146. — Les salaires sont dus pour les inscriptions ayant plus de dix ans de date et comprises aux états sur réquisitions spéciales. — Il n'y a lieu qu'à un seul salaire pour l'inscription, et les mentions de radiations partielles, changemens de domicile ou subrogations qui s'y rattachent. (*Déc. j. et f.* 13 *et* 24 *sept.* 1819.) . . . . . . I. G. 25 oct. 1819, n° 902.

147. — Les salaires sont soumis à une retenue de 5 p. °/₀ pour la caisse des retraites, à partir du 1er octobre 1823. (*Ord. roy.* 12 *nov.* 1823.) I. G. 29 nov. 1823, n° 1105.

148. — Les salaires sont dus aux conservateurs pour la transcription des actes d'acquisition pour cause d'utilité publique, au profit de l'état, des départemens et des communes. (*Déc. f.* 30 *juin* 1828 *et* 4 *oct.* 1830.) . . . . I. G. 26 sept. 1828, § 12, n° 1256, et 24 déc. 1830, § 13, n° 1347.

149. — Le salaire de 25 *cent.* est dû pour dépôt de pièces, même lorsqu'il n'est pas délivré de bulletin. (*Déc. f.* 22 *août* 1823.) *V.* n° 18 sup. I. G. 29 déc. 1829, § 24, n° 1303.

150. **HYPOTHÈQUES** *et privilèges.* — SALAIRES. — Les enregistremens au registre des salaires doivent avoir lieu aussitôt la transcription. I. G. 31 août 1833, n° 1433.

151. — L'inscription d'office ne donne droit qu'à un seul salaire, lors même qu'elle comprend, outre le vendeur, les prêteurs de fonds et créanciers délégués dans le contrat de vente. (*Déc. f.* 19 *août* 1834.) I. G. 4 sept. 1834, § 2, n° 1463.
— *V.* n°s 20, 28, 32, 107 et 114 sup.

— SUBROGATIONS. — *V.* n°s 90 et 140 sup.

152. — TABLES. — Formation d'une table des créances hypothécaires dans chaque conservation. Modifié. n° 153 inf. I. G. 29 nov. 1809, n° 455.

153. — Cette table cessera d'être tenue dans les conservations, et le sera dans les bureaux d'enregistrement. Les conservateurs feront aux receveurs le renvoi de toutes les inscriptions, subrogations et radiations opérées dans le trimestre. *V.* RENVOIS. . . . I. G. 24 juill. 1821, n° 989.

154. — Ordre d'opérer la refonte générale des tables du répertoire dans l'ordre dictionnairique sur les cinq premières lettres de chaque nom propre. *V.* n° 155 inf. . . . . I. G. 7 juin 1823, n° 1081.

155. — Prescriptions et observations sur la manière d'opérer cette refonte. . . . . . . I. G. 6 août 1823, n° 1088.
— *V.* n°s 91 et 112 sup.; TABLES *alphabétiques.*

— TIMBRE *des registres.* — *V.* n° 120 et suiv. sup., et COMPTABILITÉ, n° 185.

— TRANSCRIPTIONS. — *V.* n°s 94 et suiv., et n° 140 sup.

156 — VISA *pour timbre.* — Les conservateurs tiendront un registre du visa pour timbre pour les bordereaux. États et certificats d'inscriptions à viser pour timbre en *debet.* Circ. 7 juin 1806.

HYPOTHÈQUES *légales.* — *V.* HYPOTHÈQUES, n°s 35, 48, 59, 69, 70 et 112.

I

ILES, ILOTS ET ATTÉRISSEMENS *dans les fleuves et les rivières navigables ou flottables.** — Demande d'un état des biens de l'espèce. Circ. 14 août 1806.

2. — Ordre d'en suspendre l'aliénation. Circ. 9 avril 1807.

3. — Ils ne peuvent être vendus qu'avec autorisation spéciale et sous des conditions particulières. (*Déc. f.* 7 *déc.* 1821.) I. G. 23 fév. 1822, n° 1022.

4. — Formalités prescrites pour leur concession. (*Ord. roy.* 23 *sept.* 1825.) . . . . . I. G. 29 oct. 1825, n° 1175.

IMPRESSIONS *pour l'administration.** — Demande aux directeurs d'observations sur le résultat des marchés passés en l'an VII pour celles à faire dans les départemens. . . . Circ. 19 brum. an XI.
— *V.* AVARIES; HYPOTHÈQUES n° 120 et suiv.; PAPIERS; REGISTRES.

IMPRIMERIE. — *V.* AMENDES, n°s 42 et 43.

IMPRIMEURS. — *V.* AFFICHES; AMENDES, n°s 42 et 43.

INDEMNITÉ. — *V.* ÉMIGRÉS, n° 21 et suiv.

INDIGENS. — *V.* CERTIFICATS *d'indigence;* FRAIS *de justice,* n°s 47, 50, 51 et 59; PASSEPORTS.

INSCRIPTIONS. — *V.* HYPOTHÈQUES, n°s 24, 26, 27, 34 et suiv. et 152.

INSINUATION. — La formalité de l'insinuation des donations entrevifs continuera conformément aux lois existantes jusqu'à ce qu'il en soit autrement ordonné. (*Loi* 22 *frim. an VII, art.* 72.) Abrogé n° 2 inf. Circ. n° 1450.

2. **INSINUATION.** — Cette formalité est entièrement abolie par le code civil. (*Livre* 3, *titre* 2.). I. G. 26 niv. an XII, n° 196.

INSOLVABILITÉ *des débiteurs de droits et amendes.* — *V.* Amendes, n°s 4, 5, 10, 12 et 16; Amnisties; Frais *de justice*, *n°s* 47, 50, 51 *et* 59.

INSPECTEURS. — Ils doivent, après chaque tournée, rendre compte des qualités personnelles et de la conduite des receveurs et surnuméraires, et s'expliquer sur la situation des tables et sommiers. I. G. 1er frim. an X, n° 14.

2. — Ils doivent rendre compte des moyens employés par les receveurs pour la sûreté de leur caisse et des papiers timbrés. I. G. 25 flor. an X, n° 56.

3. — Ils ont à s'expliquer aussi sur l'exactitude des versemens. Circ. 3 therm. an X.

4.* — Ils doivent adresser, au plus tard, le 30 du premier mois de chaque trimestre, la copie de leur journal de recette et dépense et l'état de comparaison. . . . . Circ. 21 vent. an X.

5.* — Ils en remettent copie à leur directeur. Circ. 10 sept. 1806.

6. — Ils sont responsables des sommes non tirées hors ligne et des omissions de recette qu'ils n'auront pas constatées. Circ. 23 déc.. 1806.

7.* — Ils doivent fournir, dans la première quinzaine de janvier, un compte de leurs opérations pendant l'année précédente. Abrogé. n° 9 inf. . . . . I. G. 18 nov. 1816, n° 752.

8.* — Modèles du compte qu'ils doivent rendre sur la situation du service dans chaque bureau après chaque tournée de contrôle. I. G. 22 juin 1822, n° 1047.

9. — Dispense de fournir le compte par année. n° 7 sup. I. G. 3 août 1822, n° 1049.

10.* — Ordres de service pour les contre-tournées. Abrogé. n° 15 inf. . . . . I. G. 15 fév. 1823, n° 1070.

11.* — Ils doivent ouvrir leurs contre-tournées par une correspondance avec les receveurs de leur division sur l'instruction des instances et le recouvrement des droits arriérés. I. G. 13 fév. 1824, § 3, n° 1119.

12.* — Prescriptions transitoires pour la tournée de contrôle du trimestre d'octobre 1829. I. G. 7 déc. 1829, n° 1298.

13. — Leur nombre est réduit à 150, savoir : 40 de 1re classe au traitement de 7,000 fr.; 60 de 2e classe à 6,000 fr.; 50 de 3e classe à 5,000 fr. — Il faut au moins deux ans de grade pour passer d'une classe à une autre. — Les inspecteurs de 3e classe sont choisis parmi les vérificateurs de 1re et 2e classe. Les directions de 3e classe sont accordées aux inspecteurs de 1re et de 2e classe ayant au moins 5 ans d'exercice comme inspecteur. Les inspecteurs coupables de négligences graves peuvent être descendus de classe et même de grade. (*Ord. roy.* 11 *nov.* 1829.) Modifié. n° 15 inf. I. G. 12 fév. 1830, n° 1304.

14. — Ordres de service pour les tournées. Modifié. n° 15 inf. . . . . I. G. 5 juin 1830, n° 1318, et 8 sept. 1830, n° 1330.

15. — Le nombre des inspecteurs est réduit à 150, savoir : 30 de 1re classe au traitement de 6,500 fr., 70 de 2e classe à 6,000 fr., et 50 de 3e classe à 5,000 fr. Les inspecteurs de 3e classe ont les mêmes fonctions que les vérificateurs; ceux de 1re et de 2e classe sont seuls chargés, 1° de la surveillance des bureaux et des opérations d'inspection; 2° des contre-vérifications de régies. (*Art.* 33 *du règlement.*) Ils ne peuvent suspendre un receveur sans autorisation, sauf le cas de *déficit* et à charge d'en rendre compte au directeur et à l'administration; ils peuvent alors charger de l'intérim l'employé supérieur attaché au bureau ou le surnuméraire présent. (*Art.* 34.) Les inspecteurs doivent se rendre au moins une fois par an dans chaque bureau, d'après les ordres du directeur qui détermine le temps de leur séjour. (*Art.* 35.) Il leur est défendu de déplacer les registres et minutes, de loger ou manger chez les receveurs, et de leur faire des emprunts d'argent. (*Art.* 36.) *V.* Opérations *d'inspection.* I. G. 15 mars 1831, n° 1351.

16. INSPECTEURS. — Les inspecteurs de 1re et 2e classe ne peuvent faire d'autre intérim que celui de la direction. Ils peuvent être chargés de l'installation des employés. I. G. 20 avril 1831, n° 1360.

17. — Les inspecteurs de 1re et 2e classe qui, par maladie ou congé, interromperont leur service pendant plus de 15 jours, devront être, à l'expiration de ce délai, remplacés par un inspecteur de 3e classe ou un vérificateur qui aura droit à une indemnité de 5 fr. par jour sur le traitement de l'inspecteur remplacé. L'intérimaire ne pourra être envoyé dans les bureaux qu'il aura vérifiés. En cas de vacance par mort ou démission, un inspecteur de 3e classe ou un vérificateur sera immédiatement chargé des opérations d'inspection. Il jouira dans ce cas du traitement de l'emploi, mais son propre traitement tournera au profit du trésor. I. G. 18 juin 1831, n° 1368.

18. — Ils ne doivent pas divulguer leur itinéraire, et les directeurs peuvent leur accorder quelques jours de repos en rendant compte à l'administration. . . . . I. G. 23 janv. 1832, n° 1392.

— *V.* Abus; Administration *de l'enregistrement;* Bordereaux *de situation de caisse;* Comptes *à rendre;* Contre-vérifications; Hypothèques, n°s 4 et 8. Itinéraires; Lettres *de tournée;* Magasins *du timbre;* Mémoires *d'ordres;* Notes. Omissions *de recettes;* Opérations *d'inspection;* Ports *de lettres et paquets;* *n°s* 17 *et* 23; Responsabilité; Tournées.

INSPECTEURS *des finances.* — Les caisses des préposés de l'enregistrement sont soumises à leur vérification. *V.* Caisse, n° 3. I. G. 27 janv. 1816, n° 704.

2. — Les préposés doivent leur fournir tous les renseignemens qu'ils désirent; mais ils n'ont ni instructions ni ordres à en recevoir. (*Déc. f.* 3 *avril* 1820.) . . . . . . I. G. 21 avril 1820, n° 930 et 9 mai 1822, n° 1040.

3. — On doit leur donner les renseignemens demandés non-seulement sur la comptabilité, mais encore sur toutes les parties du service. I. G. 6 mai 1834, n° 1130.

INSPECTEURS GÉNÉRAUX *de l'enregistrement et des domaines.* * — Il est créé six inspections générales. (*Décret* 30 *vent. an XIII.*) Les inspecteurs généraux nommés sont MM. Lhoyer, Guesnier, Garnier, Baudot, Hocboq et Aubry. *V.* Administration *de l'enregistrement.* Circ. 16 germ. an XIII.

INSPECTIONS. — *V.* Inspecteurs; Opérations *d'inspection.*

INSTALLATIONS. — *V.* Administration *de l'enreg.;* Cautionnemens, n°s 21 et 29; Changemens *de résidence;* Comptabilité, n°s 32 et 33; Comptes *de clerc à maître.*

INSTANCES. — DISPOSITIONS *générales.* — (V. *Circ. n°s* 135 *et* 1202.)

— Conflits. — La marche à suivre, lorsqu'une affaire de la compétence des conseils de préfecture est portée devant un tribunal, est tracée par l'arrêté du gouv. du 13 brum. an X. Les employés adresseront au directeur qui les transmettra au préfet, les renseignemens qu'ils recueilleront sur les infractions à la compétence. Le préfet élèvera le conflit par un arrêté qui sera notifié au tribunal. — Le conseil d'état connaît seul des conflits *positifs* ou *négatifs;* mais les simples exceptions d'incompétence sont jugées par l'autorité supérieure dans la hiérarchie soit judiciaire soit administrative. (*Déc.* 12 *nov.* 1811 *et* 17 *mars* 1812.) I. G. 25 oct. 1812, § 3, n° 606.

2. — Il n'y a pas lieu d'élever le conflit pour défaut d'autorisation du conseil de préfecture dans les contestations où les communes et établissemens publics sont parties. Il en est de même pour défaut d'accomplissement des formalités à remplir devant l'autorité administrative préalablement aux poursuites judiciaires, conformément à l'instruction générale n° 1101. (n° 34 inf.) Le conflit ne peut être élevé après des jugemens en dernier ressort ou acquiescés, ni après des arrêts définitifs; il peut être élevé en appel s'il ne l'a été en première instance, ou qu'il l'ait été irrégulièrement. Le préfet, lorsqu'une question portée devant un tribunal de 1re instance lui paraîtra de la compétence administrative, pourra, même lorsque l'administration ne sera pas en cause, demander le renvoi devant l'autorité compétente. Forme de cette demande. Délai dans lequel le conflit peut-être élevé. Formalités à suivre pour saisir le conseil d'état. (*Ord. roy.* 1er *juin* 1828.) I. G. 1er août 1828, n° 1252.

3. INSTANCES. — DISPOSITIONS *générales.* — ÉTATS DE SITUATION. — Les directeurs adresseront à l'administration, le 10 de chaque mois, et par trimestre, divers états de situation des instances et procès-verbaux. Modifié. nos 4 et 5 inf. . . . . I. G. 25 oct. 1812, § 4, n° 606.

4. — Les états de situation seront dressés partiellement, suivant la nature et l'objet des instances, conformément à la division du service par matières et adressés *par trimestre* à l'administration. Il y sera joint au besoin des rapports spéciaux. Modifié. n° 5 inf. I. G. 27 juin 1829, n° 1281.

5. — Ces états ne seront fournis que sommairement et *par sémestre.* Classement et rédaction. *Modèles.* Ces états seront adressés à chaque division les 11 janvier et 11 juillet. I. G. 17 juill. 1829, n° 1284.

6. — Exactitude et célérité à apporter par les directeurs dans leur correspondance relative aux instances. Les receveurs des actes judiciaires des chefs-lieux d'arrondissement et de département doivent adresser aux directeurs copie du dispositif des jugemens et arrêts qui intéressent l'administration, dans les 24 heures de l'enregistrement, et leur donner avis de toutes les significations faites aux préfets comme représentant le domaine de l'état. I. G. 10 juill. 1833, n° 1427.

— *V.* n° 11 inf., et PROCÈS-VERBAUX, nos 1 et 2.

7. — ADMINISTRATIVES. — La solution des difficultés sur le résultat des décomptes des acquéreurs de domaines appartient aux préfets, sauf recours au ministre des finances. (*Arr. gouv. 4 therm. an XI.*) Circ. 9 sept. 1806.

8. — Les arrêtés des préfets sont à cet égard exécutoires par provision. (*Déc. f.* 3 *oct.* 1806.) Circ. 8 nov. 1806.

9. — Les sommiers, états et tables prescrits par les ordres généraux de régie, art. 83, 178, 269, 271 et 272, pour les instances judiciaires, doivent être tenus de même pour celles administratives. État à adresser à l'administration. Circ. 24 juill. 1807.

10. — Les poursuites à exercer contre les acquéreurs de biens de l'état ou leurs cessionnaires en retard de solder tout ou partie de leurs acquisitions, doivent être suivies administrativement. (*Décret* 17 *mai* 1809.) I. G. 10 juill. 1809, n° 439.

11. — L'appel des arrêtés des conseils de préfecture rendus en matières domaniales, conformément à la loi du 28 pluv. an VIII, sera porté directement à la commission du contentieux, et l'instruction en aura lieu conformément aux réglemens des 11 juin et 22 juill. 1806. Cependant les réclamations seront soumises d'abord au ministre des finances, sauf renvoi au conseil d'état. (*Décret* 23 *fév.* 1811. . . . . . . I. G. 7 sept. 1811, n° 542.

12. — La compétence des conseils de préfecture comprend : l'interprétation et l'application des procès-verbaux de ventes de domaines de l'état. (*Loi* 28 *pluv. an VIII.*) La liquidation des fermages, leur paiement et l'exécution des baux. (*Décrets* 19 *mars et* 23 *mai* 1810.) Le réglement des *prorata* de fermages. (*Décrets* 8 *mars et* 19 *avril* 1811.) Les partages et comptes de jouissance des biens indivis avec l'état. (*Décrets* 20 *nov.* 1809, 13 *mars et* 28 *août* 1810.) Les séquestres administratifs. (*Décret* 28 *fév.* 1810.) Les remboursemens faits à la caisse des domaines pendant le séquestre des biens du créancier. (*Décrets* 3 *janv.* 1809, 15 *sept* 1810, 29 *mars et* 11 *juin* 1811.) La découverte de biens et rentes celés au domaine. (*Décret* 13 *oct.* 1809.) *V.* nos 1 et 2 sup. I. G. 25 oct. 1812, n° 606.

13. — Les arrêtés doivent être notifiés par acte d'huissier aux parties. (*Décret* 17 *avril* 1822.) L'appel au conseil d'état n'est pas suspensif, et l'exécution des arrêtés des conseils de préfecture ne peut être arrêtée que sur une décision du conseil d'état. (*Décret* 22 *juill.* 1806.) Pour les arrêtés pris contre le domaine, *V.* ACQUIESCEMENS, n° 2. L'appel doit être porté directementt au conseil d'état, commission du contentieux. (*Décret* 23 *fév.* 1811.) Il n'est pas recevable après 3 mois du jour de la notification. Les directeurs adresseront sans retard à l'administration les dossiers des

affaires lorsqu'il y a lieu à pourvoi, les pièces seront classées par ordre de date, et il sera joint expédition en forme de l'arrêté. Il n'y a pas lieu de soumettre préalablement l'arrêté au ministre des finances ; le conseil d'état a seul qualité pour le réformer. Les frais à la charge de l'administration seront acquittés par le receveur près la cour de cassation sur extrait en forme et taxe d'un maître des requêtes. . . . .
I. G. 25 oct. 1812, § 1, n° 606.

14. INSTANCES *administratives.* — Les mémoires présentés au ministère des finances ou aux administrations qui en dépendent, doivent être signés par les parties elles-mêmes ou par des avocats aux conseils du roi et à la cour de cassation ; seuls ils auront le droit de se présenter dans les bureaux. (*Déc. f.* 13 *mai* 1824.) . . . . . .
I. G. 7 sept. 1824, n° 1144.

— *V.* Acquiescemens.

15. — JUDICIAIRES. — Droits et Amendes *d'enregistrement.* — La solution des difficultés avant l'introduction des instances appartient à la régie. (*Loi, enreg. art.* 63.) Le premier acte de poursuite est une contrainte décernée par le receveur, visée et rendue exécutoire par le juge de paix du canton où le bureau est établi, et signifiée par huissier. L'exécution n'en est interrompue que par une opposition motivée avec assignation devant le tribunal. (*Art.* 64.) *V.* n°s 16 et 17 inf. Circ. n° 1450.

16. — L'introduction et l'instruction des instances ont lieu exclusivement devant les tribunaux civils. — L'instruction se fait par simples mémoires respectivement signifiés. — La partie qui succombera n'aura d'autres frais à supporter que ceux du papier timbré, le coût des significations et les droits d'enregistrement. — Les tribunaux doivent accorder, pour produire les défenses, le délai demandé qui ne pourra néanmoins excéder un mois. — Les jugemens seront rendus dans les trois mois, en audience publique, sur le rapport d'un juge et sur conclusions du ministère public. Les jugemens sont sans appel et ne peuvent être attaqués que par voie de cassation. (*Loi enreg., art.* 65.) *V.* n°s 22, 26, 45 et 46, 57 et 58, 59 et 60, 64 à 67 inf. . . . Circ. n° 1450.

17. — Les frais tombés en non valeur sont remboursés aux préposés qui en ont fait l'avance, sur état taxé par le tribunal et appuyé de pièces justificatives. (*Loi enreg. art.* 66.) *V.* Frais *de poursuites.* Circ. n° 1450.

18. — L'instruction se fait sans plaidoiries, et le ministère des avoués n'est pas nécessaire. (*Loi* 27 *vent. an IX, art.* 17.) *V.* n°s 20, 21 et 54 inf. Circ. n° 1992.

19. — L'instance n'est liée que dans le cas où les parties font signifier leur opposition à la contrainte avec assignation devant le tribunal. — Les huissiers de justice de paix n'ont pas qualité pour la signification des actes de poursuites. (*Déc. j. et f.* 15 *et* 29 *fruct. an IX.*) Modifié *V.* Huissiers n° 2 et 3. I. G. 23 brum. an X, n° 12.

20. — Lorsque l'administration se trouve colloquée dans une distribution de prix, et qu'il y a instance sur l'ordre entre plusieurs créanciers, il y a lieu de suivre le mode de procéder ordinaire, et le ministère d'un avoué devient indispensable. . . . . . .
I. G. 29 brum. an XI, n° 100.

21. — Le ministère des avoués n'est pas nécessaire dans les instances en matière de perception ou de revenus nationaux. (*Déc. j.* 28 *fév.* 1807.) *V.* n° 74 inf. . . . . . .
Circ. 31 mars 1807.

22. — Le code de procédure n'a pas abrogé les lois et réglemens qui déterminent la forme de procéder relativement à l'administration. (*Av. cons. d'état,* 12 *mai* 1807.) . . .
Circ. 4 juill. 1807.

23. — Dans les affaires où il n'y a pas constitution d'avoués, le jugement doit être rédigé sans signification préalable de qualités. (*Déc. j. et f.* 1er *mars* 1808.) . . . . .
I. G. 25 mars 1808, n° 369.

24. — Les contestations relatives à la féodalité des rentes nationales sont de la compétence des tribunaux ordinaires ; mais les porteurs de transferts n'ont droit à aucun remboursement ou indemnité, s'ils n'ont préalablement soumis leurs titres et mémoires à l'autorité administrative. (*Av. cons. d'état*, 14 *mars* 1808; *Décrets* 15 *janv.*, 17 *et* 28 *mai* 1809, 7 *août* 1810.) . . . . I. G. 21 mai 1808, n° 380, et 25 oct. 1812, n° 606.

25. **INSTANCES** *judiciaires*. — **Droits et Amendes** *d'enregistrement*. — Les contestations relatives aux retenues sur les rentes dues à l'état, à l'interprétation et l'exécution des baux et actes relatifs aux domaines passés devant notaires, aux résolutions de tous baux pour dol et collision, aux prescriptions de fermages, aux propriétés appartenant aux Anglais et à la propriété des biens et rentes, sont de la compétence des tribunaux. (*Décrets* 2 *fév.*, 17 *et* 27 *mars*, 4 *et* 18 *juin*, 6 *et* 29 *août* 1809, 23 *mai* 1810, 26 *avril*, 2 *mai*, 1er *sept.*, 23 *oct.* 1811, 24 *août* 1812.) — Lorsque le préfet est appelé à défendre les intérêts de l'état, l'affaire doit préalablement être soumise au conseil de préfecture. (*Décrets* 7 *juill.* 1809 *et* 16 *mai* 1810.) — L'instance doit être suivie devant le tribunal de l'arrondissement dans lequel se trouve le bureau d'où la contrainte est émanée. (*Cass.* 30 *mess. an X*; 14 *niv. an XI*, 23 *flor. an XIII*, 5 *mai* 1806.) — Le mode de procéder, fixé par l'art. 65 de la loi de frimaire an VII, s'applique à toutes les perceptions confiées à l'administration de l'enregistrement, ce qui comprend les revenus domaniaux. (*Cass.* 5 *mars* 1811.) — Les jugemens rendus sur pièces non signifiées sont nuls. (*Cass.* 18 *janv.* 1808.) — Le ministère des avoués n'est pas nécessaire, même en matière de *saisies-arrêts*. (*Cass.* 28 *juill.* 1812.) — Les mémoires produits pour l'administration ne peuvent être signés que par les directeurs, et ne doivent être signifiés que revêtus de cette formalité. — Le délai de 3 mois fixé pour le prononcé du jugement n'entraîne pas de nullité. (*Cass.* 19 *juin* 1809.) — Le jugement est nul s'il n'est rendu *sur le rapport d'un juge en audience publique*, et le certificat judiciaire du président ne peut suppléer au défaut de cette mention dans le jugement. (*Cass.* 25 *avril* 1808 *et* 2 *juill.* 1812.— Le défaut de conclusions du procureur du roi entraîne aussi la nullité. (*Cass.* 8 *mai* 1810.) Les formes établies par la loi du 22 frim. an VII sont prescrites à peine de nullité. (*Cass.* 19 *déc.* 1809.) — Le recouvrement des frais avancés et des condamnations prononcées au profit de l'administration doit être poursuivi contre les parties condamnées. Pour les jugemens prononcés contre l'administration. *V.* Acquiescemens, n° 1. — Les procédures et actes nuls ou frustratoires sont à la charge des officiers ministériels. I. G. 25 oct. 1812, § 2, n° 606.

26. — Apporter la plus grande célérité dans l'instruction des instances. . . . . Circ. 23 mai 1821.

27. — Les parties peuvent employer le ministère des avoués; mais les frais qui en résultent n'étant pas nécessaires et forcés, demeurent à la charge de ceux qui les ont faits. (*Cass.* 26 *mars* 1827.) I. G. 7 sept. 1827, § 9, n° 1219.
— *V.* Acquiescemens; Frais *de poursuites et d'instances*.

28. — **Biens** *de l'état*. — Les préfets ont seuls qualité pour intenter et suivre en justice les actions relatives à la propriété des biens meubles et immeubles de l'état. (*Déc. j.*) I. G. 24 sept. 1807, n° 343.

29. — Le ministère des avoués est indispensable pour ces instances. I. G. 25 oct. 1812, n° 606. Abrogé. (*Déc. f.* 25 *fév.* 1822.) I. G. 23 mars 1822 n° 1029.

30. — Les questions de propriété ne peuvent être portées devant les tribunaux qu'après avoir été soumises aux conseils de préfecture. I. G. 3 sept. 1816, n° 740.

31. — C'est aux directeurs à faire l'examen des pièces, à réunir les renseignemens utiles, et à préparer les moyens à présenter soit en demande, soit en défense, après l'avis préalable du conseil de préfecture. Ils disposeront, s'il y a lieu, l'exposé et l'analyse nécessaires pour obtenir une consultation d'avocats. En cours d'instance, ils fourniront les observations, documens et pièces jugés utiles. En appel, ils disposeront le développement des moyens. Ils consigneront l'affaire à leur sommier des instances, et adresseront à l'administration copie des jugemens ou arrêts intervenus. (*Déc. f.* 16 *mai* 1821.) *V.* n° 35 inf. I. G. 13 juin 1821, n° 982.

32. INSTANCES *judiciaires.* — Biens *de l'état.* — Les préfets ne peuvent intenter d'action sans autorisation expresse du conseil de préfecture dont l'arrêté, en cas de refus, peut être attaqué devant le conseil d'état. Modifié. n° 33 inf. — Les particuliers ne peuvent, à peine de nullité, intenter d'action sans avoir préalablement soumis au conseil de préfecture l'objet de leur réclamation par un mémoire appuyé de pièces et moyens. L'avis que donne le conseil est sans recours, à moins qu'au lieu d'un *avis* il ne rende une décision. Ces règles s'appliquent également aux actions pour les propriétés mobilières et à celles qui concernent les forêts. (*Loi* 5 *nov.* 1790, *et déc. f.* 20 *sept.* 1822.) *V.* n°s 33 et 35 inf. I. G. 9 oct. 1822, n° 1057.

33. — Les préfets peuvent intenter ces actions sans autorisation du conseil de préfecture, et c'est à eux que les particuliers doivent communiquer préalablement leurs mémoires, moyens et pièces. (*Av. cons. d'état*, 28 *août* 1823.) C'est donc au préfet que les directeurs doivent remettre le mémoire sur l'affaire à suivre; ils en adresseront un double à l'administration. L'avis du préfet ne peut empêcher les particuliers de se pourvoir devant les tribunaux. *V.* n° 35 inf I. G. 25 oct. 1823, n° 1101.

34. — Ces dispositions sont applicables aux instances relatives aux droits des usagers dans les bois de l'état. I. G. 24 juill. 1828, § 3, n° 1251.

— *V.* n° 25 sup., 72 et suiv. inf.; Arbres, n° 5; Bois *de l'état*, n°s 14, 15 *et* 16.

35. — Règlement pour l'introduction et la suite des instances en matière domaniale. L'état sera représenté par le Préfet, auquel les directeurs fourniront les moyens et mémoires nécessaires. Mode de procéder, exécution des jugemens, pourvois et recommandations diverses pour la défense des intérêts de l'état. (*Arr. f.* 3 *juill.* 1834.). . . . . I. G. 9 août 1834, n° 1459.

36. — Comptabilité. — Les contestations entre l'administration et les préposés sur toutes les questions relatives à la comptabilité doivent être soumises à la décision du ministre des finances, sauf recours au conseil d'état. (*Av. cons. d'état*, 9 *juill.* 1808.) I. G. 30 nov. 1808, n° 407.

37. — Délits forestiers. — L'instruction des instances relatives au recouvrement des condamnations prononcées pour délits forestiers, doit avoir lieu par simples mémoires respectivement signifiés conformément à l'art. 17 de la loi du 27 vent. an IX. (*Cass.* 11 *mars* 1828.) I. G. 26 juin 1828, § 15, n° 1249.

38. — Demande *reconventionnelle.* — Le tribunal devant lequel une demande a été portée par l'administration n'est pas compétent pour connaître de la demande reconventionnelle formée par la partie en restitution des droits perçus hors de l'arrondissement du tribunal. (*Cass.* 21 *fév.* 1831.) I. G. 25 juin 1831, § 11, n° 1370.

— *V.* Expertises; Expropriations *forcées.*

39. — Frais *de justice.* — Les instances relatives au recouvrement des frais de justice sont de nature à être communiquées au ministère public. (*Cass.* 30 *mars.* 1825.) I. G. 29 juin 1825, § 20, n° 1166.

40. — L'administration est seule partie, bien qu'elle agisse dans ce cas sous le nom du ministère public. Elle a seule qualité pour consentir un désistement ou passer condamnation, et le jugement ne peut être rendu que sur les faits, titres et moyens présentés par elle. (*Cass.* 20 *fév.* 1828.) I. G. 26 sept. 1828, § 13, n° 1256.

41. — Forme *et procédure.* — *Communication au ministère public.* — Le jugement qui ne constate pas que communication a été faite au ministère public est nul. *V.* n° 39 sup. (*Cass.* 30 *mars* 1825.) I. G. 29 juin 1825; § 20, n° 1166.

42. — *Compétence.* — Le tribunal constitué en police correctionnelle ne peut juger une affaire civile en matière d'enregistrement. (*Cass.* 28 *janv.* 1835.) *V.* n° 38 sup. . . . I. G. 31 juill. 1835, § 17, n° 1490.

43. — *Conclusions.* — Les conclusions doivent être présentées de manière à conserver tous les droits de l'administration, et l'on doit y suppléer au besoin par une nouvelle demande, les tribunaux n'étant pas tenus d'accorder d'office, et à peine de nullité, des droits dûs légalement, mais non demandés. (*Cass.* 16 *juin* 1824, *et* 26 *janv.* 1831.) I. G. 8 sept. 1824, § 16, n° 1146; et 25 juin 1831, § 2, n° 1370.

44. INSTANCES *judiciaires.* — Forme *et procédure.* — *Conclusions.* — Les conclusions prises au nom de la partie par le ministère d'un avoué ne peuvent être considérées comme plaidoiries, et ne frappent pas le jugement de nullité. (*Cass.* 20 *mars* 1826.) *V.* nos 54 et 55 inf. I. G. 20 mars 1827, § 18, n° 1205.

45. — *Conclusions du ministère public.* — Le jugement qui porte seulement : *Vu les conclusions* du ministère public, sans exprimer que le procureur du roi a été entendu, ni même était présent à l'audience, est nul. (*Cass.* 14 *mars* 1821, *et* 14 *avril* 1830.) I. G. 26 sept. 1829, § 14, n° 1293; et 27 sept. 1830, § 15, n° 1336.

46. — Si le jugement porte que le procureur du roi a donné ses conclusions par écrit, et que rien ne constate qu'il ait été entendu en ses conclusions verbales, le jugement est nul. (*Cass.* 16 *mai* 1831; 17 *déc.* 1833, *et* 12 *août* 1834.) *V.* nos 16 et 25 sup. I. G. 20 sept. 1831, § 13, n° 1381; 2 avril 1834, § 11, n° 1451; et 31 déc. 1834, § 8, n° 1473.

47. — *Élection de domicile.* — L'administration n'est pas tenue d'élire domicile dans la commune où résident les redevables qu'elle fait poursuivre. L'art. 584 C. proc. ne lui est pas applicable. L'élection de domicile au bureau où les droits sont dûs, est suffisante. (*Cass.* 16 *fév.* 1831.) I. G. 25 juin 1831, § 14, n° 1370.

48. — *Excès de pouvoir.* — Est nul pour excès de pouvoir le jugement qui condamne la régie aux intérêts des sommes dont il ordonne la restitution. (*Cass.* 6 *nov.* 1827.) . . . I. G. 22 mars 1828, § 15, n° 1236.

49. — *Juges suppléans.* — Un avocat ne peut être appelé à concourir au jugement en remplacement d'un juge titulaire, qu'à défaut de juge suppléant, à peine de nullité. (*Cass.* 19 *janv.* 1825.) I. G. 29 juin 1825, § 16, n° 1166.

50. — Le jugement rendu sur rapport et avec le concours d'un juge suppléant sans que cela fut nécessaire, trois juges titulaires y figurant, est nul. (*Cass.* 15 *mars* 1825; 18 *avril*, 13 *et* 26 *déc.* 1826; 23 *avril*, 27 *juin et* 6 *nov.* 1827; 11 *fév.* 1828; *et* 24 *nov.* 1834.) I. G. 29 juin 1825, § 17, n° 1166; 30 sept. 1826, § 26, n° 1200; 20 mars 1827, n° 1205; 7 sept. 1827, n° 1219; 22 mars 1828, § 13, n° 1236, 26 juin 1828, § 14, n° 1249; et 21 avril 1835, § 19, n° 1481.

51. — Si un juge suppléant présent au jugement sans nécessité n'a eu que voix consultative, le jugement n'est pas vicié. (*Cass.* 2 *avril* 1828.) . . . . I. G. 24 mars 1829, § 7, n° 1272.

52. — *Mention des noms des juges.* — Le jugement qui ne contient pas dans l'expédition signifiée, mention des noms des juges qui y ont concouru, est nul, même lorsque cette mention existe sur la feuille d'audience. (*Cass.* 3 *déc.* 1827, *et* 24 *nov.* 1834.) I. G. 22 mars 1828, § 14, n° 1236; et 21 avril 1835, § 20, n° 1481.

53. — *Nullités.* — Les moyens de nullité contre des actes de l'instance antérieurs au jugement définitif ne peuvent être admis par la cour de cassation, s'ils n'ont pas été présentés devant les juges qui ont statué définitivement. (*Cass.* 6 *juill.* 1825; *et* 5 *avril* 1831.) I. G. 30 déc. 1825, § 12, n° 1180; et 20 sept. 1831, § 12, n° 1381.

54. — *Plaidoiries.* — Le jugement qui constate que l'avoué des parties a été entendu en ses observations, est nul. (*Cass.* 28 *juin* 1830.) *V.* n° 44 sup. . . . . I. G. 27 sept. 1830, § 16, n° 1336.

55. — Si rien ne constate les plaidoiries, le jugement ne peut être annulé. (*Cass.* 9 *juill.* 1834.) *V.* n° 18 et 44 sup. I. G. 31 déc. 1834, § 4, n° 1473.

56. — *Points de fait et de droit.* — Il n'est rien prescrit rigoureusement à cet égard; il suffit que les motifs et le dispositif du jugement les fassent connaître. (*Cass.* 19 *juill.* 1830.) I. G. 24 déc. 1830, § 17, n° 1347.

57. — Si le jugement ne les fait connaître en aucune manière, et qu'il en résulte que les motifs de la décision ne peuvent être appréciés, le jugement est nul. (*Cass.* 1er *mars*, *et* 19 *avril* 1831; 19 *mars* 1833; 4 *août*, *et* 30 *déc.* 1834.) I. G. 25 juin 1831, § 12, n° 1370; 20 sept. 1831, § 14, n° 1381; 30 juin 1833, § 12, n° 1425; 31 décembre 1834, § 8, n° 1473; et 21 avril 1835, § 21, n° 1481.

58. **INSTANCES** *judiciaires.* — Forme *et procédure.* — *Publicité.* — Le jugement qui ne constate pas qu'il a été rendu en audience publique est nul. (*Cass.* 16 *mars* 1825.) . . . I. G. 29 juin 1825, § 18, n° 1166.

59. — Est rendu en audience publique le jugement *prononcé en la chambre du conseil, portes ouvertes.* (*Cass.* 11 *fév.* 1835.) I. G. 31 juill. 1835, § 3, n° 1490.

— *V.* n°s 16 et 25 sup., et n° 60 inf.

60. — *Rapport d'un juge.* — Le jugement qui ne constate pas qu'il a été précédé du rapport d'un juge en audience publique, est nul. (*Cass.* 5 *mai* 1824; 24 *juin, et,* 17 *aout* 1829; 5 *aout* 1833; 20 *mai*, 4 *et* 12 *aout* 1834.) I. G. 8 sept. 1824, § 17 n° 1146; 26 sept. 1829, § 20, n° 1293; 29 déc. 1829, § 25, n° 1303; 30 déc. 1833, § 15, n° 1446; 7 nov. 1834, § 12, n° 1467; et 31 déc. 1834, § 8, n° 1473.

61. — Le rapport peut être verbal. (*Cass.* 18 *janv.* 1825.) . . . . I. G. 29 juin 1825, § 19, n° 1166.

— *V.* n°s 16 et 25 sup.

62. — Hypothèques. — Les actions intentées aux conservateurs des hypothèques pour la perception ou pour objets généraux de leurs fonctions, doivent être suivies comme celles en matière de droits d'enregistrement. (*Déc. j. et f.* 2 *déc.* 1807.) . . . . I. G. 11 janv. 1808, n° 362.

63. — Les actions relatives aux formalités prescrites pour la conservation des hypothèques et la consolidation des mutations sont personnelles aux conservateurs, et le ministère des avoués devient indispensable; mais celles relatives à la perception des droits dus au trésor pour les formalités, sont soumises aux formes prescrites par la loi du 22 frim. an VII. (*Déc. j.*) I. G. 22 nov. 1820, n° 959.

— *V.* Hypothèques, n°s 82 et 111.

64. — Ordres *et distributions.* — Le ministère des avoués est dans ce cas indispensable. (*Déc. f.* 25 *fév.* 1822.) *V.* n° 20 sup.; Expropriations *forcées*; Ordres. I. G. 29 brum. an XI, n° 100; 25 oct. 1812, § 2, n° 606; 23 mars 1822, n° 1029.

— *V.* Poursuites.

65. — Pourvois *contre les jugemens.* — Les jugemens rendus par défaut peuvent être attaqués par voie d'opposition jusqu'à leur exécution. (*C. Proc. art.* 158 *et* 159.) Le jugement est par défaut à l'égard de l'administration qui n'a pas fourni de mémoire, bien que le ministère public ait été entendu. (*Cass.* 11 *mars et* 18 *juin* 1812.) Tous les jugemens peuvent être attaqués par voie de requête civile, sur autorisation spéciale de l'administration.— La voie de la cassation est ouverte pour les vices de forme et de procédure, et les contraventions au texte de la loi; une mauvaise appréciation des faits n'y peut donner lieu. Le pourvoi doit être exercé de suite contre les jugemens préparatoires qui préjugent le fond, sans attendre le jugement définitif. — Il ne peut être formé que dans les 3 mois de la signification du jugement. Les directeurs doivent en conséquence adresser sans retard les dossiers à l'administration. — Les arrêts d'admission doivent être signifiés aux adversaires dans les 3 mois, à peine de déchéance. Cette signification doit être faite au domicile *réel* et à la requête de l'administration, et les nullités qu'elle contiendrait entraîneraient la déchéance; les directeurs en sont responsables. I. G. 25 oct. 1812, § 2, n° 606.

66. — La rétractation partielle d'un jugement par défaut, par suite de l'opposition de partie des condamnés, ne profite qu'aux opposans. (*Cass.* 6 *mai* 1824.) . . . . . . I. G. 8 sept. 1824, § 18, n° 1146.

67. — Règles à suivre pour la signification régulière des arrêts d'admission. . . . . . I. G. 30 déc. 1825, § 13, n° 1180.

68. — Cette signification est nulle, si elle est faite au domicile du tuteur d'un mineur devenu majeur, soit avant, soit depuis l'instance. (*Cass.* 27 *mai* 1834.) . . . . I. G. 7 nov. 1834, § 11, n° 1467.

— *V.* n° 16 sup.; Saisies-arrêts, n° 5.

69. INSTANCES *judiciaires.* — **Prescription.** — La prescription est acquise aux redevables, si les pousuites commencées sont interrompues pendant une année, sans qu'il y ait instance devant les juges compétens, quand même le premier délai de la prescription ne serait pas expiré. (*Loi enreg. art.* 61, *n°* 3.) Circ. n° 1450.

70. — Un itératif commandement suffit dans ce cas pour interrompre la prescription. (*Cass.* 1er *avril* 1834.) I. G. 7 nov. 1834, § 13, n° 1467.

71. — **Ressort.** — C'est devant le tribunal dans le ressort duquel est placé le receveur qui a décerné la contrainte que l'instance doit être suivie. (*Cass.* 30 *mai* 1826.) *V.* n° 74 inf. I. G. 30 sept. 1826, § 25, n° 1200.

72. — **Revenus** *de domaines.* — Ces instances restent soumises aux deux degrés de juridiction, lorsqu'elles ont pour objet des fermages, loyers, arrérages de rentes, etc., si la somme à recouvrer excède 1,000 fr.; mais l'instruction ne s'en fait pas moins par simples mémoires respectivement signifiés. (*Cass.* 12 *mess. an VIII,* 2 *et* 4 *germ. et* 3 *flor. an IX; Déc. j.* 4 *compl. an IX.*) . . . . I. G. 2 frim. an X, n° 15, et 14 pluv. an X, n° 39.

73. — La solution des difficultés qui peuvent s'élever sur la validité, l'étendue, et l'interprétation des baux de domaines appartient à l'autorité administrative; il en est de même des paiemens que le fermier voudrait faire en indemnités ou fournitures à vérifier ou liquider; mais toutes les questions à juger d'après les dispositions des codes civil et de procédure, ou autres lois sur les obligations des preneurs, sont de la compétence exclusive des tribunaux, ainsi que l'application des lois sur le mode de paiement des fermages et les difficultés dans le réglement des décomptes y relatifs. (*Déc. j.*) I. G. 24 sept. 1807, n° 343.

74. — En cette matière les jugemens sont soumis aux deux degrés de juridiction. Une fausse énonciation du ressort ne peut empêcher l'appel. . . . . I. G. 25 oct. 1812, § 2, n° 606.

75. — Le ministère des avoués n'est pas nécessaire. (*Déc. j.* 25 *fév.* 1822.) . . . . . I. G. 23 mars 1822, n° 1029.

— *V.* nos 21, 25, 28 et suiv. sup.; **Saisies-arrêts**; **Saisies** *immobilières*; **Saisies** *réelles*.

76. — **Timbre.** — L'instruction des instances relatives au timbre se fait sur simples mémoires respectivement signifiés. Les jugemens définitifs sont sans appel. (*Loi timb. art.* 32.) Circ. n° 1419.

— *V.* **Université**, n° 3.

77. — **Ventes** *publiques de meubles.* — Ces instances se suivent conformément à la loi du 22 frim. an VII. (*Loi* 22 *pluv. an VII, art.* 8.) I. G. 15 mai 1807, n° 326.

INSTRUCTION *des affaires.* — *V.* **Correspondance**; **Réclamations.**

INSTRUCTIONS *générales.* — Elles seront adressées à l'avenir par le directeur général aux directeurs des départemens; ils en accuseront la réception et la transmission. Modifié. n° 2 inf. I. G. 4 niv. an X, n° 30.

2. — Les directeurs sont dispensés d'en accuser réception. Circ. 21 déc. 1810.

— *V.* **Mémoires** *d'ordres.*

INTÉRÊTS. — L'administration, au nom de l'état, a le droit d'invoquer les dispositions du code civil (*Art.* 1153, 1154, 1155), concernant les intérêts ou intérêts des intérêts pour les créances et revenus nationaux, mais non pour les contributions. Le recouvrement en est suivi par voie de contrainte, lorsqu'ils ont été stipulés, ou qu'ils sont exigibles de plein droit d'après la loi; autrement il faut un jugement de condamnation. Dans ce dernier cas, la demande judiciaire ne sera formée que s'il y a opposition à la contrainte ou sur l'autorisation du ministre des finances. Une réclamation ne suspend ni le cours des intérêts, ni leur demande en justice. Le sursis accordé ne suspend pas le cours des intérêts. I. G. 2 août 1806, n° 314.

2. — Le taux de l'intérêt légal est fixé à 5 p. °/₀ en matière civile, et à 6 p. °/₀ en matière de commerce. (*Loi* 3 *sept.* 1807.) I. G. 21 oct. 1807, n° 353.

3. **INTÉRETS.** — Il ne peut être alloué aux parties aucune somme pour intérêts des droits qui leur sont restitués. *V.* INSTANCES n° 48. I. G. 22 avril 1812, n° 574.

— *V.* ALIÉNATIONS *de biens de l'état*, n°s 2 *et* 11; OBLIGATIONS, n°s 4, 11 et 12.

INTÉRIM. — *V.* ADMINISTRATION *de l'enregistrement;* CAISSE *des retraites;* CHANGEMENS *de résidence;* COMPTES *de clerc à maître;* CONGÉS; DIRECTEURS; INSPECTEURS; PREMIERS COMMIS; RECEVEURS; SURNUMÉRAIRES; VACANCES *d'emplois;* VÉRIFICATEURS.

INTRODUCTION *d'instances.* — *V.* INSTANCES, n°s 15 et 16.

INVALIDES. — *V.* FORTIFICATIONS; MOBILIER *de la marine*, *n°* 7.

INVENTAIRES *de mobilier.* — *V.* MOBILIER *l'état, n°s* 11, 12 et 13.

INVENTAIRES *des papiers timbrés.* — *V.* MAGASINS *du timbre*; TIMBRE.

INVENTAIRES *des registres.* — Ordre de faire le récolement de ces inventaires à raison des déplacemens auxquels les circonstances ont obligé les receveurs. *V.* REGISTRES *et impressions.* Circ. 30 juin 1814.

INVENTAIRES *des dépenses.* — *V.* COMPTABILITÉ, n°s 146 et 147.

ITINÉRAIRES. — Les inspecteurs doivent informer le directeur de l'itinéraire de leurs tournées, et le cacher aux autres préposés en le variant autant qu'il sera possible. (*Ordres de service, art.* 2.) *V.* INSPECTEURS n° 18. I. G. 5 juin 1830, n° 1318.

J

JOURS FÉRIÉS. — Les jours fériés sont les dimanches, et les fêtes de l'Ascension, l'Assomption, Toussaint et Noël. I. G. 10 déc. 1810, n° 433.

2. — Le 1er janvier est un jour férié légal. I. G. 10 déc. 1810, n° 499.

— *V.* BUREAUX, n°s 1 et 2; HYPOTHÈQUES, n°s 9 et 10, et PREMIÈRE PARTIE.

JOURNAL *des connaissances utiles.* — Invitation de le propager. Circ. 27 sept. 1832.

JOURNAL *des Maires.* — Le directeur général a souscrit à ce journal pour les directeurs, et il invite tous les employés à s'y abonner. Circ. 5 mars 1816.

JOURNAUX *de travail des employés supérieurs.* * — Ils sont fournis par quinzaine et adressés par le directeur à l'administration les 11 et 26 de chaque mois. . . . . . . Circ. n°s 1010, 1300 et 1565.

2.* — Rappel de cette obligation. Ces journaux seront fournis *en simple expédition.* . . . I. G. 17 juill. 1829, n° 1284.

3. — Ils sont remplacés par les précis des vérificateurs et comptes d'inspecteurs. . . . I. G. 15 mars 1831, n° 1351.

— *V.* COMPTES *à rendre par les inspecteurs*; PRÉCIS *des vérificateurs.*

JOURNAUX *politiques.* — (V. *Circ. n°s* 1105, 1124 *et* 1163.)

* — L'empreinte rouge ne peut être appliquée qu'aux journaux qui s'impriment au chef-lieu du département et à ceux qui contiennent à la fois des nouvelles politiques et des annonces. I. G. 18 juill. 1816, n° 731.

— *V.* AMNISTIE; CAUTIONNEMENS, n° 36 à 39; COMPTABILITÉ, n° 148, et 1re PARTIE.

JUGES *suppléans.* — *V.* INSTANCES, n°s 49, 50 et 51.

JUGEMENS *concernant l'administration.* — *V.* ACQUIESCEMENS.

JUGEMENS *des conseils de discipline de la garde nationale.* — *V.* AMENDES, n° 33.

JUGEMENS *préparatoires ou par défaut.* — *V.* INSTANCES, n°s 65 et 66.

JUSTICES *de paix.* — *V.* ACTES *judiciaires*, n° 6.

L

LAIS ET RELAIS *de mer*. — Ils ne peuvent être vendus que sur autorisation spéciale et sous des conditions particulières. (*Déc. f.* 7 *déc.* 1821.) . . . . I. G. 23 fév. 1822, n° 1022.

2. — Rapport sur les anciennes concessions ou usurpations, et ordre de rechercher ceux possédés sans titre. (*Déc. f.* 24 *nov.* 1821.) I. G. 22 avril 1822, n° 1035.

3. — Formalités à observer pour leur concession. (*Ord. roy.* 23 *sept.* 1825.) . . . . . I. G. 29 oct. 1825, n° 1175.

LÉGION *d'honneur*. — Ordre de prendre possession au nom de la légion-d'honneur des biens affectés à sa dotation. Les biens distraits des premiers états fournis seront remplacés. Mesures d'exécution et de comptabilité. I. G. 5 compl. an XI, n° 167.

2. — Les recettes seront constatées sur un cahier formé par le receveur, visé et paraphé par le maire de sa résidence. Circ. 11 brum. an XII.

3. — Ordre d'activer la prise de possession et de transmettre sans retard copie des procès-verbaux dressés. Circ. 18 frim. an XII.

4. — Les revenus recouvrés doivent être immédiatement versés à la caisse d'amortissement. Circ. 14 pluv. an XII.

5. — Les baux ne peuvent être renouvelés, et les réparations, mêmes urgentes, effectuées que sur l'autorisation du grand-chancelier. Circ. 17 vent. an XII.

6. — Ses bois sont administrés comme ceux des communes. Le produit sera versé au trésorier de la cohorte à laquelle ils sont assignés. Circ. 24 germ. an XII.

7. — Les chanceliers et trésoriers de cohortes seront mis le plutôt possible en possession des biens de la légion-d'honneur. Les receveurs administreront ces biens jusqu'à l'exécution de cette mesure. Circ. 23 therm. an XII.

8. — Liste des chanceliers et trésoriers des cohortes. Circ. 19 fruct. an XII.

9. — Distinguer dans les versemens la recette des revenus de l'an XI de ceux de l'an XII. Pour l'an XI, on ne doit verser que le restant net, toutes charges acquittées; pour l'an XII, on verse le montant brut; les charges devant être acquittées par la légion. Circ. 2 frim. an XIII.

10. — Les préposés cesseront de concourir à l'administration des biens de la légion-d'honneur aux époques qui leur seront fixées par les chanceliers des cohortes. Circ. 4 vend. an XIV. Ils continueront d'administrer provisoirement les domaines situés dans l'ancienne France et non compris dans la dotation définitive. On correspondra à cet égard avec le grand-chancelier. Circ. 10 vend. an XIV.

11. — Le délai pour l'enregistrement des baux ne court que du jour de la notification de la ratification du grand-chancelier. Circ. 12 mars 1806.

12. — Mode de réparations des biens provenant de la légion-d'honneur et cédés à la caisse d'amortissement. Circ. 25 nov. 1806.

13. — Les biens ruraux de la légion-d'honneur sont cédés à la caisse d'amortissement en échange d'une inscription sur le grand livre. Ses bois sont réunis au sol forestier moyennant une indemnité. Mesures d'exécution. Circ. 15 mars 1809.

14. — État des décès des préposés ou pensionnaires, membres de la légion-d'honneur, du 1er juin 1817 au 1er fév. 1818. I. G. 10 fév. 1818, n° 820.

15. — Les directeurs doivent rendre compte au directeur général des décès des employés membres de la légion-d'honneur, par une lettre spéciale, aussitôt que la nouvelle en est parvenue. I. G. 2 août 1820, n° 946.

— *V.* Bois *de l'état*, n° 5; Communes, n° 22; Permis *de port d'armes*; Vacations *des agens forestiers*.

LÉGISLATEURS. * — Ordre de payer leur traitement. Circ. 19 prair. an X.

LETTRES. — *V.* Correspondance ; Ports *de lettres et paquets ;* Réclamations.

LETTRES *de tournée.* — *V.* Opérations *d'inspection.*

LETTRES *de voitures.* * — Prescriptions de comptablilité pour la recette des amendes de contravention au timbre, et le paiement aux préposés qui ont verbalisé de la portion qui leur est attribuée par le décret du 16 mess. an XIII. . . . . Circ. 7 janv. 1806, 19 avril 1806; et I. G. 15 mai 1807, n° 326.

2. * — Les préposés des douanes et des contributions indirectes concourent avec ceux de l'administration à la répression des contraventions relatives au timbre des lettres de voitures. Ils ont droit à la moitié des amendes. I. G. 26 avril 1812, n° 575.

LETTRES *patentes.* — *V.* Hypothèques, n°s 20, 112 et 114.

LIBRAIRIE. — *V.* Amendes, n°s 42 et 43.

LICENCES. — *V.* Pêche.

LIQUIDATION. — Suppression du bureau de liquidation établi près l'administration. Le liquidateur général de la dette publique est chargé de ce travail. (*Arrêté du* 27 *vend. an X.*) I. G. 12 brum. an X, n° 5.

2. — Décret du 12 août 1806 relatif à la liquidation des dettes des émigrés et autres. . . . Circ. 6 déc. 1806.

3. — Établissement d'un bureau de liquidation pour les créances données en paiement de domaines nationaux, et pour les remboursemens réclamés par les engagistes et échangistes dépossédés depuis la loi de pluv. an XII, et restant à liquider au 1er juill. 1810. (*Décret du* 13 *déc.* 1809. Circ. 7 déc. 1810.

LIQUIDATION *des pensions.* — *V.* Pensions *de retraite.*

LISTE CIVILE. — *V.* Domaine *de la couronne.*

LIVRE *de dépouillement.* — *V.* Comptabilité, n° 101 et suiv.; Dépouillement.

LOGEMENS *des généraux;* — *V.* Batimens *de l'état.*

LOIS. — Elles sont exécutoires à Paris un jour après la réception par le ministre de la justice, constatée au pied du bulletin; dans les départemens, un jour plus tard qu'à Paris, pour chaque distance de dix myriamètres. Les fractions sont toujours comptées pour dix myriamètres. (*Ord. roy.* 27 *nov.* 1816.) . . . . I. G. 27 mars 1817, n° 768.

— *V.* Décrets ; **Première Partie**, V° Lois.

LOTERIES. — *V.* Frais *de justice*, n° 65.

LOYERS. — *V.* Fermages.

M

MAGASINS *du timbre.* — Les gardes-magasins sont chargés de recevoir les papiers timbrés expédiés de Paris, et de les transmettre aux receveurs chargés de la débite. Le receveur du timbre extraordinaire est *contrôleur du magasin.* Le magasin fermé par trois serrures différentes, dont les clefs sont confiées au directeur, au garde-magasin et au receveur du timbre, doit être placé dans la maison du directeur, à l'abri de l'humidité et d'autres accidens. — Réception des ballots ; mode de constater les avaries, pertes ou autres circonstances; procès-verbaux à dresser et à transmettre à l'administration. — Classement par nature dans le magasin, et prise en charge sur le registre de recette; visa à mettre par le directeur. — Envoi des papiers dans les bureaux de débite au vu des états de demandes arrêtés par le directeur. Lettre de voiture ; formule de reconnaissance pour accusé de réception, et dépense aux registres. Vérifications par les inspecteurs, prescriptions modifiées, n° 4 inf. Compte du garde-magasin à adresser chaque année à la comptabilité générale. (*Arr. du directeur général*, 20 *juill.* 1827.) Circ. 21 juill. 1827.

2. **MAGASINS** *du timbre.* — Les inspecteurs doivent vérifier la comptabilité du garde-magasin du timbre, et arrêter les registres par un procès-verbal inscrit en marge du dernier enregistrement de chaque mois. — Ils compteront les papiers, dresseront et remettront au directeur 1° un relevé des procès-verbaux par mois; 2° l'inventaire des papiers, et le bordereau de situation. (*Ordres de service, art.* 13.) *V.* n°s 3 et 4 inf. I. G. 5 juin 1830, n° 1318.

3 — Mêmes recommandations aux vérificateurs. (*Art.* 16 *du règlement.*) . . . . . . I. G. 15 mars 1831, n° 1351.

4. — La situation en sera vérifiée et constatée au moins quatre fois par an, à des époques indéterminées. La 1re et la 3e vérifications seront faites par un vérificateur, la 2e et la 4e par un inspecteur. Les vérificateurs joindront à leur précis une copie du bordereau de situation; les inspecteurs ne le fourniront qu'en cas de *déficit*. Un procès-verbal de la vérification de la gestion du garde-magasin sera rédigé chaque année de même que pour les receveurs. I. G. 12 mars 1832, n° 1390.

— *V.* Avaries; Comptabilité, n° 190 et suiv.; Passeports; Permis *de port d'armes*; Timbre; Timbre *extraordinaire*.

MAINLEVÉES. — *V.* Hypothèques, n° 66 et suiv; Séquestres.

MAIRES. — *V.* Notices *de décès*; Ports *de lettres*, *n^{os}* 20 *et* 23; Répertoires.

MAISONS. — *V.* Batimens *de l'état*; Cautionnemens, n° 8.

MAISONS *canoniales.* — Prescriptions relatives au paiement du sixième de la valeur de ces maisons à verser par les titulaires ou leurs héritiers pour en devenir propriétaires incommutables, conformément à la loi du 24 juillet 1790, art. 26 et 27. . . . . Circ. 7 fév. 1807 et 5 oct. 1808.

— *V.* Vignes *canoniales*.

MAISONS ET USINES *appartenant à l'état.* — Vendre celles non affectées à un service public. (*Déc. f.* 13 *fév.* 1822.) Circ. 27 fév. 1822.

— *V.* Aliénations *de biens de l'état*, *n^{os}* 20, 24, 32 *et* 33; Batimens *de l'état*; Cures, Églises; Presbytères; Réparations.

MAJORATS. — Transmission des décrets des 1er mai 1808, 24 juin 1808 et 28 oct. 1808, relatifs à l'établissement des majorats. Mesures prescrites aux employés. . . . . I. G. 12 janv. 1809, n° 413.

2. — Décret du 21 déc. 1808 sur le même objet, et spécialement sur les majorats formés en rentes et actions immobilisées. I. G. 18 mars 1809, n° 423.

3. — Règles relatives à la conservation des biens affectés aux majorats. (*Décret* 4 *mai* 1809.) I. G. 28 août 1809, n° 448.

4. — Ord. roy. du 7 août 1815 qui révoque les décrets des 18 et 21 juin 1815, et annule les aliénations faites en conformité. I. G. 16 août 1815, n° 696.

— *V.* Domaine *extraordinaire*; Hypothèques, n°s 112, 113 et 114.

MALADIES. — *V.* Congés; Vacances *d'emplois*, *n^{os}* 2 *et* 4.

MANDATS. — *V.* Aliénations *de biens de l'état*; Décomptes; Obligations.

MANDATS *et ordonnances de paiement.* — Ils ne doivent être acquittés qu'après visa du directeur, constatant qu'il n'existe ni saisie ni opposition. Il n'y a exception que pour les frais de justice urgens. (*Décret* 13 *pluv. an XIII.*) . . . . I. G. 17 flor. an XIII, n° 282; 5 janv. 1809, n° 412.

2. — La formalité du visa n'est point applicable aux mandats délivrés aux magistrats pour frais de ports de lettres, ces mandats ne pouvant être frappés de saisies-arrêts (*Déc. f.* 31 *mars* 1807.) I. G. 9 avril 1807, n° 324; 5 janv. 1809, n° 412.

3. **MANDATS** *et ordonnances de paiement.* — Le paiement de ceux pour frais de justice sera effectué lorsqu'il y aura opposition, à la partie saisie pour la portion insaisissable, et à l'agent de la caisse d'amortissement pour la portion saisissable. Le visa du directeur en fera distinction. I. G. 13 juill. 1812, n° 589.
— *V.* Comptabilité, n°s 49 et suiv., 150, 151, 168, 169, et 170; Frais *de justice.*

MANDATS *des receveurs des finances.* — *V.* Comptabilité, n°s 52, 72 et 149; Dette *publique.*

MANUTENTION *hypothécaire.* — *V.* Hypothèques.

MARAIS. — *V.* Dessèchemens.

MARCHANDISES *anglaises.* — Les amendes pour importation de ces marchandises sont recouvrées par les employés des douanes. (*Déc. f.* 12 *frim. an XIV.*) Abrogé. *V.* Douanes. Circ. 23 frim. an XIV.

MARINE. — Produits *divers.* — Les receveurs sont chargés de la recette des sommes à percevoir pour loyers, prêts ou usages d'emplacemens, embarcations, machines, etc., ventes d'objets inutiles au service et autres produits de même nature. État trimestriel au ministre de la marine. Ils reçoivent aussi les sommes dues pour travaux faits par les forçats, ou celles appartenant aux forçats décédés *morts civilement.* (*Déc. f.* 29 *août* 1820.) I. G 11 août 1821, n° 991.
— *V.* Code *forestier;* Comptabilité, n° 152; Mobilier *de la marine.*

MATÉRIAUX. — État des matériaux de toute nature existant sous la main de l'état. . . . I. G. 14 fév. 1824, n° 1120.

MATIÈRES *d'or et d'argent.* (V. *Circ. n°* 884.)
— Il n'est dû aucune remise aux employés pour les envois d'or et d'argent faits directement par les établissemens supprimés ou les administrations à l'administration des monnaies, et dont ils ont, par un abus condamnable, porté les récépissés en recette effective. I. G. 4 compl. an X, n° 75.

2. — Les bons du caissier des monnaies délivrés aux préposés de l'administration, pour envoi de matières d'or et d'argent, seront admis comme numéraire par les receveurs généraux. I. G. 9 juill. 1813, n° 643.

3. — Les objets déposés dans les greffes, et non réclamés en temps utile, seront vendus comme mobilier de l'état, par les préposés des domaines, après vérification au bureau de garantie. (*Ord. roy.* 23 *janv.* 1821.) I. G. 6 fév. 1821, n° 969.

4. — Les objets saisis pour contravention aux lois sur les droits de garantie doivent être remis aux préposés des contributions indirectes, seuls chargés de faire procéder à leur vente et de compter de leur produit. (*Déc. f.* 29 *juin* 1821.) . . . . I. G. 14 juill. 1821, n° 988.
— *V.* Garantie (*droits de*).

MÉMOIRES. — *V.* Instances, n°s 14, 16, 25 et suiv.

MÉMOIRES *d'ordres.* — Les directeurs ne s'y livreront à aucune discussion sur la perception, et n'y comprendront que des ordres de service et de manutention. . . . . I. G. 13 fév. 1824, § 2, n° 1119.

2. — En transmettant aux inspecteurs l'ordre de commencer les tournées trimestrielles, les directeurs y joindront un mémoire d'ordres et instructions relatifs au service. (*Ordres de service, art.* 1er.) Modifié. n° 3 inf. I. G. 5 juin 1830, n° 1318.

3. — Les mémoires d'ordres seront rédigés dans les dix premiers jours des mois de janvier et juillet, et transcrits dans les bureaux par les soins des employés supérieurs. . . . I. G. 20 avril 1831, n° 1360.

MENTIONS *de non comparution aux bureaux de paix.* — *V.* Défaut *de comparution.*

MENTION *des patentes.* — *V.* Patentes, n° 7 et suiv.

MENTION *du nom des juges.* — *V.* Instances, n° 52.

MERCURIALES. (V. *Circ. n*os 783, 926 *et* 1104.)

— Les prix, rentes et revenus, stipulés en nature dans les actes, doivent être évalués d'après les mercuriales communes formées sur les trois dernières années. (*Décret* 26 *avril* 1808.) I. G. 3 fruct. an XIII, § 31, n° 290, et 7 juin 1808, n° 386.

2. — Les mercuriales seront formées d'après le relevé des quatorze dernières années, en retranchant les deux plus fortes et les deux plus faibles, et en établissant le taux moyen des dix autres. (*Loi* 15 *mai* 1818, *art.* 75.) I. G. 18 mai 1818, n° 834.

— *V.* Première partie, V° Mercuriales.

MESSAGERIES *et voitures publiques.* — Les droits sur les voitures publiques ont été distraits des attributions de l'administration à compter du 1er vend. an XIII, et remis à celles des contributions indirectes par la loi du 5 vent. an XII. Les instructions sur la matière, et aujourd'hui sans objet, sont les nos 102, 162 et 254, et les circ. des 9 germ. an X et 17 vent. an XII.

— *V.* Épaves.

MESURES *métriques.* — Les notaires ou officiers publics doivent énoncer d'après le système métrique toutes les mesures à exprimer dans leurs actes, à peine de 50 fr. d'amende. (*Loi* 1er *vend. an IV, art.* 9.) Modifié. *V.* Contraventions *aux lois sur le notariat, n*os 2 *et* 6. Circ. n° 858.

2. — La loi du 1er vend. an IV, doit être exécutée sans exception à partir du 1er vend. an X. I. G. 25 frim. an X, n° 27; Circ. 13 vent. an XIII.

3. — Les amendes prononcées par la loi du 1er vend. an IV n'ont été réduites par celle du 16 juin 1824 qu'en ce qui concerne les notaires. (*Déc. f.* 9 *juill.* 1829.) Les contraventions commises par les notaires sont constatées par procès-verbal, et la condamnation doit être prononcée par les tribunaux. Mais pour tout autre contrevenant, l'amende se poursuit en vertu de la loi du 1er vend. an IV, et par voie de contrainte. Ces contraventions seront comprises aux états de situation du contentieux. I. G. 29 juill. 1829, n° 1285.

4. — On doit constater toutes les infractions aux dispositions de la loi du 18 germ. an III. Les mesures qu'elle établit sont les seules dont il peut être fait usage. (*Déc. min. des travaux publics,* 30 *nov.* 1832.) I. G. 7 janv. 1833, n° 1415.

5. — On ne doit pas, quant à présent, constater par procès-verbal l'énonciation dans les actes des anciennes mesures, lorsqu'elle a lieu comme renseignement et concurremment avec les nouvelles dénominations. (*Déc. f.* 9 *déc.* 1833.) . . . . I. G. 14 déc. 1833, n° 1443.

MÉTROPOLES. — *V.* Fabriques.

MINES, *minières et carrières.* — État à fournir de celles appartenant au domaine. . . . Circ. 9 août 1811.

— *V.* Aliénations *de biens de l'état, n°* 7.

MINEURS. — *V.* Hypothèques, nos 74, 103.

MINIMUM. — *V.* Remises *ordinaires des receveurs.*

MINISTÈRES. — *V.* Objets *mobiliers et immobiliers des ministères.*

MINISTÈRE *de la guerre.* — *V.* Guerre; Mobilier *militaire.*

MINISTÈRE *de la marine.* — *V.* Marine; Mobilier *de la marine.*

MINISTÈRE *des avoués.* — *V.* Instances, nos 18, 20, 21, 25, 27, 29, 44, 64 et 75; Saisies-*arrêts, n°* 1; Saisies *immobilières, n*os 2 *et* 37.

MINISTERE *public.* — *V.* Instances.

MINUTES. — *V.* Actes *des notaires;* Ventes *publiques de meubles.*

MISES *au rôle.* — *V.* Greffiers.

MOBILIER *de la marine.* — Les ventes d'effets mobiliers d'approvisionnement de la marine, inutiles au service, seront faites par les officiers d'administration de la marine; et à défaut, par les receveurs des domaines, conformément aux Circ. n°s 1156 et 1220. (*Arr. gouv.* 13 *prair. an X.*) *V.* n° 6 inf. I. G. 12 therm. an X, n° 66.

2. — Les employés de la marine doivent remettre aux préposés un bordereau mensuel du produit des ventes qu'ils auront faites. Circ. 14 brum. an XI.

3. — Dispositions et prescriptions diverses relatives à ces ventes et à l'exécution de l'arrêté du 13 prair. an X. État de produits par trimestre. I. G. 24 fév. 1813, n° 624.

4. — Il ne sera plus compté spécialement du produit de ces ventes; il figurera aux comptes sous le titre : *Prix de vente de mobilier.* I. G. 26 janv. 1815, n° 670.

5. — Vendre les objets reconnus impropres au service. (*Ord. roy.* 23 *sept.* 1817.) . . . I. G. 6 nov. 1817, n° 811.

6. — Les ventes auront lieu conformément à l'arrêté du 13 prair. an X. (n° 1 sup.) Les receveurs des domaines seuls en recouvreront le prix (*Déc. f.* 10 *avril* 1818.) . . . I. G. 18 avril 1818, n° 829.

7. — Les ventes d'objets naufragés provenant des bâtimens de l'état ne peuvent être faites qu'avec le concours des employés des domaines. Ils en percevront le montant brut et feront à la caisse des Invalides, chargée d'en faire l'avance, le remboursement des frais de sauvetage applicables aux objets vendus. Ce remboursement aura lieu sur mandat du directeur, après ordonnance de délégation et au vu d'un état de répartition. (*Déc. f.* 5 *déc.* 1828.) I. G. 23 janv. 1829, n° 1267.

8. — Suppression des états périodiques du produit de ces ventes. Modifié. *V.* Comptabilité, n° 152. I. G. 4 mai 1830, n° 1314.

— *V.* Comptabilité, n°s 152, 206 et 207; Marine; Objets *mobiliers provenant des ministères.*

MOBILIER *de l'état.* — (V. *Circ. n°s* 1156 *et* 1220.)

— Multiplier le plus possible les lots de chaque vente. Circ. 27 sept. 1806.

2. — Les effets déposés dans les greffes et non réclamés seront vendus par les receveurs des domaines en présence du préfet ou de son délégué. Mode d'exécution et de comptabilité. (*Déc. f.* 9 *oct.* 1813.) *V.* n° 8 inf. I. G. 30 oct. 1813, n° 653.

3. — Les ventes sont faites par les préposés sans le concours des commissaires priseurs. (*Déc. j. et f.* 22 *mars* 1820; *Cass.* 7 *mai* 1832.) . . . . I. G. 15 avril 1820, n° 927, et 3 juill. 1832, n° 1402.

4. — Les armes déposées dans les greffes et non réclamées après le jugement définitif ou la prescription de l'action publique, seront vendues; celles d'une valeur au-dessous de six francs seront brisées; celles de guerre seront déposées à la mairie du chef-lieu d'arrondissement et transportées aux arsenaux. I. G. 17 avril 1820, n° 928.

5. — Rappel de ces dispositions et formes à suivre pour la vente des armes. (*Déc. f.* 20 *sept.* 1820.) I. G. 15 nov. 1820, n° 957.

6. — Tout mobilier appartenant à l'état ne peut être vendu qu'avec le concours des préposés des domaines. I. G. 25 mai 1825, n° 1163.

7. — Les objets mobiliers de *peu de valeur* provenant du service des routes, peuvent être cédés aux entrepreneurs moyennant un prix fixé par un arrêté du préfet et qui sera versé dans la caisse des domaines. (*Déc. f.* 15 *sept.* 1827.) I. G. 9 oct. 1827, n° 1225.

8. — La vente des objets mobiliers déposés dans les greffes sera ordonnée par le président à la requête des dépositaires. Il y sera procédé par les préposés des domaines qui en percevront le prix et le verseront à la caisse des dépôts et consignations sous la déduction des frais, en se conformant aux règles de comptabilité tracées pour les successions vacantes. (*I. G. n°* 1203.) On adjugera séparément les effets de chaque condamné ou de chaque procès. (*Ord. roy.* 22 *fév.* 1829.) *V.* n° 9 et 10 inf. Modifié. *V.* Comptabilité, n° 23. I. G. 5 juin 1829, n° 1275.

9. **MOBILIER** *de l'état.* — L'administration est autorisée à provoquer de six mois en six mois la remise de ssommes et effets mobiliers déposés dans les greffes; le mode de comptabilité et de vente reste tel qu'il est fixé. (n° 8 sup.) (*Ord. roy.* 9 *juin* 1831.) . . . I. G. 9 août 1831, n° 1375.

10. — Les sommes provenant de la vente des effets mobiliers déposés dans les greffes peuvent être appliquées au paiement des amendes et frais dus par les condamnés sous le nom desquels les effets ont été déposés. Distinction à faire dans les ventes. (*Déc. f.* 9 *mai* 1833.) I. G. 5 juill. 1833, n° 1426.

— *V.* Administration *des contributions indirectes*; Administrations *financières, n°* 2; Arbres, n°s 3 et 6; Comptabilité, n°s 23, 206 et 207; Épaves; Matières *d'or et d'argent, n°* 3; Mobilier *des condamnés*; Mobilier *militaire*; Monnaies, n° 13; Objets *mobiliers provenant des ministères*; Papiers *et impressions*; Registres *et impressions*.

11. — Fonctionnaires *publics*. — Les préposés des domaines sont chargés de procéder au récolement du mobilier fourni aux fonctionnaires publics par l'état ou les départemens. Ce récolement aura lieu à la fin de chaque année et à chaque mutation de fonctionnaire. (*Ord. roy.* 3 *fév.* 1830.) I. G. 9 avril 1830, n° 1308.

12. — Ordre de procéder à ce récolement par suite des changemens survenus dans le personnel des ministères, administrations et préfectures. I. G. 20 sept. 1830, n° 1334.

13. — État du récolement annuel à transmettre le 1er mars de chaque année par le directeur de l'administration. *Modèle.* I. G. 16 janv. 1832, n° 1390.

14. — Glaces. — Ordre de suspendre l'aliénation des glaces dans les maisons vendues par l'état. Circ. 29 vent. an X.

15. — Dispositions relatives à la vente de ces glaces. . . . . Circ. 3 therm. an X; 17 therm. an XI.

16. — Surseoir à la vente de ces glaces jusqu'à décision du ministre sur le nouveau tarif. Circ. 7 brum an XIV.

17. — Ordre de vendre conformément à l'ancien tarif jusqu'au 1er avril 1806. Les ventes non soldées seront alors annulées. État à fournir des glaces non vendues à cette époque. Circ. 9 frim. an XIV.

18. — Ces dispositions sont applicables aux soumissions qui peuvent être faites jusqu'au 1er avril 1806. Circ. 13 janv. 1806.

19. L'ancien tarif est maintenu jusqu'au 1er fév. 1807. Circ. 8 déc. 1806.

MOBILIER *des administrations financières.* — *V.* Administrations *financières, n°* 1.

MOBILIER *des condamnés.* — Le mobilier saisi sur les condamnés sera mis en vente à la diligence des directeurs et après nomination d'un curateur aux condamnés. . . . . I. G. 9 mess. an XI, n° 142.

— *V.* Contumax; Effets *des militaires*; Mobilier *de l'état, n°s* 8 *et* 10.

MOBILIER *des départemens.* — Les receveurs des domaines ne sont chargés que de diriger les ventes, et les receveurs des finances en font directement le recouvrement. (*Déc. f.*) I. G. 9 mars 1825, n° 1155.

— *V.* Mobilier *de l'état, n°* 11.

MOBILIER *des fonctionnaires.* — *V.* Mobilier *de l'état, n°* 11 *et suiv.*

MOBILIER *militaire.* (V. *Circ. n°* 1246, 1348, 1612 et 1829.)

— Veiller, lors des ventes, à ce que tous les effets compris dans les états soient exactement remis, et adresser au directeur avec des observations, l'état des articles manquans. I. G. 23 brum. an X, n° 13.

2.* — Les anciens poids et mesures, existant dans les magasins des subsistances militaires, seront remis aux receveurs des domaines, et vendus conformément à l'arrêté du 9 flor. an IX. I. G. 9 frim. an X, n° 18; Circ. 5 prair. an X.

3. MOBILIER *militaire.* — Les ventes de chevaux de réforme doivent être faites aussitôt la remise des chevaux par les agens militaires, en se conformant d'ailleurs aux circ. des 17 mess. an VII, n° 1612, et 5 prair. an VIII, n° 1829. *V.* n°ˢ 21, 22 et 25 inf. Circ. 30 therm. an X.

4. * — Prescriptions relatives à la vente des denrées d'approvisionnement de siège non réservées pour le service public. . . . . I. G. 15 brum. an XI, n° 94; Circ. 30 avril 1806.

5. * — Mesures à prendre en cas de décès des dépositaires des chevaux réservés pour le train d'artillerie. Si les chevaux ne sont pas reconnus propres au service, le prix en sera recouvré par les receveurs, et porté en recette sous le titre : *Prix de vente d'effets militaires. V.* n°ˢ 11, 21, 22 et 25 inf. I. G. 25 frim. an XI, n° 105.

6. * — Les préposés ne sont plus chargés de procéder aux ventes de chevaux de réforme. Abrogé. n° 21 inf. Circ. 6 vent. an XI.

7. — Mesures relatives à la vente des vivres-pain, qu'on est obligé de vendre à défaut de consommation. Circ. 6 prair. an XI.

8. — Les receveurs des domaines ne sont chargés que de la vente des objets qui doivent rester à la charge du gouvernement. Circ. 2 therm. an XI.

9. * — Demande d'un état des ventes faites depuis l'arrêté du 9 floréal an IX. *V.* n° 12 inf. Circ. 19 juin 1806.

10. — On doit faire autant de procès-verbaux de vente qu'il y a de procès-verbaux de remise, et relater exactement la date de ces derniers et les quantités énoncées. *V.* n° 12 inf. Circ. 4 juill. 1806.

11. — Les receveurs sont chargés de la recette de la valeur des chevaux provenant de l'artillerie et placés chez des particuliers. (*Décret* 11 *avril* 1810.) Prescriptions y relatives. I. G. 23 mai 1810, n° 474.

12. — Mode de vente des effets militaires inutiles, ou hors d'état de service. Prescriptions faites aux receveurs, directeurs et administrateurs. État trimestriel des produits. *V.* n° 16 et 25 inf. I. G. 24 fév. 1813, n° 623.

13. — Il n'est plus fait article spécial du prix de ces ventes; il sera porté sous le titre : *Prix de vente de mobilier.* I. G. 26 janv. 1815, n° 670.

14. * — Le prix des ventes de chevaux d'artillerie doit être payé aux receveurs généraux, et non aux receveurs des domaines. (*Déc. f.* 21 *fév.* 1817.) Abrogé. n° 21 inf. I. G. 27 fév. 1817, n° 767.

15. * — Vendre les objets hors de service. (*Ord. roy.* 23 *sept.* 1817.) . . . . I. G. 6 nov. 1817, n° 811.

16. — Les préposés de l'administration sont seuls chargés de procéder à ces ventes, sur l'autorisation du ministre de la guerre. (*Déc. f. et guerre* 25 *mai* 1818.) *V.* n° 19 inf. I. G. 18 avril 1818, n° 829; 1ᵉʳ juin 1818, n° 840; 30 juin 1823, n° 1084.

17. — Vendre les bois provenant des arsenaux. (*Déc. f.* 21 *oct.* 1819.) *V.* Arbres, n° 6. I. G. 27 oct. 1819, n° 905.

18. — Les préposés procèdent aux ventes sans le concours des commissaires priseurs. (*Déc. j. et f.* 22 *mars* 1820; *Cass.* 7 *mai* 1832.) . . . . I. G. 15 avril. 1820, n° 927 et 3 juill. 1832, n°ˢ 1402.

19. — En cas d'urgence, et sur la demande des intendans militaires, il est procédé aux ventes sans autorisation du ministre de la guerre. (*Déc. f.* 21 *juin* 1820. *V.* n° 20 inf. I. G. 6 juill. 1820, n° 938.

20. — Cette dernière disposition s'étend à tous les objets hors de service. (*Déc. f.* 19 *avril* 1823.) I. G. 4 mai 1822, § 1ᵉʳ, n° 1038; I. G. 30 juin 1823, n° 1084.

21. — Les ventes de chevaux réformés, et d'objets mobiliers et immobiliers provenant du ministère de la guerre, doivent être faites par les préposés qui rédigeront les procès-verbaux et percevront le prix. Prescriptions d'exécution. (*Déc. f.* 30 *nov.* 1824.) *V.* n° 25 inf. I. G. 16 fév. 1825, n° 1153.

22. MOBILIER *militaire.* — Les ventes de chevaux réformés peuvent avoir lieu à la seule réquisition des sous-intendans militaires, aussitôt l'expiration du délai nécessaire pour les affiches et publications prescrites. (*Déc. f.* 14 *janv.* 1828.) . . . I. G. 7 fév. 1828, n° 1234.

23. — Suppression des états périodiques du produit des ventes de mobilier militaire. . . . I. G. 4 mai 1830, n° 1314.

24. — Les receveurs sont chargés de poursuivre contre les communes le recouvrement des sommes dues pour perte ou réparations des armes remises aux gardes nationales. (*Ord. roy.* 24 *oct.* 1833.) Les sommes à recouvrer sont fixées par arrêté du préfet. Il ne sera exercé aucune poursuite contre les communes; le directeur invitera le préfet à faire porter aux budgets les sommes non acquittées par les communes. Ces recouvremens figureront à l'article : *Produits divers.* (*Déc. f. et intérieur,* 18 *fév.* 1834.) I. G. 28 fév. 1834, n° 1450.

25. — On doit porter en recette le produit *brut* des ventes de chevaux et objets mobiliers. L'administration est chargée d'en acquitter les frais au moyen des crédits ouverts pour cette dépense, sous le titre : *Frais d'estimation, d'affiches et de vente de mobilier et des domaines de l'état.* (*Déc. f.* 30 *nov.* 1834.) Gratification accordée aux hommes chargés de monter et d'essayer, en présence des amateurs, les chevaux à vendre. (*Déc. f.* 10 *et* 31 *janv.* 1835.) I. G. 23 fév. 1835, n° 1479.

— *V.* Comptabilité, n°s 206 et 207; Effets *des militaires;* Mobilier *de l'état* n° 4.

MODÉRATION *des droits et amendes.* — *V.* Amnisties; Réclamations.

MOINS *de mesure.* — *V.* Comptabilité, n° 91; Coupes *de bois.*

MONASTÈRES. — *V.* Cures.

MONNAIES. — Tarif d'évaluation des monnaies altérées admises en paiement, et prescriptions relatives à leur versement. I. G. 1er niv. an XI, n° 108.

2. — Tarif pour le change des espèces d'or et d'argent démonétisées par la loi du 17 germ. an VII. (*Arr. gouv.* 17 *prair. an XI.*) . . . . Circ. 1er prair. an XI; I. G. 3 therm. an XI, n° 145.

3. — Les pièces de 3 livres, 24 sous, 12 et 6 sous, doivent être admises dans les caisses publiques lorsqu'elles sont de fabrique française et frappées depuis 1726. Moyens de reconnaissance. *V.* n°s 5 et 6 inf. Circ. 13 fruct. an XII.

4. — La monnaie de billon de 10 centimes, fabriquée en vertu de la loi du 15 septembre 1807, ne doit être reçue et donnée qu'à découvert, et seulement pour les appoints d'un franc et au-dessous. (*Décret* 21 *fév.* 1808.) Circ. 11 mars 1808.

5. — La monnaie de cuivre et de billon, de fabrication française, ne peut être admise en paiement que pour appoint de la pièce de 5 francs. Les pièces de 6, 12 et 24 sous seront admises en paiement pour 25, 50 centimes et 1 franc, ou au poids. (*Décret* 18 *août* 1810.) *V.* n° 6 inf. Circ. 4 sept. 1810.

6. — Seront admises dans les caisses publiques : la pièce de 48 livres, pour 47 fr. 20 cent.; celle de 24 livres, pour 23 fr. 55 cent.; celle de 6 livres, pour 5 fr. 80 cent., et celle de 3 livres, pour 2 fr. 75 cent. (*Décret* 12 *sept.* 1810.) Vérification des caisses pour l'exécution de ce décret. Abrogé. n° 8 inf. Circ. 19 sept. 1810.

7. — Les espèces réduites par les décrets des 8 août et 12 septembre 1810, et dont l'existence a été constatée dans les caisses des receveurs, ne seront versées que pour leur valeur réduite. La différence sera allouée en dépense sur procès-verbaux vérifiés. . . . Circ. 12 oct. 1810.

8. — Duodécimales. — Les monnaies duodécimales cessent d'avoir cours forcé au 1er avril 1834; elles seront reçues dans les caisses publiques jusqu'au 1er juillet 1834. (*Loi* 24 *juin* 1829.) *V.* n°s 9 et 10 inf. I. G. 23 juin 1830, n° 1321.

9. **MONNAIES.** — **Duodécimales.** — Leur cours forcé est prorogé jusqu'au 1er octobre 1834; elles seront reçues dans les caisses publiques jusqu'au 30 novembre 1834. (*Loi* 30 *mars* 1834.) A partir du 1er mai 1834, les receveurs doivent verser au trésor toutes celles qu'ils recevront et n'en remettre aucune en circulation. (*Déc. f.* 31 *mars* 1834.) I. G. 2 avril 1834, n° 1452.

10. — Ne plus les admettre en paiement après le 30 nov. 1834, et les verser aux caisses des receveurs généraux avant le 8 déc. 1834. (*Déc. f.* 8 *nov.* 1834.) . . . . . I. G. 13 nov. 1834, n° 1468.

11. — **Étrangères.** — Elles ne peuvent être admises en paiement des sommes dues au trésor. I. G. 3 therm. an XI, n° 145; 11 sept. 1806, n° 317; Circ. 11 juin 1807.

12. — Les monnaies d'or et d'argent fabriquées à l'effigie de l'empereur Napoléon, dans le royaume d'Italie, ont cours en France. Circ. 11 juin 1807.

13. — **Fausses.** — Mode de comptabilité des pièces de monnaies fausses adressées à l'administration des monnaies par les greffiers des tribunaux criminels et autres dépositaires. I. G. 25 prair. an X, n° 57.

MUSIQUE *gravée.* — Les préposés restent seuls chargés du timbrage des papiers-musique et des remboursemens à faire des droits perçus sur la musique exportée à l'étranger. Circ. 9 frim. an XIV.

MUTATIONS *des employés.* — *V.* Administration *de l'enregistrement;* Changemens *de résidence;* Nominations.

MUTATIONS *et baux d'immeubles.* — État de ceux enregistrés pendant l'année 1810. . . . Circ. 29 déc. 1810.

— *V.* Contributions *directes.*

N

NAPOLÉON BONAPARTE. * — Ordre de rayer le mot Napoléon sur les registres où il est imprimé. Circ. 4 juin 1816.

2. — **Biens** *concédés gratuitement à la famille.* — Ils sont réunis au domaine de l'état. (*Loi* 12 *janv.* 1816, *art.* 4.) Les employés sont chargés de la recherche de ces biens. I. G. 21 fév. 1816, n° 708.

3. — Ils sont affectés aux secours à distribuer aux militaires (*Ord. roy.* 22 *mai* 1816), et doivent être remis aux préposés du domaine extraordinaire. Cette remise sera constatée par un inventaire des titres et papiers en double minute. . . . . I. G. 15 juin 1816, n° 727.

NAVIGATION. — *V.* Canaux.

NAVIRES *confisqués.* — Les préposés des domaines ne sont chargés de la vente que des navires prussiens, portugais et sardes. Ils n'ont pas à s'immiscer dans les opérations relatives aux navires américains ou confisqués pour avoir relâché en Angleterre, ou pour avoir été visités en mer par les Anglais. Circ. 13 mai et 23 juin 1808.

NOMBRE *d'actes et articles de recette.* — *V.* Bureaux, n° 3.

NOMS *des juges.* — *V.* Instances, n° 52.

NOMINATIONS. — A la réception de chaque commission, les directeurs doivent informer le préfet de la nomination qui a eu lieu, du nom du préposé nommé, et de l'emploi qu'il est appelé à remplir. Circ. 8 oct. 1828 et 11 mai 1832.

— *V.* Administration *de l'enregistrement;* Changemens *de résidence;* Installations.

NON-COMPARUTION *en conciliation.* — *V.* Défaut *de comparution.*

NOTAIRES. — (V. *Circ. n°* 1109.)

— Il ne sera exigé aucune amende pour contraventions antérieures à la loi du 19 déc. 1790. Les contraventions commises depuis cette loi jusqu'à celle du 22 frim. an VII, seront punies des peines portées par la loi du 19 déc. 1790. Les héritiers ne sont tenus des doubles droits et amendes, que dans le cas où le notaire y aurait été condamné de son vivant ou aurait souscrit une obligation. En cas d'insolvabilité du notaire, le paiement du droit simple sera suivi contre les parties contractantes, sauf abandon si elles produisent une expédition en forme avec mention d'enregistrement. I. G. 17 sept. 1807, n° 340; Circ. 19 mars 1808; I. G. 21 juin 1808, n° 384.

— *V.* Actes *des notaires*; Cautionnemens, n° 34 et suiv.; Communications; Contraventions; Expéditions; Inventaires; Mesures *métriques*; Partages; Patentes, n° 7 et suiv.; Registres *des protêts*; Répertoires.

NOTARIAT. — Son organisation est réglée par la loi du 25 vent. an XI. Surveillance à exercer. I. G. 21 frim. an XIII, n° 263.

— *V.* Contraventions *aux lois sur le notariat.*

NOTES *d'inscriptions ou transcriptions.* — *V.* Hypothèques, n° 106.

NOTES *sur les employés.* — Les directeurs, inspecteurs et receveurs sont chargés de transmettre périodiquement des notes sur le travail, la capacité et la conduite des employés et surnuméraires. I. G. 1er frim. an X, n° 14.

2. — Les directeurs doivent transmettre ces notes avec exactitude au secrétariat-général. Modifié. n° 4 inf. Circ. 29 therm. an X.

3. — Ces notes ne seront fournies que par semestre. I. G. 18 nov. 1816, n° 752.

4. — Elles sont adressées au directeur général; les directeurs doivent y exprimer leur opinion motivée sur le degré et le genre d'aptitude des employés, et indiquer l'avancement auquel ils aspirent. Ces dispositions s'appliquent aux notes à fournir par les inspecteurs sur les receveurs et surnuméraires. I. G. 17 juill. 1829, n° 1284.

5. — Les inspecteurs doivent faire connaître dans leurs comptes si les vérificateurs attachés à des bureaux de leur division sont à leur poste. (*Art.* 30.) Ils joindront aussi à leur lettre de tournée des notes impartiales sur les receveurs et surnuméraires. (*Ordres de service, art.* 33.) I. G. 5 juin 1830, n° 1318.

6. — Les vérificateurs doivent donner dans le rapport sur chaque gestion, des notes sur l'intelligence, le degré d'instruction, l'assiduité, l'activité, l'exactitude des receveurs, sur leur conduite et sur leurs rapports avec les autorités, les officiers publics et les redevables; ils doivent aussi s'expliquer sur le degré d'instruction, le zèle et l'assiduité des surnuméraires. (*Art.* 30 *du règlement.*) Les inspecteurs doivent joindre de pareilles notes aux comptes rendus de leurs opérations. (*Art.* 40.) . . . I. G. 15 mars 1831, n° 1351.

— *V.* Directeurs; Inspecteurs, nos 1, 2 et 3; Vérificateurs, n° 1.

NOTICES *des décès.* — (V. *Circ.* nos 1703 *et* 2045.)

— Les notices des actes des décès remises par décades au chef-lieu de canton par les officiers publics de chaque commune (*Loi* 13 *fruct. an VI, art* 13), seront transcrites sur un registre particulier tenu par les secrétaires des administrations municipales qui en délivreront, par trimestre, un relevé certifié aux receveurs de l'enregistrement; ce relevé, sur papier libre, sera remis dans les mois de janvier, avril, juillet et octobre, à peine de 30 fr. d'amende pour chaque mois de retard. Il en sera donné récépissé aussi sur papier libre. (*Loi* 22 *frim. an VII, art.* 55.) Circ. n° 1450.

2. — On ne doit pas rapporter procès-verbal contre les maires en retard de remettre les notices de décès; mais seulement les signaler au directeur qui invitera le préfet à les stimuler. I. G. 1er fruct. an X, n° 70.

3.* — Il est fait remise des amendes encourues par les maires pour retard dans l'envoi des notices de décès. I. G. 3 fruct. an XIII, § 39; n° 290.

NOTIFICATIONS *des arrêts de la cour des comptes.* — *V.* Cour *des comptes.*

NULLITÉS. — *V.* Instances, n° 53.

O

OBJETS *mobiliers et immobiliers provenant des ministères.* — La vente de ceux reconnus inutiles au service est faite par les employés des domaines, et la recette figurera séparément dans les états et comptes sous ce titre en distinguant chaque ministère. Ces produits sont soumis à la remise ordinaire et versés cumulativement avec les autres recettes. (*Ord. roy.* 14 *sept.* 1822.) I. G. 8 janv. 1823, n° 1065.
— *V.* Comptabilité, n°s 152, 206 et 207; Mobilier *de l'état*; Mobilier *de la marine*; Mobilier *militaire*.

OBJETS *naufragés.* — *V.* Mobilier *de la marine*, n° 7.

OBLIGATIONS. — Aliénations *de biens de l'état.* * — Prescriptions relatives au recouvrement de celles non acquittées à leur échéance; il est alloué aux receveurs une remise d'un *demi p.* °/₀ sur ces recouvremens. I. G. 18 flor. an X, n° 54.

2. * — Celles acquittées avec le produit des reventes sur folle enchère seront admises en dépense. Circ. 17 therm. an X.

3. * — Ordre d'en activer le recouvrement. Circ. 12 fruct. an X.

4. * — Les intérêts en sont dus jusqu'au jour du paiement, qu'elles aient été ou non protestées. I. G. 20 vend. an XI, n° 80.

5. * — On doit rendre compte par mois de la situation du recouvrement. États et prescriptions à cet égard. I. G. 21 flor. an XI, n° 133.
— *V.* Aliénations *de biens de l'état*, n° 27; Cédules *et obligations.*

6. — Coupes *de bois et fermages.* — Les traites pour prix de coupes de bois et pour fermages de biens nationaux doivent être remboursées aux receveurs du trésor par ceux des domaines, alors même qu'elles n'ont été protestées que long-temps après leur échéance, pourvu qu'elles ne soient pas sorties des mains des receveurs généraux ou des agens du trésor. I. G. 20 brum. an XI, n° 97.

7. — Celles souscrites pour fermages postérieurs à l'an VII et versées aux caisses des receveurs généraux, doivent en être retirées et remises aux fermiers en échange de la décharge qui leur avait été donnée. Circ. 20 therm. an XI.

8. — Comptabilité à suivre à cet égard. I. G. 1er vent. an XII, n° 205.
— *V.* Traites *des adjudicataires de coupes de bois.*

9. — Engagistes *ou débiteurs de rentes.* — Elles seront portées en recette *pour mémoire*, sauf à les recouvrer aux échéances. I. G. 10 frim. an XIII, n° 261.

10. — Rachat *de rentes.* — Le recouvrement en sera poursuivi par les receveurs des domaines des bureaux où les rentes se percevaient et qui ont fait recette des obligations. Les intérêts sont dus à partir du jour de l'échéance. Les receveurs n'ont droit à aucune remise sur ces recettes. Mode de recouvrement. *V.* n° 9 sup., 11 et 12 inf. I. G. 8 niv. an XI, n° 110.

11. — Les intérêts ne sont dus qu'à partir de la mise en demeure. Circ. 4 flor. an XI.

12. — Les intérêts payés avant la sommation sont restituables. Mode d'effectuer cette restitution. I. G. 28 frim. an XII, n° 187.

OCTROIS. — *V.* Amendes, n°s 44 et 45.

OMISSIONS. — *V.* Répertoires.

OMISSIONS *de recette.* — Les inspecteurs sont responsables des sommes dont le paiement est annoté sur les sommiers et qui ne figurent pas aux registres de recette. (*Arr.* 23 *déc.* 1806.) Circ. 23 déc. 1806.
— *V.* Débets *des employés*, n° 5; Inspecteurs, n° 6; Opérations *d'inspection*, n° 1; Vérifications *de régies.*

OPÉRATIONS *d'inspection.* — Les inspecteurs sont chargés de faire, pour le redressement des perceptions, l'exécution des instructions, le soutien et l'amélioration des produits, une tournée par semestre dans les bureaux de leurs divisions aux époques indiquées par l'administration, et d'après un ordre de service qui leur sera transmis par le directeur. — Les opérations des inspecteurs auront pour objet la surveillance de toutes les parties du service; ils sont responsables des erreurs ou omissions de recettes. Avant de quitter chaque bureau, ils rédigeront sur un imprimé spécial et adresseront au directeur et à l'administration le compte rendu de leurs opérations avec un bordereau imprimé de la situation de la caisse et de la débite. A la fin de la tournée, ils l'annonceront à l'administration par une lettre sur les résultats généraux de cette tournée, en y joignant copie des précis des opérations des receveurs et les notes sur les receveurs et surnuméraires. — Cette lettre et les pièces jointes seront remises par les inspecteurs eux-mêmes au directeur, avec lequel ils auront une conférence sur le service, et celui-ci en rendra compte à l'administration. — Dans l'intervalle des tournées, les inspecteurs s'occuperont de la vérification des comptables; mais ils ne pourront vérifier deux fois de suite la régie du même receveur. (*Ordres de service.*) Modifié. n° 2 inf. . . . .
I. G. 5 juin 1830, n° 1318.

2. — Les opérations d'inspection consistent dans l'examen de toutes les parties du service des bureaux de recette, dans la surveillance des vérifications et dans les contre-vérifications de régies. Elles sont confiées aux inspecteurs de première et de deuxième classe, et doivent porter principalement sur les régies déjà vérifiées. — En arrivant dans un bureau et en le quittant, les inspecteurs doivent inscrire et signer leur *vu* sur le principal registre de recette, s'assurer de l'arrêté des registres et vérifier la caisse et la comptabilité; ils sont dispensés de former le bordereau de situation, à moins de *déficit.* (*Art.* 33, 37 *et* 38 *du règlement.*) Les inspecteurs doivent examiner les opérations des vérificateurs et receveurs afin de s'assurer de leur exactitude, vérifier les dépôts publics et les perceptions pour établir la régularité et l'uniformité, réprimer les abus, applanir les difficultés entre les receveurs, les officiers publics et les redevables, et enfin presser la décision des instances. — Les erreurs constatées doivent être relevées au sommier si le procès-verbal de vérification n'a pas encore été rédigé; au cas contraire, elles sont portées dans un procès-verbal de contre-vérification; les inspecteurs doivent d'ailleurs se conformer à ce qui est prescrit aux vérificateurs. *V.* VÉRIFICATIONS *de régies, n°* 6. (*Art.* 39.) — Avant de quitter les bureaux, les inspecteurs adressent au directeur le compte rendu de leurs opérations et de la situation des diverses parties de service; ils doivent s'expliquer sur la caisse, les calculs, les perceptions, les sommiers, les situations et les tables, les instances, le travail des receveurs et les opérations des vérificateurs; pour les autres objets, ils ne doivent donner de détails que sur les irrégularités. Ce compte doit être accompagné de notes sur les receveurs et les surnuméraires, et les propositions d'améliorations dans le service seront faites par des rapports spéciaux. (*Art.* 40 *du règlement.*) I. G. 15 mars 1831, n° 1351.

3. — Les directeurs doivent faire connaître à l'administration les ordres de service donnés aux inspecteurs de première et de deuxième classe, et les bureaux où ils ont été envoyés en opération. Mesures transitoires pour l'établissement du nouveau mode de service. I. G. 20 avril 1831, n° 1360.

4. — Les directeurs doivent indiquer d'avance aux inspecteurs plusieurs bureaux où ils devront se transporter dans l'ordre déterminé, en fixant leur attention sur les parties du service à surveiller plus spécialement. Le temps fixé pour chaque bureau peut être modifié par l'inspecteur suivant la circonstance, et à charge d'en rendre compte. Les opérations des inspecteurs doivent spécialement porter sur les parties vérifiées, et ils doivent indiquer dans le compte les parties du service que leur examen a embrassées; ils feront connaître également les dépôts publics où ils se sont transportés en indiquant la date de leur *vu.* Un repos de quelques jours pourra être

PASSE *de sacs.* — La retenue usitée sous ce titre, ne doit être faite qu'à raison de 5 cent. par 200 fr. pour les espèces de cuivre et billon, comme pour celles d'or et d'argent. Modifié. n° 2 inf. Circ. 4 juin 1807.

2. — Cette retenue n'aura lieu que pour les espèces d'argent et pour 500 fr. et au-dessus. Elle sera de 15 centimes par sac contenant 1,000 fr. au moins. (*Décret* 1er *juill.* 1809.) I. G. 11 août 1809, n° 446.

PASSEPORTS. — **Dispositions** *générales.* — (V. *Circ.* 1043 *et* 1049.)

— Les passeports sont timbrés à l'extraordinaire et en *débet;* le droit est remboursé au fur et à mesure de l'emploi des feuilles. Abrogé. n° 3 inf. Circ. 24 janv. 1807.

2. — L'administration est chargée de la débite des passeports; mode de distribution; les anciennes formules serviront jusqu'au 1er janv. 1811, et les nouveaux prix seront payés à partir du 1er octobre 1810. (*Décret* 11 *juill.* 1810.) Modifié. nos 3, 9 et 21 inf. Circ. 26 sept. 1810, et I. G. 7 nov. 1810, n° 496.

3. — La comptabilité en nature et en espèces est établie comme celles des papiers timbrés. I. G. 28 sept. 1811, n° 543.

4. — Brûler les anciennes formules. Circ. 13 nov. 1811.

5. — Les percepteurs doivent tenir les formules à la disposition des maires de leur arrondissement sans distinction de communes. I. G. 2 juill. 1812, n° 588.

6. * — Mesures transitoires pour la délivrance des passeports sur papier timbré ordinaire en attendant les nouvelles formules. Circ. 18 mai 1814.

7. — Envoi de formules dans les magasins du timbre pour les besoins présumés d'une année. Mode de délivrance aux préfets. *V.* nos 8 et 9 inf. Circ. 17 juill. 1822.

8. — Les formules ne peuvent être mises à la disposition des préfets que sur l'autorisation du directeur de la police. (*Déc. f.* 2 *avril* 1827.) Abrogé. n° 11 inf. . . . . Circ. 18 mai 1827.

9. — Elles leur sont délivrées sur leur seule demande, et sans autorisation du ministre. (*Ord. roy.* 30 *nov.* 1834.) I. G. 11 déc. 1834, n° 1472.

— *V.* Comptabilité, nos 150, 154 et suiv., et Première partie.

— Colonies ou Alger. — *V.* n° 22 inf.

10. — Étranger. — Le prix des formules doit être avancé par les préfets; ils n'en peuvent prendre moins de dix à la fois. Elles sont délivrées en nature par le garde-magasin au receveur du timbre chargé d'en compter en deniers. (*Déc. f.* 18 *fév.* 1826.) *V.* n° 2 sup. et modifié. n° 12 inf. I. G. 15 mars 1826, n° 1184.

11. — Les formules adirées et devenues hors de service dans les bureaux de la préfecture, seront remplacées par le garde-magasin au vu d'un arrêté d'annulation rendu par le préfet, et portées en dépense au magasin comme non valeur. (*Déc. f.* 7 *sept.* 1826.) I. G. 15 sept. 1826, n° 1197.

12. — Les receveurs du timbre sont autorisés à délivrer aux préfets les formules *à l'étranger* en quantité inférieure à 10. (*Déc. f.* 3 *sept.* 1831.) *V.* n° 10 sup. . . . . I. G. 19 sept. 1831, n° 1380.

— *V.* nos 14, 15 et 22 inf.; Comptabilité, nos 154 et 155, et 1re partie.

13. — Indigens. — Des passeports *gratis* seront délivrés aux indigens. Formalités à observer. (*Déc. f.* 6 *mars* 1812.) I. G. 4 avril 1812, n° 570.

14. — Ils peuvent être délivrés *gratis* pour l'*extérieur* sur formules ordinaires. Comptabilité pour la décharge du prix. (*Déc. f.* 2 *mai* 1812.) I. G. 25 mai 1812, n° 581.

15. — Les passeports pour indigens, *à l'extérieur,* sont délivrés sur formules de passeports à l'intérieur destinés aux indigens, en ajoutant ces mots à la main : *Bon pour aller à l'étranger.* (*Déc. f.* 14 *avril* 1817.) I. G. 24 avril 1817, n° 774.

16. — Les passeports aux indigens peuvent être délivrés sur la seule demande des maires. (*Déc. f.* 17 *mars* 1819.) *V.* n° 17 inf. I. G. 11 mai 1819, n° 887.

17. PASSEPORTS. — INDIGENS. — Les formules seront déposées dans chaque bureau, même à ceux de canton. Elles seront délivrées sur demande nominative des maires; il en sera rendu compte chaque trimestre par un état visé du préfet. (*Déc. f.* 18 *fév.* 1820.) Modifié. *V.* COMPTABILITÉ, n° 157. I. G. 4 mai 1820, n° 921.

18. — Les passeports destinés aux condamnés libérés sont remis aux préfets par les garde-magasins du timbre avec les mêmes formalités que pour les passeports aux indigens. (*Déc. f.* 6 *janv.* 1835.) *V.* n° 13 sup. I. G. 13 janv. 1835, n° 1474.

— *V.* COMPTABILITÉ, n°s 154 et 155.

19. — INTÉRIEUR. — Les percepteurs sont comptables envers l'administration du nombre et du prix des passeports à l'intérieur. Comptabilité. Modifié. n° 21 inf. . . . . I. G. 29 mai 1811, n° 524, et 28 sept. 1811, n° 543.

20. — Les percepteurs doivent verser, chaque mois, au receveur du chef-lieu de leur arrondissement la recette du prix des passeports, sous déduction d'une remise de 3 p. °/°. Comptabilité. (*Déc. f.* 6 *nov.* 1812.) Modifié. n° 21 inf. . . . . I. G. 16 nov. 1812, n° 611.

21. — Les percepteurs doivent payer comptant le prix de ces formules, sous la déduction de la remise de 3 p. °/°. I. G. 17 mai 1816, n° 721.

22. — Les passeports pour Alger et les colonies doivent être délivrés sur formules destinées à l'intérieur. Le receveur du timbre remet au préfet les formules nécessaires à ce service, et l'employé qui en est chargé jouit de la remise allouée aux percepteurs. *V.* n° 21 sup. I. G. 23 juin 1831, n° 1369.

— *V.* COMPTABILITÉ, n° 154 et suiv.

PATENTES. — DROITS.* — Un arrêté des consuls du 25 brum. an X a distrait les patentes des attributions de l'administration de l'enregistrement, et les a réunies à celles des contributions directes, à partir de l'an X. I. G. 21 frim. an X, n° 23. Les instructions et circulaires y relatives, et aujourd'hui sans objet, sont les Circ. 3 mess. an X, 22 juin 1809, 14 août et 29 sept. 1810, et I. G. 21 frim. an X, n° 23.

2. — FORMULES. — Mode de timbrage à l'extraordinaire des formules de patentes et de recouvrement des droits. Pour l'an XI : I. G. 27 brum. an XI, n° 99, — an XIII : Circ. 30 frim. an XIII; — an XIV : Circ. 20 fruct. an XIII; — 1807 : Circ. 15 déc. 1806; — 1808 : Circ. 25 nov. 1807; — 1809 : Circ. 6 mai 1809; — 1810 : Circ. 2 déc. 1809; — 1811 : Circ. 5 sept. 1810; — 1812 : Circ. 18 oct. 1811; — 1813 et années suiv. : I. G. 3 oct. 1812, n° 601; 27 août 1813, n° 646; — 1816 : les droits seront payés comptant. *V.* n° 6 inf. I. G. 25 juin 1816, n° 728.

3. — Le directeur des contributions directes doit remettre au directeur des domaines un certificat du nombre de cotes de patentes du département, et de 3 mois en 3 mois un état supplémentaire; enfin, à l'expiration de l'année, un état des décharges et non valeurs allouées. Les percepteurs ne seront admis à rapporter que le nombre de formules rappelé dans ce dernier état. (*Déc. f.* 14 *juill.* 1818.) *V.* n°s 5 et 6 inf. . . . . I. G. 31 juill. 1818, n° 849.

4. — Les patentables doivent avoir une formule par chaque année. (*Déc. f.* 12 *sept.* 1822.) I. G. 19 sept. 1822, n° 1056.

5. — Les percepteurs sont admis à rapporter les formules employées et annulées sur la réclamation des contribuables. I. G. 8 mars 1824, n° 1125.

6. — Les directeurs des contributions directes sont chargés de la fourniture du papier et des frais d'impression des formules, de leur rédaction et de leur transmission dans les communes. Ils les remettront aux directeurs des domaines pour être timbrées à l'extraordinaire, et en donneront ensuite des récépissés constatant leur nombre et le coût du timbre. Ces récépissés seront versés pour comptant aux receveurs généraux. Les formules annulées seront rendues aux directeurs des domaines, et le prix en sera précompté sur la livraison suivante. (*Déc. f.* 16 *déc.* 1828.). . . . . . . I. G. 30 déc. 1828, n° 1262.

7. — **PATENTES.**—Mention *dans les actes.* —Les patentes des parties doivent être relatées dans les actes des notaires, greffiers, avoués et huissiers, à peine de 500 fr. d'amende. (*Loi* 1er *brum. an VII, art.* 37, *et Ord. roy.* 23 *déc.* 1814.) Modifié. n° 9 inf. I. G. 20 janv. 1815, n° 668.

8. — Cette obligation ne s'étend pas aux jugemens. (*Déc. f.* 30 *janv.* 1821.) . . . . . I. G. 22 fév. 1821, n° 972.

9. — L'amende de 500 fr., n° 7 sup., est réduite à 50 fr. (*Loi* 1824, *art.* 10.) . . . . I. G. 23 juin 1824, § 10, n° 1136.

10. — La mention de la patente des créanciers n'est pas obligatoire dans un procès-verbal de vérification de créances après faillite. (*Déc. f.* 25 *août* 1826.) . . . . . . I. G. 23 déc. 1826, § 6, n° 1204.

11. — Il ne sera pas exercé de poursuites contre les officiers publics qui jusqu'au 1er janv. 1829 n'auront pas fait les mentions prescrites, lorsqu'il sera reconnu qu'ils n'avaient pas la possibilité de les faire. (*Déc. f.* 16 *janv.* 1828.) — Les notaires doivent faire mention de la patente de commerçans dans les actes d'obligation de sommes qui ne contiennent pas indication d'une cause étrangère au commerce. (*Déc. f.* 19 *mars* 1828. *V.* n° 12 inf. I. G. 11 avril 1828, n° 1238.

12. — La mention de la patente des commerçans est obligatoire même dans les actes d'obligation en faveur de non-commerçans, s'il n'est point exprimé une cause étrangère au commerce. (*Déc. j.* 26 *juill.* 1831.) Modifié par la jurisprudence. . . . . . I. G. 18 août 1831, n° 1377.

— *V.* Actes *des huissiers*; Actes *judiciaires*, n° 7; Amendes, n° 46; Contraventions *aux lois sur le notariat*, n° 4.

PAYEURS *de la guerre.* — *V.* Hypothèques, n° 51 et suiv.

PATURAGES. — *V.* Bois *de l'état*, nos 3, 13 *et suiv.*; Code *forestier*.

PAYS *détachés de la France.* — *V.* Comptabilité, n° 5.

PÊCHE. — Droits et Amendes. — Les receveurs des domaines sont chargés de la recette. (*Loi* 14 *flor. an X.*). I. G. 21 mess. an X, n° 63.

2. — Les gardes établis par les fermiers sont payés par eux. Circ. 7 pluv. an XII.

3. — Arrêtés des 11 et 29 brum., 2 et 16 frim. an XII, pour la division en cantonnement des fleuves et rivières. Mode d'adjudication des baux et de délivrance des licences. Comptabilité et états. Les délits et amendes sont assimilés à ceux en matière forestière. I. G. 16 therm. an XII, n° 246.

4. — Envoi des préambules des registres de recette et sommiers, et prescriptions de comptabilité. Circ. 28 vend. an XIII.

5.* — État des fermiers et porteurs de licences, et état des recouvremens, au 1er juillet 1806. Circ. 13 août 1806.

6. — Distinguer les exercices dans les états à fournir séparément pour les anciennes adjudications et licences et pour les nouvelles. Circ. 16 mai 1807.

7.* — Renouvellement des baux et licences, à partir du 31 décembre 1812. Rappel des formalités de *mise en ferme*. États à fournir. Circ. 30 sept. 1812.

8.* — Renouvellement des baux et licences à partir du 1er janvier 1822. Cahier des charges. États et modèles. I. G. 10 déc. 1821, n° 1011.

9. — Les droits de pêche sur les étangs salés qui communiquent avec la mer sont supprimés à partir du 1er janv. 1823. (*Loi* 1er *mai* 1822, *art.* 7.) . . . . I. G. 8 mai 1822, n° 1039.

10. **PÊCHE.** — Droits et Amendes. — Mesures provisoires pour la location et les licences pendant l'année 1831. (*Déc. f.* 25 *nov.* 1830.) I. G. 14 déc. 1830, n° 1342.

— *V.* Canaux, n° 5.

PÊCHE *maritime.* — *V.* Frais *de justice*, n° 37.

PENSIONS *de religieux romains.** — Les religieux et religieuses des couvens supprimés dans les états romains, qui, nés en France, se sont retirés dans les lieux de leur naissance, recevront, à titre d'avance, le montant de leurs pensions jusqu'au 1er octobre 1810. Ce paiement sera fait par l'administration. Formalités. (*Décret* 6 *oct.* 1810.) Circ. 27 juill. 1810.

PENSIONS *de retraite des employés des domaines, veuves et orphelins.* (V. *Circ.* 825.) — Les veuves (mariées depuis 5 ans au moins et non divorcées) d'employés décédés en activité de service après 30 années d'exercice, ou admis à la retraite, recevront la moitié de la pension de leur mari, tant qu'elles resteront en état de viduité. Des secours pourront être accordés aux enfans orphelins jusqu'à l'âge de 15 ans. (*Décret* 12 *flor. an XIII.*) Formalités; pièces à produire; états et comptabilité. Modifié. n° 9 inf. I. G. 23 prair. an XIII, n° 287.

2. — La reversion n'est établie qu'en faveur des veuves des employés admis à la pension depuis le 1er germ. an XII. (*Délib.* 3e *compl. an XIII.*) Circ. 10 sept. 1806.

3. — Les pensions de retraite ne seront payées pour l'exercice 1814 que jusqu'à concurrence des 4/5; le dernier 1/5 ne sera payé qu'en 1815. Circ. 12 janv. 1814.

4. — Les salaires des conservateurs soumis à la retenue, entrent dans la liquidation de leurs pensions. Cette liquidation se fait sur le taux moyen du traitement alloué pendant les 3 dernières années, pour l'emploi qu'exerce le préposé au moment de sa retraite ou de son décès. — Le maximum des pensions des conservateurs est fixé à 1,500 fr. pour ceux d'arrondissement, et à 2,000 fr. pour ceux des chefs-lieux de département. Dispositions transitoires relatives aux employés réformés par suite de réduction de territoire ou suppression d'emploi. I. G. 7 déc. 1814, n° 665.

5. — Les pensions sont incessibles et insaisissables. (*Ord. roy.* 27 *août* 1827.) Elles sont soumises à la retenue déterminée par la loi du 25 mars 1817, mais au profit de la caisse des retraites. (*Ord. roy.* 3 *sept.* 1817.) Elles ne peuvent être cumulées avec un traitement d'activité. (*Loi* 25 *mars* 1817, *art.* 27; *Ord. roy.* 20 *juin* 1817.) États. *V.* n° 7 inf. I. G. 20 sept. 1817, n° 803.

6. — Pièces à produire pour la liquidation des pensions de retraite. Modifié. n° 9 inf. . . . I. G. 22 mars 1819, n° 881.

7. — A partir du 1er janvier 1819, elles ne sont plus soumises à la retenue pour la caisse des retraites, n° 5 sup. (*Loi* 17 *juill.* 1819.) I. G. 4 août 1819, n° 899.

8. — La liquidation des pensions sera faite dans les bureaux du ministère des finances (*Ord. roy.* 4 *nov.* 1824); mais les pièces continueront d'être adressées à l'administration chargée de leur examen. I. G. 22 janv. 1825, n° 1151.

9. — Les employés ont droit à la pension de retraite lorsqu'ils auront 60 ans d'âge et 30 ans de service, dont 20 années au moins dans le ministère des finances ou les administrations qui en dépendent. Il y a exception pour l'âge seulement, en cas d'impossibilité de continuer les fonctions. Les titres et pièces doivent être produits dans le délai de 3 mois de l'admission à faire valoir ses droits à la retraite. La pension est fixée sur la moyenne du traitement des 4 dernières années, frais de bureaux déduits. Après 30 ans de services, la pension sera de moitié du traitement; elle s'accroîtra d'un 20e de cette moitié par année en sus, sans pouvoir excéder les trois quarts du traitement moyen, ni le *maximum* fixé ainsi qu'il suit : 1° *traitemens fixes* de 1,001 à 2,100, — 1,400 fr.; — de 2,101 à 3,200, — 1,600 fr.; — de 3,201 à 8,000 fr., — *moitié du traitement;* — de 8,001 à 9,000, — 4,000 fr.; — de 9,001 à 10,500, — 4,500 fr.; — de 10,501 à 12,000, — 5,000 fr., — au-dessus de 12,000, — 6,000 fr. — 2° Receveurs et conservateurs des hypothèques de chefs-lieux de départemens, 2,000 fr.; conservateurs de chefs-lieux d'arrondissement, 1,500 fr.; receveurs de canton et de chefs-lieux d'arrondissement, 1,000 fr.; employés du timbre, *moitié du traitement. V.* n° 14 inf. — La pension des employés admis exceptionnellement à la retraite, est liquidée à raison d'*un soixantième* du traitement moyen par année de services. La veuve mariée depuis plus de 5 ans, et non séparée de corps, a droit à la reversion du quart de la pension de son mari; elle aura le tiers si elle a plus de 50 ans ou des enfans au-dessous de 16 ans; si la veuve est inhabile à profiter de cette reversion, la pension sera partagée entre tous les enfans de l'employé. Les services militaires et civils sont admissibles pour la retraite; ceux civils ne sont comptés qu'à partir de l'âge de 20 ans et de la date du premier traitement d'activité. Tout employé destitué perd ses droits à la retraite. Il en est de même, en cas de démission, avant 60 ans d'âge et 30 ansde services. Les services civils de moins d'un an, ou interrompus par 10 ans d'inactivité, ne sont plus admissibles. L'employé remplacé sur sa demande par son fils, à moins que ce dernier n'occupât le grade immédiatement inférieur, ne peut prétendre à la pension. — Pièces à produire : acte de naissance; certificat que l'employé ne jouit d'aucune pension sur les fonds généraux; certificat de services des administrations civiles, ou acte de notoriété; congé, ou certificat de services militaires non récompensés. Les veuves fourniront en outre leur acte de naissance, celui de célébration de mariage, l'acte de décès du mari et un certificat de non séparation de corps, actes de naissance et certificats de vie des enfans. Les tuteurs d'orphelins produiront les actes de naissance des enfans, ceux de mariage et décès des père et mère. (*Ord. roy.* 12 *janv.* 1825.) *V.* n° 14 inf. I. G. 9 avril 1825, n° 1158.

10. PENSIONS *de retraite.* — Le certificat constatant que les services militaires n'ont pas été récompensés doit être délivré par le directeur de la dette inscrite. (*Déc. f.* 18 *mai* 1825.) La liquidation des pensions des employés supérieurs reste la même, pourvu qu'ils aient accompli 30 ans de services avant ou depuis l'ordonnance du 12 janvier 1825. (*Déc. f.* 9 *juin* 1825.) I. G. 25 juin 1825, n° 1165.

11. — Les employés doivent fournir, avec leur demande en liquidation de pension, une déclaration, signée par eux ou le maire, du domicile qu'ils élisent pour le paiement de leurs pensions, et un certificat de leur directeur constatant qu'ils n'ont pas été constitués en débet. (*Déc. f.* 30 *sept.* 1825.) I. G. 31 oct. 1825, n° 1176.

12. — Les arrérages non réclamés pendant 3 années sont prescrits, et profitent à la caisse des retraites. Les employés qui, par leur négligence, n'auraient pas pendant trois ans justifié de leurs droits à la pension de retraite, ne peuvent obtenir le rappel des arrérages pour plus de 3 ans, à partir du trimestre dans lequel sera intervenue l'ordonnance de concession. (*Déc. f.* 20 *déc.* 1825.) . . . . I. G. 24 mars 1826, n° 1185.

13. — Les veuves, pour obtenir la reversion, doivent fournir un certificat qu'elles ne sont ni divorcées ni séparées de corps, si leur mariage est antérieur à la loi du 8 mai 1816; s'il est postérieur, un certificat de non-séparation suffit. (*Déc. f.* 18 *mai* 1826.) — Le temps de services dans le ministère des finances, exigé pour l'obtention de la pension, n° 9 sup., s'entend de toutes les administrations qui dépendent de ce ministère. (*Déc. f.* 19 *juin* 1826.) I. G. 13 juill. 1826, n° 1191.

14. — Le maximum de la pension de retraite des receveurs et conservateurs est fixé par le tableau annexé à l'ordonnance du 12 janvier 1825, alors même qu'il excéderait les 3/4 de leur traitement. (*Ord. roy.* 10 *juill.* 1827.) . . . . I. G. 1er sept. 1827, n° 1218.

15. — Les enfans orphelins des employés en retraite n'ont droit à la reversion que s'ils sont nés d'un mariage antérieur à l'admission à la pension. (*Déc. f.* 1er *sept.* 1827.) I. G. 9 nov. 1827, n° 1228.

— *V.* Caisse *des retraites*; Pensionnaires.

PENSIONNAIRES *de l'administration.* — Les directeurs doivent tenir un sommier de ceux domiciliés dans leur département; ils en remettent chaque trimestre un état aux inspecteurs qui, dans leurs tournées, y mentionnent les décès et changemens de résidence des pensionnaires et les nouveaux mariages des veuves. Ces renseignemens sont consignés au sommier, et transmis à l'administration par un état ou certificat négatif. *V.* Légion *d'honneur*, n° 14. I. G. 19 fév. 1822, n° 1020.

PENSIONNAIRES *de l'état.* — *V.* Certificats *de vie.*

PERCEPTEURS. — *V.* Passeports; Ports *de lettres et paquets;* Remises *des percepteurs.*

PERCEPTION *des droits.* — *V.* Compétence; Forcemens, et Première partie.

PÉREMPTION. — *V.* Hypothèques, nos 24, 26, 30 et 31; Instances, nos 69 et 70.

PERMIS *de port d'armes.* — L'administration est chargée de leur débite. Forme des permis et mode de distribution. Les anciennes formules serviront jusqu'au 1er janvier 1811, et les nouveaux prix seront payés à partir du 1er oct. 1810. (*Décret 11 juill.* 1810.) Modifié. n° 10 inf. Circ. 26 sept. 1810, et I. G. 7 nov. 1810, n° 496.

2. — L'annotation de la signature du porteur sur le *talon* des feuilles de permis est supprimée. Circ. 20 juill. 1811.

3. — La comptabilité en nature et en espèces est établie comme celle des papiers timbrés. I. G. 28 sept. 1811, n° 543.

4. — Brûler les anciennes formules. Circ. 13 nov. 1811.

5. — On ne doit pas restituer le prix des ports d'armes délivrés et retirés ensuite par mesure de police; mais on doit restituer le prix des formules non délivrées. . . . . . I. G. 27 juin 1812, n° 587.

6. — Le prix des permis de ports d'armes peut être versé à la caisse des receveurs de chefs-lieux d'arrondissement. (*Déc. f.* 16 *avril* 1819.) Modifié. n° 10 inf. . . . . . . I. G. 11 mai 1819, n° 887.

7. — Les permis sont délivrés par les préfets sur la justification d'un bulletin du receveur du timbre extraordinaire ou du receveur du chef-lieu d'arrondissement constatant le versement de la somme de 15 fr. (*Déc. f.* 20 *sept.* 1820) Modifié. n° 10 inf. . . . I. G. 15 nov. 1820, n° 957.

8. — Envoi dans les magasins du timbre de formules pour les besoins présumés d'une année. Mode de délivrance aux préfets. Circ. 17 juill. 1822.

9. — Les officiers de louveterie et leurs piqueurs ne sont dispensés du permis que lorsqu'ils se livrent exclusivement à la chasse des loups et autres animaux nuisibles. (*Déc. f.* 3 *oct.* 1823.) I. G. 15 oct. 1823, n° 1100.

10. — Le prix des formules doit être avancé par les préfets; ils n'en peuvent prendre moins de dix à la fois. Elles sont délivrées en nature par le garde-magasin au receveur du timbre extraordinaire chargé d'en compter en deniers. (*Déc. f.* 18 *fév.* 1824.) Modifié. n° 13 inf. I. G. 15 mars 1826, n° 1184.

11. — Les formules adirées et devenues hors de service dans les bureaux de la préfecture seront remplacées par le garde-magasin au vu d'un arrêté d'annulation pris par le préfet, et portées en dépense au magasin comme non valeur. (*Déc. f.* 7 *sept.* 1826.) I. G. 15 sept. 1826, n° 1197.

12. — Les formules ne peuvent être remises aux préfets que sur l'autorisation du directeur de la police. (*Déc. f.* 2 *avril* 1827.) Abrogé. n° 14 inf. Circ. 18 mai 1827.

13. — Les receveurs du timbre sont autorisés à délivrer au préfet les formules en quantité inférieure à dix. (*Déc. f.* 3 *sept.* 1831. I. G. 19 sept. 1831, n° 1380.

14. — Les formules sont délivrées aux préfets sur leur seule demande et sans autorisation du ministre. (*Ord. roy.* 30 *nov.* 1834.) I. G. 11 déc. 1834, n° 1472.
— *V.* Comptabilité, nos 143, 154 et suiv.

15. — Gratification. — Il est accordé une gratification de 3 fr. aux gendarmes et gardes pour chaque condamnation prononcée sur leur procès-verbal pour délits de chasse et de ports d'armes. Modifié. n° 19 inf. I. G. 28 mai 1811, n° 523.

16. — Cette gratification est payée sur mandat du préfet appuyé de pièces justificatives. *V.* n° 20 inf. I. G. 28 sept. 1811, n° 543.

17. — Les préposés des douanes ont droit à cette gratification. . . . . I. G. 1er mai 1812, n° 578.

18. PERMIS *de port d'armes.* — GRATIFICATION. — Il est dû une gratification pour chaque individu condamné et à chaque agent ayant concouru à la rédaction d'un même procès-verbal. (*Déc. f.*) *V.* n° 20 inf. I. G. 16 déc. 1812, n° 616.

19. — La gratification aux gardes et gendarmes est élevée à 5 fr. (*Ord. roy.* 17 *juill.* 1816.) I. G. 24 juill. 1816, n° 732.

20. — La gratification est due par chaque condamné; elle est payée sur mandat du préfet par le receveur des domaines. *V.* n°s 21 et 22 inf. I. G. 15 nov. 1820, n° 957.

21. — Elle peut être ordonnancée sur la simple présentation d'un certificat délivré par le procureur du roi sur papier non timbré, sans justifier d'un extrait du jugement de condamnation. (*Déc. f.* 14 *août* 1821.) Modifié. n° 22 inf. I. G. 5 sept. 1821, n° 994.

22. — La gratification n'est due qu'autant qu'il y a eu condamnation; il en est justifié par un extrait de jugement pour lequel les parties prenantes ont à payer 25 cent. au greffier. (*Déc. f.* 9 *juill.* 1829.) I. G. 24 août 1829, n° 1287.

23. — Elle doit être ordonnancée au profit des gendarmes, au nom du conseil d'administration de leur compagnie. (*Déc. f.* 19 *janv.* 1829. I. G. 4 déc. 1829, n° 1297.

— *V.* COMPTABILITÉ, n° 143.

PERSONNES *à représenter en justice.* — *V.* CAUTIONNEMENS, n°s 38 à 43.

PERSONNEL. — *V.* ADMINISTRATION *de l'enregistrement;* CHANGEMENS *de résidence;* CONGÉS; NOMINATIONS; NOTES, et les titres des divers emplois.

PÉTITIONS. — TIMBRE. — (V. *Circ.* n°s 1105 *et* 1124.)

— Ordre aux autorités et administrations de rejeter celles qui ne seraient pas sur papier timbré. (*Déc. f.* 18 *et* 28 *vent. an X.*) I. G. 27 fruct. an X, § 8, n° 72.

— *V.* RÉCLAMATIONS.

PIÉMONT. * — Les papiers timbrés ayant pour légende : *Département du Piémont*, ne peuvent être employés sans contravention hors de la 27e division militaire. . . . . . Circ. 16 therm. et 5 fruct. an XI.

2. * — L'usage de ces papiers est étendu à la 28e division. (Ligurie.) . . . . Circ. 13 mars 1806.

PLACES *de guerre.* — *V.* FORTIFICATIONS.

PLAIDOIRIES. — *V.* INSTANCES, n° 18, 54 et 55.

PLUS-VALUES. — *V.* DESSÉCHEMENS; TRAVAUX *publics.*

POIDS ET MESURES — *V.* MESURES *métriques;* MOBILIER *militaire, n°* 2.

POINTS *de fait et de droit.* — *V.* INSTANCES, n°s 56 et 57.

POLICE *des travaux exécutés par le gouvernement.* — Fixation des heures de travail. *V.* TRAVAUX *publics.* Circ. 12 déc. 1806.

PORTS *d'armes.* — *V.* PERMIS *de.*

PORTEURS *de contraintes.* — *V.* RÉPERTOIRES, n° 12.

PORTS *de lettres et paquets.* * — Mode de paiement du port des lettres et paquets concernant l'administration dans les départemens. Abrogé. n° 15 inf. . . . . I. G. 24 vend. an XII, n° 171.

2. * Mesures relatives aux localités où il n'existe pas de bureau de poste. Abrogé. n° 15 inf. Circ. 26 brum. an XII.

3. * — États à fournir pour obtenir le remboursement des frais de ports de lettres et paquets. Abrogé. n° 15 inf. Circ. 24 mars 1808.

4. * — Rappel de ces obligations. Circ. 4 mars et 15 déc. 1809.

5. * — Mode de remboursement des frais de ports de lettres et paquets aux inspecteurs généraux. Circ. 7 nov. 1809.

6. * **PORTS** *de lettres et paquets.* — Les lettres et paquets concernant le service forestier doivent être adressés *franc de port* aux directeurs. Circ. 10 sept. 1812.

7. * — État par trimestre de ceux susceptibles d'être remboursés. Il en sera fait emploi dans l'état de mois du troisième mois de chaque trimestre. I. G. 26 août 1816, n° 737.

8. — On ne peut se servir d'un messager spécial que sur les routes où il n'existe pas de service régulier. (*Déc. f.* 13 *mars* 1817.) I. G. 5 mai 1817, n° 776.

9. * — Prescriptions relatives à l'exécution de l'instr. gén. n° 171; n° 1 sup. (*Déc. f.* 10 *juin* 1817.) I. G. 30 juill. 1817, n° 793.

10. — Tous les imprimés relatifs au service peuvent être affranchis à la poste à raison de 5 *cent. par feuille*, lors même qu'ils contiendraient de l'écriture. Les bordereaux de caisse étant imprimés sont admis à l'affranchissement. (*Déc. f.* 29 *mars et* 17 *avril* 1822.) Modifié. n° 15 et 24 inf. . . . . Circ. 30 janv. 1821; I. G. 25 avril 1822, n° 1037, et Circ. 29 avril 1823.

11. — On ne peut employer les messageries sur les routes servies par la poste que pour les paquets pesant plus d'un kilogramme. I. G. 12 juill. 1822, n° 1048.

12. — Les paquets de taxes à témoins et pièces de procédures peuvent être expédiés par les messageries, quel que soit leur poids. (*Déc. f.* 20 *nov.* 1822.) Modifié. n° 13 inf. I. G. 14 déc. 1822, n° 1061.

13. — Les pièces de dépenses et de procédures doivent exclusivement être adressées par la poste, sauf à faire plusieurs paquets. Circ. 6 mars 1823.

14. — État des ports de lettres à tenir à la fin du registre de correspondance. Frais à porter en dépense chaque mois. Régularisation à la fin de l'année. *V.* n° 15 inf. . . . I. G. 24 janv. 1824, n° 1116.

15. — Franchise. — Le directeur général jouit de la franchise illimitée pour les lettres qui lui sont adressées et correspond de même avec les préfets et sous-préfets, les procureurs généraux ou procureurs du roi, les inspecteurs généraux et directeurs des domaines. La franchise sous bandes contre-signées est accordée *réciproquement* 1° aux directeurs avec tous les employés sous leurs ordres, le conservateur et les chefs de service des forêts, et avec les procureurs du roi; 2° aux employés de tous grades, dans l'étendue du même département. Les bandes n'excéderont pas le tiers de la surface et les lettres doivent être remises aux directeurs des postes et non jetées à la boîte. Défense d'y insérer des objets étrangers au service, sous peine de double taxe. Mode de chargement. La correspondance de l'administration avec les employés s'expédie par l'intermédiaire des directeurs, et celle qui concerne un autre département par l'intermédiaire de l'administration. (*Ord. roy.* 14 *déc.* 1825.) *V.* n° 24 inf. I. G. 6 janv. 1826, n° 1181.

16. — Régularisation des frais payés du 1er janv. 1826 à l'époque de la promulgation de l'ord. du 14 déc. 1825. La franchise n'étant admise que dans le même département entre les préposés, la correspondance pour les autres départemens aura lieu par l'intermédiaire des directeurs et de l'administration. En cas d'urgence, on écrira au directeur, et les frais de port seront acquittés comme dépenses accidentelles. Le nouveau règlement n'est pas applicable aux frais de messagers pour le transport des lettres au bureau de poste le plus voisin. Les conservateurs jouissent de la franchise. *V.* n° 21 inf. (*Déc. f.* 15 *et* 23 *mars* 1826.) . . . . I. G. 31 mars 1826, n° 1186.

17. — Les employés supérieurs correspondent en franchise entre eux dans le même département. Les employés de l'enregistrement et les agens forestiers jouissent également de la franchise entre eux. Les lettres pour d'autres départemens doivent être adressées par l'intermédiaire du directeur général, sauf les cas d'urgence. (*Déc. f.* 12 *juill. et* 6 *sept.* 1827.) *V.* n° 24 inf. I. G. 29 sept. 1827, n° 1224.

18. — Dans les localités où il n'existe pas de bureau de poste, il sera pourvu par des abonnemens au transport des dépêches au bureau de poste le plus voisin. *V.* n° 20 inf. I. G. 17 oct. 1828, n° 1258.

19. PORTS *de lettres et paquets.* — Les employés correspondent en franchise avec les procureurs du roi et les contrôleurs des contributions. (*Déc. f.* 3 *et* 29 *août* 1829.) . . . I. G. 5 sept. 1829, n° 1289.

20. — La franchise a lieu entre les employés, les maires et les percepteurs. Elle s'applique au décime en sus établi pour le service rural. (*Déc. f.* 4 *mai* 1830.) . . . I. G. 15 mai 1830, n° 1317.

21. — Les conservateurs jouissent de la franchise comme les receveurs de l'enregistrement et des domaines. (*Déc. f.* 23 *juill.* 1831.) I. G. 16 août 1831, n° 1376.

22. — Les directeurs correspondent en franchise avec le procureur général du ressort. (*Déc. f.* 16 *fév.* 1832.) I. G. 9 mars 1833, n° 1419.

23. — Les inspecteurs et vérificateurs correspondent en franchise avec les maires et les percepteurs, dans leur département. (*Déc. f.* 27 *nov.* 1833.) . . . . I. G. 30 nov. 1833, n° 1440.

24. — Les états, renvois et extraits de jugemens rédigés sur imprimés, peuvent être adressés directement en franchise par les directeurs à leurs collègues, dans toute la France. Il en est de même des accusés de réception. État mensuel de ces envois à fournir à l'administration. Les extraits de jugemens entièrement manuscrits continuent d'être transmis par l'intermédiaire de l'administration. Rappel des prescriptions relatives à la transmission des avertissemens. *V.* AVERTISSEMENS. . . . . Circ. Compt. gén. 30 nov. 1833, n° 33 et I. G. 25 oct. 1834, n° 1466.
— *V.* COMPTABILITÉ, n° 158.

POUDRES *et salpêtres.* — *V.* AMENDES, n° 60; BATIMENS *et terrains militaires,* n° 6.

POURSUITES *au nom de l'administration.* — Les actes de poursuites doivent être faits à la main, excepté les contraintes. Circ. 5 vend. an XI.

2. — Les actes doivent être faits et signifiés à la requête de M. le conseiller d'état directeur général de l'enregistrement et des domaines, hôtel du ministère des finances, rue , à Paris, poursuite et diligence de M. , directeur à , pour lequel domicile est élu, etc. I. G. 30 sept. 1817, n° 807.

3.* — Les actes se font à la requête des administrateurs. Circ. 12 déc. 1820.

4. — Ils se font à la requête du directeur général. Circ. 29 janv. 1821.
— *V.* AMENDES, n°s 47, 48, 52, 56 et suiv.; CONTRAINTES; DÉLITS *forestiers;* FRAIS *de justice;* FRAIS *de poursuites;* HUISSIERS, n° 1 et 2; INSTANCES, n°s 69 et 70; PRESCRIPTIONS, n° 2; RÉCLAMATIONS, n° 4.

POURVOIS *contre les jugemens.* — *V.* ACQUIESCEMENS; INSTANCES, n° 65 et suiv.

PRÉCIS *des opérations des receveurs, et situation des sommiers.* — Les receveurs fournissent par trimestre le tableau de la situation des sommiers et y joignent le précis de leurs opérations avec des notes sur les surnuméraires. Modifié. n° 2 inf. . . . . . Circ. 22 mars 1808.

2. — Une expédition est adressée *directement* au directeur qui transmet aux receveurs les ordres nécessaires dans la quinzaine de la réception; la seconde expédition est remise à l'inspecteur qui la joint à sa lettre de fin de tournée. (*Ordres de service, art.* 39.) Modifié. n° 3 inf. I. G. 5 juin 1830, n° 1318.

3. — Les receveurs adresseront les deux expéditions dans les dix premiers jours de chaque trimestre, au directeur qui transmettra l'une d'elles à l'administration le 25 du même mois, après l'avoir émargée des observations qu'il aura adressées au receveur. I. G. 6 mai 1831, n° 1363.

PRÉCIS *des opérations des vérificateurs.* — Ils remplacent les journaux de travail; ils sont fournis par quinzaine sur des imprimés spéciaux. Si, durant la quinzaine, le vérificateur avait été occupé dans plusieurs bureaux, il devra rédiger pour chacun un précis particulier. Ni l'intérim d'un bureau, ni l'exercice des fonctions de premier commis ne dispensent de fournir le précis. Les précis doivent être adressés en *simple expédition* les 1er et 16 de chaque mois au directeur qui les transmet dix jours après à l'administration avec ses observations, après en avoir conservé copie. (*Art.* 31 *du règlement.*) I. G. 15 mars 1831, n° 1351.

— *V.* Journaux *de travail;* Vérificateurs; Vérifications *de régies.*

PRÉLÈVEMENT *du premier mois de traitement.* — *V.* Caisse *des retraites*, n°s 12, 13, 14, 15, 16, 19 *et* 20.

PREMIERS-COMMIS. — Un premier commis nommé par le directeur général sera attaché à chaque direction; il préparera, sous les ordres du directeur, le travail de la correspondance et du contentieux, et surveillera la tenue des sommiers. Les premiers commis seront choisis parmi les receveurs ayant au moins deux ans d'exercice. Ils pourront être nommés vérificateurs après deux ans d'exercice comme premiers commis. Modifié. *V.* Vérificateurs. Fixation de leur traitement. (*Déc. f.* 14 *août* 1815.) Circ. 17 août 1815.

2. — En cas d'absence par congé ou de vacance d'emploi, ils sont remplacés par un vérificateur et leur traitement est affecté en totalité à la caisse des retraites. . . . . . I. G. 1er oct. 1816, n° 745.

— *V.* Administration *de l'enregistrement;* Vérificateurs.

PRESBYTÈRES. — *V.* Cures; Églises; Fabriques.

PRESCRIPTIONS. — Les amendes de contraventions à la loi du 22 frim. an VII, ne se prescrivent que par trente ans. (*Déc. f.* 7 *juin* 1808.) Modifié. n°s 3, 4 et 7 inf. . . . I. G. 29 juin 1808, § 25, n° 386.

2. — Les poursuites faites par l'administration n'interrompent point la prescription au profit des parties. (*Déc. f.* 24 *sept.* 1808). Les parties ont 30 ans pour se pourvoir en restitution des amendes prononcées par la loi du 22 frim. an VII, lorsque le paiement en a été volontaire. Modifié. I. G. 23 mars 1809, n° 424.

3. — Les amendes prononcées par les lois des 22 frim. et 22 pluv. an VII, et qui ont pu être reconnues par la présentation des actes à la formalité, sont prescrites après deux ans de la formalité donnée à l'acte. (*Avis conseil d'état*, 18 *août* 1810.) . . . I. G. 22 sept. 1810, n° 491.

4. — Les amendes de répertoire sont également prescrites après deux ans de la présentation au *visa*. (*Déc. f.* 23 *juill.* 1811.) I. G. 12 nov. 1811, § 7, n° 548.

5. — Les amendes de contravention à la loi du notariat ne se prescrivent que par 30 ans. (*Déc. j. et f.* 13 *et* 27 *sept.* 1816.) Les amendes forestières sont prescrites par 10 ans. (*Ord. de* 1669, *titre* 32, *art.* 25.) Les amendes de condamnation se prescrivent : En matière criminelle par 20 ans. (*C. proc., art.* 635.) En matière correctionnelle par 5 ans. (*Art* 636.) En matière de police par 2 ans. (*Art.* 639.) Les frais de justice ne se prescrivent que par 30 ans. (*Loi* 5 *sept.* 1807.) . . . . I. G. 12 oct. 1816, n° 748.

6. — Les amendes de contraventions aux lois sur le timbre sont prescrites par deux ans. (*Déc. f.* 27 *juill.* 1818.) I. G. 18 août 1818, n° 852.

7. — Les amendes de contraventions aux lois sur l'enregistrement, le timbre, les ventes de meubles, le notariat, le dépôt des répertoires, la mention des patentes, le dépôt des contrats de mariage de commerçans, sont prescrites par 2 ans; cette prescription court du jour où les employés ont été à portée de constater les contraventions. (*Loi* 16 *juin* 1824, *art.* 14.) I. G. 23 juin 1824, n° 1136.

— *V.* Contraventions *aux lois sur l'enregistrement, le notariat, le timbre et les ventes de meubles*; Fermages; Hypothèques, n°s 30 et 31; Instances, n°s 69 et 70; Frais *de justice*, n° 67; Réclamations, n° 1; et **Première Partie.**

PRÉSENTATIONS, *défauts et congés.* — Rapport à faire sur l'usage suivi à cet égard dans les départemens où les ordonnances de 1667 et 1695 n'étaient pas en vigueur. Circ. 5 germ. an XII.

PRESTATIONS *de serment.* — Un nouveau serment n'est pas nécessaire en cas de simple changement de résidence. I. G. 17 pluv. an XIII, n° 269.

2. — Celle des employés peut être constatée par une mention en marge ou à la suite de leur commission. I. G. 6 juill. 1809, n° 438, et 24 juill. 1811, n° 534.

— *V.* Administration *de l'enregistrement*, n°s 1, 3, 4, 6, 12 *et* 13; Cautionnemens, n° 21; Hypothèques, n° 1er.

PRÉSUCCESSIONS. — *V.* Émigrés, n° 36 et suiv.

PRÊTRES *déportés.* — Les héritiers de ceux portés sur les listes d'émigrés n'ont pas droit à la restitution des biens rentrés, par déchéance, dans les mains de l'état. (*Déc. f.* 26 *prair. an XII.*) *V.* Déportés. I. G. 11 mess. an XII, n° 234.

PRIMES *d'anticipation.* — *V.* Aliénations *de biens de l'état*, n°s 9, 10, 37 et 38; Bois *de l'état*, n° 10; Caisse *d'amortissement*, n°s 2, 3; Décomptes, n° 12.

PRISONS. — *V.* Batimens *de l'état*, n°s 7 *et* 8; Frais *des prisons.*

PRIVILÈGES. — *V.* Hypothèques.

PRIVILÈGE *du trésor.* — *V.* Amendes, n° 9; Cautionnemens, n° 37; Frais *de justice*, n° 64; Hypothèques, n° 30, 51 et suiv.; Successions.

PROCÈS-VERBAUX. — Les états de situation, qui doivent être adressés par trimestre à l'administration, seront dressés partiellement et suivant la division du service par matières. Ceux de vérification de régies seront compris dans l'état destiné à la division du personnel. I. G. 27 juin 1829, n° 1281.

2. — Ces états ne seront fournis que par semestre. I. G. 17 juill. 1829, n° 1284.

PROCÈS-VERBAUX *de carence.* — Ceux ayant pour objet d'établir l'impossibilité de faire rentrer dans les caisses publiques les sommes dues à l'état doivent être dressés à la diligence des receveurs. I. G. 19 niv. an XII, n° 194.

— *V.* Amendes, n° 4; Certificats *d'indigence*; Délits *forestiers*; Frais *de justice.*

PROCÈS-VERBAUX *de contraventions.* — *V.* Contraventions; Instances; Notaires; Notices; Procès-verbaux; Registres *des protêts*; Répertoires; Ventes *publiques.*

PROCÈS-VERBAUX *de délits.* — Fournir de temps à autre au ministère public le relevé de ceux enregistrés et non suivis de jugement. I. G. 29 juin 1814, n° 661.

PROCÈS-VERBAUX *des agens forestiers.* — *V.* Code *forestier*; Délits *forestiers*; Vacations et 1re partie.

PROCÈS-VERBAUX *des recettes.* — *V.* Comptabilité, n°s 159 et 166.

PROCÈS-VERBAUX *de vérifications de régies.* — La vérification de chaque gestion doit être constatée par un procès-verbal particulier rédigé sur un imprimé spécial. Lorsqu'il aura pour objet la régie du comptable en exercice à la fin de l'année vérifiée, il contiendra dans la première partie l'état des recettes. — La seconde partie doit comprendre le détail 1° des erreurs de calcul; 2° des omissions et soustractions de recette; le relevé chronologique prescrit par l'instruction 839 ne sera fourni que pour les erreurs au-dessus de 50 fr. — La seconde partie sera transcrite sur le principal registre de recette ou le sommier des droits d'hypothèques à recouvrer, et le résultat au préjudice du trésor sera porté en recette à la marge gauche. Chaque procès-verbal doit être transmis immédiatement au directeur. (*Ordres de service, art.* 4.) *V.* Débets *des employés*, n° 5. I. G. 15 oct. 1830, n° 1338.

2. — Ils doivent être rédigés conformément au n° 1er sup. (*Art.* 32 *du règlement.*) . . . I. G. 15 mars 1831, n° 1351.

3. — Les directeurs doivent les adresser à l'administration avec leurs observations, après avoir conservé copie de ces procès-verbaux et en y joignant extrait de la recette des débets. I. G. 4 avril 1831, n° 1355.

— *V.* Comptabilité, n°s 208 et 209; Rapports *de gestion*; Vérifications *de régies.*

PROCUREURS-GÉNÉRAUX. — *V.* Ports *de lettres et paquets*, n° 22.

PROCUREURS *du roi.* — *V.* Instances; Ports *de lettres et paquets*, n° 19.

PRODUITS *accessoires des forêts.* — *V.* Comptabilité, n°s 131, 132 et 133.

PROMOTIONS. — *V.* Administration; Caisse *des retraites*; Changemens *de résidence.*

PROMULGATION *des lois.* — *V.* Décrets *impériaux*; Lois.

PROPRIÉTÉ *du domaine de l'état.* — *V.* Instances, n° 28 et suiv.

PRORATA *des fermages.* — *V.* Fermages, n° 6.

PROTÊTS. — *V.* Registre *des.*

PRUD'HOMMES (*conseils des*). — Établissement de ces conseils. (*Loi* 18 *mars* 1806.) — Leurs secrétaires doivent tenir un répertoire conformément à la loi du 22 frim. an VII. I. G. 5 juill. 1809, n° 437.

PRYTANÉE *français.* * — Les biens formant sa dotation sont mis en vente. (*Loi* 8 *pluv. an XIII.*) Formalités à suivre, comptabilité, états. (*Décret* 11 *vent. an XII.*) . . . Circ. 23 germ. an XIII.

2. * — Ces ventes ont lieu conformément aux lois des 15 et 16 flor. an X et 5 vent. an XII. Circ. 26 frim. an XIV.

3. * — Prescriptions pour les réparations à faire aux biens provenant du prytanée et cédés à la caisse d'amortissement. Circ. 25 nov. 1806.

— *V.* Aliénations *de biens de l'état*; Caisse *d'amortissement*, n° 11; Université.

PUBLICITÉ. — *V.* Instances, n°s 58 et 59.

PURGE *légale.* — *V.* Hypothèques, n°s 103 et 104.

Q

QUARTS *de réserve.* — *V.* Communes, n° 39.

QUITTANCES *des droits.* — *V.* Comptabilité, n°s 160 et 161; Relations.

QUITUS. — *V.* Aliénations *de biens de l'état*, n° 15; Aliénations *de bois de l'état*, n° 3; Bois *de l'état*, n°s 9 *et* 10; Cautionnemens, n°s 12, 16, 24 et suiv.; Comptabilité, n°s 7 et 31; Cour *des comptes*; Décomptes, n° 18; Vérifications, n° 1.

R

RAPPORTS *sur la gestion des comptables.* — Lors de chaque vérification de régie, il sera rédigé sur un imprimé spécial, un rapport particulier sur la régie du comptable; ce rapport sera adressé au directeur avec le procès-verbal de vérification, et transmis par lui à l'administration. Il contiendra, dans la 1re partie, le relevé des droits, revenus et amendes de contraventions que le receveur aura négligé de percevoir, et dans la deuxième, le détail des abus, irrégularités et négligences reconnus dans les diverses parties du service. La 1re partie sera transcrite sur le sommier certain du bureau. (*Ordres de service*, *art.* 5.) I. G. 15 oct. 1830, n° 1338.

2. — Ils doivent être rédigés comme il est dit au n° 1er sup. (*Art.* 32 *du règlement.*) . . . I. G. 15 mars 1831, n° 1351.

3. — Les directeurs doivent les adresser à l'administration après en avoir conservé copie. Exactitude des renseignemens. I. G. 4 avril 1831, n° 1355.

— *V.* Procès-verbaux *de vérification*; Vérifications *de régies.*

RÉARPENTAGES. — *V.* Code *forestier.*

RÉBELLION. — *V.* Amendes, nos 34 et 44.

RÉCÉPISSÉS. — *V.* Extraits *de jugemens, nos* 8 *et* 9; Greffiers, nos 11 et 12; Versemens.

RECETTES. — *V.* Comptabilité, n° 162 et suiv.; Droits *au comptant*; Droits *constatés*; Droits *d'enregistrement et de timbre.*

RECETTES *pour divers.* — *V.* Comptabilité, nos 23, 27, 134, 153, 211 et 212; Effets *de commerce*; Fortifications; Opérations *de trésorerie*; Voirie (*grande*).

RECEVEURS *de l'enregistrement et des domaines.* (V. *Circ.* 31, 96, 128 *et* 194.) — Ils sont directement justiciables de la cour des comptes, et présentent leurs comptes par année en leur nom et sous leur responsabilité personnelle. Ils ne répondent que des actes de leur propre gestion. (*Ord. roy.* 8 *nov.* 1820.) . . . . I. G. 12 fév. 1821, n° 971.

2. — En cas d'urgence, les receveurs de canton peuvent être chargés de vérifier la régie de leurs prédécesseurs. Ils en rendront compte de la même manière que les employés supérieurs. (*Déc. f.* 23 *janv.* 1822.) *V.* n° 4. I. G. 9 fév. 1822, n° 1029.

3. — Défense de faire à leurs caisses aucune avance de fonds personnels. *V.* Comptabilité, n° 129. I. G. 7 déc. 1822, n° 1060; 24 déc. 1823, n° 1110.

4. — La vérification de la régie des receveurs ne doit être confiée à leurs successeurs que par suite denécessité absolue et sur l'autorisation expresse de l'administration. *V.* n° 2 sup. I. G. 31 mai 1824, n° 1134.

5. — Les receveurs de canton ne peuvent se faire aider par des commis que pour les opérations matérielles. Les enregistremens des actes, jugemens et déclarations de successions doivent être écrits de leur main. Surveillance et compte à rendre par les employés supérieurs. I. G. 19 août 1835, n° 1495.

— *V.* Administration *de l'enregistrement;* Bureaux; Cautionnemens; Changemens *de résidence;* Congés; Huissiers, n° 4; Précis *d'opérations*; Registres; Remises.

RECEVEURS *des communes.* — Ils ont droit à une remise de 2 cent. 1/2 par franc sur les recettes faites par eux sur les dommages et amendes en matière de police de roulage. (*Déc. f.* 1er *déc.* 1825.) *V.* Amendes, n° 61 et suiv. . . . . I. G. 14 déc. 1825, n° 1179.

RECEVEURS *des finances.* — *V.* Hypothèques, n° 51 et suiv.

RECEVEURS *des hospices.* — *V.* Cautionnemems, nos 44 et 45.

RECHERCHES. — *V.* Greffiers, n° 1er; Registres *de recette*, n° 4.

RÉCLAMATIONS *en remise ou modération de droits et amendes.* — Celles adressées aux ministres ou à l'administration n'interrompent pas la prescription, et les poursuites doivent continuer leur cours. *V.* nos 5 et 6 inf. . . . . I. G. 11 vent. an XII, n° 208, et 21 fév. 1811, n° 509.

2. — Mesures pour accélérer l'instruction des affaires; répondre *dans les cinq* ou *dix jours.* Circ. 23 mai 1821.

3. — Elles peuvent être déposées entre les mains des directeurs, bien qu'elles doivent toujours être adressées au ministre des finances. Les directeurs doivent les transmettre à l'administration, avec leurs observations motivées, dans la quinzaine du dépôt. Sommier à tenir. Celles relatives à la perception des droits simples, ou aux affaires domaniales, doivent être adressées directement au ministre. (*Déc. f.* 10 *oct.* 1821.) I. G. 25 oct. 1821, n° 1002.

4. — Celles en matière de perception doivent être adressées à l'administration, seule compétente. Les directeurs doivent faire connaître aux parties les solutions intervenues, dans les 3 jours de la réception, et donner en même temps aux receveurs les ordres nécessaires pour l'exécution. (*Déc. f.* 11 *janv.* 1822.) . . . . I. G. 30 janv. 1822, n° 1018.

5. **RÉCLAMATIONS** *en remise ou modération des droits et amendes.* — Les réclamations autorisent à suspendre les poursuites; mais lorsqu'elles ont été rejetées, on doit suivre le recouvrement sans qu'il y ait lieu de surseoir s'il y a nouvelle réclamation. (*Déc. f.* 16 *oct.* 1826.) I. G. 20 nov. 1826, n° 1202.

6. — En matière de restitutions de droits, une réclamation enregistrée au ministère ou à l'administration interrompt la prescription. (*Déc. f.* 27 *sept.* 1827.) . . . I. G. 16 oct. 1827, n° 1226.

7. — Une réclamation enregistrée *pour ordre* au principal registre interrompt la prescription. Mode de cet enregistrement, et envoi des réclamations au directeur avec des observations. (*Déc. f.* 2 *mars* 1831.) I. G. 16 mars 1831, n° 1352.

8. — Aucune demande en remise ou modération d'amendes de contravention de la part des officiers publics ne sera admise par suite de la réduction des amendes. (*Déc. j. et f.* 23 *nov.* 1833.) I. G. 3 déc. 1833, n° 1441.

— *V.* Correspondance; Lettres; Pétitions; Prescriptions; Restitutions.

RÉCOLEMENS. — *V.* Code *forestier*; Mobilier *de l'état*, *n*^{os} 11, 12 *et* 13.

RECOUVREMENS *des sommes dues au trésor.* — Ordre de les suivre avec la plus grande activité et de s'expliquer, dans les états à fournir, sur les causes qui peuvent les arrêter ou les suspendre. Circ. 14 therm. an XI.

— *V.* Amendes; Frais *de justice*; Poursuites; Rentes *dues à l'état.*

RÉCTIFICATION *des registres de l'état civil.* — *V.* Frais *de justice*, *n*° 5.

RÉDUCTION *des assignats en numéraire.* — *V.* Débets *des employés*, *n*° 4; Émigrés, n° 13; Fermages, n° 3.

RÉGIME *forestier.* — *V.* Code *forestier.*

REGISTRES *de l'état civil.* — La fourniture du papier timbré pour ces registres et les tables décennales, et le mode de recouvrement des droits de timbre contre les communes, ont été successivement réglés par les Circ. et I. G. suiv. Années antérieures à l'an XI : Circ. 29 flor. et 9 therm. an X; I. G. 27 fruct. an X, n° 72; Circ. 12 fruct. an XI, 9 frim. an XIV et 20 nov. 1811; — an XI : Circ. 9 therm. an X; I. G. 27 fruct. an X, n° 72; Circ. 9 frim. an XIV; — an XII : Circ. 9 frim. an XIV; — an XIII : Circ. 14 mess. an XII, 9 frim. an XIV; — an XIV et 1806 : Circ. 27 mess. an XIII et 12 sept. 1806; — 1807: Circ. 12 sept. et 8 nov. 1806; — 1808 : Circ. 27 oct. 1807; — 1809 : Circ. 5 sept. 1808; — 1810 et demande d'un état du recouvrement sur les années antérieures : Circ. 1er déc. 1809; — 1811 : Circ. 11 juill. 1810; — 1812 : Circ. 17 oct. 1811; — 1813 et demande d'un état du restant à recouvrer au 1er oct. 1812 : Circ. 26 sept. 1812; — 1814 : Circ. 31 août 1813; — 1815 : Circ. 29 juill., 19 sept. et 16 déc. 1814; — 1816 : Circ. 16 déc. 1814, 19 oct. et 18 déc. 1815; — 1817 : les papiers seront désormais payés comptant. I. G. 30 oct. 1816, n° 751.

2. — Les greffiers doivent payer comptant le timbre destiné aux tables décennales. . . . . I. G. 3 avril 1817, n° 770; 10 janv. 1823, n° 1064.

— *V.* Frais *de justice*, *n*° 5.

REGISTRES *de recette.* (V. *Circ. n*° 679.)

— Ils doivent être déposés aux greffes des tribunaux lorsque la vérification en est nécessaire pour constater des crimes de faux dans des affaires où le trésor est intéressé. (*Lois 2 flor. an XI et 23 vent. an XII.*) Circ. 26 déc. 1806.

2. — Changemens dans la forme des registres. I. G. 26 juill. 1809, n° 443.

3. — Par suite de l'établissement des 8 registres de recette des droits constatés (*V.* Droits *constatés*, *n*° 1er), sont supprimés les registres de recette : 1° des frais de justice; 2° droits de pêche; 3° revenus de domaines et rentes; 4° épaves, déshérences et biens vacans; 5° prix de vente d'immeubles; 6° bois de l'état. Le registre de recette des amendes non constatées ne servira que pour les amendes de consignation. I. G. 18 avril 1831, n° 1358.

— *V.* Arrêtés; Hypothèques, n° 115 et suiv.; Inventaires *des registres.*

4. **REGISTRES** *de recette.* — EXTRAITS. — Les receveurs ne peuvent délivrer extraits de leurs registres qu'aux parties contractantes et leurs ayant causes, ou sur ordonnance du juge de paix. — Il leur est alloué *un franc* pour recherche de chaque année indiquée et 50 *cent.* par extrait, outre le papier timbré. (*Loi enreg. art.* 58.) Circ. n° 1450.

5. — L'article 853 du C. Proc. n'est point applicable aux receveurs qui continueront d'exécuter, pour la délivrance des extraits de leurs registres, les règles tracées par la loi du 22 frim. an VII. I. G. 4 juill. 1809, n° 436.

REGISTRES *des protêts.* — La tenue par les notaires et huissiers en est prescrite par l'art. 176 C. Com. Ce registre n'est pas soumis au visa trimestriel, et les actes qui y sont transcrits doivent être aussi portés au répertoire prescrit par la loi du 22 frim. an VII. I. G. 9 mars 1809, § 1er, n° 420.

2. — Les contraventions doivent être constatées par procès-verbaux qui sont transmis au procureur du roi; mais il n'y a pas lieu d'exiger des notaires la tenue du registre, si d'ailleurs ils n'ont fait aucun protêt. (*Déc. f.* 6 *juin* 1829.) . . . . I. G. 26 sept. 1829, § 18, n° 1293.

RELAIS *de mer.* — *V.* LAIS.

REGISTRES ET IMPRESSIONS. — Autorisation de vendre ceux reconnus inutiles au service. Etat à soumettre à l'approbation de l'administration. (*Déc. f.* 24 *mai* 1824.). I. G. 3 juill. 1824, n° 1137.

2. — Autorisation de vendre les registres et papiers inutiles au service. Mode d'exécution. I. G. 24 juin 1829, n° 1279.

3. — Désignation des registres qui peuvent être vendus et de ceux à conserver. . . . . I. G. 13 fév. 1830, n° 1305.

4. — Prescriptions relatives à leur vente. Désignation de ceux à mettre au pilon. . . . . I. G. 6 mai 1830, n° 1316.

5. — Les demandes de registres et impressions non timbrés ne doivent avoir lieu qu'une fois par trimestre; elles doivent exprimer les quantités restant, et être jointes aux demandes de papiers timbrés. Circ. 15 déc. 1834.

— *V.* HYPOTHÈQUES; IMPRESSIONS; PAPIERS et IMPRESSIONS.

RELATIONS *d'enregistrement.* — Une fausse mention d'enregistrement entraîne les peines prononcées contre le crime de faux. (*Loi enreg. art.* 46.) Circ. n° 1450.

— *V.* HYPOTHÈQUES, n°s 95, 127 et 140; RÉPERTOIRES, n°s 30 et 31, et 1re PARTIE.

RELIGIONNAIRES *fugitifs.* (V. *Circ. n°* 1065.)

* — État des biens leur appartenant et encore régis par l'état au 1er décembre 1830. Circ. 5 oct. 1830.

REMANENS. — *V.* ARBRES *des routes;* COMPTABILITÉ, n° 206; MOBILIER *militaire.*

REMBOURSEMENS *de rentes.* — *V.* RENTES *dues à l'état.*

REMISES *de droits et amendes.* — *V.* AMNISTIES; PÉTITIONS; RÉCLAMATIONS.

REMISES *des greffiers.* — *V.* GREFFIERS.

REMISES *des percepteurs des contributions directes.* — Celles mal-à-propos payées par les receveurs pour les années antérieures à l'an VII, ne peuvent être admises dans les comptes; les receveurs doivent en faire le versement, sauf leur recours personnel contre les percepteurs. (*Av. cons. d'état,* 25 *juill.* 1809.) Circ. 24 nov. 1809.

— *V.* COMPTABILITÉ, n° 156; PASSEPORTS.

REMISES *extraordinaires.* — *V.* ALIÉNATIONS *de bois de l'état, n^os^* 2 *et* 7; CAISSE *des retraites, n°* 4; COMMUNES, n° 31; COMPTABILITÉ, n° 134; DÉCOMPTES, n°s 4 et 17; FORTIFICATIONS, n° 4.

REMISES *ordinaires des receveurs*. (V. *Circ.* 114.)

— Mode particulier de liquidation pour celles à allouer du 1er vend. an XIV au 1er janv. 1806. I. G. 30 brum. an XIV, n° 294; Circ. 7 niv. an XIV.

2. — Les remises ne sont saisissables que jusqu'à concurrence du cinquième sur les premiers 1,000 fr. et au-dessous; du quart sur les 5,000 fr. suiv., et du tiers au-dessus de 6,000 fr. (*Loi* 21 *vent. an IX.*) I. G. 13 juin 1810, n° 478.

3. — A partir du 1er janvier 1810, elles sont ainsi réglées, 1° Pour les receveurs des droits d'enregistrement, de timbre, de greffes, d'hypothèques, des amendes et recettes y jointes : sur les premiers 10,000 fr., 8 p. °/₀; de 10,000 fr. à 50,000 fr., 3 p. °/₀; de 50,000 fr. à 130,000 fr., 2 p. °/₀; de 130,000 fr. à 300,000 fr., 1 p. °/₀; de 300,000 fr. à 700,000 fr., 1/2 p. °/₀; au-dessus de 700,000 fr., 1/4 p. °/₀. — 2° Pour les receveurs particuliers des domaines et bois: sur les premiers 30,000 f., 4 p. °/₀; de 30,000 fr. à 100,000 fr., 2 p. °/₀; de 100,000 fr. à 250,000 fr., 1 p. °/₀; de 250,000 fr. à 700,000 fr., 1/2 p. °/₀; au-dessus de 700,000 fr., 1/8 p. °/₀. — Le *minimum* du traitement annuel est fixé à 600 fr. — La remise entière de l'année se répartit à raison du temps d'exercice entre les divers receveurs qui ont géré le même bureau. (*Décret* 23 *mai* 1810.) Modifié. n°s 8, 10 et 11 inf. . . . . . I. G. 20 juin 1810, n° 479.

4. — Les recettes faites en assignats et mandats ne sont pas passibles de la remise, à partir du 1er janvier 1812. I. G. 26 juin 1812, n° 586.

5. — Les remises spéciales sur la recette des revenus et prix de vente des biens des communes cesseront d'être allouées à partir du 1er janvier 1816. Le montant en restera à la disposition du ministre des finances, qui les distribuera par trimestre aux préposés, en raison de l'utilité de leur travail, sur état fourni par les directeurs. *V.* COMMUNES, n° 2 et suiv. I. G. 24 fév. 1816, n° 709.

6. — Les remises ordinaires seront liquidées par trimestre et comprises dans l'état des produits du dernier mois. Modifié. n° 9 inf. I. G. 26 août 1816, n° 737.

7. — Les recettes des frais de poursuites et instances concernant l'administration sont passibles de la remise. (*Déc. f.* 15 *fév.* 1819.) I. G. 25 fév. 1819, n° 879.

8. — A partir de 1820, celles des conservateurs dont les recettes annuelles ne s'élèvent pas à 7,500 fr., seront liquidées à raison de 8 p. °/₀; ils ne jouiront plus du *minimum* de 600 fr. Le *minimum* pour les receveurs de l'enregistrement est porté à 800 fr. (*Ord. roy.* 8 *déc.* 1819.) I. G. 27 déc. 1819, n° 914.

9. — Elles sont portées en dépense par mois, et liquidées pour les 9 premiers mois à raison du douzième de celles allouées pour l'année précédente, et pour les 3 derniers mois, d'après les recettes présumées de l'année courante. Il n'y aura qu'une seule quittance de remises par année. La retenue pour la caisse des retraites s'exercera par mois. . . . .
I. G. 23 janv. 1822, n° 1017; 22 janv. 1825, n° 1151, et 28 sept. 1825, n° 1172.

10. — Les remises des receveurs particuliers des domaines sont fixées conformément au décret du 23 mai 1810, art. 1er (n° 2 sup.) Le *minimum* de ces remises sera le même que celui fixé par l'ord. du 8 déc. 1819 (n° 8 sup.); pour Paris, ce *minimum* sera de 2,500 fr. (*Déc. f.* 21 *déc.* 1825.) I. G. 7 janv. 1826, n° 1182.

11. — Les remises des conservateurs, *qui n'ont aucune autre attribution*, seront liquidées à raison de 2 p. °/₀, à partir du 1er janv. 1833. (*Ord. roy.* 24 *fév.* 1832.) . . . I. G. 29 fév. 1832, n° 1395.

— *V.* CAISSE *des retraites*; COMPTABILITÉ, n° 197 et suiv.; CONGÉS; RETENUES *au profit du trésor*; SAISIES-ARRÊTS; SALAIRES; TRAITEMENS; VACANCES *d'emplois*.

RENOUVELLEMENS. — *V.* HYPOTHÈQUES, n° 84 et suiv.

RENTES *dues à l'état.* * — (V. *Circ.* n°s 157, 168, 275 *bis, et* 1790.)

— État de celles existant au 1er frim. an XI, et situation du recouvrement. . . . . . Circ. 30 brum. an XI.

2. RENTES *dues à l'état.* — On ne peut réclamer le paiement de celles mélangées avec des cens et autres signes de féodalité. (*Av. cons. d'état* 30 *pluv. an XI.*) *V.* n° 8 inf. Circ. 24 vent. an XI.

3. — Les cessionnaires de rentes nationales ont droit aux arrérages à partir du jour du transfert qui doit être daté du jour du dépôt et de l'enregistrement des rescriptions. (*Déc. f.* 29 *germ. an XI.*) Circ. 8 flor. an XI.

4. — Les inscriptions et annotations de paiement sur les registres de l'administration ne suffisent pas seules pour autoriser les poursuites, il faut qu'elles soient confirmées par la déclaration du débiteur. Circ. 5 prair. an XI.

5. * — Les remboursemens en assignats et mandats ont été valablement faits jusqu'au 1er germ. an V, même sans qu'il y ait liquidation préalable. (*Déc. f.* 7 *prair. an XI.*) Circ. 14 prair. an XI.

6. * — Les débiteurs de rentes transférées à la caisse d'amortissement doivent être poursuivis comme ceux des rentes dues à l'état, par voie de contrainte. . . . . Circ. 29 prair. an XI.

7. * — Les employés doivent concourir avec les agens de la caisse d'amortissement à la recherche des rentes pour le rachat desquelles dix millions en rescriptions sont de nouveau affectés. (*Arr. gouv.* 19 *mess. an XI.*) Circ. 22 fruct. an XI.

8. * — Les rentes mélangées de cens et autres signes de féodalité, payées avant l'avis du conseil d'état du 30 pluv. an XI (n° 2 sup.) ne doivent être restituées ni en capital ni en arrérages. (*Av. cons. d'état* 21 *fruct. an XI.*) Circ. 22 vend. an XII.

9. * — Règles d'admission des rescriptions émises pour la négociation des rentes. (*Déc. f.* 30 *frim. an XII.*) Circ. 9 niv. et 9 pluv. an XII.

10. * — Ordre d'activer les transferts. Circ. 11 flor. an XII.

11. * — État à fournir des rescriptions pour transfert de rentes, enregistrées au 1er mess. an XII. Circ. 24 prair. an XII.

12. — Toute solidarité est abolie pour le paiement des rentes en argent ou en nature constituées avant la loi du 20 août 1792. (*Av. cons. d'état* 24 *fruct. an XII.*) . . . . . Circ. 19 brum. an XIII.

13. * — La caisse d'amortissement a, comme les autres cessionnaires, droit aux arrérages à partir du jour de l'enregistrement des rescriptions. (*Déc. f.* 9 *pluv. an XIII.*) . . . Circ. 15 pluv. an XIII.

14. * — États de situation du recouvrement pour les années antérieures et l'année courante. Rappel des Circ. nos 1919 et 1925. Circ. 7 niv. an XIV.

15. * — Les agens de la caisse d'amortissement n'ont à s'occuper que de la découverte des rentes et les employés de l'administration restent seuls chargés de la mise en possession, de la recette des arrérages et des poursuites à exercer. (*Déc. f.* 24 *avril* 1806.) Circ. 14 juin 1806.

16. * — Celles provenant de la cession des halles aux communes ne sont pas susceptibles d'être aliénées par la voie du transfert. *V.* n° 23 inf. (*Déc. f.* 19 *oct.* 1807.) . . . Circ. 31 oct. 1807.

17. * — Traités faits par la caisse d'amortissement avec ses agens pour la découverte des rentes ignorées, mesures d'exécution et concours des préposés. (*Déc. f.* 16 *nov.* 1807. *et* 22 *janv.* 1808.) Circ. 29 janv. et 9 fév. 1808.

18. * — Mode de réassignation des rescriptions et de remplacement de transferts. (*Déc. f.* 14 *et* 26 *nov.* 1807; 28 *fév.* 1808.) Circ. 28 mars 1808.

19. * — Décret du 20 fév. 1811 pour le règlement des difficultés survenues avec les agens de la caisse d'amortissement à l'égard de la découverte et du transfert des rentes. Circ. 25 mars 1811.

20. **RENTES** *dues à l'état.* — Les rescriptions sont admissibles en paiement des transferts dans tous les départemens. États de situation à fournir. (*Déc. f.* 11 *nov.* 1818.) I. G. 12 déc. 1818, n° 869.

21. — Les remplacemens de rentes reconnues irrécouvrables peuvent s'opérer dans tous les départemens. (*Déc. f.* 8 *août* 1821.) Comptabilité. I. G. 31 août 1821, n° 993.

22. * — On peut aliéner dans certaines circonstances celles provenant de la cession des halles aux communes. (*Déc. f.* 19 *oct.* 1807.) I. G. 24 nov. 1821, n° 1007

23. — Recouvrement. — Poursuites. — Le recouvrement doit en être suivi par voie de contrainte rendue exécutoire par le président du tribunal civil. Circ. 29 prair. an XI.

24. — Mesures spéciales pour le recouvrement dans les départemens de la rive gauche du Rhin. (*Déc. f.* 14 *nov.* 1806.) I. G. 26 déc. 1806, sans n°.

— *V.* n°s 2, 6 et 12 sup.; Caisse *d'amortissement*, *n°* 11; Créances *et rentes de l'état*; Fabriques, n°s 2, 5, 6, 8, 9, 11 et 15; Hospices, n°s 2, 6, 7 et 9; Instances, n°s 24 et 25; Majorats; Mercuriales; Obligations, n°s 9, 10, 11 et 12; Rentes *d'engagement*; Révélations.

RENTES *d'engagement.* — Les arrérages payés avant l'avis du conseil d'état du 22 fruct. an XIII, qui a déclaré les engagistes quittes en payant le quart de la valeur des biens engagés, ne sont pas restituables. (*Décret* 23 *juin* 1806.) Circ. 11 juill. 1806.

2. — Les arrérages ne peuvent être exigés jusqu'au jour où le détenteur devient propriétaire incommutable en se conformant à la loi du 14 vent. an VII. (*Déc. f.* 26 *juin* 1816.) I. G. 5 août 1816, n° 735.

— *V.* Domaines *engagés*, *n°s* 7, 8 *et* 10; Mercuriales.

RENTES *perpétuelles et viagères.* — *V.* Hypothèques, n°s 45 et 78.

RENVOIS. — (V. *Circ. n°* 53.)

— Les enregistremens d'actes susceptibles d'être renvoyés seront émargés du mot *renvoi*; et les employés supérieurs veilleront à l'exécution des articles 81, 82, 206 et 256 des ordres généraux de régie. Les quittances du quart de la valeur des domaines engagés doivent être renvoyées par les receveurs qui les délivrent au bureau de la situation des biens. I. G. 3 fruct. an XIII, n° 290.

2. — Chaque article sera écrit correctement et porté sur une feuille séparée portant en tête le nom du département et celui du bureau où l'acte a été enregistré. Le receveur le certifiera conforme au registre. Circ. 22 mars 1808.

3. — Les renvois doivent être faits chaque semaine et adressés directement par les receveurs aux directeurs dans les dix premiers jours de chaque mois avec un état détaillé. Mention de chaque envoi sera faite sur le registre de correspondance. A la direction, la réception et la distribution des renvois seront constatées sur un registre spécial, ceux du département seront envoyés dans les bureaux avec une note indicative de la date de l'envoi et du nombre; on adressera les autres à l'administration après les avoir réunis par département. Les renvois de donations ou legs aux établissemens publics seront transmis au préfet. La réception dans les bureaux doit être constatée sur un cahier, les renvois émargés du n° de la consignation seront conservés avec les notes et le nombre sera mentionné sur l'inventaire du bureau à la fin de l'année. Les états des receveurs et le double de la note d'envoi des directeurs seront remis aux inspecteurs pour vérifier les consignations. (*Ordres de service, art.* 15 *et* 38.) I. G. 5 juin 1830, n° 1318.

4. — On doit renvoyer aux bureaux établis aux colonies les enregistremens qui peuvent les concerner. I. G. 29 juin 1830, n° 1323.

5. — Rappel des recommandations et prescriptions relatives aux actes à renvoyer, à la forme des renvois et à leur consignation. (*Art.* 13 *du règlement.*) . . . . I. G. 15 mars 1831, n° 1351.

— *V.* Extraits *de jugemens*, *n°* 7 *et suiv.*; Ports *de lettres et paquets*, *n°* 24.

RÉPARATIONS *aux propriétés de l'état*.—(V. *Circ*. n° 125, 157, 409, 741, 935 *et* 1032.)

— Les réparations doivent être autorisées et les ordres de paiement délivrés par l'administration lorsque le devis n'excède pas 300 fr.; au-dessus de cette somme, le ministre des finances doit autoriser les réparations et les paiemens. Les réparations auront lieu par adjudication, ou par économie si elles ne dépassent pas 150 fr. En cas d'extrême urgence constatée, les réparations pourront être faites sans autorisation; mais les paiemens ne seront effectués que de la manière prescrite ci-dessus. Responsabilité des employés et mode d'exécution. (*Décret* 5 *sept*. 1806.) . . . . . . I. G. 6 nov. 1806, n° 320.

2. — Mode de paiement de celles autorisées par les préfets avant la réception du décret du 5 sept. 1806. Circ. 29 déc. 1806.

— *V*. Batimens *et terrains militaires*, n° 4 *et* 5; Domaine *de l'état*, n° 16; Légion-d'Honneur; Prytanée; Travaux *publics*.

RÉPARATIONS *des armes de la garde nationale*. — *V*. Mobilier *militaire*, n° 24.

RÉPERTOIRES. — (V. *Circ*. n° 1109, 1147, 1304 *et* 1401.)

— Les notaires, greffiers, secrétaires des administrations et huissiers doivent tenir des répertoires à colonne sur lesquelles ils inscriront jour par jour, sans blanc ni interligne, tous leurs actes, à peine de 10 *fr. d'amende* pour les notaires, greffiers et secrétaires, et de 5 *fr*. pour les huissiers, par chaque omission. Modifié. n° 22 inf. (*Loi enreg. art*. 49.) Circ. n° 1450.

2. — Les inventaires en plusieurs vacations ne doivent y être inscrits qu'une seule fois. (*Sol*. 14 *niv. an VIII*.) *V*. n° 17 inf. Circ. n° 1737.

3. — Délai d'un mois accordé aux greffiers des tribunaux pour compléter leurs répertoires. I. G. 23 frim. an X, n° 24.

4. — Les actes faits sur délégation des tribunaux doivent être portés au répertoire des notaires commis. (*Déc. j*. 28 *flor. an XII*.) Circ. 8 prair. an XII.

5. — Les collations et extraits d'actes délivrés par les notaires doivent être inscrits au répertoire. (*Déc. f*. 9 *prair. an XII*.) I. G. 1er mess. an XII, n° 232.

6. — Les actes soumis à l'approbation des préfets doivent y être inscrits; ils seront émargés de ces mots : *Soumis à l'approbation du préfet*. On indiquera en marge le jour où l'approbation sera parvenue. (*Déc. f*. 27 *frim. au XIII*.) *V*. n° 13 inf. . . . I. G. 3 fruct. an XIII, § 5, n° 290.

7. — Les articles 49 et suiv. de la loi du 22 frim. an VII, sur la tenue des répertoires, sont obligatoires pour les notaires, greffiers et huissiers, les secrétaires généraux des préfectures, les sous-préfets et les maires. Il leur est accordé jusqu'au 1er déc. 1806 pour s'y conformer. Ordre de constater à partir de cette époque toutes les contraventions. (*Déc. f*. 9 *sept*. 1806.) I. G. 9 oct. 1806, n° 318.

8. — Les sous-préfets sont autorisés à déléguer un employé pour la tenue du répertoire, et cet employé restera seul responsable des contraventions. Nouveau délai accordé. *V*. n° 9 et 20 inf. I. G. 26 déc. 1806, n° 322.

9. — Les maires ont la même faculté. I. G. 7 mai 1807, n° 325.

10. * — Il n'y a pas lieu de revenir sur les irrégularités antérieures commises par les notaires. Il ne sera constaté aucune contravention contre les maires jusqu'à nouvel ordre, et les amendes acquittées par eux leur seront restituées. Circ. 16 sept. 1807.

11. — Les états estimatifs de mobilier joints aux actes de donation, bien que signés par les notaires, ne doivent pas être inscrits au répertoire. (*Déc. f*. 14 *juill*. 1807.) . . . I. G. 15 oct. 1807, n° 351.

12. — Les porteurs de contraintes doivent tenir répertoire de leurs actes conformément à l'art. 49 de la loi du 22 frim. an VII. (*Déc. f*. 13 *nov*. 1807.) . . . . I. G. 18 fév. 1808, n° 363.

13. — Les actes soumis à l'approbation des préfets doivent y être inscrits à leur date. *V*. n° 6 sup. I. G. 29 juin 1808, § 6, n° 386.

14. RÉPERTOIRES. — Les exploits à enregistrer *gratis* ou en *débet* doivent y être inscrits comme les autres actes. (*Déc. f.* 9 *fév.* 1808.) Les commissaires priseurs sont soumis à l'obligation de tenir répertoire. (*Déc. j. et f.* 31 *mai et* 28 *juin* 1808.) *V.* n° 22 inf. I. G. 14 juill. 1808, n° 388.

15. — Le secrétaire du conseil des prudhommes et celui qui remplit les fonctions d'huissier doivent tenir répertoire. (*Loi* 18 *mars* 1806.) I. G. 5 juill. 1809, n° 437.

16. — Les gardes forestiers ne sont pas assujettis à tenir répertoire. (*Déc. f.* 12 *déc.* 1809.) I. G. 2 janv. 1810, n° 458.

17. — Les inventaires doivent y être inscrits à la première date, avec rappel des dates successives des autres vacations. (*Déc. f.* 18 *août* 1812.) *V.* n° 2 sup. I. G. 28 août 1812, n° 596.

18. — Il est fait remise des amendes encourues pour contraventions pendant l'année 1815, à charge de soumettre les répertoires au *visa* et de réparer les omissions avant le 1er avril 1816. Circ. 26 fév. 1816.

19. — Les greffiers des tribunaux de première instance et ceux des cours royales sont tenus d'ouvrir deux répertoires à partir du 1er janvier 1820, pour y inscrire séparément les actes et jugemens en matière correctionnelle et en matière civile. (*Déc. j.* 1er *déc.* 1819.) I. G. 31 janv. 1820, n° 920.

20. — Les secrétaires généraux des préfectures peuvent déléguer un employé pour la tenue des répertoires, conformément à l'inst. gén. 322 (n° 8 sup.); l'arrêté de délégation souscrit de la soumission de l'employé délégué, sera remis au directeur qui le transmettra au receveur du chef-lieu. (*Déc. f.* 7 *fév.* 1823.) I. G. 15 fév. 1823, n° 1069.

21. — Les huissiers audienciers doivent tenir deux répertoires, l'un pour les actes qu'ils font en cette qualité, l'autre pour ceux qu'ils font par suite de clientelle particulière. Tous les deux sont soumis au *visa* trimestriel. (*Déc. f.* 19 *fév.* 1823.) I. G. 12 mars 1823, n° 1075.

22. — Les amendes (n° 1 sup.) sont réduites à 5 *fr.* (*Loi* 1824, *art.* 10.) Les commissaires priseurs et courtiers de commerce sont assujettis à la tenue du répertoire pour les procès-verbaux de ventes et les actes en conséquence. (*Art.* 11.) *V.* n° 14 sup. I. G. 23 juin 1824, n° 1136.

— *V.* Actes *administratifs*, n° 2; Actes *des notaires*, n° 2; Certificats *de vie*; Contraventions *aux lois sur l'enregistrement*, n° 3 *et suiv.*; Contraventions *aux lois sur le notariat*, nos 1 *et* 2; Prescriptions; Prudhommes.

23. — Contraventions. — La rectification qui prouve une omission réparée après coup, donne lieu à l'amende. (*Délib.* 16 *déc.* 1824.) I. G. 23 mars 1825, § 10, n° 1156.

24. — La rature faite pour réparer une omission est passible de l'amende. (*Cass.* 28 *mars* 1827.) I. G. 30 juin 1827, § 8, n° 1210.

25. — Dépot *du double des répertoires des notaires.* — Le dépôt au greffe du tribunal civil de l'arrondissement (*V.* Contraventions *aux lois sur le notariat*, n° 1) doit être constaté par un acte. (*Déc. j. et f.* 24 *mai et* 27 *juin* 1808.) I. G. 28 juill. 1808, n° 390.

26. — Le 1er mars de chaque année, les receveurs près les tribunaux constateront par un procès-verbal quels sont les notaires qui n'auront pas déposé le double de leur répertoire, conformément aux lois des 6 oct. 1791, titre III, art. 16, et 16 flor. an IV. Ce procès-verbal sera transmis au procureur du roi. (*Déc. f.* 9 *sept.* 1806.) I. G. 9 oct. 1806, n° 318.

27. — L'amende est encourue le premier jour qui suit l'expiration du délai et par le seul fait du retard. Le procureur du roi est seul chargé de la poursuite. I. G. 25 oct. 1809, n° 453.

28. RÉPERTOIRES. — FORME. — Chaque article contiendra 1° son numéro; 2° la date de l'acte; 3° sa nature; 4° les noms, prénoms et domiciles des parties; 5° l'indication des biens, leur situation et le prix, lorsqu'il s'agira d'actes qui auront pour objet la propriété, l'usufruit ou la jouissance de biens fonds; 6° la relation de l'enregistrement. (*Loi enreg., art.* 50.) Les répertoires seront cotés et paraphés, savoir : ceux des notaires, greffiers de justice de paix et huissiers, par le juge de paix; ceux des greffiers des tribunaux, par le président; et ceux des secrétaires, par le président de l'administration. Modifié. n°s 29 et 33 inf. (*Art.* 53.) . . . Circ. n° 1450.

29. — Les répertoires des notaires doivent être cotés par le président ou un juge du tribunal. (*Loi* 25 *vent. an XI, art.* 30.) I. G. 21 frim. an XIII, n° 263.

30. — La date des actes doit y être inscrite en toutes lettres, et la relation d'enregistrement transcrite littéralement. (*Déc. f.* 5 *mai* 1807.) I. G. 18 fév. 1808, n° 363.

31. — Ces indications peuvent n'être faites qu'en chiffres. (*Déc. f.* 10 *mai* 1808.) . . . I. G. 7 juin 1808, n° 382.

32. — Les notaires tiendront leurs répertoires sur papier débité par la régie, imprimé à colonnes suivant le modèle annexé. (*Déc. f.* 28 *mars* 1810.) *V.* n° 28 sup. . . . . Circ. 19 avril 1810.

33. — Les répertoires des huissiers doivent être visés et paraphés par les présidens des cours et tribunaux près lesquels ils exercent. (*Av. cons. d'état,* 3 *juill.* 1810.) . . . . . I. G. 4 août 1810, n° 486, et 17 mars 1814, n° 659.

34. — Les huissiers doivent y mentionner dans une colonne particulière le coût de chaque acte, déboursés déduits. (*Décret* 14 *juin* 1813, *art.* 47.) . . . . I. G. 17 mars 1814, n° 659.

35. — VISA. — Les répertoires seront présentés dans les dix premiers jours de chaque trimestre au *visa* des receveurs de l'enregistrement, à peine de 10 fr. d'amende pour chaque décade de retard. — Le *visa* constatera le nombre d'actes inscrits. (*Loi enreg., art.* 51.) Ils seront en outre communiqués sans déplacement et à toute réquisition aux préposés qui se présenteront pour les vérifier, à peine de 50 fr. d'amende en cas de refus qui sera constaté par procès-verbal dressé en présence du maire ou de l'adjoint. (*Art.* 52.) Modifié. n° 39 inf. Circ. n° 1450.

36. — Remise des amendes encourues pour défaut de présentation au *visa*, à charge de réparer cette omission dans le mois; la loi du 25 vent. an XI n'ayant point abrogé l'art. 51 de la loi du 22 frim. an VII. (*Déc. f.* 12 *niv. an XII.*) Circ. 22 niv. an XII.

37. — Le *visa* trimestriel sera constaté par un enregistrement dans une case particulière à la date de sa présentation, savoir : pour les fonctionnaires administratifs et notaires, aux registres des actes civils publics; pour les greffiers, aux registres des actes judiciaires; et pour les huissiers, aux registres des exploits. Cet enregistrement indiquera le nombre d'actes faits depuis le dernier *visa*, les omissions, doubles emplois, renvois, intercallations et ratures, ainsi que la date des procès-verbaux rapportés. La même mention aura lieu au répertoire, au bas du dernier article inscrit avec indication du folio et de la case de l'enregistrement. . . . . I. G. 9 oct. 1806, n° 318.

38. — Un délai d'un mois, à partir de la réouverture des bureaux, est accordé pour le *visa*, sans amende, des répertoires, dans les pays momentanément occupés par les troupes ennemies. Circ. 10 mai 1814.

39. — Les amendes (n° 35 sup.) sont réduites : celles de 10 fr. à une seule amende de 5 fr.; et celles de 50 fr. à 10 fr. (*Loi* 1824, *art.* 10.) I. G. 23 juin 1824, n° 1136.

RÉPERTOIRES *des formalités hypothécaires.* — *V.* HYPOTHÈQUES, n°s 91, 154 et 155.

REQUÊTE *civile.* — *V.* AMENDES, n° 31; INSTANCES, n° 65.

RESCRIPTIONS *du trésor.* * — Quel qu'en soit l'objet, elles sont considérées comme pièces de dépenses, et doivent être remises aux inspecteurs, sur inventaire. Modifié. *V.* Comptabilité. n° 7. I. G. 24 vent. an XII, n° 213.

2. — Mesures de comptabilité pour celles affectées au paiement du transfert des rentes. I. G. 6 therm. an XII, n° 243.

— *V.* Aliénations *de biens de l'état*, n°s 19, 21 et 24; Condamnés, n° 1er; Effets *de la dette publique*; Rentes *dues à l'état*, n°s 9 et 11.

RESPONSABILITÉ. — Les comptables sont responsables de tout emploi irrégulier des fonds publics. (*Décret* 27 *avril* 1815.) I. G. 2 mai 1815, n° 681.

2. — Les inspecteurs sont responsables des droits laissés en souffrance, des forcemens non exécutés, des vices matériels de perception non relevés au vu des enregistremens, et des omissions de recette que les annotations de paiement pouvaient leur faire découvir. (*Ordres de service, art.* 37.) I. G. 5 juin 1830, n° 1318.

3. — Les vérificateurs sont également responsables des mêmes droits, des erreurs de calcul, des droits et revenus prescrits, en cas d'insolvabilité du receveur. — Pour les vices matériels de perception, moitié des sommes prescrites pourra être mise à leur charge. (*Art.* 29 *du réglement.*) I. G. 15 mars 1831, n° 1351.

4. — Les comptables sont responsables des droits et produits dont le défaut de recouvrement peut être imputé à leur négligence. Ils doivent les verser immédiatement dans leur caisse, et s'ils sont hors de fonctions, le recouvrement en est poursuivi à la diligence de l'agent judiciaire du trésor. (*Ord. roy.* 8 *déc.* 1832.) . . . . Circ. compt. gén. 31 mai 1833, n° 30.

— *V.* Comptabilité, n° 162; Congés, n°s 6 et 9; Droits *constatés*; Hypothèques, n°s 1 et 5; Inspecteurs, n° 6; Omissions *de recette*; Receveurs, n° 1er; Réparations, n° 1er; Vérificateurs.

RESSORT. — *V.* Instances, n° 71.

RESTANT *en caisse.* — *V.* Bordereaux *de recettes*, n° 3; Bordereaux *de situation de caisse*; Caisse, n°s 4 et 5; Comptabilité, n°s 171 *et* 172.

RESTITUTIONS. — Aliénations *de biens.* * — Celles des sommes revenant aux acquéreurs déchus sur les paiemens par à-compte seront faites en *bons deux tiers. V.* n° 2 inf. Circ. 23 vent. an X.

2. * — Les sommes payées en trop par les acquéreurs de biens de l'état depuis l'an IX, seront effectuées par les caisses de l'administration dans lesquelles l'excédant a été versé. I. G. 5 juill. 1806, n° 309.

3. — Revenus de Biens *de l'état ou séquestrés.* — Aucune restitution de revenus ne peut avoir lieu que sur autorisation expresse du ministre des finances. *V.* n° 5 inf. . . . Circ. 30 fruct. an X; I. G. 8 août 1806, n° 315; 17 avril 1809, n° 428.

4. — Elles ne peuvent avoir lieu qu'après liquidation et en rentes 3 p. °/o sur l'état. . . . Circ. 17 mars 1806.

5. * — Celles faites antérieurement au 1er janvier 1809 sont approuvées. *V.* n° 3 sup. . . . I. G. 17 avril 1809, n° 428.

6. — Celles de *prorata* de loyers ou fermages aux acquéreurs peuvent être effectuées sans l'autorisation du ministre. I. G. 18 juill. 1809, n° 440.

— *V.* Emigrés; Fabriques; Hospices; Séquestres.

7. — Sommes *indûment perçues.* (V. *Circ.* 114 *et* 730.)

— Les restitutions ordonnées par les inspecteurs et vérificateurs ne seront effectuées que sur mandats du directeur délivrés conformément à l'instruction générale n° 1151. *V.* Comptabilité, n° 65. I. G. 24 juin 1828, n° 1248.

8. — Pour les erreurs matérielles de perception ou reconnues par les receveurs, elles doivent être ordonnées par les inspecteurs d'après les règles de la comptabilité; s'il

y a doute, les enregistremens sont relevés sur un imprimé spécial contenant les propositions de restitution et les motifs du receveur. Ce relevé transmis au directeur est émargé de ses observations et adressé à l'administration qui prononce. — Provisoirement il est fait mention de la proposition sur le sommier douteux. (*Ordres de service*, *art.* 12.) I. G. 5 juin 1830, n° 1318.

9. RESTITUTIONS. — SOMMES *indûment perçues.* — Mêmes recommandations pour les restitutions proposées par les vérificateurs. (*Art.* 12 *du règlement.*) . . . . I. G. 15 mars 1831, n° 1351.

— *V.* COMPTABILITÉ, n°s 168, 169 et 170; INSTANCES, n° 48; INTÉRÊTS, n° 3, et 1re PARTIE.

RETENUES *au profit de la caisse des retraites.* — *V.* CAISSE *des retraites*; COMPTABILITÉ, n° 24 et suiv.; CONGÉS; PENSIONS *de retraite.*

RETENUES *au profit du trésor.* * — Ordonnance du roi du 24 janvier 1816, qui fixe une retenue proportionnelle sur les traitemens et remises au profit du trésor public, pour l'année 1816. I. G. 6 mars 1816, n° 711.

2.* — Il en sera fait recette dans le troisième mois de chaque trimestre, d'après liquidation provisoire des remises. I. G. 26 août 1816, n° 737.

3.* — La retenue s'exerce sur le traitement fixe et sur la totalité des remises des greffiers. *V.* n° 5 inf. I. G. 16 sept. 1816, n° 742.

4.* — La retenue est maintenue pour 1817. (*Loi* 25 *mars* 1817, *art.* 136.) . . . . . I. G. 27 mars 1817, n° 768.

5.* — Mode de liquidation pour les greffiers. (*Déc. f.* 14 *août* 1817.) *V.* n° 3 sup. . . . I. G. 22 sept. 1817, n° 805.

6.* — Elle s'exerce sur les remises provenant des recettes du domaine extraordinaire. (*Déc. f.* 30 *nov.* 1818.) I. G. 21 déc. 1818, n° 870.

7.* — Elle est maintenue pour 1819; mais elle est réduite à moitié, à partir du 1er juillet 1819. (*Loi* 17 *juill.* 1819.) I. G. 4 août 1819, n° 899.

8. — Etat à joindre au compte de 1819. I. G. 20 avril 1820, n° 829.

9.* — État à fournir des retenues faites en 1817. I. G. 8 juill. 1820, n° 939.

10. — La retenue cessera à partir du 1er juill. 1821. (*Loi* 31 *juill.* 1821, *art.* 8.) . . . I. G. 4 août 1821, n° 990.

11.* — Loi du 18 avril 1831, qui ordonne une retenue proportionnelle sur les traitemens et remises, au profit du trésor, et ordonnance d'exécution du 10 mai 1831. Abrogé. *V.* COMPTABILITÉ, n° 176. I. G. 20 mai 1831, n° 1366.

12.* — Pour la liquidation de la retenue, chaque mois est considéré comme étant de 30 jours. I. G. 31 juill. 1832, n° 1405.

— *V.* CAISSE *des retraites*, n° 14; COMPTABILITÉ, n°s 173 à 177, et 202 à 205; VACANCES *d'emplois.*

RÉTRACTATIONS *des jugemens.* — *V.* INSTANCES, n° 66.

RETRAITES. — *V.* CAISSE *des retraites*; PENSIONS *de retraites.*

RÉVÉLATIONS. — Il est accordé le quart des sommes recouvrées aux religieux et autres, qui, dans le délai d'un an, feront connaître les dépôts faits par les établissemens religieux au moment de leur suppression. (*Décret* 23 *janv.* 1806.) *V.* n°s 2 et 5 inf. Circ. 19 fév. et 19 sept. 1806.

2. — Ce délai est prorogé jusqu'au 1er janvier 1808. (*Décret* 2 *mars* 1807.) *V.* n° 5 inf. Circ. 22 avril 1807.

3. — Ordonnance du roi du 21 août 1816, qui charge l'administration de la recherche des biens et rentes appartenant à l'état, et règle la remise accordée aux révélateurs. I. G. 3 sept. 1816, n° 740.

4. **RÉVÉLATIONS.** — État des biens recouvrés par suite de l'ord. du 21 août 1816. I. G. 26 sept. 1817, n° 806.

5. — Prorogation des délais accordés pour la révélation. (*Ord. roy.* 31 *mars* 1829.) *V.* n° 2 sup. I. G. 19 avril 1819, n° 884.

6. — État des révélations admises postérieurement au 1er janv. 1821. Circ. 14 sept. 1829.

— *V.* RENTES *dues à l'état.*

RÉVÉLATEURS. — *V.* RÉVÉLATIONS.

REVENTES. — *V.* ALIÉNATIONS *de biens de l'état*; COUPES *de bois.*

REVENUS *de domaines.* — *V.* DOMAINE *de l'état;* INSTANCES, nos 72 à 75.

REVERSIONS *des pensions.* — *V.* PENSIONS *de retraites.*

RIVIÈRES. — *V.* CANAUX; PÊCHE.

ROULAGE. — *V.* AMENDES, nos 61 à 64; RECEVEURS *des communes.*

ROUTES. — TAXES D'ENTRETIEN. — Perceptions distraites des attributions de l'administration, et réunies à celles de l'administration des contributions indirectes à partir du 1er vend. an XIII, par la loi du 5 vent. an XII. Les instructions intervenues sur la matière, et aujourd'hui sans objet, sont les nos 11, 17, 40, 47, 68, 152, 162, 254 et 256 et diverses circulaires.

— *V.* AMENDES, n° 65; ARBRES; MOBILIER *de l'état*, n° 7.

S

SAISIES-ARRÊTS. — En matière de saisie-arrêt, l'administration doit constituer avoué, si le tiers saisi conteste la saisie. (*Déc. j.* 25 *fév.* 1822.) I. G. 23 mars 1822, n° 1029.

2. — On ne peut annuler une saisie-arrêt à la requête de l'administration, par la raison que la femme peut avoir des droits privilégiés à exercer, sauf à discuter ensuite ces droits. (*Cass.* 15 *juin* 1824.) I. G. 8 sept. 1824, § 19, n° 1146.

3. — On doit comprendre dans la taxe des dépens tous les frais faits en suivant les formes prescrites par le C. Proc., et ne pas appliquer l'art. 65 de la loi de frim. an VII. (*Cass.* 19 *mai* 1824.) I. G. 8 sept. 1824, § 20, n° 1146.

4. — L'administration est tenue, comme tout autre saisissant, d'élire par l'exploit de saisie, domicile dans la commune où habite le tiers saisi. (*Trib. de Largentière*, 16 *fév.* 1826.) Elire domicile chez le maire. I. G. 30 sept. 1826, § 27, n° 1200.

5. — Le jugement rendu entre l'administration et le tiers saisi qui prend fait et cause pour le saisi n'est pas sujet à appel et ne peut être attaqué que par voie de cassation. (*Cass.* 27 *juin* 1826.) I. G. 30 sept. 1826, § 28, n° 1200.

6. — L'exécution du jugement de validité ne peut être empêchée par un créancier du saisi, dont la créance n'était pas reconnue au moment de la saisie. (*Cass.* 14 *juin* 1826.) I. G. 30 sept. 1826, § 29, n° 1200.

7. — Les juges saisis de la demande en validité doivent examiner si le saisissant est fondé en titre, et s'il a observé les formes prescrites par les art. 557 et suiv. du C. Proc.; mais ils n'ont pas à vérifier si le tiers saisi est ou non débiteur du saisi. (*Cass.* 20 *fév.* 1828.) I. G. 26 sept. 1828, § 13, n° 1256.

— *V.* INSTANCES, n° 25.

SAISIES-ARRÊTS *ès mains des préposés des domaines.* — Elles doivent être notifiées au directeur qui visera l'original avec indication de la date et du n° du registre par lui tenu à cet effet. (*Déc.* 13 *pluv. an XIII.*) I. G. 17 flor. an XIII, n° 282.

2. SAISIES-ARRÊTS *ès-mains des préposés des domaines.* — Les formalités à suivre sont réglées par les art. 561 et 569 du C. Proc. et le décret du 18 août 1807, qui n'abrogent point les prescriptions ci-dessus n° 1er. I. G. 12 sept. 1807, n° 339.

3. — Les directeurs ne peuvent autoriser le paiement des sommes pour lesquelles il y a eu opposition, s'il n'est justifié d'une mainlevée, d'un consentement ou d'un jugement. Si les sommes dues n'étaient pas entièrement saisissables, le paiement de la partie insaisissable devrait être autorisé. I. G. 13 juin 1810, n° 478.

4. — Toutes sommes saisies et arrêtées doivent être déposées à la caisse des consignations, et cela s'applique aux portions de traitemens et remises. . . . . I. G. 22 juill. 1817, n° 792.

— *V.* Frais *de justice*, n° 27; Pensions *de retraite*; Remises; Traitemens.

SAISIES *immobilières.* — La saisie peut avoir lieu simultanément pour les biens situés dans plusieurs arrondissemens, lorsque leur valeur totale sera inférieure au montant des sommes dues au saisissant et autres. (*Loi* 14 *nov.* 1808.) . . . . I. G. 3 janv. 1809, n° 411.

2. — Le ministère des avoués est indispensable lorsque l'administration est obligée de prendre la voie de la saisie immobilière. L'instance soumise aux formalités prescrites par le C. Proc., art. 673 et suiv., ne peut être intentée que sur autorisation expresse de l'administration. Le pouvoir à l'huissier sera signé par le directeur. L'avance des frais sera faite sur un mandat de leur montant présumé, délivré à l'avoué; il sera fait mention de cette avance dans les états et comptes des receveurs. *V.* n° 3 inf. . . . I. G. 25 oct. 1812, n° 606.

3. — On doit employer le ministère des avoués. (*Déc. j.* 25 *fév.* 1822.) . . . . . . I. G. 23 mars 1822, n° 1029.

— *V.* Expropriations *forcées*; Hypothèques, n° 92 et suiv.

SAISIES *mobilières.* — Fruits *pendant par racines.* — Le recouvrement des sommes dues à l'état peut être suivi par voie de saisie *mobilière* des fruits non recueillis, peu de temps avant leur récolte, en se conformant à l'usage des lieux. (*Déc. j.* 11 *prair. an XIII.*) I. G. 19 mess. an XIII, n° 288.

2. — Les instances avec le gardien pour la fixation des frais de garde sont soumises aux formes déterminées par la loi du 22 frim. an VII, art. 65. (*Cass.* 23 *août* 1829.) I. G. 24 déc. 1830, § 16, n° 1347.

— *V.* Fruits *pendant par racines.*

SAISIES *réelles.** — Il est sursis à statuer sur la question de savoir si celles existantes lors de la publication de la loi du 11 brum. an VII doivent être continuées d'après les anciennes lois. (*Av. cons. d'état,* 10 *flor. an XIII.*) *V.* n° 2 inf. . . . . . Circ. 14 mess. an XIII.

2.* — Mode de reprise des poursuites de ces anciennes saisies et de vente des biens en provenant. (*Décret* 11 *janv.* 1811.) I. G. 20 fév. 1811, n° 508.

3.* — Comptes à rendre par les anciens commissaires aux saisies réelles. Comptabilité à cet égard. (*Décret* 12 *fév.* 1812.) I. G. 24 mars 1812, n° 568.

4. — Les recettes sur les biens saisis réellement ne seront plus faites par l'administration. Les employés rendront compte aux préposés de la caisse des consignations, chargés de cette vente, du produit de chaque saisie réelle non apurée par un compte judiciaire. I. G. 20 août 1816, n° 736.

— *V.* Garde (*droits de*), n° 2.

SALAIRES. — *V.* Caisse *des retraites*, nos 3, 17 *et* 22; Hypothèques, n° 129 et suiv.

SALAIRES *des gardes.* — *V.* Communes, nos 21, 24 et 25; Comptabilité, n° 78 et suiv.

SCEAUX. — *V.* Cachets.

SCELLÉS. — *V.* Frais *de justice*, nos 40, 41 *et* 43; Séquestres; Successions *en déshérence.*

SECOURS *de routes.* — *V.* PASSEPORTS.

SECRÉTAIRES *des administrations.* — Ils doivent délivrer extraits des actes d'adjudications publiques, dont les droits ne leur ont pas été consignés, dans les dix jours de l'expiration du délai, à peine d'être responsables des droits et d'une amende de 10 fr. par décade de retard. (*Loi enreg. art.* 37.) Modifié. n° 3. Circ. n° 1450.

2. — Cette disposition est applicable aux ventes de prises et de navires faites par l'administration de la marine. (*Loi* 27 *vent. an IX, art.* 7.) Circ. n° 1992.

3. — L'amende de 10 fr. (n° 1er sup.) est réduite à une seule amende de 5 fr. (*Loi* 1824, *art.* 10.) I. G. 23 juin 1824, n° 1136.

— *V.* COMMUNICATIONS; RÉPERTOIRES.

SECRÉTAIRES *des prud'hommes.* — *V.* PRUD'HOMMES; RÉPERTOIRES.

SECRÉTAIRES *généraux.* — *V.* RÉPERTOIRES, n° 21; SECRÉTAIRES *des administrations.*

SÉNAT. — DOTATION. — L'administrasion cesse de régir les biens affectés à cette dotation. Mode de remise. (*Arr.* 18 *fruct. et* 5 *vend. an XII.*) *V.* n° 2 inf. . . . . I. G. 8 brum. an XII, n° 177.

2. — Réunion au domaine de l'état des biens de la dotation du sénat. Mesures d'exécution. (*Loi* 28 *mai* 1829, *art.* 7.) I. G. 16 déc. 1829, n° 1300.

— *V.* COMMUNES, n°s 22 et 23; COMPTABILITÉ, n° 178; VACATIONS *des agens forestiers.*

SÉNATORERIES. — *V.* SÉNAT.

SENTENCES *arbitrales.* — *V.* ORDONNANCES *exécutoires.*

SEQUESTRES. — Séquestre à apposer sur les biens des Bourbons et des émigrés. (*Décrets* 13 *mars* 1815.) Abrogé. I. G. 21 mars 1815, n° 675.

2. — Les biens vendus en forme légale sont exceptés du séquestre. (*Décret* 26 *mars* 1815.) Abrogé. I. G. 28 mars 1815, n° 676, et 31 mars 1815, n° 677.

— *V.* ALGÉRIENS; ANGLAIS; AUTRICHE; BELGES; BIENS *séquestrés;* CONDAMNÉS; CONFISCATIONS; CONTUMAX; DÉBETS *des comptables*, *n°* 2; EMIGRÉS; ESPAGNOLS; ÉTRANGERS; FRANÇAIS; INSTANCES, n°s 12 et 25; NAPOLÉON BONAPARTE; PRÊTRES *déportés.*

SERMENT. — *V.* ADMINISTRATION *de l'enregistrement et des domaines*, n°s 1er, 3, 6, 12 *et* 13; CAUTIONNEMENS, n° 21; HYPOTHÈQUES, n° 1er; PRESTATIONS *de.*

SERVICE *dans les départemens.* — *V.* ADMINISTRATION *de l'enregistrement.*

SERVICES *religieux.* — *V.* FABRIQUES, n° 7; RENTES *dues à l'état.*

SIGNIFICATIONS *de qualités.* — *V.* INSTANCES, n° 23.

SOLIDARITÉ. — *V.* PAIEMENT *des droits;* RENTES *dues à l'état*, n° 12.

SOLUTIONS. — *V.* DÉCISIONS; INSTANCES, n° 15; RÉCLAMATIONS.

SOMMES *indûment perçues.* — *V.* RESTITUTIONS, n°s 7, 8 et 9.

SOMMIERS. — État de situation à fournir par trimestre. *V.* n° 3. Circ. 22 mars 1808.

2. — Ils doivent contenir la situation du recouvrement sur les produits des domaines, coupes de bois, amendes forestières et droits de pêche. I. G. 31 mars 1821, n° 975.

3. — Le tableau de situation doit être adressé dans les premiers jours de chaque trimestre, *en double expédition*, par les receveurs au directeur. *V.* PRÉCIS *des opérations.* I. G. 6 mai 1831, n° 1363.

4. — Par suite de l'établissement des huit sommiers de droits constatés, destinés aux 1° droits d'enregistrement, de timbre, de greffe et amendes de contraventions y relatives; 2° droits d'hypothèques; 3° amendes de condamnation et perceptions diverses; 4° revenus de domaines et prix de vente de mobilier; 5° prix de ventes de domaines; 6° produits accidentels; 7° forêts (produits accessoires); 8° prix de vente d'objets provenant des ministères; les autres sommiers seuls conservés sont : 1° découvertes à éclaircir; 2° droits certains; 3° formalités en *debet;* 4° droits d'hypothèques en suspens; 5° consistance de domaines; 6° rentes; 7° compte ouvert des prix de ventes de domaines; 8° compte onvert des biens séquestrés; et 9° surséances indéfinies.

Il est créé un dixième sommier destiné aux produits connus sous le nom d'*opérations de trésorerie.* Tous les autres sommiers et ceux tenus par les inspecteurs et les directeurs pour les droits certains, en *debet,* d'hypothèques, amendes et frais de justice, sont supprimés; mais les directeurs continueront à tenir les sommiers 1° de consistance des domaines; 2° rentes; 3° adjudications des coupes de bois de l'état; 4° et droits de pêche, et ils devront se faire rendre compte des recouvremens. . . . . . . I. G. 18 avril 1831, n° 1358.

5. **SOMMIERS.** — Division en trois parties du sommier de consistance des domaines, savoir : biens *affectés à un service public;* biens *non affectés à un service public*; biens *régis par l'administration, mais qui n'appartiennent pas à l'état, ou dont la propriété ne lui est pas irrévocablement acquise.* — Copie à adresser à l'administration; avis des mises en vente et des adjudications faites avec envoi des exemplaires d'affiches, suppression des états trimestriels de ventes et de recouvremens. I. G. 22 juin 1835, n° 1488.

— *V.* Comptabilité, n° 111 et suiv.; Droits *constatés;* Droits *en debet;* Instances, n° 9; Opérations *de trésorerie.*

SOMMIERS *de la contribution foncière.* — Demande d'un état de situation. *Modèle.* . . . I. G. 17 nov. 1823, n° 1103.

2. — De nouveaux sommiers de la contribution foncière seront établis d'après les matrices cadastrales; ces sommiers seront dressés pour les communes cadastrées pour lesquelles il n'existe pas de sommiers, ou, à mesure que les sommiers existans seront remplis; on suspendra le travail pour les communes non cadastrées. . . . . I. G. 9 janv. 1826, n° 1183.

3. — Les sommiers doivent être annotés par année des changemens survenus, au vu des états de mutations communiqués par la direction des contributions directes. (*Déc. f.* 10 *juin* 1831.) I. G. 5 juill. 1831, n° 1371.

— *V.* Administration *des contributions directes;* Mutations.

SOMMIER *de dépouillement.* — Un sommier conforme au compte à rendre annuellement sera monté dans chaque bureau; les recettes et dépenses y seront inscrites par mois. (*Arr. f.* 9 *nov.* 1820.) I. G. 12 fév. 1821, n° 971.

— *V.* Comptabilité, n° 179.

SOMMIERS *des droits constatés.* — *V.* Comptabilité, n° 111 et suiv.; Droits *constatés;* Sommiers, n° 4.

SOURCES. — *V.* Eaux *minérales.*

SOUS-PRÉFETS. — *V.* Répertoires, n°ˢ 7 et 8.

SUBROGATIONS. — *V.* Hypothèques, n° 90.

SUCCESSIONS. (*Droits de*). — Les receveurs doivent avertir avant l'expiration des 6 mois tous les débiteurs de droits de succession, de l'obligation où ils se trouvent de fournir déclaration. I. G. 31 juill. 1824, n° 1141.

2. — L'action accordée par l'art. 32 de la loi du 22 frim. an VII sur les revenus des biens de la succession ne constitue aucun privilège au profit du trésor, et elle ne peut être opposée aux créanciers hypothécaires. (*Cour d'Amiens*, 1ᵉʳ *mars* 1825.) La contrainte n'emporte pas hypothèque. (*Cass.* 28 *janv.* 1828.) . . . . I. G. 26 juin 1828, § 9, n° 1249.

— *V.* Déclarations *de successions;* Paiement *des droits, et* Première Partie.

SUCCESSIONS *en deshérence.* — Successions dévolues à l'état à défaut d'héritiers. L'état n'en est pas saisi de droit, et le domaine doit en demander l'envoi en possession, faire apposer les scellés et faire faire inventaire. — Dès qu'un receveur a connaissance d'une déshérence, il doit requérir l'apposition des scellés et adresser à son directeur un mémoire expositif des faits. Celui-ci présentera requête au tribunal du ressort pour obtenir l'envoi en possession. Cet envoi ordonné, il donnera l'ordre au receveur, 1° de faire lever les scellés et procéder à l'inventaire; 2° de faire verser à sa caisse le numéraire trouvé dans la succession; 3° de faire vendre les meubles aux enchères; 4° de suivre le recouvrement des créances actives; 5° de régir les immeubles comme biens de l'état; 6° de défendre et soutenir les droits de la succession. — La connaissance de toutes les contestations appartient aux tribunaux civils. — Les frais de scellés et de vente sont alloués sur mémoire ordonnancé par le président du tribunal; les autres dépenses et les dettes sont acquittées de même, mais seulement jusqu'à concurrence des recouvremens effectifs. *V.* n° 3 inf. — Les receveurs des chefs-lieux d'arrondissement où la succession est ouverte seront seuls chargés de la régie des biens. Ils ouvriront pour chaque succession un compte mentionnant chaque article de recette et de dépense; les employés supérieurs vérifieront ce compte. I. G. 24 germ. an XII, n° 219.

2. SUCCESSIONS *en déshérence.* — Maintien et nouvelle application de ces dispositions. I. G. 5 mars 1806, n° 300.

3. — Les dépenses et dettes doivent être acquittées sur mandat des préfets visés par les directeurs, sans intervention du tribunal. I. G. 6 mai 1811, n° 517.

4. — Les immeubles ne peuvent être vendus que devant les tribunaux et dans le cas seulement où leur dépérissement rend cette mesure indispensable. . . . . I. G. 3 déc. 1811, n° 552.

5. — Rappel des dispositions de l'inst. gén., n° 300. (n° 2 sup.) Nouvelle distinction des successions vacantes et des successions en déshérence; l'état n'est pas dans l'obligation absolue d'accepter ces dernières. Mode de revendication. Expédition à adresser au garde-des-sceaux. *V.* n° 7 inf. I. G. 11 fév. 1824, n° 1118.

6. — Le domaine conserve le droit de réclamer les arrérages de pensions dus par l'état au décédé, pendant six mois à partir de la clôture de l'inventaire, par exception à l'art. 10 de l'arrêté du 15 flor. an XI. Mode d'exécution. (*Déc. f.* 9 *mars* 1830.) . . . I. G. 27 avril 1830, n° 1312.

7. — Dans le mémoire pour demander l'envoi en possession, les directeurs devront conclure à ce qu'un *extrait sur papier libre* soit adressé au garde-des-sceaux pour l'avis à donner dans le *Moniteur.* I. G. 19 juill. 1831, n° 1373.

8. — C'est à l'administration à examiner s'il est de l'intérêt du trésor de se présenter pour recueillir les successions en déshérence. Elle est chargée de former la demande d'envoi en possession, de remplir les formalités prescrites et de représenter l'état. Les préfets liquident les dépenses, charges et dettes, et en autorisent le paiement; ils procèdent à la location par adjudication des immeubles et aux actes d'administration. Ils statuent sous l'approbation du ministre sur les demandes des héritiers qui se présentent. Commentaire. (*Déc. f.* 13 *août* 1832.) I. G. 31 août 1832, n° 1407.

SUCCESSIONS *vacantes.* — Successions abandonnées par les héritiers. — Les curateur sont nommés à la réquisition des parties intéressées ou du ministère public; ils doivent verser dans les caisses de l'administration le numeraire trouvé dans la succession et le prix des meubles et immeubles vendus; ils ne peuvent acquittter aucune dépense. — Les préposés reçoivent les deniers versés par les curateurs et acquittent les dépenses, à charge de rendre compte à qui de droit : à cet égard, ils suivent les règles tracées pour les successions en déshérence. (n° 1 sup.) — Le curateur soumis aux mêmes obligations que l'héritier bénéficiaire, doit, dans les six mois, à peine du demi droit en sus, la déclaration prescrite par la loi d'enregistrement, art. 27. Au moyen de cette déclaration, les receveurs provoqueront près le tribunal une ordonnance du montant des droits sur le receveur des domaines, dépositaire des fonds; ils signaleront au ministère public les curateurs qui conserveraient des fonds de la succession. I. G. 24 germ. an XII, n° 219.

2. **SUCCESSIONS** *vacantes*. — Lorsque les immeubles des successions vacantes sont vendus par expropriation forcée, l'excédant qui reste entre les mains de l'adjudicataire après l'acquittement des bordereaux de collocation, *doit seul* être versé à la caisse du domaine. (*Déc. j. et f.* 10 *et* 25 *niv. an XIII.*) I. G. 6 pluv. an XIII, n° 267.

3. — Les frais de scellés, inventaire, vente de mobilier et nomination de curateur peuvent être acquittés par les receveurs des domaines sur simples mémoires quittancés, certifiés par le curateur et ordonnancés par le juge de paix du canton, sauf à faire régulariser l'avance par une ordonnance générale du tribunal. Abrogé. n° 6 inf. I. G. 23 pluv. an XIII, n° 273.

4. — Maintien et nouvelles explications de ces dispositions. Distinction des successions vacantes et des successions en deshérence. I. G. 5 mars 1806, n° 300.

5. — Les sommes provenant des successions vacantes doivent être versées à la caisse d'amortissement par les mains des receveurs des finances. Comptabilité à cet égard. (*Av. cons. d'état*, 13 *oct.* 1809.) Abrogé. n° 8 inf. I. G. 9 mars 1810, n° 467.

6. — Les dépenses doivent être acquittées sur mandats des préfets, visés par les directeurs sans intervention du tribunal. I. G. 6 mai 1811, n° 517.

7. — Rappel des dispositions de l'inst. gén. n° 300, et nouvelle distinction des successions vacantes ou de celles en deshérence. I. G. 11 fév. 1824, n° 1118.

8. — Les receveurs des domaines poursuivront contre les curateurs le recouvrement des sommes provenant des successions vacantes, et en verseront le montant pour le compte de la caisse des dépôts et consignations. Ces recettes, soumises à la remise ordinaire, figureront sous le titre : *Correspondans du trésor*. Recettes pour le compte de la caisse des dépôts et consignations. Mode de versement. État spécial par mois. (*Déc. f.* 20 *oct. et* 6 *nov.* 1826.) Abrogé. *V.* Comptabilité, n° 23. . . . . . I. G. 22 déc. 1826, n° 1203.

9. — Les poursuites contre les curateurs auront lieu à la requête du directeur de la caisse des dépôts et consignations, par voie de contrainte. (*Déc.* 24 *janv.* 1828.) — La discussion du compte des curateurs appartient aux receveurs des finances. *V.* n° 10 inf. Les oppositions des tiers doivent avoir lieu ès-mains des receveurs généraux, et à Paris entre celles du directeur de la caisse des dépôts et consignations. (*Déc. f.* 24 *et* 28 *janv.* 1828.) Les sommes recouvrées ne peuvent être versées qu'aux receveurs des domaines, seuls chargés d'en compter aux receveurs des finances. Si le tribunal ne siége pas au chef-lieu d'arrondissement, c'est le receveur de la ville où le tribunal est établi qui est chargé de la recette. (*Déc. f.* 29 *fév.* 1828.) . . . . . . I. G. 4 mars 1828, n° 1235.

10. — Les receveurs des domaines sont chargés de l'examen des comptes provisoires des curateurs; mais les comptes définitifs ne peuvent être rendus qu'aux créanciers ou légataires. (*Déc. f.* 10 *sept.* 1829.) I. G. 23 sept. 1829, n° 1290.

— *V.* Caisse *des dépôts et consignations*; Comptabilité, n° 23; Successions *en deshérence*.

SURENCHÈRES. — *V.* Coupes *de bois*, n° 14.

SURSÉANCES *indéfinies*. — *V.* Décomptes, n°s 22 et 23; Domaine *de l'état*, n° 15; Sommiers.

SURNUMÉRAIRES. — Ils ne peuvent correspondre directement avec le directeur général. I. G. 4 niv. an X, n° 30.

2. * — Arrêté du 1er sept. 1806 qui en fixe le nombre et la distribution par département et détermine les conditions d'admission. Modifié. n° 8 inf. Circ. 1er sept. 1806.

3. — Les demandes de brevets doivent être adressées à l'administration par l'intermédiaire des directeurs qui s'expliqueront sur l'éducation, la capacité et la conduite des aspirans, sur la profession et la fortune des parens. *V.* n°s 9 et 10 inf. . . . . . . Circ. 6 déc. 1808.

4. SURNUMÉRAIRES. — Les surnuméraires ne peuvent s'absenter qu'en vertu d'un congé délivré par le directeur général. *V.* n° 6 inf. I. G. 18 nov. 1816, n° 752.

5. — Leur nombre est fixé à 600 pour toute la France. Répartition entre les départemens. (*Arr. f.* 23 *déc.* 1820.) Modifié. n° 8 inf. I. G. 3 janv. 1821, n° 966.

6. — Les directeurs peuvent leur accorder un congé pour le département de leur résidence seulement. *V.* n° 4 sup. I. G. 3 août 1822, n° 1049.

7. * — Leur nombre excédant de 120 celui fixé, on doit s'abstenir de transmettre aucune demande de brevets. Circ. 23 août 1822.

8. — Leur nombre est réduit à 450, répartis par département suivant tableau annexé. Ils ne pourront être attachés qu'aux bureaux de chefs-lieux et à ceux de canton dont les remises s'élèvent à 2500 fr.; ils ne peuvent être nommés receveurs qu'après trois ans au moins de surnumérariat effectif. (*Déc. f.* 11 *juin* 1823.) *V.* n° 11 inf. I. G. 2 juill. 1823, n° 1085.

9. — Les demandes de brevets sont transmises par les directeurs et ne sont admises que sur leur témoignage; elles doivent contenir l'engagement d'accepter le brevet pour quelque département que ce soit. La pétition sera écrite et rédigée par l'aspirant, et il en sera certifié par le directeur. On ne peut être admis surnuméraire avant 18, ni après 30 ans. Les dispositions ci-dessus n°s 1 et 8 sont rappelées. . . . . Circ. 19 janv. 1830.

10. — A partir du 1er janv. 1835, nul ne pourra obtenir un brevet de surnuméraire s'il n'a produit à l'appui de sa demande un diplôme de bachelier ès-lettres. (*Déc. f.* 19 *sept.* 1834.) État des aspirans qui au 1er déc. 1834 ont justifié de leur diplôme, de ceux qui se préparent à se faire recevoir et de ceux qui ne peuvent faire cette justification. I. G. 25 sept. 1834, n° 1465.

11. — A partir de 1835, aucun surnuméraire ne sera nommé receveur s'il n'est déclaré apte à régir un bureau par un comité d'examen composé du directeur, d'un inspecteur ou un vérificateur, et d'un receveur du chef-lieu de département. Ce comité s'assemblera chaque année au mois de juin. Les surnuméraires subiront trois examens au moins, d'année en année. Ceux ayant plus de six mois d'admission pourront subir l'examen de première année. Ces examens consisteront en interrogatoires et réponses verbales et en opérations écrites, savoir : Première année, Organisation de l'administration; attributions et devoirs; enregistrement; timbre; C. civ., liv. II, tit. 1, 2 et 3; enregistrement d'acte simple et déclaration de succession sans complication; contrainte. — Deuxième année : Comptabilité et manutention; droits de greffe; notariat; ventes de meubles; contraventions; C. civ. liv. III, tit. 1, 2 et 3; enregistrement d'actes complexes; déclaration de succession avec communauté; procès-verbal de contravention; bordereau par mois. — Troisième année : Domaines; hypothèques; C. civ. liv. III, tit. 18; C. proc., 1re partie, liv. V; C. com. liv. Ier, tit. 3 et 8; C. for., tit. 1, 3 et 13; enregistremens et déclarations de successions compliqués; rapport sur une perception ou mémoire dans une instance. — Les délibérations du comité seront prises à la majorité des voix; elles seront signées, communiquées au surnuméraire et transcrites sur un registre spécial, le directeur en adressera copie avec les notes sémestrielles du 1er juillet. Les opérations écrites des surnuméraires de troisième année y seront jointes, et la délibération exprimera s'ils sont aptes à régir. Dans le cas contraire, le comité proposera le renvoi à un dernier examen ou la radiation. En cas de changement du surnuméraire, le directeur adressera à son collègue la copie des délibérations sur les examens qu'il aura subis, elle sera transcrite au registre. Les surnuméraires sont placés sous les ordres immédiats des receveurs et seront employés successivement à toutes les opérations du bureau. Ils devront être attachés temporairement à une conservation dans le courant de la troisième année. Les surnuméraires fourniront par trimestre une note (en double) de leurs études et opérations, le receveur transmettra une expédition au directeur en s'expliquant dans son précis sur l'exactitude de cette note; l'autre double restera au bureau pour être consulté par les employés supérieurs qui sont chargés, lors de leurs opérations, de faire travailler et d'examiner les surnuméraires sur le service, et d'en rendre compte. Dispositions transitoires pour les premiers examens. I. G. 15 nov. 1834, n° 1470.

— *V.* ADMINISTRATION *de l'enregistrement;* CHANGEMENS *de résidence;* CONGÉS.

T

TABACS. — La loi du 29 flor. an X avait chargé l'administration de l'enregistrement de la perception des droits sur la fabrication; celle du 5 vent. an XII a ordonné la remise de cette perception à la régie des droits réunis, à partir du 1er vend. an XIII. Les instructions intervenues sur la matière, et aujourd'hui sans objet, sont les nos 62, 76, 107, 134, 174 et 254, et diverses circulaires explicatives.

TABLEAUX *de situation des sommiers.* — *V.* PRÉCIS *des opérations des receveurs;* SOMMIERS, nos 1, 2 et 3.

TABLES *alphabétiques.* — État de situation à fournir par trimestre. *V.* PRÉCIS *des opérations.* Circ. 22 mars 1808.

2. — Une table alphabétique des créances hypothécaires sera montée dans chaque bureau, et servie sur les renvois des inscriptions, subrogations et radiations transmis dans chaque bureau par les conservateurs. I. G. 24 juill. 1821, n° 989.

3. — Réduction à sept des tables alphabétiques à tenir dans chaque bureau : 1° table des vendeurs et précédens possesseurs; elle sera tenue comme simple indicateur avec rappel du f° et du n° de la table des acquéreurs; 2° table des acquéreurs et nouveaux possesseurs; toutes les mutations d'immeubles et les partages y seront relevés; 3° table des baux; 4° table des contrats de mariages; ils y seront relevés sous les deux noms; 5° table des testamens; on y comprendra ceux non enregistrés relevés au vu des répertoires et toutes les dispositions éventuelles comprises dans les actes; 6° table des décès et absences; on y comprendra les appositions et levées de scellés, inventaires, tutelles et curatelles, les ventes de meubles après décès et les successions payées; 7° table des créances hypothécaires. *V.* n° 2. I. G. 10 nov. 1824, n° 1147.

— *V.* HYPOTHÈQUES, n° 152 et suiv.; USUFRUITIERS.

TABLES *décennales.* — *V.* REGISTRES *de l'état civil.*

TARIF *des glaces.* — *V.* MOBILIER *de l'état, n° 14 et suiv.*

TARIF *des monnaies altérées.* — *V.* MONNAIES, nos 1 et 2.

TAXES *abusives.* — *V.* FRAIS *de justice, nos 49 et 68.*

TAXES *à témoins.* (V. *Circ. n°* 1164.)

— Le paiement doit en être régularisé par mois. Si la régularisation était retardée, le montant n'en serait pas moins porté en dépense sous le titre : *Dépenses à régulariser.* *V.* FRAIS *de justice.* I. G. 23 janv. 1822, n° 1017.

TAXES *d'entretien.* — *V.* ROUTES.

TERRAINS *de la voie publique.* — ALIGNEMENS. — Les cessions de ces terrains aux riverains doivent avoir lieu par les soins des ingénieurs des ponts et chaussées; elles sont réalisées devant le préfet en présence du directeur des domaines ou de son délégué. Une expédition de l'acte lui est remise pour suivre le recouvrement du prix qui doit être porté en recette à l'article : *Produits accidentels.* (*Déc. f.* 28 *août* 1835.) . . . . I. G. 8 sept. 1835, n° 1497.

TERRAINS *des fortifications.* — *V.* BATIMENS *et terrains militaires;* FORTIFICATIONS.

TERRAINS *incultes.** — État de ceux appartenant à l'état au 1er juillet 1817. . . . . I. G. 7 juill. 1817, n° 788.

2.* — Etat pareil au 1er juill. 1819. I. G. 10 mai 1819, n° 886.

TERRAINS *militaires*. — *V*. Batimens *et terrains militaires*.

TERRAINS *usurpés*. — *V*. Biens *vacans*; Bois *de l'état*, *n°* 7; Domaine *de l'état*, *n°* 14; Lais et Relais *de mer*; Révélations; Terrains *incultes*.

TESTAMENS. — Ils ne doivent être enregistrés du vivant des testateurs que sur la requisition expresse de ceux-ci. *V*. Tables, n° 3. I. G. 5 juin 1809, n° 432.

TIMBRE. — Les papiers destinés au timbre seront fabriqués dans les dimensions déterminées par la loi; ils porteront un filigrane particulier. (*Loi timb. art*. 3.) . . . . Circ, n° 1419.

2. — Chaque sorte de papier sera frappée d'un timbre particulier; celui des papiers de dimension sera frappé en noir; celui du timbre proportionnel à sec. (*Loi timb. art*. 4.) Circ, n° 1419.

3. — Les timbres de dimension porteront le nom du département où ils seront employés. (*Loi timb. art*. 5.) Abrogé. n° 10 inf. Circ. n° 1419.

4. — L'empreinte sera apposée au haut de la partie gauche du papier. (*Loi timb. art*. 6.) Circ. n° 1419.

5. — Règles relatives à la suppression et à l'échange des papiers à l'ancien timbre et à l'émission des nouveaux. (*Loi timb. art*. 33 *à* 36.) Circ. n° 1419.

6. — Les empreintes des nouveaux timbres, apposées sur papier filigrané, doivent être déposées aux greffes des tribunaux de 1re instance et de commerce. (*Loi timb. art*. 38.) Circ. n° 1419.

7.* — Dispositions transitoires pour l'approvisionnement jusqu'au 1er germ. an X. . . . I. G. 23 frim. an X, n° 25.

8. — Les directeurs peuvent ordonnancer eux-mêmes le remboursement des menues dépenses du timbre avancées par les garde-magasins. (*Arr. 4 pluv. an X*.) *V*. Comptabilité, n° 187, et n° 32 inf. Circ. 6 pluv. an X.

9.* — Les demandes de timbre doivent être adressées directement au chef de l'atelier général. *V*. Magasins *du timbre*. Circ. 7 therm. an X.

10. — Arrêté des consuls du 7 fruct. an X, qui règle le nouveau service du timbre, fixe de nouvelles empreintes, et supprime les ateliers dans les départemens. Un entrepôt est établi dans chaque département; il y sera attaché un garde-magasin. Mesures d'exécution. Circ. 19 fruct. an X; I. G. 29 fruct. an X, n° 73.

11.* — Ordre de renvoyer au magasin général les papiers et impressions marqués de l'ancien timbre. I. G. 16 frim. an XI, n° 104.

12. — Les registres des hypothèques seront fournis aux conservateurs sur leur reconnaissance énonciative du montant des droits de timbre. Ils en feront le remboursement, à la fin de chaque trimestre, dans la proportion des feuilles écrites. Modifié. *V*. Hypothèques, n° 126. Circ. 5 vend. an XI.

13.* — Prescriptions de comptabilité pour le trimestre de nivôse an XI . . . . I. G. 30 vent. an XI, n° 128.

14. — Les nouveaux timbres proportionnels, fixés par l'arrêté du 7 fruct. an X, seront mis en débite à partir du 1er vend. an XII. Mesures d'exécution. *V*. n° 16 inf. . . . I. G. 30 mess. an XI, n° 143.

15. — Le compte du dernier trimestre d'une année ne doit pas comprendre le timbre débité depuis la fin de l'année jusqu'au jour de l'arrêté. Le dernier jour de l'année, les receveurs dresseront, en présence du maire ou de l'adjoint, un inventaire des papiers restant en nature; cet inventaire sera annexé au compte. . . . . Circ. 14 fruct. an XII.

16. — Mise en usage de nouvelles empreintes pour les journaux, affiches et papiers-musique. (*Décret 22 brum. an XIV*.) *V*. n° 17 inf. Circ. 16 janv. 1806.

17. **TIMBRE.** — De nouvelles empreintes sont fixées par le décret du 17 avril 1806. Les nouveaux papiers seront mis en débite le 1er janvier 1807. Mesures d'exécution. *V.* n° 19 inf. Circ. 12 déc. 1806.

18. — On ne peut admettre à l'échange les papiers aux timbres supprimés que les notaires, huissiers et avoués auraient fait imprimer pour actes de leur ministère. . . . . Circ. 24 fév. 1807.

19. — Ord. roy. du 11 nov. 1814, qui fixe de nouvelles empreintes à partir du 1er janvier 1815. Mode d'exécution. Les registres commencés sur le timbre supprimé pourront être continués. *V.* n° 22 inf. Circ. 28 nov. 1814.

20. — Décret qui supprime le timbre royal. I. G. 8 avril 1815, n° 679. Abrogé par ordonnance royale du 10 août 1815, portant que 20 jours après sa publication il ne pourra plus être fait usage d'autre papier que celui au type royal. Les papiers timbrés à l'extraordinaire pourront être contre-timbrés sans frais. I. G. 16 août 1815, n° 697.

21. — Il ne peut être délivré aucun papier timbré à crédit. (*Loi* 1816, *art.* 71.) . . . . I. G. 29 avril 1816, n° 715.

22. — Les papiers timbrés, frappés des timbres en usage au 1er janvier 1816, seront débités après qu'il y aura été apposé un contre-timbre qui indiquera l'augmentation des droits. (*Loi* 1816.) Il est accordé trois mois aux officiers publics pour l'échange des papiers restés sans emploi dans leurs mains. *V.* n° 29. I. G. 2 mai 1816, n° 716.

23. — Ord. roy. du 1er mai 1816 pour l'exécution de la loi du 28 avril 1816. . . . . . I. G. 2 mai 1816, n° 716, et 14 sept. 1816, n° 741.

24. — Les empreintes des anciens timbres doivent être biffées sur les papiers de débite et de formalités hypothécaires. I. G. 30 sept. 1816, n° 744.

25. — A partir du 1er janvier 1817, les papiers au timbre proportionnel portant l'ancien filigrane cesseront d'être debités. I. G. 10 déc. 1816, n° 755.

26. — Les receveurs dresseront chaque mois l'état des papiers timbrés restant en nature, et porteront le montant de la débite sur l'état des produits du même mois. . . . I. G. 26 août 1816, n° 737.

27. — Vendre les papiers aux anciens timbres non employés, après avoir maculé les timbres. Formalités à suivre. I. G. 22 juin 1819, n° 894.

28. — Établissement d'un registre spécial pour la comptabilité des papiers timbrés. Il sera tenu par mois avec résultat général pour l'année. I. G. 5 déc. 1821, n° 1010.

29. — Suppression des contre-timbres établis par l'ord. du 1er mai 1816, n° 23 sup., et établissement de nouvelles empreintes. Dispositions relatives à la mise en usage des nouveaux papiers et à la faculté d'échange. (*Ord. roy.* 8 *juill.* 1827.) *V.* n° 34 inf. I. G. 21 août 1827, n° 1216.

30. — Les porteurs d'effets de commerce provenant des bureaux de distribution sont admis à les échanger contre d'autres effets formant une semblable somme, si d'ailleurs ils ne sont ni salis ni déchirés. (*Déc. f.* 23 *juill.* 1827.) I. G. 28 août 1827, n° 1217.

31. — Ordre d'adresser à l'atelier général les papiers aux timbres supprimés restant dans les magasins des départemens, à l'exception des formules de contraintes, formalités hypothécaires, passeports et permis de port d'armes. Circ. 10 avril 1828.

32. — État des menues dépenses du timbre faites pour l'exercice 1831. *Modèle.* . . . . Circ. 11 juill. 1832.

33. — Loi du 24 mai 1834 qui modifie les droits sur le timbre des effets de commerce. Compte sommaire de la situation en nature de ces papiers au 1er juillet 1834. État des papiers nouveaux nécessaires au service. Circ. 14 juin 1834.

34. — Mise en débite de ces nouveaux papiers au 1er janvier 1835. Prescriptions de comptabilité pour leur échange; état des produits comparés avec ceux de 1834 à fournir par trimestre en 1835. I. G. 14 nov. 1834, n° 1469.

35. TIMBRE. — Le compte sommaire en nature des papiers timbrés et formules de passeports et permis de port d'armes doit être adressé par les receveurs aux directeurs dans les premiers jours de janvier de chaque année, et par les directeurs à l'administration avant le 15 du même mois de janvier. On doit prévenir l'administration des augmentations ou diminutions considérables dans la débite pendant le cours de l'année. Les reconnaissances des envois faits par l'atelier général du timbre doivent être fournies dans les huit jours de la réception et énoncer en toutes lettres les quantités reçues. Circ. 15 déc. 1834.

— *V.* Atelier *général;* Avaries; Cachets; Comptabilité, n° 180 et suiv.; Filigrane; Hypothèques, n°s 116, 120 et suiv.; Instances, n° 76; Journaux *politiques;* Magasins *du timbre;* Musique *gravée;* Patentes, n° 2 et suiv.; Piémont; Registres *de l'état civil;* Timbre *extraordinaire;* Visa *pour timbre*, et **1re partie.**

TIMBRE *des journaux.* — *V.* Comptabilité, n° 148; Journaux; Timbre *extraordinaire.*

TIMBRE *extraordinaire.* — Les citoyens qui voudront se servir de papiers autres que ceux de la régie, ou de parchemin, seront admis à les faire timbrer avant d'en faire usage. On emploiera pour ce service des timbres relatifs qui seront appliqués au haut du côté droit de la feuille. (*Loi timb. art.* 7.) Circ. n° 1419.

2. — Ils auront la même faculté pour les effets destinés à des sommes au-dessus de 20,000 fr. (*Loi timb. art.* 11.) Circ. n° 1419.

3. — Suppression des receveurs particuliers du timbre extraordinaire et des timbreurs dans plusieurs départemens, et des tourne-feuilles dans tous. Dans les départemens où la suppression a lieu, la recette est confiée à l'un des receveurs du chef-lieu. Mode de timbrage et de comptabilité. (*Arr.* 7 *fruct. an X.*) Modifié. n°s 4 et 15 inf. . . . , I. G. 29 fruct. an X, n° 72.

4. — Rétablissement des tourne-feuilles dans plusieurs départemens. (*Déc. f.* 16 *pluv. an XI.*) I. G. 13 vent. an XI, n° 122.

5. — L'application de la griffe *à timbrer à l'extraordinaire* n'aura pas lieu à Paris. *V.* n° 15 inf. Circ. 23 niv. an XII.

6. — On ne doit jamais se dispenser de l'application de la griffe; il n'y a d'exception que pour le département de la Seine. Circ. 4 frim. an XIV.

7. — Mise en usage de nouvelles empreintes. (*Décret* 17 *avril* 1806.) *V*, n° 12 inf. . . . Circ. 30 mai 1806.

8. — Les autorités et administrations sont admises à faire contre-timbrer, sans frais, les expéditions non employées au 1er juillet 1806. Circ. 28 août 1806.

9. — Les impressions pour formules hypothécaires, contraintes et impressions pour ventes de coupes de bois doivent être contre-timbrées *gratis*. Circ. 7 mars 1807.

10. — État des produits du 1er janv. 1807 au 1er oct. 1808. Circ. 26 oct. 1808.

11. — L'administration des contributions indirectes est admise à faire contre-timbrer, sans frais, les impressions nouvelles remplaçant les impressions timbrées hors d'usage. Circ. 24 mai 1810.

12. — Ord. roy. du 11 nov. 1814, qui fixe de nouvelles empreintes. Les impressions faites pour le service des officiers publics et autres, sur papier débité par la régie, ne pourront être admises à l'échange, mais seront contre-timbrées sans frais, ainsi que les impressions des administrations. *V.* n° 16 inf. Circ. 28 nov. 1814.

13. — Ord. roy. du 1er mai 1816, qui établit un contre-timbre pour l'exécution de la loi du 28 avril 1816. *V.* n° 16 inf. I. G. 2 mai 1816, n° 716.

14. — Les porteurs d'effets de commerce timbrés à l'extraordinaire sont admis à les échanger. Mode d'exécution. (*Déc. f.* 23 *juill.* 1827.) I. G. 28 août 1827, n° 1217.

15. — Les receveurs du timbre extraordinaire sont justiciables directs de la cour des comptes, et les gardes-magasins sont contrôleurs de la recette. Les receveurs spéciaux

du timbre extraordinaire ont leur bureau dans la maison du directeur et à portée du magasin dont ils sont contrôleurs. Les timbres et la griffe sont renfermés dans un coffre à 3 serrures; le directeur, le receveur du timbre et le garde-magasin ont chacun une clé. S'il n'y a pas de receveur spécial pour le timbre, le receveur chargé de ce service est dépositaire de la griffe, et les timbres sont renfermés dans un coffre à deux serrures dont le directeur et le garde-magasin ont chacun une clé. Le receveur doit compter les feuilles, vérifier les dimensions, liquider et recevoir les droits, et les porter immédiatement en recette, en indiquant le nom du requérant, les quantités et dimensions des papiers, et, s'il y a lieu, le nom du contrevenant, la nature de la contravention et le montant de l'amende dont quittance sera donnée sur l'acte. Pour les journaux, avis ou affiches, on doit exiger la représentation de leur registre portatif, et y inscrire les quantités et espèces de papiers et le montant des droits perçus. — Après l'enregistrement, le receveur délivre un bulletin signé portant permis de timbrer, et relatant les indications portées dans l'enregistrement; il applique ensuite sur chaque feuille une griffe portant ces mots : *A timbrer à l'extraordinaire*. Le bulletin et les papiers sont remis au garde-magasin qui vérifie les opérations du receveur, vise le bulletin et enregistre les papiers au registre de contrôle. Il fait apposer le timbre sur les papiers déjà frappés de la griffe, et remet les bulletins au timbreur pour être produits au soutien de la comptabilité du receveur. S'il n'y a pas de timbreur, le garde-magasin timbre lui-même et conserve les bulletins. Les directeurs doivent viser, à la fin de chaque semaine, les registres de recette et de contrôle, et surveiller l'exactitude des versemens. Récapitulation à faire chaque mois. En cas d'erreur, elles sont rectifiées par la demande ou la restitution des droits aux parties. . . . Circ. 6 août 1827.

16. TIMBRE *extraordinaire*. — Les formules imprimées sur papier de débite, ou frappées du timbre extraordinaire aux empreintes supprimées, peuvent être échangées jusqu'au 1er avril 1828 contre d'autres formules timbrées à l'extraordinaire, sans frais. (*Déc. f.* 9 *nov.* 1827.) *V.* nos 17 et 19 inf. I. G. 24 déc. 1827, n° 1230.

17. — Cette faculté est prorogée jusqu'au 1er juill. 1828. (*Déc. f.* 23 *mai* 1828.) . . . I. G. 30 mai 1828, n° 1243.

18. — Suppression des fleurs de lys sur les griffes et timbres. Circ. 21 fév. 1831.

19. — Nouveaux timbres pour les effets de commerce. (*Loi* 24 *mai* 1834.) . . . . . . I. G. 14 nov. 1834, n° 1469.

— *V.* Affiches; Journaux; Magasins *du timbre*; Patentes, n° 2 et suiv.; Timbre.

TIRÉS *hors ligne*. — *V.* Erreurs *de calcul*; Inspecteurs, n° 6; Vérifications *de régies*.

TOURNÉES *des inspecteurs*. — Elles doivent être faites en janvier, avril, juillet et octobre, d'après un itinéraire soumis au directeur. (*Arr.* 18 *vent. an X*.) Modifié. n° 2 inf. Circ. n° 600 et I. G. 12 fév. 1821, n° 971.

2. — Les inspecteurs doivent faire dans les bureaux de leur division une tournée par sémestre, à l'époque indiquée par l'administration. (*Ordres de service*, *art.* 1er.) Modifié. *V.* Opérations *d'inspection*, n° 2. I. G. 5 juin 1830, n° 1318.

— *V.* Opérations *d'inspection*; Inspecteurs; Itinéraires; Lettres *de tournées*.

TRAITES *des adjudicataires de coupes de bois*. * — Le recouvrement doit en être suivi administrativement. (*Déc. f.* 2 *brum. an X*.) I. G. 14 brum. an X, n° 7.

2.* — Règles de comptabilité et de remboursement des traites qui ont été protestées. . I. G. 14 frim. an X, n° 20; 29 germ. an X, n° 52; 10 brum. an XI, n° 91; 20 brum. an XI, n° 97; Circ. 26 pluv. an X; 27 et 29 flor. an X; 23 niv. an XI.

3.* — États de situation du recouvrement à fournir par année. . . . . I. G. 1er frim. an XI, n° 101.

4.* — Les receveurs seront forcés en recette du montant de ces traites lorsqu'ils ne justifieront pas de poursuites régulières. I. G. 15 niv. an XI, n° 114.

5.* **TRAITES** *des adjudicataires de coupes de bois.* — Prescriptions de comptabilité pour le versement aux receveurs généraux des traites des adjudicataires de coupes de bois. Circ. 6 prair. an XII.

6. — L'amende du vingtième est encourue à défaut de paiement à l'échéance. Nouveaux ordres d'en presser le recouvrement. I. G. 25 vent. an XII, n° 214.

7.* — Les remboursemens faits aux receveurs généraux du montant des traites non acquittées ne seront plus admis en dépense. Les receveurs seront établis en débet fictif de leur montant. Lors du recouvrement, leur produit sera appliqué à la solde de ce débet, dont les receveurs seront déchargés également par des procès-verbaux de carence en forme. I. G. 24 vent. an XII, n° 213, et 14 vend. an XIII, n° 258.

8.* — Distinctions à faire pour fixer l'échéance des traites, lorsqu'il y a eu renvois successifs des adjudications. Circ. 9 frim. an XIII.

9.* — Elles doivent être versées aux caisses des receveurs généraux, le premier jour du mois de l'échéance contre un récépissé à talon. Prescriptions pour la fin d'année. . . . I. G. 18 nov. 1812, n° 612.

10.* — Celles relatives au bois des communes seront remises au directeur aussitôt leur souscription. Le directeur les versera au receveur général, suivant le mode établi pour celles relatives aux bois de l'état. I. G. 26 janv. 1815, n° 670.

11.* — Verser de suite aux receveurs généraux les traites échéant les 30 sept. et 31 déc. 1815. (*Décret* 8 *mai* 1815.) I. G. 13 mai 1815, n° 687.

12. — Les receveurs généraux sont seuls chargés de les faire souscrire et d'en recevoir le montant. (*Déc. f.* 26 *mai* 1817.) I. G. 6 juin 1817, n° 780.

— *V.* Aliénations *de bois de l'état*; Caisse *d'amortissement*; Coupes *de bois*; Obligations, n° 6.

TRAITEMENS *des agens forestiers.* — *V.* Comptabilité, n° 78 et suiv.

TRAITEMENS *des employés.* — Ils ne sont saisissables que jusqu'à concurrence du 1/5 sur les premiers 1,000 fr. et au-dessous; du 1/4 sur les 5,000 fr. suivans, et du 1/3 au-dessus de 6,000 fr. (*Loi* 21 *vent. an IX.*) I. G. 12 juin 1810, n° 478.

— *V.* Administration *de l'enregistrement*; Caisse *des retraites*; Changemens *de résidence*; Comptabilité, n° 197 à 205; Congés; Hypothèques, n°s 1er, 129 et suiv.; Inspecteurs; Premiers Commis; Remises; Vacances *d'emplois*; Vérificateurs.

TRANSCRIPTIONS. — *V.* Aliénations *de biens de l'état*, n° 8; Hypothèques, n° 96 et suiv.

TRANSCRIPTIONS *de saisies.* — *V.* Hypothèques, n° 94 et suiv.

TRANSFERTS. — *V.* Rentes *dues à l'état.*

TRANSMISSION *des états.* — *V.* Comptabilité; États *périodiques.*

TRANSPORT *des fonds.* — *V.* Escortes; Versemens.

TRANSPORT *des lettres et paquets.* — *V.* Ports *de lettres et paquets.*

TRAVAUX *des détenus et des forçats.* — *V.* Frais *de justice*, n° 47; Marine.

TRAVAUX *du Rhin.* — *V.* Code *forestier.*

TRAVAUX *publics et de l'état.* — Les sommes dues à l'état pour indemnité de plus value (*Loi* 16 *sept.* 1807) doivent être recouvrées par les receveurs, et versées par eux aux receveurs généraux. (*Déc. f.* 12 *sept.* 1809.) I. G. 5 déc. 1809, n° 456.

— *V.* Comptabilité, n° 212; Domaine *de l'état*, n° 16; Police *des travaux*; Réparations; Voirie (*grande*), n° 5.

TRIBUNAUX. — Les dispositions de la loi du 22 frim. an VII, relatives aux tribunaux alors existans, sont applicables à ceux qui les remplacent. (*Loi* 27 *vent. an IX, art.* 6.) Circ. n° 1992.

U

UNIVERSITÉ *de France.* — Les biens non aliénés, ni affectés à un service public, ayant appartenu au Prytanée, aux universités, académies et colléges sont donnés à l'université. (*Décret* 11 *déc.* 1808.) Circ. 11 janv. 1809.

2. — Cette donation ne s'applique pas aux biens du Prytanée rendus à la caisse d'amortissement, ni aux bois réunis au domaine de l'état. Circ. 23 janv. 1809.

3. — Le contentieux judiciaire de l'université est assimilé à celui de l'administration des domaines. *V.* Instances. I. G. 13 fév. 1813, n° 621.

— *V.* Amendes, n°s 66 et 67.

USAGES (*droits d'*). — *V.* Bois *de l'état, n°* 13 *et suiv.*; Code *forestier*; Instances, n° 34.

USINES. — *V.* Maisons *et usines.*

USUFRUIT. — *V.* Hypothèques, n° 44; Usufruitiers, et Première Partie.

USUFRUITIERS. — La table des usufruitiers, prescrite par l'inst. gén. n° 1318 (*Ordres de service, art.* 23), sera tenue à la suite de celle des testamens suivant modèle joint. I. G. 23 déc. 1831, n° 1385.

USURPATIONS. — *V.* Biens *vacans*; Bois *de l'état,* n° 7; Domaine *de l'état, n°* 14; Lais *et relais de mer, n°* 2; Révélations; Terrains *incultes.*

V

VACANCES *d'emplois.* — Dans le cas de vacances d'emplois pour autre cause que par congé ou maladie, la totalité des remises appartient au surnuméraire chargé de *l'intérim.* Si un employé supérieur en est chargé, il a droit au tiers des remises pour frais de bureau. Les deux tiers restant appartiennent au trésor; l'employé supérieur conserve alors le traitement de son grade. Le traitement et les frais de bureau du directeur appartiennent à l'employé supérieur chargé de *l'intérim* de la direction. Le traitement de l'inspecteur appartient au vérificateur qui le remplace; mais dans ces deux cas, le traitement de l'employé intérimaire tourne au profit du trésor. . . . . . I. G. 9 frim. an XIV, n° 295.

2. — Le préposé malade en informe le directeur et envoie un certificat de médecin, légalisé. Il conserve son traitement s'il ne quitte pas sa résidence. Il faut une autorisation spéciale du directeur général pour le paiement des employés supérieurs. Modifié. n° 4 inf. Le directeur ne peut autoriser aucune absence sans congé. *V.* Surnuméraires, n° 6. I. G. 28 nov. 1817, n° 812.

3. — Le produit des vacances d'emplois, sous la déduction des portions allouées aux intérimaires, appartient à la caisse des retraites. (*Ord. roy.* 4 *nov.* 1814; *Déc. f.* 12 *déc.* 1823.) Modifié. n° 5 inf. I. G. 7 déc. 1814, n° 665; et 18 déc. 1823, n° 1108.

4. — Le directeur peut, sans autorisation, faire payer le traitement des employés supérieurs malades après s'être assuré qu'ils n'ont pas quitté leur résidence. . . . . . I. G. 3 août 1822, n° 1049.

5. — Le produit des vacances d'emplois appartient au trésor et sera porté en recette au chapitre : *Recettes accidentelles.* (*Déc. f.* 13 *mai* 1828.) Les remises seront liquidées conformément à l'inst. gén. n° 1126. *V.* Caisse *des retraites, n°* 19. . . . . I. G. 31 mai 1828, n° 1244.

— *V.* Administration *de l'enregistrement*; Caisse *des retraites*; Changemens *de résidence*; Comptabilité, n° 202 et suiv.; Congés; Inspecteurs; Premiers *commis, n°* 2; Remises; Traitemens.

VACATIONS *des agens forestiers.* — Ordre de paiement de celles dues antérieurement à l'établissement de l'administration actuelle. Circ. 25 frim. an XII.

2. — Le sénat et la légion-d'honneur doivent acquitter celles dues pour les coupes qui leur sont délivrées en nature. (*Déc. f.* 11 *fév.* 1806.) Circ. 20 fév. 1806.

3. — Il en est de même des sénatoreries. (*Déc. f.* 3 *mai* 1806.) Circ. 16 mai 1806. — *V.* Code *forestier* ; Communes, nos 13, 14, 17 et 34; Vacations *des arpenteurs.*

VACATIONS *des arpenteurs.* — Celles pour les bois communaux sont payées par ordonnance des préfets sur les receveurs des communes; et pour les bois de l'état sur liquidation et mandat des conservateurs, autorisés par le ministre des finances. *V.* nos 2 et 3 inf. I. G. 29 vend. an XII, n° 175.

2. — L'autorisation du ministre n'est pas nécessaire; il suffit du mandat du conservateur visé par le directeur des domaines. Circ. 14 nov. 1814.

3. — Le montant des vacations des arpenteurs dans les bois communaux doit être payé, conformément au cahier des charges, par les adjudicataires à la caisse du receveur des finances de l'arrondissement. (*Déc. f.* 16 *janv.* 1822.) Modifié. *V.* Code *forestier.* I. G. 25 fév. 1822, n° 1023. — *V.* Code *forestier*; Communes, n° 19; Comptabilité, nos 82, 90 et 92.

VALEURS *en caisse.* — *V.* Bordereaux *de situation*; Caisse, n° 3 et suiv.; Comptabilité, n° 171.

VALIDITÉS. — *V.* Saisies-*arrêts, nos* 6 *et* 7.

VENTES *d'arbres des routes.* — *V.* Arbres.

VENTES *de biens de l'état.* — *V.* Aliénations; Caisse *d'amortissement.*

VENTES *de biens de mineurs.* — *V.* Actes *des notaires*, *n°* 1.

VENTES *de bois de l'état.* — *V.* Aliénations *de bois de l'état*; Bois *de l'état*; Caisse *d'amortissement.*

VENTES *de chevaux.* — *V.* Mobilier *militaire*, *nos* 3, 6, 11, 13, 21, 22 et 25.

VENTES *de mobilier de l'état., etc.* — *V.* Mobilier *de la marine*; Mobilier *de l'état*; Mobilier *des administrations*; Mobilier *des condamnés*; Mobilier *des départemens*; Mobilier *militaire*; Objets *mobiliers provenant des ministères.*

VENTES *publiques de meubles.* — Demande d'un état des droits perçus sur les ventes publiques et volontaires de marchandises. Circ. 30 juin 1806.

2. — Loi *du* 22 *pluv. an VII.* (*Circ. n°* 1498.) — Les ventes publiques et aux enchères de meubles, récoltes et autres objets mobiliers doivent être faites par les commissaires priseurs, et à défaut, par les notaires, huissiers et greffiers (*Art.* 1), à peine de 50 fr. à 1000 fr. d'amende, outre les droits. (*Art.* 7.) Modifié. n° 8 inf. Circ. nos 967, 1008 et 1498. — Celles de mobilier national sont faites par les préposés des domaines. (*Arr.* 23 *niv. an VIII.*) *V.* Mobilier *de l'état*, *n°* 3. Circ. n° 1220. — Celles de mobilier communal peuvent être faites par les maires. (*Déc. f.* 17 *frim. et* 16 *germ. an VII.*) Circ. n° 1732. — Les officiers publics ne peuvent y procéder qu'après déclaration préalable au bureau dans l'arrondissement duquel la vente a lieu (*Art.* 2), à peine de 100 fr. d'amende. (*Art.* 7.) Modifié. n° 8 inf. S'il y a plusieurs bureaux, la déclaration sera faite à celui où l'acte doit être enregistré. Circ. n° 1499. — Sont dispensées de la déclaration les ventes de mobilier de l'état, des communes et des monts-de-piété. (*Art.* 9.) Circ. nos 1498 et 1732. — La déclaration est inscrite sur un registre; elle doit contenir les noms, qualité et domicile de l'officier, ceux du requérant et du propriétaire du mobilier à vendre, le lieu et le jour de la vente; elle sera datée et signée par l'officier qui en recevra copie sans autres frais que le timbre de l'extrait. (*Art.* 3.) Le registre sera tenu en papier non timbré, coté et paraphé par le juge de paix. (*Art.* 4.) — La déclaration sera transcrite en tête du procès-verbal; chaque objet sera inscrit de suite et le prix en toutes lettres; chaque séance sera close et signée. (*Art.* 5.) Le tout à peine de

25 fr. d'amende pour défaut de transcription en tête du procès-verbal; de 100 fr. pour chaque article non porté, ou altération de prix, outre les droits; et de 15 fr. pour chaque article dont le prix ne serait pas en toutes lettres. (*Art.* 7.) Modifié. nº 8 inf. — Les préposés sont autorisés à se transporter aux lieux où se font les ventes, et à se faire représenter les procès-verbaux et déclarations. Ils rédigeront procès-verbaux des contraventions et pourront se faire assister du maire. La preuve testimoniale est admise, et les poursuites ou instances seront suivies comme pour l'enregistrement. (*Art.* 8; *Cass.* 30 *mess. an X.*) I. G. 15 mai 1807, nº 326.

3. **VENTES** *publiques de meubles.* — **Loi** *du* 22 *pluv. an VII.* — La déclaration préalable doit être faite par l'officier public en personne ou par un fondé de pouvoir spécial. I. G. 31 août 1808, nº 396.

4. — Les huissiers ont qualité pour y procéder à défaut de commissaires priseurs; ils doivent faire la déclaration préalable et ne peuvent se rendre adjudicataires. (*Décret* 14 *juin* 1813.) I. G. 17 mars 1814, nº 659.

5. — Tous les objets exposés en vente, soit qu'il y ait adjudication, soit que le vendeur les retire, doivent être compris au procès-verbal. (*Ord. roy.* 1er *mai* 1816.) *V.* nº 7 inf. I. G. 1er juin 1816, nº 725.

6. — L'officier public qui y procède est tenu de déclarer au pied du procès-verbal s'il existe ou non des oppositions aux opérations qui ont précédé la vente, ou à la délivrance des deniers. (*Ord. roy.* 3 *juill.* 1816.) . . . . I. G. 20 août 1816, nº 736; et 13 août 1817, nº 795.

7. — Tous les objets exposés en vente doivent être compris au procès-verbal, même dans les ventes de mobilier de l'état, des communes et établissemens publics. (*Déc. f.* 26 *fév.* 1819.) I. G. 25 mars 1819, nº 882.

8. — Les amendes (nº 1 sup.) sont réduites, savoir : celles de 100 fr. à 20 fr.; celles de 50 fr. à 10 fr.; et celles au-dessous de 50 fr. à 5 fr. (*Loi* 1824, *art.* 10.) . . . . . I. G. 23 juin 1824, § 10, nº 1136.

9. — Une seule déclaration suffit pour plusieurs ventes à faire par un même officier public à la requête de divers particuliers ayant des intérêts distincts. (*Sol.* 16 *juin* 1824.) I. G. 8 sept. 1824, § 15, nº 1146.

10. — On peut prouver par voie d'enquête qu'une vente a eu lieu sans le concours d'un officier public. (*Cass.* 17 *juill.* 1827.) I. G. 15 déc. 1827, nº 1229.

11. — Si le procès-verbal ne constate pas que la vente est continuée à jour et heure indiqués, on ne peut sans contravention reprendre la vente sans une nouvelle déclaration. (*Cass.* 23 *juill.* 1828.) I. G. 31 déc. 1828, § 8, nº 1263.

12. — Les fonctionnaires publics doivent garder minutes des procès-verbaux de ventes publiques de meubles. (*Déc. j.* 8 *fév.* 1830.) Ils en doivent communication aux préposés. I. G. 7 juin 1830, nº 1319.

— *V.* Contraventions *aux lois sur les ventes de meubles*; Instances, nº 77.

VENTES *de navires.* — *V.* Navires; Secrétaires *des administrations.*

VÉRIFICATEURS. — Ils doivent, en quittant chaque bureau, rendre compte de la conduite et des qualités personnelles des receveurs et surnuméraires. Ils s'expliqueront sur l'intelligence, le degré d'instruction, l'assiduité, l'activité, l'exactitude, le travail, la comptabilité, la conduite et la moralité de chaque préposé, et feront une mention particulière de la tenue des bureaux et de la situation des sommiers et des tables alphabétiques. I. G. 1er frim. an X, nº 14.

2. — Ils doivent fournir, dans la première quinzaine de janvier, un précis de leurs opérations pendant l'année précédente. I. G. 18 nov. 1816, nº 752. — Ils sont dispensés de fournir ce précis annuel. I. G. 3 août 1822, nº 1049.

3. — Le nombre des vérificateurs est porté à 295, savoir : 1re classe, 50 au traitement de 4,500 fr.; 2e classe, 50 à 4,000 fr.; 3e classe, 100 à 3,600 fr.; 4e classe,

70 à 3,000 fr.; 5ᵉ classe, 25 à 2,600 fr. — Les vérifications de 5ᵉ classe sont accordées aux receveurs âgés de moins de 35 ans, ayant au moins 5 ans de services et dont les bureaux produisent, année moyenne, 1,800 fr. de remises, et aux premiers commis ayant 5 ans de services dont 3 comme premier commis. Il faut 2 ans au moins pour passer de la 5ᵉ à la 4ᵉ classe, et 1 an pour les autres classes. Les receveurs âgés de moins de 35 ans, et occupant un bureau de 2,600 fr., peuvent être nommés à la 4ᵉ classe, s'ils ont 8 ans de services; il en est de même des premiers commis ayant 1,800 fr. de traitement et 7 ans de services. Les vérificateurs de 1ʳᵉ et de 2ᵉ classe concourent pour l'inspection. (*Ord. roy.* 11 *nov.* 1829.) . . . . I. G. 12 fév. 1830, nº 1304.

4. **VÉRIFICATEURS.** — Les vérificateurs sont institués pour vérifier la gestion des comptables, les dépôts publics; reconnaître si les lois relatives à la perception des droits et amendes ont été exécutées, et constater, par des procès-verbaux ou des contraintes, les résultats de ces vérifications. (*Art.* 1ᵉʳ *du règlement.*) — Ils doivent se rendre successivement dans les bureaux indiqués par le directeur, ne peuvent les quitter sans autorisation, et doivent le prévenir de la fin de leurs opérations. (*Art.* 2.) — Il leur est défendu de déplacer les registres, de loger ou manger chez les receveurs, ou de leur faire des emprunts d'argent. (*Art.* 3.) — Les vérificateurs sont responsables des erreurs qu'ils commettent ou qu'ils négligent de constater. (*Art.* 29.) . . . . I. G. 15 mars 1831, nº 1351.

— *V.* ABUS; ADMINISTRATION *de l'enregistrement*; ITINÉRAIRES; MAGASINS *du timbre*; NOTES; PORTS *de lettres et paquets*, nᵒˢ 17 *et* 23; PRÉCIS; PROCÈS-VERBAUX *de vérification*; RAPPORTS *de gestion*, RESPONSABILITÉ; VÉRIFICATIONS *de régies*.

VÉRIFICATIONS *de régies.* * — Les gestions des préposés pour les années où le papier-monnaie a été en circulation, sont considérées comme définitivement apurées. Les vérificateurs ne pourront remonter à cette époque que dans des cas spéciaux. A partir du 1ᵉʳ janvier 1822, les gestions des receveurs seront vérifiées pour les 5 dernières années seulement, à moins de faits graves. Les receveurs de canton pourront être chargés de vérifier leurs prédécesseurs. — On ne relèvera pas les perceptions pour lesquelles il y a prescription, si ce n'est en cas d'erreur matérielle. La gestion reconnue régulière, un certificat de *quitus* pourra sous toute réserve être délivré au préposé. A partir du 1ᵉʳ janvier 1823, les gestions de l'année seront vérifiées dans le cours de l'année suivante. Toutes ces vérifications doivent s'étendre aux dépôts publics. (*Déc. f.* 23 *janv.* 1822.) Modifié nᵒˢ 5 et 6 inf. . . . . I. G. 9 fév. 1822, nº 1019.

2.* — Rappel des prescriptions ci-dessus. État de la situation des vérifications au 1ᵉʳ janvier 1823. *V.* nº 3 inf. I. G. 26 fév. 1823, nº 1071.

3.* — Ordre d'activer les vérifications des 5 années antérieures à 1822. État de situation à fournir au 1ᵉʳ juillet 1823 et au 1ᵉʳ janvier 1824. *V.* nº 5 inf. . . . . . . I. G. 12 avril 1823, nº 1078.

4. — Les bureaux de chefs-lieux doivent être vérifiés tous les ans; ceux de canton doivent l'être au plus tard dans les deux ans, et la vérification, en y comprenant les dépôts publics, sera portée au dernier jour du trimestre expiré à l'instant de l'opération. Modifié. nº 5 inf. Les greffes seront vérifiés en même temps que les bureaux d'arrondissement. *V.* GREFFES. I. G. 31 mai 1824, nº 1134.

5. — La vérification des régies antérieures au 1ᵉʳ janv. 1832 devra être terminée le 1ᵉʳ avril de la même année, et les directeurs soumettront à l'administration un projet de répartition entre tous les employés supérieurs. (*Ordres de service, art.* 1ᵉʳ.) — Celle des régies de 1832 et années subséquentes devra être terminée le 1ᵉʳ avril de l'année suivante, d'après un projet de distribution soumis à l'administration; en cas de nécessité, le délai pourra être prorogé jusqu'au 1ᵉʳ juin, sauf à en rendre compte. (*Art.* 2.) — Du 1ᵉʳ avril au 31 décembre, les vérifications ne pouvant être que partielles, devront porter de préférence sur les bureaux les plus importans. — Les résultats seront consignés provisoirement au sommier certain, et relevés au procès-

verbal et au rapport. La vérification de chaque régie sera constatée par un procès-verbal et un rapport particuliers rédigés sur des imprimés spéciaux, qui seront transmis au directeur aussitôt après leur clôture. Chaque *intérim* ou régie terminée sera l'objet d'un procès-verbal et d'un rapport particulier qui seront clos et transmis sans attendre la fin de l'année; les erreurs et omissions ne seront portées en recette, ou remboursées avant le procès-verbal, que lorsqu'il s'agira d'une somme importante, et en vertu d'une autorisation spéciale de l'administration. (*Art.* 3.) *V.* nos 6 et 7 inf. I. G. 15 oct. 1830, no 1338.

6. **VÉRIFICATIONS** *de régies.* — Les vérifications sont confiées aux inspecteurs de 3e classe et aux vérificateurs. En arrivant dans un bureau et en le quittant, ils doivent inscrire et signer leur *vu* sur le principal registre de recette, s'assurer de l'arrêté des registres, vérifier la caisse et la comptabilité, examiner les parties d'ordre et de manutention et procéder à la vérification de la régie en commençant par l'intérieur et en terminant par les vérifications à l'extérieur. (*Art.* 4 *à* 8 *du règlement.*) . . . . . . I. G. 15 mars 1831, no 1351.

Suit le Tableau synoptique des opérations de vérification :

§ 1er **COMPTABILITÉ.** (*Art.* 5, 6, 10 *et* 16 *du règlement.*

— Caisse. — Situation, Bordereau, Sûreté, Confusion, Carnet, Inscriptions de rentes.

— Papiers *timbrés*; Passeports et Permis *de port d'armes.* — Situation, Bordereau, Registre, Proportion, Sûreté, Lieu sec, Rapprochement du contrôle, Inventaire du magasin, Relevé des procès-verbaux.

— Recettes. — Calculs, Cahier des erreurs, Mention au sommier, Bordereau des recettes, Arrêtés mensuels, Comptes, Classement, Sommier et livre de dépouillement.

— Dépenses. — Vérification, Versemens, Journal, Vu.

§ 2. **ARRÊTÉS** *des registres.* (*Art.* 9.)

— Exactitude, A jour, Omissions, Écriture, Signature, Dates, Jours fériés, Enregistremens, Substitutions, Grattages, Unité par case ou ligne.

§ 3. **ENREGISTREMENS.** (*Art.* 9, 11 *et* 12.)

— Forme, Émargemens et Annotations. — Écriture, Caractères majuscules, Ratures, Renvois, Dates, sommes et droits en toutes lettres, Mesures métriques, Mention des rôles et renvois, Clarté, Précision, Détails nécessaires, Actes à renvoyer, Déclarations préalables, Annotations des débets, Jugemens de condamnation, Expéditions des jugemens, Actes synallagmatiques, Noms des héritiers, Degré, Date du décès, Détail des biens, Évaluation en revenu, États de mobilier, Procurations, Signatures.

— Perceptions. — Régularité, Rapprochement des relations, Liquidations en souffrance, Distinction des droits, Doubles-droits, Amendes, Enregistremens *gratis* et en *débet*.

— Forcemens. — Reconnus : à consigner au sommier certain et à relever au rapport de gestion; Contestés : à porter au sommier douteux et à proposer; Exactitude de la recette des forcemens.

— Restitutions. — Reconnues : Ordres de restitution et vérification ultérieure; Contestées : Consignation au sommier douteux et proposition.

§ 4. **MANUTENTION** *hypothécaire.* (*Art.* 17.)

— Tableau des communes, Tarif des salaires, Paraphe et tenue des registres, Ordre des formalités, Signatures, Arriéré, Transcriptions entières, Émargemens, Nombre de lignes, Saisies, Répertoires et tables, Perceptions, Contraventions, Rédaction des bordereaux, Bulletins de dépôt.

— Salaires. — Régularité, Rapprochement, Registres, Arrêté mensuel, Numéro, Calculs, Recherches et renseignemens donnés verbalement.

VERIFICATIONS *de Régies.* — Suite du Tableau synoptique.

§ 5. **RENVOIS**, etc. (*Art.* 7, 13 *et* 14.)

— Renvois. — Exactitude, Envoi mensuel, Mention au registre de correspondance, Cahier de réception, Émargement, Classement, Mention sur l'inventaire, Registre des renvois, Bulletins.

— Répertoires. — Comparaison, Mention du *visa*, Testamens relevés, Récapitulation, Rapprochement des actes.

— Notices *de décès.* — Situation, Maires en retard, Envoi, Récapitulation.

— Comptables *publics.* — Inscriptions à prendre.

— Procès-verbaux *de délits.* — Rapprochement des jugemens, État.

— Déclarations *préalables.* — Signatures, Procurations, Émargemens.

§ 6. **SOMMIERS.** (*Art.* 7, 15 *et* 21.)

— Droits *non contestés.* — 1° Découvertes *à éclaircir.* — Consignations, Articles à éclaircir, Mutations présumées, Successions échues, Perceptions provisoires.
— 2° Certain. — Découvertes et successions certaines, Jugemens à enregistrer.
— 3° Formalités *en debet.*
— 4° Droits *d'hypothèques en suspens.*
— 5° Consistance *de domaines et rentes.*

— Droits *constatés.* — 1° Enregistrement. — Soumissions approuvées, Expertises homologuées, Droits et amendes résultant de jugemens ou décisions.
— 2° Droits *d'hypothèques à recouvrer immédiatement.*
— 3° Amendes. — Amendes de condamnation, Dommages-intérêts, Frais de justice, Frais de poursuites et d'instances.
— 4° Revenus. — Revenus de domaines, Rentes, Créances exigibles, Droits de pêche et de chasse, Prix de mobilier, Épaves, Deshérences, Biens vacans.
— 5° Prix *de vente.* — Domaines de l'état, Domaines engagés.
— 6° Produits *accidentels.* — Débets des employés, Produits accidentels.
— 7° Forêts. — Produits accessoires.
— 8° Ministères. — Prix d'objets mobiliers et immobiliers, Locations.

— Dispositions *communes aux divers sommiers.* — Consignations, Dates, Émargemens, Tables, Diligences, Actes conservatoires, Inscriptions, Frais de poursuites, Admission des certificats, Rapprochemens des recettes, Vus, Recette des débets, Découvertes, Exactitude des états, Exigibilité, Calculs, Arrêtés, Arrêtés mensuels des droits constatés, Classement, Rectifications, Ordres, Arriéré, Instances, Articles prescrits, Responsabilité des receveurs, Avis aux débiteurs de droits de succession.

§ 7. **DOMAINE.** (*Art.* 18.)

— Contributions, Baux, Produits des bois, Alluvions, Usurpations, Domaines, Deshérences, Successions vacantes, Séquestres, Épaves, Registres de roulage, Mobilier.

§ 8. **OBJETS** *divers.* (*Art.* 7, 16, 19 *et* 20.)

— Tables *alphabétiques.* — Situation, Arriéré, Écriture, Exactitude, Usufruitiers.

— Sommiers *de la contribution foncière.* — Situation, Formation, Communication des états, Recherches, Consignation des différences.

— Sommier *d'ordres.* — Arriéré, Classement des instructions, Tables.

— Correspondance. — Classement, Exactitude, Analyse et transcription.

— Inventaire. — Arriéré, Blanc, Classement et ordre des registres, etc.

— Mercuriales. — Formation, Renouvellement annuel, Affiche du tableau.

— Timbre *extraordinaire.* — Comparaison du contrôle avec la recette, Rapprochement et remise des bulletins.

VERIFICATIONS *de régies.* — Suite du Tableau synoptique.

§ 9. DÉPOTS *publics.* (*Art.* 22 *à* 28.)

— Répertoires. — Vu, Époque de la vérification, Visa, Régularité, Contraventions, Testamens, Double répertoire des greffiers et huissiers audienciers, Récépissés d'extraits, Coût des exploits, Porteurs de contraintes, Mention de l'approbation des actes, Irrégularités à signaler au procureur du roi.

— Minutes *des notaires, etc.* — Communication sans déplacement, Lecture des minutes, Contraventions au timbre et à l'enregistrement, Rédaction des actes, Vacations, Système métrique, Expressions féodales, Délais, Abus, Fraudes, Découvertes, Noms et résidences du notaire des parties et témoins, Abréviations, Additions, Blancs, Interlignes, Ratures, Surcharges, Renvois, Toutes lettres, Mention de lecture, Procurations annexées, Renvois, Paraphes, Signatures, Patentes, Commerçans, Caisse des dépôts, Ventes de meubles, Oppositions, Qualité de l'officier, Déclarations préalables, Transcription, Prix, Décharges, Registre des protêts, Tableau des interdits, Paraphes des rôles et renvois par le receveur, Perceptions, Forme et rapprochement des relations, Dispositions indépendantes.

— Greffes. — Double registre des jugemens, Dispositif, Motifs, Textes des lois, Signatures, Pouvoirs en matière commerciale, Livres de faillis, Tenue régulière des registres de renonciations et acceptations, Productions, Oppositions, Contributions, Transcriptions de saisies, Adjudications, Dispenses, Diplômes, Arbitrages, Lettres patentes, Recours en cassation, Scellés dans les villes de 20,000 âmes, Publications de sociétés, mariages et séparations, Signatures des notaires, Droits de greffe, Recette des greffiers de paix sur papier libre, Dépôts avec mention des décharges, Dépôt annuel du double des répertoires des notaires et commissaires priseurs et des minutes de la justice de paix, Extraits de jugemens, amendes de consignation, d'appel, de conciliation, etc., Droits de mise au rôle, et d'expédition, Affiche du tarif, Régularité des perceptions, Titres produits, Découvertes.

— Huissiers, *etc.* — Registre des protêts, Coût des actes, Copies de pièces, Abus.

— Secrétariats, Mairies et Établissemens *publics.* — Actes sujets à l'enregistrement, Sermens, Reconnaissances d'enfans, Registres et tables de l'état civil, Expéditions, Pétitions, Quittances, Copies signifiées, Registres des préposés de ponts à bascule, Remise des arrêtés de condamnation, Extrait du registre, Notices arriérées, Rapprochement des décès, Mercuriales, Publications aux chambres de discipline, Timbre des journaux généraux et livres de caisse des receveurs des villes jouissant de 10,000 fr. de revenu, Livres de compte des receveurs communaux, Registres de recettes et dépenses des établissemens de bienfaisance, colléges, petits-séminaires et chambres de discipline, Doubles des comptes des communes et établissemens, Quittances et mémoires, Actes des chambres de discipline sujets à l'enreg. Registres d'écrou.

§ 10. ÉTAT *des dépôts publics.* (*Art.* 32.)

— État des dépôts publics vérifiés, Commencement et fin de la vérification.

§ 11. TRAVAIL *des receveurs.* (*Art.* 21 *et* 30.)

— Recherches et découvertes, Perceptions et occupations étrangères, Transmission et exactitude des états, Notes sur les receveurs et surnuméraires.

§ 12. OPÉRATIONS *particulières des vérificateurs.* (*Art.* 29, 31 *et* 32.)

— Vérifications de toutes les parties du service, Responsabilité.

— Précis *d'opérations par quinzaine.* — Rédaction et envoi, Précis par bureau, Bordereau de situation de caisse à l'arrivée, Situation des sommiers par quinzaine et des tables à l'arrivée et au départ.

— Procès-verbal *de vérification.* — État des recettes de l'année, Transcription au registre, Copie visée de la recette du *debet*, Relevé chronologique.

— Rapport *de gestion.* — Transcription de la première partie, Irrégularités.

— Envoi du procès-verbal de vérification et du rapport de gestion.

7. **VÉRIFICATIONS** *de régies.* — Les procès-verbaux et rapports seront fournis en *simple expédition* aux directeurs qui, après en avoir pris copie, les adresseront sans retard à l'administration, en s'expliquant sur les mesures qu'ils auront prescrites. — Le comptable pourra fournir ses observations sur le procès-verbal et la 1re partie du rapport qui lui seront communiqués. Il sera dressé un procès-verbal et un rapport pour chaque année et pour chaque régie vérifiée. Les débets des unes ne pourront être compensés avec les avances des autres. — Extrait de la recette du reliquat soldé sera joint au procès-verbal; cet extrait certifié par le receveur et par le vérificateur sera visé par le directeur. I. G. 4 avril 1831, n° 1355.

8. — Rappel des recommandations ci-dessus, nos 5 et 7, et invitation d'activer les vérifications de manière à les terminer chaque année le 1er avril. Circ. 12 fév. 1833.
— *V.* Comptabilité, nos 208 et 209; Contre-vérifications; Dépôts *publics*; Greffes; Procès-verbaux *de vérification*; Rapports *de gestion*; Vérificateurs.

VÉRIFICATIONS *des bureaux de chefs-lieux.* — *V.* Directeurs, n° 2.

VÉRIFICATIONS *des dépôts publics.* — *V.* Dépôts *publics*; Vérifications *de régies.*

VÉRIFICATIONS *des greffes.* — *V.* Greffes; Greffiers; Vérifications *de régies.*

VERSEMENS *aux receveurs des finances.* (V. *Circ.* 991, 1089, 1589, 1796 *et* 1945.)
— Recettes à distinguer par un bordereau spécial. I. G. 28 vent. an X, n° 50.

2. — Les receveurs de chefs-lieux verseront tous les cinq jours, et ceux de canton à la fin de chaque mois, la totalité de la recette, sauf versement intermédiaire lorsqu'il y aura 5,000 fr. en caisse. On fera la veille ceux qui devraient avoir lieu un jour férié. *V.* nos 20 et 21 inf. Circ. 3 therm. an X.

3. — Nouvelle forme du bordereau de versement. Exactitude à apporter dans l'état des versemens joint à l'état de mois. *V.* n° 16 inf. I. G. 15 brum. an XI, n° 95.

4. — Le versement appartient à l'exercice pendant lequel la recette a eu lieu. Distinction prescrite à cet égard dans les bordereaux. I. G. 29 niv. an XI, n° 117.

5. * — Distinctions à faire dans les bordereaux, et vérifications des récépissés prescrites aux inspecteurs. I. G. 30 fruct. an XI, n° 163, et Circ. 29 brum. an XII.

6. — Ordre d'adresser au directeur général un *duplicata* des récépissés. Exactitude à apporter dans les bordereaux et dans l'époque des versemens. Modifié. nos 7 et 16 inf. I. G. 6 niv. an XII, n° 190.

7. — Nouveaux ordres pour la distinction des recettes. On cessera d'adresser au directeur général un *duplicata* des récépissés. *V.* n° 16 inf. . . . . I. G. 24 vent. an XII, n° 213.

8. — Changemens dans la forme du bordereau. *V.* n° 16 inf. Circ. 6 prair an XII.

9. — Rappel de l'exactitude à apporter dans l'époque des versemens, et nouvelles prescriptions pour les bordereaux de versement et l'état à en fournir par mois. *V.* nos 16 et 17 inf. I. G. 28 therm. an XII, n° 249.

10. — Rappel des dispositions de la Circ. du 3 therm. an X, n°2 sup., sur l'époque des versemens. Explications à donner sur le restant en caisse, dans l'état de mois. . . . Circ. 5 therm. an XIII.

11. — Ils doivent comprendre la totalité des recettes. Circ. 6 fruct. an XIII.

12. — Décret du 4 janvier 1808, qui détermine la forme des bordereaux de versement et des récépissés. *V.* n° 16 inf. Circ. 21 mars 1808.

13. * — Bordereau mensuel à envoyer au ministre des finances. Circ. 28 juill. 1808.

14. — Les *duplicata*, ou coupures des récépissés à talon, sont seuls admis en dépense. . . . Circ. 29 juill. 1808.

15. — État trimestriel des récépissés à fournir au receveur-général. Distinction à faire des produits étrangers à l'administration. I. G. 24 mai 1809, n° 431, et 14 déc. 1809, n° 457; Circ. 8 août 1810; I. G. 6 avril 1812, n° 571, et 18 nov. 1812, n° 612.

16. VERSEMENS *aux receveurs des finances.* — A partir du 1er janvier 1815, toutes les recettes seront versées sans distinction sous la seule dénomination de : *Produits de l'enregistrement et des domaines.* Toutefois, il y aura un récépissé spécial par exercice. I. G. 26 janv. 1815, n° 670.

17. — État des versemens du mois à joindre au bordereau de mois. (*Déc. f.* 28 *mars* 1817.) I. G. 14 avril 1817, n° 772.

18. — Les versemens ne sont constatés et justifiés que par un récépissé à talon délivré par le receveur des finances, et visé par les préfets ou sous-préfets dans les 24 heures. (*Décret* 4 *janv.* 1808; *Déc. f.* 21 *sept.* 1820.) I. G. 4 oct. 1820, n° 954.

19. — Ils doivent être faits en sommes rondes et sans fractions de francs. (*Déc. f.* 28 *nov.* 1823.) I. G. 6 déc. 1823, n° 1107.

20. — Les conservateurs sont autorisés à ne verser que tous les dix jours, et lorsqu'ils auront 500 fr. en caisse. (*Déc. f.* 25 *juin* 1829.) I. G. 8 juill. 1829, n° 1283.

21. — Cette faculté est étendue aux receveurs des chefs-lieux de département et d'arrondissement. (*Déc. f.* 16 *juin* 1830.) I. G. 29 juin 1830, n° 1324.

— *V.* Comptabilité, n° 210; Escortes; Inspecteurs, n° 3; Vols *de caisse.*

VEUVES *des employés.* — *V.* Pensionnaires; Pensions *de retraites.*

VIGNES *canoniales.* — La loi du 24 août 1790, qui accorde aux possesseurs des maisons canoniales la faculté d'en devenir propriétaires incommutables, ne s'étend pas aux vignes. (*Av. cons. d'état,* 23 *pluv. an XIII.*) Circ. 17 vent. an XIII.

— *V.* Maisons *canoniales.*

VIREMENS *de fonds entre les comptables.* — *V.* Comptabilité, n° 211.

VISA. — *V.* Comptabilité; Contraintes; Débets, n° 2; Domaine *de la couronne, n°* 2; Escortes, n° 2; Frais *de justice*; Répertoires; Versemens.

VISA *pour timbre.* (V. *Circ. n°* 40.)

— Un registre du visa pour timbre sera ouvert dans tous les bureaux d'actes civils, d'actes judiciaires et dans les conservations d'hypothèques, pour en être fait usage suivant leurs attributions respectives. Circ. 7 juin 1806.

— *V.* Hypothèques, n° 156; Registres *des protêts, n°* 1er; Timbre, et 1re Partie.

VOIE *publique.* — *V.* Terrains *de la voie publique.*

VOIRIE (*grande*). — Les contraventions sont constatées par les maires, adjoints, ingénieurs et conducteurs des ponts et chaussées, agens de la navigation, commissaires de police et la gendarmerie. Il sera statué définitivement par les conseils de préfecture, par arrêtés exécutoires et emportant hypothèque et saisie. — Les frais de poursuites ne sont pas *frais de justice :* ils sont payés sur mandats des préfets, sauf recouvrement sur les condamnés. La recette de l'amende et des frais appartient au bureau de l'enregistrement du domicile du condamné. — Les extraits d'arrêtés sont remis chaque mois par le préfet au directeur qui les transmet dans les bureaux. Le recouvrement se fait par voie de garnisaires ou porteurs de contraintes. — Le pourvoi au conseil d'état ne suspend pas les poursuites. — Les amendes ne sont pas attribuées aux communes et hospices. — Ces dispositions sont applicables aux contraventions sur les chemins vicinaux. I. G. 30 janv. 1809, n° 415.

2. — Ces amendes sont attribuées, un tiers à l'agent qui a constaté le délit, un tiers à la commune et un tiers au trésor. (*Décret* 16 *déc.* 1811.) *V.* Amendes, n°s 69, 70 et 71. La recette appartient à l'administration. (*Décret* 29 *août* 1813.) Il en sera fait un versement spécial. Modifié. n° 3 inf. I. G. 28 sept. 1813, n° 652.

3. — Il ne sera plus fait de versement spécial. I. G. 26 janv. 1815, n° 670.

4 — Les frais de démolition et de déblais, les frais de voyages et honoraires d'experts mis à la charge des contrevenans, sont recouvrés par les receveurs des domaines de la même manière que les amendes et frais de poursuites; ils en tiendront compte à

qui de droit, et les porteront en recette et en dépense au chapitre : *Opérations de trésorerie*. (*Déc. f.* 15 *oct.* 1828.) I. G. 7 nov. 1828, n° 1259.

5. **VOIRIE** (*grande*). — Ces dispositions s'appliquent à tous les frais résultant des travaux d'intérêt public, exécutés d'office ou de gré à gré, à la charge des propriétaires. (*Déc. f.* 29 *mars* 1830.) I. G. 20 avril 1830, n° 1310.

— *V.* Amendes, n° 68 à 71; Comptabilité, n° 212; Hypothèques, n° 107.

VOITURES *publiques*. — *V.* Épaves, Messageries.

VOLS *de caisse*. — Rendre compte, dans le plus court délai, des vols de deniers publics dont les préposés réclament la décharge. (*Arr.* 17 *niv. an X.*) . . . . Circ. 17 pluv. an X.

2. — Les intérêts des sommes mises à la charge des comptables courrent du jour où la somme volée est mise à leur charge. I. G. 30 nov. 1808, n° 407.

— *V.* Caisse; Escortes.

VUS *d'arrivée et de départ*. — En arrivant dans un bureau et en le quittant, les inspecteurs et les vérificateurs inscriront et signeront leur *vu* sur le principal registre de recette dans la case en blanc qui suivra le dernier enregistrement. Les employés convaincus de s'être fait conserver, ou d'avoir réservé des cases en blanc pourront être révoqués. (*Art* 4 *et* 37 *du règlement.*) I. G. 15 mars 1831, n° 1351.

— *V.* Abus *nuisibles au service*; Opérations *d'inspection*; Vérifications *de régies*.

SUPPLÉMENT à la Table alphabétique des Circulaires et Instructions contenant celles qui ont paru depuis le 1er septembre 1835 jusqu'au 1er janvier 1836 (*).

ABSENCES. — *V.* Congés; Notes, n° 5; Vacances *d'emplois, n°s* 2 *et* 4 (2e Partie).

ACQUISITIONS *par l'état.* — *V.* Expropriations *forcées, n°* 2; Expropriations *pour utilité publique* (2e Partie).

ACQUISITIONS *par les établissemens publics.* — Les actes portant transmission de biens au profit de communautés religieuses, par des membres de ces communautés, sont assujettis aux droits proportionnels ordinaires, même lorsqu'il serait justifié que les biens avaient été originairement acquis avec les deniers de l'établissement. (*Déc. f.* 10 *juin* 1835.) *V.* Première partie. I. G. 31 oct. 1835, § 1, n° 1498.

AFFIRMATIONS *des procès-verbaux.* — *V.* Procès-verbaux *de contravention.* (2e Partie).

ALLUVIONS. — *V.* Domaine *de l'état;* Iles; Lais *de mer.*

AMENDES. — Université. — Ces amendes seront perçues pour le compte direct du trésor à partir de 1835; elles seront portées sous le titre : Autres amendes de condamnation, et la moitié continuera d'être versée aux enfans trouvés, conformément à l'inst. gén. n° 906. *V.* Amendes, n° 67 (**Deuxième Partie**). — Nouveau modèle de l'état trimestriel. (*Loi* 23 *et* 24 *mai* 1834; *Déc. f.* 27 *nov.* 1834.) Les frais de poursuites concernant l'université sont assimilés aux frais de justice ordinaires. (*Déc. f.* 12 *août* 1835.) I. G. 2 déc. 1835, n° 1501.

— Annoter au tableau des états, Deuxième Partie, page 78, 1er article. I. G. n° 1501.

AMENDES *de contraventions.* — *V.* Contraventions (2e Partie).

APPELS. — *V.* Instances (2e Partie).

ARCHIVES. — *V.* Papiers *et impressions inf.;* Mobilier *de l'état;* Mobilier *des départemens;* Papiers *et impressions;* Registres *et impressions* (2e Partie).

ARMES *de chasse.* — *V.* Mobilier *de l'état* inf.

AVANCES *à recouvrer.* — *V.* Comptabilité, n° 1er inf.

AVOUÉS. — *V.* Saisies-*arrêts, n°* 1; Saisies *immobilières, n°s* 2 *et* 3 (2e Partie).

BESTIAUX *saisis.* — *V.* Comptabilité, n° 2 inf.

BILLETS *à ordre.* — Notaires. — Délai. — Les billets à ordre passés devant notaire doivent être soumis à l'enregistrement dans les délais ordinaires. (*Cass.* 29 *juin* 1835.) I. G. 31 oct. 1835, § 4, n° 1498.
— *V.* Billets *à ordre, n°s* 4 *et* 5 (1re Partie).

CAHIERS *des charges.* — *V.* Aliénations; Bois *de l'état;* Caisse *d'amortissement.* Coupes *de bois* (2e Partie).

CAUTIONNEMENS. — *V.* Marchés, n°s 9 et 17 (1re Partie).

CAUTIONNEMENS *des employés.* — *V.* Comptabilité, n° 9 inf.

(*) Ce Supplément contient en outre quelques additions aux deux parties de la Table.

COMPTABILITÉ. — Avances *à charge de recouvrement.* — Conserver les pièces justificatives et porter au sommier des opérations de trésorerie les avances successives enregistrées au journal de dépense; situation à établir dans les états et comptes par un tableau particulier. *V.* Comptabilité, n° 12 et suiv. (2e Partie). . . . . Circ. compt. gén. 12 déc. 1835, n° 38.

2. — Bestiaux *saisis.* — Le prix des bestiaux saisis dans les bois soumis au régime forestier sera porté sous le titre des : *Épaves*, et la restitution qui devra être ordonnée par jugement, figurera à l'article des *Restitutions de revenus et prix de vente.* Si la saisie a eu lieu dans un bois de particulier, la recette et la dépense seront constatées pour le compte de la *Caisse des dépôts et consignations*, sous un titre spécial. . . . Circ. compt. gén. 12 déc. 1835, n° 38.

3. — Comptes *de clerc à maître.* — Ceux rendus par les gardes-magasins seront rédigés sur des imprimés spéciaux. *V.* Comptabilité, nos 32 et 33 ; Comptes *de clerc à maître* ; Gardes-magasins (2e Partie). Circ. compt. gén. 12 déc. 1835, n° 38.

4. — Dépenses. — Nouvel article pour les dépenses des exercices périmés, non frappées de déchéance. *V.* Comptabilité, nos 49 et suiv. (2e Partie). . . . . Circ. compt. gén. 12 déc. 1835, n° 38.

5. — Dépouillement *des droits.* — Changemens et suppressions par suite des modifications du tarif. *V.* Comptabilité, n° 101 et suiv. (2e Partie). . . . . Circ. compt. gén. 12 déc. 1835, n° 38.

6. — Forêts. — Ouverture d'un nouvel article pour les frais d'affiches et de vente de coupes de bois remboursés par les adjudicataires. Ligne ajoutée aux *produits accessoires. V.* Comptabilité, n° 131 et suiv. (2e Partie). . . . . Circ. compt. gén. 12 déc. 1835, n° 38.

7. — Fortifications. — Ces produits seront classés à partir de 1836 à l'article *Domaines. V.* Comptabilité, n° 134 et 135 (2e Partie). . . . . Circ. compt. gén. 12 déc. 1835, n° 38.

8. — Vérifications *de régies.* — Les résultats de vérification doivent être portés au registre des produits accidentels. Suppression de l'article relatif aux anciens débets. *V.* Comptabilité, nos 45 et suiv., et 208 (2e Partie). . . . . Circ. compt. gén. 12 déc. 1835, n° 38.

9. — Viremens *de fonds.* — La dépense par virement des intérêts de cautionnemens touchés pour le compte d'un employé changé de résidence, sera justifié selon le cas, soit par la déclaration de retrait au bas du bordereau de recette, soit par une quittance particulière du titulaire du cautionnement. *V.* Cautionnemens, n° 29, et Comptabilité, n° 211 (2e Partie). Circ. compt. gén. 12 déc. 1835, n° 38.

10. — Voirie *(Grande).* — Changement dans le titre des recettes pour frais d'expertises et autres en matière de grande voirie. *V.* Comptabilité, n° 212 (2e Partie). . . . Circ. compt. gén. 12 déc. 1835, n° 38.

COURONNE. — *V.* Domaine *de la couronne* (2e Partie).

CRÉDITS. — *V.* Comptabilité. n° 30 (2e Partie).

DÉCOUVERTES. (V. *Circ.* n°s 43, 1663 *et* 1886.)

DIPLOMES *de bacheliers ès-lettres.* — *V.* Surnuméraires (2e Partie).

DONATIONS *entre-vifs.* — *V.* Restitutions, n° 1 inf.

FORÊTS. — *V.* Bois *de l'état*; Caisse *d'amortissement*; Coupes *de bois* (2e Partie), et Comptabilité, n° 6 sup.

FORTIFICATIONS — *V.* Comptabilité, n° 7 sup.

FRAIS *de poursuites concernant l'Université.* — *V.* Amendes sup.

INTÉRÊTS *de cautionnemens.* — *V.* Comptabilité, n° 9 sup.; Cautionnemens, n° 29 (2e Partie).

JOURNAUX. — Les comptes rendus des débats des cours et tribunaux, paraissant *périodiquement*, doivent être timbrés, sous peine d'amende. (*Cass.* 13 *avril* 1835.) . . . I. G. 31 oct. 1835, § 10, n° 1498.

2. — Supplémens. — L'addition d'une feuille ou d'une demi-feuille, qui fait *habituellement* suite aux livraisons d'un écrit périodique, ne peut être considérée comme un *supplément*; celui-ci doit être *accidentel* pour jouir de l'exemption du droit de timbre. (*Cass.* 13 *avril* 1835.) I. G. 31 oct. 1835, § 11, n° 1498.

— *V.* Journaux, n°s 4 et 16 (1re Partie).

JUGEMENS *infirmés.* — *V.* Restitutions, n° 2 inf.

LETTRES *de change.* — Notaires. — Délais. — Les lettres de change et billets à ordre passés devant notaires doivent être soumis à l'enregistrement dans les délais ordinaires. (*Cass.* 29 *juin* 1835.) I. G. 31 oct. 1835, § 4, n° 1498.

— *V.* Lettres *de change*, n°s 8, 9 *et* 10 (1re Partie.)

LICITATIONS. — Parts *acquises.* — On doit déduire la part de l'acquéreur dans le prix de *tous* les biens licités par le même acte. (*Sol.* 8 *sept.* 1835.) . . . . I. G. 31 oct. 1835, § 5, n° 1498.

— *V.* Licitations, n°s 20 et 21 (1re Partie), et Restitutions, n° 3 inf.

MOBILIER *de l'état.* — Les armes de chasse déposées dans les greffes, *et définitivement acquises à l'état par suite de confiscations*, ne pourront être vendues qu'après que les canons auront été brisés, même lorsque leur valeur excédera 6 fr. Il n'est rien innové pour les armes *saisies et non réclamées.* (*Déc. f.* 23 *sept.* 1835.) . . . I. G. 1er déc. 1835, n° 1500.

— *V.* Papiers *et impressions* inf., et Mobilier *de l'état*, n°s 4 *et* 5 (2e Partie).

PAPIERS *et impressions.* — Le produit des ventes de registres et papiers inutiles, déposés *par les agens des finances* dans les archives des préfectures et sous-préfectures, ou d'une date antérieure à la division de la France en départemens, appartient à l'état. Les autres papiers seront vendus pour le compte des départemens, sous la direction des préposés des domaines, et le prix sera versé directement à la caisse du receveur-général. Les ventes ne pourront avoir lieu qu'après inventaire soumis au ministre de l'intérieur. Ne vendre que les papiers réellement inutiles. (*Déc. f.* 30 *oct.* 1835.) I. G. 30 nov. 1835, n° 1499.

— *V.* Papiers *et impressions* (2e Partie.)

PERCEPTIONS. — L'administration recommande l'équité et la légalité des perceptions. I. G. 31 oct. 1835, n° 1498.

PROCÈS-VERBAUX *de délits.* — ROULAGE. — Les procès-verbaux de contravention à la police du roulage sont *exempts* du timbre et de l'enregistrement. (*Déc. f.* 14 *mai* 1835.) I. G. 31 oct. 1835, § 8, n° 1498.

— *V.* PROCÈS-VERBAUX, n° 21 (1re PARTIE).

RESTITUTIONS. — DONATIONS *entrevifs annulées.* — Les droits régulièrement perçus sur une donation annulée en justice ne sont pas restituables, quel que soit le vice dont le contrat était entaché. (*Cass.* 16 *juin* 1835.) . . . . I. G. 31 oct. 1835, § 2, n° 1498.

2. — JUGEMENS *infirmés.* — Les droits régulièrement perçus sur un jugement ultérieurement annulé, par suite d'opposition ou d'appel, ne sont pas restituables. Il n'y a exception que pour le droit de titre perçu à défaut d'énonciation d'un titre enregistré dont il est ultérieurement justifié, et pour une adjudication judiciaire annulée par les voies légales. (*Cass.* 7 *nov.* 1821, 15 *nov.* 1828 *et* 28 *avril* 1835; *Cour de Rouen*, 11 *juin* 1835.) *V.* RESTITUTIONS, n° 8 et suiv., 32 et 33 (1re PARTIE.) I. G. 31 oct. 1835, § 3, n° 1498.

3. **RESTITUTIONS.** — LICITATION. — PARTAGE *postérieur.* — Les droits régulièrement perçus sur une licitation ne sont pas restituables par le motif qu'un partage postérieur aurait attribué l'immeuble ou le prix à l'acquéreur, même dans les deux ans. (*Trib. de la Seine*, 23 *juill.* 1834; *Déc. f.* 23 *mai* 1835.) *V.* RESTITUTIONS, nos 13 et 14 (1re PARTIE.) I. G. 31 oct. 1835, § 5, n° 1498.

SUCCESSIONS. — PAIEMENT *des droits.* — *Héritier bénéficiaire.* — Il est, comme l'héritier pur et simple, *personnellemeut* débiteur des droits de mutation. (*Cass.* 7 *avril* 1835.) *V.* SUCCESSIONS, nos 73 et 94 (1re PARTIE). . . . . I. G. 31 oct. 1835, § 7, n° 1498.

2. — VALEURS *à l'étranger.* — Les créances sur des étrangers, ou les marchandises consignées en pays étranger, appartenant à la succession d'un Français, ne doivent pas être déclarées en France. (*Trib. de Reims*, 17 *janv.* 1835, *et Sol.* 10 *avril* 1835.) *V.* SUCCESSIONS, nos 51 et suiv., 64, 126 et 127 (1re PARTIE). . . . . I. G. 31 oct. 1835, § 6, n° 1498.

SURNUMÉRAIRES. — Les inspecteurs de 3e classe, ou les vérificateurs, ne peuvent être appelés aux examens qu'en remplacement de l'inspecteur de 2e classe. Les délibérations énonceront les noms des examinateurs, l'âge du surnuméraire, la date de sa nomination et de son admission, et le bureau auquel il est attaché. Les copies pour l'administration seront portées sur une feuille séparée pour chaque surnuméraire. Rappel des dispositions de l'I. G. n° 1470. Circ. 27 nov. 1835.

— *V.* SURNUMÉRAIRES, n° 11 (2e PARTIE.)

TRANSFERTS *de rentes sur l'état.* — L'obligation d'en payer le prix *à termes* opère le droit de 1 *fr. p.* °/o. (*Cass.* 29 *juin* 1835.) I. G. 31 oct. 1835, § 9, n° 1498.

— *V.* TRANSFERTS *de rentes sur l'état* n° 2 (1re PARTIE).

UNIVERSITÉ. — *V.* AMENDES sup.

VÉRIFICATIONS *de régies.* — *V.* COMPTABILITÉ, n° 8 sup.

VIREMENS *de fonds.* — *V.* COMPTABILITÉ, n° 9 sup.

VOIRIE (*grande*). — *V.* COMPTABILITÉ, n° 10 sup.

ERRATA.

Page 2 *ligne* 41. — Parsonnellement. — *Lisez :* Personnellement.

— 6 — 27. — Copie de procès-verbaux. — *Lisez :* Copie des.

— 11 — 11. — Après le n° 7. — *Ajoutez :* Modifié. *V.* EXTRAITS, n°s 3 et 5.

— 16 — 29. — **APANAGES.** *V.* BOIS *de l'état, n°* 17. — *Lisez :* n° 16.

— 26 — 26. — Les employés restes sans emploi. — *Lisez :* Les préposés restés sans emploi.

— 26 — 28. — A partir de janv. 1322. — *Lisez :* 1822.

— 30 — 27. — *V.* COMPTABILITÉ, n° 29. — *Lisez :* n° 31.

— 36 — 39. — *V.* COMPTABILITÉ, n° 137. — *Lisez :* n° 142.

— 37 — 13. — *V.* RÉPERTOIRES, n° 29. — *Lisez :* n° 35.

— 39 — 38. — Par le directeur modèle. — *Lisez :* Par le directeur. *Modèle.*

— 48 — 47. — *V.* n° 182 inf. — *Lisez :* n° 172 inf.

— 51 — 14. — *V.* MOBILIER *militaire.* — *Ajoutez :* et n°s 21 et 23 sup.

— 87 — 3. — **FRAIS** *de justice.* — *Ajoutez :* **PAIEMENT.**

— 88 — 12. — Même addition.

— 88 — 24. — Après le n° 29. — *Ajoutez :* Modifié. *V.* FRAIS *de poursuites, n°* 2.

— 112 — 13. — **DROITS ET AMENDES** *d'enregistrement.* — *Lisez :* **AMENDES ET DROITS** *d'enregistrement.*

— 113 — 5. — Même correction.

www.ingramcontent.com/pod-product-compliance
Lightning Source LLC
Chambersburg PA
CBHW071626270326
41928CB00010B/1798

* 9 7 8 2 0 1 9 1 7 9 1 6 8 *